ルールなき省察

経済学方法論 と 現代科学論

D・ウェイド・ハンズ［著］

高見典和＋原谷直樹＋若田部昌澄［監訳］

REFLECTION WITHOUT RULES

ECONOMIC METHODOLOGY
AND CONTEMPORARY SCIENCE THEORY

慶應義塾大学出版会

REFLECTION WITHOUT RULES
by D.Wade Hands
Copyright©2001 by D.Wade Hands
Japanese translation published by arrangement with
Cambridge University Press
throuth The English Agency (Japan) Ltd.

私の学生たちへ：過去，現在，そして未来の．

各自にとって最も自然な文章のスタイルは，子供の時に聞いた話し言葉を確実に反映している．英語は，小説家ジョセフ・コンラッドにとって第3言語であり，彼の英語表現において興味をそそる部分は間違いなく，彼の第1言語であるポーランド語の影響を受けている．また，アイルランドで育った小説家は確かに幸運である．というのも，そこで話される英語はきわめて快活で，音楽的であるからである．私自身は，（中略）インディアナ州で育ったのだが，そこで一般的な話し言葉は，帯ノコギリが亜鉛めっきのブリキ板を切断する音のようであり，また，そこではモンキーレンチのようにありふれた語彙しか使われない．(Kurt Vonnegut 1981, pp. 78-9)

『ルールなき省察』目次

日本語版序文　　v

序文　　ix

第1章　序論 —————————————— 1

1.1　経済学方法論　　2

1.2　現代の科学論　　4

1.3　主題を変更する　　6

1.4　読者への案内　　9

第2章　経済学の方法論的伝統 ———————— 15

2.1　経済学方法論のミル的伝統　　16

2.2　他の実証主義的見解　　47

第3章　科学哲学における「定説」の崩壊 ——— 69

3.1　科学哲学における「定説」　　70

3.2　「定説」への攻撃　　93

3.3　第一戦目の応答　　107

3.4　自然主義的転回への舞台設定　　122

第4章　自然主義的転回 ————————————— 125

4.1　認識論を自然化する　　126

4.2　心理学と，知識に対する認知的アプローチ　　137

4.3　ダーウィンからの励まし：進化論的認識論　　150

4.4　消去的唯物論と心の哲学　　159

第5章　社会学的転回 ———————————— 167

5.1　社会と科学知識　170

5.2　科学知識の社会学　179

5.3　自然，社会，SSK，経済学　193

第6章　プラグマティズム，対話，立場 ———————— 207

6.1　プラグマティズム的転回　208

6.2　ネオ・プラグマティズムと対話的転回　234

6.3　フェミニズム認識論と経済学　254

第7章　経済学方法論の近年の発展 ———————————— 267

7.1　ポパーの伝統　268

7.2　ミルの伝統　297

7.3　実在論のテーマ　314

7.4　認知的および意味論的テーマ　327

第8章　経済学的転回 ———————————————————— 345

8.1　現代科学論における経済学的転回　346

8.2　科学の経済学　354

8.3　科学知識の経済学（ESK）　358

8.4　経済学的転回に関する結論　380

第9章　結論 ——————————————————————————— 387

9.1　新しい経済学方法論から得られる教訓　390

9.2　関連するいくつかの懸念　395

原注　401

参考文献　430

解説　483

あとがき　505

人名索引・事項索引　507

日本語版序文

『ルールなき省察』が日本語に翻訳されることに，私は大変喜んでいる．ほぼ20年も前に書かれた著作が今もなお，別の言語に翻訳されるほどに関心を集め，重要と考えられていることに，著者として当然ながら喜びを感じている．しかしさらに，『ルールなき省察』が何らかの形で，過去2, 30年間の経済学に関する方法論研究の再生（および進化）に貢献したと感じていることにも喜びを感じている．そして筆者は，この研究を新しい読者に届けられること，つまり本翻訳について言えば，日本の学生や研究者に届けられることを喜ばしく思う．日本では経済思想史に関するゆたかな伝統が存在し，経済学方法論や経済学の哲学に対しても，比較的小さくはあるが拡大しつつある関心が存在する．現代の方法論研究を，基本的には歴史的スタイルで論じている本書の翻訳は，彼らにとって馴染み深い歴史的叙述によって方法論への関心を高めることができると期待している．

本書は，原著の最初の段落で述べているように，「経済学方法論における近年の研究，およびそれに関連する現代の科学論の展開に関する解釈的概説」である．好意的な解釈を施すという原則で貫かれてはいるが，あくまで筆者の関心のもとで書かれた概説書であり，一定のストーリー展開をもった解釈的概説書であった．このストーリー展開というのは，広義に言えば多面的で複雑なものであるが，狭義に言えば，（科学・非科学の）境界画定や認知的意義に関する実証主義やポパー主義的発想に依拠した，いわゆる**ルール依存的**経済学方法論（ディアドラ・マクロスキーのいう，「A5用紙に収まる科学哲学」）の盛衰，および（20年前の時点での）新しい経済学方法論の台頭であった．新しい経済学方法論とは，自然主義に影響を受け，より細かな個別の科学的活動（普遍理論ではなく，研究計画や具体的なモデル構築における戦略）に関心が向けられたものであった．また，依然として認識的成果を評価することに関心はあるものの，その評価は，プラグマティズムや文脈依存的理解にもとづいたものであった．つまり，特定の時代，特定の文脈における，個別の科学コミュニティが直面する制約条件のもとでの最善の方法とは何か，ということに関心が向けられており，普遍的・基礎づけ主義的な意味においての最善には関心は向けられなくなったのである．筆者は，新しい経済学方法論は明らかに方法論研究の最先端であると主張した．ルール依存的経済学方法論

の行き詰まりに幻滅していた筆者は，『ルールなき省察』で論じた様々な展開を明確に支持した．しかし，本書は主として，体系的に哲学的主張を提供するというよりも，様々な概念の間の相互の関係性を描写するものであった．おそらくこのような理由で，本書は，少なくとも当初は，経済理論や経済学者や経済よりも科学哲学をその内容としていたにもかかわらず，哲学者の間でよりも，経済思想史の研究者の間で高く評価されたように思われる（北米経済学史学会からスペングラー最優秀著作賞をいただいたのはその評価の表れであろう）．「少なくとも当初は」と言ったのは，20年前に本書を著した時に比べて今日では，経済学の哲学に関する研究は，科学哲学の分野でより一般的であり，権威的な科学哲学の雑誌にもより頻繁に掲載されることになったからである．

　一般的に言って『ルールなき省察』は，経済学方法論にとって重要な現代の科学論の諸学説に対して「大きなテント」アプローチを用いた．つまり本書では，説明，検証，実在論，道具主義などのような科学哲学の標準的な論点だけでなく，科学知識の社会学や近年の科学論，さらには，古典的プラグマティズム，科学の修辞学，フェミニズム認識論に由来する論点も詳細に議論した．この「大きなテント」は，経済学に対しても適用された．主要な焦点は20世紀後半の主流派経済学に当てられたが，制度学派，オーストリア学派などの様々な異端の学派の諸側面についても本書のいたるところで議論した．この「大きなテント」アプローチは意図的なものであった．重要な意味において，『ルールなき省察』には隠された意図があった．それは，経済学方法論や科学論や経済理論に関する特定のアプローチを正当化するというようなものではなく，経済学方法論の分野が拡大し，発展する——そして，より自虐的に言えば，消滅しない——ように支援することであった．この目的のため本書は，経済学方法論を研究しているとは自覚していない様々なグループの研究者が，この「大きなテント」のなかでは実際には経済学方法論に相当する研究を行っていることを認識させようとした．多くの点で，この全方位的な拡大努力が実ったことは明らかである．経済学方法論の様々な領域で研究の発展が生じているし，これらの研究に向けられる関心や敬意も大きくなっており，また，世界中で方法論研究者のコミュニティは拡大している．多くの点で，『ルールなき省察』を翻訳しようという願望はこのような関心を象徴している．

　『ルールなき省察』に関する議論においてしばしば持ち上がる論点は，今日本

書を書き直すとすればどのような変更を加えるだろうかという問いである．これは言い換えれば，筆者が，近年の経済学方法論の分野でどのような変化があったと思うかを問われいるのであろう．筆者は，近い将来に第2版を書くつもりはないが，仮にそれを書くとすれば，多くの変更が必要になるだろう．といってもそれは，哲学に関する内容の変更ではなく，経済学に関する内容の変更である．科学哲学においては近年，経済学にも関連する様々な展開があったが——科学モデル，因果性研究，科学へのビッグデータの影響など——，科学哲学が科学・非科学の境界画定に関する壮大な議論を放棄し，特定の科学的事業に関する局所的・自然主義的な研究により従事するようになったという基本的理解は，2001年にも正しかったし，今日においても依然として正しい．科学哲学における様々な展開に紙幅を割くために，科学哲学以外の科学論に関する説明——科学の修辞学，科学社会学など——は削減してもよいだろうが，新しい経済学方法論にとって重要なのは，広義の解釈での**科学論**であって，科学哲学のみではないということを提示しつづけることは重要であろう．

　その一方で，経済学は大きく変化した．さらに言えば，経済学は，経済学方法論の研究が大部分において指し示していたのと同じ経験的方向に変化した．20世紀末の経済学は依然として，1950年代および60年代に生じた，いわゆる形式主義革命の影響下にあった．ワルラス的一般均衡が，ミクロ・マクロ双方の経済学の中核的理論であり，ワルラス的理論はいうまでもなくきわめて数理的で公理的なものであった．ゲーム理論は20世紀後半にその存在意義を認められるようになったが，その研究の大半はきわめて演繹的なものであった．その時点では，高度に数理的な経済理論——哲学の用語で言えば，高度に観念化されたモデル——が，最も権威的な研究領域であり，大学院教育の根幹をなしていた．しかし，過去数十年のあいだにこれは大きく変化した．中核は，消え去ってはいないが，大半の経済学者にとって日々研究する上でほとんど重要なものではなくなった．この変化には多くの理由が存在する．1つの理由は，個人の意思決定理論における実験的・行動的転回である．実験経済学および行動経済学は，現在において全く主流派の一部であり，このどちらも重要な方法論上の問題を提起している．実際のところ，経済学方法論に大きな貢献をなした過去の経済学者は，経済学では対照実験を行うことができないということが，そもそもの経済学方法論の存在意義だと考えていた．ジョン・ステュアート・ミル，ジョン・ネヴィル・ケインズ，

ライオネル・ロビンズ，ミルトン・フリードマンらにとって，経済学方法論という分野が必要な理由は，実験室での対照実験が不可能であるにもかかわらず，経済学は自然科学のイメージに沿った科学でありうると説明することにあった．実験が可能であるということになれば，経済学方法論という学問領域を根本から再考する必要がある．しかし，この点は重要ではあるが，これ以外にも重要な問題は存在する．特に行動経済学は，合理性や経済人（ホモ・エコノミクス）の意義に関して根本的な問いを投げかける．というのも，行動実験のほぼすべてが，長年経済学が想定してきたように合理的には，経済主体は選択をしないということを示しているからである．これはいうまでもなく，個人の行動に関する科学的理論としての合理的選択理論に方法論上の問題を提起するが，厚生経済学に関する深刻な規範的問題も提起する．人々の選択が彼らの選好を表さないのであれば，個人の選好の充足は厚生経済学の基礎として用いることはできるのであろうか，ということである．開発経済学や財政などの応用分野においても，経験的証拠に基づく経済学へのシフトが生じている．このような例は他にも挙げることができる．要するに，過去 20 年間かそこらのあいだに，経済学は大きく変化したのであり（おそらくマクロ経済学は例外的に変化しなかった一分野といってよい），このような展開は重要な方法論上の問題を提起しているということである．

　最後に，筆者は『ルールなき省察』を現在も全面的に支持することを宣言したい．確かに経済学は変化したし，結果として興味深い方法論上の問題が新しく生じたが，本書の中心的メッセージ——そのような問題は，画一的・ルール依存的アプローチでは（哲学的にも，実際的にも）有効に対応することはできないというメッセージ——は，依然として変わらない．方法論的探求に適した経済学の新領域が多数存在する——そのうち一部は，行動経済学のようにすでによく研究されている．しかし，そのような探求のスタイルは，『ルールなき省察』で論じた新しい方法論のスタイルであり，今後もそうあり続けるであろう．本翻訳によって，この方法論のスタイルは，新しい学生や研究者たちに利用してもらうことが可能になった．

序文

　本書の構想は，1993年の夏の終わりの晴れた日に，ブルース・コールドウェルとウスカリ・マキとノース・カロライナの砂浜を長時間，散歩していたときに始まった．本書は，きわめて長い，そして——著者の視点から見て——しばしば大きな困難をともなう準備期間を経た．基本的なアイデアはかなり単純なものに見えた（今でもそう思われる）——経済学方法論および，それに関連する現代の科学論の様々な動向を解釈し，概説するというアイデア——が，実現するのは手に余るようにたびたび感じられた．もちろん1つの問題は，主題がつねに流動的であったことである．読むのが（まして，文章にまとめるのが）追いつかないほどのスピードで文献が拡大していくということが何度もあった．別の問題は，どの科学論の研究が経済学方法論にとって重要かに関して，筆者自身の意見が定まらず，特に本書執筆の進化につれて，それがどんどんと大きくなっていったことであった．最後に，「解釈」という漠然とした活動にともなう問題がつねに存在する．最終的な生産物は間違いなく，以上の点やその他の点に関する妥協の産物であるが，これは十分な思案の結果の妥協である．情報に富み，偏りなく公平な方法で膨大な量の文献を提示しようと筆者は試みた．

　本書の内容に関してともに議論した全ての個人を挙げれば，筆者が過去20年間に出会った研究者の大半を挙げることになるだろう．列挙しそこねた人々には前もって謝罪を述べながら，以下の各研究者に謝辞を捧げたい．ロジャー・バックハウス，ジャック・バーナー，マーク・ブローグ，ピート・ベッキ，シュテファン・ベーム，ラリー・ボーランド，ビル・ブラウン，ブルース・コールドウェル，ダグ・キャノン，ナンシー・カートライト，ボブ・コーツ，ハリー・コリンズ，アリン・コトレル，ジョン・デービス，ニール・デマーキ，ミシェル・デブロイ，アート・ダイアモンド，ロス・エメット，ミルトン・フィスク，スティーブ・フラー，ロン・ギャリー，ダグ・グッドマン，クロフォード・グッドウィン，スコット・ゴードン，バート・ハミンガ，ダニエル・ハモンド，ダン・ハウズマン，ジム・ヘンダーソン，エイブ・ハーシュ，ジェフ・ホジソン，ケビン・フーバー，デイビッド・ハル，マーテン・ヤンセン，アルバート・ジョリンク，ビル・キース，ハロルド・キンケイド，マーティン・キングストン，フィ

xi

リップ・キッチャー，アリヨ・クラマー，ジュディ・クライン，ノレッタ・コージ，ロジャー・コップル，モーリス・ラグー，ラリー・ラーソン，ドン・ラボワ，トニー・ローソン，アクセル・レイヨンフーブド，ロブ・レナード，ティム・レナード，ポール・ローブ，ヘレン・ロンジーノ，スティーブン・ルークス，デイビッド・マグナス，ウスカリ・マキ，ブルース・マン，トム・メイヤー，ディアドラ・マクロスキー，スティーブ・メデマ，フィリップ・ミロウスキ，メアリー・モーガン，フレッド・モーズリー，ロバート・ナドー，アラン・ネルソン，ジョン・フィービー，アンディ・ピカリング，マーク・リショルド，アブ・リズビ，リチャード・ローティ，アレックス・ローゼンバーグ，ポール・ロス，デイビッド・ルッチオ，マルコム・ラザフォード，アンドレア・サランティ，ウォレン・サムエルズ，マーガレット・シェーバス，エスター・ミリアム・セント，ジェレミー・シアマー，ロス・シングルトン，ケイト・スターリング，スティーブ・ターナー，マイク・ベセス，ロイ・ワイントラウプ，マイケル・ホワイト，ジム・ワイブル，ナンシー・ウルウィック．以上のリストの中で特に感謝したいのは，ブルース・コールドウェル，ジョン・デービス，ウスカリ・マキ，フィリップ・ミロウスキである．彼らからは，原稿の大部分に関して（フィルの場合には原稿の全てに関して）有益なコメントをいただいた．彼らの助言には大変感謝している（十分にそれを反映していないかもしれないが）．

　ピュージット・サウンド大学（University of Puget Sound, UPS）には，本書の執筆期間だけでなく，筆者のキャリアをつうじてつねにサポートを提供していただいたことに感謝したい．過去 20 年間にわたって，UPS は，教員向けの研究賞，旅費支援，その他の研究発展の機会のほぼ全てを筆者に提供してくれた．加えて，UPS 経済学部の同僚にも謝辞を述べたい．彼らは，筆者の（かなり特殊な）学際的研究をサポートしてくれただけではなく，それに関心をもって励ましをくれた．経済学史や経済学の哲学を研究する経済学者がみな，理解のある同僚や学部環境に恵まれているわけではないことを知っている．それらがいかに稀少であるかを知っており，それに恵まれたことを本当にありがたく感じている．また，いろんな国の様々な大会や大学で，本書の内容を報告した際に有益なコメントをくれた聴衆にも恩恵を受けている．さらに，本書の一部となった，あるいは本書に間接的につながった筆者の過去の論文にコメントをした査読者や，ケンブリッジ大学出版局の依頼で本書を査読した研究者にも感謝を述べたい．スコット・パリ

スを始め，ケンブリッジ大学出版局にも，本書に関して迅速で効率的で理解ある
サポートをいただいたことに感謝したい．

　最後に，本書は，過去に論文として刊行された内容を含んでいるため，以下の
学術雑誌および編著の出版社に，転載の許可をいただいたことに謝辞を述べたい．

"The Structuralist View of Economic Theories: A Review Essay," *Economics and Philosophy*, 1, 1985, 303–35.

"The Logical Structure of Pure Exchange Economics: Another Alternative," *Theory and Decision*, 19, 1985, 259–78.

"The Problem of Excess Content: Economics, Novelty, and a Long Popperian Tale," in *Appraising Economic Theories: Studies in the Methodology of Scientific Research Programs*, M. Blaug and N. De Marchi (eds.), Aldershot: Edward Elgar, 1991, 58–75.

"Blurred Boundaries: Recent Changes in the Relationship Between Economics and the Philosophy of Natural Science," *Studies in History and Philosophy of Science*, 25, 1994, 751–72.

"Conjectures and Reputations: The Sociology of Scientific Knowledge and the History of Economic Thought," *History of Political Economy*, 29, 1997, 695–739.

"Rorty, Richard" and "Positivism" in The Handbook of Economic Methodology, J.B. Davis, D.W. Hands, and U. Mäki (eds.), Cheltenham: Edward Elgar, 1998.

"Empirical Realism as Meta-Method: Tony Lawson on Neoclassical Economics" in Critical Realism in Economics: Development and Debate, Steve Fleetwood (ed.), London: Routledge, 1999, 169–85.

第1章　序論

科学を実践できる人は科学をする．できない人は，その方法論について戯言を並べる．（Samuelson 1992, p. 240）

経済学方法論の研究者，特に，科学哲学者に擦り寄ろうとする方法論研究者の言うことを信じるなら，方法論研究者はみな，経済学者の仕事を「評価」するだけで他には何も大したことをしないと考えるのも尤もである．聖職者の法衣をまとって（中略）ベッカーや，アロー，サムエルソン，フリードマン，ケインズなどに評価を下すことに，いたずらに時間を費やす人々がいる．どのような根拠でかれらは，これらの経済学者を批判するのか．経済学者を非科学的だと言って非難しているのか．そんなことはどうでも良いではないか．（Boland 1997, p. 152）

遡ること1982年に，哲学と経済学との関係性に関する，ちょっとした衝突があった．それは，ノーベル経済学賞を受賞したイェール大学のリベラル派経済学者ジェームズ・トービンと，ハーバード大学の保守派の哲学者ロバート・ノージックとのやり取りであった．この討論の途中に，（中略）トービンはノージックに対して声を荒げて言った．「経済学を少しかじった哲学者ほど危険なものはない」と．これに対してノージックは即座に次のように応答した．「まったく哲学を知らない経済学者を除けばね」と．（Hutchison 1996, p. 187）

　この本には，3つの個別の，しかし相互に関連した目的がある．第1の目的は，**経済学方法論の分野における**近年の展開を概観することである．第2の目的は，経済学や経済学方法論に関連するかぎりにおいて**現代の科学論を考察する**ことである．現代の「科学論」と言ったのは，より伝統的な科学哲学や認識論の分野だけでなく，科学知識の社会学や科学のレトリックといった分野を含めるためである．上記の2つの論点は，率直に言って解説的なものであるが，経済学方法論に関しては，科学論よりも解説的ではない．本書では，経済学方法論における，ほぼすべての主要な論争に言及することを試みた．現代の科学哲学や科学論に関してはそのような強い意欲を感じなかった．これら2つの論点は本書の大部分を占めるが，あらためて紹介を必要とすることはない．それらの論点をまとめ上げるには多くの時間と詳細な議論を要したが，その意図はきわめて明白である．しかし，本著の第3の側面に関しては，そうではない．

　第3の目的は，われわれは**議論の主題を変更するべきである**（あるいは，その

1

変化はすでに進行しているので，**主題が変化してしまったことを認識するべきであるこ**ととと言うべきかもしれない）と読者を説得することである．従来の経済学方法論の主題は，科学哲学の応用であった．経済学者はたんに，自然科学の哲学からさまざまな議論を援用して，そのような議論を経済学に応用してきた（あるいは，応用しようと試みてきた）——最も一般的な論点としては，経済学は，正当な経験科学であるか（あるいは，そうでないか），またはそのような正当な経験科学であるためには何をする必要があるかという問題に注意を向けてきた．経済学方法論に対する，このような見方——筆者がほかの文献（Hands 1994a）で，「科学哲学の取り寄せ」観と名づけた見方——は，もはやわれわれの知的資源を投資するための適切な場ではないということを読者に示したい．ここで使った「示す」という言葉に注意してほしい．筆者は，規制するのではなく，知的な刺激を与えることによって読者を説得することを試みるつもりである．経済学方法論にたいする従来のアプローチをとる研究を締め出すつもりはない（筆者自身，そのような研究に従事してきた）．需要側に働きかけ，これまでの思考の癖にともなう問題点を指摘し，（ますます）利用できるようになった別のアプローチを提示することによって読者がなじんだ思考の癖から離れるようにいざなうことを試みるつもりである．本書で提示する自然主義的視点に通ずるが，これは上からの布告ではなく，言わば，古い車の点検を「無料で」提供し，新しい車を購入した多くの満足した顧客リスト（そのうちの何人かは新車に乗り換えたことに気づいていない）を見せ，最も革新的な機能を備えた新モデルに試乗してもらうことで，新しい車を購入させようとしているだけなのである．もちろん，ほとんどの読者は，新旧どちらのモデルも購入する気がなくただ見ている——この本を研究動向の概観として読む——だけであることは理解している．

1.1 経済学方法論

経済学方法論という研究分野を特徴付けるには多くの仕方がある．ひとつには，「方法」，すなわち，成果をあげている経済学者の，日々の研究活動の遂行における実践的テクニックの研究という見方がある．この種の方法論は，小文字の m の方法論（methodology）と呼んでさしつかえない（McClosky 1985a, p. 25）．それは，研究業績を上げるためには必須であり，通常，経済学の特定の研究課題に取

り組むなかで，当初は，研究リーダーや学位論文指導教員の指導の下，その後は，同僚や学部長や学術雑誌の編集長との共同作業のなかで，暗黙に，あるいは丸暗記で，習得される．このモデルに対してこんなに低い決定係数で大丈夫なのか，ヤコビ行列がこんなに奇妙な符号のパターンをもつと想定するのはまともなのか，1929 年の最初の 2 四半期のデータを落としてしまっても大丈夫なのか，などの日々の疑問に対する答えを，それは提供する．そのような疑問はとても重要ではあるが，小文字の m の方法論は，多くの経済学者が大文字の経済学方法論（Economic Methodology）に言及するときに意図しているものではない．ブローグ（Blaug 1980, 1992）やコールドウェル（Caldwell 1982, 1994a）のような方法論に関する既存の概説書においては，そのような議論はなされない．また一般に，方法論研究の専門雑誌『エコノミクス・アンド・フィロソフィー』誌（*Economics and Philosophy*）や『ジャーナル・オブ・エコノミック・メソドロジー』誌（*Journal of Economic Methodology*）において刊行されている論文のなかに見出されるものではない．そして，ノーベル経済学賞受賞者がそのような問題を議論するのを聞いたことがあるかもしれないが，かれらが大文字の方法論について論じるときの内容はそのようなものではない．

　方法論は伝統的に，**科学知識**の問題，すなわち，経済学は全体として（あるいは特定の経済理論は）科学知識であるのか，そうでないのかについて論じてきた．方法論は伝統的に，経済理論の方法論的**評価**，すなわち，経済理論は，科学的方法という厳格な基準に照らして成功しているのか，失敗しているのかを決定する作業であった．もちろん方法論に対するこのような見方をとるなら，ただちに自然科学の哲学という分野に入り込むことになる．**科学的方法**に照らして経済理論を評価したいのであれば，科学的方法とは何か（そして何でないか）を知る必要があり，それを特定するのは伝統的に科学哲学の領分であった．150 年前のウィリアム・ヒューエル（William Whewell）の言葉によれば，「科学哲学とは，（中略）すべての実質的な知識の本質および条件に関する完全な洞察，そして新しい真実の発見をもたらすための最善の方法の提示以外の何ものでもない」（Hacking 1996, p. 38 に引用されている）．このような方法論に関する見方をとるなら，ただちに経済学方法論に関する従来的な「科学哲学の取り寄せ」観になる．よい科学とは何であり，何でないかに対する**規則**を有して，それによって経済学（あるいは経済学の一部）を方法論的に評価することができるようになりたいのであるが，

この規則の最善の拠り所は科学哲学である，ということである．そこでは，経済学の扱う主題や経済学に固有の特徴に照らして，経済学の固有の関心に適応するように，その規則を微調整する必要がある（あるいはそのような微調整を許容する）かもしれないが，出発点は明らかに，（自然）科学の哲学から取り寄せられたものなのである．

　経済学方法論に関するこのような捉え方は，たしかにベーコンやデカルトなどの哲学者から伝わる科学知識に対する啓蒙主義的な見方と相通ずる．もし適切な方法が守られるなら，世界の因果構造に関する知識がかならず得られるという考えや，たとえ哲学者たちが，その適切な方法とはどのようなものであるかについて激しく対立していたとしても，その方法つまり科学的方法は，認識的成功の秘訣であるという考えは，さまざまな哲学的アプローチのすべてに共通している．経済学のような社会科学が科学であり，社会や経済的世界の因果構造にたいする確かな接近手段を持つならば，経済学も，適切な科学的方法の規則にしたがう必要があるだろう．科学は，ほかのどの人間の活動とも異なる方法で進歩するのであり，経済学がそのような進歩に（潜在的にも）加わるためには，科学的方法を守るのがよいということである．これはもちろん，従来，主体や主観的評価，個人の利益や意図性を扱ってきた経済学のような社会科学にはとても難しい課題である．しかし，伝統的な考えでは，これは経済学にとっての問題であり，科学的方法にとっての問題ではない．決闘は科学のほうから挑まれてきた．経済学がその認知的挑戦に応えられるかどうかを示す仕事は経済学者に任されてきた．経済学者は，その理論が厳格な科学的審査に合格することを示すか，あるいは少し異なる規則で認識的ゲームを行いながら，経済学を科学的であると認めるような，ある種の部分的な特別猶予を求めて説得的な弁護を行うか，どちらかを必要としてきた．経済学方法論における従来の研究のほぼすべてが，この2つの一般的分類のどちらかに当てはまる．第2章では，このような経済学方法論の伝統的なアプローチを議論し，第7章では，より最近の研究を考察する（そのうちの一部はこの意味において，そのうちの一部は比較的伝統的であり，他はそうではない）．

1.2 現代の科学論

　科学論は，20世紀後半をつうじて大きな転換を経験した．おそらく「転換」

という言葉は最善の表現ではないだろう．なぜならば「転換」という言葉は，科学知識の構造や特徴に関する新しい幅広い合意が最終的にもたらされたことを示唆するからである．事実はそうではない．実際には，（今のところ）明確な勝者のいない大混乱をもたらしたのみである．20世紀の半ばには，（少なくとも英米圏の）科学哲学には主流の見解が存在した．それは，以下で論じるように，「定説」（Received View），「伝説」，（あまり適切ではないが）「実証主義」などと様々に表現され，1960年代および70年代に瓦解しはじめたものである．この主流派見解に対する明確な後継者は今のところ存在しない．

過去数年間にますます明らかになったこととして，候補となる（すでに多くの）学説のうちに数えられるためには，科学知識のアプローチは，ある程度明確に定義された具体的な問題に対応できなければならない．それは本質的に，以前の一般的合意を崩壊させた問題であり，したがって，どのアプローチによっても対応される必要がある．それは順不同で列挙すれば，過小決定性，理論負荷性，科学の社会的性質，相対主義，反基礎づけ主義，自然主義である（これらはすべて，以下の各章で詳細に定義され，議論される）．ある特定のアプローチが，これらの問題のいくつかを無視することは可能ではあるが，その他の問題にかんして大きな成功がないかぎり，それは正当化されない．これらの問題や懸念が，現代の科学論にとっての**問題状況**である．どのようにしてこれらの問題が主要な関心事となったか，さまざまなアプローチがどのようにそれに対応しようとしたか，そしてそのような経緯が経済学にどのような影響を与えたかを説明することが，第3章から第6章までの主要な目的である．

以下の各章では，一部の読者（特に経済学者）にとっては耐え難いほど詳細に以上の問題が議論されるため，この短い序章で哲学的論争に飛び込むのは必ずしも有益ではないだろう．けれども，少なくとも上記の具体的な問題のうちの1つをここで論じてみたい．それは基礎づけ主義（および反基礎づけ主義）である．この点を紹介する理由は2つある．第1に，その問題の本質を示し，それが経済学方法論に対する標準的な**規則**アプローチとどのように関連するかを論じるのが比較的容易であるからであり，また第2に，それは，経済学方法論のきわめて初期の研究動向に影響を及ぼしたからである（第2章の冒頭で議論する）．

適切な科学的方法にとっての問題を特徴付ける1つのやり方は，信念の**正当化**という問題に焦点を当てることである．もし科学的方法が適切に用いられれば，

第1章　序論　　5

その方法をつうじて処理された信念は正当化できると保証されるべきである．**基礎づけ主義**とは，そのような正当化への伝統的なアプローチである．「直接に」正当化された**基本的信念**——徹底的に自己正当化された不変の信念であり，その正当化のために他の信念にまったく頼っていない——を特定することができるとすれば，そのような基本的な信念がありさえすれば，これらの基本的信念から導かれた他の，より高いレベルの信念を「間接的に」正当化することができるであろう．このような基本的信念が，知識の**基礎**なのであり，そのような不変の基礎にもとづくさまざまな認識論的枠組みが，知識に対する基礎づけ主義アプローチなのである．もちろん，基礎づけ主義にはさまざまな種類があるが，哲学の歴史において2つのもっとも影響力のある考え方は，**経験主義**（知覚データを基礎とする考え方）と**合理主義**（論理的推論を基礎とする考え方）である．以下の議論では，経験主義的基礎づけ主義は，（きわめて最近まで）ほとんどの主流派科学哲学の認識論的背景となっていたことや，経験主義的基礎づけ主義と経済学の実践とのあいだの緊張関係が，経済学方法論に携わる研究者の主要な関心事であったことを論じる．経験主義的基礎づけ主義の崩壊は，現代の科学論に本質的な変化をもたらした主要な展開の1つであった．

1.3 主題を変更する

現代の科学論における混乱は，経済学方法論に対する従来の科学哲学の取り寄せアプローチに興味深い問題を呈することになる．筆者は，取り寄せアプローチはつねに疑わしいものであったと以下で主張するが，科学哲学や，より一般的に科学論における現在の苦境を考慮すれば，この結論を受け入れなくても，取り寄せアプローチが特に今日において**疑わしいアプローチ**であるということを理解することができる．科学論に従事する哲学者たちが，科学的方法の内容（あるいは，科学的「方法」について論じること自体に意味があるかどうか）について合意できないのであれば，経済学者が能天気に，科学哲学から取り寄せたものを経済学に応用しつづけることは，すこし疑わしいことのように見えないだろうか．知識という主題についてもっとも理解があると伝統的に考えてきた人びとは現在，ほぼすべての重要な論点において混乱した状態にある．かれらはもはや，経済学と科学知識との関係を議論するための信頼できる道具立てを提供することはできないの

である（かつてそうできたことがあったとしても）．自然科学の哲学に由来する，規則を提供するメタレベルの議論，すなわち，経済学者のために正しい科学的実践を処方することを目指す経済学方法論という古い見方は，このような哲学的（およびその他の）展開によって完全に信用を傷つけられたのである．この（狭い）意味において筆者は，D・マクロスキー（McCloskey 1985a/1988, 1994）やロイ・ワイントラウプ（Weintraub 1989）のような経済学者による，近年の「経済学方法論の死」の宣告に同意する．

　筆者と上記の批判者との違いは，筆者が，借り物の規則に対する抵抗を，死亡宣告としてではなく，解放をもたらす朗報として受け取っていることだ．すなわち，経済学方法論の終焉ではなく，より発展可能性のある興味深い方向へと主題を変更し，論争を規定しなおすための機会として理解することである．借り物の規則を提供する狭義の経済学方法論は確実に死亡したけれども，現在の状況は，より広く定義された経済学方法論の研究に従事するうえで，とても可能性に満ちた有望な状況であると筆者は信じている．もし経済学方法論が，**経済学と科学論とのあいだの相互浸透**として定義されるなら，経済学方法論はたんに生きているだけではなく，活発に生きているのである．現代の科学論の展開は，経済学および知識としての経済学に対する新しい考え方を可能にするだけでなく，経済学の概念がより一般的に科学知識を理解する手助けとなることをも可能にする．〔古い〕経済学方法論は死んだが，〔新しい〕経済学方法論は末永く生きつづけるのである．

　筆者は規範的な主張をしている——我々は新しいより広い経済学方法論の定義を採用するべきと主張している——だけではなく，本書では，（主題を変更した人々の多くはそのことに気づいてはいないが）すでに変化が生じたという記述的な主張をすることになる（むしろ大半はそのような議論である）ことにも注意することが重要である．読者に訴えたいのは，この分野（およびより一般的に科学論）のなかで生じた変化を**認識**すること，そしていったんそれが認識されたならば，方法論的想像力を以前よりも少し大きく羽ばたかせてほしい，ということに尽きる．筆者は現在の方法論の問題の立て方を放棄し，方向転換することを提唱しているのであるが，その議論の大部分は，すでに生じた方向転換の描写以上のものではない．本書では，借り物規則の経済学方法論を批判するのにはほとんど紙幅を割いていない——ときどきそのような規則（死にぞこないの古い癖）への特定のア

プローチの批判はしているけれども．大部分においては，新しい考え方や新しい概念によって何ができるかを示すことによってそれらを魅力あるものに見せようと試みるだろう．現代の科学論にともなう問題点は詳細に論じるが，そこでも，直接の批判ではなく解説に終始するつもりである．

　本書に通底する主題のうちの1つは，経済学はある意味でつねに科学論にかかわっていたのであり，生産，分配，市場，経済活動，経済理論などについて有していた考えとは独立に存在するような，純粋な科学論の取り寄せはなかったということである．認識的秩序に対する我々の考えは，経済的秩序に対する我々の考えに厳然と結びついている（そして，つねにそうであった）と，筆者は主張する．これはきわめて重要な論点である——現代の科学論の混乱とは別個に，従来の経済学方法論に対する見方を土台から覆す論点でもある——と思うが，たとえこの点を受け入れないとしても，経済学が厳然と今日の科学論と結びついていることは（第8章の終わりまでには）疑いようのないことのように思われるということを強調したい．以下で見るように，現代の科学論の問題点は，きわめて新しい方法で経済学に可能性をもたらした．背景に追いやられていたものが前景に持ってこられたと言ってもよいが，いずれにせよ，きわめて新しい方法によってそのようになされたのである．

　最後の点として，これまでの筆者の主張が，比較的伝統的な科学知識観を持っている人びとを必ずしも不快に感じさせることはないということを指摘しておきたい．科学論の近年の展開をきわめて重大な出来事として捉えることはできるとしても，誰もがそうする必要はない．科学は自然とは実際にどのようなものであるかを発見するための唯一の手がかりであると考えたとしても，そのような主張は，科学哲学における現在の問題を解決することはない．科学は，世界に対する客観的真理への唯一の経路であるのはもっともであるが，なぜそうであるか，どのような具体的な方法で認識論的に正しい活動とそうでない活動を区別するべきかについて，我々は現在理解していない．たしかに，おおよその考え——実証的検証をおこない，客観的であれ，変数をコントロールしろ——は持っているが，十分に詳細な処方箋を提供する，広く受け入れられた「定説」はもう存在しない．これはたんに**科学哲学にとっての**問題であり，**科学にとっての問題**ではまったくないのかもしれない．しかし，哲学者の認識論的議論を使って，自然科学であれ社会科学であれ，ある分野の科学的地位を「評価する」ことに対して，我々はき

8

わめて懐疑的でなければならない．実際に以下で見るように，近年の科学論における「自然主義」的転回（第4章で詳細に議論される）は，現代の**科学**を，科学的知識に関する研究の出発点として利用している．反基礎づけ主義は，科学が唯一価値のある生のあり方だという基本的な啓蒙主義的コミットメントと相容れないものではなく，反基礎づけ主義のうちの自然主義は実際に，従来の哲学者の基礎づけ主義的議論よりも科学を上位に置いている．このような救済は，比較的伝統的な経済学方法論に対する見方をとる人びとにも適用できるであろうか．できるかもしれないが，それは全く明らかではない．これからの議論しだいである．

1.4 読者への案内

この序論を各章の要約で終えたい．しかし，その前に，対象読者，論調，内容などについて一般的な注意を述べたい．これから述べる注意は順不同である．

第1に，確かに筆者は，本書を，哲学者や哲学の学生，科学論研究者やその学生，および幅広い一般読者にとって面白く有益なものにしたいと望む一方で，経済学者や経済学を学ぶ学生を主要な対象読者として念頭において本書を書いたというのが事実である．経済学方法論に従事する人々のほとんど——したがって，経済学方法論の概論を有益と考える人々のほとんど（そして，筆者が主題を変更するように説得したい人々）——は経済学者である．彼らは，経済理論や計量経済学における訓練を受けており，経済学研究者の生活がどのようなものかを知っている（もし忘れていたとしても，同僚や教師と少し会話すればすぐに記憶はよみがえる）．経済学方法論に関心のある人びと（あるいは経済学方法論を学ぶ学生）のほとんどは，経済理論の概論や，経済学者がどのように考えるかに関する議論を必要としない——彼らはすでにこれらのことを知っている．彼らに必要なのは，その他の学問領域（とくに科学論）において，経済学に関する省察に役立つかもしれない議論がどのようになされているかを概観することである．こうした目的のため，本書は経済学者を念頭には書かれているけれど，経済学そのものにはほとんど触れていない．本書の各所には経済学を用いた多くの事例が散りばめられているが，哲学者によって書かれた方法論の著作のように，ある特定の経済理論の一側面を詳細に論じる事例研究は含めていない．言い換えれば，本書は，読者が科学論よりも経済学のほうにより通じていることを前提にする．詳細な事例研究が含まれ

第1章　序論　　9

ていないのは、そのような研究を筆者がつまらないとか、無駄だと考えているからではない。筆者自身、現代の経済思想をふくむ経済思想史の詳細な事例研究を行ったことがあるし、これからもそのような研究をずっと続けるつもりである。ただ本書の主要な目的は、次のような代表的読者の利益にもっとも適うように経済学方法論と科学論を議論することであるということである。すなわちそれは、一般に経済学について十分な理解があり、科学論についてもっとよく知りたいと考えるような読者である。

第2に、**学問としての経済学**——アカデミックな経済学およびその訓練を受けた人々の経済学——に焦点が当てられ、まがい物の経済学や大衆経済学などはあつかわない。つまり、**学生が経済学の講義を受ける前ではなく受けた後にかれらが思う経済学をあつかう**。これは、ほかの形態の経済学がつまらないものであると示唆するものではない——実際、筆者は、このような他の形態の経済学と、学問としての経済学のあいだの関係はきわめて興味深い問題だと考えている。たんに、経済学方法論の研究は一般に、学問としての経済学をあつかうということなのである。ただし、本書は学問としての経済学に焦点を当てるけれども、主流派経済学のみをあつかうわけではないことに注意するのも重要である。本書では、かつての主流派（例えば、ミルやリカード）以外にも、異端の経済学——マルクス主義、制度学派、オーストリア学派など——のさまざまな側面について相当な議論が展開される。異端の経済学者は一般に、方法論上の問題にもっとも関心があり、そのような問題にもっとも敏感なアカデミックな経済学者であり、以下の各章においてかれらに向けられる関心は、かれらが方法論の主題に向けた関心を反映している。

第3に、以下の各章では価値ある主題の多くが議論されない。経済理論の事例のほとんどは、ミクロ経済学や一般均衡論、マクロ経済学のものであり、これらは明らかに経済学の理論的核心をなす領域ではあるが、現代の経済学のなかで重要な領域であるにもかかわらず、本書ではわずかな扱いしか受けないものもある。計量経済学や実験経済学はその代表例である。計量経済学と実験経済学は、過去数年間においてますます方法論的な議論が加えられている領域であり、そこで提起された枠組みは、新たな研究の発想の元となるだろう。別の欠けている主題としては、「倫理学と経済学」という拡大中の研究領域がある。本書は多くの哲学を論じるが、ほとんどにおいて、それは認識論にもとづいた哲学であり道徳哲学

ではない．これも，別の研究のための重要な主題である．

　第4に，以下の各章は，方法論の研究に重要な貢献をした経済学者のうちの多くをあつかっていない．本書は，主として近年の展開をあつかっているので，第2章の方法論の古典に関する議論では，有名な経済学者——いわば「ベスト盤」——に集中しており，方法論の論点に関してとても面白い議論をした経済学者のうちの多くを無視している．フリッツ・マハループ，ヨーゼフ・シュンペーター，チャーリング・クープマンス，ウェズリー・C・ミッチェルのような経済学者たちの方法論上の見解を議論していない．紙幅の制限と近年の変化への関心のせいで，以上の経済学者の方法論研究を除外せざるをえなかったのである．これらの人物のうち一人（あるいはすべて）の除外に疑問を持つ読者への慰めになるのであれば，本書が，筆者が個人的にきわめて興味深い人物と考えているフランク・ナイトの方法論も真剣に議論していないことを指摘しておきたい．筆者自身も，「紙幅の制限」の犠牲を感じているのである．

　最後に，どこで終えるかという問題がつねにつきまとう．拡大しつづける研究分野の概観を執筆するにあたって，新しい題材のすべてについて書こうとするのをどこかで控えなければならない．筆者の場合には，1999年の最初の数ヶ月のある時点で停止した．それよりもあとに出版された研究が以下の章で言及されているが，いずれにせよ，その時点において筆者は重要と思うものをすべて書こうとするのをやめたのである．特に，カートライト（Cartwright 1999b），ファブレッティとサンドリとスカツィエリ（Favretti, Sandri, and Scazzieri 1999），フリードマン（Friedman 1999），フラー（Fuller 2000），ガーネット（Garnett 1999），ゴールドマン（Goldman 1999），ハッキング（Hacking 1999），モッテルリニ（Motterlini 1999）は，本書では触れられていない．

　以上の背景整理のもとで，これから各章の要約をおこなう．

　第2章では，従来の方法論研究を概観する．ジョン・ステュアート・ミルの議論および19世紀におけるミルの伝統から出発し，ライオネル・ロビンズ，テレンス・ハチソン，20世紀初頭のオーストリア学派の議論を経由して，ミルトン・フリードマンおよびポール・サムエルソンの第二次大戦後の古典を論じて終える．この章は，20世紀の大部分において（少なくとも最後の2, 30年以前に）「経済学方法論」と呼ばれた研究に関する寸描を提供する．

　第3章では，科学哲学における「定説」の没落とそれを取り巻く研究を叙述

第1章　序論　　11

する．第1節は，論理実証主義，論理経験主義，ポパーの反証主義に関するやや詳細な議論をおこなう．第2節は，W・V・O・クワインとトマス・クーンの議論，および関連する主題に焦点を当てる．クワインとクーンによって見出された2つの核心的問題——理論負荷性と過小決定性——を考察し，これらの問題がどのように「定説」の崩壊に寄与したかを議論する．本章は，特に，イムレ・ラカトシュの議論や科学的実在論の展開といった，「定説」の問題点に対する「第1段階の反応」と呼ぶべき研究も考察する．

第4章では，自然主義の様々な様相を論じる．クワインの貢献や，自然主義的認識論の2つの主要な枠組み，すなわち進化論的認識論と認知科学にもとづく枠組みに強調点を置きながら，自然主義的転回を考察する．ここにおいても，これらのさまざまな哲学的アプローチの展開に対する経済学や経済概念の影響を強調する．

第5章では，現代の科学論における社会学的展開を考察する．第1節は，初期のマルクス主義による先駆的研究や，マートンの機能主義に関する研究といった社会学的アプローチを跡づける．第2節は，科学知識の社会学の台頭と，相対主義および再帰性の問題に関する科学論内部での緊張関係を考察する．最終節では，社会学的研究における経済学の重要性を論じる．

第6章では，科学知識に関する現代の論考に影響を与えたが，科学哲学や科学社会学の領域に分類されない多くの哲学的（およびメタ哲学的）見解を考察する．本章の半分以上は，プラグマティズム——現代のネオ・プラグマティズムだけでなく，古典的プラグマティズムも——に焦点を当てるが，ポストモダニズム，科学のレトリック，フェミニズム認識論も議論される．これらの見解と経済学の関係が，本章をつうじて強調される．

第7章はもっとも長い章であり，ここでは近年の経済学方法論研究を概観する．本章は基本的に，1970年代初頭以後に急増した諸研究をとりあげる．経済学方法論におけるポパー（およびラカトシュ）の伝統に関するさまざまな紆余曲折のすべてが，近年のミル的アプローチ（ハウズマンとカートライト），2つのタイプの哲学的実在論（ローソンとマキ），経済学を素朴心理学として見る解釈（ローゼンバーグ），およびその他の近年の方法論的アプローチとともに議論される．

第8章では，科学知識に関する研究手段として経済学を用いる，近年拡大し

12

ている研究領域を考察する．これは，急速に拡大している研究分野で，哲学者と経済学者双方が従事している．これらの研究は，本書全体の主題にとってきわめて重要である．というのも，経済学方法論に対する科学哲学の取り寄せ観を本質的に逆転させるからである．この研究は，経済学から発想を引いてきており，また，科学知識の拡大に関心のある哲学者らが，経済学から概念を借りてきているのである．

第9章では，要約およびいくつかの結論を述べる．

第 2 章　　経済学の方法論的伝統

我々が組み立てようと企てている科学としての経済学の定義では，本質的にはそれを抽象科学として，そしてその方法をア・プリオリな方法として特徴づけている．[Mill 1874, p. 143]

私は，私の仕事がれっきとした仕事なのか，詐欺なのか，つまり，経済学者，特に経済理論家が，キケロがローマの鳥占官を評して述べたような立場——彼らは，お互いに町中で会ったときには顔を覆うか笑い出した——にあるのかどうか，ますます不確かになりつつある．[Knight 1956, p. 252]

私は自分の博士論文に取り掛かるまでに，なぜかポパーを一度も読まずにポパー的反証主義を理解していた．ミルトン・フリードマンの古典的論文「実証経済学の方法論」（Friedman 1953）からその一部を学んだが，この論文はポパーに言及することなく，通俗的なポパー主義を表明している．[Blaug 1994a, p. 22]

　本章では，ここ数十年間の復権に先立って，英米圏の文献に存在した経済学方法論の領域を概観していく．これほど幅広く多様な文献をわずかな紙幅に収める試みは，確実に多くの著者や学説を不当に扱うことになるということは理解しているが，ここでの数々の不当な扱いが次章以降の内容によって緩和されるよう期したい[1]．ここで紹介される様々な立場は次章以降で，あるときは対立的な見解の判断材料として，あるときは再解釈として，またあるときは特定の方法論的立場の典型として，度々現れるだろう．例えば，この章の大半はミル的伝統——19世紀半ばの，ジョン・ステュアート・ミルの議論にもとづく経済学方法論の立場——に焦点をあてる．さらに同節は3つの小節に分かれ，第1にミル自身の記述に，第2に19世紀の彼に注釈を加えた論者に，そして第3に彼のアプローチに影響された20世紀初頭の著者に専心する．ここでは戦間期までのミル的伝統の議論にとどめるが，それ以降の展開である，ダニエル・ハウズマンとナンシー・カートライトのような近年のミル的アプローチの再解釈や，同じく「傾向法則」を強調するトニー・ローソンのような非ミル的著者の議論は第7章で取り上げる．似たようなことが，本章で概観する他の見解についても言える．ハチソンのアプローチ（2.2.1節）は，第3章の話題である実証主義と反証主義に影響を受けていたが，その見解は第7章で重ねて考察される．フリードマンの方法論（2.2.2

節）は多くの箇所で暗に言及され，第6章で重ねて詳細に議論される．サムエルソンの操作主義（2.2.3節）もまた，第3章および第4章で精査することになる哲学上の立場の1つである．要するに，この章では単に伝統的な方法論上の配役の内，主要な人物——彼らだけの舞台というわけではない——を紹介するに過ぎない．後の章ではこの数年間で生じてきた方法論研究における著しい変化が考察されるだろうが，そうした最近の変化を理解するためには伝統的な見解に精通することが必須である．

2.1 経済学方法論のミル的伝統

ジョン・ステュアート・ミル（John Stuart Mill, 1806-73）から議論を始める．もちろん方法論的議論が，英語圏においてミル以前に存在しなかったわけではない．言うまでもなく，1776年の『国富論』以前にも方法論の文献が膨大に存在したし，『国富論』だけでなく19世紀初頭のイギリスの経済学の主要著作についても方法論的注釈が多数書かれた[2]．ミルをここで論じるのは，彼の議論が本章で議論することになる主要な方法論的伝統の最も端的な出発点であるからである．彼は正当な「経済学」とは何かを明確に想定していたし，自然科学に関する哲学的観念を明確に持ち，それを彼の経済学の議論に反映させていた．さらに彼は，後世の方法論の議論で度々現れることになる多くの哲学的論点をはっきりと明示していた．

ジョン・ステュアート・ミルは，まだ20代半ばの時に，初めて経済学の方法に関する見解を示した．彼の論文「経済学の定義について」（Mill 1874）——1830-31年に書かれ，1836年に初版された——は今でも経済学の哲学における最も練られた歯切れのよい文章の1つである．彼の主題——経済学は科学であるべきで，また事実そうであるが，物理学の方法とは**厳密に同じではない**——は100年余りにわたって支配的な見解となり，現在でも少数の最有力な見解のうちの1つである．

第1節ではミル自身の経済学の方法に関する記述に直接アプローチする．過去数十年間でミルに関する膨大な解釈的文献が出てきたが[3]，これらの解釈を顧みず（いくつかは第7章で議論されるだろう），ミルの原文（主にMill 1874および1884）に筆者自身の読解を加える．第2節では，概ねミル的伝統に属する19世

16

紀の他の著者，特にジョン・E・ケアンズ（Cairnes 1875）とジョン・ネヴィル・ケインズ（Keynes 1917）を考察する．第3節ではライオネル・ロビンズ（Robbins 1932）によるミル的アプローチの20世紀的表現を考察し，最後の節ではオーストリア学派の方法論について議論する．オーストリア学派の伝統は実のところミル的ではないが，本章ののちの議論で明らかになる理由から，経済学方法論へのミル的先験主義のアプローチとしばしば同一視される．

2.1.1 ジョン・ステュアート・ミルとア・プリオリな方法

　ジョン・ステュアート・ミルの著名な自叙伝（Mill 1961）で明らかにされているように，彼はその思想体系全体における数多の緊張関係——彼の父親やジェレミー・ベンサムの啓蒙主義的合理性，ハリエット・テイラーやロマン主義詩人の哀歌的感性，スミスやリカードのレッセフェール経済学，そしてコントやサン＝シモンの空想的社会主義——をどうにか調和させようと苦闘した人物であるが，恐らく最大の困難は**経験主義的認識論**と（リカードの）**経済理論**との仲裁である．ミルは急進的な経験主義者であり，知識の唯一の源泉は感覚経験であり，知識は帰納的に獲得され，科学法則は経験的な事象の規則性であると考えていた．しかし，それにもかかわらず若かりし頃に身につけたリカード経済学——合理的に生成された最小限の仮定にもとづく，堅固な演繹構造を持つ経済理論であり，実証能力においては芳しくない——を放棄することはなかった．もし科学がそうした狭義の経験主義ないし帰納主義によって特徴づけられるのだとすれば，経済学はいかにして科学たり得るだろうか．これがミルの方法論上の問題であり，現代の方法論の文献において様々な表現上の進歩を伴いながらも核心の1つであり続ける問題である．

　認識論と科学哲学におけるミルの最も重要な著作は，1843年に初版が出た『論理学体系』（1884）である．最初の5篇では彼の一般的な哲学上の立場が展開される一方，第6篇および最終篇では，経済学を含む「道徳科学の論理」が議論されている．先の論文「経済学の定義について」から微妙な異同はあるものの，主要な議論は1830-1831年ごろから『論理学体系』の第8版に至るまで連続していた[4]．ミルは急進的な経験主義者の見解を提供し，経済学のような社会科学に対する特殊な適用免除——一部は社会科学における対照実験の困難さにもとづき，また一部はそれらの特定の領域の性質にもとづく——を論じた．実際，『論

理学体系』の最初の5篇は第6篇のための準備に過ぎず，ミルは一般的な科学知識を体系化する中で，特殊ケースとしての経済学を見失うことはなかった．近年の解説者がまとめるところによれば，「『論理学体系』を著したミルの主要な動機は社会と政治を研究するための確かな基礎を確立することにあった.」(Redman 1977, p. 324)

ミルは『論理学体系』を「直接的に知られる」真理と「推論」によって知られるそれとの区別から始めるが，論理学はもっぱら後者にのみ関わる．我々の直感，感覚，感情が世界と対応しているかどうかという問いは，形而上学の（個別の）一領域である．論理学の研究は我々がいかなる推論をおこなうか，つまりいかに直接的に知られる事象から間接的にのみ知られる事象へと辿り着くか，ということにのみ関わっているのである．

> 「論理学の目的は（中略）我々がどのように直感的とは言えない一部の（しかし，大部分を占める）知識を獲得するか，そして，我々はどのような基準でもって，自明でない事柄にかんして，証明できるものとできないものとを，信ずるに値するものとそうでないものとを区別できるのか，の解明にある.」
> （Mill 1884, p. 27）

ミルにとって，感覚は知識の基盤であると共に推論の素材でもある．コンピュータ画面から知覚される感覚は外部の独立な客体（コンピュータ）に由来すると云うとき，それはそのようなコンピュータの存在を**信じる**と云うに等しい．この（直接的な知覚のみに由来する）信念の妥当性は論理学ではなく形而上学の主題である．論理学は，当初の（直接的に知覚された）信念から一定の追加的信念を確実に推論するための機序を提供するに過ぎない．よって，知識は直接の感覚からの推論によって築き上げられる．

> 「したがって，我々は外的世界から経験する感覚以外には究極的には何も知らず何も知ることはできないというのは，それ自体で自明であり，かつ，目下のところ考慮されるに値するすべての人によって承認される1つの真理として支障なく提示できる.」(Mill 1884, p. 56)

現代の哲学の観点では，こうした立場は（急進的な）経験主義的基礎づけ主義に相当する．

ミルの論調は知識の基礎についての絶対主義論者のそれであるが，個々の科学の**定義**に関してはより寛容な立場をとっているように思われる．個別の科学はそ

の領域の実践者によって定義されるべきであって，時代ごとの科学理論の変化は
しばしば様々な科学の定義の変化を引き起こす——と彼は論じる（こうした見解
は，後の章で議論することになる「自然主義」を思い起こさせる）．

> 「いかなる科学用語の定義についても当てはまることは，もちろん科学それ
> 自体の定義についても当てはまるのであって，結果として（中略）科学の定
> 義は必ず漸進的で暫定的であるに違いない．いかなる知識の拡大や，主題に
> 関する最新の意見の修正であっても，科学に含まれる事項の変化を多かれ少
> なかれ導くかもしれない．そして，科学の内容が修正されれば，異なる特徴
> がその名称を定義するためのより適切な差異となるということが容易に生じ
> るであろう．」(Mill 1884, p. 110)

ミルは演繹（三段論法）の問題に多くの時間を費やしているが，その重要性は
副次的なものにとどまる．ミルにとってすべての推論は帰納的推論である．演繹
的議論において前提に含まれていないものは何も結論には含まれない（演繹は非
拡充的である）ため，すべての実質的な推論は帰納的（拡充的）であるに違いな
い．我々は，「すべての人間は死ぬ」および「ソクラテスは人間である」から
「ソクラテスは死ぬ」を演繹することによって知識を得ることはできない．こう
した三段論法に関する唯一の知識は，個別の人間に関する観察から「すべての人
間は死ぬ」（あるいはソクラテスに関する情報から「ソクラテスは人間である」）に到
達せしめる帰納の過程で獲得される．ミルにとって，すべての知識は観察に由来
するのであり，**普遍は観測されえず**，個別のみが観測されうるということを思い
起こされたい．普遍的法則からの演繹は，普遍的法則を確立せしめる個別的観察
からのそもそもの帰納的推論を上回ることはない．

> 「あらゆる推論は個別から個別へと至る．一般的命題とは，すでになされた
> そのような推論の結果でしかない．三段論法の大前提や，本質的な論理的前
> 件や，前提といったものは，帰納を通じて一般的命題に集約された個別の事
> 実である．それらの個別の事実およびそれらをもたらした個々の事例は，失
> 念されるかもしれない．しかし，事実そのものの記述というわけではないに
> せよ，それらがどのような特徴を持つかを示すような記録は残る．それらの
> 事実が，忘れられた事実からある結論へという推論を正当化すると考えられ
> る．」(Mill 1884, p. 146)

後にミルは経済学は演繹科学であると断言しているので，この議論を念頭に置

いておくと有益である.

　ミルにとって重要なのは帰納と演繹の対立ではなく——ある意味で演繹的推論などありえない——，むしろ**演繹的たりうる**科学と**実験的であらねばならない**それとの区別である（Mill 1884, p. 165）．彼は，ニュートン力学は前者の，化学は後者の一例であると論じている．ニュートン力学においては，数学的に定式化され特殊ケースへの演繹に適用される普遍的な規則が存在するが，化学は依然としてケースごとの実験的手法に限定される（あるいはミルの時代においてはそうであった）．ミルは演繹的か実験的かの違いの鍵を**原因構成法則**——「様々な原因の複合的効果はそれらの分離的効果の総体と同一である」（Mill 1884, p. 267）——に見出す．力学では，作用（$A_1, A_2, \cdots, A_n$）において多数の異なる原因が存在するだろうが，複合的な挙動の結果はそれらの独立の挙動の総体に等しい（線形加法的な力を想定する）．対照的に，化学ではそのような構成法則は存在せず，酸素の独立の性質と水素の独立の性質を足し合わせて，水の性質を導くことはできない．あるいは，ミル自身の例によれば「鉛糖の味はその構成要素の味の総体ではない」（Mill 1884, p. 267）．原因構成原理に反する化学のような科学は**対症療法的**であると云われる（Mill 1884, p. 269）．

　ミルは，原因構成法則にしたがう科学とそうでない科学との違いだけでなく，これらのさらなる**内部的な**違いも論じた．対症療法的な科学では（化学のように）実験的手法がかなり効果的に機能すること——過程を逆行でき原因を復元できる（水から水素と酸素を復元できる）ケース——もあれば，（心理法則のように）実験的手法に対応しない場合もある．対照的に，原因構成法則に服する科学にもまた大きく2つの区分，**演繹的**（ア・プリオリ）および**実験的**（ア・ポステリオリ）科学が存在する．演繹的科学というのは，複合的原因を構成する個別の諸原因を十分に特定することができ，それぞれにもとづいて演繹することが可能であるような科学である．他方，（原因構成が機能している科学のなかでの）実験科学というのは，諸々の原因の集合体しか特定できないような科学である．

> 「結果に関する法則は（中略）複合的原因を構成する個々の原因の諸法則の帰結であり，したがって，それ自体を，これらの諸法則から演繹することができる．これはア・プリオリな方法と称される．他方のア・ポステリオリな方法は実験的研究の基準にしたがって進めることを志向する．同時に存在する諸原因全体を単一の原因として考察し，通常の方法，すなわち諸事例の比

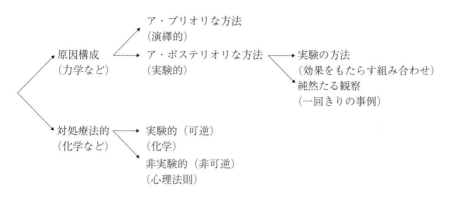

図 2.1

較によって原因の解明を試みる.」(Mill 1884, p. 320)

続けてミルはア・ポステリオリな方法のうち,再現実験が可能かどうか,あるいは純然たる観察(観察された場合に発見される相関)のみしかできないか,にもとづいて2つのタイプを区別している.彼は,人体への水銀の苦痛緩和効果をもちいて次の3つの(構成)方法を例証した.すなわち,演繹(水銀の法則および人体の法則から効果を演繹する),実験(患者に水銀を投与し結果を観察する),純然たる観察(様々な患者を観察し彼らの回復を水銀の影響と相互に関係づける)である.図 2.1 では,ミルの考える科学的方法がすべて示されている.上段は原因構成法則が成り立つときにとりうる3つの選択肢を,下段は原因構成が適用できないときの2つの(対症療法的な)場合を示している.

ミルは,原因構成を取り扱うときはいつでも,様々な原因が相互に補正,相殺することがありうると注意している.各々の原因は直接的な影響力を発揮するが,観察される結果は個別の組み合わせに,すなわち構成要素ごとの特定の大きさや向きに依存するだろう.このため,ミルは,因果法則は常に**傾向法則**と考えられるべきであると主張する.すなわち,「あらゆる因果法則は反対に作用する障害ゆえに,現実の結果ではなく,傾向のみを確言する言葉で述べられる必要がある」(Mill 1884, p. 319).傾向法則という概念をもちいて,ミルは,法則は真か偽かのいずれかであり,拮抗力が存在しているかどうかに応じて真であったり偽であったりすることはないと断言した.例えばミルは,物体は反対に作用する原因

第 2 章 経済学の方法論的伝統 21

に阻害されなければ特定の仕方で動くとは言わず，むしろ「反対への作用がなされる場合でさえ，そのような仕方で動く**傾向にある**」（Mill 1884, p. 319）と言うだろう．拮抗力はニュートン法則の例外をもたらすのではなく，むしろ「あらゆる重さの物体は落下する傾向にあり，これには例外は存在しない」（Mill 1884, p. 320）ということである．

ミルは明らかに，個別の科学の性質に応じて，異なる科学的「方法」を提案している．ところで，社会科学，特に経済学は彼の図解のどこに当てはまるだろうか．端的に言えば，経済学は上図における最上段の分岐に当てはまる．すなわち，原因構成法則のうち演繹的なタイプ（ア・オプリオリな方法）である．

社会現象は社会における個人の行動の総体であるから，経済現象は原因構成法則に服する．ミルは徹底した**方法論的個人主義者**である．

> 「社会現象の法則は，社会的に結合した人間の行動と感情の法則以外の何物でもなく，またそれ以外であり得ない．しかし，社会状態における人はなお人であり，彼らの行動や感情は人間本性の法則にしたがう．人は寄せ集まっても，異なる性質を有する別種の実体に変質する――水素および酸素が水とは異なるように――ということがない．社会における人間は，人間本性の法則から導かれ，そしてそれに分解されうるもの以外の性質を何ら持たない．社会現象において原因構成は普遍的な法則である．」（Mill 1884, p. 608）

経済学の**演繹的**性質はこの学問の2つの主要な特徴に由来する．第1にミルは，経済学は他の社会科学・道徳科学と同じく，対照実験という便利な手段を有していないと主張する．ミルは論点を強調するために国家間の自由貿易の例を用いる．彼は貿易理論に対する「決定的な実験」が望ましいと認めるが，そのような実験を実施するためには「2つの国家――一方は商取引規制を採用しており，他方は自由貿易を採用しているという点だけは異なっているが，他のすべての面では似通っている，あるいは少なくとも国家を富裕に導くすべてを等しく所有しており，そして他のあらゆる事柄についてはまったく同じ政策を採用するような――を発見しなければならない」（Mill 1874, p. 148）[5]．実験的（ア・ポステリオリな）方法は社会的領域では利用できないため，演繹的（ア・プリオリな）方法だけが経済学に唯一可能な方法である．経済学は演繹科学であり，演繹科学に限られる．

> 「しかし，我々はア・プリオリな方法が道徳科学における哲学的探究の正当

な流儀であるということ以上のことを断言することができる．我々はそれが唯一の流儀であると強く主張する．我々は，それらの科学ではア・ポステリオリな方法ないし個別の経験の方法が，有益な真理に到達するための手段としてまったく有効ではないと断言する．」(Mill 1874, p. 145)

経済学は（定義からして）ア・プリオリでなければならないが，このことは必ずしも経済学を認識的に不利な立場に追いやるものではない．ある経済領域の固有の性質のため，経済学には演繹的アプローチが特に適している．それが，経済学におけるア・プリオリな方法に関するミルの弁護の第2の理由をなす．これらの性質でもっとも重要なのは，経済領域がひとつの現象にのみ限定されるということである．すなわちそれは，**富の追求**に直接的に関わる現象である．経済現象には多くの異なる原因が影響を及ぼす——そして，いかなる所与の効果もこれらの（しばしば複雑な）原因構成の結果として生じる——が，これらはすべて究極的には「富への欲求のみ」(Mill 1874, p. 137)に端を発する．したがって，経済学は事実上，単一原因科学である．研究領域は高々そうした富の追求から生じる現象であり，経済学はその追求に関連する法則のみによって定義される．

> 「『経済学』という用語によって現在広く理解されている学問は，思弁的政治学そのものではなく，その一部である．社会状態に応じて修正される人間本性のすべてを，あるいは人が社会においてなすことのすべてを扱うわけではない．経済学は，**富の所有を欲求し**，それを獲得するための手段の相対的な効率性を判断する能力がある存在としてのみ人間を扱う．経済学は，そうした富の追求の結果として生じる社会状態の現象のみを予測する．(Mill 1874, p. 137)

これはもちろん，抽象化である——明らかに富の追求だけが，我々の経済生活に作用しているわけではない——が，経済学という学問を規定する不可欠な抽象化である．

> 「経済学は，人間が富を獲得し消費することだけに専心すると想定し，その動機が彼らの行動のすべてを支配する場合に，ある社会状態を生きる人間が駆り立てられるだろう行動を示すことを目的とする．経済学者は，人間が実際につねにこのように行動すると考えるほど愚かなわけでないが，必然的に科学はこのようにとり行われなければならないのである．」(Mill 1874, pp. 138-9)

したがって，経済学は**抽象**科学であり，その方法は演繹的でア・プリオリな方法である．経済学者はまず，富の追求に従事する経済主体の行動を前提し，その行動をもとに様々な結論を演繹する．したがって，経済学は**幾何学**のような科学であり，抽象的には真でも具体的なケースでは特定の適切な断り書きの下でのみ真であるに過ぎない（Mill 1874, p. 145）[6]．この立場は（消極的には）実験が不可能であることの結果であるし，（積極的には）すべての関連する現象が究極的には単一の原因，すなわち富の追求に還元できるためである．

経済学が「抽象的にのみ真である」というのは事実であるが，経済学がそのために現実の政策的含意において無価値だというのは決して事実ではない．経済学は，幾何学のように抽象的であるが，現実的な活動の指針として——幾何学の場合であれば橋の建造に，また経済学の場合であれば貿易政策の決定に——きわめて有用である．そうした応用は実のところア・ポステリオリな省察を経済学に再導入する．経済学を応用するためには，どのような個別の原因（そして拮抗力）が機能しているかについての**検証**が欠かせない．ミルの言葉を借りれば，ア・ポステリオリな方法は経済学において「真理を発見するためではなく検証するための手段として，そしてすべての個別ケースの複雑さから，また我々が重要な背景をすべて考慮に入れたとア・プリオリに確信することの（不可能性とは言わないまでも）困難さから生じる不確実性を可能なかぎり小さくするため」（Mill 1874, p. 152-3）に重要である．具体的な事例や現実への応用においては，個別の条件や撹乱要因についての知識が必要であり，次いで実証的検証が必要である．なぜなら「我々の予期と実際の事実との間の齟齬は，しばしば我々が見落としていた重要な撹乱要因へ注意を惹きつける唯一のきっかけである」（Mill 1874, p. 154）からである．ミルは，（後世の多くの方法論者が求めたように）経済理論の中心的仮定についての実証的検証を要求しているわけではなく，むしろどの個別要因，特に撹乱要因が作用しているかを発見するために，特定事例についての詳細な実証分析を提案していることに注意されたい．それは，具体的応用という文脈ではア・ポステリオリな実証的検証を採用するような抽象的でア・プリオリな方法である．

こう言いながらも，もちろん我々は，（いささか急進的な）経験主義がミルの哲学上の計画全体を基礎づけていることを忘れるべきではない．ミルは，経済学は演繹的でア・プリオリな方法にもとづいていると強く主張しているが，彼に

とってア・プリオリな知識なるものはあり得ないということもまた思い起こさねばならない．すべての知識は経験的である．すなわち，直接的な観察を基礎にし，そこから帰納的に推論される．経済学者が経済分析の際にア・プリオリとみなす普遍的命題は，それらが個別の経験的観察を基礎にして妥当な帰納的推論にもとづき一般化される範囲内でのみ，知識である．経済学者のア・プリオリな方法は三段論法的な根拠づけを伴うが，ミルにとって「三段論法が用いられる場合，それは推論過程に関する正しい分析である（中略）というよりも，個別的特質から個別的特質への推論である．その推論は，それ以前の個別的事象から一般的規則への，したがって帰納の推論によって正当化される」（Mill 1884, p. 148）．経済学者はア・プリオリな方法を採用するが，経済学は，経験的基礎づけ——経験的基礎づけの一種としての内省も含めて——および，富の追求という人間行動に関する一般法則をそもそも導いた帰納的推論のおかげで，知識であるのである．これは，多くの（ほとんどの）後世の方法論者がア・プリオリという用語で意味する考え方とは異なることをのちに確認するだろう．

　ミルは，経済学，具体的にはリカード経済学に関して多くの混乱が生じていると論じる．それは，経済学の「最良の教師たち」が「抽象科学として完全」（Mill 1874, p. 149）なものにし，またそうした抽象科学が必ずしも「実務家」の興味に適合しないためである．対照実験を欠いているため経済学は抽象的にならざるを得ないが，それだけでなく経済事象の複雑さは特定の具体的なケースの検証を特に難しくする．その結果，経済学者は傾向法則に関する抽象的演繹科学を念入りに作り上げた．これらの傾向法則は具体的な問題の分析に有益だが，その結実としての科学はどうあっても厳密ではない．すなわち，それらは基本的な因果傾向を特定する能力はあろうが，特定の具体的なケースへ応用できるほど法則を精緻化するのに必要な，無数の拮抗力の特定はきわめて難しいかもしれない．実務家は，経済法則が例外に満ちていると考えているが，実のところ，経済法則は例外はないが厳密でない法則と考えるべきなのである．そうした法則は具体的なケースに洞察を与えるが，必然的にやや抽象的なものにとどまらざるをえない．

　『経済学原理』（1909）第6篇における利潤率の低下，および定常状態へ向かう経済の動向についてのミル自身の議論は，そうした抽象的傾向法則がいかに実務家の具体的関心と縁遠いかについての好例である．ミルは，リカードにしたがい，マルサスの人口理論と農地の肥沃度の違いによって，資本主義経済には利潤率低

下の傾向が生じると論じる．その因果の筋道は，利潤は投資を導き，労働需要を増やし，次いで賃金を生存水準以上に上昇させるというものである．長期的には，より高い賃金は（マルサスによれば）人口増加を引き起こし，食料需要を増やすだろうし，次に肥沃度の低い土地への耕作を促す．肥沃度の低い土地への移行は（リカードの地代および利潤理論によれば）地代上昇，および利潤率低下を引き起こすだろう．ミルにとってはこれが（真の）傾向法則であり，（ミルが詳述するように）この傾向には多くの拮抗要因が存在するが，拮抗要因があるからといって，利潤率の低下法則に例外があることにはならない．この法則は，資本主義経済には利潤率低下の**傾向**が存在することを云うのであって，傾向に関する一法則としてこれには例外はない．この法則は，富を追求することへの熱望，人口法則，および（自然法則と見なされる）土地の肥沃度の違いから演繹的に導かれ，そしてそれは認識的には，そもそも個別の観察からこれらの法則を導いた帰納的推論に根拠づけられる．利潤率低下の傾向法則は確かに現実的な含意——穀物法（と救貧法）の廃止を支持したように——を有するが，任意の時点での任意の資本主義経済の利潤率を（定性的にでさえ）予測するには厳密ではなさすぎる．実務家はより多くを求めるかもしれないが，こうした抽象的傾向法則が実のところ経済学で提示できる（だろう）最善のものである．経済学は明らかに科学であり知識をもたらすが，特定のタイプの科学であり，そしてそれがもたらす（厳密でない）知識のタイプは（厳密な）物理学で利用可能な知識と同じではない．

2.1.2 19世紀のミル的伝統

ミル以外にも，リカード経済学を弁護しようとした経済学者がいた．ナッソー・シーニア（Nassau Senior, 1790-1864）の『経済科学の概要』（Senior 1836）はミルの「定義」論文と同年に出版され，似通った視座を提示した．シーニアは，科学としての経済学は究極的には4つの「一般命題」に基礎をおくと論じた．すなわち，(1)「すべての人間は，可能な限り少ない犠牲で追加的な富の獲得を求める」こと，(2) 人口は利用可能な資源量に制限されること，(3) 資本は労働生産性を高めること，(4) 農業は収穫逓減を呈すること，である（Senior 1836, p. 26）．シーニアの，第一の（富の追求の）仮定の正当化は特にミル的である．「要するに，それ［富の追求］は経済学における，物理学で言うところの重力であり，（中略）その先に遡ることができないような究極的な事実であり，他のほとんど

すべての命題はその例証に過ぎない」(Senior 1936, p. 28).

ミルの方法論的擁護と, 多くのリカード的政策提言に対する当時のイギリス政府の支持にもかかわらず, リカード陣営においてすべてが順調だったというわけではない. 『経済学と課税の原理』(Ricardo 1817) 出版後の 50 年間, リカード的研究計画は広範な方面からのさまざまな論点における批判にさらされた. 第 1 の問題は現実の経験的証拠であった. すなわち, データが理論の予測と甚だ食い違っているように見え, ミルの膨大な方法論的免責 (非厳密性, 傾向のみ, …) でさえもリカード的枠組みに関する疑念を和らげるには十分でなかった[7]. 第 2 にリカード的研究計画は, より実証的, 経験的, そしてア・ポステリオリなアプローチを採用するべきという, 耳障りな批判に晒された. この方法論的攻撃は少なくとも (関連はあるが補完的ではない) 3 つの方向からなされた. すなわち, 第 1 に, ウィリアム・ヒューウェル (1794-1866) のような科学者や自然科学史家による一般的な方法論的批判, 第 2 に, ブルーノ・ヒルデンブランド (1812-78), ウィルヘルム・ロッシャー (1823-1907), カール・クニース (1821-98), グスタフ・フォン・シュモラー (1838-1917) らドイツ歴史学派によって提示された代替的な方法論的アプローチ, そして第 3 に, ウォルター・バジョット (1826-77), ウィリアム・カニンガム (1849-1919), ジョン・K・イングラム (1823-1907), リチャード・ジョーンズ (1790-1855), クリフ・レズリー (1825-82) らのようなイギリス歴史学派による長年にわたる批判である[8]. 後者のイギリス歴史学派は, リカード的研究計画に対して特に破壊的であった. 彼らは「経済学の科学的地位やその目的に疑問を投げかけ, その視野の狭さに異議を申し立て, その抽象的演繹的推論への過大な依存に不満を訴えた」(Coats 1992, p. 221). これらの 3 つの批判的文献はすべて, より歴史的で, より直接的に経験的で, 一般論を避け, 抽象度を下げ, 富の追求の仮定に依存しない経済学のアプローチを支持した. 言い換えれば, 彼らは厳密でない演繹的経済学というミルの議論をあからさまに拒んだのである.

1857 年に初版が出たジョン・ケアンズ (John Cairnes, 1823-1875) の『経済学の性格と論理的方法』(Caires 1875) は, これらの批判に対して強力な反撃を試みたものである. ケアンズは, ミル哲学の弱点を補強し, 同時に「リカードに対する実証的批判を反批判した」(Blaug 1958, p. 216). ケアンズによれば, 経済学は人類にユニークな知的資源をもたらすのであって, 「この固有の資源を最も惜し

みなく，そして最も効果的に用いた著述家こそがリカードである．この優れた思
想家に多くの年月をかけてさまざまな方面から加えられている軽率な非難ほど決
定的に，経済学に広く行き渡っている無知を示す証拠はありえないであろう」
（Cairnes 1875, p. 93）．

　ケアンズのアプローチは，広義にはミル的であった――経済学は傾向法則に関
する厳密でない演繹科学である――が，多くの論点でミルから逸脱していた．そ
れぞれの逸脱は個々では比較的取るに足りないと思えるが，総体ではミル的方法
の抜本的修正を迫っている．1857 年前後の時点でのミル的方法は 1836 年時点の
それとは異なり，ある面ではリカード経済学をより堅固に防備する議論を提供し
ている．

　ミルはしばしば経済学を「仮説的」科学と言ったが，ケアンズは同学問の仮説
的性格の重要性についていっそう強く固執した．ミルとは異なり，ケアンズは
「仮説的（hypothetical）」科学と「実証的（positive）」科学を厳密に区別した．彼
の「仮説的」および「実証的」科学の区別は，おおよそミルの「演繹的」および
「実験的」科学の区別（上記の図 2.1 を見よ）に合致する．「演繹的推論を可能にす
るほど進んだ物理科学は，仮説的科学とみなされなければならない」（Cairnes
1875, p. 61）．抽象的法則から具体的結果を演繹することは，拮抗力が有意でない
（あるいは互いに相殺する）場合，つまりすべての重要な原因が同定されていると
いう**仮説のもと**でのみ可能である．ケアンズ自身の言葉では，

> 　「例えば，力学研究者や天文学者の結論は，具体的現実を表す前提から正し
> く演繹されていても，自然界における現実に厳密に対応しているとは限らな
> い．力学研究者は摩擦の攪乱効果を見落としているかもしれない．天文学者
> はいくつかの惑星の存在を無視しているかもしれない．（中略）したがって，
> それぞれの結論は，事実に適用される際には，**攪乱要因の存在しないときに
> のみ真である**と言えるに過ぎない．言い換えれば，結果に影響する原因が議
> 論の前提のなかにすべて含まれるという仮説の下で結論は真である――と云
> うに等しい．」（Cairnes 1875, p. 61，強調原文）

「演繹的推論を可能にするまでに進んでいない」科学は，単純に「観察された
現象を一般化した言明」でしかなく，「仮説的真理ではなく実証的真理である」
（Cairnes 1875, p. 62）法則で満足せざるをえない．経済学は「仮説的」科学である
が，これは単に演繹的段階に到達するほど**十分に進んでいる**からである．経済学

28

の結論は「攪乱要因の不在においてのみ事実に対応する. それは言い換えれば, 経験的ではなく仮説的に真ということである」(Cairnes 1875, p. 64, 強調原文). これは確かにミル的見解であるが, 厳密にミルの見解というわけではない. とりわけ, ミルの認識論的寛大さとでも呼びうるものが消え去っているように思われる. 単に研究領域の違いに応じて科学的方法の違いがあるのではなく, ケアンズにおいては, **進んでいる**科学もあれば後塵を拝している科学もある (経済学はもちろん基準に達している).

別の差異として, ケアンズは経済学では実験ができないというミルの意見に同意するが, 彼はこれを**長所**であり物理学との単なる相違ではないと見ている. 経済学は, 富の追求にともなう活動に関心があるが, そのような活動は, 人々の背景, 文化, 個人的特徴などに依存して変化する. 経済学は, このように実験的研究に適さない複雑な現象に取り組む. もし物理科学がこの状況にあれば, 重力, エネルギーなどの根本的な物理現象が観察されないのだから, 科学的研究は決して軌道に乗らないだろう. 科学以前の物理的世界は正に「巨大な迷路」(Cairnes 1875, p. 81) である. しかし, 経済学は異なる (実際には幸運に恵まれている). というのも, 経済学者は経済現象の作用因に直接に接近する手段を有するからである. その作用因とは,「人類に備わる感情と本能的性向」である (Cairnes 1875, p. 87).

> 「**経済学者は究極的原因をすでに知っている**. (中略) 彼は, 研究を開始する時点においてすでに, 物理学者が苦労を要する長年の研究ののちにのみ到達できる位置にいるのである.」(Cairnes 1875, p. 87)

一部の学問が演繹的であるほど十分に進んでいるというだけでなく, その研究領域における究極的原因に対して直接的接近手段を有するような, 幸運に恵まれた一演繹的科学が存在する. 経済学は良き科学であるだけでなく, 幸運に恵まれた科学であると考えられる.

ケアンズは経済学における**検証**の役割も議論しており, ミルのように, 個別の具体的事例においてどのような拮抗力ないし攪乱効力が作用しているかを確定する方法を考察している. しかし, ここにもまた違いがある. ミルにとって, 演繹的側面は (経済学のような演繹科学であってさえも) 常に副次的ある. かれにとって, 経験的検証は議論の最終段階で行われるが, よりいっそう重要なのは, 演繹に用いられる法則をそもそも生み出した経験的事実からの帰納である. ミルにとって, 科学は全体として経験的である. すなわち, 事実で始まり事実で終わり,

第 2 章　経済学の方法論的伝統　　29

演繹は単に便利な道筋である．ケアンズにとってはそうでない．我々は重要な原因を確実に知っているのであるから，経験的証拠の役割は議論の最後での検証のみにあり，それ以外にはないのである．

「物理科学という前例から経済学者が学ぶべきことは，演繹を主要な知識の源とすることである．観察と経験によってもたらされる事実は，あわよくば演繹によって得られる結論の検証手段として採用されると同時に，事実と理論的推論との間に齟齬が生じると認められる場合には，こうした齟齬を引き起こすような攪乱要因の性質の究明に用いられる．演繹的段階に到達しており，それゆえ経済学との本質的な類比が可能な物理科学では，この仕方において，そしてこの仕方においてのみ，経験的事実の利用がなされる．」
（Cairnes 1875, pp. 96-7，強調引用者）

ケアンズによるミルの方法論的アプローチへの一見小さな修正が，歴史学派や他の批判者たちの批判からリカード経済学を保護するのに大いに役立ったであろうことは容易に見てとれるが，ケアンズの見解がジョン・ステュアート・ミルの強固な経験主義と整合的であるかどうかはそれほど明らかではない．恐らく，リカード経済学という赤子が経験主義の湯船で溺死するのを防ぐには，単純に，経験主義の水を捨て去る（あるいは危険がなくなるまで水を抜き取る）しかなかったということであろう．マーク・ブローグがだいぶ以前に述べたように，

「最終的なケアンズのリカード擁護は，当時の経済学に押し寄せた経験主義の（中略）流れを食い止めようという欲求に由来していると思われる．悪しき理論であってもまったく理論がないよりかはマシである．そしてケアンズは，周りを見渡しても，リカードやその後継者らの一般的アプローチよりも良質な議論を見つけることはできなった．」（Blaug 1958, p. 220）

本節で論じる最後の 19 世紀の大家——ジョン・ネヴィル・ケインズ（John Neville Keynes, 1852-1949）——の時点では，リカード経済学「よりも良質な議論」はたしかに存在した．ジョン・メイナード・ケインズの父，ネヴィル・ケインズは 1870 年代の新古典派革命以降に執筆していたというだけでなく，彼の『経済学の領域と方法』（Keynes 1917）が初版された 1890 年には，友人のアルフレッド・マーシャルによる『経済学原理』（Marshall, 1949）の第一版も出版された．ケインズは，新古典派の隆盛後に，ドイツ方法論争（後述）に応答する形で，そして意識的に，経済理論と方法（特に新古典派とリカード学派の関係）に関する

マーシャル的観点にもとづいて執筆していたのである．フィリス・ディーンの言葉を借りれば，ケインズの著書は「（イギリスではマーシャルの『経済学原理』と同義とみなされた）新しい経済学のための決定的な方法論教科書として，そして冗長な方法論争に終結をもたらすものとして，大多数の評者によって受け入れられた」（Deane 1983, pp. 3-4）．どうしてマーシャル経済学にとっての「決定的な方法論教科書」が，ミルやケアンズのような厳密なリカード派と同じ方法論的伝統にあるのだろうか．その答えはケインズの議論の普遍性と機微にある．

ケインズはまず，ミル，シーニア，ケアンズらの方法論的伝統を要約する．「基本的に彼らは，経済学がその対象領域において，倫理的あるいは実践的とは区別される意味で実証的な科学であり，またその方法において抽象的で演繹的な科学であるということに同意している」（Keynes 1917, p. 12）．ケインズによれば，この（ミル的）方法論的伝統は以下のように特徴づけられる．すなわち，（1）実証科学と規範的評価をはっきりと区別すること，（2）富の研究を他の社会的側面から切り離すこと，（3）実験的ではなく，演繹的ないしア・プリオリであること，（4）抽象的であること，（5）仮説的である（傾向の科学に過ぎない）こと，そして（6）（最後に）観察が検証に入り込むこと，である．

ケインズは6つの性格の一番目——経済学は規範科学ではなく実証科学である——を究極的に重要な区別とした（彼の主要な方法論上の貢献としてしばしば引用される）．実証と規範の分離はケインズのより一般的な，**実証科学，規範科学，アート**の3つの区別の一部である．実証科学は事実の研究（どうであるか）に関与し，規範科学は規範と規則の研究（どうあるべきか）に興味があり，アートは政策への応用（何が達成可能か）に着目する．彼自身の（よく引用される）言葉では，

> 「ここでの用語としては，**実証科学**は「どうであるか」に関する体系的知識として，**規範科学**ないし**統制的**（*regulative*）**科学**は「どうあるべきか」の基準に関係し，現実からは区別される理想に関わる体系的知識として，そして**アート**は所与の目的を実現するための規則の体系として定義される．実証科学は**一様性**の確立を，規範科学は**理想**の確定を，アートは**指針**の定式化を目的とする．」（Keynes 1917, pp. 34-5）[9]

ケインズは，この3つの区別がいかに適用されるかの一例として税制を用いた．すなわち，実証経済学は誰に税負担が及ぶかを考察し，規範経済学はどの

人々が税負担を担うべきかに着目し，政策アートは実際の税執行に関する詳細に対応する（Keynes 1917, pp. 32-3）．

　ケインズにとって，経済学における主要な方法論争は，たんに，これら3つの分類（特に実証と規範）の混同によって生じたものであった．「注意すべき主要な論点は，どうあるべきかの問いをどうであるかの問いに融合させる企てが，経済学のみならず，経済学の方法に関する議論を混乱させる傾向にある，ということである」（Keynes 1917, p. 63）．ケインズの一般的教訓は，6つの命題によって特徴づけられる（ミル的）方法は，基本的に優れており——経済学のあるべき姿だけでなく，過去の最良の（古典派および新古典派）経済学者の実際の活動もうまく捉えている——，経済学者は概念上もう少し秩序立った方法を取る必要がある，ということであった．争点は，本質的な方法論の不一致というより，概念上の整理整頓のほうにあったのである．古典派（特にリカード）と新古典派（特にジェヴォンズ）との「不一致」についてのアルフレッド・マーシャルの見解に馴染みのある者は，ケインズの立場を一種のメタ・マーシャル的立場と認識するだろう．マーシャルが古典派的（費用決定的）および新古典派的（需要決定的）価格理論を「調停」したのと同じ，「どちらも特に間違っているわけではなく，両者の良いとこどりをすればよい」という方法で，ケインズは，（ア・プリオリな）ミル論者と（ア・ポステリオリな）歴史学派との方法論争を調停したのである．

> 「もし純然たる帰納が不適切ならば，純然たる演繹も同じく不適切である．これらの方法を，あたかも一方の採用が他方の採用を排除するかのように対置させる過ちは一様によく見られる．実際のところ，経済学の十分な発展が可能となるのは，2つの方法を偏見なく組み合わせることによってのみである．」（Keynes 1917, p. 172）

　ケインズの方法論はマーシャル的な妥協的公式見解ではあるが，より深く巧妙な意味においてもメタ・マーシャル的であるように思われる．マーシャルは妥協的立場を論じ，おそらくこれに熱心でさえあったが，彼の価格理論は，古典派の労働価値説を排除することで古典派と初期新古典派の価値理論を「和解」させた，というのが事実である．和解の結果として生じたのは，和解された集団のうち，古典派よりも新古典派によく似た価格理論であった．これは，ケインズの方法論についても同様である．ケインズは，演繹的方法に対する歴史学派の批判の大部分をかわすことで，ア・プリオリな演繹主義的アプローチとア・ポステリオリな

帰納主義的アプローチを仲裁した．ケインズの方法論的和解は結局のところ，ド
イツやイギリスの歴史学派よりも，ミルやケアンズの方法によく似ていた．

　ケインズは，科学を「形式的一般性を有する整合的体系的真理として」定義し
ており，したがって「一般性を欠く真実は科学を構成し得ない」（Keynes 1917, p.
150）．言い換えれば，科学には**一般法則**がなければならない．しかし，経済学の
ような非実験的な科学ではどのように一般法則が得られるだろうか．ミルやケア
ンズを思い浮かべれば，それは確実に，ア・ポステリオリな方法からではない．
経済学者は「人間本性の基本原理からの演繹」（Keynes 1917, p. 211）に信頼を置
かざるをえない．

> 「個別的経験の方法が，経済法則に関する確かな知識をもたらすことに失敗
> する限りは，以下のような方法に頼るほかない．すなわち，その本質は，主
> 要な作用因をあらかじめ確定し，そして様々な条件のもとでその帰結を演繹
> することにある．というのも，具体的事実をその複雑な姿のまま検討するよ
> うなア・ポステリオリな議論は，相互に経済取引を行う人々の一般的特徴に
> 関する知識にもとづくア・プリオリな議論によってうまく代替されるからで
> ある．」（Keynes 1917, p. 216）

　このア・プリオリな方法はもちろん「仮説的科学」につながるであろうし，拮
抗要因のために「傾向のみに」（Keynes 1917, p. 218）関わらざるを得ず，そして
常に「抽象化の過程」を伴い，「セテリス・パリブス条件をたびたび用いること
を余儀なくされる」（Keynes 1917, p. 218）．実証的**検証**は確かに必要であるが，ケ
アンズと同様にケインズにおいても，それは最後に用いられ，どのような攪乱要
因が存在するかを確定するためにのみ用いられる．もし実証結果が理論の予測通
りにならなくても，理論を棄却すべきではない．経済学は多くの攪乱要因を伴う
複雑な作業である．否定的な経験的証拠については懸念しなければならない．

> 「しかし，我々は性急に否定的な結論を出すべきではないし，理論が覆され
> たと想定すべきでもない．なぜなら，理論が機能しているかどうかは観察に
> おいて明らかではないからである．というのも，そもそも演繹的方法の必要
> 性の根拠となった現実経済の複雑さのため，ある作用の現実における効果が，
> 我々の演繹推論の結果と実際に対応しているかどうかを確かめることは，困
> 難なのである．」（Keynes 1917, p. 233）

ケインズは，ケアンズと歴史学派を和解させると言っておきながら，実際には

第 2 章　経済学の方法論的伝統　　33

ケアンズを優先しているように思われる．ミルとケアンズがリカード経済学を擁護するために利用した方法論は，マーシャル的価格理論の擁護においても確かに同じく有効である．

この主題から離れる前に，経済学方法論においてケインズが広めた実証と規範の区別について付言することは有益である．この区別はデイビッド・ヒュームにまで遡ることができ，そのことからしばしば「ヒュームのギロチン」あるいは「ヒュームのフォーク」と呼ばれる．ヒュームの目的は，道徳理論に非道徳的基礎づけを加える試みを完全に排除することにあった．もし「である」から「べき」を演繹できないのであれば，事実に関する前提から倫理的規範や価値判断に到達することは不可能となる．世界がどうであるかに関する情報をいくら集めても，それのみでは，どうあるべきかに関する結論は得られない．『人間本性論』(1888, Book III, Part I, Section I) のヒューム自身の言葉を借りれば，

> 「これまでに見てきたすべての道徳の体系において，論者はしばらく通常の論法で進め，そして神の存在を確証したり，物事の是非について注釈を加えたりする，と私は常に述べてきた．そのようなとき私は思いがけず，「である」および「ではない」という通常の命題の結合ではなく，「べき」ないし「べきでない」を含む命題を見出して驚く．この変化はごくわずかであるが，しかしながらきわめて重要である．「べき」ないし「べきでない」は，新たな論理的関係を表すのであるから，それは明示され説明され，そして同時に，あり得ないように思われる論理展開，つまりどのようにして，全く異なる論理的関係からこの新たなものが演繹され得るかに対する理由が付されてしかるべきである．」(Hume 1888, p. 469, 強調原文)[10]

「である／べき」の区別は今もなお方法論文献でたびたび用いられるが，ケインズがこの区別を論じた際の論点は，現在ほぼ忘れられていると思われる．第1に，ケインズにとって実証と規範の区別は，科学と非科学を区別するためではなく，2つの異なるタイプの科学を区別するために用いられた．第2に，実証と規範はケインズにとって互いに排他的であったが，それらによって有意味な命題のすべてのタイプが尽くされるわけではなかった．第3に，「実証的」という用語は19世紀には異なる意味を持ち，一般的に言って，20世紀において意味するところよりも包括的であった．最後に，後の章での議論のために恐らく最も重要なことであるが，「規範的」という用語は**倫理**としての規範を意味するのであって

認識論的な規範を意味しない．経験的観察から倫理的規範は導けないかもしれないが，現代の哲学者の多くは，科学者の実際の活動に対する経験的観察から認識論的規範を導ける（事実，導かなければならない）と考えている．最後の論点は，科学哲学における大きな論争点である（第4章の「自然主義」に関係する）が，この時点では，様々なタイプの「規範」があり，倫理とは関係のない規範も存在するとのみ理解すれば十分である．

2.1.3 経済学の本質と意義に関するロビンズの立場

　本章で扱う最後のミル的アプローチは，20世紀初頭に打ち出されたものである．ライオネル・ロビンズの『経済学の本質と意義』（Robbins 1932/1952）は（少なくともごく最近まで）ミル的伝統の終結点であった．ロビンズの著作は，長年にわたって，経済学方法論への新規参入者が彼らの成果と対比させる（不適切な）基準として提示されてきた．

　ロビンズは，次節で論じるオーストリア学派および，（少なくとも1つの重要な争点について）論理実証主義に影響を受けたが，彼の方法論は本質的にミル的伝統にあった．特にケアンズのように，ロビンズは，対照実験の欠落および，一般化が可能なほどの歴史データの欠如に対して，直接の内省的な経験という疑いようもない事実を経済学の基礎とすることを提唱した．ロビンズにとって，経済学の前提は，推論の連鎖をへた誤りがちな結論などではなく，簡潔で自明なものである．

> 「これは，ひとたびその本質が十分に認識されたならば，現実に存在しているかどうかを争うような仮説ではないのである．我々はその妥当性を確立するための対照実験を必要としない．それは，日常経験の本質であるので，自明なものと認識されるべきと述べさえすればよいのである．」（Robbins 1952, p. 79）[11]

　さらにケアンズと同様に，これによって，経済学は実際には自然科学よりもいっそう信頼に足る科学なのである．

> 「見てきたように，経済学においては，根本的一般化を可能にする究極的構成要素は，直接的な知識によって知られている．自然科学では，それは推論によって知られるに過ぎない．このため，個人の選好に関する仮定の現実性を疑問視する理由は，電子に関する仮定を疑問視する理由よりもはるかに弱

いのである.」（Robbins 1952, p. 105）

　経済学の疑いようもない基礎をひとたび理解したならば，帰納主義者や歴史学派（そして 1930 年代までの制度学派）によって掲げられた批判はすべて概して的外れであると言える．ロビンズにとって，そのような批判は認識論的に深刻なものではない．それらの大部分は，主流派経済学に対する政治的攻撃の（無意味な）隠れ蓑であった（Robbins 1952, p. 82）．概ねミル的な方法論的伝統に問題はなく，「大騒ぎ」する根拠は，実際にはまったく存在しない，というのがロビンズの最終判断である．

　　「このように表現すれば，シーニアやケアンズの時代以来の，いわゆる「正統」的科学理解の基礎となっている観点には，確かに圧倒的な説得力がある．そうした大騒ぎが必要であった理由や，その立場を丸ごと疑問視することに意義があると考えるような人が現れた理由を理解することは困難である.」
　　（Robbins 1952, p. 82）

　ロビンズは，おおよそミル的な経済学解釈に傾倒していたにもかかわらず，彼の立場とジョン・ステュアート・ミルのそれとで根本的に異なった箇所が僅かながらあった．恐らく最も重要なのは経済学の定義に関する相違である．ロビンズは，経済学は富の科学であるというミルの定義，あるいは後のマーシャル派の表現では，物質的厚生の科学である，という定義を全面的に拒否した．ロビンズは，多くの物事は「経済的」であることなしに「物質的」である（例えば，複製図面や無価値な岩）一方で，他の多くの物事は明らかに「物質的」であることなしに「経済的」である（例えば，労働サービスや先買権），と論じた．経済分析の主題たらしめるものはその**稀少性**である．複数の用途があり，そのうち 1 つの仕方で用いられているということは他の仕方で用いることができないということを必然的に含意する．経済学は，選択，機会費用，そしてトレード・オフを考察する学問である．

　　「経済学は，代替的な用途をもつ稀少な手段と目的との関係としての人間行動を研究する科学である.」（Robbins 1952, p. 16）

　この定義は「物質的富」とは無関係であるだけでなく，特に市場や資本主義とも無関係である．ロビンソン・クルーソーや前近代の村落，中央計画者は，代替的な用途を持つ稀少な資源をめぐって意思決定を下さねばならず，したがって経済活動に携わる．経済学は，（何らかの）最終目標とそれらの最終目標に到達す

36

るための稀少な手段との関係についての研究である．この定義は，初等的な教科書においては依然として好まれているが，制度学派や様々な歴史的アプローチのみならず，マクロや成長論，計量経済学，（ミルにとって最重要であるところの）デイビッド・リカードの経済学を含む，すべての古典派経済学をも排除している．ロビンズがミル的な方法論的伝統に属しているとしても，ジョン・ステュアート・ミルの主張をすべて擁護しているわけではないのである．

　ロビンズが（その以前には主流であった）経済学の焦点を変更した別の事例として，**効用の個人間比較**がある．貨幣所得の限界効用逓減のために金持ちから貧乏人への所得移転が必然的に社会厚生（個人効用の総和）を改善させるだろうというのは，マーシャル派が支持した 19 世紀後半の標準的な功利主義的主張であった．ロビンズは，経済学という**科学**にもとづけば，こうした結論には到達し得ないと考え，これを断固として拒絶した．経済学は，個人の選好順序（あるいは効用関数）を起点とするが，これは，どのような個人のあいだでも比較することのできない主観的な選好（あるいは効用）である．私には私の主観的選好があり，あなたにはあなたの主観的選好があるが，その 2 つを比較することは（あるいは足したり引いたりすることも）できない．ロビンズにとって，これらの比較は観察可能ではなく，したがって科学的究明の対象にならない．

> 「**B の満足との比較における A の満足の大きさを検証する手段は存在しない**．（中略）内省では，A が B の心理を測定したり，B が A の心理を測定したりすることはできない．異なる人々の満足を比較する方法は存在しない．」（Robbins 1952, p. 139-40, 強調原文）[12]

ロビンズにとって，再分配税制の社会厚生効果について大胆な主張をする人々は，単に**実証経済学**と**規範経済学**とを混同している．そのような議論は倫理哲学に属し，実証科学で決定され得ない．「経済学は究明可能な事実に，倫理学は評価や義務に取り組む」．明らかに，ミルの功利主義倫理に関する科学はもはや，科学ではない．

　本節を終えるにあたって，これまでの 3 つの小節で論じたミル，ケアンズ，ケインズ，ロビンズというミル的方法論の伝統において，やや繊細だが極めて重要な変化が生じていたことを指摘することが肝要である．ここまで多くの相違に詳細に触れたが，著者から著者へと移るなかで，もう 1 つのきわめてわずかな普遍的変化が生じていた．この変化というのは，**他の科学の方法と対比させるこ**

とで経済学の方法を特徴づけるというミルの論法から，すべての科学に関する
ルールを特定し，それを経済学にも適用するというロビンズの論法への変化であ
る．ミルにとって，化学は科学であり，数学は科学であり，功利主義倫理学は科
学であり，そして経済学は科学である．あらゆる知識は感覚に由来し，科学分野
によって知識を獲得する方法は異なる．非科学と科学を区別することが，ミルに
とっての争点ではない．啓蒙は勝利し，唯一の争点は，その戦利品のあいだのう
ち何を誰が（どの学問領域が）獲得するかの決定であった．19世紀の終わりか
ら20世紀にかけて変化が始まったのであり，その変化のなかで楽観主義は弱
まった．主流派経済学は攻撃され——イギリスおよびドイツの歴史学派，マルク
ス主義，制度学派によって——，これらの批判者はほぼすべて，より良い科学的
方法を標榜していたように思われる．科学と非科学に関する境界や規則は，現代
の常識になっている．ロビンズは，確かに後の章で論じる方法論者ほどには厳格
でもルール本位でもなかったが，その論調は明らかに変わり始めている．経済学
は経済史や規範倫理学，形而上学，政治学，様々な他の非科学的研究と混同され
るべきではなく，経済学は効用の個人間比較をなさず，そして方法論はルールに
関するものとなり始めた．

2.1.4 オーストリア学派経済学の方法論

　ロビンズはオーストリア学派の着想の一部に影響されたが，彼の方法論は，本
節で論じるオーストリア学派にスムーズに話題を転換するのに必ずしも役立たな
い．不幸なことに，ミル的伝統とオーストリア学派とのあいだにはそれ以上にふ
さわしい中間的立場も存在しない．厄介なのは，ミル的方法論の伝統とオースト
リア学派との間には，やや不可解な関係性があるということである．一方では，
オーストリア学派の方法論は，よくミル的先験主義の特殊ケースとして提示され
るが，それにもかからず他方では，オーストリア学派は反経験主義であり（した
がって，ミルの基礎的な哲学的立場とは完全に食い違っている），かつ，限界主義的
経済学を奉じている（したがって，同時にミルの古典派経済学への傾倒とも食い違
う）．後の章で見るように，これら2つのアプローチを基本的には類似したもの
と見なす傾向は，それらのあいだに哲学上の共通点があるということよりも，20
世紀半ばの実証主義の影響であるに違いないが，それにもかかわらず，やはり
オーストリア学派の立場はミル的伝統に関する節で考察するのが適切であろう．

オーストリア学派の方法論を要約するのは，前述のミルやロビンズらよりもはるかに難しい．後者の著者らと同様，オーストリア学派の見解は，さまざまな異なる解釈が加えられているが，オーストリア学派の場合には，きわめて多様な視点をもった経済学者が「オーストリア学派」のなかに分類されている（し恐らくそう分類されることを望むだろう）．同学派では，膨大な文献と広範な多様性のため，オーストリア学派の方法論的伝統に属する著作をすべて，あるいはその主要部分でさえも，説明することは事実上不可能である．以下では，オーストリア学派の創始者であるカール・メンガーを簡潔に考察し，そして20世紀のオーストリア学派経済学における2人の最も重要な人物，ルートヴィヒ・フォン・ミーゼスおよびフリードリヒ・フォン・ハイエクの方法論的記述を参照する．これによって，オーストリア学派の方法論全体に関する説明というよりも，この主題をより深く掘り下げたい人々への有効な指針および便利な導入を提供したい．

カール・メンガー（Carl Menger, 1840-1921）はオーストリア学派の創始者であるとともに，新古典派経済学の初期の発展に貢献した経済学者の1人であった．メンガーの『経済学原理』（Menger 1976），レオン・ワルラスの『純粋経済学要論』（Walras 1954）およびウィリアム・スタンリー・ジェヴォンズの『経済学の理論』（Jevons 1879）はすべて1870年代初頭に著されたが，これらの著作は，のちに新古典派（あるいは限界主義）革命と呼ばれることになる経済学の転換をもたらした最も重要な3冊であると一般的に考えられている．メンガー，ワルラスおよびジェヴォンズの著作には多くの共通点があるが，著しい違いもあり（Jaffé 1976），特にメンガーの経済学は，ジェヴォンズおよびワルラスとは根本的に違っている．1つの大きな違いはジェヴォンズもワルラスもともに微分法を強く信頼していた（そして，議論のために必須であると考えていた）のに対して，メンガーは高等数学の使用をまったく避けている．この違いは単に計算手法の使用というだけでなく，より深くまで通じている．メンガーは「主観的新古典派」（Greenfield and Salerno 1983）——個々の経済主体の主観的な目標指向の行動を強調する——を主張した．この見解は，その後も「オーストリア学派」のアプローチを規定しつづけることになるが，最終的にはワルラス的研究計画の隆盛によって，ほとんど注目されなくなった．

メンガーは大量の解釈的文献によって議論されてきた．しかし慣習的な理解では，メンガーのなかには多くの知的影響を読み取ることができる（Caldwell 1990

に所収される様々な論文を見よ）が，彼の基礎にある哲学上の立場は，アリストテレス的な本質主義的実在論の変種として最もうまく表現できる[13]．ジョン・スチュアート・ミルの経験主義とは出発点を根本的に異にすることを意味するのであるから，メンガーのアリストテレス主義を強調することは肝要である．ミルもメンガーも経済学へのア・プリオリな演繹アプローチにたどり着いたが，そして（彼らの実質的な経済理論とは対照的に）彼らの一般的アプローチはにわかには区別できないかもしれないが，彼らは実のところまったく異なる哲学上の立場に依拠している（Cartwright 1994b）．この緊張関係——経験主義に触発された演繹主義（ミル的伝統）と，一部のオーストリア学派の，あからさまな反経験主義的な演繹主義との間の緊張関係——は，過去百年間の方法論における論争にさまざまな形で影響を与えている[14]．

　メンガーの見解は，ドイツ歴史学派内部の方法論争という背景のもとで，幾分誇張されるようになったが，その立場に，彼の基本的な方法論的信念が反映されていたことは明らかである．メンガーとグスタフ・シュモラーとの実際の論争は意外にも長続きしなかった．メンガーの『社会科学，特に経済学の方法に関する研究』（『経済学と社会学に関する問題』として 1963 年に英訳された）に対する，1883 年のシュモラーの辛辣な批評で始まり，1884 年のメンガーによる同程度に執拗な返答——友人に宛てた手紙として書かれた小冊子という形式をとった——によって終わった．2 人の間の公式なやり取りはメンガーの返答をもって終わったが，方法論争はメンガーが亡くなるまで尾を引き，最終的にはドイツにおける経済学教育，および方法論の重要性に関するオーストリア学派の態度に深い影響を与えた．

　　「晩年のメンガーが，適切な方法に関する問題に関わりつづけた理由を理解するためには，この論争が喚起した激情を，そしてドイツの支配的な学派との絶縁がメンガーやその後継者に対してどのような意味をもったかを十分に認識する必要がある．シュモラーは事実上，「抽象」学派のメンバーがドイツの大学の教壇に立つのはそぐわないと公に宣言するまでに至った．そして，学界での彼の影響力は絶大であったので，この宣言によってメンガーの支持者は，ドイツの大学のポストから完全に排除されることになった．」（Hayek 1934, p. 407）

　方法論争の標準的な解釈では，論争は，演繹と帰納のどちら（のみ）が経済学

の知識を獲得するためにふさわしい方法であるかに終始したと考えられる．メンガーは，経済理論はすべて経済行動に関する少数の基本的命題から演繹すべきと考える急進的な演繹主義者と見なされるのに対して，ドイツ歴史学派も同程度に急進的で，理論を完全に放棄し，経験的歴史的データの飽くことのない蓄積に従事するような帰納主義者の集団と見なされる．このメンガー理解は，彼が経験的証拠にも社会制度の構造にもまったく興味がなかったということを示唆するのに対して，シュモラーに関しては，飽くことのない事実発見者，いかなる演繹的推論にも決して手を染めない「帰納主義者」であったと示唆される．このような標準的解釈は，実のところ論争のどちらの陣営に対しても公平とはいえない．方法論争の文献を整理することは現在の目的を明らかに超えているが，どちらの陣営も標準的解釈で提唱されるほどに過度に単純な見解をまったく支持していないことは指摘できる．議論の熱気がしばしば著者を単純な立場に駆り立てたと想定したとしても，両陣営は，純粋な演繹と純粋な帰納のどちらが経済学にふさわしい方法であるか口論していたのではなく，はるかにより複雑な（そしてよりいっそう哲学的に興味深い）見解を提示していたのである [15]．

　メンガーの後継者のうち最も影響のある著者のひとりで，オーストリア学派第3世代の経済学者であるルートヴィヒ・フォン・ミーゼス（Ludwig von Mises, 1881-1973）は，方法論争におけるメンガーの立場に対する上記のような単純な解釈にかなり近い考えを示した [16]．ミーゼスは，経済学の方法論的主流派——まったく同質的であるというわけではないが，概ね経験主義，かつ方法論的一元論（社会科学および自然科学は同じ「科学的方法」を実効すべきである）をとる立場——とは真っ向から対立しているが，彼の見解はしばしばオーストリア学派方法論の範例と評される（例えば，Hutchison 1981 を見よ）．恐らく極端な立場のほうが分かりやすいという理由で，あるいは恐らく単にミーゼスがきわめて強硬に，ずっと一貫した(幾分急進的な)方法論上の立場を主張していたため，のちの人々は，オーストリア学派の方法論とミーゼスの立場を同義としてあつかっている．

　ミーゼス（Mises 1949, 1978）は彼の経済学方法論を「人間行為学（praxeology）」と称した．人間行為学の源流はカント主義である．カントが，我々の概念および経験が外部世界の客観的性質に対応しているかという問題に答えるために，その問いを逆転させた——客観的世界を我々の概念および経験的枠組みに沿わせる——ように，ミーゼスもまた，人間の主観的気質の根本的特徴を用いて彼の知識

概念を基礎づけた[17]．カントにとっては，我々の知識の基礎を形成する基本原理および判断——論理規則，あらゆる事象は原因を有するという観念，そして客体が存在するという観念——が存在し，それらは，物事に対する我々の理解にとってきわめて根本的なものであるので，それらなしに何らの有意義な経験もまったく不可能である．そのような原理に関する知識は，物事に対する我々の理解に必要（前提条件）であるから，それらは外部，経験的観察には由来せず，**人為的でア・プリオリな真理**であると考えられる．ミーゼスにとっては，経済学の知識もまた（固有の）前提条件——有意義な経験が可能であるために必要な人為的ア・プリオリな真理の命題——を有し，それは，**人間が行動する**（意図的あるいは目的をもった行動をとる）ということである．

> 「人間行為学のア・プリオリな知識は，数学とはまったく異なる．（中略）あらゆる人間行為学的な思考の出発点は，任意に選ばれる公理ではなく，すべての人間精神において完全に，明白に，そして必然的に存在する自明な命題である．（中略）人間の特徴的性質はまさしく，自覚的に行動するということにある．人は行為主体であり，行動する動物である．（中略）行動するということは，目的に向かって努力すること，つまり，目標を定め，そしてその目標を達成するために何らかの手段を用いることを意味する．」(Mises 1978, pp. 4-5)

人間が目的をもって行動するという知識は，人間行動に関する知識すべての前提条件であるというだけでなく，我々自身の行動に関する自己知識であるということから生じる知識である．

> 「我々自身の行動や他人のそれについての理解は，自己理解や内省をしたり，他人の行動を理解したりする過程によって得られる行動類型によって規定される．この洞察に疑いを抱くことは，我々が生きているという事実に疑問を差し挟むことに劣らず不可能である．」(Mises 1978, p. 71)[18]

この仮説——主体は行動し，したがって意図や目的をもった目標指向的行動をとる——は，ミーゼスの経済学研究の出発点である．正当な経済理論はすべて，この核となるア・プリオリな前提条件からの演繹として生じてくる．

> 「人間行為学はア・プリオリである．そこで用いられる定理はすべて，行動類型に端を発する演繹的推論の所産である．（中略）人間行為学のすべての定理は，行動類型からの論理的推論によって演繹される．それは，ア・プリ

42

オリな類型からの論理的推論によってもたらされるため，論理的（apodictic）確実性を帯びる.」(Mises 1978, p. 44)

　ミーゼス的アプローチは，少なくとも3つの重要な方法論的含意を有している．すなわち，**方法論的個人主義**，**方法論的二元論**および**先験主義**である（Boettke 1998）．以下ではこれらを順に検討する.

　方法論的個人主義は，経済学の哲学では一般的な考え方であり，ミルやロビンズら，前述の（また後述の）他の論者によっても提唱されていた．哲学上の文献では，さまざまな形態の方法論的個人主義が盛んに議論されてきたが（例えば，Kincaid 1996を見よ），ミーゼスの立場は，個人が行動するという単純な前提にのみもとづく．「個々人の行動において以外には集団は，何らの実体も現実性も有さない」(Kincaid 1996, p. 81)．これは（ロビンズと同様に），経済学にはミクロ経済学しかないということを意味し，マクロ経済的規則性はときに経済学者や政策立案者には興味深いかもしれないが，消費関数のようなマクロ経済的概念は，実質的にはまったく説明力を持たない．ウォルター・ブロックが，哲学者ロバート・ノージック（Nozick 1977）によるオーストリア学派の方法論に関する論文にこたえて以下のように説明している.

　　「**ミクロ経済学**はそれ自体の観点において正しく，原因主体（個人の意思決定）にまで遡って現象を考察しているが，マクロ経済学には，人為的な構築物のみしか存在せず，その間接的な基礎である個人の選択をのぞけば，それ自体では何らの因果的説明力を有さない，とオーストリア学派は主張する．様々なマクロ集計値の間の統計的な相関は確かに存在する．しかし，経済学における唯一の原因主体である人間当事者の**目的**から切り離されており，原因からの因果連鎖を形成するには無力である.」(Block 1980, p. 407)

　個人主義は経済学方法論の専門家のあいだでは常識的見解であるが，ミーゼスの第2の主張，方法論的二元論は必ずしも一般的ではない．方法論的二元論とは，人文・社会科学はその性質において自然科学とは根本的に異なるという見解である．単一の科学的方法というものは存在せず，むしろ2つの異なる方法があり，一方は社会における人間の研究に，他方は非人間的自然の研究に適している．言うまでもなく，二元論（2つの異なる方法）は方法論的多元主義，すなわち，その時々の主題に依存して，知識獲得には多くの異なる方法があるという見解の一バージョンである．ミルは認識論については確固として一元論的（あらゆ

第2章　経済学の方法論的伝統　43

る知識は経験的証拠に基礎づけられる）であったとは言え，方法論的には多元主義
——異なる科学には，それぞれの領域において異なる知識獲得手段が適している
——であった．しかし，そうした多元主義は，経済学方法論の専門家のあいだで
支持するものは相対的に少ない（そして，ミル的伝統に属する後の著者は，この
ミルの見解の側面を軽視した）．ミーゼスの二元論は，彼の**人間行動**の定義から
直ちに生じてくる．人間は目的論的に行動する——意図をもって目標指向的行動
をとる——が，岩や木はそうではない．雷が怒れる神の意図的行動とみなされて
いたような時代には，人々は自然現象を目的論的用語で説明していたが，近代科
学はそのような概念を自然法則によって置き換えた．近代科学は唯物論的観点で
多くのことを成し遂げたかもしれないが，ミーゼスは人間の目的指向の行動は生
理学や脳化学に還元できないのであり，したがって我々の人間に関する知識は，
自然科学ではなく依然として人間行為学に基礎づけられなければならない，と論
じる（Mieses 1978, pp. 28-34)[19]．科学には 2 つの異なる方法があり，経済学は物
理学ではないし，物理学であることもできず，物理学であるべきでもない[20]．

　最後に，ミーゼスの先験主義という論点，特に経済理論の実証的検証との関係
である．ミーゼスにとって，経済学は実証的検証には適さない．人間行為学の基
礎的前提はア・プリオリに真であり，したがって演繹が正しくなされる限りは，
それらの前件にもとづく演繹的推論の結論もまた真である．事実上，実質的な経
済理論に「実証的検証」の余地（ないし根拠）はない．実際，検証が論じられる
こと自体，人間行動という類型に関する矛盾（ないし誤解）を必要とする．ブ
ルース・コールドウェルは次のように説明している．

　　「人間行動という基本的仮説は，あらゆる行動は合理的であるということで
　　ある．人間行為学者は，この仮説が論理的確実性をもって真である，つまり
　　それがア・プリオリに真であると知られている，と断言する．ミーゼスは，
　　この仮説を批判すること自体が意図的な人間行動であるため，その企ては必
　　然的に矛盾を伴うと論じている．」(Caldwell 1984b, p. 364)

　もちろん，ミル的伝統に属する論者と同様に，ミーゼスは，演繹的結論が個別
的問題や具体的文脈に適用可能かどうかを決定する場合に経験的証拠が有用であ
り得ることに確かに同意するだろう．しかし，これらは経済理論ではなく歴史に
ついての問題である．再びウォルター・ブロックによれば，

　　「オーストリア学派にとっては明らかに，経済理論はいかなる実証的

44

（empirical）役割もまったく有さないが，経済史を理解するためには経済理論は十分ではないが必要である．経験も，論理的に確実な経済理論の**適用可能性**を決定する上では絶対に必要である．（中略）ここで，「実証」（empirical）という用語が，経済学における通常の用途とは異なる意味で用いられることに注意されたい．オーストリア学派はそれを，先験主義的経済法則の現実適用可能性を示すために用いている．主流派経済学者の側では，実証研究は経済学的仮説の真理を「検証」するために行われる．」(Block 1980, pp. 419-20)[21]

　言うまでもなく，こうした実証的検証に対する無関心は，のちの方法論文献において大きな争点となるだろう．本章後半で論じる非オーストリア学派の論者は，実証的検証という論点を，彼ら自身の方法論的見解のための導入としてだけでなく，主要な批判対象として用いる．

　ノーベル賞受賞者フリードリヒ・ハイエク（Friedrich Hayek, 1899-1992）は，メンガー的伝統に属する第4世代オーストリア学派の1人であった．彼の方法論的見解は（彼の友人で先生でもある）ミーゼスとある程度までは共通しているが，重要な相違もある．ハイエクは明らかに，方法論的個人主義者であるが，ミーゼスの二元論および先験主義をかなり緩めている[22]．この違いはいくつかの点で生じている．

　ハイエクの最も重要な戦略の1つは，「科学」と「科学主義」を区別し，後者に批判を集中させたことである．ハイエクによれば，科学主義とは，「機械的かつ無批判な思考習慣を，それが形成されたのとは異なる領域に適用することであり」(Hayek 1979, p. 24)，この無批判な転用は，科学以外の（また科学哲学以外の）問題である．「我々は，適切な領域に用いられる場合の科学的方法を批判したり，あるいは，科学的方法自体の価値について疑いを挟んだりするつもりはまったくない」(Hayek 1979, p. 23)．ハイエクは，ミーゼスよりも，自分が科学の時代のなかで活動していることをはるかに強く理解していたと思われる．ミーゼスはけっして，科学の価値を明示的に論じなかったが，彼は科学（あるいは少なくとも完全に科学的な生のあり方）をまったく無視してもさしつかえないと考えていたように思われる．多くの点でミーゼスは19世紀的な人文主義者で，観念論の影響を受けた哲学者である．ハイエクは，ミーゼスの政治学や経済学についての見解を大部分共有しているとはいえ，（真剣なのか，表面上だけなのかは分からな

第2章　経済学の方法論的伝統　　45

いが）われわれの知的領域における覇権的存在としての経験科学を甘受している
ように思われる．観念論は明らかに支持を失っており，ハイエクの目的は，その
良いところを可能な限り取り戻すことにあった．それは時の権力（つまり経験科
学）と和解させることによって成し遂げるのがもっとも有効であろう．

　ハイエクにとっては，経済学を含む社会科学の狙いは，「多数の人の行動の意
図せざる結果を説明することである」（Hayek 1979, p. 41）．そうした社会科学は人
間行動，つまり個々の主体の主観的な目的指向の行動から出発しなければならな
いが，それにとどまらない．社会科学は，その個々の行動が，結果としていかな
る個人の目的でもない社会現象および社会構造をもたらす調整メカニズムを研究
しなければならない．すなわち，「あらかじめ計画されていたわけではないにも
かかわらず，多数の人の独立した行動が，人間の重要な目的にかなうような一貫
した統一体，諸関係の持続的構造が，どのようにもたらされるかを理解し」
（Hayek 1979, p. 141）なければならない．ハイエクはこのアプローチを「複合的
（compositive）」方法と呼び，メンガーにその起源を求めた（Hayek 1979, pp. 65-6）[23]．
メンガーの『経済学原理』（Menger 1976）第8章における貨幣の議論は，複合的
方法の一例だろう．交換手段である貨幣の成立はいかなる個人の行動の目的では
ないにもかかわらず，個々の利己的行動の予期せぬ帰結として貨幣が現れる．科
学主義を受け入れる人々は複合的方法を実践しないだけでなく，「科学主義的思
考をする人にとってたえずいらだちの元」（Hayek 1979, p. 146）となる．科学主義
的思考に陥った人々は，制度を（予期せぬ帰結ではなく）意識的な設計の帰結と
みなす．一般に，少なくとも君主制以後は単一の個人による設計ではないのだか
ら，それは意識的な集団の思考の帰結にならざるを得ない．その帰結は複合的方
法は「科学主義的アプローチに固有の集団主義的先入観」（Hayek 1979, p. 65）で
ある．この方法論的集団主義（Hayek 1979, p. 93）は，様々なタイプの政治的・経
済的集団主義と密接に関わり，計画経済や社会工学，果てはスターリンのいう
「思想信条のエンジニア」（Hayek 1979, p. 166）に通じる．

　晩年の方法論的研究，とりわけハイエク（Hayek 1967a, 1967b）は，経済学は
ある種の経験的予測を形成する能力を有するが，経済現象の複雑性のもとでは，
ハイエクが「パターン」予測と称するような一般的予測以上のものを形成するこ
とはできないと強調している．パターン予測は，「原理の説明」という，特殊な
科学的説明と関連している．経済現象の複雑さのため，例えば，任意の消費者の

買う物を経済学者が予測することはできないが，個人消費の一般的なパターンや，あるいは個人消費が税や補助金に反応してどのように変化するかを予測することは可能である．経済学者がこうした理論的推論を用いて説明するのは，観察された経済行動パターンの背後で作用している一般的原理である．ハイエク自身の言葉では，

> 「我々は，複雑な現象について，単純な現象ほど確実には決して理解し得ないかもしれないが，より限定的な対象を目的とするようなテクニック——個別の事象についてではなく，単に一定のパターンないし秩序についての説明——を丹念に洗練させることで限界を部分的には突破するだろう．我々がこれらをほんの原理の説明，ほんのパターン予測と呼ぶか，あるいはより高度な理論と呼ぶか，は問題ではない．ある種のパターンを生成する普遍的なメカニズムを理解することが，単なる個別的予測のための手段ではなく，それ自体において重要であること，そしてそれは行動する（あるいは時として何ら行動しない）上で重要な指針を提供するだろうということを，ひとたび明白に認識するならば，この限定的な知識こそが実は最も価値があるということを発見するだろう．」(Hayek 1967b, p. 40)

これは確かにオーストリア学派の議論であるが，ミーゼス的な急進的先験主義ではない．不幸にも，ハイエクやその方法論的後継者は，しばしば激しい集中砲火に見舞われた．オーストリア学派外部の批評家はこうした穏当な見解を無視し，オーストリア学派の方法論をミーゼスの最も急進的な主張のみによって特徴づける．その一方で，オーストリア学派に共感する人々の多くは，ハイエクの方法論的中庸を，潜在的に危険な妥協案である（ワルラス派やケインズ派と見間違えかねないような）と見なしているように思われる．その結果，ハイエクのオーストリア学派的方法論は，より穏当で多くの点で哲学的にはむしろ現代的であるにもかかわらず，ミーゼスの人間行為学に比べてほとんど注目を集めることはなかった．

2.2 他の実証主義的見解

実証主義的科学哲学の詳細は次章にゆずるが，本節では，実証主義的着想に何らかの形で影響された経済学者のうち最も影響力のある3人——テレンス・ハチソン，ミルトン・フリードマン，そしてポール・サムエルソン——の方法論を論

じることで，経済学方法論の「グレイテスト・ヒッツ」の検討という主題を続ける．これらの経済学者は明らかに20世紀の方法論の「三巨頭」であり（少なくとも，ここ数十年間の文献の急増以前において），筆者のようにアメリカで教育を受けた中高年の大学経済学者にとって，彼ら（特にフリードマンとサムエルソン）は大学院で学んだ「経済学方法論」のすべてである．本節では，その背景にある実証主義哲学の本格的な考察には触れずに，経済学を研究するための適切な方法——方法論的ルール——に関する独立の議論として，3人の経済学者の方法論を検討する．これ——実証主義を議論する前に実証主義的着想の応用を議論すること——は，通常のアプローチではないかもしれないが，これらの著者の場合には実のところうまく機能する．というのも，3人全員が広義には実証主義的着想に影響されているが，誰も実際には実証主義哲学の論法や文献を，体系的には用いなかった．ハチソンの著作は哲学的に群を抜いてもっとも巧妙であるが，彼は論理実証主義とカール・ポパーの哲学を混同しており，このため，彼の立場（特に本節で論じる初期の著作）は，論理実証主義，あるいはカール・ポパー哲学のどちらか一方の「応用」というよりは，独立の経済学方法論とみなされるべきである．フリードマンの方法論は，概ね非哲学的であり，現場の経済学者のために現場の経済学者の手によって書かれたものであり、学者的な装飾は最小限にとどめられている．そして，サムエルソンは実証主義的伝統の一形態である「操作主義」を是認したが，操作主義的アプローチの彼自身の特定の類型を作り上げている．このため，実証主義の議論は次章まで支障なく先送りすることができる．

2.2.1 基本的前提条件の意義についてのハチソンの立場

テレンス・ハチソン（Terence Hutchison, 1912-2007）は，『経済理論の意義と基本的前提』（Hutchison 1938）が出版されたとき，若干26歳であった[24]．同著作は多くの意義——カール・ポパーおよび論理実証主義の哲学的着想の，経済学への最初の体系的導入でもある——を有する一方で，もっとも適切には，ルートヴィヒ・フォン・ミーゼスの先験主義的人間行為学に対する非難であった．ハチソンが1960年版の前書きで述べたように，彼の批判は当初，「30年代にははるかに影響力のあった教条的で極端なミーゼス教授の先験主義」（1960, p. xxi）に向けられていた．そののちハチソンの批判対象は，マルクスやマルクス経済学に変わった（あるいは，少なくともそれらを含むようになった）が，1938年には明らか

48

にミーゼスであった.

ハチソンは,経済学が自然科学のイメージに沿った**科学**であるべき(そして人間行為学はそうでない)と強く信じていた.経済学は政治的,イデオロギー的対立を超越するべきである.つまり,科学は形而上学的憶測とは明確に区別され,その命題は客観的な経験的事実によって体系的に規律づけられる.

「もし「科学的」活動に従事することに何らかの目的が存在し,またもし「科学」が,単に似非療法,偏見およびプロパガンダの隠れ蓑でないならば,このとき,科学の素材になりうる命題を,そうでないものから区別するための明確な客観的基準が存在するはずであり,そして,倫理的ないし政治的熱意の表現,あるいは詩的感性や形而上学的な憶測が,いわゆる「科学」と混同されないようにするための有効な基準が存在するに違いない.」(Hutchison 1960, p. 10)

科学研究に関するハチソンの見解からは,ミルの「道徳科学」やケインズの「規範科学」は消え去っている.領域固有の特徴を伴った様々な多元的科学という発想はそこには存在しない.ハチソンにとって,狭義に定義される唯一の知的活動だけが科学の指導者の席に着くことを許されるべきであり,そして他のあらゆる活動が科学と「混同されないようにするための有効な基準」は厳しく施行されるべきである.彼は明確な境界線を設定し,その一方の側には「科学」と呼ぶにふさわしい相対的に同質な活動の集まりがあり,他方の側には他のすべて,すなわち,形而上学,宗教,イデオロギー,倫理学,詩,人間行為学,そして他の,興味深く熱意を奮い立たせるかもしれないが認識論的に取るに足らないあらゆる知的活動があった.

科学的かつ経験的に有意義であるものと非科学的で意義のないものとを区別するためのハチソンの基準は,命題の**実証的検証可能性**(潜在的反証可能性)に存する.

「経済学者が,それがたとえどれほど感情的連想を引き起こすものであったとしても,いかなる間主観的な経験的検証にも従わせることができないため,確証も反証も決してできないような命題や,あるいは確証や反証の可能な命題から演繹できないような命題を用いたり,それを経験的内容のあるものと主張したりするなら,そのときにはいつでも彼の主題の境界を侵害していると我々は考える.」(Hutchison, 1960, p. 10)

もし命題を「間主観的な経験的検証」に従わせることができるのであれば——もし経験的証拠によって潜在的に反駁することができるのであれば——，このときその命題は「科学的」であり，そうでなければ「科学」ではない．ハチソンがフランク・ナイト（Knight 1940）への返答で述べたように，「科学的命題は検証可能でなければならない．（中略）科学的な動物学者の蛇に関する命題と精神錯乱者のそれとの違いは，そこにある」(Hutchison 1941, p. 738)．

　次章の議論で明らかになるように，ハチソンの境界基準は，哲学者が科学的であるものや認識的に有意義であるものを，非科学や認識的に無意味なものから区別しようと試みる方法の，少なくとも3つを融合しているように思われる．すなわち，認識的有意義さに関する論理実証主義的基準，経験的検証可能性についての論理経験主義的基準，そしてカール・ポパーの反証可能性境界基準，である．後の著作では，ハチソンは3つの基準の間の微妙な差異をよりよく理解している——そしてポパー的反証主義の側についた——が，1938年においては，彼はそうした哲学的含みに関心を抱かなかった（実のところ，当の哲学者たちも彼ら自身の区別について未だよく理解していなかった）．『経済理論の意義と基本的前提』でハチソンは，単純で，教条的とさえ言えるような主張を行なった．すなわち，経済学は科学であり，科学には実証的に検証され得る命題が必要である．ミーゼス的人間行為学の「総合的ア・プリオリに真である」命題のような，経験的検証にしたがわない命題にもっぱらもとづく理論は，率直に言って科学ではなく，科学的経済学のなかに居場所はない．同書の出版から50年後に再び述べた（先験主義者の例にマルクス主義者[25]を加えながら）ように，その議論は認識論的かつ政治的である．

　　「先験主義は根本的に，反証可能性原理（falsifiability principle, FP）およびあらゆる経験的検証を拒否する．（中略）先験主義は，経済学ではミーゼス派によって長らく支持されているが，今やマルクス主義者の間でも支持を得ている．まったく異なる，恐らくは完全に相反するような基礎的公理のために，ミーゼス派とマルクス主義は権威を主張し，あらゆる検証と反証可能性を拒否しているように思われる．（中略）経済学者や，その他の社会的集団や権威が，特定の公理について無謬性ないし「論理的（apodictic）確実性」を謳い，そしてそれらの公理から演繹される結論が有意義な経済学的内実を有すると主張する一方で，それに対する検証や反証可能性を拒否することの政治

的含意は，自由に対して危険なほど敵対的である．他方で FP は，検証や反証可能性を要請するという意味で人間の可謬性を前提にしており，先験主義者であるミーゼス派やマルクス主義によって主張される無謬性を否定するのであるから，正にリバタリアン的原理である．」(Hutchison, 1988, p. 176, 注 3)

経験的検証可能性は科学的経済学に必要であったが，ハチソンは，経済学が非経験的命題を含むだろうということも理解していた．実際，彼は「純粋理論」は完全に演繹的であり，まったく経験的ではないと主張した．ハチソンによれば，純粋理論は様々な分析的前件の含意をただ（演繹的に）引き出すのみである．ハチソンは，実証主義哲学者のモリッツ・シュリックを引用し，そのような演繹的推論を「記号を用いた遊戯」と呼んだ（Hutchison 1960, p. 33）．その遊戯は，分析的定義の含意を探し出すことを可能にするためきわめて有用であるが，それらは「経験的総合命題によって確証可能でも反論可能でもないので，純粋理論の命題は，世界についての新たな事実を示しえないという意味において，我々に何ら新しいものを示さない」(Hutchison 1960, p. 34)．ハチソンは，そのような命題は必然的に「同義反復的」である（つまり，用語の定義によって真である）と主張した——その主張は後の文献で厳しく批判される [26]．「同義反復」が適切な用語だろうとなかろうと，ハチソンが純粋理論の役割を認めていたことは明らかであるが，彼が純粋理論を経験的経済学の主要なプロジェクトに対する単なる便利な付属物と見なしていたこともまた明らかである．

ハチソンは（非経験的な）純粋理論の有用性を認めていたが，経済学の主要な「法則」がそのような分析的な特徴にあるとは考えなかった．そうではなく，経済学の法則は検証可能な経験的命題であった．経済的動機の基本法則——合理的経済人の仮定——は単にア・プリオリな命題ではなく，人間行動に関する検証可能な経験的命題であった．

「それは（中略）経験的に検証され，反証され得る経験的概念であり，したがって，いかにささいなものであっても，**多少の経験的内容を有する**．それは，しばしば経済的行為の「基礎原理」として提示されるような，経験的に空疎な定義ではないのである．」(Hutchison 1960, p. 114, 強調原文)

ハチソンは，合理性の仮定のような一般法則だけでなく，限界効用逓減の法則（ゴッセンの法則）のような，より特定の条件も検証可能であると考えていた．ハチソンによれば，問題は，そのような「法則」にあるのではなく，経済学者が慣

習的にそれらを捉える様式にある.

　「もしゴッセンの法則を経験的概念と捉えるならば，望む場合には，それを検証するために経済行動に関する事実を利用することができる．他方，単に独断的な断定に依拠するのは，たとえそれが「必然的な内観」や「ア・プリオリな事実」のような表現で根拠づけられている場合であっても，科学的自滅に陥ることを意味する.」(Hutchison 1960, p. 135)

　(少なくとも『経済理論の意義と基本的前提』における) ハチソンにとっての要点は，ケアンズの「仮説的」方法やケインズの実証経済学に沿った経済学に大きな問題はないということであると思われる．主たる問題は，経済学者が経済理論の命題をどのように考え (そして弁護す) るか，という点にあった．ハチソンはもちろん，経済学のなかには明らかに悪しき科学も存在する (ミーゼス，マルクスなど) と考えていたが，大筋ではミルからマーシャルにいたる主流派経済学の伝統がハチソンの科学的境界基準のもとでも正当化できるものであったと思われる．この態度は，後の著作では変化した (特に，Hutchison 1992b を見よ)．そこでは，マルクスおよびミーゼスは悪役のままであるが，同時に 20 世紀後半に英米圏の経済学において優位を占めた「形式主義的・抽象主義的」数理経済学も非難の対象になっている．経済学はもはや，政策や「実世界」についてではなく，他の専門の経済学者 (のみ) から尊敬されるために行われる遊戯である．ハチソンによれば，その結果として「抽象主義・数理的貧弱化」(Hutchison 1992b, p. 102) が生じた．すなわち，経済学は，社会的関与および適切な科学的方法に関する規則から切り離されてしまった．近年の著作では，ハチソンは，これらの厄介な展開の大部分が一部の経済学方法論者によってもたらされたと論じている．確かに，1960 年代から 1970 年代にかけての経済学方法論は，「ヒッピー」の「極端に寛大な態度」(Hutchison 1992b, p. 48) に影響されており，したがって経済学者が科学を実践するように圧力をかけることはできなかった (あるいは，そうしようとしなかった)．しかし，もちろん，そのような批判に対する十分な考察は，のちの章にゆずらなければならない．差し当たり，我々はこうした近年の議論からは「手を引き」，20 世紀半ばの経済学方法論における 3 つの主要人物のうちの 2 番目，すなわちミルトン・フリードマンにうつる.

2.2.2 実証経済学の方法論に関するフリードマンの立場

ミルトン・フリードマン（Milton Friedman, 1912-2006）の『実証経済学の方法論』（Friedman 1953）は，明らかに20世紀の経済学方法論で最も有名な論文である．ほぼすべての経済学の教科書で引用されるほどの「マーケティングの最高傑作」（Caldwell 1982, p. 173）であったし，出版からおおよそ半世紀たったのちにも，「依然として数多くの経済学者が読んでいる唯一の方法論に関する論文である」（Hausman 1992, p. 162）．

フリードマンは，ハチソンとは違い，哲学的基礎づけに関する論争ではなく，経済学における理論的および実証的実践に関する論争に対応してこの論文を著した．もちろん，そのような論争は数多く存在した．というのも，この時期の経済学は，際立った変化に見舞われていたからである．ケインズ経済学，ワルラス的一般均衡理論，数理経済学および計量経済学が隆盛し，その一方で様々なアメリカ土着の経済学が衰退した．しかし，ここでは，フリードマンの方法論的見解に最も直接に影響を及ぼしたと思われる3つの論争に指摘を限定する．

第一は，方法論の文献において最も注目されている論点であるが，労働市場の研究および企業の理論における「限界分析」の適切さに関する論争であった．リチャード・レスター（Lester 1946）やホールとヒッチ（Hall and Hitch 1939）らは，企業が実際には限界主義の標準的枠組みで仮定されるように期待利益を最大化しているわけではない事例を（経営者のサーベイ・データに一部もとづき）示した[27]．第2は，限界主義論争に関連するものであるが，チェンバリン（Chamberlin 1933）およびロビンソン（Robinson 1933）が主導した「不完全競争革命」であり，これは，アダム・スミスの時代以来，経済分析で優位を占めていた完全競争市場の仮定への大きな挑戦であった．第3は，のちの経済理論における発展からすると最も重要であるが，コウルズ委員会（Koopmans 1947, 1949）とシカゴ学派経済学（Vining 1949a, 1949b）のあいだの，いわゆる「理論なき計測」論争であった[28]．表面上この論争は，景気循環の分析において「理論」と「経験的観察」のそれぞれの適切な役割とは何かという問いに関するものであった（Burns and Mitchell 1946）が，実のところ（フリードマンを含む）シカゴ大学経済学部のメンバーと，1939年から1955年までシカゴ大学に居を構えた（しかし，知的にも，方法論的にも，政治的にも異質であった）コウルズ委員会のメンバーとの間のより深い分裂を反映していた[29]．フリードマンがこれらの（および他の）分裂的な力の折り合

第2章　経済学の方法論的伝統　53

いをつけるために目指した安定均衡は，ある種のマーシャル的な，部分均衡的で少数の方程式で記述されるミクロ経済学と貨幣理論であり，これは，一方のコウルズ委員会の抽象的ワルラス的理論と，他方のある程度制度学派的なより広義の社会理論との間の理論的折衷案であった．さらに，コウルズ委員会的な構造方程式を用いた計量経済学という画一的な方法に押し込まれることなしに，さまざまな経験的証拠および統計技術の使用を維持すること，ケインズ的介入主義政策や政治哲学に参与することなしに一定のケインズ的基礎を持つ理論構造（IS-LM モデルのように）の利用を認めること，そして200年にわたる完全競争にもとづく経済分析の枠組みと合理的最大化主体という新古典派的仮定を保持するために，この均衡が必要とされた．これらのボールすべてを落とさずに宙に回し続けるのは決して容易い仕事ではなかった．

『実証経済学の方法論』におけるフリードマンの主要な議論は，（規範経済学の対義語としての）実証経済学のためには**理論の仮定の真偽はまったく問題にならない**ということであった．様々な経済理論のなかから取捨選択する際に唯一重要であるのは，どの理論が経験的予測の形成にもっとも成功しているかということである．関連する領域で最も正確な**予測**を形成する理論が最良の理論であり，もしそれが「非現実的」な仮定を採用していたとしても，決して実証的な科学的理論としての成功を損なうことはない．

> 「理論は，それを実質的な仮説の総体とみなせば，「説明」しようとする現象の集まりについての予測能力によって判断されるべきである．事実に関する証拠のみが，それが「正しい」か「誤り」かを，あるいはより適切には，妥当なものとして暫定的に「受け入れられる」か「却下される」か，を示すことができる．（中略）仮説の**妥当性**に関する唯一の適切な検証は，その予測と経験との比較である．」（Friedman 1953, pp. 8-9, 強調原文）

予測のみが重要である一方，フリードマンは，特に重要な予測が存在すると論じた．**新奇な事実**——その存在がまだ明確に観察されていないような——を予測することは，経済理論の成功を決定づける要素である．フリードマン自身の言葉では，「実証科学の究極の目標は，まだ観察されていない現象についての妥当で有意義な（中略）予測をもたらす「理論」ないし「仮説」を発展させることである」（Friedman 1953, p. 7）．経済学はしばしば過去に生じた事柄を予測するのであるから，その過去が19世紀の経済史であるにせよ，今朝の株式市場であるにせ

54

よ，フリードマンは，「新奇さ」が必ずしも「未来」ではなく，むしろ当該理論を提唱する経済学者にとっての「未知」を意味すると明言している．「予測は，既に生じているが，まだ観察されていない現象や，予測をする側の知らない現象に関するものであってもよい」（Friedman 1953, p. 9）．フリードマンは彼の生涯を通じて一貫して新奇な事実の重要性を主張しており，1953 年の方法論的論文に唐突に現れた議論というわけではないということに注意するのは有益である[30]．1946 年におけるランゲへの批判（「まだ観察されていない事実を演繹する能力」Friedman 1946, p. 631）から，1991 年における，ヘンドリーとエリクソンに応えたフリードマンとシュウォーツ（「仮説は，回帰の導出に用いられたもの，あるいはその際に利用可能であったもの以外のデータや非定性的な証拠によって検証されなければならない」Friedman and Schwartz 1991, p. 49）に至るまで，一貫して主張しつづけたのである．

　もちろん，新奇な予測であるにせよ，そうでないにせよ，もし予測のみが重要なのであれば，仮定の「現実性」は，経済理論の重要性にとってまったく無意味である[31]．フリードマン自身の 2 つの例を用いれば，物体は**あたかも**真空で落下している**かのように**落下し，木々の葉は**あたかも**浴びる太陽光を最大化する**かのように並**んでいる．これらの仮定——真空の存在や葉が合理的に行動すること——はきわめて非現実的であるが，そのような非現実的仮定にもとづく科学理論は，きわめて信頼性のある（そしてしばしば新奇な）経験的予測を生み出す．フリードマンによれば，「理論の「仮定」に対する適切な問いは，それらが記述的に「現実的」か否かではない．というのも決してそうではないからである．そうではなく，それらが当面の目的にとって十分に良い近似であるか否かだ」（1953, p. 15）であり，そして「一般的に理論がより有意義であればあるほど，仮定はより非現実的である」（1953, p. 14）．非現実的な仮定に関するこうした議論を念頭に置いて，ポール・サムエルソンは，フリードマンの方法論的立場を F ねじれ（以降の文献でよく用いられるようになる名称）と特徴づけた．「もしある理論の結論（のいくつか）が，経験的に有益な近似をもたらす程度に正当であるならば，その理論は正当化されうる．理論「それ自体」の，あるいはその「仮定」の（経験的）非現実性は，その妥当性や価値とはまったく無関係である」（Samuelson 1963, p. 232）．

　予測の重要性および非現実的な仮定の非重要性というフリードマンの立場は，

経済学における理論的論争に対して重要な含意を持つ．予測の正確さという基準のみが，コウルズ委員会の経済学者やその他のケインジアン経済学者とフリードマンの論争に直接の影響を与えた．なぜなら，前者の多数の方程式からなる巨大なマクロ計量モデルは，フリードマンや他のマネタリストら，しばしば単一の方程式からなる小さなモデルよりも，精度の高い予測を生み出していないと思われたからである．非現実的な仮定の非重要性は，「限界主義論争」および完全競争の仮定の適切さに関する論争に明白な影響力を持った．もし利潤最大化および完全競争を仮定したモデルが，他の可能な選択肢よりも正しい予測を生み出している（フリードマンは確かにそのように想定している）のであれば，このときそれらの仮定の非現実性は，その仮定の科学的有用性にとってまったく関係がない．恐らくよりいっそう重要なことに，そうした仮定が非現実的であるかどうかについての無意味な議論をやめ，本当の経済学の活動（すなわち，経済的予測の形成）に邁進することができる．フリードマンは同論文でこれらの含意を完全に明らかにしている．

> 「我々が議論している抽象的方法論の争点は，「主流派」経済理論は「非現実的」だという長年の批判と，この批判に対応するために理論の変革を行う試みに直接の影響を与える．（中略）上で見たように，このタイプの批判はおおよそ，彼らが批判している理論とは何らかの観点で異なる仮説が，同じ程度に広範な現象に関してより適切な予測をもたらすという証拠がない限り，論点を外している．」(Friedman 1953, pp. 30-1)

このメッセージ——要するに「より正しく予測できる理論がないなら批判するな」というメッセージ——は，経済学者の間で，解放感をもって受け入れられているように思われる．経済学者は「仮定の現実性に対する異議に煩わされることなく，彼らのモデルを探究し応用する仕事に邁進できる」(Hausman 1992, p. 164, 注18)．

フリードマンの論文は膨大な批判と解釈的文献を生み出した[32]．最も初期からある論争は「仮定論争」と呼ばれ，この論争に加わろうとする研究は，1950年代半ば以来，現在に至るまで勢いが衰えることがない．また，他の副次的な論争も存在しており（そのいくつかは第6章および第7章で議論されるだろう），他の方法論的見解を示す著者に対する引き立て役として，あるいはその背景としてフリードマンの見解が利用された．近年は収まったが，経済学方法論について書か

れたもののほとんどすべてがフリードマンの論文を起点としているかのように見えた数十年が続いた. この論争の広範さをかんがみて, 筆者は仮定論争を要約しようとは思わないが, その代わりに, フリードマンの論文と関連して特に有力な考察を行なった2人の著者——マスグレーブ (Musgrave 1981) およびハウズマン (Hausman 1992) ——のみを取り上げる[33].

アラン・マスグレーブ (Musgrave 1981) のいささか単純ながら, しかしきわめて重要な論点は, 経済 (あるいは他のいかなる科学) 理論においてあらゆる仮定が同じ役割を果たすとは限らない, ということである. フリードマンはどのようなタイプの仮定であるかを厳密に特定化することなく, 単に「仮定」について述べている. マスグレーブは単純に, あるタイプの仮定についてはフリードマンは正しい——仮定は重要ではない——が, その他のタイプの仮定については仮定は重要であると主張した. 彼は経済学における「仮定」を3つの主要なタイプに分けた. すなわち, 非重要性, 領域, そしてヒューリスティックである. マスグレーブはこれらのタイプそれぞれを議論するが, 彼の3つの分類がフリードマンの論文に現れる様々なタイプの仮定すべてを尽くしているわけではないとも注意する.

非重要性仮定とは, 何らかの要素 x が無視できるほどのわずかな重要性しか持たない, あるいは, あたかも x がそのように無視できるかのように事象が振る舞う, と単純に明示するものである. 非重要性仮定は, そのような要素が不在であるということではなく, それらが「現象の説明上, 無関連である」(Musgrave 1981, p. 380) と示していると理解するべきである. マスグレーブは, マクロモデルにおける「政府部門が存在しない」という仮定を例に挙げるが, 恐らくより適切な例は, 短期の (定性的な) 比較静学分析における完全競争の仮定だろう. 需要の増大は, 企業が競争的であっても独占的であっても財の価格を上昇させるだろう. 市場が競争的であるという仮定は, この特定の現象に対しては無関連である. フリードマンは非重要性仮定については基本的に的確である——フリードマンがそれらについて述べている事柄のいくつかは厳密に正しいわけではないにせよ——が, フリードマンはそのような仮定の現実性が経済理論の妥当性や有用性に対して無関連であるという意味で的確である, とマスグレーブは論じた.

マスグレーブの2番目のタイプの仮定は領域的仮定であり, それは理論が特定の領域で (おそらくはそこでのみ) 機能することを明示する. マクロの例を続

第2章 経済学の方法論的伝統　57

ければ，「政府部門が存在しない」という領域的仮定は，当該理論が政府部門の
ない経済において（おそらくはそこにおいてのみ）機能するということを特定する．
マスグレーブは，フリードマンに反して，そのような仮定は重要であると論じる．
とりわけ，反証された非重要性仮定を領域的仮定に読み換えるならば，理論の検
証可能性は低下するのである．

　最後のヒューリスティック的仮定は，当初無視しうると想定されるが，最終的
にそれが何らかの影響を持つか否かを確かめるために後の段階で弱められる仮定
である．「政府部門が存在しない」という例を続ければ，ヒューリスティック的
仮定として，それは「当面は政府部門が存在しないと仮定するが，後で我々はこ
の仮定を緩め，それが結果に影響力を持つかを確かめる」ことを云うだろう．マ
スグレーブによれば，ヒューリスティック的仮定は，「論理数学的機構が**段階的
近似法**を用いなければならないほど複雑である」（Musgrave 1981, p. 383, 強調原
文）ような経済学を含む科学理論ではきわめて重要である．そのような仮定の暫
定的な性質のために，それらは経験的予測よりも理論の精緻化過程においていっ
そう必要となる．

　マスグレーブは，フリードマンの論文に関する分析を，以下の彼自身の立場の
要約で締めくくっている．

　　「私は，経済理論（および他の科学理論）における，いわゆる「仮定」がそれ
　　らの理論の内部で少なくとも 3 つの異なる役割を果たしており，（少なくと
　　も）3 つの異なるタイプの断定であると主張した．私は，フリードマンがこ
　　れらの差異を見落とし，そしてそれによって，誤った主張「理論がより有意
　　義であればあるほど仮定はより非現実的である」に誘導されている，と主張
　　した．」（Musgrave 1981, p. 385）[34]

　ダニエル・ハウズマンは，近年きわめて活発に研究を発表している方法論研究
者であり（彼の著作は第 7 章で詳細に検討される），フリードマンの方法論につい
ても様々な文脈で批判的な考察を提示している．本節で議論するのは，『厳密で
ない固有の科学である経済学』（Hausman 1992）の第 9 章で提起されたものであ
る．ハウズマンは，仮定の現実性に関するフリードマンの主張は，たとえ経験的
予測を科学に関する唯一の基準として受け入れたとしても，説得力に欠けると論
じた．ハウズマンの批判は（すぐに明らかになる理由によって）「中古車論法」と
名付けることができる．彼はまずフリードマンの議論を次のように要約している．

「1. 良い仮説は，説明しようとする現象の集まりに関して妥当で有意義な予測をもたらす（前提）.

2. ある仮説が良い仮説であるかどうかを検証する唯一の基準は，それが説明しようとする現象の集まりに関して妥当で有意義な予測をもたらすかどうかである（1 からの無効な推論）.

3. そこに含まれる仮定が現実的かどうかも含めて，仮説に関する他のいかなる事実も，その科学的評価には無関係である（2 から自明）.」
（Hausman, 1992, p. 166）

この議論の大きな問題は，まったく正当な推論ではないということである．命題 2 は真ではなく，命題 1 から導かれているわけでもない．ハウズマンは，次の類似の議論を用いて彼自身の論点を示そうとした.

「1'. 良い中古車は確実に運転できる（過度に単純化された前提）.

2'. ある中古車が良い中古車であるかどうかを検証する唯一の基準は，それが確実に運転できるかどうかである（1' からの無効な推論）.

3'. 中古車のボンネットを開け個別の部品を検査することで発見できるいかなる事柄も，その安全評価には無関係である（2' から自明）.」
（Hausman, 1992, p. 166）

要するに，中古車であれ経済モデルであれ，それが将来において，あるいは他の環境において適切に機能するかどうかが重要だということである．我々が経験的予測に着目するとしても，理論は新しい状況への案内たるべきで，そしてそのような新しい応用にとって，部品（仮定）の検査は重要である．ハウズマンはこの点を指摘していないが，実際のところ，フリードマンの新奇な事実の強調は将来の成功実績への傾倒を示しているとは言え，フリードマンは決して議論を完結させていない．フリードマンは暗黙に，1 つの新奇な状況での成功は，我々が興味を持つだろう将来の新奇な状況での成功の蓋然性を向上させると想定しているように思われるが，これに対する明白な根拠は存在しない．こうした論点は，フリードマンの論文を超えた議論であり，科学哲学の「実在論」と「道具主義」に関する論争に入り込むため，次章まで待たなければならない．ここでは，ハウズマンのフリードマン批判は筆者には的確であると思えると述べておきたい——たとえ予測のみに関心があるとしても，仮定は依然として重要である．

第 2 章　経済学の方法論的伝統　　59

2.2.3 サムエルソンと経済学の操作主義

ポール・サムエルソン（Paul Samuelson, 1915-2009）は戦後の経済学の形態と構造について多大な影響力を持った経済学者である．彼は際立った専門的能力を持っていただけでなく，ノーベル経済学賞を2番目に受賞した人物（最初のアメリカ人）でもあり，さらに他の誰よりも，戦後のアメリカにおける経済学教育の構造と内容を形づくるのに貢献した．1950年代から1960年代にかけて，アメリカにおける大学レベルの経済学教育は2つの主要な教科書——学部入門レベルの『経済学』（Samuelson 1948a）および大学院レベルの『経済分析の基礎』（Samuelson 1947）——を中心として固定されていった．これら2冊は最終的に，個々の市場で，他の著者のより使い勝手の良い派生的教科書に取って代わられたが，それにも関わらず，それらは，形式と内容の両方において「現代科学的」な経済学の教育を規定した（現在も規定し続けているとは言えないにせよ）．教育的形式の観点では，『経済学』は，学部教育で多くの読者に（経済学者以外にも）馴染みのあるミクロ・マクロの2部からなる枠組みをもたらした．それに対して『経済分析の基礎』は，学生に，十分な数学的訓練を経る（少なくとも多変数の微積分，実解析および線形代数における十分な知識を獲得する）までは大学院の経済学研究について考えるべきでさえないという明白なシグナルを送った．理論的内容に関しては，上記の2つの教科書はワルラス的ミクロ経済学およびケインズ的マクロ経済学の「新古典派総合」を支持した．入門レベルのミクロは，単一の市場・企業に焦点を当てた点でマーシャル的アプローチを取っているが，その論調は確かにワルラス的であった．

サムエルソンは明らかに経済理論における技術的才気を示し，大学レベルの経済学教育についての重要な影響を確実に及ぼしたが，これら2つの要素を合わせても，経済学および経済学者像に対する，彼の多岐にわたる影響を評価するのに十分ではない．もう一つの重要な要素は，間違いなくサムエルソンに対する「ミスター・サイエンス」（Pearce and Hoover 1995, p. 184）という評価であった．事実，「その言動によって「科学者」としての新古典派経済学者の20世紀的自己イメージを形づくったのは，フリードマンではなく，サムエルソンである」（Mirowski 1989c, p. 182）．サムエルソンは，経済学者および，経済学者と接点のある政府の役人や実業家に対して，科学的経済学というイメージを提供した．すなわち，それは，政治的いざこざを超越し，極右でも極左でもなく（つまりミー

ゼスでもマルクスでもなく），しかし，戦後経済において衝突しあう様々な利害を仲裁し調和させるために利用され得る客観的かつ公平な科学的分析手段というものであった．パースとフーバーは，サムエルソンの入門教科書に関する近年の研究で以下のように述べた．

> 「彼の『経済学』は何にもまして調和的な本である．その核となるモデルは，競合する経済学説の中で「平和の君主」としての神聖な役割を守り続けている．泰平の王国の基礎は，何にもまして**科学的経済学**にある．（中略）サムエルソンにとって，科学は単なる素朴な実在論の問題であるだけではなく，中立的で，一般的に応用可能な分析的枠組みでもある．」（Pearce and Hoover 1995, p. 198, 強調原文）

これらの背後にある動機は上述のハチソンやネヴィル・ケインズのそれに似ているように思われる一方で，サムエルソンの場合（そして原子爆弾以降の時代においては），根本的に異なる方法論的提言を指し示している．

サムエルソンが主張した経済学方法論は**操作主義**かつ**記述主義**であり，この2つの哲学的立場は次章でより詳細に検討されるが，サムエルソンは，彼が両方の用語で意味するところを非常に明快に理解していた．まずは操作主義を考察する．

操作主義的着想は少なくとも19世紀まで遡るが，操作主義が信頼できる哲学上の立場として堅実に確立されたのは，1927年のパーシー・ブリッジマンの『現代物理学の論理』の出版によってである[35]．ブリッジマンの本職は物理学であったが（1946年のノーベル賞を受賞している），操作主義的哲学および当時の物理理論に対するその含意についても広く議論した．経済学においてブリッジマンの操作主義に対する最初の言及は，ヘンリー・シュルツの『需要の理論と計測』（Schultz 1938）であると思われるが，操作主義的着想は1930年代から1940年代にかけて（哲学や物理学だけでなく心理学においても）盛んに議論されていたため，サムエルソンがこの着想を学んだのが，彼のシカゴ大学学部生時代にシュルツからであったのか，あるいは別の知的文脈からであったのかは明らかではない[36]．

核となる操作主義的着想は，問いが**意味**を持つのはその問いに対する明確な解をもたらすような一連の操作が存在するときのみであるということである．これに対応して，ある概念ないし用語が**操作主義的に有意味である**とは，それが特定の操作の集まりによって特徴づけられることを云い，そしてある概念ないし用語の意味はその操作の集まりによって**定義される**．ブリッジマン自身は「長さ」の

概念を例に用いた.

「ある物体の長さとは何を意味するだろうか. すべての物体の長さとは何か
が分かるのであれば, 我々は, 長さが何を意味するかを確かに知っている.
物理学者にとってはそれで十分である. 物体の長さを見出すためには, 我々
は一定の物理的操作を実行しなければならない. 長さの概念は, 長さを測定
する操作が決定されたとき決定される. つまり, 長さの概念は, 長さを測定
する一連の操作のみを必要とするのである. 一般的に言って, 我々が何らか
の概念によって意味するところは一連の操作でしかない. **概念は, 対応する
一連の操作と同義である.**」(Bridgman 1927, p. 5, 強調原文)

サムエルソンの『経済分析の基礎』は, 『経済理論の操作的意義』という副題
のつけられた 1941 年の博士論文にもとづいており, 彼は, もっぱら「**操作主義
的に有意味な定理の導出**」(Samuelson 1947, p. 3, 強調原文) に取り組んだ (そして,
彼以前の経済学者がこれに十分に取り組んでこなかったと彼が考えている) ことを最
初のページで明らかにしている. サムエルソンにとって, ある定理が操作的であ
るというのは, それが実証的に検証され得ることである. つまり, 有意味な定理
とは「単に, 理想的条件においてのみかもしれないが, 何らかの形で反駁するこ
とのできる経験的データに関する仮説である」(1947, p. 4). これは厳密にはブ
リッジマンの操作主義ではないが, 精神においては確かに操作主義である [37].

サムエルソンの方法論的立場の (ブリッジマンとも共通した) 第 2 の特徴は,
科学理論の**記述主義的**見解である. 科学的理論は経験的証拠をただ**記述**するので
あり, より深く基礎的で隠された原因を**説明**するために経験的証拠のみでは議論
できない領域に入り込んだりはしない. この見解のもとでは, 科学は確かに説明
を提供することはできるが, そうした説明は科学的理論の認知的内容とは無関係
である. 科学的説明は, 利便性などの実際的関心によって動機づけられて経験的
証拠を記述し直したものでしかない. 我々は, こうした記述主義が初期の (後期
ではなく) 論理実証主義の典型的要素であったことを次章で確認するが, サムエ
ルソンは彼の生涯を通じて一貫して記述主義を保持したのである. 彼が 1965 年
に批判に返答して以下のように述べている.

「科学は経験的規則性の記述からなるという私の見解, あるいは**科学で説明
と呼ばれるものはすべて, 通常とは異なるレベルでの記述**——たいていは幅
広い経験的規則性にうまく適合しているという意味において, より優れた記

述——でしかないという私の主張を，論破することに成功した試しはない.」

（Samuelson 1965, p. 1171, 強調原文）

　操作主義的方法論がサムエルソン自身の経済学研究にどのように用いられているかを見るためには，『経済分析の基礎』の基本的目的を論じることが有益である．この議論には，特定の例を考察することが便利である．

　2つの変数x_1, x_2をもつ関数の最大化問題を考える．ここで目的関数fはパラメータβにも依存する．したがって，問題は

$$\max_x f\,(x, \beta)$$

となる．ここで，$x = (x_1, x_2)$ および$f\,(x, \beta) = f\,(x_1, x_2, \beta)$ である．

　目的関数が十分に微分可能で，かつその解$x^* = (x_1{}^*, x_2{}^*)$ が内点にあることを仮定すれば，次の1階および2階の条件が満たされなければならない．

（1階）　$f_1(x^*) = 0,$　　　（2階）　$f_{11}(x^*) < 0, f_{22}(x^*) < 0,$

　　　　$f_2(x^*) = 0,$　　　　　　　　　$f_{11}(x^*)\,f_{22}(x^*) - [\,f_{12}(x^*)]^2 > 0.$

　ここで，$i, j = 1, 2$ について，$f_i(x^*) = \partial f\,(x^*, \beta)/\partial x_i$ および$f_{ij}(x^*) = \partial^2 f\,(x^*, \beta)/\partial x_i \partial_j x_j$ である．

　（2階の条件で保証される）陰関数定理の条件の下で，1階の条件は，パラメータβの（微分可能な）関数としての解x^*に関して「解かれる」．したがって，我々は解を$x^*(\beta) = [x_1{}^*(\beta), x_2{}^*(\beta)]$ として書くことができる．**定性的な比較静学**は，パラメータβの変化が解ベクトルx^*にもたらす影響を確定すること，言い換えれば，（もし可能であれば）$dx_1{}^*/d\beta$ および$dx_2{}^*/d\beta$ の符号を確認することである．これらの符号は，少なくとも考えうる限りにおいて経験的に確定することはできるので，これらの定性的な比較静学の結果は，サムエルソンの用語で言う「操作的に有意味な定理」である．『経済分析の基礎』の主要なテーマの1つは，このタイプの操作的に有意味な比較静学の結果が（しばしば）「最大化仮説」——要するに，問題が上述の1階および2階の条件を満たすという仮定——から獲得され得る，ということにある．

　これがどのように機能するかを見るため，パラメータβがfのx_1についての偏導関数に正の影響を持ち，fのx_2についての偏導関数には何ら影響しない場合を考える．言い換えれば，

$$f_{1\beta} = \frac{\partial^2 f}{\partial x_1 \partial \beta} > 0, \qquad f_{2\beta} = \frac{\partial^2 f}{\partial x_2 \partial \beta} = 0$$

となる場合を考える．解ベクトル $x^*(\beta)$ を上の1階の条件へ代入することで次の恒等式が得られる．

$$f_1[x_1^*(\beta), x_2^*(\beta), \beta] \equiv 0,$$
$$f_2[x_1^*(\beta), x_2^*(\beta)] \equiv 0.$$

これらの恒等式を β について微分することで，我々は，2つの未知数（2つの求めたい比較静学の項）に関する2つの方程式からなる，次の線型体系を得る．

$$f_{11}(x^*) dx_1^*/d\beta + f_{12}(x^*) dx_2^*/d\beta + f_{1\beta} = 0,$$
$$f_{21}(x^*) dx_1^*/d\beta + f_{22}(x^*) dx_2^*/d\beta = 0.$$

この体系を行列で表記すれば，

$$\begin{bmatrix} f_{11}(x^*) & f_{12}(x^*) \\ f_{21}(x^*) & f_{22}(x^*) \end{bmatrix} \begin{bmatrix} dx_1^*/d\beta \\ dx_2^*/d\beta \end{bmatrix} = \begin{bmatrix} -f_{1\beta} \\ 0 \end{bmatrix}$$

となる．これを解いて，2階の条件から得られる情報を用いれば，我々は

$$\frac{dx_1^*}{d\beta} = \frac{-f_{1\beta} f_{22}}{f_{11}(x^*) f_{22}(x^*) - [f_{12}(x^*)]^2} > 0,$$

$$\frac{dx_2^*}{d\beta} = \frac{f_{1\beta} f_{21}}{f_{11}(x^*) f_{22}(x^*) - [f_{12}(x^*)]^2} = ?$$

を得る．「最大化仮説」（1階および2階の条件）は，第2の変数の最適値に対するパラメータの変化の影響を決定するのに十分でないが，第1の変数に対する影響を決定するのに十分であることに注意されたい．このモデルに関して，最大化仮説が含意するのは，パラメータ β の増加が，第1の変数の最適値の増加を引き起こす（あるいは，第1の変数の最適値の増加がパラメータ β の増加にともなって生じる）ことである．こうした結果は検証可能と考えられるので，サムエルソンによれば，これは最大化仮説から導かれる操作的に有意味な定理である．『経済分析の基礎』の大部分は，多岐にわたる経済モデルについて以上のような比較静学を行うことから成り立っている．

『経済分析の基礎』の別の部分では，微分方程式体系によって特徴づけられるような（非最適化にもとづく）動学モデルのために，比較静学と類似の結果が導出される．例えば，上述の最大化問題に似通った2変数の動学モデルは，

$$\dot{x}_1 = f_1(x_1, x_2, \beta),$$
$$\dot{x}_2 = f_2(x_1, x_2)$$

と書けるだろう．ここで，変数上部のドットは時間微分を表し，均衡 $x^*(\beta) = [x_1^*(\beta), x_2^*(\beta)]$ はどちらの変数も変化しないこと，すなわち $\dot{x}_1 = f_1(x^*) = 0$ かつ $\dot{x}_2 = f_2(x^*) = 0$ であることを示す．

サムエルソンの**対応原理**によれば，「比較静学と動学との間には密接な形式的参照関係が存在する」(Samuelson 1947, p. 284)．言い換えれば，均衡状態が動学的に**安定**であるという仮説は，こうした動学的経済モデルにおいて比較静学の結果を導くために（しばしば）用いることができるということである．動学モデルにおける安定性の仮定は，大雑把には最適化モデルにおける2階の条件の役割を果たす．実のところ，比較静学の結果を動学モデルで得るのは，一般により難しい．なぜなら，対応する行列がほとんど対称的でないからであるが，これは技術的な点である．主要な議論は，有意味な（比較静学の）定理が2つの方法で得られる点にある．すなわち，最適化問題の1階および2階の条件からの導出，そして動学モデルの安定性条件からの導出である．『経済分析の基礎』で議論されるミクロ経済モデルは前者を採用するのに対して，マクロ経済モデルのほとんどは後者を用いる．しかし，サムエルソンによれば，それらはともにまさに同一の「基礎」のうえに築かれており，同じ「**個別の理論を基礎づけ，それらの中心的な特徴について統一する一般理論である**」(Samuelson 1947, p. 3; 強調原文)．

サムエルソンの経済学における操作主義の別の例であり，また方法論の議論で最も頻繁に言及される理論が，消費者選択に関する**顕示選好**理論である (Samuelson 1938a, 1948b, 1950, 1953)．

「『経済分析の基礎』において「操作的に有意味な」定理を強調していることがこれまで議論されてきたので，友好的批判者に対して自分の強みを用いて反論しようと思う．顕示選好という学説は，経験的実在論の含意を極限まで突き詰めた理論の最たる例である．同理論では，オッカムの剃刀によって，ジッパーや襟，（中略）そしてイチジクの葉も取り払って，本質を丸裸にし

た.」（Samuelson 1964, p. 738）

　サムエルソンは顕示選好理論を，効用最大化にもとづく標準的消費者選択理論にとって代わる「操作的」代替物として提示した．標準的理論は，効用や選好の様々な概念（基数的であれ序数的であれ）がすべて根本的には心理的で主観的であることを理由に非難に晒されていた．サムエルソンがノーベル賞受賞講演で述べたように，「1930 年代半ば以前において，効用理論は不毛な同義反復に堕する兆しを見せていた．（中略）効用や満足度を定義するのはほぼ不可能であるし，ましてそれを測定することなどもってのほかである」（Samuelson 1972, p. 255）．顕示選好理論における彼の目標は，科学的な方向，すなわち操作的に有意味な方向に，新古典派消費者選択理論を転換することであった．つまり，「効用概念のいかなる痕跡もとどめない消費者行動理論」（Samuelson 1938a, p. 71)[38] である．顕示選好理論は，効用概念を「操作」の集まりに代替することによってこの課題にアプローチするが，それは経済主体に選好を経験的に顕示させるというものであった．

　顕示選好に関する最初の論文（Samuelson 1938a）でサムエルソンは，消費者選択理論の主要な結果を演繹するために 3 つの前提（どれも効用をともなわない）を用いた[39]．仮定の 2 つは効用最大化理論と共通である（そして，それらは Samuelson 1938c で不必要であることが示された）が，3 番目はのちに「**顕示選好の弱公準**」（Weak Axiom of Revealed Preference, WARP）と呼ばれることになる重要な仮定であった．

$$\sum_{i=1}^{n} p_i x_i' \leq \sum_{i=1}^{n} p_i x_i \Rightarrow \sum_{i=1}^{n} p_i' x_i > \sum_{i=1}^{n} p_i' x_i' \qquad \text{(WARP)}$$

ここで，$x = (x_1, \cdots, x_n)$ は価格ベクトル $p = (p_1, \cdots, p_n)$ の下で購入される財バンドルであり，$x' = (x_1', \cdots, x_n')$ は価格ベクトル $p' = (p_1', \cdots, p_n')$ の下で購入される財バンドルである．財バンドル x' は p で購入可能であるが購入しないため，x は x' よりも「顕示的に好まれる」．したがって，x' が p' で購入される場合に，それは「好まれる」バンドルが購入できないからであるに違いない．この仮定によってサムエルソンは，効用概念に依拠せずに消費者選択理論の重要な結論のほとんどを演繹することができた．「このように，消費者行動の理論は完全に，顕示選好に関して操作的に有意味な基礎をもつだろう」（Samuelson 1948b, p. 157）．

　サムエルソンが顕示選好に関する方法論的目標を達成できたか，という問いを

66

扱った研究は多数に上る．彼は実際に効用の「最後の痕跡」まで取り去ることができたか．WARPは操作的（あるいは，他の何らかの意味で経験的）であるか．まったく同一である2つの理論のうち一方が他方より経験的であると主張することに論理的問題がないか．理論家サムエルソンは，方法論家サムエルソンに忠実であったか，などである[40]．

この批判的文献の詳細に立ち入ることは確かに必要ではないが，操作主義とWARPの関係に関する1つの論点は，次章以降の議論に直接に関係するため，ここで論じるのは有益である．その論点とは，サムエルソンが1938年の原論文の出版と（およそ）1940年代後半との間に方法論上の目的を変更したように思われることである．当初，目標は明らかに効用という心理的概念を**追放**し，科学的により問題の少ない（より操作的に有意味な）概念に**代替**することにあった．化学でこれに相当するのは，フロギストンから酸素への進展——ちょうど科学的に不適切な概念を取り除き，それを科学的に適切な概念に代替している——であろう．サムエルソンが効用概念を完全に排除することに関心があったという主張は，もちろん「いかなる痕跡もとどめない」（Samuelson 1938a, p. 71）という言い回しによって支持されるが，原論文（あるいは『経済分析の基礎』）においてサムエルソンは**選好**という（あるいはそれに代わる）語を**用いなかった**という事実によっても支持される．顕示**選好**なる用語は1948年の論文までは登場しない．初期著作における目的は，選好を「顕示する」ことではなく——酸素がフロギストンを「顕示する」方法でないのと同様に——，効用および選好概念を完全に取り去ることであった．次の2つの章でより注意深く導入することになる言い回しを用いれば，1938年前後のサムエルソンは観察可能な**行動**（だけ）に関心があり，消費者選択理論から**意思に関する観察不可能な**概念を排除しようとした．しかし，後に彼は選好を「顕示する」と述べるようになったため，彼の方法論的立場が少し変化したように思われる．1948年および1950年の論文でのサムエルソンは，経済学において意思に関する主観的概念を用いることに全く問題はないと考えているように思われる．WARPは最早，選好概念に取って代わるものではなく，曖昧ではあるが説明上有益な選好という概念を経験的に発見するための便利な道具である．ヘンドリック・ハウタッカーが述べたように「1938年に大工が拒否した石材は，1950年には礎石になったように思われる」（Houthakker 1983, p. 63）．ノーベル賞受賞講演の時点までにサムエルソンは，完全に効用学派に返り咲いた

第2章　経済学の方法論的伝統　**67**

ように思われる（そして，そこから離れたことは決してなかったとも主張した）．「消費者が所与の価格の下で序数的効用を最大化するために有限の所得を費やす（中略）という仮定にもとづいて，価格と需要量の観察可能な事実に関して反駁可能な仮説を提案することに私は当初から関心があった」（Samuelson 1972, p. 256）．

　明らかに議論を先回りすることにはなるが，同じ時期に心理学でも操作的概念についてまさに同じような変化が生じたように見えることは興味深い．ブリッジマンの操作主義的着想は，スティーブンズ（Stevens 1939）らによって，心理学の伝統的な概念であった心的観念を排除するために同学問に導入された．しかし最終的には心理学でも，サムエルソンの場合と同様に，より操作的であることが意図された新概念が，伝統的概念を代替するというよりもむしろ，伝統的概念を保護するための新たな科学的装いとして用いられるようになった．クリストファー・グリーンは，この観点でエドワード・トールマンの心理学研究を議論している．

　　「ブリッジマンは，物理学の危機をもたらした形而上学的概念に**対する代替物**として操作という概念を示したが，トールマンも同様に心理学を悩ませていた形而上学的概念の**表出を計測する**ために操作という概念を採用した．トールマンは事実上，操作主義を逆転の発想で利用したのである．ブリッジマンは科学から形而上学的概念を取り除こうとした．それに対してトールマンは，それらを物理的操作に付随させることによって正当化しようとした．この操作主義の逆転は，その後の数十年間の心理学の発展に対して根本的に重要であった．」（Green 1992, p. 300, 強調原文）

　経済学への影響は心理学へのそれに比べ大きかったわけではないが，サムエルソンもまた操作主義を裏返したように思われる．このことは，ミルにおけるリカード学説と経験主義との緊張関係，リカード経済学に対する非難をはねつけるケアンズの試み，ケインズのマーシャル主義，ロビンズやオーストリア学派とハチソンの著作における経済学と方法論の関連性，そして数多くの相反する目的を同時に達成しようとするフリードマンの努力がそうであったように，科学哲学の（比較的素朴な）着想を気軽に取り寄せるだけの学問という経済学方法論への見方を変えるに違いない．経済学方法論での科学哲学学説の選別過程だけでなく，次章以降で論じるように，科学哲学自体の変化においても，駆け引きや文脈や偶然性が深く関わっていると思われる．

第3章　科学哲学における「定説」の崩壊

世界に，論理実証主義者と馬鹿馬鹿しい英文学教授という二種類の人間しか存在しないのであれば，私は論理実証主義者であると思う．（Glymour 1980, ix）

実証主義者，それは，つねに大文字のSがついた「科学（Science）」について思考し，（中略）おもに人前での祈りにふさわしい荘厳な口調によって，他人になすべきことを論す人物である．感情と価値判断を非難する，この感情的な価値判断の宣言こそは，奇妙なユーモアのセンスの表れのように評者には思われる．（Knight 1940, p. 151）

論理実証主義が死んでしまったことを，今日では誰もが知っている．しかし，誰もここに発せられるべき問いがあることに感づいていないようである．──すなわち「誰の責任か」という問いである．筆者がその責任を負う必要があるのではないかと危惧している．（Popper 1976b, p. 88, 邦訳 159 頁）

思い出せないほどではないが，かなり昔に一度，広い支持と学術的な同意を意のままにした一つの科学観が存在していた．この見方は一つの名に値する．それを「伝説（Legend）」と名付けよう．（中略）はるか昔のことはそれでおわり．1950 年代から霧が立ち込め始め，伝説の光彩はくすんでしまった．教科書や大衆向けの文章には現れつづけるかもしれないが，多くの知的な批評家はいまやこの伝説を，独りよがりで，無知で，非歴史的で，そして分析的にも底の浅いものとみなしている．（Kitcher 1993, pp. 3-5）

　前章の後半で，大まかに「実証主義的」科学哲学として特徴づけられる方法論的な論文・著作を有する多くの経済学者について検討した．本章は，実証主義的な哲学的観念をさらに立ち入って検討することにしたい．主題は，いわゆる「定説」（Received View）（Frederick Suppe［1977］によって普及した用語）である．それは，1950 年代と 60 年代にかけて英米の科学哲学における支配的な枠組みであり，実証主義の伝統の主たる後継者である[1]．1930 年代のウィーン学団の実証主義から議論を始め，このプログラムの近年の末裔で終えるが，主として最後の数十年のあいだに「定説」の崩壊に寄与したいくつかの要因に照準する．全体的に，筆者は哲学の文献にできるだけ即して議論を進めるつもりであるが，標準的な哲学上の語法から逸脱する面が一つある．哲学の文献ではたいてい，「定説」は，もっぱら「論理経験主義」──1930 年代の論理実証主義の直接の末裔であり，かつ最後の姿であった哲学上のプログラム──と同一視されるが，本書では論理

経験主義とカール・ポパーの反証主義のかなり大ざっぱな混合物に対しこの用語を用いることにしたい．つまり「論理経験主義＋反証主義」という定義を用いるが，これが，経済学方法論で「定説」という用語がもっとも高い頻度で用いられる仕方に一致しているのである．

「定説」について議論を始める前にあらかじめ1つ断りをしておきたい．本章は明らかに論理経験主義，「定説」，あるいはその衰退を導く議論の包括的検討を行うものではない，という但し書きである．いくつかの主要な課題だけに重点を置いた概説でしかない．本書よりもはるかに詳細に，この分野をカバーする標準的で信頼のおける文献がある[2]．本書の主たる目的は，後の章で繰り返し強調されるであろう2つの論点（理論負荷性と過小決定性）に焦点を合わせ，一般的概論を提示することである．基本的な関心は経済学方法論にあるということ，そして「定説」やそれに対する批判のすべての側面が，経済学方法論において等しく重要な役割を果たしてきたわけ（あるいは果たすべき）ではない，という点に留意していただくことも重要である．

3.1 科学哲学における「定説」

科学哲学では，明らかに「定説」は論理経験主義のプログラムと同一視され，同様に論理経験主義はウィーン学団の論理実証主義を引き継ぐものであると理解されてきた．第1節は，これらの2つの哲学的プログラムとその変種である反証主義の主要な特徴について検討する．最後の小節（3.1.4）では，「定説」が内的な緊張関係や，本章の後半で議論するクワインやクーンやその他の論者による批判よりもかなり前の批判によって破綻し始めた経緯について考察する．

3.1.1 論理実証主義

「論理実証主義」と呼ばれる哲学運動は，かつて知的風景のなかで新鮮かつ解放的な呼び声として理解されていた．すなわちそれは，その起源から尊敬を集め，順調に影響力を増し，世紀の中ごろまで学術研究のほとんどあらゆる分野で効果的に言説を支配した運動であった．しかし，もはやそうではない．実証主義はいまや，ほとんど普遍的に悪者として，すなわち，ほぼすべての学問領域において誤りの多くをもたらした間違った考えとして受け止められている．「実証主義」

という用語は，いまやもっぱら「哲学上のブーイング」である（Hutchison 1981, p. 204）．実証主義の転落は，1970年代の自然科学の哲学において様々な方面から攻撃された（そして実質的に論駁された）ときに始まった．その直後，実証主義は他のあらゆる研究領域においてもその傑出した地位から急速に転落を開始した．この転落を理解するには，実証主義のプログラムの起源にまで立ち返る必要がある．正確には論理実証主義の哲学とは何であり，何であったのか．

　歴史的には，論理実証主義は，1920年代末に行われていたシュリックの木曜日夕方の会合から始まった．知的な意味でいえば，それはアインシュタインの相対性理論が1905年に発表された後の10年ほどのあいだにドイツ哲学に引き起こした危機に端を発していた．アインシュタインの理論は，物理学——不滅で矯正不可能な知識の模範とかつては考えられた科学的理論の体系——に，科学知識に関する当時の哲学学説によってはおよそ取り繕うことのできない亀裂を生じたのであった．

　「論理実証主義」という用語は，シュリックのウィーン学団のセミナーやその周辺から現れた一般的な哲学的観点に対する名称として，ブルンベルグとファイグル（Blumberg and Feigel 1931）によって用いられた．ウィーン学団の主要な参加者のリストには，ルドルフ・カルナップ，ハーバート・ファイグル，フィリップ・フランク，ハンス・ハーン，ヴィクター・クラフト，カール・メンガー（Karl Menger），そしてオットー・ノイラートといった名が挙がるが，その他多くのものが，さまざまな形でこのセミナーに関与し参加していた[3]．ルートヴィヒ・ウィトゲンシュタインなどは，実際のセミナーに直接の接触をほとんどもたなかったが，学団の哲学上の立場の進展に重要な役割を果たした．ベルリンのハンス・ライヘンバッハやポーランドのアルフレト・タルスキ，そしてイギリスのバートランド・ラッセルは，一般的な実証主義運動に参加したが，シュリックのグループとの直接の接点という点では彼らのあいだにはかなり差があった．この運動は，当初，イングランドではA・J・エイヤーによって，アメリカではC・W・モリスによって，そして後には，第二次大戦中にこれら2つの国に渡ったウィーン学団のメンバーによって流布されたのである．

　ウィーン学団の哲学は決して1つの正典的なテクストで提示されることはなかったが，『科学的世界把握：ウィーン学団』（*Wissenshaftliche Weltauffassung, Der Wiener Kreis*）は，正典に近い地位を獲得していた．主にハーン，ノイラート，カ

第3章　科学哲学における「定説」の崩壊　71

ルナップによって執筆されたこのパンフレットは，もともと，1929年の10月，アメリカでの客員の身分からウィーンに戻ったばかりのシュリックに捧げられたものであった．パンフレットは，論理実証主義者のプログラムの綱領であると，学団の多くのメンバーによって受け止められていた．

「論理実証主義」という名称は，実際にはウィーン学団の哲学プログラムにとってかなり記述的な名称である．というのもメンバーは**論理主義**（logicism）と**実証主義**（positivism）の諸側面を統合しようとしていたからである．とりわけ，このプログラムはフレーゲとラッセルの論理構想とヒューム，コントおよびマッハの古典的経験主義ないし実証主義的認識論を結合したものであった．すでに述べたように，ジョン・スチュアート・ミルのような経験主義者は，数学や論理学でさえ経験科学に還元することを提唱していた．論理実証主義者もまた，数学的探究を真の知識のタイプであると考えていたが，そうした知識を経験的観察に基礎づけるべきかどうかという点に関してはミルに追随することはなかった．論理実証主義者にとって，数学と論理学は知識であるが，それらは厳密にア・プリオリなもので，ア・ポステリオリな類の知識ではなかった．数学と論理学の命題は**分析**命題と呼ばれる．すなわちそれらの命題は（妥当な仕方で演繹された場合）あらゆる可能的世界において真であり，ゆえに正当ではあるが，純粋にア・プリオリなタイプの知識である．論理実証主義者によれば，真なる知識のもう1つのタイプは経験科学によってつくりだされる．数学とは異なり，科学は事実を述べているのであり経験的である．その命題は**総合**命題と呼ばれ，一定の経験的条件下においてのみ真である．ウィーン学団にとって，これら2つのカテゴリー，すなわち経験科学の総合的な事実的真理と論理学や数学の純粋に形式的な分析的真理によって**知識はすべて尽くされている**．カルナップが知的自叙伝のなかで，論理実証主義の見解について次のように要約している．

「このように，ウィーン学団における議論のなかでつねに重要かつ根底的なものと考えられてきた論理的真理と事実的真理との区別は，最後には正当な真理であると証明された．この区別によって，われわれは，旧い経験主義が論理学と数学の知識の性質について満足のいく説明を与えられなかったという問題を解決したのである．経験主義は，**すべての知識が経験にもとづかねばならない**とつねに主張してきたため，この主張は数学の知識を含まざるを得なかった．（中略）われわれの解決策は，（中略）経験主義の基準を事実的

真理にのみ要求するということであった．これにたいし，論理学や数学における真理は，観察による確証を必要としない．というのも，それらは事実の世界については何も述べておらず，事実のあらゆる可能な組み合わせに妥当するからである．」（Carnap 1963, p. 65, 強調原文）

総合的知識の唯一の妥当な形態は経験科学であるという理由で，論理実証主義者は，あらゆる「形而上学的」命題——神学や宗教，あるいは観念論哲学に起源をもつような諸言明——は端的に「無意味」であると論じた若きウィトゲンシュタイン（Wittgenstein 1922）に追随していた．この（無）意味という基準へのコミットメントは，論理実証主義にとって，実証主義者とそれ以外を根本的に分かつ，唯一のもっとも重要な境界画定の基準となった[4]．この厳密な区別の下で，多くの論理実証主義者が，ある種の「存在論に対する忌避（ontophobia）」，すなわち人間の感覚に直接に現れるものを超越する，あるいはその背後にあるあらゆるものについて語ることへの恐れを持つようになった．論理実証主義者の形而上学にたいする見解は，ブルンベルグとファイグルの初期の論考のなかではっきりと語られている．

「論理実証主義は，オッカムの剃刀の原理を適用し，形而上学を余分なものとして否定するという点では，初期の実証主義やプラグマティズムよりも先へ進んでいる．新実証主義にとって，形而上学的な命題は，厳密にいえば，無意味なのである．というのも言明というものは，どのような条件下でそれが真であるか偽であるかをわれわれが知っている場合にのみ意味をもつからである．」（Blumberg and Feigel 1931, p. 239）

この形而上学の見方は，論理実証主義者に，哲学の適切な役割を再定義するよう迫るものであった．以前には「哲学」と呼ばれていたもののほとんどが，いまや無意味な形而上学的な思索とみなされ，しかしまた，ウィーン学団がつくりだした種類の分析が，経験科学の生み出す知識とは全く異なるということも明らかであった．あらゆる有意味な言説は分析的な形式主義か，あるいは経験科学かのどちらかでしかないのであれば，科学哲学者の役割はいったい何なのであろうか（そして彼あるいは彼女の言説の「認知的意味」とは何であるのか）．論理実証主義者の応答は，哲学者の仕事を再定義することであり，哲学を一種の概念の浄化——すなわち何が有意味であり，何がそうでないかを指摘することで様々な概念上の乱れを浄化すること——へと転換することであった．「言い換えれば，哲学は，

第3章　科学哲学における「定説」の崩壊　73

知的な不法行為——すなわち形而上学に陥るという行為——を誰もが犯すことのないよう監視することを務めとする公園管理者という地位へと格下げ，あるいは格上げされる」（Ayer 1990, p. 5）．あるいはもっとひねりの利いた言い方をすれば，新たな哲学の目的は，「自分自身を知的な麻痺状態から解き放つ」ことであった（Ayer 1990, p. 59）．有意味なものとそうでないものを決定する一種の概念分析というこの哲学観は，認知的意味に関してより厳密でない定義を用いた後の「定説」や他の哲学的立場にも引き継がれた．

　論理実証主義運動にかかわったすべての者が，形而上学は無意味であり，経験科学は有意味であるという点に合意したが[5]，経験的内容（つまり有意味性）が科学のなかでいかにして明らかにされるのかという点については，必ずしも実質的な合意はなかった．時間が経過するとともに，科学に含まれる経験的知識創造のメカニズムについてウィーン学団のメンバー間には意見の不一致が生じるようになった．この一つの明確な表れがいわゆるプロトコル言明論争，あるいは「物理主義（physicalism）」をめぐる論争であった．この論争は，ウィーン学団のメンバー間に意見の相違を生み出しただけでなく，それは後に少なくともある一人のメンバー，すなわちカルナップに実質的な修正を迫ったのである．実証主義の哲学論争の多くは本題からかけ離れてしまうだろうが，プロトコル言明論争（正確な経験的性質，つまり科学の有意味性をめぐる論争）は，科学哲学（そして経済学方法論）における後の発展に重大な影響をもったので，ここで詳細に検討しておくのが有益である．

　この論争を紹介するには，まず『世界の論理的構成（*Der Logische Aufbau der Welt*）』（Carnap 1928）におけるカルナップ（Rudolf Carnap, 1891-1970）の立場を説明するのが最良であろう．この著作は，初期のウィーン学団の科学知識観の決定的な表現であった．同書における議論は，経験主義的基礎づけ主義の1つのバージョンに基づいていた．すなわち，観察可能な経験的現象についての言明（改訂不可能な知識の基礎）から出発し，帰納を通じて，これらの観察言明を，科学理論を獲得するために一般化するという考え方であった．このように科学理論は純粋に記述的なものであり，それらは有意味な内容を失うことなく，つねに観察可能なものについての言明に翻訳し直すことができる．科学理論は，何らかの現象学的観察言語，すなわち**プロトコル言語**によって表現される経験的観察を，ただ記述し直したものである．科学の観察的基礎を形成する言明は，プロトコル

言明（現象学的なプロトコル言語において表現される文）であり，これらの言明は，科学の究極的な基礎を形成する．ゆえにあらゆる科学的言説はこれらのプロトコル言明で表現されるか，あるいはいわゆる対応規則によってそれらに翻訳されるかのいずれかである．このプロトコル言語は，**意味の検証可能性基準**の本質部分であった．言明が有意味であるためには，それは「原理上，検証可能」でなければならない．すなわち，少なくとも原理上，言明が真であるところの諸条件を特定することが可能でなければならない．「もしそれが実際に得られるとすれば，言明の真理を最終的に確定する観察データを記述しうる」（Hempel 1965, p. 103）．プロトコル言語は，こうした意味の基準を適用するための大まかな文脈を提供する．それは，経験的検証が行われる理路を提供するのである[6]．カルナップは以下のように彼の初期の見解を要約している．

> 「われわれは，疑うことのできない直接的知識，すなわち確かな知識の基盤が存在すると考えていた．あらゆる他の種類の知識は，この基盤によってしっかりと支えられなければならず，それゆえにこそ確実性を決定できる．これは，私が『世界の論理的構成』において与えていた描像である．（中略）この構想はウィトゲンシュタインの検証可能性原理につながる．同原理は，有意味な言明について確定的な検証か，確定的な否定かのどちらかを得ることが原理的に可能であると述べているのである．」（Carnap 1963, p. 51）

ウィーン学団のメンバーがみな，この有意味さの基準に満足していたわけではなかった．オットー・ノイラート（Otto Neurath, 1882-1945）はこの基準に批判的であった．というのも，それが社会科学で用いられる概念の多くを排除していると思われたからである．社会科学に関心をもち，マルクス主義に共感していたノイラートは，論理実証主義プログラムの社会的・政治的含意に強い関心をもっていた[7]．ノイラートにとっての論理実証主義プログラムに対する基本的動機は，伝統的な形而上学的思考にともなう保守的影響を取り除くことによって，より良い世界をつくり上げることであった．ノイラートは「科学哲学を『マルクス主義にとって有用』なものにすること」を望んでいた[8]．

> 「『ブルジョア 対 プロレタリアート』は，『形而上学 対 科学』ということも含意する．ノイラートは，プロレタリアの利害のための闘いは，形而上学に対する闘いであり，かつ科学的アプローチを広めるための闘いであると確信していた．そしてその逆もまた真実だとノイラートは考えていた．」

（Cartwright, Cat, Fleck, and Uebel 1996, p. 76)[9]

　ノイラートの科学言語に対するアプローチは**物理主義**と呼ばれた．彼は「自然科学と心理学および社会学とのあいだには，主題上のいかなる根本的な差異も存在しない．というのも個人と社会は基本的に多かれ少なかれ，複雑な物理システムにほかならないからである」と論じた（Hempel 1969, p. 167）．自然科学と社会科学とにかかわらず，あらゆる科学（つまりあらゆる有意味な言説）は，同じ物理主義的語彙――「物質的な事物を述べ，観察可能な属性をそれらに帰する物言語（a thing language)」（Suppe 1977, p. 14）――を用いて運営される．というのも，科学的な世界把握によれば，そうした観察可能な物理的事物（時空上の出来事）は，世界の内実を余すところなく尽くしているからである――より深く進もうとするどのような試みも形而上学的な思考に耽ることになるだろう．

　ノイラートの物理主義的語彙について指摘すべき 2 つの重要な点が存在する．1 つは**幅広い**ことであり，もう一つは**改訂可能**であるということである．まず幅広さに関して，ノイラートは物理主義のイディオムのなかで記述される事物の種類について非常に包括的な構想をもっていた．ノイラートによれば，物理主義はたんなる物理学の言語ではない．それは物理学の言語を含むが，いっそう広い内容を含んでいる．「ノイラートの「物理主義」は，多様なかたちの科学的言説を物理学に還元することを求めるのではなく，時空上の出来事によって現実に，もしくは可能性として「反証（disconfirmation)」を認めるような仕方で科学的言説が定式化されることを要請するのである」（Cartwright, Cat, Fleck, and Uebel 1996, p. 96）．これは，科学の言語で表現されうるほとんどあらゆる事柄が，有意味な言説と考えうることを意味した．この包括性はもちろん，ノイラートの社会的目標と一致していた．すなわち行動科学や社会科学の言語は，まったく正当な科学知識を提供しうるということである．「ノイラートの科学理論は，物理学への還元なしに，さまざまな学問領域が自律的に概念形成に取り組むことを認めるものであった」（Cartwright, Cat, Fleck, and Uebel 1996, p. 96）．形而上学と宗教は排除されるが，近代科学（社会科学でさえ）のほとんどすべては科学に含まれるのである．[10]

　ノイラートの物理主義的言語はまた改訂可能なものであった．科学の経験的基礎は改訂されうるのであり，実際にそれは科学的発展のなかで継続的に改訂されてきた．こうした科学の経験的基礎の改訂可能性へのコミットメントは，しばしば有名なノイラートの「船」の比喩によって説明されてきた．[11]

「われわれには，大地を動かすための不変のテコの支点などは存在しない．
同様に，諸科学を立ち上げるための絶対的に堅固な土台など存在しないので
ある．われわれの現実の状況は，あたかも外海上の船上にあって，航海を続
けながら船のさまざまな部品を交換しなければならないようなものである．」
（Neurath 1937, p. 276）

1930 年代初めまでに，カルナップは『世界の論理的構成』の主張から距離を
とり始め，ノイラートの物理主義の方向に動き始めていた．この変化には明らか
に多くの理由が存在したが，ノイラートの継続的な論証（そしてカール・ポパー
が行った関連する議論）は疑いなく重要な要因であった[12]．これらの変化は，カ
ルナップが比較的厳密な「検証可能性」基準から「確証可能性」というより寛容
な原理へ移行し，『世界の論理的構成』で擁護されていた経験主義的な基礎づけ
主義を弱めたことと一致していた．カルナップは自伝のなかでこの変化について
論じている．

「何人かの哲学者，とくにマッハとラッセルの影響下で，『世界の論理的構
成』では，現象主義的言語を知識の哲学的分析にとって最良のものとみなし
ていた．哲学の課題は，あらゆる知識を確実性の基礎のもとに還元すること
にあると私は信じていた．物質的事物についての知識が派生的であまり確実
ではない一方，最も確実な知識は直接に〔経験によって〕与えられるもので
あるので，哲学者は基礎として感覚データを用いる言語を採用しなければな
らないと考えていた．ウィーンでの議論のなかで，私の態度は次第に物理主
義的言語を好む方向へ変化したのである．」（Carnap 1963, p. 50）

物理主義やより寛容な意味の基準へのカルナップの移行は，1930 年代の一回
限りの回心としてなされたのではなく，むしろ長期間に継続的に生じたもので
あった．カルナップのこの変化は，ウィーン学団やその仲間に程度の差はあれ受
け入れられていった．たとえばシュリックは 1936 年に亡くなったが，亡くなる
までの数年間，カルナップの立場を特徴づけ始めた寛容化の基調にきわめて批判
的であった．これらの変化のすべてを記録するつもりはないが，論理実証主義の
プログラムの後の展開に関して 2 つの点を指摘しておくことが必要であろう．

第 1 に，カルナップの修正された見解は『世界の論理的構成』が得たような
支持者をけっして獲得することはなかった．1930 年代中頃までに，ウィーン学
団は知的な面で結束を弱めており，地理的にはいっそう散り散りになってしまっ

第 3 章　科学哲学における「定説」の崩壊　77

ていた．これらの変化によって，当初の学団の公的な外的人格（ペルソナ）を特徴づけていた統一性は崩れ始めた．こうした状況は，論者自身によってさらに促された．ノイラートは彼の物理主義の立場を堅持し続けたが，彼の議論はしばしば厳密さと体系性を欠いていた．一方，非常に体系的でどのような著書や論考においても構造化されていたカルナップは，時とともに自らの精神を変化させているように見えた．第2の点は，カルナップがノイラートの物理主義の方向に移行していったにもかかわらず，彼は決してそれを採用することはなかったということである．カルナップの見解は次第により寛容なもの——ある時点では，一種の「操作主義」に相当するもの——となったが，しかしウィーン学団の初期の時代にノイラートがきわめて積極的に推し進めていたのとまったく同一の物理主義の見解を支持することはけっしてなかったのである．[13]

　ノイラートの物理主義の議論でほのめかされているのは，論理経験主義の節に移るまえに議論する必要がある論理実証主義の最後の側面，すなわち「統一科学（unified science）」の問題である．ウィーン学団はつねに「統一科学」を科学哲学と科学それ自体の実践のための重要な目標であると考えていた．ノイラートは『科学的世界把握：ウィーン学団』においてこう述べていた．

　　「科学的世界把握の特徴としては，その主張自体よりも，基本的な態度，観点，研究方向が挙げられる．その目的は**統一科学**である．異なった専門領域における個々の研究者の研究を，相互に結びつけ，一致させる努力がなされるべきである．」（Carnap, Hahn, and Neurath 1929, pp. 7-8, 邦訳230頁，強調原文）

　ウィーン学団のメンバーはみな統一科学に関心をもっていたが，もっとも熱烈に統一のプロジェクトを訴えていたのはノイラートであった．ノイラートにとってそれは，特別な関心事であっただけではなく，特別な意味をもっていた．彼の社会的関心と非常に寛容な認知的意味（物理主義）の定義を踏まえればわかるよう，ノイラートの考える「統一」は，物理学への還元によって，あるいは厳格な認知的意味の基準を適用することによって，専門科学（とりわけ社会科学）を排除するものではなかった．ノイラートにとって，統一は「百科全書」の形をとった．そこではさまざまな専門科学の成果が共通の物理主義的言語によって明晰に配置されるだろう．この共通のイディオムは，ノイラートによれば，彼の社会的・政治的目標の成功に向けて，多様な科学の有効かつ協調的な利用をもっとも

うまく成し遂げるだろう．科学の階層的なイメージは，「それぞれが独自であり
ながら，個々が行うよりも大きな物事を成し遂げるために結び付けられる，多様
な道具のオーケストレーションというイメージに取って代わられるだろう」
(Galison 1998, p. 55)．

> 「ノイラートのこの時期の社会計画は，2つの点で統一科学の政治的役割に
> とって新たな焦点を提供する．第1に，科学は形而上学に対する武器とし
> て役だつ．この考えはウィーン学団のメンバーに広く共有されたが，違いも
> あった．他のほとんどのメンバーにとって形而上学を批判する動機は，主に
> 認識論的なものであったが，ノイラートにとってはきわめて政治的であっ
> た.」(Cat, Cartwright, and Chang 1996, p. 367)

（ノイラート流の）諸科学の統一化を促すために，彼は1938年に開始されたプ
ロジェクト，『統一科学国際百科全書』の編集主幹となった．このシリーズには，
ジョン・デューイの『価値評価の理論』やクーンの『科学革命の構造』など，論
理実証主義やウィーン学団と必ずしも相いれない多様な研究が含まれていた．

ノイラートの統一の観点と政治経済学との関連は哲学の文献では十分になされ
てきたが，最近では経済学とのつながりが研究されている．カートライトと
キャットとフレックとユーベルは，ノイラートの統一科学プロジェクトをシュモ
ラーとメンガーの方法論争に直接に関連づけている．シュモラーはノイラートの
学位論文の審査委員を務めていたし，「科学の統一」が，ノイラート自身の社
会・政治的な利害を満たすものであるだけでなく，方法論争の解決策を提示する
ものであったことも明らかである．

> 「ノイラートは，1934年に統一科学運動を立ち上げた．社会科学者であるノ
> イラートにとって統一への原動力は，カール・メンガーと，ノイラートの学
> 位論文の審査員であったグスタフ・シュモラーとの経済学の本質にかんする
> 大論争に根ざしていた．（中略）この文脈では，科学の統一は社会科学と自
> 然科学の統一を必然的に意味した．ノイラートにとって，それが意味するの
> は，それ以上でもそれ以下でもあった．すなわち彼は人間の思考の二つの大
> 領域の大ざっぱな統一を求めるのではなく，むしろもっと繊細な仕方で多様
> 性ゆたかな個別の諸科学を実践的に統一することを求めたのである.」
> (Cartwright, Cat, Fleck, and Uebel 1996, p. 167)[14]

政治経済学と論理実証主義の中核概念とが相互に作用していたという点は，実

証主義的（ないしは反証主義的）見解に従うことで経済学が，純粋に「客観的」なものとなり政治的・経済的論争における混乱を超越することができるようになる，という経済学方法論において標準的な，科学哲学の取り寄せ観に興味深い逆転をもたらす．経済学が政治論争を超越することを表向き可能にしたのと同一の実証主義的見解が，それ自身，政治経済的論争や方法論争という大釜のなかで育まれ，それによって条件づけられていたという点を踏まえると，先のような標準的な見方はかなりアイロニーに満ちたもののように思われる．

3.1.2 論理経験主義

論理経験主義は第二次大戦後の英米科学哲学の支配的なアプローチであった．このプログラムに影響力を発揮したのはリチャード・ブレイスウェイト，カール・ヘンペル，アーネスト・ネーゲルである（カルナップの後年の業績もここに含めることができるだろう）．ウィーン学団のメンバー間に不一致が存在したのは確かであるが，論理実証主義は論理経験主義に比べつねに結束力がありプログラム化されたアプローチであったことを理解することが重要である．論理実証主義は特定の時代と場所で起こり，ウィーン学団のメンバーは統一された「科学的世界把握」に深く献身し，それを提示するための一致した行動をとった．学団内には不一致が存在したにもかかわらず，論理実証主義は実際に，哲学上の独立した「学派」であった．これにたいし，論理経験主義はけっして真に自覚的な「学派」とはならなかった．1950年代の専門の科学哲学者であれば，みなが与した立場にすぎなかった．まさしく論理経験主義（あるいはより一般的にいえば「定説」）は1960年代末に攻撃にさらされるまで，1つの特定の「見解」として認識されなかったし，自らをそのように理解もしていなかった．

検討すべき最初の論点は，実際には先の論理実証主義の議論から引き続く問題，すなわち**理論と観察の区別の漸進的な崩壊**である．現象主義的な『世界の論理的構成』のプロトコル言語からより物理主義的な観察言語への移行，またそれに呼応する検証可能性から確証可能性への移行にともなって生じた認知的意義の寛容化は，「定説」においても継続した．論理実証主義によれば，科学理論は「理論的語彙」において定式化され，「対応規則」によりプロトコル言語という「観察的語彙」に接続（還元）される．これらの対応規則は，理論的用語を観察言語に対応させることでその認知的意義を確保するものであった．1950年代までに，

観察語彙の本質が変化しただけでなく,「理論」と「観察」との厳格な区別も曖昧になった.「観察」と「理論」という用語はもちろん用いられ続けたが,これら2つの科学言語の要素を,実質的に,あるいは一貫した視点から区別することはますます困難となった. ヘンペルは次のようにこの事態を説明している.

「さらに,あらゆる理論的用語の体系を2つの種類——すなわち,科学的に意味あるものとそうでないもの,そして経験的意味をもつものとそうした意味を欠いているもの——に分割するための適切な一般的方法など存在しない. むしろ経験的ないし操作的意味は,グラデーションのようなものとして現れ,(中略)経験的意味には程度の違いがありうる. 経験的に有意味な概念体系と経験的に無意味な概念体系のみを許容する二元論は,科学的概念や科学理論の論理分析にとってはあまりにお粗末なのである.」(Hempel 1965, pp.131-2)

論理経験主義の第2の重要な側面は,観察と理論という区別の曖昧化と密接にかかわっている. すなわち**科学理論の認知的地位の問題**である. 初期の論理実証主義のかなり厳格な枠組みでは,科学理論はただ記述的である. それは経験的な諸規則を記述する便利な方法にすぎない. 先に論じたように,対応規則は理論的用語が,認知的内容を喪失することなく観察言語へと翻訳されることを可能にするものであった. 問題は主に翻訳・対応規則,そして観察・プロトコル言語の本質について提起された. というのも,科学理論は,それらが基礎づけられる観察以上のものとは考えられないし,またそれ以上のものを含まないがゆえに,「科学理論の認知的地位」について実際には真剣な議論がなされなかったからである. 理論と観察の区別がますます曖昧になり,プロトコル言語が(物理主義をつうじて)既存の科学の理論言語にいっそう依存するようになったときに,科学理論の認知的地位の問題は独立した重要な問題として見なされるようになったのである.

論理経験主義は科学理論の認知的地位について2つの根本的に異なる議論を提起した. ひとつは**道具主義的な理論観**であり,もうひとつは**実在論的な理論観**であった.「道具主義」のもっとも単純な形態においては,科学理論はたんに経験的予測を行うための道具とみなされる. これにたいし「実在論」のもっとも単純なバージョンは,科学理論が現実に真ないし偽でありうる言明を含んでいると考える[15]. 道具主義は科学理論をただの道具ととらえ,かつあらゆる道具がな

んらかの特定の仕事に等しくうまく適合するわけではないがゆえに，道具主義では科学理論の「地位」の問題は，「認知的意味」の問題ではなく，ヒューリスティックとしての有効性の問題に転換される．これにたいし，実在論では，ある科学理論における理論的用語は，実在するが観察不可能な実体やその性質を現実に「指示」していると考えられる．道具主義は認知的意味をもちうる物事のリストから科学理論を取り除くことで，科学理論の認知的地位の問題を（解決するというより）解体する．他方，実在論は認知的意味に対する責任を理論的用語それ自体に転嫁する．これらの2つの見解のいずれも，論理経験主義の他の重要な特徴と広い意味で整合的である．「定説」の最盛期にこれらの2つの解釈について多くの異なるバージョンが提起され，後の哲学文献ではこれらの双方の見解にそれぞれ新たな展開があった．以上の説明は，実在論と道具主義の論争に関する簡単な導入にすぎないが，後の展開については以下で議論するため，さしあたりはこれで十分であろう．

　論理経験主義の第3の側面は，科学理論の構造についての帰納的観点から仮説演繹的観点への変化である．論理経験主義者は初期ウィーン学団の科学理論観——理論は（理論中立的な）プロトコル言明から構築されるという見方——を保持しなかった．ヘンペルやネーゲルといった哲学者は，それに代えて，科学的な諸法則（理論的一般化）とそれらを支える経験的証拠との演繹的関係を擁護した．論理経験主義によれば，科学理論の演繹的帰結のみがその経験的基礎づけにとって重要であった．ウェズレイ・サーモンはこのアプローチを以下のように簡潔に説明している．

　　「図式的にいえば，仮説演繹的方法は次のようなものである．一般的仮説と初期条件に関する特定の命題から，ある特定の予測的命題が演繹される．少なくともこの間，初期条件に関する命題は，真なるものとして認められる．真偽が争われているのは，一般的仮説のほうである．観察によって，われわれは予測的言明が正しいかどうかを決定する．予測の結果が正しくなければ，その仮説は斥けられる．観察によって予言的命題が正しいことが示されるならば，その仮説は確証されたということができる．（中略）十分に確証された仮説は，少なくとも暫定的に受容される．」(Salmon 1966, p. 18)

　仮説演繹的方法を採用する理由のひとつは，厄介な「帰納問題」を回避するためであった．もとをたどればデイビッド・ヒュームが明確化したこの問題は，**帰**

納の正当化に関する哲学問題である．よく知られたカラスの例を取り上げよう．有限だがかなりの数の黒い（かつ黒だけの）カラスを観察した後に，「すべてのカラスは黒い」と結論づけるにあたって，それはいかにして正当化されるのだろうか．この問題は，経験主義的な科学観にとって重要な問題であり続けてきた．単純に言えば，科学法則に対する経験主義的理解とは，それが経験的観察にもとづく一般化であるというものである．それは拡充推論，すなわち個々の観察から「すべて」の属性への飛躍を必要とする．この種の拡充推論の正当化が，ヒュームの推論問題である．仮説演繹法がこの問題を回避するのにどう役立つかという点は，かなりはっきりしている．というのも仮説演繹法によれば，科学理論は（演繹的に）経験的観察にもとづいているが，そうした（帰納的に）文字どおり観察から「構築される」わけではない．仮説演繹法が帰納問題の回避に実際にどの程度，成功しているかという点については，論理経験主義のなかでかなり広範な（そして結論の定まっていない）論争が存在した[16]．しかしおそらく本章の目的にとってもっと重要なのは，仮説演繹法が論理経験主義のプログラムの4つ目の重要な側面，いわゆる**科学的説明**の演繹的・法則的（D-N）モデルとどう関係しているかであろう．

　古典的経験主義や初期の論理実証主義によれば，科学理論は**まったく説明など**しない．科学の領域は経験的観察の領域であり，科学理論の目的はそうした経験的観察の信頼できる記述を与えることである[17]．科学は，直接には観察不可能な潜在的な因果メカニズムを解明することによって，世界の事柄を「説明」すべきであるという常識的な科学観は，厳格な経験主義とはかけ離れた見解である．「科学には「深層」といったものは存在しない．存在しているものは，すべて表層である」（Carnap, Harn, and Neurah 1929, p. 8, 邦訳 230 頁）．ただし，論理実証主義者でさえ，科学は世界の事柄を説明するものだという点に合意していた．科学はたんに説明を行うだけではなく，科学的見解を採用するもっとも説得的な論証のひとつは，世界の事柄を，それ以前の哲学や宗教が提示する説明よりも，科学がはるかにうまく説明できるということであった．論理経験主義の重要な転換のひとつであり，そのもっとも大きな成果であるといまなお考えられているのは，科学理論の経験主義的な見解と広い意味で一致する科学的説明のモデルを提供したことであった．

　科学的説明の問題に対する論理経験主義の回答は，1948 年にヘンペルとオッ

第 3 章　科学哲学における「定説」の崩壊　83

ペンハイムが初めて提起した演繹的・法則的（D-N）モデルである [18]．D-N モデルによれば，ある特定の観察された事象（つまり実体 x は属性 y を示す）は，一般法則の下にその事象を組み込む（つまり x は z の一例であり，z はすべて属性 y を示す）ことで「説明される」．経済を例にとり，なぜある企業 x は製品の価格を引き上げたのかを説明するものとしよう．その説明は，企業 x が限界費用の増大を経験した独占企業であること，かつあらゆる独占企業が限界費用の上昇を経験するときにはその製品の価格を引き上げるというものになるだろう．D-N モデルの説明では，説明されるべき現象（被説明項）は，初期条件および，少なくともひとつの一般法則（D-N の「法則的」部分）によって構成された説明項から演繹される（D-N の「演繹的」部分）．図式的に言えば，D-N モデルの説明は次のような一般的形態をとるだろう．

$$C_1, C_2, \cdots C_n$$
$$L_1, L_2, \cdots L_m$$

（説明項）

$$E$$ （被説明項）

ただし，C_i はそれぞれ初期条件を記述する文を示し，L_i はそれぞれ一般法則を示している．

　先の経済の例をこの図式に当てはめるなら，次のようになる．

$C_1 =$ x は独占企業である

$C_2 =$ 限界費用の増大

$C_3 =$ 他の重要な変数は変化していない（他の条件が一定というセテリス・パリブス条件）

$L_1 =$ あらゆる独占企業は限界費用が増大するときには価格を引き上げる（他の条件が一定ならば）

したがって企業 x は価格を引き上げた

　ヘンペルとオッペンハイムの論考では，一般（諸）法則と初期条件はともに真でなければならなかった．後のバージョンでは，一般法則に対する制約は，「確認された」または「裏付けられた」もしくは「偽であると知られていない」と

いった条件にまで弱められた．ヘンペルはさらに，当初の D-N モデルを拡張し，当該法則が，ある（既知の）確率のもとでのみ真であるという統計的説明も考慮に入れた．1950 年代から 60 年代初頭にかけて，科学的説明という問題が科学哲学でもっとも論争的なトピックとなり，D-N モデルがつねに論争の中心になっていたと言っても過言ではない．D-N モデルの支持者たちは，自然科学以外の説明（歴史や社会科学，生物科学における一定の機能的説明，そしてミクロ経済学の「合理的選択」モデル）にも広く適用可能だと論じた[19]．D-N モデルの批判者たちには，演繹や一般法則に関する中心的議論は維持したまま細部の変更を提案するものもいたし，このアプローチを完全に否定し全く別の説明モデルを提案するものもいた．現時点では D-N モデルは厳しい批判にさらされているが，科学哲学者のあいだで，真剣な検討に値するほど十分な支持を得た別のモデルは存在しない．厳しい批判にさらされていても，D-N モデルは現在も科学の説明に対する標準的解釈であり続けている[20]．

　D-N モデルについての議論を閉じる前に，この科学的説明モデルが，論理経験主義の他の側面と関連する点を 2 つ指摘しておきたい．第 1 に D-N モデルは，科学理論の道具主義的解釈と実在論的解釈のいずれとも両立可能である点に注目されたい．D-N モデルは科学理論の認知的地位の問題について中立であるように思われる（少なくとも論理経験主義者が擁護した 2 つの立場にたいして中立である）．第 2 に，D-N モデルと仮説演繹法との関係に注目されたい．D-N モデルは科学的説明の演繹的形態を，理論とデータとの関係にたいする仮説演繹アプローチと完全に同一のものとして扱う．このことは論理経験主義の**対称性論**（symmetry thesis）につながる．対称性論とは，説明（D-N）と予測（仮説演繹法）が同一の形態をとっていることを意味する．説明は事象の後を追い，予測は事象に先立つが，基本的な演繹の形態は同一である．「テスト」と「説明」は科学という同じコインの両面にすぎない．

　論理経験主義には考慮すべき多くの他の側面――たとえば「発見の文脈」と「正当化の文脈」との区別など――が存在するが，現在の目的には以上の 4 つの主要な論点で十分である．次の課題は，論理経験主義が提起した諸問題に対する「反証主義」の回答を検討することである．これまで述べたように，ほとんどの論者は論理経験主義のみを「定説」の中に含めているが，筆者はカール・ポパーの反証主義も「定説」の一部に含めるのが適切だと考えている．

第 3 章　科学哲学における「定説」の崩壊　85

3.1.3　ポパー的反証主義

　カール・ポパー（Karl Popper, 1902-1994）については第2章のテレンス・ハチソンの方法論の著作の文脈で言及した．ハチソンの影響力にもかかわらず，20世紀半ばの段階では，ポパーが戦後の経済学方法論においてきわめて大きな影響力を持つにいたるという兆候は存在しなかった．ポパーが経済学者のあいだで最終的にそうした地位を獲得したという事実は，彼が自然科学の哲学では同様の地位を得られなかったことを考えると，いっそう奇妙である．

　一般的にポパーの名と結びつけられる哲学上の立場は，（経済学方法論においても科学哲学においても）反証主義である．標準的な解釈によれば，ポパーは1934年の『科学的発見の論理（*Logik der Forschung*）』[21]において反証主義的アプローチを初めて提示し，彼の残りの生涯はその擁護と拡張に捧げられた．長年にわたって，多くの評者（とくにポパー派の論者）はこの標準的なポパー理解に異議を申し立ててきた．ポパーが厳格な反証主義的見解を主張したこと自体を否定する者もあれば，反証主義は彼のより一般的な哲学プログラムのなかで，比較的重要でない一側面にすぎないと論じる者もいた．ここ数年，「真の」ポパー（あるいは少なくともポパーの伝統においてもっとも興味深く有益であるもの）をめぐるこの論争は，経済学方法論の文献にまで波及していった．この論争が近年に行われたことを考えると，第7章の「近年の発展」に関する議論まで検討を延期してよいだろう．本章の主題は単純に反証主義である．その目的は，ポパー哲学の標準的な反証主義的解釈を紹介し，論理経験主義との比較を可能にすることである．そして反証主義的な見解にもとづく，あるいはそれを批判する後のさまざまな議論の展開の理解に役立てることである．

　カール・ポパーの反証主義は，ウィーン学団との接触および批判から発展したものである．ポパーは，初期の論理実証主義の影響下にあったウィーンで哲学を学んでおり，実証主義はかれ自身のアプローチの知的背景——あるいはポパーの言葉でいえば，「哲学上の問題状況」——となった（Hacohen 1998）．最終的に『科学的発見の論理』として刊行された著作をポパーに執筆するよう説得したのは，ウィーン学団の初期のメンバーであるハーバート・ファイグルであった．ポパーがシュリックのセミナーで論文を報告するよう誘われることはけっしてなかったが，彼はウィーン学団と関連する他の会合で報告を行っていた（Popper 1976b, pp. 82-5）．

86

ポパーは，初期の論理実証主義が帰納に強くコミットしていたことを問題視した．彼の議論の背後には，ヒュームの帰納問題，すなわち，どれほど経験的データが存在しても一般理論が真であることは証明されないし，たったひとつの証拠があれば理論が偽であることを証明できるという問題があった．先のカラスの例を再度用いよう．どれほど多くの黒いカラスが観察されたとしても，すべてのカラスが黒いことを証明することは不可能である．一方で，黒くないカラスが一回でも観察されれば，カラスはすべて黒いという主張は拒否され，反証されるだろう．ポパーにとって，科学の論理は前件肯定（モーダスポネンス，A⇒BならばA∴B）ではなく後件否定（モーダストレンス，A⇒Bならば¬B∴¬A）であり，科学の経験的方法は帰納ではなく反証（あるいは，反証しようとすること）である．この時，帰納の問題は哲学上の問題として消え去る．というのも，科学は帰納の方法によっては進展しないからである．ポパーが以下のように自伝のなかで述べている．

> 「この知識の見方を採用することによって，ヒュームの**帰納の問題**に，従来とは異なる定式を与えることが可能になった．この客観的再定式化においては帰納の問題は，我々の信念の──または我々の信念の合理性の──問題ではなくなり，単称言明（「観察可能な」個別的諸事実の叙述）と全称的理論（universal theories）との論理的関係の問題となる．
>
> この形式において，**帰納の問題は解決できる**ようになる．帰納といったものは存在しない．というのも，全称的理論は単称言明から導出できないからである．しかし，理論は観察可能な諸事実と衝突しうるので，単称言明によって反駁されうる．（中略）したがって，**帰納は存在しない**．反駁または『反証』をつうじてのみ，我々は事実から理論へと論証を進めることができる．」
>
> (Popper 1976b, p. 86, 邦訳155-7頁，強調原文)

　ポパーは，科学と非科学とのあいだの境界画定基準を確立するために反証という考えを用いた．ポパーはこの境界画定の基準（ハチソンが経済学で採用した）を，論理実証主義の認知的意味基準に取って代わるものとして理解していた．論理実証主義者は，「有意味な」ものと「無意味な」ものを区別しようとしたが，ポパーはこの区別を疑わしいものとみていた．ポパーは，ある種の形而上学的命題を，経験科学には属さないとしても，有意味なものとして残したいと考えていた[22]．結果として，ポパーは「有意味と無意味」ではなく「科学と非科学」との線引き

に焦点を当てたのである．彼の境界画定基準は，問題となる命題の「潜在的な反証可能性」にもとづいていた．ある理論が科学的であるためには，少なくとも潜在的に反証可能でなければならない．すなわち理論と対立する，少なくとも一つの経験的な観察言明が存在する必要がある．

経験的観察の役割が科学理論を確証することではなく，反証することにのみあるとするならば，科学者にとって唯一正当な活動は，科学理論を否定し放棄すること，あるいはそのように努めることであろう．では，放棄されなかった理論はどのように捉えればよいのであろうか．より具体的に言えば，同じ領域に2つの科学理論が存在し，そのどちらも潜在的に反証可能で，かつ同一数の検証に耐えている場合，いずれを選択すべきなのだろうか．この実践的問題——反証可能であるが，反証されていない2つの理論の選択問題——に対するポパーの回答は，**験証**（corroboration，あるいはテスト可能性）理論である．ポパーによれば，もっとも好ましい理論は，もっとも大胆な経験的主張を含意する理論である．ポパーにとって，科学理論の経験的内容は，理論がもつ潜在的反証要因の数である．たとえば，トートロジーがなんら経験的内容をもたないのは，それが潜在的反証要因をもたないからであり，非常に一般的な物理法則はきわめて多くの潜在的反証要因をもち，それゆえ高い経験的内容を有する．したがってある理論が経験的内容をもてばもつほど，その理論はいっそう**大胆**になり，それが生き残る意義はますます大きくなる．厳しいテストに耐えてきた理論は，験証されたものとみなされ，もっとも厳しいテストを耐えた理論，すなわち，もっとも大胆な未反証理論がもっともよく験証された（もっとも高度な験証を有する）理論であり，もっとも好ましい理論である [23)]．

「**験証の度合い**というのは，理論がテストを通過した（または通過しなかった）状況に関する——テストの厳しさの評価も含めた——報告を，短い定式で要約することであった．**批判的精神**をもって試みられたテスト——反駁の試み——だけが，勘定に入れられるべきである．（中略）験証度に関して決定的な点は，次のことであった．すなわち，験証度はテストの厳しさとともに増大するので，それが大きくなりうるのは，**高度のテスト可能性または内容**をもった理論だけである，ということである．験証度は，**確からしさ**ではなく**不確からしさ**と関連しているのである．」（Popper 1976b, pp. 103-4, 邦訳188-9頁, 強調原文）

88

大胆な推測と厳しいテストというポパーの科学観は,「可謬主義的実在論」あるいは「推測的実在論（conjectural realism）」にもとづいている[24]．ポパーにとって，知ることのできる客観的世界が存在し，その世界についての真理を発見することが科学の目的である．しかし，われわれが本当に真理を見いだしたかどうかは，決して知りえない．推測と反駁の方法は，誤謬を排除し，徐々に真理に近づくための方法であるが[25]，決して実際に真理を発見することができたかどうかを確信はできない．経験的データはポパーの反証主義において重要な役割を果たすが，その役割は論理実証主義の場合よりもはるかに軽いものである．ポパーにとって，真理は「統制的観念（regulative idea）」である．すなわち，われわれがそれに向けて努力し，望むらくは接近していくものであり，そのかぎりにおいて真理は欠かすことのできない概念である．しかし，つねにわれわれが誤りうることを認めなければならない．われわれの追求する真理を実際に発見したなどと真に知ることはけっしてありえないのである．

　　「このように誤謬——および可謬性——という観念自体に，客観的真理という観念が含まれている．というのも，誤謬とは，客観的真理を獲得しそこねることを意味するからである．（真理の観念が**統制的観念**であるというのはこの意味なのである．）（中略）したがって，科学の責務は真理の探究であり，真実の理論の探究であるという観念を（クセノファネスが指摘したように，われわれはそれに到達できないかもしれず，仮に到達してもそれを真だとして知ることができないかもしれないけれども）われわれは受け入れる．」（Popper 1965, p. 229，邦訳387-8頁）

　ポパーの科学哲学における最後の論点は，科学の経験的基礎についての彼の見解である．ポパーにとって，科学の経験的基礎は，**可謬的**で，**慣習的**で，**理論負荷的**である．

　これらのうち第1のものと第2のもの，すなわち経験的基礎の可謬性と慣習性は，ポパーの可謬主義的立場からおのずと引き出されるものである．科学の経験的基礎，すなわち科学コミュニティによって受け入れられ，科学理論の経験的テストにおいて用いられる一連の経験的「基礎言明」は，誤謬のないものではない．それは将来において変化することはありうる．古典的経験主義やウィーン学団の多くのメンバー（ノイラートは含まない）とは異なり，ポパーは，プロトコル言語の観察言明は科学知識の永遠不変の基礎であるとは考えなかった．プロトコル

言明は科学進歩の過程で変更されうるし，一般的に言ってほぼ確実に改訂される
であろう．

　「したがって，客観的科学の経験的基礎には，なんら『絶対的』なものは存
　在しない．科学は岩底に基礎づけられているわけではない．科学理論という
　力強い構築物は，いわば沼地の上に聳え立っているのである．それは杭の上
　に建てられた建物のようなものである．杭は沼地のなかに打ち込まれている
　が，いかなる自然的，あるいは『既定の』基盤にも達していない．そしてわ
　れわれがより深い層に杭を打ち込もうとする企てをやめる時，それはわれわ
　れが堅固な基礎に達したからではない．単に，少なくとも差し当たって，杭
　が構築物を支えるに足るほど堅固だと満足するときにそうするのである．」
　（Popper 1968, p. 111，邦訳 139 頁）

　科学の経験的基礎に関するポパーの慣習性は，プロトコル言語に関する前述の
可謬性，およびその潜在的な可変性への応答である．ポパーにとって，不変の観
察言語という古典的経験主義の考えを放棄するということは，何を経験的基礎と
して受け入れてよいかに関して各自で**判断**しなければならないということを意味
した．ポパーにとって，経験的基礎は慣習によって受け入れられるのである [26]．
理論を反証する試みは，（疑いがかけられている）理論と（慣習によって受容さ
れている）経験的基礎言明とのあいだの整合性を確認することであり，整合性の
判断は人間によってなされるのである．

　「我々は理論が『偽』であるという必要はないのであって，その代わりに，
　理論はある一連の受容された基礎言明によって否定されるといえばよいので
　ある．基礎言明が『真』あるいは『偽』であるという必要もない．なぜなら，
　それら基礎言明の受容は慣習的な判断の結果であると解釈できるからであ
　る．」（Popper 1968, p. 274，邦訳 339 頁）

　ポパーは，経験的基礎は可謬的であり，慣習によって受容されるものと考えて
いただけでなく，**理論負荷的**なものとも考えていた．ポパーにとって，観察はす
べて，理論にてらした観察である．我々は特定の文脈（「問題状況」）に応じて一
定の理論的期待を保持しており，「観察」という行為はこれらの背景的理論から
決して独立ではない．ポパーにとって，理論と観察とのあいだに「自然の」区別
など存在しない．特定の理論をテストするために，我々は，慣習によって，一定
の観察言明を「受け入れる」が，しかしこれらの観察言明それ自体は，理論をと

おして世界を解釈した結果なのである．我々は観察を「持っている」のではなく，観察を「おこなう」のである（Popper 1972, p. 342，邦訳381頁）．無垢な認識などといったものはありえない．

「観察や，まして観察言明や実験結果に関する言明はつねに，観察された諸事実の解釈であり，**理論に照らした解釈である**ということである．」（Popper 1968, p. 107，邦訳134頁，強調原文）

以下の節で明らかになるように，理論負荷性は現代の科学知識の議論と「定説」とをもっとも明確に分け隔てる問題の1つである．ポパーはこの理論負荷性の問題を『科学的発見の論理』初版よりも後の研究でいっそう強調するようになったが（先の引用は第2版で追加された注からのものである），その基本的認識は彼の著作に当初から存在していた．

3.1.4　自ら蒔かれた破壊への種

次節では「定説」のヘゲモニーを掘り崩すうえで重要な役割を果たした2つの問題――過小決定性と理論負荷性――について議論する．それぞれの問題に関してもっとも著名な提唱者の議論をとおして議論を進めたい．過小決定性についてはW・V・クワインを，理論負荷性についてはトマス・クーンを取り上げる．ただし，これらの「決定的な批判」に向かう前に，これまでのストーリーを確認することが有益である．とくに重要なのは，クワインとクーンによって導入された（あるいは少なくとも広められた）哲学上の決定的な議論よりかなり以前から，論理実証主義，論理経験主義，そしてポパー反証主義の展開のなかですでに「定説」の基本的なビジョンが掘り崩され始めていたということである．

「定説」自体の中にその崩壊を促した論争が多く存在するが[27]，これらのうちのひとつにのみ焦点をあてたい．すなわち，経験的基礎または観察言語の問題である．論理実証主義と論理経験主義はともに経験主義にもとづいていることを想起されたい．**経験主義**は，知識は観察から出発し，そして感覚経験が知識の土台であると主張するが，ヒュームや一部の論理実証主義者のようなより急進的な経験主義によれば，知識は観察に終始する．すなわち科学は首尾一貫して観察であり，観察以上のものではない（観察より深い，あるいはその背後にあるものについて話すことは，形而上学的な思索に与することである）．感覚経験に関するこの核心的な考え方が，科学理論を議論し正当化する枠組みに組み込まれるべきだとすれ

第3章　科学哲学における「定説」の崩壊　　91

ば，（基礎的な）感覚経験を，科学理論を表現するためのより一般的な言明や，
科学理論をテストするために用いられる言明に転換する方法が存在しなければな
らない．すなわち単純かつ信頼できるやり方で感覚経験を表現する客観的で理論
中立的なプロトコル言語を必要とする．感覚経験と科学理論言語とのあいだに確
かな連結がなければ，経験主義プロジェクト全体が破綻してしまう．プロトコル
言明論争，物理主義的な観察言語の採用，その結果として生じた論理経験主義に
おける理論と観察の区別の曖昧化，そしてポパーの可謬性や慣習性，経験的基礎
の理論負荷性，**これらすべてがこの中核的な経験主義プロジェクトを掘り崩し**た
のである．クワインやクーン，その他の批判者が影響力を及ぼし始めるはるか以
前に，経験主義的基礎づけ主義は，さまざまな自己批判を経験していたのである．
1960 年代終わりまでに「定説」には，経験主義的プログラムを保持するための
修辞的意義しか存在しなくなった．ロナルド・ギャリーがヴェルナー・カルボー
とのインタビューで表現したように，「論理経験主義はその内部がどんどんスカ
スカになっていった」(Callebaut 1993, p. 39).

　当初の論理実証主義の見解の自己崩壊に関して重要な点は，カルナップの自伝
からの次の抜粋が明らかにしてくれている．このなかでカルナップは晩年のアル
バート・アインシュタインとの会話について論じている．

　　「ある機会にアインシュタインは，物理世界の実在をめぐる問題に関して実
　　証主義に異議を申し立てたいと言った．私は，この問題について自分と彼の
　　意見のあいだに本質的な相違はないと言った．だが彼は，ここここそが重要な
　　点であると主張した．彼は，感覚データが唯一の実在であるという，エルン
　　スト・マッハにまで遡りうる見解，あるいはより一般的に，あらゆる知識の
　　絶対的基礎が何らか存在すると考える見解を批判した．私は，これらの初期
　　の実証主義的な見解を放棄しており，われわれはもはや「知識の基底的な土
　　台」など信じていないと説明し，そして科学の責務は，海上で船を建て直す
　　ようなものだというノイラートの比喩に言及した．アインシュタインはこの
　　比喩と見解に熱心に同意した．しかしそのあと，彼はこうつけ加えた．**もし**
　　実証主義がいまやそのように寛大になったとすれば，もはやわれわれの考え
　　と他のあらゆる哲学上の見解とのあいだになんの差異も認められないだろう，
　　と．」(Carnap 1993, p. 38, 強調引用者)

3.2 「定説」への攻撃

「定説」を最終的に崩壊させた決定的な攻撃は，多くの異なる戦線にまたがって，そして広範囲の多様な批判者によって行われた．最も影響力のある批判者のリストには，ポール・ファイヤアーベント，N・R・ハンソン，トマス・クーン，マイケル・ポランニー，W・V・クワイン，そしてスティーブン・トゥールミンなどの名が挙がるだろう．これらの論者それぞれについて言及するよりはむしろ，そのなかの2人（クワインとクーン）と2つの核心的な批判（過小決定性と理論負荷性）だけに焦点をあてたい．紙幅の問題もあるが，その歴史については他のすぐれた文献が利用できるという点と，過小決定性と理論負荷性が以下の諸章で展開されるストーリーに重要な役割を果たすという点から正当化できるだろう．

3.2.1 クワインと経験主義の問題

ウィラード・ヴァン・オーマン・クワイン（Willard Van Orman Quine, 1908–2000）は，20世紀終わりにおいて最も影響力のある哲学者の1人である．彼の哲学的見解は，論理実証主義とともにアメリカのプラグマティズムにも影響を受けたものである．クワインは論理実証主義と「定説」を崩壊させる役割を果たした（本節の焦点）だけでなく，彼は自然化された認識論（第4章）やプラグマティズム哲学の復権（第6章）を推し進めるのに重要な役割を果たした．本書で検討される側面以外にも，彼は「存在論的相対性」，「翻訳の根元的不確定性」の擁護，そしてその他の多くの近年の哲学論争に深い影響を与えている．クーンと同様，クワインは現代科学哲学（および哲学一般）において急進的な考え方の発案者として持ち上げられることが多いが，再度クーンと同じく，クワインは一般的に，自身の研究に対する急進的解釈を否定している．

クワインの「経験主義の2つのドグマ」は第二次大戦後の哲学のなかでもっとも頻繁に引用され分析された論考のひとつである．『論理的観点から』の第2版が出版された1980年までに，この論考はすでに25回も選集に掲載されていた（Quine 1980a, p. viii）．この論考は，いわゆるデュエム＝クワインの過小決定性を，現代哲学の根本（おそらくお馴染みの）概念として，そして論理実証主義の破綻を決定づける概念として確立したものと考えられている．

端的に言えば，デュエム＝クワイン[28)]の**過小決定性**とは，あらゆる科学理論

は, 対立する経験的データからの反駁から言い逃れることができる, すなわち, いかなるテストも真に決定的ではないという立場である. 要するに, 1つの理論がそれ単体で検証されるということは決してないということである. 経験的テストを行うには, 多くの補助仮説——経験的データ, テストの手法, 定数の値, セテリス・パリブス (他の条件が一定ならば) 条件の役割, 多くの他の前提条件や限定に関する予備的仮説——が設定されなければならないため, 矛盾するデータが発見された場合, これらの補助仮説のひとつ (あるいは多く) に問題があるのか, 理論それ自体に問題があるのか明確ではない. 先のカラスの事例を継続すれば, 白いカラスが観察されたとしても, 見かけがカラスに類似した白い鳥が存在するだけなのかもしれないし, あるいは橋の塗装作業中, 誤ってカラスの群れに塗料がかかってしまったのかもしれない. 論理的にいえば, 過小決定性は「後件否定の矢はどこに向けられているか」という問題である. Tが理論, Aが一連の補助仮説, eが経験的データである場合, 標準的なテストは $T \land A \Rightarrow e$ であるが, しかしこのとき, $\lnot e \Rightarrow \lnot T$ ではなく, $\lnot e \Rightarrow \lnot (T \land A)$ となるだろう. すなわちある否定のテスト結果が示しているのは, データ e と **テスト体系** (test system) $T \land A$ の一つ (あるいは一つ以上) の要素とのあいだに **矛盾** が存在するということにすぎない. データと整合的になるようにテスト体系を改変する方法がいつでも多く (おそらく無数に) 存在するので, 経験的には同一の含意を持つ多くの (おそらく無数の) 理論仮説が一定の観察によって支持されるのである.

デュエム=クワイン問題と関連した興味深い経済学の一例として, 新古典派の需要理論をテストするさまざまな試みについて考えよう[29]. 新古典派の需要理論の標準的な「経験的」意味には, (補償) スルツキー行列の対称性, 個人 (および集計) の需要関数の (ゼロ次) 同次性, およびワルラス法則 (エンゲル集計) が含まれる[30]. この70年間, これらの経験的含意を「テスト」する試みが多数行われてきたし, これらのテストの結果がほぼつねに需要理論とは相容れなかったが, その理論は依然としてミクロ経済学で重視され続けている. 需要理論をテストする初期の試みに, ヘンリー・シュルツの『需要の理論と計測』(Schultz 1938) がある. シュルツはスルツキー対称性の条件を, 主として農産物を用いてテストし, 対称性の条件はほぼ全く得られないことを発見した. 彼は経験的証拠によって需要理論 (あるいは彼が述べるように「合理性」について) を明確に「テスト」するべきだと繰り返し主張したが, 経験的証拠によって反証されたとき, 需要理

論を放棄することまでは求めなかった．理論を放棄する代わりに，シュルツは，経験的テストの不完全性についてさまざまな根拠を提示した．それは，集計の問題や経験的データの信憑性にまで及んでいる．デュエム＝クワインの観点からすれば，それらの要素は，初期のテスト体系において仮定されていた補助仮説であったが，事後的には一転して真とみなすことができないと考えられたのである（Schultz 1938, pp. 600–64）．

　それから40年後，データ収集や計量経済学の手法の大きな改善ののち，ディートンとミューエルバウアーも同様に，需要理論が利用可能なデータと対立することを発見した．

　　「われわれはさまざまな近似を表現するモデルを考察した．これらは複数の国のデータセットに調整されたものであったが，**同じ結論が繰り返し現れた．時系列集計データに調整された需要関数は，同次性がなく，おそらく対称的でもない．**」（Deaton and Muelbauer 1980, p. 78）

これらの否定的な経験的帰結にもかかわらず，シュルツが以前にそうしたように，ディートンとミューエルバウアーも，理論それ自体の問題ではなく他の問題（補助仮説の問題）であるに違いないと結論づけた．

　　「この段階では，本章の結果に際して，選択の公理を放棄する必要があるとは考えていない．もちろん，最終的には十分説得的な証拠があるならば，そうすることも辞さない．だが（中略）それよりもまず是正されるべき明らかな誤りがモデルの設定の中に数多く存在するのははっきりしている．」（Deaton and Muelbauer 1980, p. 82）

需要理論は，経済学におけるデュエム＝クワイン問題を説明するために用いられる多くの例のひとつにすぎない[31]．他の経済学の例を提示したり，他の科学領域の例を考えたりする代わりに，クワインの「経験主義の2つのドグマ」に立ち戻って，過小決定性に関する彼の議論をより詳細に検討してみよう．

　クワインが考える経験主義の「2つのドグマ」とは，**還元主義と分析・総合の区別**であった．いずれの論点も論理実証主義に関する前節で議論したものである——分析と総合の区別は明示的に取り上げたし，還元主義は，意味の検証主義理論に関する節で暗に念頭に置かれていたものである．まずは還元主義について考えよう．

　クワインによれば，「還元主義」とは基本的に，有意味性の経験主義的基準，

すなわち「有意味な言明はどれも，直接的経験を指示する名辞から論理的に構成されたものであるという信念」を指している（Quine 1980b, p. 20, 邦訳 31 頁）．彼の議論には多くの側面があるが，それらは本質的に，意味の検証主義理論とプロトコル言明論争に関するカルナップの問題に帰着する．クワインは，ヒュームやロックといった古典的経験主義者は科学を知覚データに**徹底的に還元する**ことを主張したと論じている．あらゆる「有意味な言明はどれも，直接的経験についての（真あるいは偽である）言明に翻訳可能である」（Quine 1980b, p. 38, 邦訳 57 頁）．これらの初期経験主義者は還元主義を主張したが，それは実際には，たんに個人の主張であり，経験主義のドグマにすぎなかった．具体的に「そうした還元を実行するための重要な前進をなしたのは」初期のカルナップであった（Quine 1980b, p. 39, 邦訳 59 頁）．けれども，先に論じたように，カルナップのプロジェクトは最終的には失敗した．より後期の論理実証主義と論理経験主義は，科学の理論言語を寛容する物理主義的語彙や，はるかに弱い，意味に関する確証主義的な理論（あるいはポパーについては反証主義境界画定理論や経験的基礎に関する慣習主義）を後世に残すことになった．クワインにとって，実際の経験科学をより適切に捉えるためには，還元主義のドグマではなく，ノイラートの船のほうが適切な比喩となった．科学的世界把握は，今後徐々に改訂されることになる「信念の網（web of belief）」の一部である．個々の観察言明が直接に感覚経験を写すという急進的還元主義には問題があるのであり，むしろ，相互に連結した科学的信念の網が経験からの侵害によって改訂されねばならないということなのである．改訂されるべき網の正確な部分——前述の表現を用いれば，改訂されるのは特定の理論なのか，補助仮説なのか，あるいは観察それ自体なのか——は，還元主義という単純な経験主義のドグマとは全く関係のない文脈やプラグマティックな考慮に依存する．

> 「いわゆる知識とか，信念とかいったものの総体は，周縁に沿ってのみ経験と接する人工の構築物である．あるいは，別の比喩を用いれば，科学全体は，経験をその境界にもつ力の場のようなものである．周縁部での経験との衝突は，場の内部での調整を引き起こす．（中略）ひとつの言明の評価が変更されたならば，他の言明の評価も変更されなければならない．そうした他の言明は，はじめの言明と論理的に連関している言明であるかもしれないし，論理的連関そのものについての言明かもしれない．だが，場全体は，その境界

条件，すなわち経験によっては，**きわめて過小にしか決定されない**ので，対立する経験が生じたときに，どの言明の評価を変更すべきかについては広い選択の幅がある．どんな特定の経験も，場の内部の特定の言明と結びつけられてはいない．特定の経験は，場全体の均衡についての考慮を介して，間接的な仕方でのみ，特定の言明と結びつくのである．」（Quine 1980b, pp. 42-3, 邦訳 63-4 頁，強調引用者）

この過小決定性理論はクワインの**ホーリズム**——単一の理論が単一の観察言明と向かい合うのではなく，経験に対峙するのはつねに諸理論の総体であり信念の網である——と結びついている．過小決定性とクワインのホーリズムとのあいだに相違があるかどうかについて相当な論争がある[32]．その論争はじつのところ以下の議論と深くかかわるわけではないが，この 2 つの用語について本書での用法を明らかにしておくことはおそらく有益であろう．本書では「過小決定性」（あるいはデュエム＝クワイン問題）を科学理論の経験的テストと結びついた問題——すなわち（とりわけ否定的な）経験的観察に応じてどのような（あるいはテスト体系のいかなる部分に）改訂がなされるべきかについてつねに判断がなされなければならないという問題——として用いる．これに対して「ホーリズム」は，われわれの科学的信念は相互連関する総体として結びついており（いかなる理論も孤立していない），いかなる部分も潜在的な改訂を免れないという，より一般的なしかし密接に関連する命題として用いられる[33]．

先の引用はまた，経験主義の第 2 のドグマ，すなわち「分析・総合という区分」に対するクワインのもう一つの批判にも触れている．経験に応じて改訂される事柄は，「はじめの言明と論理的に連関している言明であるかもしれないし，論理的連関そのものについての言明であるかもしれない」とクワインがはっきり述べている点に注目されたい（Quine 1980b, p. 42, 邦訳 63 頁）．論理実証主義によれば，有意味な命題は，意味の検証主義的基準を満たさねばならない総合命題か，世界について何も述べていないが定義上，真である分析命題かの 2 つしかないことを想起されたい．クワインは分析と総合というこの厳密な区分を解体する．一方で，「定義上，真である」と主張する分析命題は，実際には他の総合命題への参照なしには定義することができない．他方，先の引用が示唆するように，われわれの知識のすべての側面は，実証主義者が純粋に分析的だと考えた論理的・数学的命題も含め経験によって改訂される可能性がある．後期の論理実証主義や

論理経験主義が，観察的と考えられる事柄と，理論的とみなされる事柄との厳格な区別を曖昧化したのと同じ仕方で，クワインは純粋に分析的なものと純粋に総合的なものとの区別を曖昧化したのである．

> 「もしこうした見解が正しければ，個別の言明の経験的内容を論じようとするのは誤りのもとである．（中略）なおそのうえに，経験に依存して成り立つ総合命題と，何が起ころうとも成り立つ分析命題とのあいだの境界を探し求めることは，愚かなこととなる．体系のどこか別のところで思いきった調整を行うならば，どのような言明に関しても，何が起ころうと真とみなし続けることができる．周縁部にきわめて近い言明でさえ，それに明確に対立する経験に直面したとしても，幻覚を申し立てるとか，論理法則と呼ばれる種類の言明を改めることによって，相変わらず真であるとみなし続けることができる．（中略）どのような言明も改訂される可能性があるのである．」
> (Quine 1980b, p. 43, 邦訳64頁)

上記の点は，理論負荷性の問題と関連している．そこでわれわれはもう1つのきわめて大きな影響力をもった，トマス・S・クーンの研究を考察しなければならない．

3.2.2 クーンと科学革命の構造

クワインの「経験主義の2つのドグマ」は，実証主義的な科学哲学の崩壊に寄与したが，その影響の大きさはトマス・クーン（Thomas Kuhn, 1922-1996）の『科学革命の構造』（Kuhn 1962）には遠く及ばなかった．この著作は「定説」の拒否に寄与しただけでない．それは科学史と科学哲学との関係に深い変化をもたらし，現代の科学知識の社会学という領域が生まれるのを助け，そして「パラダイム」という言葉を人口に膾炙した学問的語彙に押しあげたのである．「今日，科学哲学，科学史，科学社会学に従事している研究者はみな，クーンがわれわれの科学観に引き起こしたゲシュタルト転換によって形成された科学的合理性観をもっている」（Laudan 1984, p. xii, 邦訳vii頁）．「クーン以後，科学哲学は決してそれまでの科学哲学と同じものではありえなくなった」（Callebaut 1993, p. 12）[34]．

『科学革命の構造』の中心的主張はおそらく多くの読者に馴染みのあるものであるが，その簡単な要約は必要であろう．伝統的な科学哲学の先験的アプローチと異なり，クーンは基本的に，科学的偉業，とりわけ科学革命が実際にどのよう

にして生じたのかを発見するため，科学の歴史的発展を考察していった．そこで
クーンが発見したのは，経験的証拠と帰納による一般化（あるいは潜在的に反証
可能な推測の確証）の蓄積をとおして科学知識が安定的にゆっくりと成長してい
くような漸進的発展のプロセスではなかった．むしろ科学の発展は現実には，そ
れまで受け入れられてきた古い理論が全面的に破棄され，まったく異なる理論的
枠組みや「パラダイム」によって取って代わられるという一連の大きな革命的転
換をとおして生じたのであった．

　ただし革命的転換は，クーンのもっとも過激な発見ではない．むしろ革命的な
転換が生じた**方法**こそクーンのもっとも過激な発見であった．これらの転換は，
（反証主義が予期するように）単一の「決定的なテスト」の結果として生じたので
はなかった．事実，科学者は膨大な対立するデータに直面しても，旧パラダイム
を手放すことはなかった．科学史のほとんどは，所与のパラダイム——クーンの
いう「パラダイムの明確化（articulation）」——に収まる科学研究に終始する「通
常科学」であったことをクーンは発見した．通常科学の文脈では，既存の枠組み
がただ疑問なく受け入れられるのである．事実，科学者が既存のパラダイムとは矛
盾する経験的結果，すなわち「アノマリー」を発見した場合，非難されるのはパ
ラダイムそのものではなく，科学者，またはその研究室であった．もちろん科学
には革命が存在し，パラダイムは打ち破られるが，これらの変化は，膨大な経験
的なアノマリーや解くことのできない難問の蓄積をともなう非常に長期的なプロ
セスの結果として生じる．しばしばそれは科学者の旧世代の没落と，実際に新た
なパラダイムへの変化をもたらす若い世代の勃興をともなった．歴史上の科学の
さまざまなエピソードに対するクーンの分析は，科学革命がとくに合理的事象で
はなかった（少なくとも，科学的合理性が伝統的に定義されてきた意味で合理的では
なかった）ことを示していた．クーンにとって，新たなパラダイムへの転換は，
関連する科学共同体のメンバーの支配的な信念の転換という社会的変化であり，
適切な科学的方法（実証主義や反証主義）に関するどのような単純な「規則」で
も説明できない類の変化なのであった．科学革命のあいだに生じた転換は，（む
しろ政治的変革のように）偶然的な状況や科学共同体の特殊な（社会的）文脈の結
果であった．そうした変化を理解する適切な方法は，伝統的な認識論ではなく，
むしろゲシュタルト心理学であった．パラダイム転換は，科学者が探求領域を認
識する仕方の大転換をともなう．それは科学者が生きる科学的「世界」を根底か

ら変容させるような転換なのである[35].

　「新しいパラダイムに導かれて，科学者は新しい装置を採用し，新しい土地
　を発見する．さらに重要なことは，革命によって科学者たちは，これまでの
　装置で今まで見なれてきた場所を見ながら，新しいまったく違ったものを見
　るということである．それはあたかも科学者の社会が急に他の惑星に移住さ
　せられて，見なれた対象が異なった光の下で見なれぬものに見えるごとくで
　ある．もちろん，そのようなことが本当に起こるわけではない．地理的な移
　住があるわけではない．実験室の外では日常生活は常のごとく続いている．
　それでもパラダイムの変革は，科学者たちに彼らが研究に従事する世界を
　違ったものと見させる．彼らの世界との交渉は，自ら見，かつ為すことに限
　られるかぎり，革命後は科学者は異なった世界に対処していると言いたい.」
　（Kuhn 1970a, p. 111, 邦訳 125 頁）

　クーンの考えが，強く観察の「理論負荷性」を示唆していることを指摘するこ
とは重要である．クーンにとって，科学者はただ「見る」のではなく「〜として
見る」のであり，どのようなものとして見るかを決定づけるものこそが，彼らの
概念的枠組み，すなわちパラダイムなのである[36]．フィリップ・キッチャー
（Kitcher 1993, p. 133）がきわめて巧みに表現するように，「理論の外部」に経験は
存在しないのである．プトレマイオス体系をとおして見ると，朝日が昇るけれど
も，コペルニクスの視点から見ると，われわれが太陽の下を回転しているのであ
る．クーンの著作は，通約の問題に関する議論とともに，客観的対象と観察内容
との単純な 1 対 1 の関係に反する心理学的事例にあふれている（一つの対象が 2
つの異なる仕方で理解されるウサギとアヒルのだまし絵や 2 人の人間が違うものを同
一のしかたで理解する反転レンズ［inverted lens］の例）．観察の理論負荷性，ある
いはパラダイム依存性は，異なる科学理論の「通約不可能性」へとつながる．理論
中立的な観察語彙など存在せず，また理論がそれ自身の観察範囲を規定してしま
うならば，科学革命以前と以後の理論とを比較する方法など存在しなくなる——
科学理論はこうして「通約不可能」である．『科学革命の構造』の幾分急進的な
通約不可能性理論はクーンの後の研究では多少緩められたが——理論間のある程
度の翻訳は可能であるが，そうした翻訳はつねに不完全でけっして逐語的ではな
い——，議論の基本は変わらず維持された．

　「2 つの相前後する理論を逐一比較するためには，少なくとも 2 つの理論の

経験的帰結を，意味を損なったり変更することもなく翻訳しうる言語が必要である．このような言語を簡単に見いだすことができるということは，少なくとも17世紀以来広く想定されてきたことである．（中略）哲学者は今では，このような理想に到達する望みを捨ててしまっているが，彼らの多くは，必要な程度まで理論と独立な，問題のない方法で自然と結びつけられる言語からもっぱら成っている基本的語彙を用いて，理論を比較することができると仮定し続けている．（中略）私は，このような語彙は存在しないということを詳細に論じた．1つの理論から次の理論へ移行する際に，言葉は，その意味や適用可能性の条件を微妙に変えてしまうのである．同じ記号のほとんど——たとえば，力，質量，元素，化合物，細胞など——は，革命の前後でも用いられるけれども，それらの記号のいくつかと自然との結びつき方はいささか変化してしまった．したがって，相前後する諸理論は通約不可能であると，われわれは言う．」（Kuhn 1970b, pp. 266-7，邦訳371-2頁）

理論負荷性（そしてクーンの科学一般の見方）の根本的**社会性**を強調しておくことも重要である．観察内容に影響を与えるパラダイムとは，たんに個人が「保有」するのではなく，科学共同体に共有された職業的文化の一側面であり，なによりも科学共同体のメンバーシップを定義づけるものである．パラダイムは教え込まれ学習され，個人は社会的順応の結果としてそれを保持するようになる．クーンは『科学革命の構造』初版においてパラダイムの社会的性格について論じていたが，彼の後期の研究ではその点にいっそう大きな注意が払われている．

「したがって，今もう一度，『科学革命の構造』を執筆するならば，私は科学者共同体の構造についての議論から始めるであろうし，その際，共有された主題にもっぱら頼ることはしないであろう．共同体の構造は，今のところわれわれがほとんどわずかしか情報をもっていないトピックであるが，最近社会学者の間で大きな関心がもたれるようになってきており，また歴史家たちも，現在次第に関心をもち始めている．」（Kuhn 1970b, p. 252，邦訳352頁）

1996年の彼の死の数年前に，この点はよりいっそう強調されている．

「近年では，進化過程に対する理解をつうじて，遺伝子プールを，個々の有機体の遺伝子のたんなる総和としてではなく，それ自身，種のメンバーを包含する，ある種の個体としてとらえることがますます必要になっているように思われている．この事例は，科学が本来，集団的活動であるということの

意味に対して重要なヒントを含んでいると私は信じている．（中略）少なく
とも原則として，一個人のゲームとして科学を理解する伝統的観点は，きわ
めて有害な誤謬であったことが判明した，と私は強く確信している.」
（Kuhn 1993, p. 329，邦訳 313 頁）

　強調すべきもう一つの点は，クーンの考えが第 2 章で論じた方法論学説に対
して反転をもたらすという点である．そこで取り上げた論者のほとんどは，いか
に「科学」が実践されるべきか，また実践されたのか，という点について 1 つ
の明確な視点を持っていた．これらの論者が経済学方法論を論じるなかで**自然科**
学の性格を熟考することはほとんどなかった．むしろ実証主義的な科学哲学が，
科学とは経験的であると主張するのとほとんど同じ仕方で，科学は経験的なもの
であるべきだと信奉された．これらの論者にとって問題であったのは，**まさしく**，
経済学あるいは他の社会科学が，自然科学と同一の科学的方法を順守することが
できるのか，あるいは経済学はそれとは異なる独自の特殊な方法論を必要とする
のかどうかということであった．20 世紀後半以前に経済学方法論について論じ
た多くの論者にとっては，自然科学がなにより重要であった．自然科学は，経済
学にとって参照点となるべき，堅実で認識論的に特権的な立場を有していた．
クーンはこの関係の反転に道を拓いたのである．クーンにとって，自然科学の特
権的地位を担う手堅い不変の科学的方法など存在せず（あるいはもう少し控えめに
いえば，そうした方法は存在するかもしれないが，科学哲学者はそれをまったく確定す
ることはできなかった），自然科学で行われたことを理解するには，社会学あるい
は社会心理学を応用する必要があった．クーンがしばしば社会科学について軽蔑
するような発言をしたのは確かであるが，彼の理解では，科学の社会的文脈の理
解は科学を理解するための前提条件であった．かくして，クーンの研究の含意，
および多くの後の解釈者にとってもっとも重要な含意は，社会科学がまず初めに
なければならない，ということであった．社会科学は，あまり安定していない，
あるいは少なくとも十分に理解されていない自然科学の実践を分析するさいに
拠って立つ，安定した基礎となった．クーンの研究に内在する（しかし彼が支持
したわけではない）こうした転換は，自然科学の哲学と，経済学を含む社会科学
の方法論に従事する研究者との関係に，重大な変化を引き起こすことに役立った
のである．この問題は後の章で何度も取り上げられるだろう．

　クーンを批判する者は，様々な論点で彼を非難してきたが，もっとも頻繁に引

102

き合いに出されるのが「観念論」と「相対主義」の2つである．まず観念論から考えよう．なぜクーンがこの立場のために非難されるのかを理解するのはまったく容易である．もっとも単純に言えば，観念論とは，ある意味において実在は人々の意識の産物であるという考え方であり，クーンに対する観念論的解釈というのは，科学者の世界は彼らのパラダイム，つまり意識によって決定されるというものである．クーンは観念論というレッテルをはっきりと否定したが，彼は一貫した立場からこの非難を退けることはできなかった．パウル・ホイニンゲン＝ヒューネの『科学革命の再構築』(Hoyningen-Huene 1993) は，この問題を体系的に論じ，クーンを救った．ホイニンゲン＝ヒューネは，観念論という非難からクーンを守るため3つの議論を立てている（pp. 267-70）．第1に，クーンが描く科学者の現象世界は，世界の再形成であり，世界それ自体の実在を否定しているわけではないため，彼は一種の（科学的ではなく存在論的）実在論に与している．第2に，もし観念論だとしても，それは伝統的な個人主義的な観念論ではなく，むしろある種の社会的観念論である．というのも科学者が観察することがらに影響を及ぼすのは科学共同体の文化であって，個人の意識ではないからである．最後に，世界それ自体は科学者の活動に「抵抗」を与える．実際，アノマリーが存在することをクーンは認めているのであり，このアノマリーはまさにパラダイム外部の世界から生じている．

　クーンは「相対主義」――ある科学理論と別の科学理論のどちらを選好するべきかに関する正当な理由など存在しない（よって理論選択は純粋に恣意的な事柄である）という主張[37]――についてはかなり多くの発言をしており，彼はいかなる相対主義的な含意も断固として認めなかった．この否定は，一種のプラグマティックな，あるいは一般的な自然主義にもとづいている[38]．科学には基準が存在するが，それらは現実の科学者の基準であり，歴史的に分析することができるにすぎない．われわれが観察する現実の科学者が行う選択が，一部の哲学者の，正しい科学的実践にかんする観念に沿っていないという理由で，科学は「非合理的」であるとか，ある理論を選択する正当な（非相対主義的）理由などないと述べるのは，「いささか醜悪なもの」であり，「夢想の国への道」を開くことになる（Kuhn 1970b, p. 264, 邦訳368頁）．もちろん，科学には基準があり，科学者はいつでもそれらを採用している．まさにその基準は哲学者が考えるものではない以上，哲学者の考える基準は，科学者の歴史的実践よりも科学哲学を反映している．

「この主題についての私の見解に対して批判者たちは，非合理性，相対主義，大衆支配の擁護という非難を向けている．これらすべてのレッテルは，（中略）私を擁護する際にそれらが用いられる場合ですら，私はきっぱりと拒否する．理論選択の問題において，論理と観察のもつ力が，原理的に強制的なものではありえないと言うことは，論理と観察を放棄するものでもないし，ある理論を別の理論より選好するための正当な理由がないということを示唆するものでもない．このような問題では，熟練した科学者たちが最高裁判所であると言うことは，大衆支配を擁護するものでもないし，科学者たちはどんな理論でも受け入れる決定をすることができるということを示唆するものでもない．」（Kuhn 1970b, p. 234，邦訳 327-8 頁）

クーンが「相対主義」（あるいは「非合理主義」）という非難を向けられたのは，クーンが伝統的な科学哲学の正確な言語を用いようとしなかったからである．クーンは，漸進的に真理に接近していくという科学観を拒否する一方，ある理論が別の理論よりも優れている正当な理由があるという主張とともに，真理を達成する努力に抵抗を与える客観的世界という観念を手放すことはなかった．

「科学が真理にますます近くなっているかどうかという問題から議論を始めることにする．この種の主張が無意味だということは，通約不可能性からの帰結である．（中略）たとえば，ニュートン的語彙を用いて，アリストテレス的諸命題を表現することはできない．（中略）したがって，力と運動に関する現代の考えをアリストテレスの考えと比較し，現代の考え（あるいは，ついでに言えば彼の考え）のほうが真理に近いと主張するための共通の尺度は存在しない．（中略）概念ないし概念的構造は，自然的世界と社会的世界における長期にわたる部族的経験の産物なのであるが，その論理的地位は一般に，語の意味と同様に，慣習によって基礎づけられる．各概念は，諸命題の真偽が主張されたり，また合理的に正当化されたりする特定の慣行を可能にするのだが，しかし，概念ないし概念の変化の正当化には，プラグマティックな基礎づけがあるだけである．」（Kuhn 1993, pp. 330-1，邦訳 314-5 頁）

クーンの「相対主義」やそれを取り巻く諸問題は，以下，さまざまな箇所で（姿を変えて）改めて登場するであろう．そのためここではクーンの科学観の紹介を終え，前節および本節の主要な論点をまとめる．

3.2.3　2つの核心的な困難：理論負荷性と過小決定性

　理論負荷性と過小決定性は以下の議論で反復される主題となるだろう．これら2つの課題が，あるいはより正確に言えば，これらが引き起こす諸問題を回避しようとする試みが，20世紀後半の科学哲学の展開にとって根本的に重要であったことが，繰り返し論じられるだろう．これら2つの課題は「定説」がつくりだした一時的な均衡状態を根底からかき乱し，その影響は知的系譜を遡って広がり，われわれの中核的な認識論的前提が根本から変化するまでにいたった．このことはみな，経済学における，あるいは経済学をめぐる方法論的言説にも同様に重大な影響を及ぼした．そして最終的には，「従来のものをより多く」という方向ではなく，また，基礎づけ主義的な方法でこれらの問題を回避するための小賢しい提案を出し続けるという方向でもなく，まったく「主題を転換し」，これらの欠陥を認めて新しく定義しなおされた方法論的言説へと歩みを進めることになったのである．

　これまでの議論は以下に続く議論に十分な背景を与えるものと確信しているが，より慎重に考察を進めることが望ましいとも考えている．クワインが過小決定性問題の主要な起源であり，またクーンが理論負荷性の主要な起源である（一部の実証主義者やポパーは後者の問題をはっきりと認識していたが）というこれまでの物語は，**極端に単純化**されたものである．これらの問題はいずれも，上記の議論が示唆するよりもはるかに錯綜している．本節の残りで，これらの複雑さについて焦点を当てよう．

　第1に，クワインがクーン以上に過小決定性の問題にわれわれの注意を惹きつけ，またクーンはクワイン以上に理論負荷性を力説しているということに間違いはないが，実際には両者とも双方の問題を重視していた．根元的翻訳に関するクワインの研究と彼の一般的なホーリズムはともに，理論負荷性の問題を（ある面ではクーン以上に根本的な意味で）認めるものである．同時に，アノマリーが通常科学に吸収される方法に関するクーンの議論は，デュエム＝クワインの過小決定性問題を的確にとらえている．

　第2に，クワインとクーン以外にも，過小決定性と理論負荷性の問題の普及に寄与した論者が多く存在する．過小決定性の問題はノイラートやポパーといった哲学者によってはっきりと認められていたし，理論負荷性はファイヤアーベント

第3章　科学哲学における「定説」の崩壊　　105

(Feyerabend 1975)[39], ハンソン（Hanson 1958），ポランニー（Polanyi 1958），そして多くの他の科学哲学者の研究における主題であった．これらの問題はいずれも，後期ウィトゲンシュタインの著作（Wittgenstein 1953）に登場するし，クーンの立場と後期カルナップの立場との類似性を強調する文献さえ増えつつある[40]．この支配的な旋律が，単独で作曲されたわけではないのは明らかである．

第3に，ただ1つの「過小決定性」の問題や1つの「理論負荷性」の問題が存在するわけではないことを強調しておくことが重要である．これらの用語は，実際には，2つのかなり幅の広い問題群を指すものであり，そこに属する個別の問題はたしかに強い家族的類似性を有するが，それ自身の独自の個別的特徴を示してもいる．クワインのホーリズムと，経験的テストに関するデュエム＝クワイン定理との違いは，すでに強調したが，これらの考え方はいずれも過小決定性問題という同一の家族の一員であることははっきりしている．過小決定性という家族のさまざまなメンバーを同定するために，多くの異なる枠組みが提起されてきた．たとえば，ボイランとオゴーマン（Boylan and O'Gorman 1995, pp. 76-80）は，クワインの「ホーリズム」の主張を4つに区分している．まず彼らは「意味のホーリズム」（私のいう意味での「ホーリズム」とおおよそ一致する）と「テストのホーリズム」（私が過小決定性と呼んできたものとおおよそ一致する）とを区別し，そのうえで「テストのホーリズム」をさらに「弱い」バージョン，「より強い」バージョン，「急進的な」バージョンに区分している．

最後に，過小決定性と理論負荷性が概念的に密接に絡み合っているため，さらに事態が複雑になっている．理論がデータによって「不完全にしか決定されない」と述べることと，データは理論によって「過度に決定されている」（あるいは負荷されている）と述べることとのあいだにはほとんど違いがないように思われる．いずれの問題も最終的には「自然との接触によって信念が過小にしか決定されないという議論」に還元され（Kitcher 1992, p. 93），そのようなものとして，どちらの問題も非常に一般的な種類の「過小決定性」問題である．たとえばキッチャーは，「自然との接触の衝撃を抑える」問題群に含まれる5つの独立した要素を示している．すなわち「基準の転換」，「観察の理論負荷性」，「実験の評価」，「社会的埋め込み」，「権威の効果」の5つである（1992, pp. 94-5）．彼の「理論負荷性」のカテゴリーは，筆者が理論負荷性と呼んできた内容とおおよそ一致し，「実験の評価」のカテゴリーは筆者が過小決定性と呼んできた内容とおおよそ一

致している．こうして，過小決定性と理論負荷性という2つの中核的な問題群に含まれる多くの概念が存在するだけでなく，多くの哲学者は，これら2つの問題群が，より大きな問題群のなかの一要素であるにすぎないと考えている．

こうした潜在的な複雑さにもかかわらず，過小決定性と理論負荷性という問題群のそれぞれに含まれる各要素間の家族的類似性は十分に際立ったものであるので，科学哲学と経済学方法論の進化を理解するうえで扱いやすく有益である，と筆者は依然として考えている．すでに述べたように，これらの概念は，以下の章で反復される主題となるだろう．それらこそ，認識論，科学哲学および経済学方法論における経験主義的基礎づけ主義の支配を突き崩した主要問題である．他方で，クワインとクーンがその崩壊に寄与した主張にたいして断固たる忠誠を誓った他の哲学者も多く存在した．

3.3 第一戦目の応答

次の2つの節では，クワインやクーン，また「定説」を攻撃したその他の哲学者が提起した問題に対する2つの応答を手短に検討する．最初の節では，私が「準歴史的」応答と呼ぶものについて考察する．同節で考察すべき立場は多数存在するが，詳細な検討に付されるのはイムレ・ラカトシュだけである．その次の節では，実在論ないし経験論からの様々な応答について検討する．ここでも，ごく少数の見解のみが考察されるだろう．

3.3.1 ラカトシュと準歴史的展開

クーンの『科学革命の構造』の影響で，科学史家と科学哲学者とのあいだに短い関係改善の期間が拓かれた[41]．クーンはつまるところ科学哲学者ではなく科学史家であったが，彼の歴史研究が，科学知識に関する「定説」にとって広範かつきわめて消極的な含意をもったことは明らかであった．伝統的に科学哲学を特徴づけていたア・プリオリズムとは逆に，クーンは科学知識の性質を理解するために現実の科学史を考察すべきであると論じた．さらに，彼が現実の科学史を考察した時に見いだしたのは，20世紀中葉の主流派科学哲学から期待されるものとは正反対のものであった．何か手が打たれなければならなかった．

本節では，クーンが提起した問題にたいする準歴史的応答について議論する．

第3章 科学哲学における「定説」の崩壊　107

この応答の背後にある戦略は，一種の司法取引のようなものである．それは，クーンが現実の科学史について述べたことの多くを認めつつも，その受容がもたらす規範的含意の損失を最小化しようとするものであった．目標は，現実の科学史とより整合的であるが，従来の基準で正当化でき，クーンとしばしば結びつけられる相対主義や非合理主義を回避するような，新たな境界画定基準と方法論的規則を見つけることであった．この司法取引の戦略は，科学哲学における「歴史的転回」と呼ばれるものの始まりを告げた．それは，哲学者がパラダイム，通常科学，理論負荷性の存在を十全に認めつつ，同時に，（少なくとも広い意味において）科学史と矛盾しない，認識論的に正当化しうる一連の新しい方法論的規則を発見することにエネルギーを傾けるという状況であった．[42]

　私が詳細に検討する最初の準歴史的応答は，イムレ・ラカトシュ（Imre Lakatos）の「科学的研究プログラムの方法論」（Methodology of Scientific Research Programs, MSRP）である[43]．ラカトシュは，同国の他の多くの人々と同様，1956年にハンガリーを離れた亡命者であった．数学，科学および哲学の教育を受けた彼は，若いころは政治的にも活動的であり，かつてはハンガリー教育省の役人を務めた（Larvor 1998, pp. 1-7）．彼はポパーの弟子となり，数学の哲学に重要な貢献をなした（Lakatos 1976）が，ここでは彼の科学哲学（MSRP）に焦点を当てたい．ラカトシュの最終目標は，クーンが引き起こした科学史と科学哲学との亀裂を埋めること，とりわけ，ポパー流の反証主義とクーン的な歴史主義を融合することであった．彼は両者のいいとこ取りをしたかった．すなわち，科学史に照らした「最善策（best gambits）」（Lakatos 1971, p. 111）と整合的な規範を用いて，科学理論を「評価」することのできる規範的科学哲学である．ラカトシュのアプローチは（彼の表現を用いれば）「科学哲学者と科学史家がお互いに影響を及ぼしあう」方法を提示しようとしているが，MSRPは（クーンという）敵の攻撃をポパー的哲学的プログラムの勝利へと転換してしまうような一種の柔術的方策とも解釈できるだろう．

　ラカトシュの最初の一手は，個々の「科学理論」ではなく，「科学的研究プログラム」という一群の諸理論へと注意を向けなおすことであった．科学的研究プログラムは，「ハードコア」，「防御帯」，そして一連の「積極的および消極的ヒューリスティック」の大まかな集合体として定義される．ハードコアは，研究プログラムの土台となる形而上学的前提である．それはプログラムを定義し，

(「ハードコア」という用語が示唆するように）その要素は経験的証拠によっては反駁不可能である．ハードコアの命題は，プログラムの発展のあいだ固定されたままであり，ハードコアを否定することはプログラムそのものの放棄を意味する．防御帯は補助仮説，経験的慣習，そしてプログラムの他の理論構造を含む．あらゆる「活動」がそこでなされ，時間の経過とともにあらゆる変化がそこで生じる．防御帯はハードコアと経験的証拠とのあいだの緩衝地帯となる．緩衝地帯は経験的証拠の変化に応じてプログラムが前進するとともに連続的に変化していく．積極的・消極的ヒューリスティックは，プログラムが発展する際に何が追究されるべきか（積極的），あるいは何が追究されるべきではないか（消極的）について情報を提供する．適切な問いと不適切な問い（およびそれぞれへの回答）はプログラムのヒューリスティックによって定義される．このようなモデルは，大まかにはクーンの科学観と整合的であるようにみえる．科学的研究プログラムのほとんどの活動は防御帯で行われ，ハードコアは手つかずのまま残る（これはクーンの通常科学に対応する）．これにたいし，科学革命はハードコアそれ自体を取り換えるのである．

　科学的研究プログラムは事後的にのみ評価される．防御帯で特定の変化が生じた後に，その変化が「前進的」であったか否かを評価することができる．ラカトシュにとって，新理論が，「従来の理論を超過する経験的内容を有していれば，すなわち，これまで予期されなかった新奇な事実を予測するとき」，それは「理論的に前進的」である（Lakatos 1970, p. 118).「この超過する内容の一部がさらに確証されるならば，すなわち，新理論がなんらかの**新事実**の発見をもたらすのであれば」，その理論は「経験的に前進的」である（1970, p. 118, 強調原文).ラカトシュは，「理論的にも経験的にも前進的である」ならば，その研究プログラムを「前進的」と呼び，「そうでない場合には**後退的**」と呼ぶ（1970, p. 118, 強調原文).最後に，ラカトシュの境界画定基準は，彼の理論的前進の考えにもとづいている．研究プログラムは，「少なくとも理論的に前進的」であるならば「科学的」であり（1970, p. 118），そうでないならば，「似非科学」として斥けられる（1970, p. 118).

　ラカトシュの科学的前進の考え方は，ハードコアの反証可能性を必要としないし，防御帯に，厳しいテストを経た大胆な推論が含まれている必要もない一方，彼の経験的内容の概念は徹底してポパー的であることに注目されたい．第1に，

理論の経験的内容は，その潜在的な反証要因であり，これらの反証要因は慣習によって受容された経験的基礎言明である．第2に，ラカトシュは，「独立のテスト可能性」要件から発展したポパーの新奇な事実という概念を採用している．ポパーは，特定の反証データを回避するために理論を取り繕う——この白いカラスを除けば，すべてのカラスは黒い——ことはいつでも可能であること，そして科学の真の前進のためには，そうしたその場しのぎの理論の変更を禁止すべきであると考えていた．ポパーの解決策は独立のテスト可能性要件であった．すなわち科学の前進には，新理論が「新しいテスト可能な帰結（望むらくは，**新しい種類の**帰結）をもたねばならない．それまで観察されなかった現象の予測をひきださねばならないのである」(Popper 1965, p. 241，邦訳410頁, 強調原文)[44]．

ラカトシュが科学の前進の唯一の基準として新奇性を用いたことについて，論じるべき点が少なくとも3つある（そして，そうした前進の定義が科学と似非科学との境界を画定するために用いられる以上，新奇な事実は，ラカトシュにとって，「科学」と「非科学」を区別する唯一の基準でもある）．第1に，ポパー派のあいだでさえ，「新奇な事実」について一般的に受容された定義は存在しないことである[45]．その意図ははっきりしているように思われるが——理論はわれわれがいまだ知らないことを予測すべきである——，しかし科学の発展における歴史的エピソードを分析するのに十分なほどに，そうした直観を具体的なものへ磨き上げようとすると，深刻な問題がつねに現れる．ラカトシュの新規な事実の議論をクラーク・グリマーが特徴づけたように，それは「示唆的であると同時に曖昧でもある」(Glymour 1980, p. 99)．第2に，たとえラカトシュがポパーに従っていたとしても，そしてポパー派の新奇な事実に関する文献がそれ自体の重要性をもっているとしても，新奇な事実が科学においてとくに重要であるという考えは非常に古い（間違いなくポパー以前から存在する）観念である．19世紀初頭のウィリアム・ヒューウェルの「帰納のコンジリエンス（統合）」の概念，ジェヴォンズ（Jevons 1877）の「予言的偉業」の議論，そして150年にもわたる「いわゆる事前指定（predesignation）の規則」(Laudan 1984, p. 36，邦訳52頁)をめぐる論争はすべて，何らかの意味で，新奇な事実の予測に固有の認識的利点を擁護する議論であった[46]．第3に，ポパー＝ラカトシュ派の文献の内外で新奇な事実の固有の重要性をめぐる長い議論があるにもかかわらず，現代の論者のあいだでこの問題について明確な合意は存在しない．多くの論者が，新奇な事実はなんら特別な認知的利点も

持たないと結論づけている．たとえば，ジェラルド・ドッペルトはこう論じている．

> 「探究と論争の 150 年の後，単純かつ一般的な真実の理論という認知的目的に対して，事前指定の規則が有効な手段であることを示す経験的証拠はまったく存在しない．」(Doppelt 1990, p. 3)

このことは科学史家スティーヴン・ブラッシュによっても主張されている．

> 「おそらくこれまでの唯一の確定的な結論は，科学者はたいてい，知られている事実の演繹と比べて，新奇な予測——以前には知られていなかった現象の予測——に対して特別な重要性を置いていないということである．新奇さは，理論を有名にしたり，他の科学者に評価してもらうように説得したりするうえでたいへん重要であるかもしれないが，新奇さそれ自体は，理論が正当であるかどうかを決定するにあたってあまり価値がないのである．」
> (Brush 1993, p. 566)

　かくして，ラカトシュ派は，新奇な事実の定義に関して合意していないにもかかわらず，新奇な事実という基準で「前進」と「科学」をともに定義するという苦境にあるように思われる．しかもその概念は長い歴史を有するにもかかわらず，哲学者は一般的に，新奇な事実が科学と似非科学との境界を画定する唯一の要素であるかどうかについてはもちろん，それが認知的に重要であるという点にさえ合意していないのである．ラカトシュについては経済学方法論の文脈で改めて議論するが，ここで重要なのは，クーン的転回が提起した諸課題に対するラカトシュの準歴史的応答はきわめて重要であり革新的であったものの，最終的には批判者たちの猛攻撃を食い止めることはできなかったという点である．明確な基礎づけ主義的認識論に根差した，適切な科学のふるまいに関する普遍的な方法論的規則を見いだすことができるという観念は，多くの異なる方向から厳しい攻撃に晒されたが，ラカトシュの柔術的方策は敵の進行をほとんど抑えることはなかったのである．

3.3.2　実在論および経験主義の展開

　「定説」の崩壊にたいするもうひとつの初期の応答は**科学的実在論**の拡大であった．実在論の応答もまた「定説」が抱える問題を認めているため，一種の司法取引として分類できるが，実在論者は一般に，ラカトシュの準歴史的応答に比

して歴史的ではない．実在論には多くの異なる解釈が存在していた（している）のであり，他の論点と同じく，筆者の議論は包括的でも完璧なものでもなく，後の章にも登場するバージョンだけを取り上げることになるだろう．実在論のいくつかの異なるバージョンを検討することに加え，私はまた本節の最後で，1つの経験主義（あるいは現代の実証主義）の応答について議論するつもりである．すなわちバス・ファン・フラーセンの構成主義的経験主義（constructive empiricism）である．この選択もまた，近年の経済学の文献を背景としている．

　多くの実在論に共通する一般的な特徴から議論を始めよう．とくに過小決定性，理論負荷性，そしてその他の「定説」が抱える問題にたいする応答としての実在論に焦点を当てる．筆者が「指示的実在論（referential realism）」（とくにリチャード・ボイドの）と呼んでいる立場と，ロイ・バスカーの「超越論的実在論（transcendental realism）」という2つの特殊なバージョンについてまずは簡単に考察する．指示的実在論は，自然科学の哲学において広く議論されてきたのにたいし，超越論的実在論の方はしばしば経済学者や社会科学の哲学者によって議論される．現代の文献で参照されるいくつかの他の種類の実在論に言及して，実在論の議論を終えることにしたい．

　啓蒙の時代以降の認識論や科学哲学を特徴づけるよう求められたら——これが認識論の歴史を考える最良の方法であると主張しているのではなく，もしそう考えるよう強いられたら——，それは「経験主義」と「実在論」との闘いということになるだろう．大まかにいえば，経験主義は，あらゆる知識は観察可能なもの，感覚経験に関するものであり，科学理論が知識として正当化されるべきであるとすれば，それは観察可能な領域におけるパターンを体系化する方法にほかならないからだと主張する．経験主義にとって，因果という中核概念は，単純に観察可能な出来事の不断の結合であり，そうした観察やその規則性の背後に回り，隠された本質を明らかにしようとするどのような試みも「形而上学」にすぎず，非科学的な偏見として放棄されるべきである．経験主義は，実在を経験と同一のものとすることで，経験と実在とのあいだにギャップがあるという懐疑者の主張を回避する．もちろんその詳細やコミットメントの程度は，経験主義のさまざまなプログラムによってばらつきがある——これらの観念が実証主義と「定説」の進化のなかでいかに緩められてきたかという点はすでに見た——が，にもかかわらず，これらの中核的な命題は経験主義の核心に保持されている．一方の科学的実在論

112

とは，もっとも粗野な表現でいえば，科学知識は観察可能な領域を超越したものであり，観察可能な経験的諸規則の源となる基底的な因果的メカニズムや力が存在すると主張する立場である．そしてこれらの（当初は）隠れている原因や力を発見することが科学の課題であると主張する．多くの実在論者は，さらに踏み込んでそうした観察不可能なものが存在し，またそれらを発見することが科学の仕事であるというだけではなく，そうした観察不可能なものに関する成熟した科学の理解は基本的に正しいと主張している．やはりその詳細やコミットメントの程度は実在論者においてもさまざまであるが，以上は実在論の中核的な主張である[47]．

　さて，過小決定性や理論負荷性といった，経験主義や科学知識の経験主義的解釈への攻撃は，「他方の側」，すなわち科学的実在論にとって有利であるように見える．クーンやクワインたちが提起した問題——経験主義的な科学観に深く切り込む問題——は少なくとも表面上は，隠された因果的メカニズムという実在論の世界に対する攻撃はしていないように見える．ここで以下の点を想起しよう．クワインは経験主義の「2つのドグマ」について述べ，そしてこの「ドグマ」はテスト不可能な形而上学的信念であるかのような印象を与えた．これにたいしクーンやその他の哲学者は，観察という経験主義の核心を突く理論負荷性を強調した．実在論はあまり形而上学を恐れるものではないし，観察の重要性にも関心を向けるものではない．実在論がその主たる競争相手が抱えている困難につけいることができると考えるのは，根拠のないことではない．一部の実在論者がまさにそうしていることは間違いない．たとえば，以下で詳細に議論するリチャード・ボイド（Richard Boyd, 1942–）は，次のように状況を特徴づけている．

　　「知識が獲得されるすべての基本的方法は，根本的に理論負荷的である．すなわち分類の原理，投射可能性（projectability）の評価方法，観察の質や意義の評価方法，説明力の評価基準などである．

　　　科学的実在論は，このように科学的実践がより良く理解されることによって大きな信憑性をえた．科学における**観察可能な事物に関する**帰納的推論は，それらが，あらかじめ獲得された観察不可能な実在的本質に関する（近似的）知識によって導かれる場合にのみ，信頼に値すると考えられる．（中略）現実の科学の方法に関する哲学的考察は，この数十年間，経験主義者ロックにとっては最悪の悪夢を確認したことになる.」（Boyd 1991, p. 133, 強調原文）

別のタイプの実在論者であるナンシー・カートライト（Nancy Cartwright, 1944–）

は，科学知識の経験主義的理解における「観察可能」という属性についてほとんど同じことを述べている．

「しかしこの純粋データベースとは何だろうか．我々の経験においてそれはどこにあるのか．それは哲学的構築物であり，形而上学であり，世界を解釈する1つの方法である．（中略）私の経験は人々や家やつねられる痛みやアスピリンの経験であり，おおよそその本質を参照することによって理解される事物の経験である．私にとって，家のなまの経験は，単なる色の寄せ集めではない．（中略）知覚データ，あるいは**所与の事物**というのは，形而上学的人工物であり，本質とは異なり，検証可能な科学的主張において何ら役割を果たさない．」(Cartwright 1992, pp. 60-1, 強調原文)

なぜ実在論が過小決定性や理論負荷性の問題への1つの応答でありうる（少なくとも実在論自身がそれらの問題への応答であると考えている）のかという問題にかんして簡単な導入をしたので，これから2つの実在論のプログラムを具体的に考察しよう．いずれも経験主義的科学哲学の危機から洞察を引き出していると主張している．

1つの見解はリチャード・ボイドの指示的実在論（referential realism）である（Boyd 1973, 1983, 1991, 1992）．ボイドは，同じく現代の科学的実在論の発展において非常に重要な人物であるヒラリー・パットナムの弟子であり，ボイドの議論は（初期の）パットナムと多くの共通点をもつ[48]．ボイドの実在論には4つの基本要素がある．

「a. 理論的用語は潜在的に指示している．

b. 科学理論は，標準的な方法論的実践の結果，近似的に真なるものとして頻繁に確証されている．

c. 成熟した科学の歴史的前進はますます真理への正確な近似を伴う．

d. 存在論的実在論：実在は，人間の理論形成とは独立して存在している．」（Boyd 1983, p. 45）

この種の科学的実在論を擁護する彼の議論は，「最善の説明への推論」(inference to the best explanation, IBE) にもとづいており，科学は理論依存的で，かつ道具としても機能しているという事実によって根拠づけられる．この議論は，科学の道具としての成功の最良の説明はその理論依存的な構造が，真理を現実に指示していることにあり，そうした科学理論は（少なくとも近似的に）真である

114

というものである．ボイド自身の言葉でいえば，「実在論は，科学的方法論の現在の道具的信頼性に対する唯一の正当な説明である」(Boyd 1983, p. 88)．あるいはパットナムは以下のように要約している．

「ボイドによれば（そしてロック記念講義で私が論じたのと同様に），形而上学的実在論は，科学の成功に関する包括的な経験的理論としても定式化することができる．すなわち成熟した物理学の諸理論の成功は，当該理論で用いられる用語が一般的に**指示する**（すなわち，あらゆる対象物の全体性[Totally of All Objects]の部分集合を指示する）こと，そしてそうした理論の基本的前提が一般に近似的に真であるということによって説明される．」(Putnum 1994, p. 303)

IBE に含まれる論証形態は，長い歴史を有する——それはある面ではプラグマティズムの哲学者チャールズ・S・パース（第6章で議論する）の「アブダクション」の一種であり，またそれは19世紀に H・フォン・ヘルムホルツによって実在論の問題にはじめて応用された（Hacking 1983, p. 52）——にもかかわらず，ボイドの科学的実在論が明らかに「定説」の危機以後のものであることは強調するに値する[49]．ボイドが，彼のプログラムにおいて（あるいはその背景として）実際の科学史を考察する必要性を認めており，理論負荷性や関連する諸問題を理解していることに注意されたい．ボイドの科学的実在論が，本章で論じてきた諸問題の産物（あるいは少なくともそれらに依存するもの）であったのは明らかである．

IBE の論証はアブダクションであるが，論証の背後にある直観は，科学的実在論のいわゆる無奇跡論法（no-miracles arguments）と同一である．「無奇跡」論法は，基本的に，科学理論が真理でなければ，科学の成功は奇跡になってしまう，というものである．ジョン・ウォロルは，「無奇跡論法」の主張について明確な説明を提示している．

「理論が宇宙の基本構造について述べていることが，正しい，あるいは『本質的に』ないし『基本的に』正しくないにもかかわらず，その理論が一般相対性理論や光の光子理論と同じくらい多くの正しい経験的予測を行うなら，それはほぼ宇宙的なスケールにおける奇跡的な偶然であるだろう．しかし，ともかくも奇跡以外の説明が存在するのであれば，奇跡を受け入れるべきではない．現象の『背後』に存在する理論的メカニズムが，『真』ないし『近似的に真』であるならば，その理論が現象を正しく捉えているとしても何ら不思議ではない．そのため，現在受容されている理論は『本質的に』正しい

と結論づけるのがもっともらしいのである.」(Worrall 1989, p. 101, 強調原文)

おそらく，ボイドの科学的実在論を特徴づけるもっとも単純な方法は，それが一般的な「無奇跡」論法の（もっとも）洗練された擁護であるとみなすことである．多くの哲学者（一部の実在論者でさえ[50]）がボイドの実在論を批判してきたが，私はこれらの批判について論じるつもりはない．ボイドの実在論を紹介し，それを「定説」が抱える問題に関連させることがここでの課題であるからである.

ここで検討したい第2の実在論はロイ・バスカー（Roy Bhaskar, 1944-2014）の「超越論的実在論」である[51]．バスカーの実在論は，ボイドの表象的実在論（representational realism）よりも存在論に重点を置いている．ボイドはもちろん，存在論的実在論を受け入れているが，彼の主要な論点は成熟した科学における理論の表象的成功と近似的真理に関するものであった．バスカーはいかなる科学理論の真理についても可謬主義的であり，どのような条件が科学知識の可能性を保証するのか，という超越論的な問いに関心を集中している.

バスカーはまず，実証主義に影響を受けた科学知識観には，いくつかの根本的な緊張関係があることを明らかにしている．どのような知識論も，知識の対象に関して何らかの存在論的コミットメントを（おそらく暗黙のうちに）前提している，とバスカーは論じる．経験主義的認識論は，科学的探究の対象を経験的対象と同一視する**経験的実在論**という暗黙の存在論を示唆している．観察可能な事物，すなわち経験的対象は多くの場合，経験的事象の規則性であるため，事象の規則性が科学的探究の（唯一の）対象となる．バスカーはこれを**認識的誤謬**と呼ぶ——すなわち存在論の問題（実在ないし存在）を認識論の問題（知識）へと還元する誤謬である.

認識的誤謬は少なくとも2つの点で存在論的な緊張を生み出す（Bhaskar 1989, p. 18）．第1に，それは，科学知識の標準的な哲学的解釈と，現実の科学者の存在論的前提条件とのあいだに緊張関係をつくりだす．現実の科学者は，彼らが観察する経験的規則性の源となる基底的な，隠れた因果的メカニズムを探究しており，経験的規則性ではなく基礎的原因を，科学的探究の適切な対象であると考えている．第2の緊張関係は，科学実験において現れる．実験の成功には，つねに，単一の因果的メカニズムの効果を分離できるように環境を構築することが必要である．すなわち，考察対象の因果的メカニズム以外の，あらゆるメカニズムの影響を除去ないし中立化するよう，実験の環境を人為的に構築することが必要

となる．科学の中心的関心である経験的規則性は，実験システムという閉鎖的環境においてのみ観察することができる．つまり，自然科学の領域において「自然なもの」など存在しない．実験における閉鎖性は，二重の意味で実在論の正当性を証明している．一方では，科学の「事実」は明らかに社会的産物である．科学の観察可能な事実は「実在するが，それらは歴史的に特殊な社会的実在である」(Bhaskar 1989, p. 61)．このことは，経験主義が示唆するように，「自然法則」が事実の規則性であるならば，「科学者がその実験において自然法則を誘発し，変化を誘発しさえするという不条理に我々は論理的に与する！」ことを意味する(Bhaskar 1989, pp. 15-6)．他方，実験室の環境以外にも科学を応用するためには，閉鎖的な実験的環境で経験的に明らかにされた因果的メカニズムは，実験室の外部のより複雑な開放的環境でも作用し続けると考えなければならない．つまり，経験的事象の不断の連結以外にも，何かが生じていなければならないことを示唆している．こうしたことはすべて，経験主義的科学哲学にとってきわめて不利な状況をつくりだす．バスカーはこれらの問題の解決策として超越論的実在論を提起するのである．

　超越論的実在論は，基底的な因果的メカニズム（生成的構造，能力，因果的作用など）と観察可能な事象のパターン（経験的規則性）との存在論的区別から出発する．経験的規則性は科学研究による人工の産物であるのにたいし，これらの基底的な因果的メカニズムは，科学研究の自然的対象である．これらの因果法則は，ある具体的な状況において経験的に現れるかもしれないし，現れないかもしれない**傾向性**である．実験的環境の外部にある複雑な開放的世界では，多くの因果的作用や多くの傾向性が働いており，なにが経験的に現れるかは，これら多数の原因因子の相互作用によって決定される．閉じた実験的環境においては，経験的発現はより容易に観察されるが，まさにそれが実験的環境の目的である．すなわち「実験活動は，システムを閉じるための試み，言い換えれば，潜在的に反作用をもたらす別のメカニズムをすべて排除することで特定のメカニズムを孤立させる試みとして説明することができる」(Lawson 1994, p. 268, 強調原文)．科学の発展プロセスは，これらの因果作用のより深い層を解明していくプロセスである．これらの因果作用の自然的領域は人間の科学研究から独立に存在するが，しかし科学研究それ自体は人為的で，歴史的に偶発的な社会的プロセスである．超越論的実在論は，①科学の目的は，科学の理論とは独立に存在する観察不可能な因果法

則を発見することであるという主張，そして②科学は社会的に作られ，その経験的領域は科学の理論とは独立に存在するものではないという主張，を同時に行うのである．

「さて，不断の連結が一般に自然においては自生的には現れず，むしろ科学の実験室において意図的に生み出されなければならず，そしてその活動を理解可能なものにするためには，因果法則やその他の実験的探究の対象は，事象のパターンや人間の諸活動から存在論的に独立したものと見なされなければならないと（中略）私は論じてきた．また逆に，とりわけ科学的発展が可能であるならば，われわれが因果法則や実験的探究の対象に与える概念や記述は，科学というきわめて社会的なプロセスの一部として見なされねばならない，とも論じた．こうして経験（およびそれに基礎づけられる事実）や，因果法則の経験的基礎をなす事象の不断の連結は，社会的な産物である．しかし，それらによって接近が可能になる，因果法則のような対象は，われわれとは独立したものとして存在し作用するのである．」(Bhaskar 1989, p. 51)

バスカーの超越論的実在論は人文・社会科学にとくに大きな意味をもっている．ひとつには，社会システムが本来的に開放系であり，有益な経験的規則の発見がとくに困難であるためである．このことは，人文科学が予測よりもむしろ説明にいっそう深く関心を持っているということを意味している．もうひとつには，事実を生産するプロセスの社会性は，科学の（社会的）プロセスがいっそう明確に，（社会的な）対象領域と分かちがたく結びついている社会科学においてより重要であるからである．バスカーにとって，人文科学が「科学」であることは明らかだが，それ自身，独自の性格を有している．そのため彼はいかなる意味でも人文科学を生物学や物理学へ還元することを支持しない．社会科学に対するバスカーの解釈は基本的に，第2章で議論したミル的伝統における傾向法則観と強い類似性をもつ．

「要するに，社会は，経験において所与とされるものではなく，経験によって前提とされるものである．しかし，社会が知識の対象になるのを可能にしているのは，まさにその特異な存在論的地位，その超越論的な実在性である．そうした知識は非自然的であるが，依然として科学的である．

社会科学の法則的言明に関していえば，それらは社会構造の単一レベルでのみ機能する傾向性を指示している．それらの言明は，社会構造の相対的に

自律的な構成要素にたいしてのみ定義され，かつこれらの要素は，どのように
にしても閉鎖することのできない開放システムにおいて作動するため，決し
て現れることのない可能性もある傾向性（資本主義的企業の利潤率が均等化さ
れる傾向性など）を指示しているのである.」(Bhaskar 1989, p. 87)

バスカーの超越論的実在論の社会科学上の意味については第7章でより詳細
に検討する. そこではバスカーの研究を経済学に応用する近年の議論について検
討したい. ただし他の種類の実在論に移る前に，バスカーの政治的（あるいは政
治経済的）立場について若干のコメントを加えておきたい. バスカーの政治的立
場は，上記の引用文にある例（すなわち資本主義的企業における利潤率の均等）に
示唆されている. ノイラートや他の多くの科学哲学者（反証主義に関する先の議論
ではあまり明らかではないがポパーも含め）と同様，彼らの社会的・政治的価値観
は，（自然科学を含む）科学知識に関する認識的価値観や信念と深く結びついてい
る. バスカーはマルクス主義の知的伝統に属しており，彼が自然科学の哲学にお
ける諸問題だけでなく，マルクス主義におけるさまざまな問題への1つの解決
としても，超越論的実在論をとらえていることは明らかである[52]. 彼は，実証
主義やその派生的立場とは異なり，超越論的実在論が人間の解放というより広い
目標と整合的な科学知識観であると考えている. この明確な政治的焦点は，バス
カーが社会科学者から集める一定の関心と，彼のプログラムが自然科学の哲学者
たちから集める関心（の無さ）を説明するのに役立つであろう.

われわれは，現代の実在論の2つのバージョン，すなわちボイドの指示的実
在論とバスカーの超越論的実在論についてやや詳しく検討した. これら2つの
実在論は，哲学の文献に見いだされる様々な実在論の小さなサンプルでしかない.
これら以外の実在論についての詳細な検討は紙幅の関係上省略せざるを得ないが,
とくに注意を払うべきいくつかの実在論について，ごく簡単に言及しておきたい
（それらのいくつかは後の章にも登場する）. イアン・ハッキング（Hacking 1983）は,
科学理論それ自体ではなく，科学に登場する実体について一種の表象的実在論を
支持する立場（実験的実在論）をとっている. ハッキングは，われわれの基本的
な実在論的直感と，現実の科学実験に関する詳細な事例研究とを両立させようと
試みている. 彼の見解は，第4章と5章で議論される論者の多くから影響を受
けている. ナンシー・カートライト（Cartwright 1983, 1989a, 1992）は伝統的な経
験主義的法則観を厳しく批判し，自然の「潜在性」に関する実在論的解釈をとっ

第3章 科学哲学における「定説」の崩壊 119

ている．彼女の実在論には，バスカーと共通の面もあれば，ハッキングと共通の面もある．彼女は自身の議論を経済学に適用しており，そのため第7章でも議論される．ロム・ハレは「科学をたんに認識論的成果ではなく，道徳的成果」とみなす実在論を擁護してきた（Harré 1986, p. 1）．ハレは科学共同体を重視するが，共同体のなかに共有された道徳的価値にそのもっとも重要な長所を見いだしている．ポパーの推論的実在論は先に検討したが，その当初のバージョンは行き詰まり（その多くは彼の真理近接度［verisimilitude］の概念に結びついている），後のポパー派の哲学者によって多くの点で修正が加えられてきた[53]．次章で検討するさまざまな論点のうち「進化論的認識論」はその1つである．進化論的認識論には多くの異なるバージョンが存在するが，それらはすべて，何らかの点で科学的実在論に共感している．第8章で論じられるフィリップ・キッチャー（Kitcher 1993）の最近の著作もまた，科学的実在論の特殊なバージョン（ボイドのそれに近い）を擁護するものである．最後に，第5章で議論するいくつかの社会学的アプローチ——その多くが反実在論を主張している——でさえ，一種の実在論，すなわち社会的実在論をじっさいには擁護している．

　本節の最後の論点として，おそらくポスト実証主義的実証主義とも呼ぶべき現代の経験主義の見解について若干検討しておこう．実在論とは異なり，そのような立場の種類は多くはないが，哲学の文献で多少とも関心を惹きつけてきた論者が存在する．彼も経済学方法論の議論に登場する．そのアプローチとは，バス・ファン・フラーセン（Bas van Fraassen, 1941-）の「構成主義的経験主義（constructive empiricism）」である（Fraassen 1980）．

　ファン・フラーセンの『科学的世界像』（Fraassen 1980）は，「定説」の崩壊への実在論的応答にたいする経験主義からの応答である．ファン・フラーセンは，理論負荷性や過小決定性，そして実証主義的科学哲学にたいするその他の批判を受け容れる——論理実証主義は「かなり華々しく散った」（van Fraassen 1980, p. 2, 邦訳23頁）——が，彼は同時に，実証主義の崩壊が実在論的な科学観を支持する根拠となるという主張を徹底的に拒否する．ファン・フラーセンによれば，科学実在論とは，科学を「世界がいかなるものであるかについて文字通りに真なる叙述」を与えることを目的とする立場である（van Fraassen 1980, p. 8, 邦訳34頁）．そのような実在論の代替案として，ファン・フラーセンは，（文字通りかどうかにかかわらず）真理ではなく，**経験的十全性**（empirical adequacy）を科学の適切な目

標として掲げる。経験的十全性は，科学理論の純粋に**記述的**な特徴である。ある理論が経験的に十全であるのは，「その理論がこの世界における観察可能な事物について述べることが真である場合，つまりその理論が『現象を救う』場合」である。（van Fraassen 1980, p. 12，邦訳40頁）。以下の点に注意されたい。真でないといけないのは，観察可能な事物について「その理論が述べること」なのであって，「その理論」そのものではない。ファン・フラーセンの構成主義的経験主義は経験主義の哲学的伝統に全体として属している。すなわち科学とは，経験的観察を明確に記述することに従事するものであって，隠された因果的メカニズムを明らかにしたり，観察可能な領域を超える文字通り真なる理論を発見したりすることにかかわるものではない。

　経験的十全性はたんに記述にかかわるものであるが，ファン・フラーセンは，現実には科学理論が経験的記述以上のものを含むことを率直に認めている。事実，科学理論は，科学的説明を提供するために用いられさえしている。ファン・フラーセンにとって，これはたんに，科学の認識的側面とプラグマティックな側面との差異にすぎない。経験的十全性は認識的基準であり，理論の受容は，プラグマティックな関心を含むより幅広い評価基準にもとづく。理論がもつプラグマティックな長所には，単純性，簡潔さ，有用性，科学的な説明能力などがある。それらは応用科学の一部である。すなわち「われわれの利害と快との関数としての，人間特有の関心事があり，それによって，ある理論は他の理論よりも価値のある，あるいはわれわれの心を惹くものになる」（van Fraassen 1980, p. 87，邦訳163頁）。認識的価値と，プラグマティックで応用的な価値との分離について，指摘しておくべき2つの重要な論点がある。第1に，それはクーンの社会学的洞察の多く（それゆえ彼が発見した「非合理主義」の多く）を，認識的損失が比較的問題とならない応用科学のプラグマティックな領域へと不当に押し込めてしまっている。第2に，科学的説明に対するファン・フラーセンの見解は，過去の「定説」，すなわち純粋記述としての科学という初期の論理実証主義の見解に逆戻りしている。

　理論負荷性が通常，経験主義的な科学知識観に対する批判，それもおそらく決定的な批判であると解釈されるがゆえに，ファン・フラーセンは，「観察可能」や「経験的」という言葉が何を意味するかを明確にするのに多くの労力を費やしている[54]。彼の議論の中心には，「見ること」と「〜ということを見ること

(seeing that)」との区別がある．本質的に，観察とは「見ること」であり，経験的記述は「～ということを見ること」である．そして理論負荷的であるのは，前者ではなく，後者の方である．ファン・フラーセンの例では，「石器時代」の人間にテニスボールを見せるというものがある（1980, p. 15, 邦訳 45 頁）．もしボールを彼らの視界に投げたら，石器時代の人間は，それがテニスボールである「ということを観察する」ことはもちろんないが（そのように了解するにはわれわれと同じ文化的・理論的世界を共有する必要がある），彼らはボールを「見て」いる．ファン・フラーセンはこう述べている．「しかし，彼がわれわれが見るのと同じ物や同じ事象を見てはいない，と言うのはまったくばかげている．そのような言い方は，『見ること』と，『～ということを見ること』との間の曖昧さにかこつけた屁理屈にすぎない」（1980, p. 15, 邦訳 45 頁）．認識的次元は観察可能な事物（見ること）であるのにたいし，現実の科学は経験的記述の理論負荷的な領域（～ということを見ること）を含む．ボイランとオゴーマンはファン・フラーセンの立場をこう表現する．「科学的記述は，それが何かを記述するかぎりにおいて理論負荷的であるが，『～ということを観察する』（observing that）こととは異なる意味での観察（observation）は，理論負荷的ではない」（Boylan and O'Gorman 1995, pp. 146-7）．いうまでもなく，経験主義と理論負荷性を 1 つの視角に収めようとするファン・フラーセンの試みがじっさい成功しているかどうかという問題は，依然として（好意的に見ても）未解決の問題である．経済学への構成主義的経験主義の応用については第 7 章で検討したい．

3.4　自然主義的転回への舞台設定

　本章では多くの立場が検討された．ウィーン学団から始め，「定説」と反証主義を経て，クワインとクーンの批判にいたり，その後，この批判に対する第一次の応答——ラカトシュの準歴史的アプローチ，および様々な現代の実在論——へと進み，最後にファン・フラーセンの構成主義的経験主義へと行き着いた．理論負荷性と過小決定性という主題が全体をとおして考察された．理論負荷性と過小決定性は，この点で著名なクワインとクーンの節だけでなく，彼らに先立つノイラートの物理主義やポパーの経験的基礎に関する慣習主義的見解のなかにも現れていた．またクワインとクーン以後の文脈では，新しい規範的科学哲学が説得力

を持つためには，なんらかの形で扱われなければならない問題として登場した．

　我々はこの長い議論の終端に到達した．科学哲学と科学論の次なる動向は過渡的なものである．すなわち，それは旧い基礎づけ主義的なゲームの枠内での新しい動向（ラカトシュ，ファン・フラーセン，そして種々の実在論のように）ではなく，**まったく新しいゲームである**．この新たなゲームとは，**自然主義**であり，それは以下の多くの章で中心的な主題となるだろう．科学哲学は，**自然主義的転回**（あるいは回帰）をへたのであり，それは特定の科学（経済学など）と科学哲学との関係に根本的な変更を加えた．その核心において（ただし多くの特異なバージョンが存在することを発見するだろう），自然主義は「世界に存在したり生起したりするどのようなものも，自然科学の方法によって説明可能であると主張する．自然主義は，原理上，科学的説明の射程を超越する何かが存在する，あるいは存在することが可能だということを否定する」（Callebaut 1993, p. xv）．現代の自然主義は，伝統的な科学と哲学の関係をより対等なものにする．伝統的な関係においては，哲学がまず先に来る．哲学が，知識の基礎を練り上げ，一連のルールすなわち科学的方法を特定することをとおして，科学知識を正当化する．科学的方法は，科学の理論的人工物が正当な知識であることを保証するのである．哲学が判断を下す．哲学は知識の高等裁判所，あるいはハーバーマスの巧みな表現でいえば，我々の認知的活動にとっての「案内人」である（Habermas 1987, p. 298）．本章はこの伝統的見解の失敗（少なくともその窮地）の記録である．自然主義の多くのバージョンはいまや，こうした基礎づけ主義的な科学哲学の失敗に対する標準的な応答となっている．

　自然主義については以下の章で詳細な検討を加える．そのため本章を閉じるにあたって，自然主義的転回がこれまで論じた何人かの論者によって予期されていたという点について若干の示唆を与えるにとどめよう．自然主義的転回は近年の成果である（少なくともその実質的な影響は近年の動向である）と通常は考えられているが，そうした思考の種は，最近の豊かな収穫よりもはるかに前から芽生え始めていた．この点でクワインに言及するつもりはない．というのも，彼は自然主義運動の重要人物であり，彼の自然主義については第4章で詳しく検討するからである．またポパーについても触れるつもりはない．ポパー派の伝統についてもさらなる議論が後段でなされるためである．

　自然主義的な気質をはっきりともっていたウィーン学団のメンバー，それはノ

第3章　科学哲学における「定説」の崩壊　　123

イラートであった．ノイラートにとって，科学はあらゆる物事の尺度であった．その証拠に伝統的な経験主義の現象主義的語彙ではなく，最良の科学的実践にもとづく物理主義的語彙をノイラートは支持した．また認識論によって科学を「基礎づける」試みは，科学の上位になにものかを置くこと（かくしてそれは形而上学への服従）であった．ノイラートにとって，科学はすでに申し分のないものである．科学には，いかなる哲学的問題も存在しない．必要なのは，科学的世界把握を浸透させ，神秘的な形而上学を克服することだけである．ノイラートは「教条的相対主義とでも呼ぶべき学説を明示した最初の実証主義者であった．すなわちその学説のもとでは，現実の科学的実践の外部にあって，科学的実践について判断できるいかなる基準も存在せず（つまり相対主義をとり），科学は（形而上学や宗教のような）あらゆる他の信念体系よりも圧倒的に優れており，これらの信念体系を裁く権利があると（教条的に）断定される」(Coffa 1991, p. 364)．

　広い意味で自然主義への共感をもっているもう一人の論者は，トマス・クーンである．クーンが「非合理性」について述べたことを想起されたい——哲学者にとって望ましい科学的活動をしていないという理由で，科学が「非合理」であると言うのは，「いささか醜悪」であり，「夢想の国への道」を開くものである (Kuhn 1970b, p. 264, 邦訳 368 頁)．クーンにとって，彼の歴史研究は科学で現実に起きたことを明らかにするものであり，そうした科学はあらゆる人間活動のうちでもっとも合理的なものであった．これらの事実が，誰かの合理性の定義に合致しないのであれば，それは，科学ではなく，その合理性の定義にとって不利なことなのである．「科学の発展に不可欠な過程に『不合理』というレッテルを貼ることはできない」(Kuhn 1970b, p. 235, 邦訳 329 頁)．ヴェルナー・カルボーとのインタビューで，ギャリーが述べたように，「私にとってもっとも重要なのは，クーンの自然主義である．すなわちその自然主義とは，科学哲学の枢要な課題は，科学が「正当」，「合理的」，「前進的」であることを示すことではなく，科学が実際どのように機能しているかに関する理論的理解を発展させることだという考え方である」(Callebaut 1993, p. 42)．

　クーンとノイラートは，我々がこれから向かう転回，すなわち近年の自然主義的転回を，なんらかの形で予期していた多くの論者のなかの 2 人にすぎない．

第4章　　自然主義的転回

> 「証拠の原理」と「方法の理論」は先験的に構築されるべきではない．私たちの知的能力に関する法則は，他のあらゆる自然的作用と同様に，その作用が実際に用いられるのを見ることによってのみ理解される．初期の科学的偉業は，科学的方法を意識的に遵守することなく達成された．真実を多く確認することがなかったならば，どのような過程によって真実が確かめられるべきか知り得なかったであろう．(J. S. Mill 1884, p. 579)

> 知識，心，意味は同じ世界の一部であり，自然科学を駆り立てるのと同じ経験的精神で研究されなければならないと私は考える．先験的哲学の余地はない．(Quine 1969a, p. 26)

> 知識と信念，指示，意味，真理，推論，説明，学習はそれぞれ，「壮大な古いパラダイム」に対して信頼喪失が生じた際に焦点となった問題である．論理経験主義に由来する枠組みであるこのパラダイムの起源は，ヒューム，ロック，デカルトにまで遡る．(中略)「壮大な古いパラダイム」に対する決定的な論駁があったわけではない．パラダイムというのは決定的な反駁によって崩壊することは稀で，むしろ，衰え徐々に支持者を失っていくものである．(中略)しかし，私たちの多くは，「壮大な古いパラダイム」の中で研究を進めても得るものは小さいと感じている．これとは対照的に，自然主義的アプローチにはかなりの見込みがある．(中略)このように理解される認識論は，W・V・クワインが自然化された認識論と呼んだものである．(Patricia Churchland 1987, p. 546)

　哲学の歴史は，しばしば重要な「転回」のつながりとして特徴づけられる．例としては，17世紀の合理主義的転回，18世紀のドイツ哲学における観念論的転回，20世紀初頭に分析哲学を生み出した論理学的転回が挙げられる．認識論において，そしておそらくより一般的に哲学において，現在そのような本質的な転回の1つ，すなわち**自然主義的転回**が生じているという明確な兆候がある．この自然主義的な動きについては後で詳しく説明するが，現時点で簡潔に表現するなら，これは，先験的哲学から，現代の科学的実践に影響を受けた哲学的ビジョンへの転換であると言える．この見解のもとでは，知識に関する理論も，自然の他の側面を研究するために使用するのと同じ科学的ツールを使用するべきである．このように特徴づけられる認識論は，**自然化された認識論**と呼ばれる．以下で見るように，そのような自然化は多くの形を取ることができ，これらの（あるいはこれらのどの）自然化された認識論が，知識に関するより伝統的な理論と同様の

125

権利を与えられるべきか，またはその義務を果たしたかについて多くの議論がある．

　自然化された認識論を真剣に検討する前に，「自然化」や「自然主義」などの言葉が，この章（および後続の章）でどのように使われ，そしてより重要なことだが，どのように使われないかについて1つだけ指摘をしたい．これらの用語は，「方法論的一元論」——社会科学は自然科学と同じ科学的方法を採用することができ，かつ，そうするべきであるという説——の同義語として使われることはない．社会科学の哲学には，自然主義という言葉を方法論的一元論と同一と見なす，少なくともコンドルセまで遡る長い伝統がある．方法論的一元論の主張は，人間と非人間の両方を含む自然界はただ1つなので，それを研究する適切な方法も1つしかなく，それは自然科学の方法だ，というものである．第2章では，このような方法論的一元論としての自然主義は，経済学方法論の歴史におけるひとつの主要な（おそらくは最も主要な）テーマであることが示された．しかし，これら2つの用語は明らかに関連している——両者とも知る主体である人間が自然界の一部であると考えている（Kincaid 1996, p. 21）——けれども，本書では「自然主義」という用語を，自然化された認識論という意味で用い，社会科学が自然科学の方法論に従わなければならないという主張については，「方法論的一元論」という言葉を用いることにする．

4.1　認識論を自然化する

　本節では，自然化された認識論について一般的に検討する．議論はかなり綿密になるが，一般的な考え方としての自然化された認識論にのみ焦点が当てられ，特定の自然化の例に限定されることはない．自然化された認識論という考え方と，自然化のために用いられる特定のアプローチ（または後で述べるように，自然化の基盤として選択するもの）は別の問題である．本節では，この一般的特徴だけに焦点を当てるが，本章の他の3節（および後の章のさまざまな部分）では，特定の自然化アプローチに焦点を当てる．

　この一般的議論には2つの小節があてられる．第1に，自然化の一般的概念を考察し，それを知識に関するより伝統的なアプローチと対比する．この議論では，第3章で議論された，「定説」の崩壊や，理論負荷性と過小決定性の問題は

前提知識となる．第2小節では，自然主義的プログラム全体の端緒となった（あるいは少なくともそれを再開した）クワインの「自然化された認識論」（Quine 1969b）を検討する．クワインは理論負荷性と過小決定性に関する第3章の議論の重要人物であったが，彼は本章での自然主義的転回の議論においても重要である（「自然化された認識論」という用語を発明したのは彼なので，おそらく本章においてのほうがより重要であろう）．

4.1.1 知識を自然化する

（少なくともデカルト以来の）哲学と科学の関係についての伝統的ビジョンは，認識論を「第一哲学」とみなすことから出発する．この伝統的な見解によれば，知的概念には階層が存在し，哲学はその一番最初に位置する．哲学，特に認識論は，経験科学の基礎を築く責任を負っており，認識論の仕事は，「知識は何か」という質問に答えることである．この質問に答えるためには，知識の基本的なカテゴリー，つまり知識の「本質」を理解することが必要である．この探求のための適切な道具は，伝統的な議論によれば「哲学的方法」である（つまり，経験科学の方法ではないのである）．この哲学的方法は，合理的・論理的分析の方法，つまり，安楽椅子に座って哲学的省察を行うという先験的方法である．

この伝統的な見解のもとでは，**科学哲学**は単なる応用認識論である．第一哲学の仕事が完了し，「知識」の基本的なカテゴリーが分析されれば，最後のステップは，その第一哲学を科学的方法のルールとして具体化することである．これらの方法論的規則は規範的であり，科学者は何をすれば，認識論が正当化する知識を生み出せるかを示す．**経済学方法論**の伝統的な見方は，第一哲学からさらに一歩離れたものであり，最初の認識論，その次の科学的方法，そして経済学という特定の社会科学に対する科学的方法の適用という階層があるのである．クーン的革命は，科学史の規範的な役割を導入し，知識生産プロセスにおける社会的性質を強調することによって，この伝統的な階層構造に挑戦したが，第一哲学としての認識論という基本ビジョンは今なお，我々の一般的な知的枠組みに深く根を下ろしている．その余りの根深さ故，つい最近になるまで，科学と認識論との関係についての，これ以外の考え方は，哲学的常識とはかけ離れた，全く不当なものであると思われてきた．

しかし，第3章で述べたように，主流派哲学は脅威にさらされている．理論

第4章　自然主義的転回　　127

負荷性や過小決定性のような問題は,「定説」の崩壊につながったばかりでなく,第一哲学のプロジェクトや,それに関連する知識論の階層的区分に対する長らく維持されてきた信念を揺るがすのには十分であると思われる.それでは,この状況,つまり現在の認識論的動揺を前提とするなら,どこに向かえばよいのだろうか.知識に関するどのようなアプローチが,これらの困難を回避することができ,また哲学と科学の境界がどのように設定しなおされるのだろうか.そこで自然主義的転回の出番となる.

　自然主義の説明を容易にするために,2つの異なる議論のレベルを考えてみよう.第1のレベルは,経験的,因果的,科学的な事物に関するものである.第1のレベルに属する質問として,染色体の構造などの比較的洗練された科学的トピックから,水の沸点を予測するような単純なものまで様々なものがある.第2のレベルには,従来,メタな論点とみなされてきたものが含まれる.すなわち,第1のレベルの上位にくる問題である.第2のレベルの問題は,基礎づけ,正当性,正統性,合理化,認識論に関するものである.第1のレベルの問題は科学によって答えられ,第2のレベルの問題は哲学によって答えられる[1].経済学における例を挙げるなら,金利と投資支出に対する中央銀行の特定の政策の影響は,第1のレベルの問題であるが,金融政策に関する第1レベルの問題に答えるために使用されるマクロ経済モデルの方法論的正当化は,第2のレベルの問題であると考える.第1のレベルの問題は経済学者によって回答され,第2のレベルの問題は伝統的に経済学方法論の研究者によって回答されてきた.

　伝統的なアプローチは,第2レベルの問題を最初に検討し,第2レベルの問題の回答を用いて,第1レベルの問題に関連する研究を支援し,指針を与えるというものであった.知識とは何かをまず決定し,この情報を使って科学を支援する.端的に表現するなら,自然主義とは,**これら2種類の問いに対する伝統的なアプローチを逆転させる**ことだと言える.自然主義的アプローチは,最初に**第1レベルの問いに対応し,その答えを用いて,第2レベルの問いに答えるための何らかの指針を与える**.自然主義者は(ア・ポステリオリに)科学から出発して,それを用いて(以前はア・プリオリであった)哲学を支援する.このような自然主義は,哲学的常識と乖離しているかもしれないが,ある種の意外な説得力を持つようにも見える.ひとたび自然主義的な考え方に慣れると,それは,科学の価値が大部分の場合に所与で,科学を基礎づけるはずの哲学が科学よりも混乱している

現代的背景のもとでは，むしろ自然であり，適切かつ戦略的な方向性であるように思える．我々は可能な限り頑丈な地盤の上に立つことを望んでおり，現時点で最良の科学的実践を支えている地盤は，経験主義的認識論を支えるものよりはるかに堅固に感じられる[2]．

　以下では，認識論を自然化するための**様々なアプローチ**を検討するが，これらの事柄に目を向ける前に，自然主義一般に関する懸念を提起することは有益である．各自然化アプローチにはそれぞれ個別の対処法があるが，これらの懸念は自然主義一般に当てはまるものであり，特定の自然主義的枠組みに特有のものではない．そのような4つの問題について議論する．

　最初のものは，自然化された認識論における**改革的アプローチ**と**革命的アプローチ**の区別である[3]．自然主義の改革的アプローチは認識論を改革するために科学を採用する．つまり，認識論の伝統的問題は依然として変わらず，科学は単に新しい答え・解決策を提供するに過ぎない[4]．革命的な自然化された認識論は，完全に主題を変えようとする．この革命的なビジョンによれば，以前の問題は間違っており，全く異なる質問によって置き換えられるべきである[5]．本章で論じられる著者の大多数は改革的立場を取る．つまり，従来の問いは基本的には正当であり，回答を改革する必要があると考える．対照的に，後の章（特に5章と6章）で議論される著者の一部は，より革命的な立場を取る．また，特定の個人や学派が，革命的であるというより改革的である，あるいはその逆であるということは比較的簡単だが，この問題が白黒はっきりしていることは稀である．この特定の論点に関して敢えて曖昧な立ち位置を維持するように励んでいるように見える著者もいる．

　第2の問題（4つの問題はすべて相互に関連している）は，**何に「基いて」自然化を行うか**というものである．自然主義は，先験的な哲学的理論形成を拒否し，それを自然主義的な枠組みに置き換えるが，ここでいう「自然主義」というのは何を意味するのか．自然主義者は，この問題に関して基本的に2つの陣営に分類されるように思われる．**一般的科学陣営**は，広い意味の経験科学，すなわち広く受け入れられている経験的信念に基いて自然化を行う．一般的自然主義者は，認識論的信念を含め，すべての信念を経験の裁きにかける[6]．要するに，この立場は，伝統的な認識論的正当化を伴わない経験主義である．この見解によれば，認識論は一般的に受け入れられている経験的信念（最良の科学理論を含む）からの

貢献を必要とするが，特定の科学理論に基づいたり，それに制限されたりするものではない．第2のアプローチ，**特定科学に基づく**自然主義は，認識論的な問題を特定の科学理論に還元する[7]．「自然化の基礎」という言葉を用いるならば，一般的な自然主義は，受け入れられた科学的信念のすべてを「基礎」とみなしているのに対し，特定の自然主義は現代科学のある特定の分野を（少なくとも主要な）「基礎」とみなす．最近の自然主義的転回の主な焦点であり，また経済学方法論に最も関連しているように思われるので，本書で特定科学の自然主義に専ら焦点を当てる．そのような自然主義にとっての主たる問いは，「どの科学を基礎として自然化しようとするのか」である．本章で検討される特定の自然主義の事例は，認識論を認知心理学（第2節）と進化生物学（第3節）によって基礎づけるか，あるいはそれらへ還元してしまう．もし知識が，信頼できる信念の獲得に関するものであるとするなら，認識論は，人間が実際に信念をどのように獲得するかに関する心理学理論を基礎とするべきである．対照的に，もし科学の本質が自然の制約に対する適応であるとするなら，進化論的適応という生物学的観点を出発点とすべきである．場合によっては，特定の著者や学派がどちらのバージョンの自然主義を支持しているかは不明だが，ほとんどの場合明確に後者を採用している（この区別は少なくとも改革と革命の対立の問題よりも曖昧ではない）．

　第3の（やはり相互に関連している）問題は，おそらくここで検討する4つの問題のうち最も意見の不一致をもたらすものである．これは**規範**と**記述**の問題である．科学は自然を記述する（そしておそらく予測したり，説明したりする）ので，自然主義的分析が科学知識を記述することができると主張するのはもっともであると思われるが，これは，伝統的な認識的プロジェクト，すなわち正当な，もしくは信頼性の高い知識を得るために「しなければならない」ことについて科学に助言するという規範的なプロジェクトとは別物に見える．伝統的な認識論は規範的であったが，自然化された認識論はこの場合，せいぜい記述的なものに過ぎないとされる．第2章で「ヒュームのギロチン」と呼ばれた，「である」と「べき」の峻別，「「である」から「べき」を演繹することはできない」という命題は，経済学方法論の歴史においてきわめて重要な役割を果たしてきた．この自然主義に関する論点，あるいは自然主義の問題点とも指摘されるであろう点は，単にヒュームのギロチンを自然化された認識論に応用したものに他ならない[8]．知識生産に関する科学的分析は，知識の生産を記述し，あるいは予測し説明すること

ができるかもしれないが，知識がどのように作り出されるべきかを教えてくれるわけではない．「である」は，倫理的な「べき」を含意することがないように，認識的な「べき」も含意することもない．これは自然化された認識論において非常に重要な，おそらく最も重要な問題であり，この問題に対するいくつかの回答をこれに続く節で検討するので，ここでは問題を詳しく説明しない．ここでは，最初の論点（革命と改革）とこの第3の論点（規範と記述）との関係についてだけ少し述べておく．自然主義が規範的含意を欠いているかもしれないという点は，改革派にとって最も問題である．というのも，改革派によれば自然主義的プログラムは，規範的認識論の伝統的問題の解決の手助けをすることになっており，もし自然主義的プログラムが記述することしかできないとしたら，その規範的な仕事を完成させることができなくなってしまうからである．一方革命主義者にとっては，伝統的な規範的プロジェクトは他の何か，おそらく単なる記述，に取って代わられなければならないので，これは大した問題ではない．

　この時点で紹介する第四の，そして最後の問題は**循環性**である．まず自然主義的アプローチに従うとして，問題を明確にするために，改革主義的な（問題1），特定科学による（問題2），規範的な（問題3）自然主義的見解を支持すると仮定しよう．そこで，正当化されていない信念と正当化された信念を区別するという従来の認識論的問題を理解するのを助けるために，特定の科学理論（例えば，理論A）を用いるとする．その結果得られた理論は科学をどのように実践すべきかについての規範的な情報を提供する．ここまでは問題ないが，この規範的科学哲学（科学理論Aの洞察から得られたもの）を理論Aに適用してみよう．このような応用は確かに（潜在的に悪い）循環性を伴うように思われる．認識論的正当化の基準が，ある共同体の理論的実践に基づいていた場合，その基準が，どうやって同じ共同体の実践を正当化することができるのだろうか．私たちが評価しようとしている科学が科学的知識全体であるならば，同じ循環性の問題は，より一般的なアプローチにも当てはまる[9]．この問題には他の3つと同様に，自然主義論者によって様々な答え，もしくは迂回手段が示されてきたし，以下の議論でも多くの場面で再登場する．この4つの問題についての非常に簡単な紹介を終えたところで，クワインの自然化された認識の特定のバージョンに目を向けよう．

第4章　自然主義的転回　　131

4.1.2　クワインの自然主義

　西洋思想における自然主義的思想の歴史は長いが，現代の自然主義への貢献の萌芽は明らかにクワインの「自然化された認識論」(Quine 1969b) である．第 3 章で議論された論文「2 つのドグマ」と同様に，この論文は，ある世代の哲学者全てに（時間のずれはあるものの）深刻な影響を与えた．ロナルド・ギャリー (Ronald Giere, 1938–) はインタビューでその影響について語っている．

　　「今思えば，クワインの批判は 1950 年代初めに始まった．私はクワイン (Quine 1951) を学部生のときに読んだのを覚えている．それは当時，私がのちに気づいたほどには強力な批判とは思えなかった．そしてその後，彼の『自然化された認識論』(Quine 1969b) が出版された．当時の私には自然化された認識論のプログラムは明らかに循環的に見えたので，真剣に受け止めることができなかった．1970 年代後半になって，科学哲学における従来の認識論的プロジェクトが根本的に見当違いだということを独自に信じるようになってはじめて，私はクワインが言っていたことを正しく理解し始めた．」
　　(Giere in Callebaut 1993, p. 64)

　クワインの原論文はやや散漫な文章であるが，それでも 3 つの特徴を識別することが可能である．第 1 の側面は純粋に批判的なものである．クワインは，自分自身や他人による実証主義批判（理論負荷性，過小決定性，翻訳の不確定性など）に基づいて，伝統的な認識論は破綻しており，全く新しいものに置き換えられなければならないと主張した．この論文の第 2 の側面は，伝統的な知識に関する理論を，自然化された認識論によって置き換えようという積極的な提案である．この第 2 の部分は，明らかにこの論文の最も顕著な（そして最も永続的な）特色である．最後にクワインは，認識論を自然化する基礎となるべき特定の科学について具体的な提案をしている．ほとんどすべての解説者がクワインの批判的論点に同意するし，自然化という一般的概念を受け入れる評者も多いが，クワイン自身の自然化の基礎は多くの選択肢のうちのただ 1 つにすぎない（そして現在，その中で最も人気があるわけでもない）．

　クワインと他者による実証主義批判は前章の話題であったので，クワインの議論の重要な部分をここで再び論じる必要はない．ひとまず「定説」の批判とクワインによるその批判の過激な解釈（全く異なる認識論的ビジョンが必要だという点）を受け入れることにしよう．対照的に，彼の主張の第 2 の部分――自然化された

認識論——は詳しく見る価値がある.

クワインは, 我々が望むのは単に「観察と科学との間のつながりを理解する」ことであり, そのために「そもそもの考察対象である科学が提供する情報を除外せず, あらゆる情報を使うのが賢明だろう」(Quine 1969b, p. 76) と論じる. クワインにとって, これは循環性の問題を想起させない. というのも, 彼にとっての問いは, 「理解」であり, 認識論的な正当化ではないからである. クワインは, 伝統的なアプローチの破綻によって, 第一哲学と伝統的な認識的プロジェクトに対する執着を放棄しなければならないことが明確となったと考えた. 論じるべきなのは, 科学と観察との関係を理解することのみである. クワインは, カール・ヘンペルの記念論文集で次のように表現している.

> 「私は哲学を, 科学に対する先験的な予備的考察や基礎づけとしてではなく, 科学と連続したものとして捉えている. 私がしょっちゅうそうするように, ノイラートの表現に戻るなら, 哲学は科学と同じ船に乗っていると私は考えており, その船は海に浮かんでいる間に海の上でのみ建て直すことができると考えている. 外部の視点や, 第一哲学などというものは存在しない. したがって, すべての科学的知見, 今のところもっともらしいすべての科学的推測は, 私の見解では, 他の場所においてと同様に哲学でも自由に用いられるべきものだ. 」(Quine 1969c, pp. 126-7)

伝統的に, 認識論は科学を支えていた. 科学は, 認識論によって正当化されたため特権的であり特別でありえた. クワインはこの関係を逆転させた. 科学は私たちの信念の網の中で最も安定した構成要素であり, そのため, それは, 網の他の構成要素(認識論も含まれる)を理解し, 安定させるのに役立つ. クワインがより最近述べたように, 我々の科学知識は「知識に関する知識を追い越した」(Quine 1995, p. 2). 言い換えれば, 知識に関する理論は科学よりも, ノイラートの船のよりもろい部分となってしまったのである.

ほとんどの哲学者の解釈では, クワインは, 第一哲学をあきらめるべきであり, 規範的認識論をすべて破棄し, 純粋に**記述的**な探求に転換するために科学を活用することを主張したとみなされている. 問題はもはや認識論的正当化ではない——探求の道具は科学であり, 科学は世界を記述する——ので, 自然化された認識論は, 規範的議論に対する執着を捨て, 知識生産プロセスの記述に専念すべきである. 前小節で論じた自然主義の論点に即して言えば, クワインは記述的(規

第4章 自然主義的転回 133

範的ではない）で，革命的な（改革主義ではない）自然主義を提唱している．

> 「クワインの提案（中略）は正当化中心の認識論の枠組みをすべて捨て去ることを私たちに求めている．それがクワインの提案の新しい点である．そのかわりに，クワインは私たちに，人間の認知に関する純粋に記述的で因果的・法則的な科学を実践することを求めている．（中略）認識論は，正当化に関わるべきではない．（中略）クワインは，認知に関する規範的理論を記述的科学に置き換えるよう促している．」（Kim 1988, pp. 388-9）

上の引用の「認知に関する〔規範的〕理論」という言及に関連しているのが，クワインのプログラムの第3の側面，つまり，彼が自然化の基礎として提案する特定の科学の議論である．クワインの自然化の基礎は心理学，特に行動主義的心理学である [10]．「認識論，あるいは何かそれに類似するものは，単に**心理学の一部**，それゆえ自然科学の一部として位置づけられる．」（Quine 1969b, p. 82, 強調引用者）．したがって，伝統的な認識論を自然化されたものに置き換えるという彼の一般的な提案は，知識に関する理論を自然化する過程においてどのような科学が用いられるべきかに関する非常に具体的な提案に基づいているか，あるいは，少なくともそれによって補強されている．我々は，科学者の理論とそのデータ——刺激（データという入力）と反応（理論という出力）——とのあいだの関係を理解したいと思っているが，それは心理学の問題なのである [11]．この「従来の認識論と，心理学的基礎にもとづく新しい認識論的研究との顕著な相違点は，後者では経験的心理学を自由に利用できることにある」（Quine 1969b, p. 83）．したがって，クワインの自然化された認識論は革命的で記述的であるだけでなく，特定の科学にも依拠している．

クワインの論文は，膨大な批判的二次文献を生み出したが，ここではそれを要約したり言及したりしない．本書における究極の関心は経済学なのであり，現時点でクワインの自然化された認識論と経済学の関係はほとんどの読者にはわからないかもしれないが，ここでは単にそのような関係（実のところ多くの関係）があると断言して，論を進めるにつれてそれらが明らかになると約束しておこう．本書では派生的な文献のサーベイをしようとはしないが，次節で第二世代の自然化に関する文献を扱う前に議論するべき論点がいくつかある．以下で足早にクワインの自然主義に関する5つの論争点あるいは重要な点を指摘する．

最初の点はクワインの立場の最も一般的な批判であり，それは，**記述が本当に**

十分であるかどうかという問題である．事実，ほとんどの哲学者には，認識論を放棄し，記述的な研究に転換することを受け入れる意思がないことは明らかである．そうすることは，哲学者が店じまいし，自らの仕事（として残されたもの）を科学者達に引き渡すという，一種の職業的集団自殺につながるだろう．ほとんどの哲学者は，新しいアプローチを採用する時だ——そして，おそらくそれは自然主義的アプローチであっても良い——と認めているが，圧倒的多数の哲学者は，自然主義的な立場の者ですら，科学を知識の理論における従来的な問題解決に利用するという，より改革主義的なアプローチを支持している．ほとんどの人は，結果として認識論は従来的見解ほど執拗に規範的にはならないと認識しているが，それにもかかわらず，多少の規範的含意を維持したいと考えている．実際にこれをどのように達成するかという疑問に対しては多くの異なる答えがあるが，その目標自体が重要だという点は（少なくとも哲学者の間では[12]）多数派意見のままである．ラリー・ラウダンはこの多数派意見を以下のように表現している．

> 「『である』と『べき』は，この見解によれば，大きな認識論的境界によって分断されている．自然主義者の中にはこの時点で諦めるものもいる．たとえばクワインは，適切に自然化された認識論において，規範的考察の余地はほとんど存在しないことを受け入れているようである．おそらくクワインは，認識論を『記述的心理学』に移譲するのは，やむを得ないことを大胆に受け入れることだ（biting the naturalistic bullet：自然主義という弾丸を噛んで痛みに耐えさせる）と考えているかもしれない．だが私に言わせれば，認識論の規範的で批判的な機能を放棄することは——もしそれがクワインの見解の含意するところであるなら——その弾丸を使って自分の足を撃つこと（墓穴を掘ること）により似ている．」（Laudan 1990, pp. 45-6）

　第2の問題は，クワインが本当に規範的議論を諦めたかどうか，つまり本当に単なる記述が「クワインの見解の含意するところである」かという，文献読解に関する問題である．確かにクワインは第一哲学を諦め，伝統的な認識論のビジョンを何か別のもので代用しようとしたし，彼は規範を記述で代用したいと考えていた証拠は確かにあるが，これは彼の立場（あるいは，もともとの「自然化された認識論」論文における立場）を解釈する唯一の方法ではないかもしれない．クワインは第一哲学と伝統的認識論を明示的に拒絶しているが，認識論に似た考察を放

棄したいのかどうかについては曖昧さが残ると指摘することはできる．彼が何を
取り除きたいのかは明らかだ．彼がその代わりに何を据えるのかははっきりして
いない．クワインは頻繁に認識論「のようなもの」（Quine 1969b, p. 82），「新しい
環境における」「認識論的考察」（Quine 1969b, p. 83）について語っているし，新
しいプログラムを自然化された「認識論」と呼んで，全く異なる命名（自然化さ
れた gavagai など）はしなかった．〔gavagai はクワインが翻訳の不確定性について論
じる際に用いた外国語の単語の例．Quine, W. V. O. *Ontological Relativity and Other
Essays*. New York: Columbia University Press, 1969.〕クワインを厳密に革命的で記述
的と解釈することは依然として標準的だが，上記の曖昧さのために，クワインは
少なくとも科学（第1レベルの問題）を何らかの第2レベルの（規範的な）問題
解決に役立てるというより改革主義的なプロジェクトの余地を残したと示唆する
著者もいる 13)．結果として，改革派と革命派の両方が，彼らのアプローチの創
始者としてクワインに敬意を表することになった．

　第3の問題は，二次文献で繰り返し提起されたものであり，おそらくここで検
討する5つの問題の中で最も当然の問いである．クワインの自然主義的プログ
ラムを一般的に受け入れるとしても，なぜ彼の特定の自然化の基礎，行動心理学
へのコミットメントを受け入れなければならないのか．**なぜ他の科学に基いて自
然化しないのか**．この章の残りの部分で説明する2つの可能性は，認知心理学と
進化生物学であるが，以下で見るように，自然化の基礎には他にも多くの選択肢
がある（経済学という興味深い可能性すらある）14)．伝統的な認識論の崩壊と自然
主義的な（改革派にしろ革命派にしろ）代替案の必要性についてのクワインの主
張をはっきりと受け入れつつ，自然化の基礎の選択に同意しないということは明
らかに可能である．これはもちろん，クワインを知的高祖と主張しつつも，全く
異なった議論を展開するような自然主義の可能性を開くことになる．また，実際
には，自然主義全般ではなく自然化の基礎として用いられている特定の科学ある
いは科学の一分野のほうを批判しているにもかかわらず，「自然主義」を批判す
るという，紛らわしい認識論研究の余地も生じている．

　第4に，クワインは哲学，自然科学，社会科学の3分野の**伝統的な階層構造
を逆転させる**ように見える．クワインの言葉では，

　　　「従来の認識論は，ある意味では，自然科学を包含することを切望した．そ
　　　れは何らかの形で知覚データから構築されたものとなるだろう．逆に，新し

い環境における認識論は，心理学の一部として自然科学に包含される.」
(Quine 1969b, p. 83)

しかし従来の視点では，認識論の中に自然科学が包含され，さらに，自然科学の中に心理学などの人間科学が包含されていた. 伝統的な階層構造では，まず哲学があり，その次に自然科学，そして最後に人間科学があったが，クワインにとっては，人間科学（心理学），自然科学，哲学という階層序列であった. 実際には，3つすべて（哲学，自然科学，および心理学）が私たちの信念の網のなかで緊密に絡み合っているため，クワインにとって事態はそれほど明確ではない. むしろ大事なのは，（新しい）硬直的階層を承認することではなく，単に古い階層が根本的に乱されたということだ. 物理学や，ましてや認識論よりも，人間科学のほうが強固な地盤（網の中で最も固定された領域）であるという可能性と，他の（特に人間）諸科学に基いて自然化をすべきという前出の議論を組み合わせれば，伝統的な科学哲学アプローチや，これまでの経済学方法論の大部分とは根本的に異なる多様な可能性が開かれるであろう.

最後の論点は，クワインに関するこれまでの議論と，前章の「定説」に関する議論との関連性である. 第3章の終わりに，クーンやノイラートがどのように自然主義的転回を予期したかについて簡潔に述べた. 本章でのクワインに関する議論は，この論点を明確に示している. クワインがノイラートの船に繰り返し言及するのは偶然ではない. また，過小決定性の提唱者が「自然化された認識論」の著者でもあるということも偶然ではない. 「定説」が一撃で倒されたわけでもなく，自然主義的転回が一人の学者の直接の影響力ですぐに広まったわけでもないが，同じ関心，同じ影響力，同じ個人が両方の出来事において作用していたのである.

4.2 心理学と，知識に対する認知的アプローチ

本節では自然化された認識論における心理学的アプローチに関する文献を検討する. この文献はしばしば，そして正確に，クワイン流自然主義の「第二世代版」であると考えられている. これらの心理学的アプローチはクワインの基本的な自然主義的枠組みを採用するが，知識獲得プロセスの分析においては，ポスト行動主義的な進展によりもたらされた，より最近の心理学説を採用している. 最

初の小節では，自然化プロジェクトにおいて現代の認知心理学を採用しているアルヴィン・ゴールドマン他の研究を検討する．2番目の小節は短く，ハーバート・サイモンが自然化された認識論の文献に及ぼした影響を検討する．このサイモンに関する議論は，明らかに経済学との関連によって動機づけられている．

　ゴールドマンその他の特定の研究プログラムに目を向ける前に，心理学におけるいわゆる認知革命が，どのように自然化された認識論の議論に影響したのか，そしてなぜそのような影響を及ぼしたのかを理解することが重要である．この目的のために，以下の3つの問題を考えてみよう [15]．

1. 我々はどのようにして信念に到達すべきなのか．
2. 我々はどのようにして信念に到達するのか．
3. 実際に我々が信念に到達する過程は，望ましいものなのか．

　従来の見解は，問題1と問題2を厳密に区別していた．問題1は哲学によって（のみ）回答を与えられ，問題2は心理学によって（のみ）回答を与えられるべきとされた．クワインの自然主義は，第1の問題は第2の問題と独立には答えることができないと主張した．認識論は「単に心理学の一章として位置づけられる」（Quine 1969b, p. 82）．クワインを革命的および記述的に解釈すれば，彼は問題1を問題2で置き換えたいと思っていたと考えられる．しかしより改革志向の自然主義者は，単に2つの問題が根本的に切り離せないと主張するかもしれない．後に見るように，一般的には改革派が多い第二世代の自然主義者は，自然主義的転回を主に第3の問題に対する答えを求めることと考えている．

　厳格な行動主義者は，これらの問題のいずれについてもほとんどまたは何も論じるべきことがない点に注意しよう．というのも，結局のところ行動主義者は，人間の心を，特定の刺激に対して一定の反応を生み出すブラックボックスと見做し，有意義に「信念」と呼ばれるようなものを含んでいるとは考えないからである．厳格な行動主義者にとっては，信念や欲求といった純粋に心的な現象は，科学以前の世界観の残滓であるオカルト的概念であり，科学的心理学の体系的進歩によって除去されるべきものである [16]．したがって，行動主義の全盛期に問題1と問題2を関連付けることは非常に困難であった．支配的な教義は，（間違っているものも正しいものも含めて）信念の存在を事実上否定した．その勃興と無関連

ではないが，自然化された認識論にとって幸いなことに，厳格な行動主義の支配は永続しなかった．

1950年代後半から1960年代初頭にかけて，「科学的心理学において静かな革命が起こった」（Baars 1986, p. 141）．認知科学の発達とそれに続く認知革命である．「認知科学」という言葉は，実際には人工知能（AI）や認知神経科学，認知心理学などのさまざまな分野を網羅しているが，この革命の心理学への影響は特に重大であった．認知革命は，信念，意味，欲求，意図などの概念を心理学的言説に再導入した（あるいは少なくとも心理学者がこれらについてまっとうなことを語るのを可能にした）．

革命後の認知心理学は，依然として意識的に科学的であったが（それはフロイトや他の合理主義的アプローチへの復帰ではなかった），それによって認知科学者は，観察された行動を様々なタイプの「観察不能な説明概念」（Baars 1986, p. 144）に関連付けられるようになった．人間の行動を予測し，説明することが目標とされ，仮説の経験的検証可能性（または反証可能性）があるのであれば，予測および説明からなる科学的プロジェクトを進めるために，様々なタイプの心的現象または心的活動を仮定することを禁じる理由は特になかった．認知革命によって，観察できないものに対する禁忌が取り除かれ，心理学的理論形成の自由度が格段に高まったことで，心理学は理論的に解放されたのである[17]．

認知革命に貢献した要因は数多くあったが，最も重要だったのは間違いなくデジタルコンピュータの開発と，それに関連する人間の心を一種の情報処理装置と考える習慣だった．他の要因には，数多くの影響力のある実験の進展や，（少なくとも哲学者の間では）チョムスキーがスキナーの言語行動に関する研究に対して行った影響力のある批判（Chomsky 1959）が含まれていた．これらの変化とその後の認知革命は，人間が実際に習得する信念と，知識の獲得を促進する信念との関係についての研究へ道を開いた．

「しかしおそらく，認識論的自然主義の復活にとって，これらの哲学内部の進展のどれも，心理学の中で同時に進展していた変化ほど重要ではなかった．1940年代と1950年代に支配的な（行動主義的）心理学のもとでは，心理学的メカニズムを用いて認識論的な話をするのは，フレーゲの福音に反しているだけでなく，風変わりなものであったであろう．ノーム・チョムスキーが後に生得的な知識に関する考えを発展させた後になって，認知心理学は認識論

的問題を論じるための用語を提供し始めたのである.」(Kitcher 1992, p. 61)

4.2.1　認知科学と認識論

　知識は伝統的に「正当化された真なる信念」と定義されてきた. この定義には長い論争的な歴史があるが, エドモンド・ゲティア (Gettier 1963) が提示した2つの例は, この伝統に対する批判者 (特に自然主義者) にとっての拠りどころとなった. この所謂「ゲティアの例」——彼の特定の例は, 似たような (潜在的に無限の) 多くの反例のプロトタイプなので, 厳密に言うなら「ゲティア型」の例——は基本的になり損ねの知識の例である. つまり, これらは (明らかに) 正当化された真なる信念であるが (同時に明らかに) 知識ではない例である [18]. ゲティアの例は, 正当化された真なる信念は知識の十分条件ではないことを明らかにし, それにより, 伝統的な定義とアプローチに対する広範な批判の端緒となった.

　伝統的な知識観の検討に取り掛かるのに最も自明な場所は, 正当化の概念である.「正当化された真なる信念」の中で「正当化された」とはどういう意味である (べき) か. 哲学の歴史は, この問いに答えるための2つの主要なアプローチ, すなわち基礎付け主義と一貫性主義を提供している. 上に説明したように, 基礎付け主義とは, 知識は建造物のようなものであり, より基礎的な信念から体系的に構築されているという考え方である. この見解によれば, 正当化のためには, 独立して安全であり, さらなる正当化の必要がない「知識の基礎」とみなしうる信念が存在しなければならない. 我々は, 経験主義的な基礎付け主義——経験的データが知識の根強い基盤であるという主張——が主流派科学哲学の認識論的なバックボーンを形成していたことを見てきた. 先に検討した基礎付け主義は経験主義であったが, 基礎付け主義のとりうる形態はこれだけではないことは確かである. 合理主義や啓示に基づく宗教的なアプローチを含む多くの他の解釈がある. 他方の一貫性理論とは, ある信念はすでに合意されている他の信念と「辻褄が合えば」, つまり整合的であれば正当化されるという考えである. 一貫性理論が強調するのは, システムの一貫性と, システムのさまざまな構成要素が知識のタペストリーの中で互いにサポートし合う方法である. 基礎付け主義と同様, 一貫性理論には多くの異なるバージョンがある.

　これらの伝統的な知識理論は, 特定の信念を正当化する根拠を他の信念に求め

るため，「内在主義」と呼ばれている．基礎付け主義の場合，信念は他の（根本的な）信念から構築されているならば正当化され，一貫性理論の場合，信念は他の信念によって相互に支持されるならば正当化される．自然化された認識論における研究の多くは，（ゲティアの例を含む）伝統的な見方の問題点を解決するために，（どちらかの解釈の）内在主義的アプローチを諦め，知識の**外在主義**的視点を採用している．外在主義の中心的概念は，主体が認知アクセスを持たない，つまり個人に「外在的」なもの（特にその他の信念ではないもの）によって正当化される可能性があるということである．このアプローチは，知識の伝統的な内在主義的見解からの根本的な転換を意味し，おそらくそのようなアプローチの実際の例を見ることによって最もよく理解されよう．これらの例の中で最も影響力のあるものはアルヴィン・ゴールドマン（Alvin Goldman, 1938-）の研究である．

　ゴールドマンの自然化された認識論の研究は，2つの（相互に関連した）部分に分けることができる．最初の研究では一方の部分がより支配的であり，他方の部分は近年になって強調されるようになった部分である．彼の初期の，かつ最も影響力のある研究——『認識論と認知』（Goldman 1986）に集約されている——は，認知科学を認識論の問題に直接適用している．この著作の基本的な考え方は個人主義であり，個々の科学者が安定した信念を形成するプロセスに関するものである[19]．信念形成プロセスの信頼性に重点が置かれているため，ゴールドマンのアプローチは**信頼性主義**（reliabilism）と呼ばれている．ゴールドマンの研究の第2の側面は最近になって現れたもので，科学知識の社会的側面に焦点を当てている．ゴールドマンはこの後期の研究を「社会認識論」とみなしており，それは（認知科学に基づく）自然化された認識論と，科学が根本的に社会的な営みであるという（クーンらによる）着想を統合したものである．ゴールドマンの認識論的プロジェクトの全体（そしてそれに対する多くの反応）について議論することは不可能なので，ここでは信頼性主義の基本的アプローチを説明し，その後経済に直接関係する，より後の社会的議論の2つを論じるにとどめる[20]．

　ゴールドマンの研究は，科学哲学において「認知的転回」（Thagard 1993, p. 50）と呼ばれてきたものの一例であり，認知革命の結果を認識論の分野に応用するものである．ゴールドマンは，このアプローチを「**科学の認知科学**」（Goldman 1993, p. 33）と呼んでいる．その一般的な枠組みは自然主義であり，認知科学によって自然化することは自然化の1つの方法である．そしてゴールドマン自身の

プログラムは，認知的アプローチの一例である [21]．すべての認知的アプローチの支柱は，人間を情報処理システムとみなす点である．この情報処理には，外的世界の様々な特徴を心的に表象することが含まれる．既存の信念と表象の文脈のもとで情報処理することによって，新たな信念が獲得される．したがって，獲得された信念がいつ，どのようにして認知的価値を有するようになるのかという問題が重要となる．注意しなければいけないのは，認知的価値を備えた特定の信念が正当化されるかどうかは，（基礎付け主義や一貫性理論のような内在主義的アプローチにおけるように）それらの信念が他の信念とどのように関係しているのかではなく，それらを生み出した情報処理のタイプに依存している，という点である．その基準は特定の科学理論にではなく，それを生み出した「認知者の活動」（Goldman 1986, p. 125）に適用される．この種の自然主義は，クワインの見解の標準的解釈とは異なり，**規範的**であることに注意しよう．この種の自然主義の関心は，信念形成が実際どのように行われるのかだけではなく，どのように行われる**べき**かである．この立場は規範的であるが，それが依って立つ外在主義と自然主義は規範的認識論に対する標準的アプローチとは十分に異なるので，ゴールドマンはこの分野を（自然化された）認識論ではなく，「認識学（epistemics）」と呼んでいる．

　ゴールドマンが考える主な認知的価値は**信頼性**である．最も簡単な言葉で言えば，信頼性とは，偽なる信念に対して真なる信念の比率を高くする能力である．信頼性主義の基準を満たすための単一の基準があるわけではない．非常に高い真理比が望ましいが，0.5 より高ければおそらく十分である（Goldman 1986, p. 105）．ゴールドマンにとって，信頼できる方法で生産された信念は正当化された信念であり，知識とは，信頼できる形で生み出された（したがって正当化された）真なる信念である．信念を生み出す過程は，それによって生み出される真の信念の比率が高い場合には信頼できるものであり，信頼できる信念の形成過程は正当なものである．信頼性は唯一の認知的価値ではなく——他に「パワー」（問題解決能力）や「スピード」（信念がどのくらい速く処理されるか）などがある——これらの価値は必ずしも同じ方向に働くとは限らない（パワーとスピードが同じ方向に必ずしも働かないというのは他の人間の活動，例えばゴルフショットにおける場合と同様である）．そのためこれらの価値の 1 つまたはいくつかと，他のものとの折り合いをつける必要がある場合が多い．これは，信頼性を追加的に引き上げる際の費用と

利益の問題につながり，潜在的に経済学を応用する余地を生じさせる．

　ゴールドマンの知識観は，「一種の」科学的実在論である（Goldman 1986, p. 17）．彼は，ある発言は我々の知識や理論形成とは独立に真または偽であると確かに信じている（彼は真理主義的な実在論者である[22]）が，真理により対応しているという意味で真理に近づくという考え方には懐疑的である．彼は言語がそれを正確に反映できるように世界が構造化されているという標準的な見解を指して「対応1」という言葉を使用している．すなわち，これは「真理は，概念化される前の世界を正確に反映した言語や思考で構成されている」（Goldman 1986, p. 152）という考え方である．彼は「フィットする」という意味での対応である「対応2」の方を好む（Goldman 1986, p. 152）．このより弱い形式の対応によれば，ある発言は，世界の在り様によって真であったり偽であったりするが，言語が世界を直接正確に反映することを必要としない．ゴールドマンは，しばしば洋服のアナロジーを使って，この第2のより弱い対応と真実の概念を説明する．つまり体に合う服もあれば合わない服もあり，ある服が体に合うかどうかは，世界（その人）の在り様に依存するが，服が対応1の意味でその人を鏡写しにしているとは言わない．この対応と真理の概念は根本的に実在論的だが，社会的構成の側面も排除していない．この立場は，クーンらが提唱した科学の社会性と実在論の中間を行こうとするものだ．ギャリーはクーンと認知的アプローチの関係について次のように論じている．

　　「クーンの理論は公式には，段階理論である．しかし実際には，彼が探し求めているのは認知理論である．彼がゲシュタルト心理学を選んだのはそれが1950年代後半に最良の理論だったからである．彼が行動主義を選ばなかったのは，そのいい加減さを考えると賢明であった．だからそういう意味で彼は認知理論を追求していた．クーンの理論にはあらゆる種類の認知的なものが含まれている．しかし彼は認知科学が発明される前に『科学革命の構造』を書いた．」（Giere in Callebaut 1993, p. 352）

　ゴールドマンは，著書『認識論と認知』において知識の社会的次元をはっきりと認識しているが，この研究の主要な焦点は個人にあった．社会的認識論が中心的な問題として浮上したのは最近の研究においてである．「社会的」問題解決が初期の研究（Goldman 1986, pp. 136-8）で言及された場合，個々の科学者の内的状態ではなく科学の「生産物」に焦点が当てられ，これらの生産物が単に認知科学

の諸類型に分類されるのみであった．「社会的な場における生産物の評価さえ，人間心理を参照することでより明確にすることができる」（Goldman 1986, p. 138）．後期の著作では，より明確に社会性に焦点が当てられた．「主要な個人の認識学」と共に，彼は別の話題として「社会的認識学」（Goldman 1987）も扱っている．焦点は依然として信念，あるいはゴールドマン流に言えば信念状態に当てられているが，社会的認識学における関心は，「コミュニティ，グループ，または文化」（Goldman 1987, p. 110）の信念状態にある．

　ゴールドマンの社会的認識学に対する基本的なアプローチは，個人的認識学に対するアプローチと変わらない．両方とも自然主義的であるだけでなく，規範的で改革主義的（おそらく過激な改革主義）でもある．彼は，信頼性などの，前述のものと同じ種類の真理性基準は，社会集団にも同様に適用できると主張している．

　　「確かに真実に関連した数多くの異なる基準があり，それを使って人々の実践としての社会制度を評価することができる．(1) 信頼性，(2) パワー，(3) 多産性，(4) スピード，そして (5) 効率の5つの基準を区別することが有益である．」（Goldman 1987, p. 128）

　これらの様々な基準は互いに比較衡量されなければならず，1つ（または1つのサブセット）の基準における増加という便益と，別の（または別のサブセットの）基準における減少という費用と比較する必要があるので，ゴールドマンは彼の社会認識論が経済分析を必要とするかもしれないことを認めている．「情報の経済学は確かに情報理論における重要な論点であり，社会的認識学の議題から除外すべきではない」（Goldman 1987, p. 129）．これは，科学知識の哲学的検討において，経済学が採用されている（または少なくとも採用されるべきであると提唱している）事例のうちのほんの1つであり，本章では以下でこのような事例を多数議論する．ゴールドマンの社会的認識学のアプローチは，（第8章で議論される）フィリップ・キッチャーのアプローチの前兆と見ることができる．

　ゴールドマンの社会認識学は，上記の複数の真理性基準の間の代替関係の分析に経済学を用いることができると示唆しているが，これ以外にも，最近の研究において経済学を取り上げている．ゴールドマンは，応用倫理と社会福祉にも関心がある．

　　「現代の道徳理論のほとんど，特に功利主義的伝統にあるものは，幸福，効用，厚生，福祉という概念に重要な位置づけを与えている．道徳的に良い行

動や社会政策というのは，一般的厚生を促進したり，厚生の適切な分配を促したりするものと広く考えられている．しかし，幸福，厚生，福祉の正確な性質は詳細に検討する必要があり，これについて認知心理学が興味深い貢献をしつつある．」(Goldman 1993, p. 134)

ゴールドマンがこの話題に興味があるのは，認知科学を哲学のまた別の領域（倫理）に適用できるからでもあるが，これが唯一の動機ではない．認知科学と効用についてのこの研究は，自然化された認識論にも関連している．どのような関連があるかを見るために，ゴールドマン (Goldman 1995) による効用の個人間比較の分析を検討する．この論文では，彼は個人間効用 (Interpersonal Utility, IU) に対する標準的な批判を提示しているが，多くの経済学者と同様に，個人間の効用比較をせず政策を導くために考案されたパレート最適性のような基準は，有意義な社会的分析の基礎付けとしてはあまりに弱すぎると論じている．彼の目標は，個人間の効用比較を正当化する方法を見つけることにある．彼はハーサニ (Harsanyi 1955) を引用するが，ハーサニの常識的な正当化では満足できなかった．ゴールドマンにとって，これは次のような認識論的な問題である．他人の心的状態にアクセスするための信頼性のある正当な方法があるのであろうか．

「経験主義のもとで個人間の効用比較が直面する認識論的問題は単純である．つまり，誰かがAとBの快楽状態を比較しようとすると，両方の状態にアクセスするための信頼できる認識経路がないように思われるということである．」(Goldman 1995, p. 717)

そしてこの認識論的な問題は，他のものと同様に，自然化された（そして認知的な）枠組みにおいて検討することができる．ゴールドマンの実際の解決策には，現在の認知科学においては目新しいが，アダム・スミス（共感）や社会科学のさまざまな理解 (verstehen) アプローチに起源を持つ特定のアプローチ，すなわちシミュレーション理論（または共感的方法論）が関わっている [23]．基本的にシミュレーション理論とは，他の行為者（または意思決定システム）の意思決定メカニズムを私たちの意思決定メカニズムにおいて鏡写（または疑似体験［simulate］）することによって，他の行為者の心的状態についての推論を行う方法のことである．他の行為者の初期情報を我々のシステムにインプットし，処理を模擬的に行うのである．このようなシミュレーションはかなり間違っているかもしれないが，その正確性を評価することができ，ゴールドマンの意味で**信頼性を有するもので**

ある可能性がある．もしそうなら，シミュレーションと信頼性主義の組み合わせは，ゴールドマンの基準で知識となりうる個人間効用比較を生み出すことができる．

「この知識の理論によれば，個人間効用の命題が真である（または偽である）と知ることは確かに可能である．たとえば，シミュレーション・ヒューリスティックの特定の用法は，個人間効用についての信念に到達するための信頼性ある方法でありうる．私が『特定の用法』と言ったのは，間違ったシミュレーションやずさんなシミュレーションは，一般的に信頼性のあるものとはなりえないからである．（中略）しかし，情報に基づいた慎重なヒューリスティックの使用が信頼できるものである場合は確かにあろう．したがって，シミュレーションによって個人間効用の命題を知る可能性は十分にある．」
(Goldman 1995, pp. 720-1)

これらの例は経済的問題や経済学の概念，および自然化された認識論に対して急進的な解釈を行うものであり，後の章でより慎重な分析の対象となるので，ここではこの議論の含意をすべて探り出すことはしない．しかし，ゴールドマンの議論が経済学にどのように影響を与えるか，そしてこのプロジェクトが経済学と科学哲学の伝統的な関係とどれほど異なっているかを少し考えてみよう．もしゴールドマンの主張を信じるならば（その主張に対してはもちろん無数の潜在的な批判がある），個人間の効用比較は経済学において完全に正当化されるだろう．正当化は，人間の心に関する情報処理的アプローチを採用した自然化された認識論に由来し，認知科学の最近の進展との整合性を保ちながらも基本的に規範的なものであるだろう．事実上ゴールドマンは，経験主義的な認識論，功利主義倫理学，そして経済学を調和させるというジョン・スチュアート・ミルの中核的な哲学問題に対する解決策を，現代の自然化された認識論に基づいて提示している．そしてこの解決策はアダム・スミスの共感的理解概念からのインスピレーションを得てすらいるのである．

ゴールドマンについての本書の議論は，彼の広範な哲学的プロジェクトの表面をかすっただけであるが，彼の特定の自然化された認識論の解釈について感触をつかむにはこれだけ述べれば十分であろう．信頼性主義の概念は，かなり明確だろうし，個人的認識学と社会的認識学の区別も明らかであろう．第二世代の自然主義者は他にもいるが，ゴールドマンは最も影響力があり，彼の研究は広範な派

146

生的（第三世代？）文献を生み出している．そのような自然主義的アプローチが経済学と様々な仕方で接点を持つことも明らかであろう．さて，自然主義的転回の方向性に影響を与えたある経済学者を検討する時が来た．

4.2.2 H・A・サイモンと人間の知識

　ほとんどの経済学者は，ハーバート・サイモン（Herbert Simon, 1916-2001）が，ノーベル賞を受賞した経済学者であるだけでなく，人工知能および認知科学の分野への非常に重要な貢献者でもあることを認識している．おそらくこれと比較して，サイモンのサティスファイス（satisficing）〔サティスファイスは，サファイス（十分である）とサティスファイ（満足させる）を組み合わせたサイモンの造語．人間の意思決定において，最適解ではなく一定の基準を超える解に満足すること〕と限定合理性の理論が，自然化された認識論の分野に与えた影響について知る経済学者は少ないだろう．本節では，サイモンとこの哲学的文献との重要な関係について手短に検討する[24]．

　サイモンが，最初の著書である『経営行動』（Simon 1945）の研究を開始したとき，彼は組織理論と経営学における先駆的貢献をするつもりはなかった．この本は，ルドルフ・カルナップの影響のもとで社会科学の基礎に関する研究として，より伝統的な関心を持って書き始められた．しかし最終的に完成した著作は，後にサイモンの立場と分かちがたく結びつくことになる「サティスファイス」や「限定合理性」という用語を採用してはいなかったものの，彼のその後の研究人生の指針となる知的プロジェクトの青写真となった．サイモンの主張は，新古典派経済学者が主張する完全合理性は，実際の人間の行動を記述していないし，またし得ない，というものであった．経済合理性は，行為者が現実には知りえないようなことまで知っていることを要求する．つまりすべての選択肢とすべての関連情報を完全に把握し，さらに最適な選択肢を計算してそれを選ぶことを要求するのである．サイモンにとって，実際の人間は，そのような完全に合理的な選択を行うための情報も計算能力も持っていない．この「経済人」とは対照的に，サイモンは限られた情報と限られた計算能力という条件下で選択を行う「経営人」を特徴づけた．その場の状況において「十分な」または「満足できる（satisfactory）」（後にサティスファイス）解決策を見つけ，不完全な環境での意思決定を容易にするための「経験則」または「ヒューリスティック」を採用する人で

第4章　自然主義的転回　　147

ある．このようにして行動する行為者が示すタイプの合理性は「限定合理性」と
呼ばれるようになり，サイモンにとってはこれが自らの「科学的成果の全体」に
通底する基本的な洞察であった（Simon 1991, p. 88）[25]．

限定合理性と，人工知能（AI）の分野における彼のその後の研究とのあいだ
には，かなり直接的な関連がある．サイモンは，『経営行動』の第2版（Simon
1957a）の序論で以下のように説明している．

> 「経営人についてのこの記述は，本質的には，（中略）『経営行動』における
> 記述の発展であり，形式化である．しかし，それが正しい記述であること，
> 例えば経済人のモデルよりも正確であるとどうして分かるのだろう．（中略）
> 過去数年間にわたる理論の形式化により，これをよりはっきりと検証するこ
> とが可能になった．過去6ヶ月において，アレン・ニューエルと私は，人間
> の複雑な問題解決行動を表現するための意思決定メカニズムを詳細に記述す
> ることに成功した．（中略）実際，私たちは今やこのような複雑な人間行動
> を，ありふれた電子計算機でこの意思決定プログラムを実行することによっ
> てシミュレーションすることができる．私は第4章と第5章の人間の合理
> 性の記述は仮説的なものではなく，今やその主な特徴について正しいと確か
> められたものだと考えている．」（Simon 1957a, pp. xxvi–xxvii）

エステル＝ミリヤム・セントは，サイモンに関する最近の議論で以下のように
説明している．

> 「サイモンが限定合理性において発展させた諸概念は，人工知能に関する彼
> の解釈の出発点となった．サイモンの限定合理性プログラムは（中略）人間
> の心の働きを知るための手段を提供した．サイモンの限定合理性理論を形作
> る「ヒューリスティック」または「ルールベース」検索，「サティスファイ
> ス」行動，そして「ゴール，下位ゴール」戦略といった同じアイデアも，人
> 間の推論を再現するための問題空間アプローチのキー概念となった．（中略）
> サイモンの限定合理性プログラムは，コンピュータで思考方法をプログラミ
> ングする方法を体現したものだ．人間の意思決定の背後にある「実際の」プ
> ロセスを理解することで，サイモンはこれらのプロセスを再現し，人々がど
> のように意思決定を行うかという疑問に答えることができたのである．」
> （Sent 1997, p. 334）

後にサイモンの評判を確立することになる人工知能とサイバネティクスにおけ

る革新的研究は，限定合理性の理論を検証する努力として始まったのである．（チェスなどの）専門家の意思決定能力と互角か，しばしばそれを上回る専門家システムは，限定合理性の精神に基いて設計されたシステムであった．そのようなシステムは選択的に検索し，経験則を採用し，満足のいく解決策が見つかったところで検索をやめるものであった（Newell and Simon 1972）．したがって，限定合理性，サティスファイス，人工知能，認知科学，そして人間の心を情報処理装置ととらえる一般的な説明はそれぞれ，新古典派経済学の合理的経済人に対する現実的な代替案を見つけるという単一の研究プロジェクトの一部だったのである．

　サイモンが，ゴールドマンらの自然化された認識論の基礎となった認知科学やAIの発展において重要な役割を果たしたことは明らかだが，彼の影響はこの重要ではあるが間接的な貢献に止まらない．サイモン自身の研究は，初期の比較的よく構造化された問題から，はるかに複雑で，はるかに柔軟な構造を持つ問題へと移行した．そのような構造化されていない問題の1つは，**科学的発見という問題**である．もしゲーム，政府，ビジネス，および産業で行われる複雑な意思決定をモデル化することが可能であるなら，次のステップは，科学的発見のプロセスに関与する意思決定のタイプをモデル化することであるように思われる（純粋に自然主義的な視点から見れば，これは科学哲学における根本的な問題の1つを解決することを意味する）．これらのいわゆる発見プログラムの目指すところは，「発見を行うことができ，またより粗いまたより細かいレベルの近似で，著名な科学者が重要な発見をするに至った経緯をシミュレーションするコンピュータプログラムを構築することで，科学的発見のプロセスを研究すること」（Kulkarni and Simon 1988, p. 139）である[26]．クラーク・グリマー（Glymour 1980）やロナルド・ギャリー（Giere 1988, 1992, 1999）を含む数多くの哲学者が，サイモンのサティスファイスという一般的な考え方だけでなく，彼の科学的発見に関する研究を直接科学哲学に応用した．ギャリーは哲学的文献におけるサイモンの役割を要約して次のように述べている．

　　「クラーク・グリマーは，認知科学，特に人工知能における方法と結果を科学哲学に用いる可能性を理解した最初の科学哲学者のうちの一人だった．（ハーバート・サイモンも科学哲学者であると私は確信しているが，だとすると彼は人工知能の可能性を理解したまさに最初の人物であった）．」（Giere 1992, p. xxvii）

　このプロジェクトにおける次のステップは，「分散型人工知能」（distributed

第4章　自然主義的転回　　149

artificial intelligence, DAI）という視点で科学共同体を見ることによって，科学の社会的性質を説明しようとすることだと考えられる．ポール・セイガードはこの文献に重要な貢献をした．

> 「分散型人工知能は，互いに通信するインテリジェントコンピュータのネットワークによって，問題を解決する比較的新しい研究領域である．私は個々の科学者が情報処理装置であるという認知主義的見解を仮定しているのだが，科学共同体を情報処理装置のネットワークとして見るのは還元主義的ではないし，社会学者や社会史家が科学理解に果たす役割を無視したり，二次的なものと考えたりすることにはつながらないと主張する．私はまた，分散型人工知能のアプローチが，認知的分業に関する興味深い社会的問題についての有用な視点を提供することを示す．」（Thagard 1993, p. 49）

　我々は今や一周回って振り出しに戻ってきたようだ．サイモンは経済学方法論の問題，つまり経済的合理性について科学的に満足できる理論を見つけるという問題から出発した．より適切な経済理論を追求したことで限定合理性が得られ，その後，認知科学や AI につながった．この研究は認知革命に貢献し，個々の科学者を一種の情報処理装置として説明する，自然化された認識論の解釈を発展させた．これらの認識学は現在，少なくともデカルトとベーコンの時代から存在してきた主流の認識論に異議を唱えている．しかしクーンらは，個々の科学者を理解するだけでは不十分であることを明らかにした．科学は根本的に社会的なのだ．今では，科学を認知的かつ社会的な努力として理解するために分散型人工知能を用いる哲学者たちがおり，彼らは「認知的分業」には利点があると示唆している（これは科学知識に対する経済的アプローチとも言えるであろう）．しかし，本書の成り行きからすると論点を先取りしすぎている．ここで認知科学をしばらく離れて，自然化された認識論への別の（しかし関連する）アプローチ，生物学的進化概念を用いたアプローチを見てみよう．

4.3　ダーウィンからの励まし：進化論的認識論

　本節では，自然化された認識論の別の解釈である，進化生物学に基づく進化論的認識論について議論する[27]．進化論的認識論の主張をもっとも簡潔に述べると，生物学的進化の過程と人間の知識の発展との間には，興味深く，また含意に

富む関係があるというものである．自然化された認識論のこの第2の解釈において最も重要なメタファーは心理学や情報処理ではなく，進化である．

本節は2つの小節からなる．最初の小節では，進化論的認識論の一般的な概念を紹介し，2人の有力な貢献者の研究を簡単に検討する．同小節では，進化論的アプローチの一般的な精神を伝えるように意図したが，この多様で急速に拡大する分野の表面をかする程度の紹介しかできない[28]．第2小節は，既存の進化論的アプローチの（わずかな）部分，すなわち，明示的にポパーの血統を引いていると主張するものを扱う．これらの進化論的見解を別に扱う動機は，それらが経済学と経済学方法論と直接的に結びついているということである．つまり，第1にポパーは経済学方法論に対して幅広い影響を与えているし，第2に，「見えざる手」や「科学的アイデアの市場」といった経済学的発想は，進化論的アプローチのポパー的解釈において最も明示的に現れているからである．

4.3.1　生物学と人間の知識

マイケル・ブレイディーが進化論的認識論のサーベイ論文（Bradie 1986）で指摘しているように，この分野には実際には2つの相互に関連するサブプログラムが含まれている．すなわち進化論を用いて人間と動物の特定の認知構造（脳，感覚系など）の発達を説明するより生物学的なプログラムと，進化論を科学知識の拡大を説明するために用いる，より認識論志向のプログラムである．ブレイディーは第1のプログラムを「認知メカニズムの進化に関するプログラム（evolution of cognitive mechanisms, EEM）」と，第2のプログラムを「理論の進化に関するプログラム（evolution of theories, EET）」と呼んでいる（Bradie 1986, 1998）．EEM は，認知を生物学に直接埋め込むが，EET は，2つの視点の間の形式的なアナロジーを用いる．EEM は概ね記述的であり，EET は記述的でも規範的でもあ（りう）る．それぞれについて検討するが，ゴールドマンらの認知的アプローチに最も直接的に関連していると思われる EEM プログラムを最初に論じ，その後に，次章で検討する経済学的および社会学的アプローチと最も直接に関連する EET を扱う．

昆虫の鼓室や人間の大脳皮質の進化に関する理論である EEM が，この章で論じる自然化された認識論とどのように，またはなぜ直接関係するのか，その理由は自明ではない．実際，現代版[29] EEM と自然化された認識論との関係はかな

り捉えにくい．これを明確にするために，ゴールドマンの信頼性主義のような認知的アプローチにおいて知識がどのように特徴付けられているかを思い出そう．信頼性主義によれば，科学は効率的な情報処理システムであり，（情報処理のスピード，パワーなどに関するトレードオフを考慮すれば）高い真理率を生み出しながら常に古い科学を更新する．科学は我々に，より信頼できる世界の理解・操作の仕方を与えてくれる．問題は，科学は信頼できるとはいえ，（理論のような）科学の表象システムがどのように「世界と関連しているか」(Churchland and Churchland 1983) を説明する方法がないということだ，と指摘される．古い哲学的な言い回し（現代の自然主義者が拒絶するもの）を用いれば，信頼性主義は，科学的実践を道具主義的に擁護する術を与えるかもしれないが，実在論的な擁護は与えないようである．世界が存在し，科学がますます信頼性の高い表象を生み出したとしても，我々はまだ，我々が確かに世界と接触していること，つまり，その表象がいかに，あるいは確かに世界と「繋がっている」のかを知ることはできない．自然主義者は科学における絶対的基礎づけを否定する．我々は常にノイラートの船に乗って漂い，信念を絶えず改訂し更新しているのだ．しかし，我々の更新方法が信頼できるものであったとしても，表象をどのようにより正確にしていると言えるのだろうか．そもそも正確な表象というのはあるのだろうか．

　ここで進化生物学と，背理法による証明（あるいはおそらく説得）の出番である．我々の最も信頼性のある表象がでたらめで世界と繋がっていなかったとしよう．そうすると，もちろん我々は今ここにはいないだろう．EEM は，我々の認知メカニズム（目，脳，推論アルゴリズム）が**指示の正確性**を高めるように選択されてきたと考える．我々は生物であり，生物は本質的に自然によって調整されている (Churchland and Churchland 1983, p. 13)．我々の表象が最初に現実とかけ離れていたら，我々は今ここでこの質問をしていないだろう．フィリップ・キッチャーは以下のように要約している．

　　「有望で人気のある擁護の仕方（中略）は，『ダーウィンに励まし』を見つけることだ．つまり最初の認知機器が懐疑的な人々が描くように不十分なものであったとしたら，我々の先祖は自然淘汰によって消え去っていたであろう．しかし我々の先祖は自然淘汰で消え去らなかったので，認知機器は出来損ないではなかったと考えられる．このように，我々は，ダーウィンの進化論に訴えて，刺激を分類する当初の方法は自然の客観的な規則性に対応している

152

筈であり，我々の推論の仕方は，正確な表象を確実に生み出しているに違いないという考えを支持することができる.」（Kitcher 1992, p. 91）

EET と科学哲学（および経済学）との接点は，EEM ほど限定的ではない. EET は自然主義の他の解釈と競合するだけでなく，科学哲学のより伝統的なアプローチとも競合する. EET には多くの異なる解釈があるが，それらはすべて，自然が，種とその特性を選択するのと同様の過程を通じて，科学理論が自然によって「淘汰」されるという共通のテーマを有している. 生物と同じように，科学理論にも「最適者生存」（または少なくとも適者生存）があてはまる. 生き残ったものはより適合しており，少なくともいくつかの解釈によれば，淘汰されたものよりも真である可能性が高い. これは明らかに知識の拡大に関する自然化されたビジョンであり，進化という科学的観点から科学の進化を説明している. 自然主義のこれらの進化論的な立場は，認識論的な目的において革命的であってもよいが，通常そうではない. これらの立場は通常，科学的実在論，より具体的にはクーンと他の批評家の相対主義から科学的実在論を「救済する」方法として提供されており，その自然主義的精神において改革主義的である [30].

「進化論的認識論」という用語を導入したと最も頻繁に評価される人物は，心理学者・哲学者のドナルド・キャンベル（Donald Campbell, 1916-1996）であり（Campbell 1960, 1974, 1990），進化論的アプローチにおける彼の広範囲にわたる研究とその長期間にわたる擁護は，このプログラムの現在も継続中の発展にとって必要不可欠であった. キャンベルが 30 年以上にわたって人間の思考と知識についての「無作為的変種と選択的保存」モデルを推進してきた間，いくつかの詳細に変化はあったが，彼の基本的な議論は同じままである. それは，我々の認知メカニズム（EEM）と科学理論（EET）の両方において正しいものが選択されるという議論である [31].「キャンベルは，『無作為的選択と保存』のモデルを応用して，すべての生物学的構造（認知的構造に加えて）だけでなく，より正しくは EET プログラムの一部とみなされる科学知識の拡大も説明できると主張した進化論的認識論の強硬論者の一人である」（Bradie 1986, p. 406）. 彼の研究の多くは次節で論じるポパーの進化論的アプローチに統合されているので，ここではキャンベルのアイデアを詳細に検討しない [32].

デイビッド・ハル（David Hull, 1935-2010）は，認識論的により穏健な進化論的認識論の解釈を展開している [33]（Hull 1988）. ハルが提供するのは，進化論的ア

第 4 章　自然主義的転回　　153

イデアをもとにしてはいるが，穏健で（または非）規範的であり，厳密に科学的
領域の外部にも適用することができる「選択主義的」モデルである．彼は次のよ
うに述べている．

> 「この本では，認識論における伝統的な問題に答えるつもりはない．（中略）
> 代わりに私は，生物，社会，および概念の発展に等しく適用可能な選択プロ
> セスの一般的な分析を行う．選択プロセスには，指摘する価値のあるいくつ
> かの機能があるが，完璧に適合した生物または間違いなく真なる命題の生成
> は選択プロセスによって保証されない（中略）成功した方法の使用を促すの
> が認識論だとするならば，私の関心は『認識論的』と言えるが，そう言える
> のはもっとも弱い意味においてでしかない．」(Hull 1988, p. 13)

　ハルの科学的プロセスに関するモデルは，多くの点で，クーンの見解をダー
ウィン的に解釈し直したものである．そこではクーンと同様に，重要なのは個々
の科学者の認知状態ではなく，科学の社会構造である．しかしクーンとは異なり，
進化論的淘汰のプロセスを通じて，科学の集団的目標が実現されることが詳細に
議論される．ハルにとって，レプリケーター（生物学における遺伝子）は，科学
理論，科学の目標についての信念，蓄積されたデータ，およびその他の科学的資
料すべてである．科学者自身が，レプリケーターを科学の環境に持ち込む「相互
作用者」（生物学における生物）であるとみなされる．科学知識の進化は，レプリ
ケーターが他のレプリケーターに対する相対頻度を増減させる選択過程と見なさ
れる．この選択過程は科学者共同体のなかで生じ，その究極の結果である生き
残ったレプリケーターはその共同体の構造と特性の産物である．ハルは，科学者
は知的・専門的・職業的・社会的・政治的な幅広い目標と利害を持っていると強
調するが，科学者共同体は，科学知識の拡大という集団的目標がほぼ確実に達成
されるような構造を持っている．ハルが述べるように，「この著作の主たるメッ
セージの1つは，派閥主義，社会的結束，職業的利害が伝統的な知識獲得の目
標を阻むわけでは必ずしもない，ということである」(Hull 1988, p. 26)．そのよ
うな利害が知識の獲得を阻む「わけでは必ずしもない」だけではなく，ハルは
「最も不適切であると思われる行動のいくつかは，実際には科学の明白な目標を
促す．（中略）最も生産性の低い科学者は，最も尊敬すべき行動をとる傾向があ
るが，最も偉大な貢献をする科学者はそれに見合う頻度で遺憾な行動をとる」
(Hull 1988, p. 32) という，より強い主張を所々で展開している．ハルは明示的に

は経済学に言及していないが，この議論は本質的に経済学の**見えざる手**と同様である．つまり，適切な制度的構造が与えられれば，利己的で，表面的には反社会的な個人の行動は，基本的には，社会的に最適な集団的結果をもたらす，ということである[34]．ハルの議論は基本的に，科学の社会的構造が，科学の集団的目標をもたらすレプリケーターを選択的に保存するための有効な枠組みであるというものである．これが，クーンをダーウィン的に解釈しなおした議論であり，本格的な（規範的な）進化論的認識論ではないのは，科学の目的が真実や表象とどのような関係にあるかについて，ハルはほとんど何も議論していないからだ．科学者共同体の中では，理論（レプリケーター）が現れては消えるが，クーン（少なくともクーンの標準的な解釈）においてはこの過程は非合理的であった．ハルにとってこの過程は，生物学的進化における淘汰のプロセスと同様に，より合理的である．個々の科学者が集団的利害と相容れないように見えるかもしれない目的を追究していたとしても，そこから結果的に生じるものは科学者共同体の集団的な目標と一致したものである，というような構造を科学は持っている．ハルは，個々の科学者の行動を，集団的に保持されたパラダイムという科学観と調和させるが，そのようなパラダイムがどのように世界と関連しているかに関する伝統的な認識論的な問題に（少なくとも系統立てて）取り組んでいない．このような認知的問題は，次の小節で検討するポパーの伝統においてより真剣に考慮される．

4.3.2 ポパー的進化論的認識論

第3章の反証主義の議論では，ポパーが科学哲学において進化論的，あるいは自然主義的なアプローチを取ったことを示唆するものはほとんどなかった．大胆な推測と厳しい検証という方法は，完全に伝統的な哲学的分析に由来するように見える．それは論理的で合理的な探求に基づいており，ポパーはそれが実際に最高の科学者によって実践されてきたと信じていたようだが，それは科学の歴史から直接得られたものではなく，またいかなる具体的な科学理論にも基づいていない．ポパーの推測的実在論と経験的根拠に関する彼の慣習主義を前提とすれば，彼は，基礎付け主義という批判から有効に免れることができるだろうが，ほとんどの哲学者は（一部の支持者さえも）反証主義を，実証主義によって提示された問題に対する代替的な答えに過ぎない，あるいは実証主義と同じ哲学的伝統に基づく立場だと解釈している．このような非進化論的な解釈は，『科学的発見の論

理』（Popper 1934, 1959）のようなポパーの初期の研究については正しいかもしれないが，『客観的知識』（Popper 1972）のような後期の研究についてはあまり適切ではないように思われる．ポパーが後の著作において進化論的認識論を採用したことは明らかであり，彼は個人的にはこの進化論的転回を自分の当初のアプローチの延長線上にあると考えていたが，今考えれば，これは自然化された科学哲学と解釈することが可能である[35]．「ポパーの」進化論的認識論を論じる際には，彼の著作が非常に示唆的ではある一方で，彼の立場が一度も単一の整合的な主張として提示されたことがないという問題がある．『客観的知識』（Popper 1972）は論文集であり，この点に関する彼の他の議論は，異なる読者に向けられた様々な作品に点在しており，完全な形にまとめられることはなかったようである．幸いに他の哲学者がポパーの進化論的認識論についてより系統だった解釈を与えている．ここではまずマンズ（Munz 1993）の進化論的観点について検討し，そののち，科学知識の拡大に関する進化論的解釈において経済学を直接用いた2人のポパー主義者，バートリーとラドニツキーについて簡単に論じる．

　マンズ（Peter Munz, 1921–2006）は，「哲学的ダーウィン主義」[36]を体系的に提示している（Munz 1993）．この進化論的視点には，「ポパーの学説にないものはほとんどない」（Munz 1993, p. 219）と彼は主張している．このようにポパーに明確に依拠しているにもかかわらず，マンズは第2章と第3章で議論した哲学的発展——クーンの理論負荷性および科学の社会性，クワインの過小決定性や自然主義や認知的転回等——の多くを考慮し，場合によっては統合してもいる．マンズは，科学知識の拡大に関するほとんどの進化論的ビジョンと同様に，知識の獲得は生物学的進化と連続的であると考えている．彼は生物を「肉体をともなう理論」と見なし，言語的に表現された理論を「無形の有機体」と表現している．どちらも突然変異と選択的保存の過程を経て進化していく．生物（肉体をともなうもの）の場合，生き残ったものは「少なくともそれらの直近の環境を比較的忠実に記述し，その生存は真実性を保証する」（Munz 1993, p. 169）．この過程は自然で自動であり，より分けは「出生率と死亡率の差によって行われる」（Munz 1993, p. 169）．（無形の）科学理論の場合には若干異なるプロセスが生じるが，仕組みは本質的に同じである．ポパーに倣って彼は次のように論じている．

　　「我々は，当てずっぽうに生み出された有り余る推測の中から選択して情報を学び，選び取る．この形式においては，この理論は，世界を観察し，世界

に教えられることによって情報を拾い上げるという考え方とは対照的である．『知識獲得主体』が提案を行い，これらの提案は現実によって精査される．もちろん，このプロセスは自動的ではない．この精査は，世界の経験に照らして，提案者や他の人々によって行われる意識的批判の結果である.」（Munz 1993, p. 144）

　適者選択プロセスを真なる理論の発見と結びつけるために，マンズはポパーの「真理近接性（verisimilitude）」または真理らしさの概念を採用する.「多数の提案から選択することによって知識獲得が進歩するという考えによって，この進歩を，真理近接性を次第に獲得していくプロセスとみなすことができる」（Munz 1993, p. 179）．

　マンズは,「適応（adaptation）」,「適合（fitness）」,「真実（truth）」は通常は全く同じものとはみなされないと認めているが，これは，文と事実の「対応」という伝統的な真理の概念のせいであると主張する．マンズは，この伝統的な概念に問題があると考えており，次のように述べている.「文は，他の文以外の何かに「対応」することはない」（Munz 1993, p. 212）．真実を真なる環境条件への近似と考えると，適応性が高ければ高いほど適合性が高くなるということもまた，「もっともらしく真実」となる（Munz 1993, p. 205）．こうして，彼の進化論的な知識論は「仮説的実在論」[37]という実在論の一種とみなせるとマンズは論じる.

　　「我々は，もし世界が違うならば知識も違うものになるということを知っている．なぜなら，世界が異なっていれば，異なる肉体をともなう理論が選択されていただろうし，我々は異なった無形の有機体を選択しなければならなかっただろうからだ．しかし，この淘汰のプロセスは完璧ではなく，完璧に適合しない理論や生物の生存の余地もある．したがって，我々は，一般的な，または世俗的な実在論と区別するために，この実在論を仮説的実在論と呼ぶ.」（Munz 1993, p. 182）

　マンズの議論が説得的かどうかはともかく，これにより経済学的な「見えざる手」の議論の余地が生じるのは確かである．というのも，適応の程度が競争に依存するからである．

　　「競争が激しい場合，生物は非常に細かく環境に適応している場合にのみ生き残ることができる．しかし，何らかの理由で他の競合者がほとんど，または全くいない環境にある生物を考えてみよう．そのような場合，生物が生き

残るためには比較的適応を必要とせず，従ってそれを真の，肉体をともなう理論と考えることは難しいだろう．つまり，生存に必要な適応の程度は，競合者がいるかどうかに依存する．」(Munz 1993, p. 161)

　この議論を無形の科学理論に応用すれば，競争が増すほど適応は良くなり，適合はより緊密になり，したがって生き残った理論の真理近接度は増す，ということになる．マンズは初期の研究で次のように述べている．

「この公式の最終的な，そしておそらく最大のメリットは，知識の拡大が，未決定で，無計画で，無設計であるにもかかわらず，単なる誤謬の排除の蓄積によって，真実の方向に向かうという説明をもたらすことである．この議論の戦略はおそらく目新しいものではない．意識的な設計がないにもかかわらず，見えざる手が経済的利益の最適化を導くという，古い議論を思い起こさせるものだ．」(Munz 1985, pp. 255-6)

　競争と見えざる手に関する経済的議論は，W・W・バートリーとゲラルド・ラドニツキー (Bartley 1984, 1990; Radnitzky and Bartley 1987; Wible 1998, Chs. 5, 6) のポパー的進化論的アプローチにおいてさらに重点的に行なわれている．キャンベル，ポパー，マンズのような進化論者は，科学知識（我々が持っている知識）を説明することに主な関心があり，（二次的に）この知識についての見方を実在論のような伝統的な哲学的問題に関連づけることにも関心がある．バートリーとラドニツキーは，これらの著者と同じ基本的な進化論的アプローチから出発するが，知識の説明や伝統的な哲学的質問への答えよりも，社会改革，特に科学・教育制度の改革に集中している．言い換えれば，彼ら，特にバートリー (Bartley 1990) の焦点は，知識に関するポパー的進化論的アプローチの政策（科学・教育政策）的含意にある．

　ポパーとマンズが主張したように，真理近接度は競争を必要とし，バートリーとラドニツキーは，この議論を科学的アイデアの競争的市場に直接的に拡張する．アイデアの市場が競争的である場合，そして開かれた批判的な環境で競合する多くの代替的仮説が存在する場合，効率性が競争市場から出現するのと同じ方法でアイデアの市場から知識が出現する．この見解によれば，知識の拡大は知的権威の集団的統制を必要とせず，また，科学者の側に「適切な」科学的態度を求めない．開かれた競争的環境だけが必要なのである．特にバートリーにとって，知識は富の一種であり，アイデアの競争的市場は，競争市場が経済的富を生み出すの

とまったく同じように，この種の富を生み出す[38]．彼はこの立場を非常に大胆に述べている．

「ほとんどすべての思想家が経験したように，アイデアの自由で開かれた競争は，他のどの方法よりも直接的に知識の進歩につながる傾向がある．したがって，市場と呼ばれる制度は，それが競争を伴う限りにおいて，知識やその他の富の形態がどのように増大するかを理解するための適切なモデルだと思われる．」（Bartley 1990, p. 26）

したがって，再び我々は完全な弧を描いて出発点に戻ってきたようだ．我々は，自然化された生物学的なビジョンという「励ましをダーウィンに」（Quine 1969c, p. 126）見い出せるというクワインの提案から出発し，そして経済学に戻ってきた．つまり，ポパー的進化論的認識論研究者が，科学的アイデアの競争市場が我々の認知的生活の最も効率的な産業組織形態であると主張していることを論じた[39]．これは哲学なのか，生物学なのか，それとも経済学なのであろうか？

おそらく，この問いに答えはない．このような学問区分は，メタ科学に関する文献のなかでは曖昧になってきているのかもしれない．経済学と認識論の境界は，鮮明でも安定してもいないことが繰り返し示された．それはむしろ，無定形の仕切りであり，不鮮明で流動的であり，絶え間ない再交渉にさらされている．1つの特定の時点，およびある特定の議論を行うグループについて明確な境界を見い出すことは可能かもしれないが，その区別は，時系列または横断的いずれかの変化にさらされたときに急速に消滅する．おそらく，そのような人工的な障壁を立てたり維持したりしようとするのではなく，関連する談話の中で継続して起こるさまざまな越境と相互浸透を調査することのほうが有益だろう．この視点は，次章で検討する社会学的アプローチによってさらに強められるだろう．しかし，その話題に進む前に，我々は認知的そして生物学的自然主義におけるもう1つの発展を議論する必要がある．

4.4 消去的唯物論と心の哲学

本章ではいくつかの異なる自然主義について論じたが，認知科学に依拠するものと進化論に依拠するものも含めて，それらのほとんどが認識的意図としては改革主義的であった．つまりそれらの立場は認識論の諸問題を「修理する」こと，

すなわち，伝統的な認識的問題に新たな答えを与えることを志向していた．しかし認識的改革は唯一の可能性ではない．認知科学や進化生物学に依拠した自然主義が全て，修理屋の視点から認識論にアプローチしているわけではなく，中には認識論を完全に破壊しようと望むものもある．現代の自然主義の中には伝統的な認識論的問題を完全に消去しようと目論むものもいる．その目的は，認識論を単に自然化するのではなく，それを自然化して消し去ってしまうことである．この最終節で論じる哲学的プログラム，消去的唯物論はそのような自然主義の1つである．

　知識は伝統的に「正当化された真なる信念」と定義されていたことを思い出そう．ゲティア型の例は，この定義の「正当化された」という部分に疑問を呈し，多くの著者が「真理」という伝統的概念に異議を申し立てたが，本章において（あるいはそれ以前のどの章においても），知識が一種の「信念」であるという考えに明白に疑問を投げかけられることはなかった．これまでの議論では，信念が知識と呼ばれるために有すべき特別な特性を正確に特定することを論じてきたが，知識が信念の一種であるかどうかについては議論されてこなかった．消去的唯物論者はこの仮定に異議を申し立てる．消去的唯物論の最も強い主張によれば，近年の神経科学の発展は，「信念」は存在しないという主張を支持し，したがって，信念についてのすべての論議は科学的談話から排除され，実際に存在するもの，すなわち，人間の脳における神経生理学的プロセスについての議論に置き換えられなければならない．もちろん，信念が存在しなければ，伝統的に知識と呼ばれてきた正当化された真なる信念を探し求めることはむしろ無益なように思える．言い換えれば，伝統的な認識論は単なる時間の無駄である．この消去主義的議論のさまざまな部分がどのように組み合わされて1つの立場を形作っているかを見るためには，まず素朴心理学（folk psychology）の概念を説明することが有用である．

　人間の行動に関する常識的な説明，つまり友人，家族，同僚，さらには自分自身の行動を説明する方法を考えてみよう．通常そのような説明は，行動主義的（一定の条件下での反応），フロイト的（エゴとイドの葛藤），または神経生理学的（脳の化学的過程）な用語では与えられない．代わりにそれらの説明は意図に関するものであり，問題となっている個人の信念と欲求に関する用語を用いて与えられる．なぜ私は今ワードプロセッサの前から立ち上がったのか．そう，コーヒー

を飲むためだ．私はコーヒーのお替わりが欲しかったのだ．私は台所のポットにコーヒーがまだ少しあるという信念を持っていた．そして私はコーヒーを飲むために立ち上がった．この過程には条件付け，そしてもしかしたら私の母親への気持ちなども含まれていたかも知れないし，私の身体的な動きは，神経発火によって開始されたことは疑いがないが，これらは私が自分の行為を**説明する**方法ではない．私は自分の行為を自分の信念と欲求に言及することで説明するのである．そのような説明は，我々の伝統的な（そして通俗的な）説明枠組み（そして，ほとんどの社会科学の説明枠組みと同一）であるので，素朴心理学（folk psychology，以下 FP と略記）と呼ばれている [40]．

　FP は我々の日常生活の重要な部分を担っているにもかかわらず [41]，最近では人間行動の経験的理論としては厳しい批判にさらされている．スティーヴン・スティッチ（Stephen Stich, 1943-; Stich 1983）[42]，パトリシア・チャーチランド（Patricia Churchland, 1943-; Churchland 1986, 1987），ポール・チャーチランド（Paul Churchland, 1942-; Churchland 1984, 1992）といった著者は，FP は「きわめて表面的な理論と言わざるをえず，より深く複雑な現実に対する，部分的で，洞察に欠けるごまかし」（Churchland 1992, p. 7）であり，「その原理は根本的に虚偽であり，その存在論は幻想であるという深刻な可能性」（Churchland 1992, p. 6）があると攻撃している [43]．FP は精神病・睡眠・記憶・学習あるいは「飛んでいる球を走りながらキャッチ」する能力（Churchland 1992, p. 7）を説明できず，さらにおそらくより重要なのは，我々の古代の先祖によって（ギリシャの神々の行動を含む）行動を説明するのに使われたのとまったく同じ理論であり，つまり過去数千年の間進歩していない [44]．素朴物理学・民間療法・素朴天文学は間違っていることが明らかになり別のものに取って代わられたのに，「問題が物質や宇宙の構造ではなく，自分たちの心の構造である場合には，古代のラクダの御者がそれについてより素晴らしい洞察を持っていたり，運良く正しい説明ができていたりすると考える理由」（Stich 1983, pp. 229-30）が何故あるのだろうか．

　ポール・チャーチランドはこの批判を次のように要約している．

　　「FP は，壮大なスケールで説明に失敗しており，少なくとも 25 世紀の間行き詰まっており，そのカテゴリーは（これまでのところ），基本となる物理科学——これが将来的に人間行動を説明できるという主張は否定しようがないように思える——のカテゴリーと通約不可能であるか，別次元なように見え

第 4 章　自然主義的転回　　161

る．このような記述に合致する理論はいかなるものであっても，完全に**消去される候補として真剣に検討されざるを得ない.**」(Churchland 1992, p. 9, 強調引用者)

人間行動についての粗悪な理論であるという理由で FP を排除したいのであれば，実際に FP が人間行動の**理論**であることを示す必要がある．詩やフィクションは人間行動について語る手段だが，科学理論としては失敗したので神経生理学によって消去され，取り替えられるべきだと主張する者はいない．このような，パトリシア・チャーチランドやポール・チャーチランドのような消去主義者たちの見解は，確かに混乱を生じさせるところがある．彼らは FP が経験的な地位を有するものと考えているように見えるが，FP はそのような理論として失敗しているとして却下する前に，まずそれが人間行動の経験的理論であるという点を確立しなければならない.

それではもし FP を消し去るとして，何に置き換えるべきだろうか．消去的唯物論は，それは「成熟した神経科学」に置き換えられるべきだと考える．神経科学はすべての心的なものを物理的な脳のものとみなしているため，結果として生じるアプローチは，消去主義的なのは言うまでもなく，厳密に物理主義的または唯物論的なものである．その議論は，この章で論じたすべての著者の議論と同様，自然化の議論である．消去的唯物論の場合，それは認知科学**あるいは**進化生物学に基づく自然化ではなく，**この２つの組み合わせ**による自然化である．例えば，パトリシア・チャーチランド（Churchland 1987）は，最近のいくつかの進展——神経科学における技術的変化，神経ネットワークのシミュレーションを可能にする安価で高速なコンピュータ，そして神経系の能力に関する多くの臨床研究および動物研究の成功——のすべてが，個体の生物学的進化という文脈における神経系の機能について新しい理解をもたらしている，と論じている．その支持者によれば，これは認知科学と生物学の両方で最も優れた最近の研究に基づく自然化である．これは人間の神経系の発達，したがって人間の神経系の振る舞いおよびその認知能力を統制する生物学的過程についての成熟した理解に基づいた（消去的）自然主義である．この議論は，ゴールドマンの認知的アプローチや進化論的認識論とよく似通っている.

「進化の観点から見ると，神経系の主な機能は，生物の適切な働きを可能にすることである．突き詰めると，神経系は生物が４つの F において成功す

ることを可能にする：摂食（feeding），逃避（fleeing），闘争（fighting），そして再生産（reproducing〔fから始まる不適切な類義語を指していると思われる〕）である．神経系の主な日常的役割は，生物が生き残るために身体の部分を適切な場所に配置することである．表象がその機能を果たすなら，表象は良いことだ．（中略）凝った表象スタイルは，**それが生物の生き方に合っており，生存可能性を増やす限りにおいて有益である．**」（Churchland 1987, pp. 548-9. 強調原文）

　消去的唯物論は認知的自然化と生物学的自然化を組み合わせているが，それは今まで論じてきたほとんどの見方と根本的に異なり，認識論について革命的で消去的である．認知科学や生物学を伝統的な認識的問題に答えるために用いる他のアプローチとは異なり，消去的唯物論は，信念とすべての信念に関する問題，我々が知識と呼ぶところの，信念の特定の性質に関する問題までも廃絶した．したがって，もしFPに取って代わったこの「成熟した神経科学」が，どのような信念を持つべきか（すなわち知識とは何か）に対する答えを持っていないとしたら，そのような理論の認識的機能は何なのだろうか．何が知識で，何が知識であるべきか，という問題に答えることのない科学的な哲学というのはありうるのだろうか．

　消去的唯物論者の答えは，伝統的な一連の問いかけを変更するべきというものである．物理的な世界は存在し，我々の理論や表象がその世界にどのように「つながっているか」を問うことはできるが，この問題を「正しい信念を持っているかどうか」という枠組みで考えることはできない．詳細は現在の議論の範囲を超えているが，簡単に言えば，ポイントは理論（表象）を文（命題）として考えることをやめることにある．このためには，真理（というのも，表象は文の形で行われなくなるであろうから）と説明（というのも，D-Nモデルは科学理論を文とみなす見解にもとづいているから）についての新しい考え方を採用する必要があると論じられる．もちろん，これらの変更はすべて，信念について語ることを否定するという元々の論点と深く関係している．信念がなくなると，我々は「〜について」考えることをやめなければならず，したがって命題的態度〔ある命題に対する，「信じる」，「恐れる」，「希望する」などの心的状態〕を失うことになり，必然的に理論を文として特徴づけるやり方，そして最終的に真実や，説明に関するD-Nモデルも手放さなければならない．消去的唯物論によればこれらはすべて一蓮托生

であり，すべて一緒に放逐されなければならない．

　「人間の学習・理解・知覚の仕方を議論するための一般的な観点自体が現在，大きな改訂にさらされているように私は思う．大学院生時代の我々を魅了していた問題，認識論の一般的なプログラムにおいて重要と思われた問題の多くは，今ではあまり重要でないか，方向性を誤っているように思われ，一般的なプログラムそのものが問題だらけのように見える．（中略）知識が一般的には文であるというのは疑わしい．むしろ，表象は典型的には全く異なる種類の構造を持っている．（中略）そして真実についてはどうか．もし表象の構造が文（命題）でないならば，それらには真理値をつけることができない．それらが評価されるべきであるならば，他の方法によって評価されなければならない．結果として，真理の概念そのものが大きな再考を迫られているように見える．」（Churchland 1987, p. 545）

　この（大規模な）断絶を埋めるのに必要なのは，「知識と説明的理解について体系的に異なった仕方で述べる」（Churchland 1992, p. 112）ための方法である．その新しいアプローチは，**コネクショニズム**（connectionism）または**並列分散処理**（parallel distributed processing）と呼ばれる一連の理論だ．

　「表象の構造が文のようなものでないとしたら，それらは何か．計算が論理のようなものでないとしたら，それはどのようなものか．コネクショニズム（もしくは並列分散処理，Parallel Distributed Processing, PDP）は，『壮大な古いパラダイム』に取って代わる可能性のある有望な理論であり，上記の中心的な問題に対して神経生物学的に説得力のある答えを提供するだけの資源を持っているように思われる．」（Churchland 1987, p. 549）[45]

　「コネクショニズムが，多くの認知科学者の認知観に大きな変化をもたらしたということは疑いの余地がない．しかし，我々の見解では，ある種のコネクショニズムのモデルが真に革命的なのは，それが常識（すなわち「素朴」）心理学の中心的な仮定に関する徹底的な消去主義を支持するからである．我々は，信念または命題的記憶を問題視しているのであるが，この議論は，他のすべての命題的態度について直接的に一般化できる．もし私たちが正しければ，この種のコネクショニズムの帰結は認知科学の枠をはるかに超えて広がるものである．なぜなら，もしこれらのモデルが正しいとなると，我々

の自己理解に根本的な方向転換を迫るからである.」(Stitch 1996, pp. 91-2)

これは急進的かつ革命的な自然主義である. それは, 現代の神経科学を自然化の基盤とすることから端を発し,「定説」を否定するだけでなく, 知識・説明・真実について従来から受け入れられている考えを本質的にすべて捨てることによって完結する. これは, クワインの自然主義 (この章の冒頭の引用を参照) とほぼ一致したアプローチであり, また「クーンの主張の中心的要素も支持しているようである」(Churchland 1992, p. 159).

消去的唯物論のような過激な見方には当然批判が予想される. ここで消去的唯物論に対して提起された数多くの批判についてのサーベイはしないが[46], そのうち, 経済学方法論の近年の文献にも現れる概念を含んだ一つの批判的応答を取り上げて, 本章を終えたい. その概念とは**付随性**(supervenience) である.

消去的唯物論は, 信念は脳内の生理学的過程に還元できないので, 消去すべきであると主張している. しかし, 本当にそうするべきなのであろうか. 心的活動が「究極的には」脳内の物理的過程の結果である (そしてそれだけでしかない) と認めると, 心的なものを物理的なものに1対1に還元するか, もしくは心的なものを完全に否定し去るか, のどちらかしか可能性はないのであろうか. 心的活動が脳内の物理的な過程に起因するとしても, 同じ心的出来事の物理的な具現化が1つ以上ある (可能性がある) としたらどうであろうか. もし2人の人があらゆる物理的・化学的な点において同一の脳を持っていたら, この2人の思念 (心的活動) が同一であると考えるのは理にかなっているように思えるが, その反対に, 2人の人の思念, 例えば飢えや性欲が同じだからといって, この2人の脳が物理的・化学的に同一であるということには必ずしもならない. 異なる2人の人は同じ脳を持たずに同じ思念を持つことができるが, もし同じ脳を持っているとしたら, この2人の思念は同一であるだろう. この考えは付随性の概念においてうまく示されている[47]. 性質Bを同定すると性質Aが同定される場合, つまりBを変えることなくAを変えることができない場合, そしてその場合にのみ, Aは**Bに付随する**, という. したがって, 心的なものが物理的なものに付随するとしたら, 異なる物理的過程なしに異なる思念はありえない, ということになる. しかし, 異なる物理的過程が同じ思念をもたらす可能性は残されている. したがって, 心的なものが物理的なものにたんに付随するのみなのであれば, 唯物論的存在論へのコミットメントを支持したとしても, 心理的タイプを物理的タ

イプに還元する必要はないのである．このような付随性の概念を用いて素朴心理学と唯物論を調和させることができるかという議論は長期化しており（Stitch 1996，第5章を参照），終結しそうにない．

　付随性の概念は，消去的唯物論と心の哲学に関連して論じられることが最も多いが，（経済学を含む）社会科学の哲学における多くの伝統的な議論に適用することも可能である[48]．まず社会科学における方法論的個人主義の問題を考えよう．方法論的個人主義は伝統的に還元主義——社会的なものを個人的なものに還元すること——を意味するが，付随性は別の可能性を開く．もし社会的なものが個人的なもの（もしくは個人の総体）に**付随**するとすれば，同一の個人の行動は同一の社会行動をもたらすが，社会行動は必ずしも個々の行為者の行動には還元できないということになる．言い換えれば，「同じ個人」は「同じ社会」を意味するが，「同じ社会」は「同じ個人」を意味する必要はない．同様に，付随性はミクロ経済学とマクロ経済学の関係についての異なる考え方を提供する．「ミクロ的基礎」についての標準的な考え方は還元主義的である．マクロはミクロ（通常は特定の形式のミクロ）に還元される必要があり，ミクロに還元できない場合は消去する必要がある，と考えられている．しかしもしマクロが単にミクロに付随するだけであるとしたら，ミクロ的行動がある意味でより基礎的である（同じミクロは同じマクロを意味する）という立場を維持しつつ，マクロ経済学的な特徴がミクロ経済学的行動に還元される必要はない（同じマクロは必ずしも同じミクロを意味しない）ということが可能になる．これらは，社会科学の哲学における問題に付随性の概念を適用する多くの方法のうちの2つの例に過ぎないが，経済学との関連が最も明らかな例であると考えられる．この章の主な焦点であった認知科学と生物学的自然主義から遠く離れて，最終的に付随性についての話にこのように社会的なひねりが加えられることになったが，これで社会的転回について次で論じる準備ができたといえる．

第5章　　社会学的転回

すべての事実の背後には理論があり，そしてその背後には利害がある．
［Knight 1922, p. 479］

知識の社会学は，社会のなかで「知識」として通用しているものすべてに関与
しなければならないというのが我々の主張である．（中略）人間の「知識」は
すべて，社会的状況のなかで発展され，伝達され，維持されているかぎり，知
識の社会学はその過程を理解しようと試みなければならない．（中略）言い換
えれば，**知識の社会学は現実世界が社会的に構成される過程を分析するべきで
ある**と主張しているのである．［Berger and Luckman 1966, p. 3］

科学理論の起源と正当性のあいだに強い区別を設けるのは，1930 年代の論理
経験主義の創始者たちの個人的感情的経験に根ざしている．対照的に，構成主
義的科学社会学の創始者たちにとって契機となったのは，1960 年代の経験で
あった．ヨーロッパでは，ベトナム戦争だけではなく，プラハの春や学生反乱
があった．ここでは，科学は救世主ではなく，悪役，つまり抵抗するべき既存
の権威の一部とみなされた．この研究は，批判を目的としており，科学が特別
な認知的権威であるという主張を覆すことを目的としていた．［Giere 1995, p.
7］

　自然主義的転回は，近年の科学論における唯一の実質的転回ではない．それに
関連しつつも別個となる運動が，本章で論じる**社会学的転回**である．これまでの
2 章で論じた業績を見れば，科学が根本的に社会的であるということは明らかで
ある．クーンやその他の論者は，科学は社会的な活動であり，コミュニティのな
かで行われるのであり，集団的に保持されるパラダイムが，科学者の「見る」も
のに強く影響することを強調した．科学理論や，その他の科学の知的産物は，
（少なくともほとんどの論者にとって）一種の信念であるので，科学が社会的で
あるということは，科学理論が特殊なタイプの社会的信念であるということを意
味する．ここでもし，ほかの種類の社会的信念——例えば，近親相姦の禁忌や，
インフレ期待と金融政策の関係——を考察したいのであれば，その人は，関連す
る社会科学を学ぼうとするだろう．したがって，科学コミュニティのなかにいる
人々の信念を考察するときにも，社会科学を利用するべきではないだろうか．社
会集団のほかの信念を説明するのに利用する社会的要因によって，科学的信念を
説明するべきではないだろうか．社会学的転回の推進者は，**そうするべきである**

167

と答える．科学的信念は実際に，ほかの社会集団によって保持されている信念を説明するのとまさに同じ方法で説明されるべきなのである．

　科学的信念とほかの社会的信念を説明するときの対称性という議論は一般的な社会学的転回の一側面でしかなく，我々の説明方法においてどの社会理論を用いるかという問題が即座に生じる．科学者の信念を説明するのに，機能主義的，構造主義的，行動主義的，マルクス主義的，社会生物学的，合理的選択理論的，あるいはゲーム理論的な観点のうちどれを用いるべきであろうか．存在するすべての社会理論のアプローチと同じだけ多くの，科学に対する社会学的アプローチが存在すると思われる．自然主義的転回と同様に，社会学的転回に関しても，そうしたアプローチ全般に対する人々の態度は，その特定のバージョンについての態度と密接に結びついていることを見いだすであろう．支持者たちは，社会学的アプローチ全般を賞賛するとき，実際にはある特定の社会理論の応用のみを支持している場合がある．また同様に，批判者は，本当はある特定の研究を批判対象にしているにもかかわらず，社会学的アプローチ全般を批判するという場合もある．

　社会学的アプローチに関する別の問題は，前章で論じた，改革主義的自然主義と革命主義的自然主義の区別と類似したものである．第1に，科学的信念に対する社会学的アプローチは，従来の科学認識論や科学哲学に取って代わるのか，それとも，これらの観点を補強することになるのであろうか．第2に，社会学的アプローチが哲学に置き換わるとすれば，従来の認識論的問題に特定の（新しく異なる）答えを与えることになるのか，それとも，たんに議論対象を変えてしまうのだろうか．最後の問題は規範と記述の区別にも関係するが，この問題に対して社会学的転回は，上述の認知学的アプローチや生物学的アプローチとはすこし異なる解釈を与える．その違いは，社会学的研究の大部分にとって，その結論は規範的であるが否定的であること，つまり，社会学者がたんなる記述の範疇から出るとき，彼らは，科学的信念には，科学が従来付与されてきた認識的価値がないとしばしば主張することである．したがって，社会学的アプローチはしばしば，クーンらの研究のように，科学知識に関して相対主義的（具体的には社会的相対主義的）観点をとっていると評価される．

　最後に，自然主義の論点がある．社会学的アプローチはどの程度まで自然主義的でもあるのか．言い換えれば，科学知識の社会学は自然主義的認識論の一種であると言えるのか．自然主義と社会学的アプローチとの関係に関して，一定の意

見の相違はあるが，明確な多数派意見が存在するようである．大多数の論者は，自然主義と社会学を，科学知識に対する**代替的アプローチ**とみなしている．実際に，「定説」の崩壊に際して，自然主義と社会学はしばしば，実証主義的科学哲学がかつて占めていた地位を目指す2つの主要な学派として特徴づけられる．**筆者はこの多数派意見を支持しない**．筆者は，科学知識に対する社会学的アプローチを，自然主義の1つのバージョンとして提示する．筆者の理解では，社会学は，広義の自然主義的転回が進んできた様々な車線のうちの1つでしかない[1]．このような立場に対する弁護は以下のページでより詳細に行うが，本章の序論において3つの論点を強調したい．第1に，自然主義と同様に，社会学的アプローチはすべての現象——岩石，木，天体の星座，産後うつ，財務省証券の利子率，そして科学者の信念——を，正当な科学的研究の主題とみなしている．第2に，他の自然主義認識論の提唱者と同様に，科学社会学者は一般的に言って実証的であり，科学知識の考察において伝統的な**先験的**アプローチを避ける．科学社会学者にとっては，認識論は特定の科学における理論形成に対して，自律的でも，独立でもない（用いる科学が社会学であり，認知科学や生物学ではないというだけである）．第3に，「何にもとづいて自然化するか」という問いが自然主義の主要な問題であると考えるなら，行動主義心理学・認知科学・生物学にもとづいて行うのと同じくらい容易に，社会学にもとづいて自然化することが可能である．自然化の基礎としての社会学の有効性は，社会学が生物学（や認知科学）のような威光を持たないという事実によって明らかに損なわれるけれども，知識の自然化において（自然理論ではなく）社会理論を用いることに何の観念的問題も存在しない．

　以上は，社会学的転回に関して生じる問題の一部でしかない．他の多くの問題は，本章において様々な論点を論じるなかで現れるであろう．構成は以下の通りである．3つの節があり，第1は，社会学的転回の歴史的および哲学的背景を提供する．第2節では，現代の科学知識の社会学（Sociology of Scientific Knowledge, SSK）の様な研究プログラムを議論する．第3節では，社会学的研究動向におけるひとつの論争を考察し，経済学への含意について論じる．

5.1 社会と科学知識

5.1.1 科学と社会

「定説」のもとでは科学は，世界についての一連の真実の命題，あるいは，いずれにせよ確証され（あるいは，験証され），認識論的に正当な命題として特徴づけられる．これらの命題を熟考し，判断を下すのは，自己完結した科学哲学という分野の仕事であった．しかし，「定説」の崩壊はすべてを一変させた．科学はもはや神聖ではなくなり，社会的で理論負荷的であり，過小決定性にさいなまれ，きわめて異質な要素に満ちており，以前の明快な階層的体系（理論 対 実証，理論 対 実践，発見 対 正当化，科学 対 ほかの文化的活動，など）のないものとみなされる．アンドリュー・ピカリングの言葉を用いるなら，科学は，「バラバラで，分裂した，断片的なものとしてみなされる」ようになった（Pickering 1995a, p. 3）.

1970 年代に始まった科学知識の社会学（SSK）は，明らかに科学理論の以上の変化に影響を受けている．社会学的研究は，科学の社会的文化的側面に焦点を当て，前述のように，科学は，我々がほかの種類の社会的行動や信念を理解するのと同じ観点から理解されなければならないということを強調した.

> 「SSK の大きな貢献は，科学における人間的社会的次元を前面に押し出したことである．SSK は，科学における**人間の主体性**の役割を主題として取り上げたと言える．科学知識の生産・評価・利用は，現実の主体の利害や制約によって構造化されているとみなすことで，部分的に表象語彙を変更した．SSK によれば，科学的信念はまさにそのような観点によって社会学的に説明されるべきものなのである．」（Pickering 1995a, p. 9）

「定説の崩壊」は確かに重要ではあるが，SSK の台頭に寄与した唯一の要因ではない（一部の論者にとっては最も重要な要因でもない）．科学の社会的考察における初期の伝統からの影響も，クーン以降の社会学的転回の特徴を形成するのに役立った．最も影響力のある 2 つの初期のアプローチは，ジョン・デズモンド・バナールの，マルクス主義に触発された歴史研究と，ロバート・K・マートンの機能主義的研究プログラムである[2]．以下では，これら 2 つの初期のアプローチをやや詳細に論じる（マルクス主義的観点は 5.1.2 節で，マートン学派は 5.1.3 節で）.

バナールとマートンのアプローチは，SSK の直接の先駆者といえるが，実際には 20 世紀における社会学的科学論には 3 つの異なる段階があった．先駆者の

段階ののち，SSK の研究動向には 2 つの異なる段階を区別することが可能である．第一世代の研究と，それに応答したより近年の研究である．ストロング・プログラムと社会構成主義は，クーンおよび「定説の崩壊」に触発された SSK の第一世代であり，この第一世代のつぎに，この 2 つの研究プログラムの弱点に対応したより近年の（第二世代の）研究動向が現れた．その弱点のうち一部は，SSK の外部（特に哲学者）からの攻撃の結果として明らかになったのであるが，分野内部の批判的議論の結果として明らかになった弱点もある．5.2 節では，SSK の研究動向の 2 つの段階について議論する．すなわち，第一世代の 2 つのバージョン——ストロング・プログラム（5.2.1 節）と社会構成主義（5.2.2 節）——と，より近年の展開（5.2.3 節）である．もちろん以下の論述は，包括的なものではなく，本書の他の箇所と同様，経済学および経済学方法論に最も密接に関連するアプローチに焦点を当てることを指針としている．

これらの特定の研究プログラムを考察するにあたって，いくつかの，頻繁に現れるテーマを念頭に置いておくことが重要である．第 1 のテーマは，**社会的構成**の問題と，それに関連した**相対主義**の問題である．以上のさまざまな SSK のアプローチは，どの程度まで科学を（たんなる）社会的構成物と考えているのであろうか．言い換えれば，SSK 内部の様々な研究プログラムは，科学の対象や理論は，人間的・社会的要因によって完全に構成しつくされたものであるという考え方，つまり，科学的信念の決定において，客観的自然の役割を全く認めない考え方をどの程度まで支持するのであろうか[3]．SSK 内部のさまざまな研究プログラムは，これらの問いに対してきわめて異なる返答を与える．第 2 の論点は，**再帰性**の問題である．科学者の信念は社会的文脈によって決定されるとすれば，SSK を研究する社会科学者の信念も社会的文脈によって決定されるのではないか．社会学的アプローチもまた，社会学を適用しなくてはならないのではないか．もしそうであるなら，この研究の方向性自体（特に，その批判的な側面）を損なうことにはならないであろうか．これは，社会学的アプローチの歴史においてとても重要な論点であり，より近年の研究動向で生じた展開の多くを理解する鍵となる．最後に，しかし最も重要なことに，経済学と経済学方法論についての論点がある．これらの社会学的アプローチの多くは，経済学者が科学者を経済主体として分析した場合の議論にきわめて類似しており，どの社会科学を科学の社会的考察に用いるかという重要な問題につながっている．

5.1.2 科学論におけるマルクス主義の伝統

カール・マルクスの『経済学批判』の序文の最初の数ページには，唯物史観の古典的な表現がある．

「生存資料の社会的生産において，人間は必然的に，かれらの意志とは独立に，明確な関係に入る．すなわち，特定の物質的**生産力**の発展段階に適した**生産関係**である．（中略）ある発展段階において，**社会の物質的生産力は，既存の生産関係と対立するようになる**．（中略）これらの関係は，生産力発展形態に対する足かせへと変化する．そして社会**革命**の時代が始まる．」
（Marx 1859, pp. 21-2，強調引用者）

マルクス自身は，生産力に対する科学や科学知識の寄与についてほとんど何も論じていないが，明示的に物質的生産力のなかに科学知識を含めることは完全に正当であり，史的唯物論の精神にも一致する．マルクスの歴史理論にこのような好意的な修正を加えれば，資本主義的生産関係は科学の生産力に当初は「適している」が，科学知識の生産力の拡大は次第に，資本主義的生産関係と「対立するようになる」であろう．この修正を加えた史的唯物論のもとでは，科学と資本主義はともに成長する——資本主義が科学革命を許容する——が，「ある段階において」ブルジョア的所有関係が，さらなる科学の生産力拡大への「足かせ」となる．一般的な生産力発展と同様に，完全な科学の発展のためには，現在支配的な生産関係に対して激しい変化を起こす必要がある．したがって，資本主義的社会の革命的転換が必要となる．史的唯物論の決定論的理解および，資本主義の発展と科学知識の拡大との関係に関するこの必然的な結論は，1930 年代イギリスのマルクス主義的科学史家にとって重要な洞察となった[4]．

マルクス主義に触発されたこの研究動向の代表的な人物は，科学者（結晶学者）で科学史家の J・D・バナール（John Desmond Bernal, 1901-1971）であった（Bernal 1939, 1953）．バナールの主要な著作は，ニュートンの『プリンキピア』の社会的・経済的基礎に関するボリス・ヘッセン（Hessen 1931）の初期の論文に直接影響を受けたものである．ヘッセン，ブハーリン，および多くのソビエト知識人が，1931 年夏にロンドンで開かれた科学技術史国際会議に出席した．『岐路に立つ科学』（Bukharin et al. 1931）として出版された彼らの論文は，唯物主義的な科学史研究に重要な貢献をなした[5]．サイモン・シェーファーはヘッセンの議論を以下のように概括している．

172

「ヘッセンは，ニュートンの最も偉大な業績を，ブルジョア階級の技術的必要性を満たすためのものとして，それゆえ17世紀半ばの革命期のイデオロギー対立に条件づけられたものとして描いた．さらに，この分析を用いて，ソビエトの科学政策，および，社会主義が科学の発展に提供する可能性を熱烈に支持した．『社会主義社会においてのみ，科学は真の人類全体の所有物となる』．」(Schaffer 1984, p. 23)[6]

バナールとかれの仲間たちは，この基本的なマルクス主義的歴史叙述を用いて，科学史上の多くのほかのエピソードに関する研究を生み出し，さらに，科学の社会計画化を提唱する大衆的な運動も展開した．バナールの研究は，18世紀および19世紀の科学技術を，工業化と資本蓄積の過程と同一視した．これは，同時代の近代科学の台頭と工業資本主義の発展を説明したが，それはまた，現実の人間の必要性に対応し，かつ搾取や資本蓄積の作用を強化しない，新しい社会主義的科学発展への知的土台を提供した．ヘッセンと同様にバナールにとって，科学を資本主義的隷従から解放するには政治的革命が必要であった．

「資本主義は，初めて科学に実際的な価値を認めたように，初期の科学の発展に必要であったが，科学の人間的重要性は，資本主義のそれをあらゆる面において超越する．人類に奉仕するための科学を完全に発展させることは，資本主義の継続とは相容れない．」(Bernal 1939, p. 409)

バナールおよび彼の学派のメンバーたちは，20世紀初期における，唯一のマルクス主義的科学史家や科学社会学者ではなかったが，彼らは間違いなく，のちのSSK内部の発展に対して最大の直接的影響を与えた研究者グループであった[7]．このつぎの主要な影響は，次節で論じる（主としてアメリカの）マートンの科学社会学であるが，マートンの研究は，少なくとも初期の段階においては，ヘッセンらのマルクス主義的研究に刺激を受けていた．

マルクス主義的科学史・科学社会学研究の議論を終える前に，2つの論点を指摘したい．第1に，この研究動向は，（第4章で論じた心理学的研究にも当てはまるが）自然科学と社会科学の伝統的な関係性を覆しているように思われる．自然科学が社会科学の知識の源泉であるのではなくて，社会理論（マルクス主義）が科学的活動の本質や重要性についての知識の源泉なのである．

「科学に対するマルクス主義の重要性は，科学を，完全な超然性という想像上の位置から取りはずし，経済的・社会的発展のきわめて重要な一部として

第5章　社会学的転回　　173

説明することにある．こうすることによってマルクス主義は，歴史のあらゆる時点において科学思想を貫いてきた形而上学的要素を取り払うことに貢献する．これまで分析されてこなかった，科学進歩の原動力に気付かせてくれたのはマルクス主義であり，マルクス主義の現実的成果をつうじて，この認識を，人類の利益のための科学の組織化のなかに具体化させることができる．」(Bernal 1939, p. 415)

この研究には，自然と社会の逆転という要素が間違いなく存在するが，それを過剰に強調するべきでもない．ヘッセン，バナール，およびその他のマルクス主義科学史家はたしかに，科学進歩の速さや方向性に対する資本主義的生産様式（およびその除去）の影響を強調したが，社会経済的条件が科学の実際の**内容**を（完全に，あるいは大きく）決定するとまでは主張しなかった．これらの論者にとって科学は，基本的に真理であり客観的であった．その速さ，方向性，および応用は社会的に条件づけられるが，その内容はそうではない．マルクス主義そのものが，科学知識の代表的事例であるが，このことは自然科学の認知的優位を覆すことにはつながらなかった．「科学の発展をその歴史的条件に結びつけようとする努力にもかかわらず，かれらは間違いなく知識の批判者ではなかった．かれらは，科学の完全な発展を阻害している経済体制の批判者であった」(Aronowitz 1996, p. 209)．このように文脈と内容を分離することは，SSK の著作では一般に主張されない．

第 2 に，このマルクス主義的研究は，科学社会学の 1 バージョンと言えるが，同様に**科学の経済学**の 1 バージョンとも言える．マルクス主義，特にヘッセンやバナールが受け入れた決定論的マルクス主義は，歴史の経済理論である．純粋に社会学的な要素も含んでいるが，この社会的要素はつねに経済的作用に従属的である．のちの社会学的研究には，科学社会学というよりは，科学の経済学の雰囲気をもつものがあり，さらに科学の経済学と呼ぶことが適切なものさえある．

5.1.3　科学論におけるマートンの伝統

ロバート・K・マートン（Robert K. Merton, 1910-2003）の 1935 年の博士学位論文（Merton 1970）は，17 世紀イングランドの自然科学の台頭に焦点を当てており，部分的には初期のマルクス主義的科学史への反論でもあった．マックス・ウェーバーの『プロテスタンティズムの倫理と資本主義の精神』と同様に，マートンは，

（資本主義的生産関係ではなく）プロテスタントの禁欲的観念・規範・価値が，近代科学発展に対する適切な文化的前提条件を生み出したと主張した．ヘッセンやバナールと同様に，マートンは，（実際の内容以外の）科学の力・方向，そしておそらくその外観さえも決定した外的要因に焦点を当てた．違いは，マートンにとっての作用因が，マルクス主義的価値法則のような経済的作用ではなく，規範や文化的価値のような社会学的なものであったということにある[8]．

　科学がなぜ17世紀のイングランドで発展したのかという問いは，科学の一般的認知的優位の問題に自然と結びつくように思われる．科学はたんに誕生しただけではなく，消滅しなかった．文化的権威の中心を，（聖職者をつうじた）神から（科学をつうじた）自然へ移行させ，他のあらゆる形態の知識獲得手段を無効にした．科学の文化的前提条件を見いだすためには，科学に独特な文化的特徴，つまり，初期の科学の台頭を可能にし，そしてその後に，科学の認知的覇権の維持を可能にした文化的特徴を特定する必要があるように思われる．マートン学派にとっての究極的な問いは，文化的諸制度のなかで科学の独自性を保証するものは何か，そしてこのような特徴はどのように，社会のなかで科学の立場を正当化し，維持するように機能するのかということである．この問いに暗黙に含まれる機能主義に注意することが必要である．重要な文化的特徴を特定し，そしてそれがどのように，科学の社会的制度化を維持するように**機能**するかを示す．マートンは，機能主義社会学の代表的人物であり，この観点は間違いなく，彼のバージョンの科学社会学に反映されている．

　マートンは，科学の道徳的規範を一意的に特徴づける4つの文化的価値を特定した．

- **普遍主義**：科学的評価基準は，特定の個人やグループにのみ当てはまるものではない．科学的基準は，個々の研究者から独立であり，すべての人に適用される．
- **公有主義**：科学は知的共同体である．科学者は結果やデータを，広く科学コミュニティと共有する．
- **利害超越性**：（科学者としての）科学者は，彼の研究の影響に関心を持たない．科学者は，研究に対して政治的・金銭的報酬を求めないので，議論が導くところを追求することができる．
- **懐疑主義**：どの科学的結果も，実証的・論理的基準に従って注意深く精査され

るまでは受け入れられない．科学者は，科学的基準に従って論証されるまでは
どのような結果も信じることを拒否する．

マートンによれば，この4つの規範は全体として，科学コミュニティを維持・
正当化するように機能する．この規範によって，科学コミュニティは，文化一般
に対して自律的に（あるいは少なくとも擬似的に自律的に）機能することが可能に
なり，信頼できる科学知識生産のための適切な社会的文脈が与えられる．マート
ンがこの4つの制度的義務を，記述的なものであると同時に規範的なものとみ
なしていることに注意するのは重要である．それは明らかに，科学的探求の適切
な行為を指し示す規範であり，科学コミュニティが目指す「べき」理想的基準を
表している．しかし，マートンは，その4つの規範は，成功した科学者のほと
んどが体現している文化的価値を正確に記述しているとも信じているようである．

> 「科学の道徳規範は，科学者を規制するための有効に調整された価値・規範
> の体系である．この規範は，指針や禁止，選好や許可の形で表現される．そ
> れは，制度的価値として具体化される．それは，教訓や模範によって伝達さ
> れ，制裁によって強化される規則であり，個々の科学者によって様々な程度
> で内部化され，それゆえ科学者の科学的良心となる．」（Merton 1973, pp. 268-
> 9）

重要な意味において，マートンの4つの規範は，従来の科学哲学が提示する
（より）**先験的**な基準に完全に**取って代わる**．論理経験主義の検証主義やポパー
の反証主義の基準は，科学における適切な行為を示す規範でもある．科学に固有
の，そして科学を規定する特徴であり，最善の科学的実践において観察できる
（と哲学者が考える）規範である．**個人の行動に関するルール**ではなく**社会規範**
であるということをのぞけば，これは，マートンが提示した議論とまさに同じ種
類のものであるように思われる．ラリー・ラウダンがこの関係を概括している．

> 「しかし，明らかであるのは，この時代の社会学者と哲学者は，『事実』に関
> する科学者間の合意は自然な状態であると考える傾向があり，それは『より
> 深い』レベル——（哲学者の言う）手続き・方法のレベル，あるいは（社会
> 学者の言う）制度的報酬メカニズムに組み込まれた規範・基準というレベル
> ——での科学者間の合意の直接的結果であると主張することによって，その
> ような事実に関する合意を説明しようとした．」（Laudan 1984, p. 11）

社会学者トマス・ギエリンは，同様の議論をしているが，ポパーと直接結びつ

けている.

「科学と非科学の境界画定基準として，反証可能性の代わりに制度化された科学的道徳規範を用いるとしても，マートンの議論はポパーの議論と同じくらいに本質論的である．（中略）実質的には，外的な政治的・文化的介入は，正当な知識の拡大を可能にする道徳的条件を損なうと主張することによって，4つの科学の社会的規範はそのような侵犯から科学の自律性を守る．（中略）規範を境界画定基準と解釈するなら，制度化された道徳的枠組みに沿わない知識生産活動は非科学でなければならない．」(Gieryn 1995, pp. 398-9)

境界画定の1バージョン（共有された社会規範のバージョン）を見いだそうとする欲求，つまり，科学における**普遍性**および**固有性**を見いだそうという欲求——ポパーや論理実証主義の科学的「方法」にせよ，マートンの制度的「規範」にせよ——は，マートンの科学社会学のなかに存在するが，現代のSSKのほとんどの研究には存在しない．現代の研究の多くは，科学の内容さえも社会的に構成され，条件づけられていると考える（したがって，科学は普遍的でも，固有でもない）．この理由において本書では，**科学社会学**と**科学知識の社会学**（SSK）という区別を用いる．つまり，科学社会学は科学の客観的正当性を疑問視することはない．マートンのように，科学社会学者は一般に，科学は客観的な世界についての信頼できる知識を提供すると想定し，科学的事業の成功を可能にする社会的文化的文脈を記述することに集中している[9]．科学社会学にとって，科学の内容ではなく，文脈のみが社会的である．以下の本章で論じる研究の大半はこの区別を受け入れない．それは，科学知識の社会学だからだ．これらの論者にとって，科学の文脈だけではなく，その内容も厳然として社会的である．科学社会学とSSKとの区別は便利であるが（筆者も本書をつうじてその区別を維持するが），この区別は，一見して感じるほど明快ではなく，個別の事例に適用するのが難しい場合もある．問題は，このような態度の違いは程度の差であり，2つのグループのうちいずれかにきれいにおさまらない場合がしばしばあるということである．もう1つの問題は，特定の著作や，1人の論者の異なる時点での別の著作の間で，この問題の論述に多くのずれがあるということである．前述のとおり，上記の区別は，便利であるが，不完全な概念ツールである．

科学社会学に関するマートンの評判は，主として彼の科学の4つの規範および関連する文献によって確立されたが，彼はより具体的な実証的分野への多くの

第5章　社会学的転回　　177

貢献でも有名である [10]．実証的方面では，マートンは一般的に言って，アメリカ科学社会学実証学派の創始者である．マートンや，彼の教え子や，この学派のほかの研究者たちは，「科学の一分野における，科学者の社会形成と認知的発展のあいだの相互作用」(Merton 1977, p. 23) を研究するために様々な統計技法を駆使した．引用分析，内容分析，およびマートンが「人物研究」と名付けた一種の歴史分析のような実証的アプローチは，科学構造に関する無数の異なる問題に適用された．これらの研究は，第二次大戦後の経済学で計量経済学が果たしたのとほぼ同じ役割を果たした．マートンの機能主義という理論的枠組みは（新古典派総合と同様に）多様な実証的問いを生み出し，これらの問いはさらに，特定のデータセットを用い，機能主義的研究プログラムの理論的ひねりと，わずかに新しい統計技法を組み合わせた様々な研究に対して素材を提供した．同じ時代の，これらの研究と大部分の応用計量経済学とのあいだの相違は，社会学ではデータの創出が主要な貢献とみなされ，統計技術はそれほど重要ではなかったのに対して，経済学では，データは通常，政府（や中央銀行）によって提供され，計量経済技法が主要な貢献とみなされたということにある．

　科学社会学における実証研究を主導したことに加えて，マートンは，この研究動向において標準となった多くの（ときに矛盾した）概念を導入した．マートン (Merton 1936, 1948) は，「自己成就予言」の概念を社会科学のなかで有名にした．それは，自然科学と違って社会科学では，予言が行われなければ実現しなかったにもかかわらず，予言があることによってその予言を実現するように人々の行動が変化する場合があることを指す概念である．この現象の経済的事例としては，深夜の人気トーク番組の司会者が番組でトイレットペーパーの不足を予言することで実際にそれを引き起こした事例や，新しい古典派マクロモデルでの非対称的期待というより専門的な問題などがある (Hands 1990a; Sent 1998a)．マートンは「マタイ効果」を取り上げた人物でもある (Merton 1968)．マタイ効果とは，たとえ比較的無名の著者の研究のほうが実際には優れていたとしても，確立した評判のある科学者のほうが，論文を受理されたり，功績を認められたりする傾向があるという概念である．「マタイ効果」は，現代の学問文化において広く受け入れられた言葉であるようである [11]．マートンの第3の貢献は「複数性」——科学史における，複数の独立的発見の役割——である．この考えはのちに，クーンや他の学者の研究にも現れる [12]．

178

マートンの科学的道徳における4つの規範にせよ，マートン学派の実証研究にせよ，科学内部の文化に関する上記の諸概念にせよ，マートンの研究は科学を優位な地位に据え置いた．マートンの方向性はバナールらのマルクス主義者とはきわめて異なる（し，おそらく正面から対立する）が，マートンも自然科学者の認識論的高みに疑問を投げかけなかった．デイビッド・エッジ（David Edge 1995, pp. 12-15）の，科学社会学における「技術官僚」的衝動と「批判」的衝動とのたえざる緊張関係という概念を用いれば，バナールとマートンの研究はともに技術官僚のほうに該当する．バナールは資本主義の批判者であったが，自然科学の批判者ではなかったし，マートンはどちらの批判者でもなかった．この一致はクーン以降のSSKでは消滅する．第1のグループ，ストロング・プログラムの批判者たちの騒動があり，次第にそれは，追随者たちの轟音に変わっていった．

5.2 科学知識の社会学

もちろん，社会学的転回はバナールやマートンによって始められたわけではない．それは，「定説」の崩壊，およびクーンやクワインのような歴史家・哲学者の，理論・社会負荷性や過小決定性などの洞察が一般に受け入れられたあとで生じた．以下で見るように，このより新しい社会学的流れ（SSKという第一波）は，きわめて幅広い見解を含んでいたが，最小限の共通の発想もあった．これらの異なるアプローチはすべて，「科学の社会的次元に対する敏感さとともに，哲学的先験主義の拒絶によって団結していた」（Pickering 1992, p. 2）．以上でSSKを論じるための準備が整ったので，最初の代表的な研究プログラムであるストロング・プログラムをさっそく論じよう．

5.2.1 ストロング・プログラム

クーン以降の科学社会学におけるほかのどのアプローチにもまして，**ストロング・プログラム**は，その機能と目標に関して非常に意識的であった．ほかのプログラムは，大まかに共有された戦略や信念によってのみまとまっていたが，ストロング・プログラムはメンバーを有していた．この結束の強さは，プログラムの初期の著作が基本的な研究戦略を提示し，それをほかの科学哲学・科学社会学の視点と比較するという，プログラム形成を意識したものであったことに起因する．

この自己意識はプログラムの結束を強めた一方で，その方法論上の率直さは批判者（特に哲学者の批判者）の格好の標的となった．ストロング・プログラムは，科学を理解するための新奇なアプローチを提示したが，そのアプローチの弁護は，哲学者にもなじみのある専門的語彙でなされた．「こうやって科学を考察するべきであり，こうすることによってこのような便益がある」．彼らになじみのある議論であったので，哲学者と歴史家はすぐに攻撃を始めた[13]．

ストロング・プログラム，あるいはエジンバラ学派は，バリー・バーンズ（Barnes 1974, 1977, 1982），デビッド・ブルーア（Bloor 1976/1991, 1983），ドナルド・マケンジー（MacKenzie 1990），スティーブン・シェーピン（Shapin 1982）らの研究を中心に形成された．プログラムの相対的な一体性にもかかわらず，グループの論者のあいだでの考えの違いは存在した．公式な設立宣言が書かれることはなかったが，おそらくそれに近い著作がブルーアの『知識と社会表象』（Bloor 1976/1991）である．ブルーアは，前述の自己意識をもって，体系的にストロング・プログラムの論点を示した．より最近には，バーンズとブルーアとヘンリー（Barnes, Bloor, and Henry 1996）が，SSK の内外からの初期の批判に答えるためにストロング・プログラムの方法論的立場を主張し直し（そして明確にし）た．

マートン学派とは違って，ストロング・プログラムは科学知識の内容に関心を持った．ブルーアは，以前の考えは「そのように生み出される知識の性質には干渉しなかった」（Bloor 1991, p. 3）と論じた．このアプローチは自然主義的であり，具体的には，第 4 章で論じた一般的自然主義である．ストロング・プログラムは，「純粋に自然現象として，科学知識を含む知識に関心をもつ」（Bloor 1991, p. 5）．「知識社会学におけるストロング・プログラムを描き出すうえで，私は社会学者が社会学の自然主義的思考を無意識に適用すればどうなるかを考えようとした」（Bloor 1991, p. 157）．

ブルーアの研究計画は，自然主義的であるだけではなく，実証的でもあった．考察対象の「知識」は，哲学者によって特権を与えられ公認された特別な知識ではなく，実際の科学者が知識とみなすものである．「真なる信念として——あるいはおそらく，正当化された真なる信念として——知識を定義するのではなく，社会学者は，どのようなものであろうと人々が知識として理解するものを知識と考える」（Bloor 1991, p. 5）．この出発点は，科学哲学とは根本的に異なるが，科学知識を**社会的**現象として考察するための正攻法であるように思われるだろう．

ブルーアにとって,「科学知識」は科学者コミュニティの内部で自然に生じるものであり,それは,すべての自然的経験的現象と同様に,科学的説明を加えることが可能である.要するに目標は,科学知識という,特定の種類の社会的現象の科学的考察に(社会)科学を用いることである.ブルーアにとって,ストロング・プログラムはたんに科学を実践しているだけなのである.それは,特定の領域(科学知識)の考察に向けられた特定の科学(社会科学)であるが,それでもそれが科学であることにかわりはない.

> 「この議論をつうじて,私は,現代科学の大半の観点を当然視し,支持してきた.(中略)全体的な戦略は,可能なかぎり密接に,社会科学をほかの実証科学の方法と結びつけることであった.他の科学と同様に進めればすべてうまくいく,と私はとてもオーソドックスに述べてきたのである.」(Bloor 1991, p. 157)

しかし,科学の方法をある主題に適用するには,その以前に科学的方法とは何かについて知っていなければならないのではないか.そうすると,純粋に自然主義的世界から離れ,科学とは何かを判断する従来の科学哲学者の意見を聞かなければならなくなるのではないだろうか.そうではないと,ブルーアは答える.

> 「ピアノを習うときには,自分のピアノ教師の演奏に特有の特徴を指摘することはできないだろう.しかし,間違いなくまねようとすることはできる.同様に,現在の科学的実践例を見ることで思考の癖を身につけ,それをほかの領域に移す.(中略)私の提案はたんに,実験室で獲得した直感を知識自体の考察に転用するということである.」(Bloor 1984, p. 83)

このようにブルーアは,ストロング・プログラムを,一定の成果を収めている(社会)科学と考えており,そのような科学は,見よう見まねで,あるいは帰納的に実行することが可能であるので,基本的な自然主義の立場を放棄する必要は決してない.これがメタ方法論であるとすると,実際の方法は何であるか.そのアプローチの詳細は何であるか.言い換えれば,ストロング・プログラム社会学はどのように実行するのであろうか.

ブルーアは,ストロング・プログラムの**4つの方法論的原理**を提示しており,この4つの原理が有効にこのプログラムを**定義する**(Bloor 1991, p. 7).

・**因果性**:科学者の信念をもたらす因果的条件を追求する.

・**公平性**:真実と誤謬,あるいは合理的信念と不合理的信念とに対して公平であ

る.

・**対称性**：真実の信念と誤った信念の説明には，どちらにも同じ種類の原因を用いなければならない.

・**再帰性**：提示する説明は，科学社会学にも適用可能であるべきである.

この4つの原理は，ストロング・プログラムの方法論的核心となっており，膨大な批判研究が生み出された.この批判研究や，それに対するストロング・プログラムの応答を論じる代わりに，後のSSKの研究動向や経済学に関連する1つの問題に限って言及しよう.

考察するべき主要な論点は，ストロング・プログラムにおける**利害関心**の役割という論争的な問題である.（1）科学者の信念の原因を追究し，（2）その信念のうち真実のものと誤りであるものに対して公平で対称的であり，（3）同じ因果的主張を自分自身の研究にも当てはめる意志があるかぎりにおいて，ブルーアの4つの原理は，科学者の信念を説明する作業にどのように取り掛かるべきかを必ずしも明示しているわけではない.議論のための議論として，以下のような心理学的主張をするとしよう.すなわち，科学者は無意識に自分の子供時代の世界観を取り戻すために，自然の普遍的法則を信じるようになるという議論である.この議論を，ブルーアの4つの原理と整合的に提示することは可能であると思われる.それは，因果的な仮説であるし，科学者の理論が真実であろうと誤りであろうと，その理論に対する科学者の信念に適用できるし，一般法則を追求する社会学者にも適用することができる.

もちろん，筆者はこの心理学的仮説を真剣に提案しているわけではない.要点は，用いられる仮説が4つの原理に適合しているかぎり，科学者の信念を説明するのにどの社会科学・人間科学を用いるべきかを4つの原理は明言していないということである.このため，ストロング・プログラムは，科学者の信念を説明するために，幅広い範囲の社会科学・人間科学の理論を用いていると考える人がいるかもしれないが，これは正しくない.ストロング・プログラムは，科学的信念を説明するのに，ほぼ例外なく1つのアプローチに依拠している.つまり，科学的信念は，科学者の**社会的利害関心**にもとづいて説明されるのである.その利害関心は，全体的な社会関係の様式のなかで科学者が占める特定の位置に依拠し，またそこから発生する.したがって，任意の一時点において，意味のある利害関心は様々な——個人的，集団的，職業的，階級的，国家的，などの——形態

をとるが，どの利害に注目するかに関わらず，ストロング・プログラムの主張はつねに，次のような議論に帰着する．すなわち，特定の信念は，それをもつ科学者たちの「利害」に適っており，その科学者たちがこの信念を保持する理由は，（因果的に，公平に，対称的に，そして再帰的に）この利害によって説明できるという議論である．これは，（4つの原理と整合的な）唯一の社会科学・人間科学アプローチではないが，実際に利用されている代表的アプローチである．科学者の信念を説明するために社会的利害を用いることは，**ストロング・プログラムを識別する主要な特徴**である[14]．

　もちろん，利害関心による説明は，ストロング・プログラムの研究が提起した多くの争点のうちのひとつでしかない．他の多くの論点は，以下の社会学的転回の議論のなかで現れるであろう．ストロング・プログラムはクーン以降の研究プログラムのなかで最も初期のものであり，また，その支持者は方法論に関してきわめて明示的であったので，ストロング・プログラムはSSKののちの研究にとって，参照点としても，また出発点としても機能した．

5.2.2　社会構成主義

　SSKの第一波には，相互に関連しているが別個の2つのプログラムがあった．ストロング・プログラムと**社会構成主義**である．近年，構成主義は，その主張を特定するのがはるかに困難であるにもかかわらず，ストロング・プログラムより高い関心を呼んでいる．ストロング・プログラムが，相対的に堅く団結した学派とみなすことができるとすれば，社会構成主義は，強いウィトゲンシュタイン的家族的類似性を共有する様々な著作家の混合とみなされるべきである．構成主義プログラムの（初期の）代表的研究には，コリンズ（Collins 1985），ノール・セティナ（Knorr Cetina 1981），ラトゥールとウルガー（Latour and Woolgar 1979/1986）などがある．

　構成主義的SSKには多くの異なるバージョンが存在するので——そして，ストロング・プログラムとちがって，方法論上の手引き書となるような特定の文章は存在しないので——，科学に関する構成主義的観点を「要約」することはきわめて難しい．しかし，試みることは有益であろう．次の数段落で，異なる構成主義的アプローチのすべて（少なくともほぼすべて）が共有する家族特性を6点論じる．このリストは，家族的類似性をすべてとらえているわけではないし，当事

第5章　社会学的転回　　**183**

者のうち多くはこのリストのなかに特定の項目が含まれていることに反発するであろうが，構成主義研究の一般的な雰囲気を伝えることはできる．この6つの論点を示したのちに，1つの特定のバージョンを注意深く議論する．それは，ハリー・コリンズの科学における再現に関する研究である．コリンズはいくつかの理由でよい選択である．すなわち第1に，彼の研究には6つの特徴がすべて含まれていること（Collins 1985）．第2に，彼は経済学への応用もおこなっていること（Collins 1991）．そして第3に，彼は近年，構成主義プログラムのうちのより急進的なバージョンに対して否定的であること，である．

第1の，そしておそらく最も明白な構成主義的研究の特徴は，それらの研究が，科学的実践に関する詳細な**考察**を含んでいることである．たとえ方法論的考察やプログラム形成を意識した議論が含まれていたとしても，それは通常，実際の（科学史からの，あるいは現在の科学的実践の現場からの）事例研究に対してみると副次的であり，事例研究のほうがが主要な貢献なのである．初期の焦点がしばしば方法論的なものであったストロング・プログラムとちがって，構成主義的研究の強調点は，その研究の方法よりも，**その研究の実際の内容例を提供する**ことにあった．つまり構成主義は一般的に，しのごの言わず直接仕事に取り掛かるのである．おそらく我々はこれを，構成主義的SSKの**現場主義**的側面と呼ぶべきである．

第2に，構成主義的研究はとても局所的で具体的であり，知識生産の特定の現場に集中している．科学革命や一般的な研究プログラムにはあまり関心がなく，焦点は，ある研究室，ある実験道具，ある結果というように，はるかにより**ミクロ**である．この局所性およびミクロな関心は，構成主義的研究の第3の特徴と一体である．それは，フィールドワーク，民族学的調査，参与観察の重視である．構成主義的研究を支える社会科学は，マルクスやウェーバーのような一般的な社会理論というよりも，人類学的なフィールドワークに近い．「社会的構成」という言葉は，バーガーとルックマン（Berger and Luckmann 1966）によって有名になったが，現代の論者は，より初期の世代よりも，細部に関心を払い，豊かに表現した個別の事例研究をおこなうことで，はるかにより有効に構成主義の発想を実践に用いている．バナールのマルクス主義やマートンの機能主義，あるいはストロング・プログラムの社会学における利害とちがって，構成主義的研究は一般的に，**厳密な予断をもって研究を始め**ない．社会学者の理論的枠組みは，考察対

象の科学者と同様に，交渉の余地があり，条件つきであり，文脈に敏感である．科学は，実際の時間のなかで実際の仕事をする実際の主体——目的を追求し，相互干渉し，資源を活用し，科学的産物を生み出す——による過程とみなされ，この研究をおこなう社会学者も，同様のことをしているとみなされる．

　構成主義的研究の第4および第5の特徴も，おたがいに密接に関連している．第四は，社会構成主義者は**ほとんど何も固定的にとらえず，ほぼすべてに解釈変更の余地がある**（あるいは少なくとも，それをする交渉の余地がある）とみなしていることである．科学知識は，科学者・かれらの代理人・研究機関のあいだの，継続中の，連続的な，徹底的に条件つきの交渉の産物である．この社会的交渉は，何が「電子」や「遺伝子」として正当に認められるかを決定するだけでなく，「研究グループのメンバー」や「科学コミュニティの利害」のような社会的範疇にも影響する．構成主義的研究の第五の特徴は，交渉の可能性の派生物であり，おそらく批判者たちにとってはもっとも不可解な点である．**自然は，科学知識に対してほとんどあるいは全く何の役割も果たさない**．批判的な哲学者の表現では，「自然からの情報は無能である」（Kitcher 1993, p. 164）ということである．実際の科学者や従来の科学哲学者が，科学によって「発見された」と考える世界は，構成主義的 SSK にとっては，発見されたのではなく「構成〔構築〕された」ものである．科学者は知識を「つくる」のであり，「見つける」のではない．ノール・セティナの構成主義的立場の要約では，

> 「われわれ構成主義者は，ありのままの世界は科学で行われていることの**原因ではなく，結果**であると信じているので，科学的説明と世界において，後者が前者の原因ではなく，結果であるように矢の方向を転換した．関心の中心は，**科学がそのような説明を生み出すとき科学で何が行われているか**に向くようになった．（中略）〔科学的発見〕は，その表現が示唆するように，見つけられるというだけではなく，**捏造**（fabricate）されてもいる——この単語のラテン語の語幹は，facere つまり『何かをつくる』である．実験室にいる科学者を観察すると，その科学的発見のその後の理解のされ方に影響する交渉過程や，意志決定過程を見出す．ある意味において，科学的発見は，それが包含する意志決定や交渉をつうじて，実験室のなかで解釈されるのである．」（Knorr Cetina in Callebaut 1993, p. 180，強調引用元）

　科学的事実や発見や産物の構成という考え方は，観念論的存在論を意味してい

るわけではないことを指摘するのは重要である．ほとんどの構成主義者は，独立の物質的世界が存在することを受け入れる．さらに，物質的世界が，知識生産過程に対するさまざまな抵抗を与えることで科学者の活動や信念に影響を与えることも認める．しかし，彼らが拒絶するのは，科学によって記述される世界は，たんに世界が（本当に）そうであるからそのように記述されるという議論である．ふたたびノール・セティナによれば，

> 「われわれ構成主義者のすべては，**存在論的実在論者**である．われわれは，物質的世界の存在を信じており，われわれがこの物質的世界に働きかけたときには，抵抗が生じるということを信じている．それは抵抗する．われわれは，それに対して何でもできるわけではない．この意味においてわれわれはみな実在論者である．（中略）例えば，いつ計測をやめることができるか，どの点で十分なデータを得たことになるか，どの程度において，どの立場において『今それは現実である』と言えるのかを交渉するというように，（中略）**この解釈上の柔軟さ**があるため，（中略）本当のありのままの世界をとらえることが可能であるか，私は疑念を覚える．実験室で抵抗をとらえることはできる．しかし，これらの抵抗が意味をなすためには，それを解釈することが必要である．解釈したその瞬間において，科学者は社会的世界の領域に入り込むのである．」(Knorr Cetina in Callebaut 1993, pp. 184-5, 強調引用元)

最後に，これらすべての特徴は，科学の偶像破壊につながる．つまり，従来の科学哲学や，大抵の現場の科学者や，我々（現代西洋の）大衆文化が支持する，科学の独特の普遍的認知的特権というものは，実際には間違っているという偶像破壊の議論につながる．社会構成主義的実験室研究の主張では，科学とは，一種の社会的環境であり，そのなかで各主体が作業し，相互干渉し，交渉し，そして最終的に科学知識の世界を形成する．構成主義者の多くは，この主張を特に非難的論調で提示しているわけではない――それは，人為的生産を行う，ほかのどのような人間の社会的活動の現場で行われていることとも全く同じである――が，科学の認知的権威を考慮すれば，ほぼ必ず非難をしているように**受け取られる**．

この6つの特徴――現場，ミクロ，厳密な予断のなさ，すべて交渉可能であること，自然の無能性，従来的な科学知識観の正体暴露――はほとんどの構成主義的研究に見ることができるが，ここでは1つの具体的な研究に焦点を当てたい．それは，ハリー・コリンズの『秩序を変える』(Collins 1985)である．コリンズ

は，科学における**再現**の問題，とくに再現が，科学哲学者によって伝統的に認められてきた境界画定機能を果たしているかどうか，あるいはどの程度までそれを果たしているかという問題に取り組んでいる．従来の考え（および科学者自身の主張）によれば，結果の再現は，その結果に科学的地位を与えるための重要な要素である．コリンズの言葉では，

> 「再現可能性はいわば，科学の体系における最高裁判所である．科学的価値体系においては，再現可能性が，人種・信条・階級・肌の色などと科学は無関係であることを象徴する．それは，社会学者ロバート・マートンが（中略）『普遍性の規範』と呼んだものに対応する．だれであっても，自分で実験をすることで，科学的主張が有効なものであるかどうかを調べることが原理上できるはずである．」(Collins 1985, p. 19)

コリンズは再現に関する3つの具体的な事例を考察している．すなわち，TEAレーザー〔横方向放電レーザー〕，重力波の検出，植物の感情に関する超心理学研究である．最後の例が伝統的な科学の範囲から外れるように思われるなら，それは意図的である．科学で再現がそれほど重要な役割を果たすのなら，似非科学ではまったく異なる役割を果たすはずである．コリンズが発見したのは，何が正当な再現であり，何がそうでないかを決めるための文脈独立的方法は存在しないということであった．再現あるいは潜在的再現の信頼性に対する科学者の判断は，文脈的で，継続中の交渉に影響される．ほとんどの再現は単純にはなされない．交渉の結果として当初の観察が正当であると判断されれば，再現をする必要はない．反対に，交渉によって観察が正当ではないと示唆されれば，すでに科学コミュニティが科学的重要性を否定した結果を再現する理由はない．コリンズは，再現に関する過小決定性の問題を，**実験者の無限後退**（experimenter's regress）と名付けた．かれは，重力波の考察でこの状況を以下のように表現した．

> 「何が正しい結果であるかは，検出可能な流量の重力波が地球に降り注いでいるかどうかに依存する．実際に検出器を試してみて正しい結果を得るまでは，これを調べるための十分な検出器をつくったかどうかは分からない．しかし，検出されるまでは，何が正しい結果であるかは分からない．しかし，正しい結果を得るまでは，検出器が十分であるかどうか分からない．（中略）そしてこの循環は永遠に続く．」(Collins 1985, p. 84)

経済学では，再現および実験者の無限後退の問題は，応用計量経済学に最も明

白に現れる（Mirowski 1995c, 1995d を見よ）. というのも，成功した実証結果は，適切な計量経済学の手法を用いることによってのみ得られるが，その手法が適切かどうかを知る唯一の方法は，それが成功した実証結果を与えるかどうかに掛かっているからである. 一般的に，実験者の無限後退は，実証科学には自然な（あるいはデータによって与えられる）終点は存在しないということを意味する. 知識生産過程のほかのあらゆる側面と同様に，再現は，条件付きであり，文脈依存的で，交渉によって判断される. コリンズ自身の言葉では，「世界の規則性が我々の感覚に働きかけるのではなく，我々の制度化された信念の規則性が世界に働きかけるのである」（Collins 1985, p. 148）. このように，コリンズの再現に関する研究は，構成主義的研究の大部分と同様に，科学の個別の現場・出来事に関する詳細な事例研究にもとづいており，科学を根本的に条件づけられたものとして，本質的に社会的に構成されたものとして描き出し，自然を相対的に無能なものとして特徴づけ，科学的活動の認知的意義に対して偶像破壊的な傾向がある. 「理想的な科学的行動という範疇は存在しない.（中略）科学の規範的モデルは我々の想像のなかにしか存在しない」（Collins 1985, p. 143）.

5.2.3　現代の展開

　一般的な論調や第一世代の SSK 研究の科学の描き方を考慮すれば，この研究プログラムが膨大な数の批判者から非難を受けたことは大して意外なことではない. SSK は，科学コミュニティ自体から非難を浴びたし（Gross and Levitt 1994; Gross, Levitt, and Lewis 1996），自然主義認識論によって「定説」を置き代えようとする哲学者からも批判された（Goldman 1986; Kitcher 1993, Munz 1993）.「当てこすりの暴露的論調」に対して批判が向けられたし（Susser 1989, p. 248），クーンやウィトゲンシュタインなどの解釈に関して批判された（Friedman 1998）. それは，科学発見を模したコンピュータプログラムによって「反駁」されたようである（Slezak 1989），「ブードゥー認識論」（Roth 1987）や「ブードゥー社会学」（Cole 1996）と呼ばれた. 多くの社会科学の哲学者によって強く批判され（Hollis 1982; Kincaid 1996; Rosenberg 1985a; Roth 1996），最後にトーマス・クーン自身によって「発狂した脱構築」（Kuhn 1992, p. 9）と呼ばれた. この批判者のリストはもちろん，もっと続けられる.

　これらの批判を直接にあつかう代わりに，SSK 内部のより最近の展開をいく

つか考察することによってその批判を間接に考察する。このような展開の多く（第二世代のアプローチ）は，彼らにとっての第一世代研究の問題点を解決したり，迂回したりする努力の結果であるので，後の展開はある意味において，上記の批判に対する応答である。2つの最も論じられてきた問題点は，5.1.1 節で言及された2つの論点，すなわち**再帰性と相対主義**である。実際に，第二世代の SSK の研究の大部分は，きわめて直接的に，この2つの問題に答える，あるいはそれを修正したり，迂回することに集中している。様々な論者や研究プログラムがどのようにこの具体的な問題を扱ったかということが，第二世代の異なる研究プログラムを互いに区別するためのしばしば最も重要な要素であると言える。

　第二世代の SSK のなかで最も論争的なアプローチの1つは，社会構成主義研究，とくにラトゥールとウルガー（Latour and Woolgar 1979/1986）から 1980 年代に進化した一派である**再帰性学派**（あるいはときに，超再帰性学派と呼ばれる）である。この学派の最も著名な人物は，マルコム・アシュモア（Ashmore 1989）とスティーブ・ウルガー（Woolgar 1988, 1992）である。超再帰性学派にとって，**再帰性は SSK の最も重要な要素である**。これらの研究者の基本的主張は，再帰性——SSK の暴露的語彙を自分自身に適用することにともなう「問題」——はそもそも問題ではなく，好機であるということである。それは，我々の古い，劣化した表現方法を払い落とし，既存の対話戦略を転覆させ，徹底的に表現語彙を洗い直し，批判的な「反復的概念修正の原動力」（Woolgar 1992, p. 333）を探求するための好機である。ウルガーは再帰性にもとづく好機を次のように説明する。

　　「再帰性という概念は，分析者（論者，自己）が世界（主体，客体，科学者，もの）に対して自由な関係をもっているという想定を問題化することを我々に求める。対称性を一段階押し進め，分析者が，超越者的視野のなかにある主体と客体に対して，特権的地位を有しているという想定を疑問視し，それによって何を言うことができるかを探求することを，再帰性は我々に求める。言うまでもなく，再帰性の概念自身は，その特権自体が一時的であるということを認識した上で，そうするのである。」（Woolgar 1992, p. 334）

　これは，SSK のなかで最も過激な考え方の1つであり [15]，論者はしばしば，標準的な学術的慣習を解体してしまうほどに，脱特権化のテーマを押し進めている。学術的論証は，芸術や文学や娯楽としてとらえ直され，「科学を論じる」という計画自体が，再帰性やアイロニーやアポリアの実践に転換される。彼らは主

第5章　社会学的転回　　189

として，再帰性をあつかっているが，超再帰性学派の論者は，相対主義も同様に
あつかうので，この研究プログラムは超再帰性と呼ぶのと同じくらい適切に，超
相対主義と呼ぶことも可能である．彼らの主要な焦点は SSK であるが，いった
ん再帰性のてこが機能し始めれば，概念転換作用は，他の（おそらくあらゆるほ
かの）知的文化の側面にも拡張することができるとかれらは主張する．

　再帰性と相対主義の問題に対するきわめて異なるアプローチは，初期の構成主
義研究のもう一人の貢献者，ブルーノ・ラトゥールによって提示された．ラ
トゥール（Latour 1990, 1992, 1993, 1999），ミシェル・カロン（Callon 1986）やその
他の研究者（Callon, Law, and Rip 1986）は，**アクター・ネットワーク理論**（Actor
Network Theory, ANT）と呼ばれる科学知識観を普及させた [16]．コリンズと同じく，
ラトゥールは初期の実験室研究の創始者で，実際にラトゥールとウルガーの『実
験室の生活』（Latour and Woolgar 1979）は，おそらくそのような研究すべてのな
かで最も有名なものである．しかし近年，ラトゥールとウルガーの研究プログラ
ムはかなり大きく異なる方向に進んでいる．ラトゥールも再帰性や相対主義の問
題に関心はあるが，以前の共著者であるウルガーの超再帰性にはきわめて批判的
である．彼のより近年の著作では，構成主義にも相対主義にも（あるいはこの 2
つの立場のどの組み合わせにも）陥らない新しい構想を打ち立てようとしている．

　ラトゥールの基本的なアプローチは，科学を，人間的作用と非人間的作用——
どちらのアクターもとくに優先せずに——の相互作用の場として考えるというも
のである．これは，ストロング・プログラムの対称性というテーマをさらに過激
に押し進めた形態のように見える．というのも，たんに正しい理論と誤った理論
を対称的にあつかうだけでなく，人間的アクター・主体と非人間的アクター・主
体も対称的にあつかうということであるからである．このアプローチのもとでは
たとえば，サン・ブリュー湾のホタテ貝のような非人間的主体が，主体的に，
（人間の）科学研究者と投錨について交渉することができる（Callon 1986）．要す
るに，科学は，2 つの分類の「アクタン」（働きかける能力のあるすべての存在）の
相互作用によって共同生成されるということである．科学は，これら 2 つの主
体の相互依存と交渉による産物であるが，どちらか 1 つの主体に還元することは
できない [17]．ある意味において，ラトゥールは，従来的な科学観と SSK の社会
構成主義の両方の背後にある直感を維持し，科学に関するこの 2 つの考え方そ
れぞれに固有の主体概念を，1 つの構想のなかに——どちらの次元にも優先権を

与えることなく——同時に取り込んだのである．科学に関する従来の見方は，「自然がおこなう」——自然が意志を行使し，それを科学者（および科学文化のなかにいる我々すべて）の信念に刻み込む——というものであり，対照的にSSKの大部分は，「社会が行う」——社会や社会的利害・構造が意志を行使し，科学者の信念にそれを刻み込む——という考えを支持する．ラトゥールは，どちらの種類の主体も維持したかったが，どちらの側も特権視したり，存在論的に固定したりする必要はないと考えた．自然的なものと社会的なものはつねに流動的であり，交渉し直される．その結果として最終的に，これら2つのタイプの作用の働きから科学が現れてくるが，その働きがすすむ間において，それぞれのタイプの作用が何であるか，何がどちらのタイプの作用であるか，それぞれにどれだけの数の作用があるかが，つねに交渉し直されるのである．

ANTの支持者は，このアプローチはよい実証的手法であると主張する．従来の科学観も，ANT以外のSSKのバージョンも，観察可能なものの「背後」に観察不可能なもの——従来の科学観にとっては「自然」，SSKにとっては「社会的要因」——を想定するが，ANTはどちらも必要としない．

> 「我々は社会的関係やもの自体を決して見ようとはしない．我々は，ネットワークの痕跡となる記号・言葉・技法の循環を記録する．これは非常に重要であり，筆者のうち一人これを科学論の第一原理とみなしたほどである（Latour 1987, Ch. 1）．（中略）これは，我々の実証的方法の基礎である．」（Callon and Latour 1992, p. 351）

このアプローチは，流動的作用の軌跡とかアクタンの再交渉といった語彙のため，ポストモダン的雰囲気を帯びているかもしれないが，ラトゥールはそのようには考えない．それはたんに，非モダンである（Latour 1990, 1992, 1993, 1999）．ポストモダンは，超再帰性がとる考え方であり，ラトゥールにとってはそれは行き詰まりである．非モダンはたんに，自然も社会も，この世界のなかでの理解や存在の固定点ではないと主張する．

> 「我々は，他の人から批判されるように，愉快であるからとか，チキンゲームをしたいからとかという理由で，この立場をとっているのではない．そうではなく，この分野が行き詰まりに陥っており，そこから逃れたいから，この立場をとっているのである．（中略）この論争が科学技術社会論のみで生じているのは，この分野が，きわめて多くの『自然』と『社会』の境界事例

をあつかうためこの区別をうやむやにする唯一の社会科学分野だからなのである．古典的社会理論や科学哲学は，もの自体と社会のいずれかを無視するので，この問題に直面しなかった．」（Callon and Latour 1992, p. 351）

　本節で議論したい最後のアプローチは，アンドリュー・ピカリングの「実践のマングル」（Pickering 1994, 1995a）である．ピカリングの研究はANTの影響を強く受けているが，実在論（彼の言葉では「物質的世界」）とSSKの関係に関する問題にもかれは関心がある．ピカリングの「マングル」は，科学知識の社会的構成における，物質的「抵抗」の役割を強調する彼の初期の研究——「抵抗と包容の弁証法」（Pickering 1990, p. 702）と彼が呼ぶ議論——にもとづいている．抵抗と包容の弁証法は，科学コミュニティの建設的努力とそのような建設的努力に対する物質的世界の抵抗のあいだで生じる複雑な相互作用をとらえるものである．知識は社会的に構成されるが，その構成は，包容されなければならない物質的抵抗という文脈のなかで生じる．

> 「物質的実践における抵抗と包容の弁証法はたしかに，結果として生じる科学的実践を実在論とよぶことを正当化する．しかし繰り返せば，ここでの『実在論』は，標準的な実在論論争での『実在論』と異なる意味を持つ．それは，知識生産における，『現実』——物質的世界——に対する構成的役割を示しているが，生み出される知識と，なんらかの別のものとの対応（あるいはそのような対応の欠如）という含意はまったく含まない．」（Pickering 1990, p. 706）

「マングル」は，多くの異なる方法で抵抗と包容の概念を拡大するが，物質的世界の役割をふくんだ科学知識の社会的構成という強調点は変わらない．ピカリングは「マングル」をイギリスでの意味——洗濯物の手動脱水機——で用いているが，動詞としての，より一般的なアメリカでの用法〔ずたずたにする〕でも問題はない．

> 「抵抗と包容の弁証法は（中略）科学的実践の一般的特徴である．そして，それは（中略）**実践のマングル**，あるいはたんにマングルと私が呼ぶものと同じである．『マングル』は，弁証法の便利で示唆的な省略表現と私はみなしている．というのも（中略）洗濯物から水を絞り取る時代遅れのこの装置に，なにかを投入したときの予測不可能な変化というイメージを喚起するからである．この言葉は，機械的な捕捉と人間の意図や実践などの，段階的に

絡み合いを増す出現と再構成に注意を向けてくれる.」(Pickering 1995a, pp. 22-3, 強調原文)

マングルは,表象ではなく行為・実践に集中するため,相対主義と再帰性にともなう問題を有効に回避しているとピカリングは主張する.マングルの議論全体が「行為的語彙」(Pickering 1995a, p. 7)によって表現されている.その結果はある種の相対主義——実際にかれは「超相対主義」(Pickering 1995a, p. 207)と呼ぶ——であるかもしれないが,SSK の従来の相対主義ではない.ピカリングは,固定点としての「社会的なもの」と「自然的なもの」(あるいは他の何も)を避けることにおいて ANT の論者にしたがっている.どの瞬間においてもすべてがいっせいに変化することはない(〔アメリカでのマングルの用法から〕ずたずたにされることはない)し,科学文化のどの側面が時間とともに変化するか,あるいは変化しないかに関する一般的傾向を見いだすことはできない.再帰性に対する彼のアプローチもほとんど同じである.彼は,SSK の研究で一般に論じられる意味での再帰性を,「科学論における表象的語彙の強化」(Pickering 1995a, p. 11, note 17)とみなしており,マングルという科学観にとって本当の問題ではないと考えている.

これで近年の SSK 研究の展開の議論を終えるが,この 3 つの見解——超再帰性,ANT,ピカリングのマングル——のさまざまな側面は,経済学を論じる最後の節を含む次の 2 節にも現れる.しかし,(ようやく)経済学の議論を始める前に,再帰性と相対主義の問題に関するもうひとつの議論を見ることが有益である.この 2 つの論点に関する対立は,多くの SSK の重要な貢献者のあいだで論争をもたらした——いわゆるチキン論争である.これが次の主題である.

5.3 自然,社会,SSK,経済学

相対主義と再帰性の問題に関する論争や,この問題に対する一部の論者の真剣さによって,多くの SSK 研究者は,この分野が「危機」の状態にあると論じるようになった.多数派の意見では,何らかの種類の危機が存在すると考えられたが,この危機の性質が何であるか,どうしてこの状態にいたったかについては猛烈な対立が生じた.この論争のさなかで提出された 1 つの論文が,この論争を象徴する問題提起を行った.この論文は,ハリー・コリンズとスティーブン・イ

ヤリーの「認識論的チキン」（Collins and Yearley 1992a）である．この論文で，コリンズとイヤリーは，2つのグループ——超再帰性学派と，「フランス学派」とかれらが呼んだ学派（ANT）——が最終的に SSK の崩壊につながるような研究戦略を追求していると非難した．コリンズとイヤリー論文は，ANT 論者カロンとラトゥール（Callon and Latour 1992）およびスティーブ・ウルガー（Woolgar 1992），さらに著者自身による返答（Collins and Yearley 1992b）とともに出版された．この最初の討論以来，「チキン論争」はしばしば，科学論内部の様々なアプローチの出発点となっている．アンドリュー・ピカリング（Pickering 1995a）は，彼自身のマングルという科学観の知的背景の一部としてこの論争に言及しているし，ストロング・プログラムの支持者は，彼ら自身の見解についての近年の再解説（Barnes, Bloor, and Henry 1996; Bloor 1999）で参照点として用いている [18]．

チキン論争に関心を向けるべき多くの理由がある．第1に，論争は，現代の SSK 内部の主要な論争点を有効に浮き彫りにしているので，現在のこの分野一般の状態の便利な要約になっている．第2に，この論争は，社会科学の哲学において，独立に興味深い多くの論点を提起している．つまり，本書の他の箇所で論じたより従来的な哲学的問題（実在論対相対主義，個人主義対ホーリズム）と接点をもつ論点である．最後に，チキン論争は，経済学や経済学方法論にとくに関連性のある問題を提起している．

5.3.1　認識論的チキン：論争

コリンズとイヤリー（Collins and Yearley 1992a）は，再帰性学派や ANT のような第二世代の研究プログラムが，SSK の有効性や意義をひどく台無しにしていると主張した．問題は，この分野の新しい展開はより相対主義的であるように思われることであり，結果として SSK 全体の存在が危ぶまれる点に達している．一歩進めるごとに，「この場合には認識論的チキンゲームであるが，チキンゲーム〔度胸試し〕に例えられるような懐疑主義の増大」（Collins and Yearley 1992a, p. 302）をもたらしている．この第二世代の研究プログラムの論者たちは，自分たちをきわめて急進的である——第一世代の SSK よりもはるかに急進的である——とみなしているが，彼らの研究の本当の影響は急進的なものではなく，きわめて保守的であるとコリンズとイヤリーは主張する．問題は，これらの研究プログラムは，社会学的アプローチを弱体化させ，SSK に「何も指摘するべきこと

がなくなる」（Collins and Yearley 1992a, p. 302）点まで相対主義と懐疑主義をおし進めてしまったということである．なぜある理論が別の理論の代わりに受け入れられるのかという根本的な問いに関して，科学哲学や科学コミュニティを疑問視することが不可能になっており，極端な相対主義の立場は現在，実質的に SSK の発言力を失わせている．第一世代の SSK——およびその点においては，バナール学派やマートン学派も——は，特定の科学理論（および科学一般）の成功に対する説明を与えた．この説明は，哲学者や科学者コミュニティの言う自然的作用ではなく，社会的作用（社会的利害や社会的構成）という観点からなされたが，ある科学理論の成功に関する説明を体系的に試み，それゆえ，既存の見解とは異なる重要な考え方を提示した．コリンズとイヤリーによれば，これは SSK の最大の貢献であり，第二世代の相対主義的見解によって徹底的に弱体化されている．再帰性と ANT は表向きは，科学知識に対する社会学的アプローチであるが，「なぜ一部のアクターのみが，彼らの世界観を押し付けることにうまく成功したのか説明」（Collins and Yearley 1992a, p. 323）することができない．より新しい社会学的アプローチは，科学理論の根本的問いに答えられないため，既存の哲学的理解がいまも安全にその影響力を行使している．それゆえコリンズとイヤリーによれば，SSK は失敗してしまったのである．

　コリンズとイヤリーは，かれらが第二世代の研究に見いだす相対主義の代わりに，**社会的実在論**を提唱する．SSK は，社会学的探究であり，SSK に従事する研究者が提供する説明は，社会的事柄（社会構造・社会作用・社会的利害・社会機能など）にもとづいているべきである．これは，もちろん哲学者や科学者の主張とは異なるが，彼らは SSK を研究しているわけではない．SSK を研究するものは，社会的実在論者であるべきである．特定の科学の理論が支配的になるには理由が存在し，その説明は科学コミュニティのなかの社会的作用に見いだされなければならない．

　　「我々の世界は，社会やその成員の理解のような，哲学的に不安定な対象に満ちている．（中略）しかし，あらゆる世界が流動的な砂のうえに立っている．我々は，自然の物事を説明するために社会的な物事のうえに立つべきである——社会的実在論者であるべきである——という助言を提供する．世界は（ラトゥールの言葉を借りるなら）対立的な場であり，他の人は社会的な物事を説明するために自然の物事に依拠するであろう．たんに，それだけのこ

とである.」(Collins and Yearley 1992b, p. 382)

　社会的実在論の提唱に対応して，カロンとラトゥール (Callon and Latour 1992) は ANT を弁護して，コリンズとイヤリーは，アクタン・ネットワーク理論がまさに克服しようとした「自然の極」と「社会の極」という二分法に依然として固執していると主張した．科学者や科学哲学者の自然的実在論（自然的対象に関する人々の同意の理由を，自然によって説明する）は，社会的極（自然的対象に関する人々の同意の理由を，社会によって説明する）に真っ向から対立するが，この正面対立はまさに，つねに変化し，たえず交渉し直されるアクタンの作用が断固として避けるものである．カロンとラトゥールによれば，反動的な科学論に従事する2つの異なる方法がある．1つは純粋な自然にもとづいており（科学哲学者の主張），もう1つは純粋な社会にもとづいている（コリンズとイヤリーや，ストロング・プログラムや，大半の社会構成主義の主張）．ANT は，この2つの反動的アプローチに代わる進歩的なアプローチであるとかれらは主張する．ANT は，社会と自然の相互の共同生成に焦点を当て，固定的説明的参照点として，どちらの極にも依拠しない．

　カロンとラトゥールによれば，ANT には，コリンズとイヤリーの社会的実在論にはない多くの利点がある．1つには，科学者自身は，コリンズとイヤリーが考えるような素朴な実在論者ではない．科学者自身は，比較的柔軟な存在論をもっている．ANT をとるべき別の理由は，この2つのアプローチが注目する対象の観察属性に関するものである．カロンとラトゥールは，彼らのアプローチはより実証的に観察可能であると主張する．社会的実在論は，社会構造や社会的利害のような観察不可能なものに依拠している（科学者自身の主張が観察不可能な自然の主体に依拠するのと同様に）．その一方で，ANT は，「ネットワークの痕跡となる記号・言葉・技法の循環」(Callon and Latour 1992, p. 351) のみに議論を限定する．最後に，そしておそらく最も重要なことに，社会的実在論には，きわめて反動的な含意をもつ認識的特権が含まれると彼らは主張する．社会的実在論にとっては，純粋な社会であり（社会が特権視される），科学者や科学哲学者にとっては純粋な自然である（自然が特権視される）が，カロンとラトゥールにとって重要なのは，これらの2つの極を超越して認識的特権を完全に解体することである．それ以外のことをするのは，時代遅れで反動的であるばかりでなく，SSK に逆効果をもたらす結果となる．何らかの認識的特権が維持されれば，自

然科学者が最終的に，社会学者よりも有効にそれを利用することができるであろう．社会的実在論への反論は，気軽に提示することはできない．SSK は危機の状態にあり，ANT の方向で改革されなければ，第一世代 SSK の，示唆に富む洞察は失われてしまうであろう．前節で引用したカロンとラトゥールの言葉を想起されたい．

「我々は，他の人から批判されるように，愉快であるからとか，チキンゲームをしたいからなどの理由で，この立場をとっているのではない．そうではなく，この分野が行き詰まりに陥っており，そこから逃れたいから，この立場をとっているのである．」(Callon and Latour 1992, p. 351)

コリンズとイヤリーに対するウルガーの反応も批判的であるが，かれのアプローチはかなり異なる．ウルガーにとって，コリンズとイヤリーは最近の思想潮流に疎く，「枠組みを選択する」とか「存在論的仮定」とかいう表現が当然であった，ポストモダニズム以前の時代を懐古しているように見える．コリンズとイヤリーは「まだメタナラティブを懐かしがっている」(Woolgar 1992, p. 329)．ウルガーによれば，「言語の構成的機能をいったん認識すれば，認識論的立場の選択などというのはこっけいである」(Woolgar 1992, p. 331) ことが明らかになる．我々は認識論的立場をもたない．認識論的立場が我々をもつ〔我々の視点を制限する〕のである．ウルガーは，これをとくに問題だと考えている．というのも，SSK は現代の視点依存主義の台頭に大きく貢献したにもかかわらず，まさにその視点依存主義を，コリンズとイヤリーは無視しているとウルガーは主張する．ウルガーにとって，SSK の最も重要な洞察は再帰性であり，とくに再帰性の，認識的構想を解体し，修正する能力である．再帰性に興じる以外のことをする――とくに，社会的実在論という因果論的な古語に従事する――のは，後退であり，SSK の最も重要な洞察を失わせる．

「再帰性という概念は，分析者（論者，自己）が世界（主体，客体，科学者，もの）に対して自由な関係をもっているという想定を問題化することを我々に求める．対称性を一段階押し進め，分析者が，書き手の視野のなかにある主体と客体に対して，特権的地位を有しているという想定を疑問視することによって何がもたらされるかを探求することを，再帰性は我々に求める．」(Woolgar 1992, p. 334)

ピカリングは，コリンズとイヤリーと批判者との討論を含む著作を編集したが，

第 5 章　社会学的転回　　197

この論争に対する彼の貢献は，少しのちに，彼自身のマングルの提示（Pickering 1994, 1995a）のなかに現れた．前述のように，ピカリングのマングルは，第二世代の研究，とくに ANT に強く依拠しているが，彼の主要な論点は，「物質的世界」と SSK との関係である．『実践のマングル』の序文で述べているように，かれは，知識がどのように世界と関係しているかという哲学的な問いから出発したが，最終的に，「我々がそのなかで生きている，規律化され，産業化され，軍事化された科学技術的世界が，どのようにしてこのようになるにいたったのか」（Pickering 1995a, p. xii）というそれほど哲学的ではない，しかし唯物主義的な問いにより関心を持つようになった．ピカリングが，科学者の行為に対する様々な物質的「抵抗」，およびそれにともなう「抵抗と包容の弁証法」を強調していることを想起されたい．この弁証法は，科学知識に対する従来の表象的捉え方を断固としてしりぞけるが，その形而上学的焦点において広義の実在論である．科学者は物質的世界に関与し，知識を構築するが，物質的世界は様々な方法で抵抗し，科学者の意志をくじくのであり，この抵抗は包容されなければならない．

　マングルは，1つのタイプの主体のみを強調しないという点において ANT に似ている．「マングルとアクター・ネットワークは，人間的主体と物質的主体との構成的からみ合いや双方向の相互定義を主張する」（Pickering 1995a, pp. 25-6）．ピカリングによれば，主要な違いは，ANT が（従来の）表象的語彙のなかにおさまっているのに対して，マングルは，科学の社会的文脈のもとで生じてくる概念的構造の行為的側面を強調する．この構造は表象的であるが，それはまた様々な人間の実践や行為を下支えしなければならない．抵抗という形で，物質的主体がこの行為的文脈に（およびその文脈のみにおいて）現れるのである．科学は「する」ものであるが，する（作用を生み出す）のは人間の科学者だけでなく，自然も，科学者が包容しなければならない様々な抵抗を発することによって，作用を生み出すのである．ピカリングはこのように，科学哲学者や科学者自身の説明において自然がもつとされる自由性を自然に与えることなく，多くの社会的実在論者が認めない物質的作用の存在を認めるのである．

　　「私の主張は，科学の実践を理解するためには，物質的作用が人間的作用に還元できないということを認識する必要があるというものである．しかし，物質的作用の発生源は，つねに人間的作用と結びついていることを強調する必要がある．物質的作用は，自分から科学者に何かを強いるわけではない．

言い換えれば，もの自体としての物質的作用が決定する完璧な構造調整というものは存在しない．さらに別の言い方をすれば，科学者は物質的作用の純粋本質をつかむことは決してない．そうではなく，物質的作用は，物質的作用と人間の領域をともなう，本質的に**不純な**力を経由して現れるのである．」
（Pickering 1995a, pp. 53-4, 強調原文）

　近年ストロング・プログラムの支持者が，チキン論争の提起した問題に対して，独自のきわめて異なる反応を提示した（Barnes, Bloor, and Henry 1996; Bloor 1999）．かれらは，科学知識の社会学的説明における自然の役割を論じているが，彼らの哲学的焦点（および語彙）は，はるかにより伝統的である．彼らは，科学的信念の決定において「客観的な現実」が果たす役割を論じる．彼らが「方法論的観念論」と呼ぶ考え方，すなわち「自然の世界，およびそれに関する我々の経験は，知識生産になんら重要な役割を果たさない」（Barnes, Bloor, and Henry 1996, p. 13）と考える社会学者を批判し，そのような方法論的観念論の代表例としてたびたびコリンズの社会的実在論に言及する．バーンズとブルーアとヘンリーは，とくに，科学的表象の文化的生産になんらの抑制や調整（あるいはピカリングの言葉では「抵抗」）もかけないという点において，単純に「方法論的観念論は誤りである」（Barnes, Bloor, and Henry 1996, p. 13）と主張する．

　　「方法論的観念論は，知識における社会的要素を明らかにするための真の技法ではない．この主題に関する予断的想定を表現しているだけである．それは，社会的要素に対して真正な抑制を与えないので，社会的要素の範囲や役割に関する無制限な考えを招いてしまうという不都合がある．」（Barnes, Bloor, and Henry 1996, p. 15）

　このような観念論を中和するためにはもちろん，何らかの種類の実在論が必要であり，このストロング・プログラムの擁護者たちは，まさに彼らのアプローチがそのような中和を行うことができると主張する[19]．ストロング・プログラムは，「自然主義的な因果関係研究の一環」（Bloor 1999, p. 87）であり，多くのほかの SSK 研究が陥っている観念論を避けるような，比較的伝統的な認識論的立場を維持している．

　　「信念形成の過程において，そのような基本的物質的要因や因果関係の役割を認めない知識社会学は有望なものではない．科学の理論は通常，機能するし，我々はそれに感心する．このことを否定すれば，我々の信念の原因では

第 5 章　社会学的転回　　199

なく，その投射像として世界を理解する観念論の一形態をとることになってしまう.」（Barnes, Bloor, and Henry 1996, p. 32, 強調原文）

ストロング・プログラムは自然的作用を認め（観念論を避け），従来的な認識論の立場を維持していると述べるのはよいが，この主張を，因果性・公平性・対称性・再帰性という，当初の4つの方法論的原理と和解させるのは難しいように思われる．実際に，この主張は，どのような科学知識の社会学的分析とも和解させるのは難しいと思われる．結局のところ，因果性や，知識保持者と知識対象との関係という従来的な経験主義的概念は，科学知識考察の出発点としてもはや適切ではないというのが，社会的転回をもたらすことに役立ったクーン革命の主要な論点の1つではなかったのか．それでは，ストロング・プログラムの最近の擁護者たちはどのようにして，従来的な認識論と社会学とのあいだの危険な橋を渡ろうとするのであろうか．その答えは，ストロング・プログラムのバージョンの**経験主義**のなかにある．それは，ほかに適当な言葉がないので，**社会的経験主義**とでも呼ぶべきものである[20]．彼らは，（生物学的，あるいは心理学的）自然主義認識論にきわめて類似した立場から出発し，人間はほかの動物と同様に，「環境と関わるための，適度に信頼でき，我慢できるほどに単純な行動の型」（Barnes, Bloor, and Henry 1996, p. 32）を発展させると主張する．ストロング・プログラム論者によれば，違いは，人間においてはこの情報処理能力に本質的に社会的な要素が含まれるということにある．我々の経験主義的加工手段では，**社会的な調整**が必要である．その情報加工手段は，ある認識的コミュニティのなかで，ほかの成員の観察との一致によって保証されたときにのみ，信頼できる知識を生み出す．ある観察が正当で信頼できるものとなるためには「社会的基準」が満たされなければならないので，なぜ特定の社会的基準が効力を持ち，それがどのような社会的機能・利害・構造を支持しているのかを社会学的に説明する余地が存在する．この社会的経験主義によって，ストロング・プログラムは，認識論的にやや従来的でありながら（少なくとも超再帰性やANTのような第二世代の研究プログラムとくらべて），本質的に社会学的な科学知識論を維持することができる．

別の従来的なテーマに移ろう．近年の擁護者は，ストロング・プログラムを，**実在論的**アプローチとみなしている．ただし，その実在論は，主流派科学哲学に結びつけられる実在論とは異なる意味である．彼らの経験主義は，科学に関する**記述的実在論**をもたらす．彼らは，科学者があたかも，科学的探求の対象は科学

者の研究とは独立であるかのようにふるまっていることを観察する．言い換えれば，実際の科学者は科学という活動において実在論的戦略を用いており，これをもとにストロング・プログラムは実在論を，「科学者の行動の1つの特徴として」(Barnes, Bloor, and Henry 1996, p. 83) 受け入れる．この議論は，実在論は，存在論的仮定ではなく（あるいはそうである必要はなく），実証的に見いだすことのできる現象（科学者の行動のなかに観察できる）であり，社会学的に説明される必要があるというものである．このような実在論はもちろん，科学に独特の特徴ではない――かれらが指摘するように，科学文化だけでなく，あらゆる文化は，その存在論的仮定に関して実在論である――が，それにもかかわらず，この実在論は，SSK による説明を必要とする科学文化の1つの重要な特徴であるのである．

　まとめれば，ピカリングおよび近年のストロング・プログラムの再解釈（および明確化）をした論者たちは，コリンズとイヤリーを否定しながら，社会学的探究の社会的側面を失うことなく，社会学的科学分析に自然を組み入れるためのきわめて異なる方法を提示した．ピカリングは，科学文化の（潜在的に思い通りにはならない）行為的側面と関連した，抵抗と包容の弁証法に依拠し，バーンズとブルーアとヘンリーは社会的経験主義に依拠した．チキン論争が提起した問題に対応するこの2つの試みが，社会的実在論や再帰性論者や ANT やほかのここでは論じなかったアプローチと比べて，成功するかどうかは明らかではないが，再帰性が一周して元の位置に戻ってきたことは明らかである．科学論における社会学的探究の適切な方法に関する懸念は，科学の社会学的探究における適切な方法に再帰して戻ってきたものである．つまり，SSK を押し進めるなかで――科学哲学者や科学者自身の科学理解に反対するなかで――SSK 研究者は，自分たちの弁護に回ったり，社会学のなかの異なるアプローチを互いに提唱したりするようになり，社会学的探究はどのように実践するべきかという，核心的（で，きわめて伝統的な）問いに直面することになった．コリンズとイヤリーの言葉では，「認識論的問題は実証的発見によって解決されない」(Collins and Yearley 1992a, p. 303)．結果として，SSK は現在，この SSK という探求が最も有効に展開されるように，そして哲学者や科学者の科学知識理解に対して地歩を失わないように，認識論的・方法論的問題について決断しようとしている点に戻ったように思われる．

5.3.2 SSK と経済学

この最後の節では，SSK と経済学の多くの接点のうちのいくつか，とくに，これらの接点が経済学方法論に与えた影響を論じる．これらの接点のうち 3 つを議論するが，その前に経済学と SSK の（少なくとも間接的な）接点であるにもかかわらず，ここで詳しく論じない 2 つの研究動向——実際，急速に拡大している重要な研究動向——を指摘するのが有益である．この 2 つの研究動向とは，第 8 章で論じる「科学知識の経済学」（ESK）の 2 つの下部領域である．それは，経済学者が，科学や科学知識の考察に経済モデルを応用する分野と，「経済学に基づく自然主義認識論」（科学哲学者が，科学の哲学的考察手段として経済学を用いる分野）とでも呼ぶべき研究である．これらはともに，SSK とも関連のあるきわめて重要で急速に拡大している 2 分野であるが，本格的な議論は第 8 章にゆずる．本節では，ESK 以外の，SSK と経済学方法論との 3 つの接点を論じる．

第 1 の接点は，これまでの 3 つの章の議論からきわめて明白であると思われるものである．SSK は，**従来の科学哲学**，また，それにともなって**経済学方法論の従来的アプローチの影響力を弱めることに寄与した**．20 世紀の大半をとおして，経済学方法論者は単純に，**科学哲学の取り寄せ**，つまり，哲学の棚から商品をとってきて，ほとんど思案したり，修正したりすることなく，経済学に応用することを受け入れてきたとすでに論じた．このアプローチは，科学哲学がこのように混乱している現在においてはきわめて疑わしいものとなっているということも見た．**SSK は明らかにこの混乱を助長した**．もちろん，SSK のみが科学哲学の混乱を助長したわけではない（第 3 章と第 4 章で，それを助長したほかの学説を論じた）が，きわめて重要な役割を果たしたのも事実である．クーンやほかの論者の社会的転回のなかで最も厄介な含意は，SSK から生じているように思われる．結局のところ，経済学方法論の役割は，適切な経済学の方法を見いだすという従来の規範的なもの——経済学における適切な科学的探求を規制する，比較的少ない数の正当な認識的ルールを探すこと——であると理解するなら，**SSK はそのような方法論を放棄せよと指示する**．SSK は，一般的に言ってそのようなルールは存在しないという．「伝説」は消滅したので，科学哲学を止め，より社会学的な研究を始めよと言う．もちろんこれによって，社会科学の考察手段として社会科学をもちいることによる多くの問題が提起されるが，これは，少なくとも部分的に SSK が始動した方法論的探求の重大な変化を表している．

第2の接点は，SSK の多くの研究は，科学や科学的主体の行動について経済学者が考えるであろうような議論に非常に近いということである．応用されている「経済学」が異端派経済学（とくにマルクス経済学）である場合もあるが，主流派ミクロ経済学者が合理的主体（この場合は科学者）の行動に関して考えるであろうことにきわめて近いものもある．マルクスの方面では，ヘッセンやバナールの初期の研究があるが，この研究は，マルクス主義政治経済学が，科学知識の社会学的考察に影響を与えた唯一の事例ではない．ラトゥールとウルガー（Latour and Woolgar 1979/1986）の信用蓄積モデルが，マルクス主義的資本蓄積モデルにきわめて類似していると評価する人は多い（Callon 1995, p. 38; Hands 1994b, pp. 82-3; Mäki 1992s, pp. 79-81）．おそらくマルクス主義の影響のより適切な事例は，ピカリングの「実践のマングル」である．ピカリングはマングルの場として工場現場にしばしば言及する．工場は，科学と社会の「二重の出現場所」（Pickering 1995a, p. 232）であり，テイラー主義的経営技法は，「生産を行う社会サイボーグ」（Pickering 1995a, p. 161）の徹底化であり，そして生産の電子化努力は「生産サイボーグから人間的要素を閉め出すためのいっそうの努力」（Pickering 1995a, p. 166）である．彼は，自分の行為的アプローチは，バナールらのマルクス主義歴史方法論と密接に関連していると説明しているが，重要な違いもある．バナールにとっては，科学知識の内容は社会的なものと独立であり，社会的形態は任意の時点において固定的であり，その形態は（目的論的に）一定の進展をするように運命付けられている（Pickering 1995a, pp. 251-2）．ピカリングにとって，工業生産という経済過程はマングルの主要な要素ではあるが，それは，科学の速度だけでなく内容にも影響を与えるし，それにともなう社会的形態は，マルクスの基本的な生産様式が想定するものよりもはるかに複雑で流動的である．

　　「行為的科学史の一般的イメージを，カール・マルクスやボリス・ヘッセンやジョン・デズモンド・バナールは大まかには正しく理解していた．（中略）マルクス主義の伝統が間違っていたと私が考える唯一の点は，下部構造が上部構造を決定すると考えていたことである．」（Pickering 1995b, p. 418）

　主流派経済学に議論をうつせば，接点のリストはさらに大きくなる．マキによれば，

　　「近年の科学社会学が経済学との類比にもとづいているというのは，我々の観点にとっては興味深い．これらの示唆するところでは，科学は，競争的に

貪欲に自己利益を追求する最大化主体が生産活動を行う資本主義的市場経済に類似したものとみなされる.」(Mäki 1992a, p. 79)

1つの例はラトゥールとウルガー (Latour and Woolgar 1979/1986) である. 科学者が信用を争い合うという議論や,そのような信用市場の発展という議論は,マルクス経済学の議論とみなすこともできるし,ミクロ経済学の議論とみなすこともできる.

「科学者は信用の発明家であると考えてみよ. その帰結は,**市場**の創造である.(中略)その市場によって,投下資本の収益を促進する情報をほかの研究者が生み出すことが可能になるので,情報はいまや価値をもつ. 情報投資家からの需要が存在し,(中略)ほかの投資家からの情報供給が存在する. 需要・供給の作用によって,商品に価値が発生し,その価値はつねに,需要・供給・研究者の数・生産者の設備に依存して変動する.」(Latour and Woolgar 1986, p. 206,強調原文)

経済学的議論を利用しているように見えるもう一人の構成主義論者は,カリン・ノール・セティナである. 彼女は,素粒子物理学における2つの研究戦略を論じる. それは,「フレーミング」戦略と「交換」戦略である. 交換戦略は,科学者グループが費用便益分析を行い,グループの研究努力によって得られる効用を最大化することを示しているようである.

「1つの効用がもう1つの効用を犠牲にして得られる,あるいは最適化されるという,2つの目標あるいは研究効用の負の依存関係という観点で,私は条件づけを定義した. この状況では,素粒子物理学者は,交易や取引の戦略に頼る. 彼らはおたがいに,研究便益を比較考量し,値段に値しないと思うほうを『売り払う』.」(Knorr Cetina 1991, pp. 112-3)[21]

経済学の特徴を強く備えたさらに別の社会学的アプローチは,ラトゥールたちのANTである. クリス・マクレラン (McClellan 1996) は,ANTがラトゥールとウルガーの『実験室の生活』(Latour and Woolgar 1979/1986) とラトゥールの『科学がつくられているとき』(Latour 1987) から発展してきたので,ANTは市場との類比をかなりともなっていると主張した. そしてこの類比は,研究プログラム内部での継続的な緊張関係の原因ともなっている. ANT内部の一部の論者にとって,科学者は,希少資源の効率的投資をおこないアクタンを取り込むことによって,ネットワークを築き上げる企業家としてみなされるべきである. 成功と

は市場的成功であり，知識は資本と同様にその過程のなかで蓄積される．ANT に従事するほかの論者は，この市場の類比を部分的に受け入れるが，市場的合理性が人間生活のあらゆる側面（科学も含む）を囲い込むことへの批判としてその類比を主として理解している．したがって，マクレランが説明するように，ANT の様々な要素は「**ホモ・ソシオロジクスとホモ・エコノミクスとの大いなる分裂**」（McClellan 1996, p. 203）という 2 つの異なる方向を指向している．「科学の原動力に関する 4 つのモデル」を提示する論文において，カロン（Callon 1995）は，彼の論じる 4 つのモデルのうち 2 つを経済学（マルクス主義と新古典派のどちらか）と関連づけているが，ANT を含む「拡張的応用」アプローチのなかで，経済学に直接言及していないのは興味深い．しかし，論文の最後で，彼は将来の研究として 2 つの一般的領域を挙げる．第 1 は，「参入障壁，投資収益の格差，不完全競争，多角化・差別化戦略」（Callon 1995, p. 61）といった産業組織論の概念を応用することであり，第 2 は，技術と経済学の関連に関係するものである．すなわち，「技術変化の経済学の近年の結果は，科学社会学と顕著な一致を示している」（Callon 1995, p. 61）．

　第 3 の接点は，近年の経済思想史研究で SSK が利用されていることである．最近の多くの研究が，**現代経済学や，経済学の歴史における様々な論点の考察に SSK を直接応用している**．SSK に影響を受けた社会学者・歴史家が経済学を考察している事例もわずかに存在するが（例えば，Ashmore, Mulkay, and Pinch 1989; Collins 1991; Evans 1999; Pickering 1997; Poovey 1998; and Yonay 1994, 1998）[22]，大半は，経済学者が経済思想史研究の手段として SSK を利用している事例である．経済学者による研究動向は，多くの異なる形をとっており，幅広い主題をあつかっている．きわめて一般的な視点から SSK と経済学という問題を論じた研究がいくつか存在する．コーツ（Coats 1993a, 1993b），ハンズ（Hands 1994b, 1997a, 1999），マキ（Mäki 1992a, 1993b），セント（Sent 1997c）などがそうである．特定の社会学者や社会学派の研究を応用する経済的考察も存在する．ニーハンス（Niehans 1995a），パティンキン（Patinkin 1983），トリソン（Tollison 1986）のようなマートン学派の影響を受けた研究のほかに，現代の SSK の具体的なバージョンを経済学に応用したものもある（例えば Davis 1997a; Hands 1994c; and Sent 1998a）．最後に，SSK に通じてはいるが，特定の学派やアプローチを応用しようとしているわけではない経済思想史研究がますます増えている．ボガード（Bogaard

1999），ハンズとミロウスキ（Hands and Mirowski 1998），ヘンダーソン（Henderson 1996），クライン（Klein 1997），レナード（Leonard 1994a, 1994b, 1995a, 1995b, 1997, 1998），ミロウスキ（Mirowski 1992, 1994, 1997a, 2001），セント（Sent 1997a），ミロウスキとハンズ（Mirowski and Hands 1998），ワイントラウプ（Weintraub 1988a, 1991a, 1991b, 1997），ワイントラウプとミロウスキ（Weintraub and Mirowski 1994），ホワイト（White 1994a, 1994b）は，ほんの一例である[23]．SSK に触発された近年の研究は，経済思想史の様々な論点をあつかっており，SSK からそれぞれに異なる程度の影響を受けているが，このような研究は経済思想史家のあいだでは高く評価されており，実証主義やポパーの科学哲学にもとづいた以前の経済思想史の「再構成」（第7章を見よ）よりも，歴史的主題に対する豊かな理解を提供してくれるという意見が拡大しているように思われる．もちろん，SSK に触発された歴史は，再帰性や相対主義といった，よりルールに基づいたアプローチでは生じなかった様々な問題を提起するが，初期の収穫が示唆するように，追加的な費用は便益と比べて小さいようである[24]．近年の歴史研究に関して積極的な評価を与えることはできるが，この研究動向をまともに考察するのに必要な素材はまだ十分そろっていない．問題は，近年の経済思想史研究は SSK のみに影響を受けているわけではなく，哲学や科学理論の多くのほかの近年の展開，とくに次節で論じるポストモダニズムやネオ・プラグマティズムやレトリック研究にも影響を受けているということである．このように，社会学的転回にともなう研究を考察することは重要であったが，これは，我々の関心にとって重要な科学理論の諸側面を考察する計画において最後の一歩ではない．次章では，さらに多くの異なる方向へこの探索を拡大する．

第6章 プラグマティズム，対話，立場

> 哲学者は結局のところ，ほかのすべての人と同じである．自分のやっていることが力のあることであると他人に信じさせたいのである．かれらは，よい王は哲人王のみであると，よい裁判官は哲学者の裁判官のみであると，よい野球選手は哲学者の野球選手のみであると我々に信じさせたいのである．あなたがどう思うか知らないが，私は，かりに王を戴くのであれば，私の王には王であることに長けていてほしいし，私の裁判官には裁判官であることに長けていてほしい．私のチームにいる選手には敵にストライクを投げて，塁に上がらせないようにしてほしい．[Fish 1987, p. 1800]

> ほかの経済学の学派と比べて，新古典派は顕著に攻撃的である．かれらは，経済学者のなかでの暴走族であり，騒々しい行列や厳格な不動点を身に携えて，革の服に身を包んで，感情を拒絶しながら，気取って歩いている．もっと女性的な優しさをもつべきだと言われることをかれらは好まないだろう．[McCloskey 1993, p. 76]

　これまでの3章では，科学哲学と科学論における，現代のさまざまな展開に焦点を当ててきた．この2つの領域は，現代の科学理論の大部分を占めるが，そのすべてではないし，また，より重要なことに，最近の経済学方法論の様相の変化に影響した研究のすべてではない．1つには，論理実証主義の影響力の大きさにもかかわらず，哲学はすべて科学哲学というわけではなく，学問分野としての哲学におけるより一般的な展開もまた，科学知識および経済知識に関する論争に影響を与えた．本章で大きな関心を向ける，より一般的な哲学的アプローチは，**プラグマティズム**である．古典的プラグマティズムは，19世紀終わりおよび20世紀初頭のアメリカにおいて最も影響力のある哲学学派であったが，このプログラムは，大戦間期に実証主義に影響を受けた哲学分析に影響力を奪われるようになった．近年において，プラグマティズムは古典的バージョンだけでなく，多くのネオ・プラグマティズムの様相のもとで，影響力を取り戻し，最も影響力があるとは言えないかもしれないが，少なくとも，最も急速に拡大している哲学の枠組みの1つである．6.1節は古典的プラグマティズムを考察し，6.2節の前半ではリチャード・ローティらの哲学者のネオ・プラグマティズムを論じる．

　科学哲学の外部に由来する哲学概念のみが，科学知識についての思考法に影響しているわけではない．学問分野としての哲学という厳密な制限の外部で生じた

概念もしばしば，同様の（あるいはそれ以上に明確な）結果をもたらした．そのような知的展開の1つは，これまでの章で何度も言及してきたものであるが，**ポストモダニズム**である．ポストモダニズムは，論理実証主義や功利主義が哲学上の見解であるという意味での「哲学上の見解」ではない——それは，より幅広くより深いものである——が，哲学という学問分野（や経済学方法論の一部の領域）も含めて現代の知的文化に著しい影響を与えた．第2の知的展開——ポストモダニズムとプラグマティズムの両方に関連した——は，**対話的転回**である．あらゆる分野の知的対話において最も重要なのは，対話される内容ではなく，それが対話であるという事実である．第3の重要な展開は**フェミニズム**である．フェミニズムの観点は，あらゆる学問分野を含む現代文化のすべての側面を横断する．フェミニズム文学もあればフェミニズム歴史学もあり，フェミニズム倫理学もあればフェミニズム芸術運動もあるように，ほぼすべての研究領域や文化の側面にフェミニズムの貢献があるが，現在の関心に最も関連性があるのが，認識論，科学論，および経済学へのフェミニズム的アプローチである．これらのメタ科学以外の展開に対応して，本章の後半はポストモダニズムや対話分析やフェミニズムと，経済学方法論との多くの接点を説明するために，それらの研究動向について簡潔に論じる．筆者はほぼすべての章の冒頭に，「これは，包括的な考察ではなく，経済学方法論との関連を指摘する試みでしかない」という注意を述べてきたが，そのような警告は，本章には特に当てはまる．

6.1　プラグマティズム的転回

　プラグマティズムがふたたび流行している．以下の事例を見てほしい．影響力の大きいクワインの哲学的見解はつねに，プラグマティズムの考え方に満ちていた（Quine 1981）．ドナルド・デビッドソン（Davidson 1980）はクワインほどプラグマティズムという言葉は使わないとしても，彼の研究にも影響がある．かつて科学的実在論を支持した多くの著名な哲学者が，現在はプラグマティズム的見解の変種を採用している．そのうちの最も劇的な例は，ヒラリー・パットナム（Putnam 1995）の，科学的実在論から内在的実在論へ，そしてプラグマティズム実在論への変化であろう．近年の言語哲学の貢献の多くは，プラグマティズムの見解をとっている（例えば Brandom 1994）．実験的実践を，科学——科学の安定

性（Galison 1987）や実在論（Cartwright 1983; Hacking 1983）——を理解する手がかりと考えている多くの哲学者も，プラグマティズムに影響を受けている（Lenoir 1988 を見よ）．マルクスやフロイトにかつて刺激を受けていたフランクフルト学派のドイツの哲学者は，現在はチャールズ・サンダーズ・パースのプラグマティズム哲学を支持しているように思われる（Apel 1981; Habermas 1971, 1992）．プラグマティズムは，科学理論の社会学的領域にもますます大きな影響を与えているようである（Lenoir 1992, Barbara Herrnstein Smith 1997 を見よ）．上述のアンドリュー・ピカリング（Pickering 1990, 1995a）は特に，彼の科学知識に対する社会学的アプローチというポスト構成主義的観点を下支えするために，プラグマティズム的実在論を用いている．そして最後に，自然主義的転回と社会学的転回の両方の最善の教訓を総合しようとする哲学者の多くは，古典的プラグマティズムと多くの共通点を有している（例えば Haack 1993, Solomon 1995a）．このようなリストはもっと続けることができる [1]．

　ではどうしてこのようなことが起こったのか．近年のプラグマティズム論文集の序論で，このような問いが提示された．

> 「20 世紀初頭には非常に活発で将来性があり，世紀の半ばではきわめて枯れ果てた哲学がどうして，実証主義，現象学，論理分析，自然主義認識論，脱構築ののちに最終的に現在になって，復活したのであろうか．」（Goodman 1995, p. 1）

　この問いに対するより実体的な回答は，次の数節で述べられるが，この段階では，のちの議論に関する予備的な示唆をするのが有益であろう．ここでは 4 つの論点に触れる．他の点についてはこの後の議論のなかで現れてくるだろう．

　第一に，プラグマティズムは，現代のメタ科学における重大なジレンマに対する解決を与えてくれるように思われる．それは，基礎づけ主義哲学と急進的相対主義とのジレンマである．科学は，特定の基礎づけ主義に刺激を受けた科学哲学の厳密な指針に従うものと考えるか，あるいは科学は何ら特別なものではない（たんなる社会的利害，たんなる対話）と結論づけるかの，どちらかしかなかった．プラグマティズムは別の方向性を提供した．それは，反基礎づけ主義——攻撃的なほどの反基礎づけ主義——でありながら，科学は実際には特別であるという考えを維持した．古典的プラグマティズムにとって，文化のあらゆる側面が同じではなく，科学は確かに，特に有益な生の形態である．（古典的）プラグマティズ

ムの要点は，第1に，科学は特別な望ましい属性をもっている一方で，この特別な属性は，科学が何らかの神聖な領域（真理，神，完全性）への唯一の経路であるという理由から生じるのではなく，その属性はきわめて一般的なものであり，最も認知的に純粋な科学的活動以外のものすべてを排除する何らかの特定の境界画定基準によって定められた狭いルールに基づくものではないということである．プラグマティズムは，科学哲学支持者にも，排他的科学主義者にもならずに，科学推進の立場を取る．チャールズ・モリスは数十年前にこれを次のように表現した．

「プラグマティズムと論理経験主義の哲学理解のあいだには，依然として重要な相違が存在する．プラグマティズムは，私の知るかぎり例外なく，哲学は可能なかぎり科学的であることを求めるが，哲学を科学哲学に限定してはいない．科学的哲学は科学哲学である必要はない．」（Morris 1963, pp. 96-7）

プラグマティズムにとって，科学は特別であるが，それは科学が我々が日常の世界で成功すること（日常の世界を超越するのではなく）に役立つからであり，さらに，科学は十分に一般的であるので，狭義の科学的問題以外にも，社会的，倫理的，その他の価値判断を要する問題にも適用できるからである．ふたたびチャールズ・モリスによると，

「ほかの点での相違がどれほど大きいとしても，価値判断は本質的に実証的であり，原理的には科学的方法による操作が可能な，認知的・理論的特徴を有するというのが，プラグマティズムの中心的信条である．」（Morris 1963, p. 94）

プラグマティズム哲学の人気が上昇している第2の動機は——プラグマティズムが科学主義的でなく科学的であることと密接に関連しているが——，プラグマティズムが理論と実践との関係を曖昧にすることである．ハッキング（Hacking 1983）やカートライト（Cartwright 1983）の実験的実在論であれ，ギャリソン（Galison 1987, 1997）の実践中心的観点であれ，SSK の大部分を特徴づける科学的実践の民族学的研究であれ，実践は近年の科学論において高く評価され，「理論」と「実践」との「定説」での硬直的序列は（ほかの観点と同様に）疑問視されるようになった．プラグマティズムにとって，この2つのあいだには意味のある区別は決して存在しなかった——「知ること」と「行うこと」のあいだの硬直的な区別がなかった——ので，プラグマティズムは，近年の科学論における実

践中心的アプローチの結果にも動じることがなかった.

プラグマティズムの概念がふたたび注目を浴びるようになった第3の理由は，プラグマティズムが根本的に**社会的**であるということである．プラグマティズムにとって，科学は社会的であり，人間の生は社会的であり，そして人間の探求および行動の最も重要な属性は我々の社会性から生じる．プラグマティズムは，どのようにすれば個人の信念が客観的な世界の特徴を正確に反映するようになるかという従来の認識論的問いから出発しないので，この認識論的問いにたいする従来の回答がすべて明らかに失敗していることは，プラグマティズムの信用を実質的に傷つけなかった．プラグマティズムは，認識論や科学哲学に対する従来のアプローチを悩ませた批判から免れているばかりではなく，プラグマティズムがクーン以降のメタ科学の主流となった社会的観点をつねに支持したことからも利益を受けることとなった．言い換えれば，プラグマティズムは，「定説」が答えられなかった問題に対してけっして拘泥することはなく，古典的プラグマティズムと同じ（社会的）論点につねに集中していたので，「定説」の問題点から信用を得る結果となったのである．

最後に，プラグマティズムはつねに，理論負荷性と過小決定性の問題に気付いていた．プラグマティズムの哲学者は，経験的事実は，理論・社会・利害負荷的な人間的実践の文脈から独立に存在するとか，理論と証拠の対立関係は，「定説」が展開した定式的検証手続きに制限されるべき，あるいはそのように制限することが可能であるなどと主張したことはなかった．プラグマティズムにとって，人間の知識は，従来の科学哲学が考えるよりもはるかに乱雑で，はるかに興味深いものなのである．

6.1.1 パース，デューイ，および古典的プラグマティズム

一般的には，プラグマティズムは，ウィリアム・ジェームズが1898年にカリフォルニア大学の哲学講演でこの言葉を最初に使ったときに生まれたことになっている．ジェームズは，その20年前に，『ポピュラー・サイエンス・マンスリー』に掲載された2つの論文——「信念の固定化」（Peirce 1877）と「我々の観念を明晰にする方法」（Peirce 1878）——でその言葉を用いたチャールズ・S・パース（Charles Sanders Peirce, 1839-1914）に由来すると述べた．パース自身は，プラグマティズムという言葉は元々カントに由来し，1871年のケンブリッジ形而上

学クラブでの発表で初めてその言葉を使ったと主張している（Apel 1981, p. 16）．この言葉がどこで最初に使われたかにかかわらず，ジェームズがこの言葉をパースに由来すると述べたことで，パースは名声を受けることになった——パースは1884年にジョンズ・ホプキンズ大学から解雇されたのち実質的に研究から退いており，1880年代後半にはペンシルベニア州ミルフォードで孤立した生活を送っていたことを考えれば，これは予期せぬ名声であった．これで注目を浴びることになり，パースは，特に，ジェームズの，きわめて人気を博した，かなり異なるプラグマティズムとの比較において，自分の見解を再考察することになった．この再考察の結果，パースは自分の初期の見解を改訂し，1905年までに「プラグマティシズム」と改名した．パースは，この言葉であれば，「十分に不格好なので，誘拐される心配はない」と述べている（Peirce 1905a, p. 186）[2]．

　ジェームズとパースの相違は重大なものであるが，古典的プラグマティズム内部の差異は，彼らの違いだけではない．20世紀の転換期に，アメリカの哲学界では，複数のプラグマティズムが混在していたようである．ジェームズの『プラグマティズム』（James 1907）は6つの異なるアプローチに言及しており，アーサー・ラブジョイの有名な論文（Lovejoy 1908）は，一般的なプラグマティズムの観点における13の異なるバージョンを議論している．これらのプラグマティズムのほとんどは，学問としての哲学内部から生まれたものであるが，いくつかはより一般的な大衆文化の産物であった．我々の究極的関心は経済学方法論であることを考慮して，古典的プラグマティズムの多くのバージョンのうち2つのみ——パースとデューイ——を論じ，それぞれの要約を提供する．

　パースの元々の議論（Peirce 1877, 1878）は，信念決定の問題に集中していた．パースによると，人間は生得的に疑念を持つことを不快に感じるので，一貫してそれを避けようとする．歴史的に，信念の固定化（疑念の回避）を容易にするために，我々は基本的に4つの手段を使ってきたと彼は主張した．すなわち，固持の手段，権威の手段，**先験的**手段，そして科学的手段である．固持とは，信念を形成したのち，特に体系的に疑いを生み出す状況を避けることによって，何があろうとそれに固執することである．いったん疑いが介入したのちに歴史的に一般的な反応は，権威の手段であった．つまり，疑いを除去するために，教会や国家やその他の社会的権威が公式に認定した見解に依拠することである．第3の**先験的**手段は，合理的，観念論的哲学の手段であり——パースは具体的にプラト

ン，カント，ヘーゲルに言及している——そのような哲学的立場は，今日あまり人気はないが，パースの同僚のあいだでは一般的な疑念除去の手段であった．パースの選好する，信念固定化の手段は第4の手段，つまり科学の手段である．実際に科学者であったパースは，科学的手段を実践し，科学的アプローチをほかの信念固定化の領域に拡張することに強く関心を持っていた[3]．

パースによると，合理主義と経験主義の伝統の両方に関して最も悩ましい特徴は，それらが**基礎づけ主義**および確実性の探求に強い関心を持っていたことであった．これらの伝統的な認識論上の立場の唱道者は両方とも，方法論上の保証を追求していた．つまり，議論の余地のない絶対的確実性を保証する手段を探し求めていた．しかしパースにとって，そのような確実性は実現不可能であった．科学者が従来的に科学的探求を行ってきたのと同じ方法で哲学を行うしか方法はない．つまり，体系的に前進し，実証的に調査し，批判に耳を傾け，調査過程の可謬性を受け入れる以外に方法はないのである．とりわけ，科学は社会的コミュニティであり，科学の価値観——信念固定化の科学的アプローチのための価値倫理的枠組み——は，コミュニティの価値観であった．科学的探求は，科学コミュニティ内部での，価値観を共有する人々による批判的評価の，連続的かつ自己修正的な過程であった．科学は哲学者の言葉——論理の呪文や，基礎への訴えや，確実性というレトリック——によって正当化されるのではなく，人間の生の向上にたいする貢献によって正当化された．哲学者が，科学を基礎づける，疑問の余地ない人間知識の基礎として提供するものはすべて，科学コミュニティの日々の信頼できる生産物よりもはるかに確実ではなかった．以上の見解を，これまでの章で論じた見解，とくに実証主義と対比させるために，様々な具体的な論点に関するパースの見解を簡単に考察することは有益である．

第1に，真理という尽きない論点がある．パースにとっては，ほかの多くの論者と同様に，科学は真理を追究するものである．しかしパースにとって科学が追求する真理とは何であろうか．パースにとっての真理とは，ある信念の1つの属性であり，もし探求が永久に続いた場合に科学コミュニティが最終的に行き着くような信念のことである．科学が進歩するにつれて，一定の信念は固定化され，将来の科学の進歩のあいだにも変更されない．このような信念，つまり科学コミュニティが探求の終点においても保持する信念が真理である．後期の著作からのパース自身の言葉では，

「しかし間違いなくここで言っていることは，真理の客観性は本当には，すべての真剣な探求者が最終的にそれを奉じるようになるということに存するということである．（中略）個人の意見からの真理の独立性は，（そもそも『真理』が存在するかぎりにおいて）それが十分な探求が最終的に行き着く，予定された結果であることに依拠するとわたしは主張する．」(Peirce 1906, p. 288)

パースの真理概念は**客観的な**特徴を有している（それが，特定の個人の信念とは独立に存在する信念の属性であるという意味において）こと，また，それは**社会的な**特徴を持っている（科学コミュニティの信念の属性である）こと，そして探求の**終わりにある**ものである（現在において，ある手続きをとった場合に存在するものではなく）ことに注意が必要である．また，パースの概念は，「物理的」過程に関する信念，あるいは，我々が通常「科学」に適していると考えるものに関する信念にのみ限定しておらず，科学的探求者コミュニティの探求過程の理想的極限としての真理は，従来的な自然科学領域の外部の様々な探求にも同様に当てはまることにも注意が必要である．最後に，彼のプラグマティズムに影響を受けた経済理論にも関連するが，パースのやや攻撃的な反個人主義は，明らかに彼の真理概念にも見て取れる．科学的探求およびそこから生じる真理は，社会的で公共的な事柄であるばかりでなく，個人の信念は，コミュニティが極限において信じるであろうものに一致していなければ必然的に誤りである[4]．ハーバーマスは次のようにパースの個人観を特徴付けている．

「これはパースの人間観に明らかである．この人間観のもとでは，人間を個人に転化するものはすべて，一般性との差異という点で――すなわち，誤謬を真理から隔てる距離という点，そして自己中心主義者をコミュニティから分離する距離という点で――否定的に定義される．個人は，たんに主観的で自己中心的である．」(Habermas 1992, p. 108)

初期のプラグマティズムに関する論文では，パースは，真理概念を通して「実在」を定義した．例えば，「我々の観念を明晰にする方法」という論文において彼は，次のように現実を特徴づけた．

「考察者すべてが最終的に合意することになるような意見が，我々が真理として意味するものであり，この意見に表現される対象が実在である．そのようにして，私は現実を説明するであろう．」(Peirce 1878, p. 133)

この叙述を見れば，パースは科学的実在論者であることになるが，それはかな
り特殊な種類の科学的実在論である．科学理論が正確に客観的世界の特徴を表現
していると考える従来の実在論とは異なり，パースは，科学コミュニティが探求
の終わりに信じるであろうものとして真理を定義し，この真理によって現実を特
徴づける．それは，現実を実現可能な知識に関連づける実在論である．ハーバー
マスの言葉では，パースは，「認知可能性」という実在概念，すなわち彼の「方
法論的真理概念」にもとづいた現実概念を有している（Peirce 1971, p. 99）．もち
ろん，パースの現実概念は彼の真理概念にもとづいており，彼の真理概念は根本
的に社会的であるため，パースは現実を社会的に特徴づけることになる．現実は，
特定の探求者コミュニティが最終的に信じるであろうものとして確立される．社
会的な現実の本質は，パースの初期の著作からの次の引用においてきわめて明示
的である．

　　「我々は実在によって何を意味しているのだろうか．（中略）実在は，遅かれ
　　早かれ，情報や推論が最終的に行き着くところのものであり，それゆえ私や
　　あなたの気まぐれとは独立したものである．したがって，このような現実概
　　念の起源によれば，実在概念のなかに，無制限に知識拡大できる**コミュニ
　　ティ**という概念が必然的に含まれることを示している．それゆえ，これら 2
　　つの認知——実在と非実在——は，十分に将来の時点で，コミュニティがつ
　　ねに再確認しつづけるものと，同じ条件の下で，これからずっと否定される
　　ものなのである．」（Peirce 1868, pp. 247-8，強調原文）

　パースの真理および現実概念——理想化された探求者コミュニティの信念空間
において徐々に形成される安定集合としての真理および現実——が，クーン以降
の科学哲学・科学論の主張と一致することは容易に見ることができる．さらに，
パースは，科学支持の態度，反基礎づけ主義，自然主義を一貫して保持したうえ
で，この一致を達成している．反対に，多くの論者はパースの考えを論争の余地
があるものとみなし，現代の研究者はかれの哲学プログラムを全体的にではなく，
いくつかの側面のみをすくいとる傾向があることも明らかであろう．

　デューイの古典的プラグマティズムに移る前に，現在の目的に関連する，パー
スの哲学プログラムのほかの 2 つの側面に簡単に言及するのが有益である．す
なわち，プラグマティズムの格言と，アブダクションによる推論である 5)．プラ
グマティズムの格言は，パースの哲学プログラムのなかで，実証主義における有

第 6 章　プラグマティズム，対話，立場　　215

意味性の検証基準と同じような役割を果たす．それは，有意味な対話と無意味な対話を区別することに役立ち，従来の形而上学を無意味な側に位置づける[6]．のちにプラグマティズムの格言と呼ばれるようになるものの古典的な表現は，論文「我々の観念を明晰にする方法」のなかにある．

「信念の本質は習慣の確立であり，異なる信念は，それが生み出す異なる行動様式によって区別される．もし信念がこの点において異ならないのであれば，そして同じ行動規則を生み出すことによって同じ疑いを鎮めるのであれば，それらの意識の方法における違いがあっても，ちょうど異なるキーで曲を弾くことが異なる曲を弾くことであるのと同じ程度でしか，それらは異なる信念ではないのである．」(Peirce 1878, p. 121)

のちの著作ではより簡潔にこう表現している．

「言葉や表現の合理的意味は，生の営みへの影響にのみ存する．」(Peirce 1905a, p. 183)

古い諺をもじれば，パースのプラグマティズムの格言は，「意味がある行いをするものこそ意味がある」〔「ハンサムな行いをする人こそハンサムである」をもじっている〕と言っているようなものである．もし行動に転化できるのであれば，文章は意味を有するのであり，同じ行動を示唆するのであれば，2つの文章は同じ意味を有する．このプラグマティズムの格言は，実証的命題の有意味性に関する操作主義的あるいは行動主義的格言と異なるのか，そして異なるとすればどのように異なるのかについて，パースの時代に始まり，現代まで続く長い論争がある．プラグマティズムの格言を，観察可能性や検証可能性基準に帰着させることができるのであれば，パースのプラグマティズムは論理経験主義とほとんど変わらない．実際に，プラグマティズムの哲学者のなかには実証主義に共感的な人々がおり，彼らは2つの基準は本質的に同一であり，唯一の違いはプラグマティズムが実際上の問題にも関心を持つ——実際上の理論の有益性という理論選択基準を追加する——ことであるが，それは単なる追加的なものである（第3章におけるファン・フラーセンの議論を想起されたい）とみなしていた（例えば Charles Morris 1968）．ほかの論者は，パースが実験的行動可能含意を強調したので，彼の実験概念は，のちの実証主義における観察可能含意という基礎づけ主義的概念よりはるかにより頑強であることを強調する傾向がある．パースにとって，「言葉や概念の意味を確かめる方法は，実験的手段以外にはない．成功しているあらゆる科

学が，この実験的手段によって，（中略）今日それぞれの科学が別々に達成している確実性を達成しているのである．この実験的手段は「その果実によって汝はそれを知る」という古い論理的規則のひとつの応用でしかない」（Peirce 1906, p. 271）．このようなより自然主義的な理解においては，有意味性はたんに科学がなすことであり，科学理論が，何らかの（たんに実証的であるとは異なる意味での）経験主義的な意味の基準に一致しているから有意味であるということではないのである．言うまでもなく，ここでプラグマティズムの格言に関する論争を決着させるつもりはない——その必要もない——が，これは，特にパースのプラグマティズムを現代の自然主義的転回との関連において位置づけることとも関係するので，重要な論点である．

　最後に，パースのアブダクション概念という論点がある．パースにとっては，論理的推論には 3 つの形態が存在する．演繹，帰納，およびアブダクションである．これらの推論形態はパースにとってきわめて重要である．というのも，彼は**科学の過程**，つまりこれらの推論形態の実際の応用を，知識生産における最も重要な要素とみなしていたからである（彼が疑問の余地のない第一原理，あるいは頼るべき基礎をもっていないことを想起されたい）．パースの演繹および帰納に関する理解は（19 世紀終わりにおいて）比較的標準的であったが，彼のアブダクション概念は重要な貢献であった．アブダクションとは，ある事実から，その事実を支持する理論へ移行する過程である．それは，事実，特に驚くべき事実と，それを包含し説明する理論との関連を見る過程である．アブダクションは仮説の設定をともなうため，パースはときどきアブダクションを「仮説」の方法と呼んだ（Ketner 1998, pp. 294-8）．アブダクションによる「主張」は以下のような形をとる．

　　「驚くべき事実 C が観察される．

　　しかしもし A が真実であれば，C は当然のことであり，

　　したがって，A が真実であると考える根拠が存在する．」

　　（Hoover 1994, p. 301 に引用されたパース）[7]

　アブダクションによる推論は，よい科学の主要な「要素」であるように思われる．それは，成功している科学的実践の根幹である，説明上の直感と創造的な洞察を表しており，パースにとってそのような推論は，真に新しく，人間探求に関する知識拡大に相当する．もちろん，アブダクションはたんなる直感であり，形

而上学的な説明を科学的なものとしてアブダクションすることも容易にできると反論することは可能である．これに対してパースはおそらく，アブダクションは科学的知識の必要条件であり，十分条件ではないと応答するであろう 8)．

　アブダクションは，比較的厳格でない推論概念であるため，「定説」の全盛期にはほとんど注目されなかった．というのもそのときには，演繹，および，科学的活動の正当な領域を拡大するのではなく，むしろ限定することに用いることのできる定式的帰納的推論に関心が集中していたからである．もちろん現在では状況が変化し，様々な探求領域の多様なアブダクション的推論のあいだの相違を調べることは，意義のある研究計画であるように思われる．おそらく，学生に「経済学者らしく考える」ことを求める経済学教育の目標の描写として「新古典派アブダクション」は適切な表現であるといえる．たぶんそのようなことは，他の分野においてもいえるであろう．

　最終的な論点として，パースは科学支持の態度をもち，自然主義的であったにもかかわらず，彼は（同時代のほかの学者とは異なり）哲学上の対話を狭い範囲の問いに徹底的に置き換えようとしなかったことを指摘するのは重要である．第4章の表現を用いれば，彼は改革的自然主義者であったが，革命的自然主義者ではなかった．目標は，科学的探求の原理を，従来哲学の範疇にあった幅広い問題に適用することであり，我々の論理的考察からこれらの問題の多く（おそらく一部だけであっても）を取り去ることではなかった．目的は，哲学の範囲を変更することであり，それを完全に取り替えることではなかった．パースが論文「謎への推量」の最初の数ページで述べたように，

　　「この著作が始めた作業は，哲学を，アリストテレスのもののようにすること，すなわちきわめて包括的な理論の輪郭を描き，あらゆる学派の哲学，数学，心理学，物理学，歴史，社会学，そして他のどの分野であっても，人間理性の働きすべてが，その詳細を埋めるようにすることである．最初の一歩は，すべての主題に適用可能な単純な概念を見いだすことである．」(Peirce 1887-8, p. 247)

　パースは近年，大きな関心を向けられているが，最も密接にプラグマティズム哲学と結びつけられる名前は，パースではなくジョン・デューイ（John Dewey, 1859-1952）である．ジョン・デューイは，歴史上のほかのどの専門的哲学者よりも「アメリカの哲学者」を体現した．長い間にわたって，デューイはこの国の

最も影響力のある哲学者であっただけでなく，最も影響力のある知識人の一人であり，アメリカの社会対話や公共的論争のほとんどあらゆる側面に何らかの方法で関与した．デューイは，パースが教員であったときにジョンズ・ホプキンズ大学の大学院生であったが，彼は当初パースに影響されなかった．初期の頃，デューイはヘーゲル観念論の影響のもとにあり，デューイがパースの研究の重要な側面を評価するようになったのは，のちに彼がプラグマティズムへの転回をへた後であった．デューイは，パースの研究プログラムにおける広義のプラグマティズム的関心を共有したが，この二者のあいだには，公共的人格においてだけでなく実体的哲学においても，相当な違いがあった．

デューイは第一義的には，哲学の認識論化，すなわち，少なくともデカルト以来の，哲学上の問題は何らかの究極的な現実を正確に表現することであると考える傾向に反応した．この究極的な現実は，人間自身が作り出したものと考えるにせよ，発見されるべき客観的なものであるにせよ，核心的な認識論的問いは同じである．どうすれば我々の思考は正確に，この究極の現実を反映し，模倣し，表現するのか．我々の思考は，どのように現実の世界のありように対応しているのか（あるいはどうすれば対応させることができるのか）．**デューイはこの哲学的枠組みを完全に拒否した**．デューイによれば，この枠組みは，近代以前の，特に奴隷社会に起源があり，そこでは純粋なものや究極的なものは，少数の特権階級の独占領域であった．究極的現実は，通常下層階級と結びつけられる実際的で日常的なものの負担のもとで実現される，支配階級の神聖な領域となった．**知ること**（究極のものを反映するという高級な特権的目標）と**行うこと**（人間の実践や他者のための行動という卑しい日常的な事柄）のあいだには人為的区別が存在する．デューイは，この区別を解消し，指針の役割を実践的事柄にふたたび与えようとした．かれは，モダニズムおよび科学的生の様式の秘訣は，この再確認にあると考えた．しかし，科学の制度化は，西洋人の生に大きな亀裂を生み出したとも感じていた．究極的なもの——真，善，美——が特権的で神聖なものであるとするなら，実践的有用性と技術進歩の偉大な原動力である科学は，あらゆる神聖で崇拝されているものと対立する．モダニズムの恐怖は，詩的才能から形而上学的洞察にいたるまで本当に特別な人間は，科学の機械的実践的焦点の正反対にあるように見えることである．デカルトからカントをつうじて論理実証主義にいたるまでの哲学者は，人間文化におけるこれら2つの傾向を分離させたまま，和解させようとし

た．デューイにとって，そのような和解への努力は根本的に誤った方向性であった．従来のアプローチに対するデューイの不満の1つは，そのようなアプローチが，道徳的・社会的問題を文化の別の（非科学の）側に取り残し，それゆえこの領域に対して，科学分野が経験した種類の進歩の可能性を否定していることであった．倫理および価値は特権視されるが，より卑しい科学の浸食を避けることで，結局のところそれらは，科学を特徴づける進歩的方法論から恩恵を受けることができない．

　従来的アプローチにともなう，前述およびその他の問題はすべて，啓蒙の時代の認識論的転回に起因する．デューイはこれを「知識の傍観者理論」と呼んだ．

　　「我々は，絵画を生み出した画家というモデルではなく，完成された絵画を鑑賞する傍観者というモデルをとおして考える傾向がある．（中略）これらの問いはすべて，たんなる注視する精神と，外在的な遠くにある，見られ注意される対象という想定から生じている．お互いに明確に分離した，精神と世界，主体と客体が，いったいどのようにして，真実の知識を可能にするようにお互いに対して関係を持つことができるのかと問う人がいる．仮説によって方向付けられた実験や，何らかの可能性に対する想像力によって方向付けられた発明という類比から，もし知識獲得がつねに行動的で操作的であると考えるのであれば，なすべき最初の努力は，現在哲学を悩ませている認識論上のあらゆる難問から哲学を解放することであろう．というのも，これらはすべて，知識獲得はすでに存在しているものをとらえることであると想定するような，精神と世界，つまり知識獲得における主体と客体の関係という概念から生じているからである．」(Dewey 1948, pp. 122-3)

　デューイの主要な目標は，科学的手段をあらゆる探求の領域に持ち込むことによって「認識論という知的開口障害」を破壊することであった (Dewey, Westbrook 1991, p. 137 の引用)．デューイは明らかに，科学的手段を支持したが，彼の支持した手段は，次のようにきわめて一般的な，あるいはおそらくジェネリックな，探求アプローチであった．すなわち，「分析的，実験観察的，数学的定式化および演繹，たえざる注意深い検証」である (Dewey 1927, p. 164)．デューイにとって，「科学的手段は，科学者にのみ限定されない」(Dewey 1970, p. 29)．それはたんに，「日々の操作に関する詳細な，しばしばきわめて技術的な説明」であった (Dewey 1970, p. 29)．ロバート・ウエストブルックの心得た表現を使うなら，

デューイは「宗派に拘らない」科学観をもっていた（Westbrook 1991, p. 142）. しかし，科学的手段はきわめて一般的である一方で，根本的に重要でもある. 人間の経験を理解し，社会的行動を方向付けるうえで最も有益な種類の実践的真理を発見するための，唯一の最も信頼できるアプローチである. デューイは，従来的な意味での「知識」——人間の経験の外部に存在する究極的現実に対応する知識——を与えてくれるという理由で科学的手段を支持したのではなく，人間の経験を整合的に取り込むための最も有効な手段であるため，支持したのである[9]. ウエストブルックは次のようにデューイの科学観を特徴づけている.

> 「彼の科学的手段の概念は，『科学』とみなしうるものに明確な限定を設けるが，それはきわめて寛大な定式化であった. デューイはしばしば気軽に科学を，理性，知性，熟考の同義語として使った.（中略）これは，それらの用語を不当に狭い概念として表すのではなく，科学という家屋への相対的に寛大な入場制限を提供しようとしていることを表している.」（Westbrook 1991, p. 141）

パースにとってと同様に，デューイにとって，科学者（やほかの人々）はたしかに真理を追究するが，彼らの追究する真理は，究極的な現実に対応するものとしての標準的な真理概念ではない. デューイにとって，真理は，具体的な問題解決にうまく機能するものや，人間の生を前進させ，向上させるものである. これは，真理を人間の生が物質的存在と関わっていくことに関する有効な道具とみなす，**道具主義**の真理概念である[10]. それは，受動的でも内省的でもない，**主体的**な真理概念である.

> 「もし観念・意味・概念・理論・体系が，主体的に環境を組み替えたり，何らかの具体的困難・混乱を除去したりすることに役立つのであれば，それらの有効性および価値は，この仕事を達成するかどうかによって確かめられる. もしその仕事に成功するなら，それは信頼できるし，健全であり，有効であり，よいものであり，真実である. もしそれを実行に移したときに混乱や不確実性や害悪を増すだけであれば，それは誤謬である.（中略）ハンサムなことをする人こそ，ハンサムである. その果実によって汝はそれを**知る**.（中略）うまく機能する仮説が**真**の仮説である. そして**真理**とは，その機能や帰結によって正しいことが認められた事例（実際の事例，予測事例，および希望事例を含む）に適用される抽象名詞である.」（Dewey 1948, pp. 156-7）

デューイの道具主義は，（しばしば非難を受けるように）たんに特定の（人為的に与えられた）目的や目標のために，最も有効な手段を選ぶべきという考え方ではないことに注意することが必要である．デューイにとって，知識は目的を達成するための手段であるだけではなく，目的自体をも形成するのである．

「哲学で過剰なまでに頻繁になされるおかしな歪曲のうちの1つによって，私がこれまで述べてきた『道具主義』という言葉は，『知識獲得』はなんらかのあらかじめ定められた具体的な目的に制限されなければならないかのように解釈され，批判されている．何度も私が述べてきた議論は，これとは全く反対である．科学知識の獲得は，慣習的目的から解放され，新しいより自由な目的への視野を広げてくれる唯一の一般的方法であるということである．」（Dewey from The Later Works, Seigried 1996, p. 174 の引用）

このプラグマティズムの真理概念がこれほど特異なものに見られる理由は，従来の認識論の影響であるとデューイは主張した．

「完全性という高級な領域と，見かけ，現象的，不完全な現実という低級な領域の2つに存在が区別されるかぎり，真理と誤謬は，もの自体に備わる既成の静的固定的属性とみなされる．最高現実は真の存在であり，劣等で不完全な現実は誤った存在である．（中略）このような概念は，古代や中世の伝統をどれほど間接的にであっても学んだ人であれば，その頭の片隅にある．プラグマティズムの真理概念は，この考えを徹底的に批判する．」（Dewey 1948, pp. 158-9）

デューイの，宗派に拘らない科学観と結びついた道具主義的真理概念——彼が「経験的自然主義」（Dewey 1929）と名付けた組み合わせ——のもとでは，真理探求は，広く政治や倫理やその他の価値に関する探求にも拡張することができる．価値倫理的探求の統合はすべてのプラグマティズムの論者に共通する——かれらは価値を，合理的科学的考察にかけようとした——が，この論点は，社会政策や価値倫理的探求に深い関心をもっていたデューイにおいて特に顕著であった（Manicas 1998）．彼の研究の背後で究極的な原動力となったのは，きわめて寛大な科学概念を文化のほかの側面，とくに価値の形成に関する側面に適用することであった．彼自身の言葉では以下の通りである．

「道徳的観念の有効性を否定したり，それを常識や科学とは異なる領域に押しやったりすることを必要とするような知識理論は，偏狭であり，恣意的で

ある．プラグマティズムは，いったいどうすれば道徳的・科学的『知識』が1つの同じ世界をあつかうことができるかという問いに，少なくとも立ち向かおうとし，避けようとはしなかった．そして，プラグマティズムが提供する解決法にどのような困難があるにせよ，科学的判断を道徳的判断に一致させるという構想は，我々の常識に近いものである．少なくとも，道徳判断が，科学的判断を規定する予断的理論に適応しないからといって，道徳判断に妥当性を認めない理論よりも常識に近い．」(Dewey 1908, p. 83)

デューイは，社会的倫理的問題に関心があり，そのような問題にも対応できる科学観を主張したが，それはたんに，科学がそのような領域に**適用できる**ということではない．ある意味において，科学はこのような領域と同じ外延性を有する．それは，向こうにある別個の科学が，価値倫理的探求の領域に持ち込まれるということではなく，1つの——道具主義的な，手段・目的分析による，事実に即した，知的な——探求手段しか存在しないのであり，それはつねに，人間の社会的実存の一部であった．たんに，啓蒙の時代以来，その手段は，科学という特定の領域において顕著にうまくいったのである．デューイによれば，問題は，この過程の進展が妨げられているということである．人間の文化のあらゆる側面により一般的に（そして自然に）この過程を拡張することが，哲学的分離・純化圧力によって妨害されている．人間経験への知性適用はすべて，1つの連続的で多面的なものであるべきであった．今はそれが，途中で停止されてしまったにすぎない．

科学コミュニティの社会構造のおかげで，知的探求の手段は科学の諸分野で有効に実現されている．科学と知識は根本的に社会的であるが，デューイは伝統的認識論がこの点を見逃していることを繰り返し批判した．

「しかし，観念・知識は，精神あるいは意識の機能であり，対象との孤立した接触によって個人に生じると現在の哲学は主張する．しかし実際には，知識は，交流やコミュニケーションの機能であり，それは，伝統に依存し，また，社会的に伝達され，拡大され，認定される道具・手段に依存する．有効な観察，内省，意志という能力は，文化の影響や社会的制度のもとで獲得された習慣なのであり，あらかじめ用意された生得的能力ではない．」(Dewey 1927, p. 158)

科学は社会的であるだけでなく，知的探求過程を促進する社会構造を有している．デューイによれば，科学文化は批判的である一方で開放的，協調的，非階層

的であり，安定の究極的基礎として社会的合意を維持している．デューイによれば，科学は**民主的**であり，そこに科学の英知や成功の秘訣がある．要するに科学は，民主的問題解決の模範であり，文化のほかの側面にこの民主的過程を拡張することによって，知性および（道具主義的）真理発見を広く応用することができるであろう．民主主義は人間知識の**究極的**秘訣である．

> 「デューイが初期であれ後期であれ，主張しようとしたことは，民主主義は，社会問題の解決に知性を適用するための前提条件であるということである．我々は，知性の手段（「科学的手段」）によって，どのような手段を用いるべきかのみならず，我々の目指す目的は何であるべきかを見いださなければならない．民主主義は，社会的活動に知性という手段を活用するための前提条件なのである．」(Putnam and Putnam 1990, p. 427)

デューイは非常に影響力があり，広範囲の，包括的で，つねに進化する哲学的構想を持っていた．さらに彼は，とても長い生涯を送り，その生涯のほぼすべての期間において知的生産力を維持した．筆者は，デューイの研究に関してかすかに表面を引っ掻いたのみである．ただし，パースのようなほかの古典的プラグマティズムの思想家や，リチャード・ローティのようなネオ・プラグマティズム（以下で論じる）と区別できるように，彼の道具主義的プラグマティズムという主要なテーマを要約しようとは試みた．さらに，次小節での，とりわけ経済学へのデューイの影響を論じる準備も整えた．

6.1.2　古典的プラグマティズムと経済学

前小節では，経済学に言及することなく，パースとデューイの古典的プラグマティズムを議論した．本小節は，これら 2 つの研究分野のあいだの多くの接点のうちのいくつかを考察する．3 つのきわめて異なる例を取り上げる．それは，異なる時点で起こり，全く異なる経済理論に関わるものであった．第 1 に，デューイのプラグマティズムの，制度派経済学（特にクラレンス・エアーズの経済学）への影響である．エアーズの制度主義は，確かに経済学の主流派ではないが，古典的プラグマティズムに対して明示的できわめて顕著な関連性をもつ非マルクス主義的異端派プログラムであるため，この文脈においても重要である．第 2 に，エイブラハム・ハーシュとニール・デ・マーキ (Hirsch and De Marchi 1990) の，ミルトン・フリードマンの実証経済学の方法論はデューイ的道具主義

の1つのバージョンとして理解されるべきだという主張を議論する．最後に，そして少し異なる調子で，パース自身の「研究の経済性理論に関する一論」（Peirce 1879）を論じる．これは，パース自身が比較的現代的な経済モデルを科学研究計画の最適選択という問題に応用した論文である．以上の3つは，きわめて異なる種類の知的交流であるが，プラグマティズムと経済学の接点の多様性をよく伝えるであろう．

　アメリカ制度学派を論じるときには，プラグマティズム哲学の「影響」に言及することがほとんど通例となっている．マルクス経済学に対するヘーゲルの影響や，ミルの古典的プログラムに対するベンサム功利主義の影響のように，プラグマティズムは，制度派経済理論に自動的に関連づけられる[11]．制度学派とプラグマティズムの関係にアプローチする方法は様々であるが，パースの制度派経済学への影響，あるいはデューイの道具主義がソースティン・ヴェブレンの研究に与えた影響や，ウェズリー・クレア・ミッチェルのような後期制度学派の経済学者に対するデューイの影響を論じることが可能である[12]．ここでは，以上のような論争の余地のある論点ではなく，プラグマティズムと制度学派の関係に関してそれほど異論がなく，その影響が直接的で過去の研究でも十分に立証されている事例に焦点を当てる．それは，デューイの道具主義とクラレンス・エアーズの経済学との関係である．

　クラレンス・E・エアーズ（Clarence Edwin Ayres, 1891-1972）は，1917年にシカゴ大学で哲学博士号を取得したが，その13年のちになってはじめて経済理論に関する研究を始めた．それからの25年間，エアーズは，歴史的視野の広さにおいてマルクスの唯物論に匹敵する経済発展および文化的変化の理論を議論しつづけた．同理論は，経済的生産という物理的作用と社会的・文化的制度の進化を考察する説明的枠組みを提供した．マルクスの史的唯物論と同様に，この理論はあらゆる時代，あらゆる場所のあらゆる社会に適用可能な社会的経済的変化のきわめて一般的な説明を提供したが，やはりマルクス同様に，主として現代の資本主義社会の進化を対象とするものであった．エアーズは，彼の理論の知的源泉に関してきわめて明示的であった——デューイの道具主義とソースティン・ヴェブレンの制度派経済学（とくに Veblen 1904, 1923）の直接の組み合わせに由来した——が，ヴェブレンよりもデューイのほうがより重要な影響であったと評価する人は多い．

第6章　プラグマティズム，対話，立場　　225

「彼は，ヴェブレンから一般的なアプローチや経済システム進化の解釈を引き継いだが，エアーズがヴェブレンを上回る刺激を見いだしたのはデューイであった．価値の問題に関して，これは特に明白である．エアーズの技術的あるいは道具主義的価値理論は，経済理論の領域における彼の主要な貢献であるが，そこにはヴェブレンよりもデューイの強い影響が見て取れる．」
(Gruchy 1972, pp. 89-90)

エアーズの経済発展の理論（Ayres 1952, 1961, 1962）における核心的概念は，「技術」と「制度」の二分法——いわゆるヴェブレンの二分法——であった．「事業」（すなわち販売の技）と「産業」（すなわち職人の技）とのヴェブレンの二分法を敷衍して，エアーズは，あらゆる人間の文化は，2つの基本的な，互いに矛盾する力，すなわち技術や道具主義的価値という未来志向の動的な進歩的な力と，制度や儀式的価値という懐古的で，静的で妨害的な力の不安定な結合であると主張した．つねに相互に関連し合うこの2つの力は，実際に2つの別個の文化的極を表しており，それぞれの影響力の相対的な大きさは，任意の特定の社会の特徴を説明する．

「デューイと同様に，エアーズにとって，手段と目的は，経験過程から生じる連続体である．この観点では，起源において経験的とみなされる手段と，純粋に形而上学的に解釈される目的とのあいだの二元論的分離は存在しない．したがって，エアーズは，経験の技術的要素である純粋価値と，文化的慣習および制度化された階級・地位・権威の産物である儀式的価値とを明確に区別した．」（Hickerson 1987, p. 1129）

技術は，既存の手段を組み替えることによって自生的に発展し，制度は本来的に静的であるので，一定の制度的構造のもとでは技術的変化を引き起こすことはできず，むしろそれを阻害するか受け入れることができるのみである．相対的に技術的変化に寛容な制度もあるが，そうでないものもある [13]．経済発展の基本的ルールは，技術的変化を受け入れるような制度形態を促進し，それに抵抗したり妨害したりするものを取り除くことである．

「人類の歴史は，つねに変化を招く技術の動的な力と，変化に反対する儀式——地位・慣習・伝説信仰——の静的な力の，2つの力の絶えざる対立の歴史である．」（Ayres 1962, p. 176）

エアーズによる西洋経済発展の説明（Ayres 1962）においては，北中欧に対す

るローマ人の侵略が地中海の技術をもたらしたのと同時に既存の制度的構造を破壊したが，ローマ人が引き揚げたとき，ローマの儀式的様式もともに消え去り，技術変化を受け入れる制度的空白が残った．すなわち，産業革命を吸収できるほどの大きな制度的空白が残った．

エアーズの技術概念は，彼の分析全体の土台であり，それは直接，デューイの道具主義にもとづいていた．

> 「私が，知識獲得の方法とは何かを初めて理解したのはジョン・デューイからであった．それはデューイの言う，『道具主義』的過程である．デューイが明らかに認めていたように，これは，ヴェブレンの『技術』的過程と同一である．この 2 人の偉大な開拓者はともに，この過程を（ヴェブレンの言葉で言う）人間の『生の過程』として理解していた．つまりそれは，不断の連続性で，あらゆる社会活動に共通し，そのすべてで同じ意味をもつ過程であり，したがって，よい慈善的寄付や，よい平和条約，あるいはよい航空路線の規制システムが，原始人の石器がよいというのと全く同じ意味において，つまり肉を家に持ち帰ることができるという意味と同じ意味においに，よいのである．」(Ayres 1961, p. 29)

エアーズの技術概念がデューイのプラグマティズムに由来するだけではなく，かれの価値理論——そして，経済学は本質的に評価や選択に関するものであるので，彼の経済理論全体——が，デューイの道具主義的評価理論（Dewey 1939）にもとづいていた．人間は，自然との関わりにおいて様々な問題を解決しなければならないが，デューイにとって，このような問題解決は，道具主義的な試行錯誤をつうじて生まれる．また，経済問題およびその解決についてもこれは当てはまる．我々は経済的生において，生存手段確保の有効な方法を見いださなければならないので，そのための手段は，デューイにとっての科学知識獲得と同じ道具主義的過程をつうじて発見される．経済的決断をする際には，評価——異なる選択肢に対して価値づけがなされなければならない——が必要であり，その評価をする方法は，科学と同じ探求手段である．適切な評価は，道具主義的に正しいと保証された評価である [14]．

エアーズの制度派経済学は，ヴェブレンの二分法や社会的評価理論だけではないが，デューイのプラグマティズムとの関連性を示すには以上の簡単な概略で十分であろう．エアーズの研究プログラムを妥当な経済発展理論とみるべきかどう

かにかかわらず，彼が，科学知識に関するデューイの道具主義から直接，主要な技術概念を導いていたことは明らかである．デューイと同様に，エアーズは明示的に規範的である一方で，自然科学という一定の枠や，従来の基礎づけ主義的な科学観に合わない探求を排除しなかった．デューイやその他のプラグマティズムの哲学者と同様に，エアーズにとっては，科学の秘訣は，ほかの文化の形態すべてを超越したり，エアーズの表現では，「集団信仰」（Ayres 1962, pp. 278-9）でなかったりすることにあるのではなく，実践的ではあるが，きわめて特別な性質をもった，とても特別な集団信仰であるということにあるのである．「科学と迷信との決定的な違いは，科学的『信念』の操作上の効率性が，ほかの『集団信仰』よりも明白であるということにある」（Ayres 1962, p. 279）．科学は神に触れはしないが，ホームベースに触れる〔つまり，特定の目的を果たすことはできる〕のである．

　ここで論じるプラグマティズムと経済学との第2の接点は，より主流派の方法論的論点——ミルトン・フリードマンの実証経済学の方法論——に関連するものであるが，この議論を始める前に，方法論の文献において「道具主義」という言葉がさまざまに用いられているために生じる混乱を取り除いておくことが有益である．哲学者はこの言葉を多くの異なる方法で用いるが（Mäki 1998a を見よ），ここでこれらの可能な用途をすべて論じる必要はない．現代の経済学方法論では**3つの異なる方法**でこの言葉は用いられており，これら3つの用途をはっきりと区別しておけば，大きな混乱をもたらす潜在的原因をかなり取り除くことができるであろう．このうち2つは，上述の制度派経済学の議論と関連し，また別の2つがフリードマンの方法論に関する以下の議論と関連するので，ここでこれらの様々な可能な用途を挙げるのは適切であるように思われる．3つの用途とは以下の通りである．

・科学哲学で用いられる道具主義

・デューイの意味での道具主義

・所与の目的を達成するための最も効率的な手段としての道具主義的合理性

　第1の科学哲学内部での道具主義は，第3章の論理経験主義に関する節で考察した．この道具主義解釈——一般的にピエール・デュエム（Duhem 1954）に関連づけられる解釈——によれば，科学の理論は，予測のための手段にすぎない．それは，実証的観察の予測を容易にするためのたんなる「道具」であり，どのよ

228

うな意味においても世界の実際の様相を説明しない（あるいは，そのように期待されるべきものではない）．道具主義の第2の用途，つまりデューイの道具主義は，本章前小節で詳しく論じた．方法論の文献では，この2つの意味の混同が広く見られるように思われる．これは，潜在的に大きな対立の源泉となっている．

第2の潜在的な混乱は，以上の用途のうち第2と第3を混同することである．主流派新古典派経済学を，**道具主義的であるという理由で批判する**研究が現在増えている（たとえば Hargreaves Heap 1989 や Stewart 1995）．この議論は，新古典派経済学が，（たんなる）**合理性に関する道具主義的理論**であるというものである．この道具主義的観点によれば，「合理性」は，手段と目的との関係の一属性でしかなく——合理的であるということは，たんに所与の目的を達成するための最も効率的な手段を選ぶことであるということ——，目的自体の性質とは関係がない．したがって，一定の所得を様々な消費財の束に対してどのように用いるかを決めるのと同じくらい合理的に，どのように大量殺人をおかすかを決定することができる．批判者は，合理性という概念には，この道具主義的な概念よりももっと別のものも含まれるのであり，経済学はより洗練された概念，特に，目的を達成するための手段だけではなく目的自体の合理性を考慮に入れることができるような概念を用いるべきだと主張する．この批判は制度派経済学者のほとんどが心から賛同できるものであるが，同じ制度派経済学者は，**主流派経済学には道具主義的な合理性理論が**（あるのではなく）**ない**ことが問題だと言うのは皮肉である．（ヴェブレンやエアーズやデューイの）道具主義的評価理論によれば，手段だけでなく目的も道具主義的な価値をもつ——手段だけでなく，目的も，人間の生の過程に一致しており，道具主義的に合理的な（つまり，よい）社会的意志決定と結びついている．どちらも，主流派経済学の問題点について一致しているが，現代の経済哲学は，主流派が道具主義であるから問題であると言い，制度学派は，主流派が道具主義でないから問題であるという．おそらく識別用の添え字が便利である——デューイ的な用途は道具主義 D，道具主義的合理性の概念は道具主義 R——か，あるいは，おそらくたんに，道具主義的や道具主義という言葉はさまざまな異なる意味に用いられるということに注意し，混同しないように気をつけるべきであろう．

ミルトン・フリードマンの実証経済学に関する論文（Friedman 1953）は，フリードマンの論文に関する方法論論争の第1の応酬となった「Fねじれ」や「仮

第6章 プラグマティズム，対話，立場　　229

定」論争とともに第2章で議論された．論争の第2の応酬は，ラリー・ボーランドの「フリードマンの批判者に対する批判」によって1979年に始まった（Boland 1982もある）[15]．ボーランドは，フリードマンの論文に対する最も整合的な解釈は，制度学派の経済学方法論アプローチを支持する議論とみなすことであると主張した．ボーランドが非難するフリードマンの「道具主義」は，上述のリストにおける第一の道具主義（科学哲学）であり——科学の理論はたんなる予測の道具である——，ボーランドが最初にフリードマンをこのように解釈したわけではないが，この論文は広く読まれ，長期にわたる（現在も続く）論争を引き起こした[16]．

　ハーシュとデ・マーキ（Hirsch and De Marchi 1990）は，フリードマンは実際に道具主義的な見解を提唱したが，彼の生涯や研究を注意深く考察すれば，彼の道具主義はデュエムではなく，デューイの種類であると主張することによって，この論争に大きな影響を与えた[17]．彼らの議論は，（フリードマンの方法論に関する解釈研究の大部分とは違って）1953年の論文の内容を考察するのではなく，フリードマンの実際の研究の背後にあった暗黙の方法論——彼の実際の理論的・実証的実践から読み取ることのできる方法——に集中した．ハーシュとデ・マーキは，フリードマンのマーシャル的ミクロ経済学，貨幣理論，恒常所得仮説，ケインズ経済学批判，およびそれほど有名でない多くのほかの研究（専門職の所得の研究など）はすべて，デューイの道具主義にもとづいた経済学研究と理解されるべきであるという根拠を提示した．

　　「このように，フリードマンは，まさにデューイと同様に，（中略）経済学方法論の専門家によって定式化されたような，経済理論の論理を拒否した．彼は，何が適切な論理であるかについて明確な考えをもっていたようであり，それは，デューイが定式化した論理そのものである．（中略）『概念は，現象の観察および秩序づけに用いられるべき仮説とみなされるべきであり，（中略）それを行動に移すことによって生み出される結果によって検証されるべきである』というのがデューイと同様に，フリードマンの立場である．理論は，過去の経済的経験を理解したり，将来の発生を予測したりする試みに用いるときにどれくらい有益であるかに応じて，そして特に，さらに探求過程を進めたときに新しい洞察が得られるかどうかによって判断されなければならない．」（Hirsch and De Marchi 1990, p. 54）

フリードマンの方法論論文と経済学実践を考察する以外にも，ハーシュとデ・マーキは，彼の教師であり，全米経済研究所（NBER）の同僚であったウェズリー・クレア・ミッチェルの影響をたどっている．ハーシュとデ・マーキの表現では，「フリードマンの方法論に関する見解のなかには，ミッチェルの異端性という興味深い痕跡」が存在する（Hirsch and De Marchi 1990, p. 2）．もちろんミッチェルはデューイではないが，ミッチェルには，プラグマティズムの傾向があった（明らかにプラグマティズムのなかでは実証的な側に位置するが）．ミッチェルはヴェブレンの教え子であり，初期の著作『景気循環』（Mitchell 1913）は，『営利企業の理論』で示されたヴェブレンの理論的洞察を実証的に験証するための試みであった．そして，ミッチェルは，ドロシー・ロスの言う，（ヴェブレンと並んで）リベラルなアメリカ例外論科学者〔ロスは，ヨーロッパからの知的影響とは独立にアメリカ独自の学問的活動を行おうとした知識人たちのことをこのように呼んだ〕の代表人物の一人であった（Ross 1991, Ch. 10）．これは，フリードマンの自由市場経済学の背景に存在したのではないかと我々が期待しがちな哲学的，あるいは政治的関連性ではないが，ここが問題である．ハーシュとデ・マーキによれば，フリードマンの実証経済学（方法および実践）は大まかに言って，デューイ的な意味において道具主義的であるが，かれの自由市場礼賛的政治経済学はそうではない．彼の政治経済学は，フランク・ナイトにより強く影響を受けている．現在では，ナイトもアメリカのプラグマティズムに影響を受けていたことが明らかであるが（Emmett 1990; Hammond 1991; Hands 1997b），ナイトは，デューイのプラグマティズムの伝統にはきわめて批判的であった——それが，（ナイトによれば哲学上の学説でもっとも有害なものである）実証主義および行動主義に近すぎると感じていたという理由もあって——し，デューイ（およびヴェブレンやミッチェル）ときわめて異なり，フリードマンにはるかに近い政治経済学を提唱していた．ハーシュとデ・マーキは，フリードマンの（デューイ的）実証的方法論と（ナイト的）政治経済学のあいだの緊張関係を発見したが，この2つの和解の方向性についてはほとんど何も提案していない．彼らは，フリードマンの政治経済学が「実質的な貢献」（Hirsch and De Marchi 1990, p. 292）でないと主張してフリードマンの考察を終えている．

　ハーシュとデ・マーキの主張を完全に受け入れるかどうかにかかわらず，彼らがフリードマンの方法論に興味深い新しい解釈を提供し，通常プラグマティズム

第6章　プラグマティズム，対話，立場　　231

哲学と結びつけられるアメリカ制度学派とはきわめて異なる種類の経済学とデューイの道具主義を関連づけたことは明らかである．近年のナイトに関する研究とともに，彼らの研究は，プラグマティズムと初期シカゴ学派経済学との一般的関係について興味深い問題を喚起した．一般にシカゴ学派と結びつけられるメタ科学は，ジョージ・スティグラーが自ら認めたように実証主義であると思われるが，おそらくこの理解は，シカゴ学派創設者たちの哲学的傾向（や実践）よりも，「定説」レトリックの成功の産物であるのかもしれない．いずれにせよ，フリードマンの道具主義が，デュエムの道具主義と自動的に結びつけられること——あるいはその点でいえば，ナイトの方法論上の立場が先験主義と結びつけられること——は，科学哲学（とくに，「定説」科学哲学）が，20世紀半ばの経済学方法論における**議論の前提**となっていた明確な証拠となる．「科学」といえば，（きわめて最近まで）論理経験主義か反証主義のどちらかの経験主義的基礎づけ主義科学をずっと意味していた．それ以外には——例えば，プラグマティズムを用いて科学的探求を論じること——，全く科学ではなかったのである．フリードマンの研究は経済学のなかでは大いに成功し影響をもったので，かれが「定説」（すくなくともその一部）の原理に一致したことをしているはずだという含意があった．ナイトは，**実証主義**の見解をはっきりと否定したので，先験主義を支持していたはずであった．もちろん，プラグマティズム的転回の重要な含意は，この2つの選択肢しか選べないわけではないということである．

　古典的プラグマティズムと経済学の関連に関する最後の事例は，パースが1879年に刊行した論文に関するものである．「研究の経済性理論に関する一論」という論文は，本質的に，科学研究計画の評価に費用便益分析——この場合，認知的な費用便益分析——を用いた議論である．多くの最近の研究者がこの論文に言及しており（Delaney 1992; Rescher 1976, 1978; Stewart 1991; Wible 1994a, 1994b, 1998），「パースの経済学への関心は，かれの科学理論に強い影響をもたらした」（Stewart 1991, p. 505）と論じる人もいる[18]．この論文は，費用便益分析における比較的単純な問題をあつかっている．すなわち，最大の認識的効率性を達成するために，科学コミュニティはどのように資源を配分するべきであるかという問題である．

　　「パースは，『一定の貨幣・時間・努力を拠出して，最も価値のある知識拡大を実現する方法』を合理的に決定することが，科学コミュニティの最も根本

的な問題であるとみなしていた. (中略) この問題に対してかれは, 『研究の経済性』という問題領域を設定し, そこで具体的な基準を示した. その基準とは, 長期的な目標に照らして限られた資源の配分を最適化するために, 提案された研究プログラムの費用便益的合理的評価を行うというものである. このような, あるいはそれに類似した基準が, 科学コミュニティの研究費分配部門によって採用されれば, さもなければ無秩序な判断が, 長期的な成功を視野に入れた合理的基準のもとでなされるようになるであろうとパースは考えたのである.」(Delaney 1991, p. 34)

パースのこの問題へのアプローチは, 様々な研究計画の総効用と総費用との差異を最大化することであり, 効率的な解決は, 現代のミクロ経済学でなじみのある, 限界条件 (限界便益と限界費用との比率) によって表現できる. もしある研究計画に関して限界便益が限界費用を上回っているなら, その計画に用いられる資源を増やすべきである. もし限界費用が限界便益を上回っているなら, 割り当てている資源を減らすべきである. パースによれば, これは, 科学的資源配分を分析するための枠組みを提供し, その結果として, 異なる研究計画のあいだでの認知的分業が生じるであろう. データのみでは明確な取捨選択ができないとき, 異なる研究プログラムを評価するための (費用便益) 基準を提供するので, 過小決定性の問題の解決にもなる. この論文は, 科学的資源配分の問題に対する「経済的アプローチ」の初期の事例であり, 経済学とプラグマティズム哲学とのまったく異なる関連性を提示している[19].

パースの論文は, 第8章で論じる近年の「科学の経済学」に類似しているが, 重要な違いがある. 第8章で見るように, 近年の科学の経済学における研究の大部分は, 見えざる手のタイプの結果に集中している. すなわち, 個々の科学者の合理的な利己的行動の結果として認識的効率性が生じる, あるいはそれが生じうるような状況に集中している. パースは, 徹底的に反個人主義的であり, 科学を協調的で, 比較的私心のない活動とみなしていた. 彼の研究の経済性は, どのようにすれば科学コミュニティが資源を効率的に配分できるかに関するものである. パースは限界分析を用いているが, それは, 計画者にとっての問題 (科学コミュニティによる認識的計画) を議論するためであり, どのように科学者という個別の主体の利己的行動から認知的効率性が生じるかを論じるものではなかった.

ここで, 古典的プラグマティズムと経済学の関係に関する最後の重要な論点に

第6章 プラグマティズム, 対話, 立場　233

たどり着く．どのような種類のプラグマティズムにとっても，「合理的認知と合理的目的のあいだには切り離すことのできない関係」(Peirce 1905a, p. 184) があるのであり，「目的」は必然的に何かをなすこと——仕事をしたり，生産したり，分配したりすること——を含むので，プラグマティズムは必然的に認知と経済活動を関係づける．プラグマティズムは，方法論の専門家が実証主義やポパーの反証主義を適用しようとしたような方法で，経済学に「適用」できるたんなる知識の哲学ではない．**それは，厳然と経済的生とつながった知識の哲学である.**デューイは，古典的認識論の枠組みを，その枠組みを生み出した社会の階級構造に起因させた．彼はまた，民主主義が科学的探求の最も重要な特徴であると主張する一方で，道徳科学や社会科学も取り込むように科学的探求を特徴づけようとした．最後にパースは，強硬な反個人主義者でありながら，科学研究計画を評価するために，現在標準的であるミクロ経済学を用いた．以上は，哲学者が自身の概念を経済学に適用した事例であるだけでなく，経済学者も容易に理解できる概念を提供した事例でもある．また，哲学的概念と経済的概念の，切り分けることのできない絡み合いの事例でもある．

6.2　ネオ・プラグマティズムと対話的転回

プラグマティズムは間違いなく哲学の世界に戻ってきたが，この失地回復には，前節で論じたどの論点とも独立な理由が存在する．実際に，パースやデューイのような古典的プラグマティズムの哲学者の問題設定とはまったく独立なプラグマティズム的概念の復活には理由がある．その理由の1つは，古典的プラグマティズムの要素をポストモダニズムと混合させた——とくにリチャード・ローティ (Rorty 1979, 1982, 1989, 1991a, 1991b) の研究をつうじた——ネオ・プラグマティズムの哲学的観点の展開である．ローティの哲学での影響力や，彼の研究が経済学方法論に影響を与えたことを考えれば，彼の見解を簡潔に要約することは間違いなく望ましい．しかし，ローティの具体的な貢献を論じる前に，**ポストモダニズム**という悩ましく込み入った論点を持ち出すことが有益である．

6.2.1　ローティ，ネオ・プラグマティズム，および対話としての科学

ポストモダニズムは，現代の知的文化のほとんどあらゆる側面に影響している

が，筆者が現代の科学理論を要約してきたのと同様に要約することのできるような哲学的「立場」ではない[20]．おそらく最善の方法は，アラン・メギル（Megill 1989）のポストモダニズムの議論にならって，ウィトゲンシュタイン的「家族的類似性」という観点からこの問題にアプローチすることであろう．ポストモダニズムは，単一の明確な特徴を持っていないが，ポストモダニズムの観点と一致する家族的類似性を有した論者や著作が存在する．この家族的類似性は，ポストモダニズムが，何を提唱しているかよりも，何に**反対**しているかに焦点を当てることによって明確になるように思われる．最も重要なのは，ポストモダニズムが**モダニズムに異議を唱えた**ことである．ポストモダニズムは，啓蒙の時代の知的・文化的遺産全体に疑問を投げかけ，理性中心的世界に異論を唱え，科学と社会の両方の合理性に関する伝統的見解に疑問を投げかけている．ポストモダニズムの対話において繰り返し現れるテーマは，啓蒙の時代の知的計画が勢いを失ってしまったということである．啓蒙の時代以降の我々の知的文化のほぼすべての側面（および実践的生の大部分）に対する背景および正当性を与えてきた合理主義的論法は，徹底的に正当性を失ったのである．

　ポストモダニズムにいたる過程を理解するための1つの方法は，古典哲学の3つの主要な問題，すなわち真・善・美という問題の歴史的進化を考えることである．認識論は真理を，倫理学は善を，美学は美を考察する．当初はこの3つすべては絶対的なものであった．すなわち，時間・空間・文化や，個々人の視点という個別性とは独立の，普遍的なものとして存在すると考えられた．美学は，最初にこの普遍性を放棄し，最初に，状況依存的であり，個別的であり，文化や視点に依存するとみなされるようになった．そして倫理学も同様の変化をこうむった．啓蒙の時代以前に，倫理的問題を思考するための多くの異なる方法——宗教にもとづいたもの，完全に世俗的なもの，普遍的な遵守を求めないもの——が存在したので，これらの見解は合理的に論じることはできたが，善の絶対性は徐々に，我々の過去の哲学上の記憶のなかに消えていった．しかし真理は一歩も引かなかった．実際に，啓蒙の時代の主な特徴は，真理発見の方法——科学の方法——を，文化のほかの側面によってかつて占められていた領域の多くに拡張することであった．論理実証主義はしたがって，ある意味において哲学上のモダニズムの頂点である．厳格な実証主義にとって，美学と倫理学はともに，純粋に視点依存的であり——個人の視点に依存し，客観的な意味を持たない——，有意味性

や真理は科学や論理にゆだねられた．メギル（Megill 1985）はこのように，ポストモダニズムを「知識を美学化する」——要するに，モダニズムが美学に対してなしたことを知識に対してなす——ことであると表現した．この美学化のひとつの含意は，「理論」全般に対して疑念が発生するということである——つまるところ，理論とは，偶然性に囲いを設け，個別性を普遍性および絶対性のなかに押し込める試みである．したがって，ポストモダニズムは，リオタールのしばしば引用される言葉によれば，「メタナラティブに対する不信」(Lyotard 1987, p. 74) である．必然性をともなうあらゆる物語——科学・社会・歴史・倫理学における物語——は，異論を唱えられるべきである．科学は脱構築されるが，進歩・効率性・正義といった，その他の現代生活の土台も例外ではない．

　もちろんポストモダニズムには，最も過激なものから相対的に穏健なものまで様々な異なるタイプがある．極端な側には，ポストモダニズムのジレンマに対して「解決」を探るあらゆる努力を否定する論者がいる．彼らは，たんに地の底で抵抗しているように見える．しかしそのような極端な見解は，ポストモダニズムに共感的な人々のなかでは例外的である．ほとんどの論者にとって，ポストモダニズムの考えを共有することは，従来のモダニズム的物語——真理，必然性，正義，あるいはその他の物語——に深い疑念を表明することを意味しており，彼らは，既存の権威によって支持されている物語に対して，とくに強い疑念を示す．おそらく，新しいポストモダニズムの立ち位置を指摘することはできるが，同じ古い地図を見て同じ古い人々に尋ねることによってはそれを見つけることはできないであろう．この意味において，これまでの章で論じた見解の多く，すなわち，「定説」を崩壊させ，異なる考え方を提示した見解は，ポストモダニズムとかすかな家族的類似性を有しているように見える．それはときにほとんど識別不能であるし，ポストモダニズムとの類似を強硬に否定する論者も多いが，詳細に見るならたしかに類似性を見分けることができる．

　クーンと SSK がほんのわずかにポストモダニズムと関連しているなら，ポストモダニズムのより極端なバージョンと結びつけられる論者は誰であろうか．明確なリストが存在するわけではないが，しばしば言及される名前には，20 世紀前半のフリードリッヒ・ニーチェ，そしてより最近では，ミシェル・フーコー，ジャック・デリダ，ジャン＝フランソワ・リオタールが含まれる．ニーチェはおそらく，この思考のスタイルを始めた最初の思想家であり，彼の哲学の多くの側

面がポストモダニズムの痕跡を示しているが，彼の視点依存的真理概念——すべての真理は，部分的であり，限定的であり，状況依存的で，知識獲得者の文脈に相対的であり，彼の表現では，真理は「大量の流動的な隠喩，換喩，擬人の集まり」（Nietzsche 1954, p. 46）である——は，おそらく最も示唆的である．しかしニーチェにとっても，多くのポストモダニズムの思想家にとってと同様に，知識の美学化によって生じる虚無主義は，受動的虚無主義ではなく，能動的虚無主義である．

> 「ニーチェは，モダンおよびポストモダンの実存の適切な態度として，虚無主義を勧めた．空虚さから遠ざかるのではなく，それにのって踊りを踊るのである．我々の実存に適した世界がないことを嘆くのではなく，そのような世界を発明するのである．我々は，自然的制約や限界にとらわれない，自分自身の実存を生み出す芸術家となるのである．」（Megill 1985, p. 34）

ポストモダニズムの思想家のリストには，哲学者の名前があるが，プラグマティズムの哲学者は，そのリストに入るであろうか．簡単な回答は，はっきりとしないというものである．ポストモダニズムと古典的プラグマティズムとの重なりがあるかどうかは，現在のところまだ論争の途中である．間違いなく，古典的プラグマティズムは，反基礎づけ主義で，確実性の探求に反対した．また，知識は実践や人間の利害に状況依存していることや，科学は社会的で，理論負荷的で，過小にしか決定されないことを強調し，従来の認識論の，表象的・写像的側面を批判した．これらはすべてポストモダニズムと一致している．カイ・ニールセンは以下のようにこの関係を要約している．

> 「ポストモダニズムの基礎にあるのは，『究極的真理』を人間に与えると称する大きなメタナラティブの否定である．（中略）ポストモダニズムは，「最終的真理」を実現する特権的な認識的構造とか，日常生活のなかで科学によって達成できるものよりも確実であったり，時間・空間の偶然性から独立であったりする根本的知識などは存在しないと適切に主張する．真理や知識など存在しないということが，**以上のような真理や知識が存在しないということ**と同じであるなら，そのような主張は馬鹿げたものではなく，議論の余地はあるとしても正しく，プラグマティズムと完全に一致している．」（Nielsen 1993, p. 548, 強調原文）

対照的に，パースとデューイは，ポストモダニズムの精神とはまったく相容れ

ないように見える（哲学に対してではなくとも，実際の生に対する）楽観主義と（宗派に拘らない）科学主義を有していた．ジョン・パトリック・ディギンズはデューイについて以下のように言っている．

「デューイは，哲学が無意味にも，存在しないものを立証しようとしてきたと考えている点ではポストモダニズムと一致しているが，ポストモダニズムが思考の幻想を暴露することに興じているように見えるいっぽうで，彼は，哲学の古典的問題は日常の生に実践的な意義をもたないということを確信していた．」（Diggins 1994, p. 8）

プラグマティズムとポストモダニズムの関係に関する哲学内部の合意は存在しないが，古典的プラグマティズム（とくにデューイ）とポストモダニズムには多くの共通点があることを一貫して主張している重要な哲学者がいることは確かである．その哲学者は「星条旗のニーチェ」（Westbrook 1991, p. 539），リチャード・ローティ（Richard Rorty, 1931-2007）である．

「デューイのプラグマティズムは（中略），ニーチェ，ハイデガー，デリダ，フーコーの伝統において政治的に有益なものをすべて提供してくれると私は過去に主張したことがある．プラグマティズムは，ポストモダニズムの弁証法的利点をすべて維持しながら，自己撞着的な，ポストモダニズムの暴露のレトリックを避けていると私は考えている．」（Rorty 1995, p. 130）

ローティは，幅広い哲学上の論点について議論しているが，最もはっきりとかれの評判を確立した著作は，1979 年の『哲学と自然の鏡』である．『哲学と自然の鏡』は，大きな影響力をもったが，きわめて急進的な著作であった．この本は，ローティが，西洋の哲学的伝統の中心的ドグマとみなすものへの徹底的批判であった．この中心的ドグマとは，「鏡の隠喩」，すなわち，人間の精神は世界を「鏡のように映す」という概念である．鏡の隠喩の 1 つの含意は，「知識」は特別な属性をもつ表象，正確で特権的な表象であるということである．

「よりよい知識獲得の方法を理解するためには，擬似的視覚『自然の鏡』の活動を改善する方法を理解することが必要であると考え，それによって知識を正確な表象とみなすことが次の段階である．さらにその次に，正確な表象を得る方法は，『鏡』のなかに，特別な特権的属性をもつ表象を見つけることであるという考えが現れる．その表象は，その正確性に疑いを差し挟めないほどの説得力のあるものである．このような特権的な基礎が知識の基礎と

なり，我々をそのような基礎のほうへ方向付ける規律が文化の基礎となるであろう.」(Rorty 1979, p. 163)

　この精神・知識に関する伝統的視点のもとでは，哲学は，科学・芸術・倫理のような人間のほかの部分の「土台」となる，すなわちその基礎を提供する母なる規律としての知的「先導役」となる．この先導役は，実証主義に代表される科学哲学において特に顕著である．科学哲学では，「定説」が正当な科学的（実証主義者にとっては実質的にすべての）知識とは何か，そして何でないかに関する基準を提供しようとした．鏡の隠喩を放棄すれば，我々の知的文化における哲学の役割は根本的に異なるものになるであろう．ローティ自身の言葉では以下の通りである．

　　「鏡のなかに特権的表象が存在しないのであれば，鏡の隠喩は，我々の信念に関する正当な根拠と不当な根拠を区別するための試金石にはなりえない．何らかのほかの枠組みが見いだされないかぎり，『鏡』のイメージの放棄は，科学と宗教，数学と詩，理性と感情のそれぞれに適切な場所を与える学問としての哲学概念の放棄につながる.」(Rorty 1979, p. 212)[21]

　ローティの鏡の隠喩に対する批判は，二方向で行われている．哲学の主流派に対する直接的攻撃に従事する一方で，主流派から権利を剥奪されたものを，かれ自身の考えのほうに引きつけようとしている．直接の攻撃は，認識論としての哲学の度重なる失敗に向けられている．すなわちきわめて単純に言って，哲学という学問は，それが可能である（そして責任がある）と主張する目標を決して達成することができなかった．ローティが学問としての哲学への攻撃に加えた仲間には，ポストモダニズムと結びつけられる名前——ニーチェやハイデガーのような——を多く含んでいるが，従来の認識論や科学哲学に対する，より主流派の批判者——クワイン，ファイヤアーベント，クーン，SSK の論者——も含んでいる．彼自身の見解は，『哲学と自然の鏡』では「解釈学」と呼ばれるが，のちの著作では一貫して「プラグマティズム」という言葉を彼は使っている[22]．筆者は，ローティの研究（およびプラグマティズムとポストモダニズムを結合しようと試みたほかの思想家の研究）を古典的プラグマティズムと区別するために「ネオ・プラグマティズム」という言葉を用いる．ローティが最も頻繁に言及する古典的プラグマティズムの哲学者は，ジョン・デューイであり（Rorty 1994），ローティとデューイのあいだには相当な違いが存在するが，ローティとパースのあいだに

はさらに大きな違いがあることも明白である．実際に，ローティは，「パースなしのプラグマティズム」と特徴づけられることがある[23]．

　（ほかの多くの思想家と同様に）ローティにとって，探求は必然的に状況および文脈に依存的である．すべてのほかの立場を判断することができる超越的立場は存在しない．批判はそのような条件の下で可能であるが，それはつねに特定の状況にある観点からの批判であり，結果としての変化は，断片的で，批判的対話にかかわった人々の局所的利害に対して相対的である．ローティによれば，我々は，発話や行動の新しいより良い方法，記述を変更するための新しいより良い方法を求めるが，それはけっして「基礎的」ではない．それは，あらゆる文化的伝統に先立つ，あるいはその外部にある「土台」や「出発点」ではない．ローティは古典的プラグマティズムと同様に，真実の表象を獲得するための手段としての科学という見方を拒否し，実践的な関わりのための手段としての科学という見方をとっている——「近代科学は，現実に合致するから，我々が現実に対処することを可能にしているのではなく，たんに我々が現実に対処することを可能にしているのである」（Rorty 1982, p. xvii）——が，ほかの論点では古典的プラグマティズムほど（まったく）踏み込んでいない．とくに，我々が現在の行き詰まり状態にどのようにして行き着いたのかに関してポストモダニズムの視点を共有している．

　　「基礎を有するという（中略）概念は，啓蒙の時代の科学主義の結果であった．科学主義はさらに，人間の行為を非人間的権威によって裏書きするという宗教的必要性の痕跡であった．（中略）しかし不運にも啓蒙の時代は，その政治的レトリックを神職者としての科学者という像に織り込んだ．そのような科学者は，『論理的』，『体系的』，『客観的』であることによって非人間的真理と接触することができる．これは，当時においては都合の良い戦術であったが，今日ではそれほど都合の良いものではない．というのも，（中略）科学史家が，この科学者像が，実際の科学的業績とほとんど関係がないこと，『科学的方法』と呼ぶべきものを特定し分離しようとすることがいかに無意味なことであるかを明らかにしているからである．」（Rorty 1989, p. 52）

　最終的に，ローティは哲学の土台を破壊する．あるいは少なくとも，知的補助労働者としての哲学の標準的理解の土台を破壊する．彼は，「ほかの誰もがそれほどよく知らない，知識獲得の秘訣を知る人としての哲学者という理解を捨て」，

哲学者の「発言はつねに，会話に参加しているほかの人々の注意を優先的に要求する」という考えを捨てるように促している（Rorty 1979, p. 392）.

ローティの見解は，科学知識考察をはるかに超える含意をもっている．それは，西洋の基本的民主的制度の知的基礎を突いている．我々が長く信奉している自由と民主主義に対する理解は，科学知識に関する我々の理解を台無しにするのと同じ力によってその土台が攻撃される．文化を評価するために文化の外に立つことができないのであれば，また，あらゆる探求が状況や視点に依存的であるなら，そして，自然科学は真理を発見するのではなく真理を作っているのであれば，何にもとづいて，我々の社会的・政治的・認知的制度を支持することが可能であろうか．この問題，すなわち「第一哲学」や客観的「基礎」の存在しない世界において，リベラルな社会的・政治的価値を擁護するという問題は，ローティが，『偶然性・アイロニー・連帯』（Rorty 1989）や彼の自伝（Rorty 1993）などで格闘した問題である．

ネオ・プラグマティズムは，認識論としての哲学の主流派アプローチよりも有効に，啓蒙の時代の価値を拡大するとローティは主張している．主流派哲学，とくに実証主義科学哲学は，完全には啓蒙の時代の精神に同調しなかった．その精神とは，神なしで済ませるということであったが，実証主義は神を排除せず，たんに神学的な神を科学的な神に取り替えただけであった．「実証主義は，科学の観念（およびその「科学的哲学」の観念），すなわち，我々自身ではないものに触れることができる文化の一領域，どのような表現にも依存しないありのままの真理を見いだすことができる文化の一領域という観念のなかに神を維持した」（Rorty 1982, p. xliii）．ローティの見解は，我々は，「何ものも崇拝しない，何も擬似的神格としてあつかわない，**あらゆるもの**——言語・意識・コミュニティ——を時間と偶然の産物としてあつかう地点まで行き着くことを試みる」（Rorty 1989, p. 22, 強調原文）べきであるということである．

リベラルな価値の問題に対するローティの回答の別の側面には，私的自我と公的自我との分離がある．彼の徹底した認識論的立場は，「アイロニー」によって特徴づけられ，アイロニーは「本質的に私的な事柄」（Rorty 1989, p. 87）であるように思われる．ローティ自身が認めているように，彼でさえ「若者を，社会化の過程につねに疑問を抱くようにさせるようなやり方で社会化させるような文化を想像することはできない」（Rorty 1989, p. 87）．ローティは，私的なアイロニー

第6章　プラグマティズム，対話，立場　　241

とリベラルな希望を提唱している．すなわち，ある人の最終的な語彙が他の人の最終的な語彙よりも「真理」に近いわけではないということを受け入れるための私的アイロニーと，そのような私的な認識によって，我々のリベラルな価値と整合的な，残酷でない社会的世界がもたらされるというリベラルな希望である．ローティにとって，根本的な前提は，「信念は，偶然的な歴史的状況という根本的でないものによって引き起こされるものであると理解している人々にとっても，信念は依然として，行動を規制することができ，そのために命をかける価値があるとみなされうるものであるということである」(Rorty 1989, p. 189)

ローティの見解の急進性を考えれば，彼の研究が多くの批判を生み出したのはほとんど驚くべきことではない．哲学コミュニティは，ローティの主張をほぼすべての側面に関して批判した[24]．批判の大部分は，主要な学派（プラグマティズムや解釈学のような）や哲学史上の人物（とくにハイデガーとデューイ）の学説に関するローティの解釈に集中した．彼の政治哲学も，多くの異なる方向から攻撃され，少なくとも著作1冊分の批判を生み出した（Bhaskar 1991）．この批判にもかかわらず，ローティは影響力のある哲学的立場を維持し，学問としての哲学においてはもちろん，学問の世界以外にも影響を及ぼした．ある意味で，ローティは，アメリカの最大の公共哲学者というデューイの地位を覆すのに最も近づいた20世紀後期の哲学者である．ローティのネオ・プラグマティズムは，多くの影響力のある現代の大衆的知識人——例えば，スタンリー・フィッシュ（Fish 1980, 1989）やコーネル・ウエスト（West 1987, 1993）——の哲学的立場の源泉になっており，これも，彼の全体的な哲学界への影響力に寄与している要因である．おそらくローティは，哲学者の哲学者——例えばクワインのような——ではないが，プラグマティズム哲学の再興に貢献し，この哲学と，多くの人がポストモダニズム運動とみなすものとを和解させることを試みた．彼のプラグマティズムはデューイのものではないが，プラグマティズムを用いて重大な（あるいは少なくとも潜在的に重大な）観念的危機に取り組んだことにおいて，彼の歴史的役割はデューイと同じである．

ローティの議論は，本章およびこれまでの章の議論で論じなかった，科学論内部の1つの領域に導いてくれる．この領域とは，**対話としての科学**の考察，あるいは**科学のレトリック**である．この研究領域は，第5章で論じた社会学的研究とある程度において重なり合い，近年のポストモダニズムの傾向ともしばしば同

一視されるが，ローティのネオ・プラグマティズムとも共通する部分が大きい．ローティは実質的に，人間の会話に注目することで，対話やレトリックとしての科学の考察への道を開いた．これは，「会話上の制約をのぞいて探求には制約は存在しない——対象・精神・言語の性質から導かれる一般的制約は存在せず，仲間の探求者の発言という個別的制約のみが存在する」（Rorty 1982, p. 165）という彼の主張である．ローティにとって，科学知識は，自然を映す試みの結果ではなく，一定の種類の社会的会話，すなわち科学的会話の結果である．ここから，対話やレトリックとしての科学に関する明示的な考察，つまり科学は一種の説得——特殊な種類の説得——として理解されるべきであり，それはレトリック分析の方法を用いて考察されるべきという考えにいたるまでにはほんのわずかな隔たりしかない．そのもっとも強力な形では，科学のレトリックは，科学には否応なしに修辞的な要素が存在すると主張するだけでなく，科学**全体が修辞的なものとなる**，すなわち，科学は「余すところなくレトリック」（Gross 1990, p. 33）に還元することができると主張する．

科学論におけるレトリック分析には多くの異なる種類が存在するが[25]，それらはすべて，科学的探求の対話的性質という基本的洞察を共有しているように思われる．この基本的洞察は，アレン・ハリスの次の文章によって見事に要約される．

> 「科学者がなすのは，実証的領域を解釈することである．修辞家がなすのは，お互いに影響を及ぼすことである．修辞家としての科学者がなすのは，実証的領域の解釈に関してお互いに影響を及ぼすことである．2つの広義の定義では，**科学**は自然現象の研究であり，**レトリック**は説得の研究である．どちらの定義にも，反論する人はいるだろうが，十分に一般的であり，典型的であるので，最小限の反論のみで済ませられるであろう．**科学のレトリック**とは，自然の解釈における説得の研究である．」（Harris 1991, p. 282）

科学のレトリックをローティのネオ・プラグマティズムに関連づけることは容易であるが，議論の大部分はローティよりも，レトリックと SSK との関係に向けられてきた．レトリック研究に貢献した研究者のなかには，それは社会学的科学論に**代わるもの**——とくに「社会学者の著者の声」（Fuhrman and Oehler 1986）を特権化するのを避けるアプローチ——とみなしているものがいるのは明らかであるが，この2つの分野は実質的に同一の広がりをもつ分野とみなしている人も

第6章　プラグマティズム，対話，立場　　243

いる．一致説を支持するレトリック研究者の一人がアラン・グロスである．

「レトリック分析は，科学社会学の中心である．科学は，文学的活動であり，その進行はさまざまな『テクスト』——図表，メーターの示度，実験室の会話，講義，論文，展望論文，記者会見——を生み出している．すべては解釈が必要であり，解釈が異なる場合には，唯一の決着手段しかない．それは，説得であり，レトリックである．強い構成主義のもとでは，レトリック分析は方法論上必須である．」(Gross 1991, p. 284)

科学のレトリックと SSK との関係——あるいは，おそらく科学のレトリックと様々な SSK の学派との関係——という問題は，独自の興味深い問題であるが，我々はここでそれを追求しない．科学のレトリックは，経済学に関する考察においても明らかな類似物——**経済学のレトリック**——が存在し，その研究は次小節の論点のうちの 1 つである．

6.2.2 経済学，ネオ・プラグマティズム，レトリック

ネオ・プラグマティズムと対話分析はともにポストモダニズムに影響を受けているので，この 2 つの思想が経済学に関する近年の議論に与えた影響を考察するには，まず，明示的に「ポストモダニズムと経済学」を扱った研究を見るのがよい．現代の知的文化全般，さらに経済学以外の社会科学（Rosenau 1992）に対するポストモダニズムの影響力を考えれば，「知識の美学化」が経済学という学問分野（や経済学に関する対話）にわずかな直接的影響しか与えなかったことは驚くべきことである[26]．いくつかの例外を除いて（例えば Samuels 1996），「ポストモダニズムと経済学」に関する議論の大半は，異端派の研究文献のなかで生じた．これは，マルクス経済学において最も確かである[27]——ポストモダニズムは多くの点で，機械的・科学的なマルクス主義的概念・制度に対する意識的な反発であったため——が，ほかの異端派も，ポストモダニズム転回に関心を持った[28]．大半の主流派経済学者は，ポストモダニズムに対して抵抗力があったが，主流派経済学の歴史家のなかにはそうでないものもいた．ワイントラウプ（Weitraub 1988a, 1989, 1991a, 1997）はとくに，SSK はもちろん，ポストモダニズムやネオ・プラグマティズムにも通じた，数理経済学の歴史を展開した[29]．

ポストモダニズムと経済学に関する限定的研究はあるが，これは，経済学という学問分野と，前節で論じた研究動向とのあいだの，最も有名なよく議論される

接点ではない．その栄誉は明らかに，**経済学のレトリック**に与えられる．簡単に言えば，経済学のレトリックとは**対話分析の経済学に対する応用**である．ただし，経済学のレトリックがこのように特徴づけられることは少ない．このように経済学のレトリックを特徴づけるのは，すこし中傷的であるように思える——経済学の内部のさまざまな論点への，現代科学論の一分野のたんなる「応用」にしてしまうため——が，実際には経済学のレトリックは，経済学方法論のなかでの主要なアプローチである（あるいは，経済学方法論に取って代わる可能性もある）．その理由は，驚くべきことではないが，偶然的で文脈依存的である．科学と同様に，科学理論においても，個人の人格や社会的利害が，どの学説が支配的になるかを決定するうえで重要な役割を果たす．偶然的な作用の組み合わせによって，科学哲学一般よりも，経済学方法論においてポパー哲学が重要視されるようになったし，レトリック分析もそのような偶然性によって，科学論のほかの領域よりも経済学に関する考察において相対的により影響力を持つようになった．

経済学のレトリックは間違いなく，経済学と，ネオ・プラグマティズムや対話分析のような分野との最も有名な接点であるが，それは筆者が論じる最初の接点ではない．経済学のレトリックを論じる前に，制度派経済学において近年巻き起こっている「文化的相対性」に関する論争を考察することで，6.1.2 節の議論をもう少し継続したい．この論争は非主流派経済学で生じたものであり，これまでの議論の方向性から少し外れるように見えるかもしれないが，実際には有益な逸脱である．というのも，現代のプラグマティズム哲学の内部で生じたより一般的な緊張関係に光を当てる（実際には，その縮図を表す）ことに役立つからである．この制度学派の論争にかかわった人はすべてプラグマティズムを支持しているが，ある人にとってそれはジョン・デューイの古典的プラグマティズムであり，他のある人にとってはリチャード・ローティに負うところの大きいネオ・プラグマティズムである．ほかの異端派——マルクス主義，オーストリア学派，ポストケインジアンなど——の近年の論争を考察することでもこの緊張関係を描き出すことはできるかもしれないが，制度学派の研究文献において特に明示的である．

クラレンス・エアーズの制度変化の理論は，いわゆるヴェブレンの二分法とジョン・デューイの道具主義的評価理論を組み合わせたものであった．エアーズにとって，社会制度の変化は技術変化を受け入れるものであれば——技術的価値を押し進めるものであれば——進歩的であり，そこでの技術的価値は，デューイ

の道具主義的評価理論によって特徴づけられた．後期制度学派，とくにマーク・トゥール（Tool 1985, 1990）は，明示的に「社会的価値原理」を支持することによってエアーズの枠組みにおける規範的特徴をより顕著にした．

「道具主義的な知識活用をつうじて，連続的な人間の生と不公平でないコミュニティの再創造を支えるように行動したり，判断したりせよ．」
（Hoksbergen 1994, p. 692 の引用）

あるいはそれは，格言のようにしばしば表現されるが，「丸い車輪よりも四角い車輪を好む社会は存在しない」（Waller and Robertson 1991, p. 1033）ということにもとづく社会的評価理論である．

この原理は，価値・文化的形態・制度の評価基準（道具主義的基準）を制度学派に提供する．特定の社会的価値・社会構造・社会政策に判断を下すことを可能にするような基準——ヴェブレンやデューイの上述のプラグマティズムにもとづいた——を提供し，さらに，異なる文化に対する明示的な規範的評価基準を提供する．社会政策を論じる枠組みとしてトゥールの社会価値原理に賛同する研究者は，しばしば正当化のためにデューイに言及する．

「デューイは明らかに，価値体系としての科学は人間行動の指針に知性を付与すると考えていた．したがって，制度派経済学は，政策形成の領域において指針を提供しなければ，その**科学的使命**において失敗することになる．」
（Bush 1994, p. 654）

社会価値原理を疑わしく見る制度派経済学者も多い．それは，ある文化的価値は（すくなくとも相対的に）「悪い」，そしてある別のものは（相対的に）「よい」——道具主義的価値を促進するものはよいが，儀式的価値を促進するものは悪い——と主張することを可能にするので，この規範的評価は一見すると文化に依存しないものである．この原理が文化的相対性に欠いていることを多くの人が不快に感じたため，制度学派の内部で大きな論争を引き起こした．一方の側には社会価値原理を擁護する制度学派の強硬派がおり[30]，他方の側には様々な文化的相対性を主張する論者がいた．批判する側は多様であったが（擁護する側よりも多様であったが），彼らをおおまかに2つのグループに分けることができる．第1のグループは，認識論的基礎づけ主義を用いて文化的相対性を弁護しているように見える[31]．彼らの議論は実質的に，科学は価値自由であるので，そして制度学派はよい科学であること（主流派経済学よりもはるかによい科学であること）

を志向しているので，制度学派は価値自由でなければならないというものである．つまり，この文脈においては，異なる文化の価値観に判断を下してはならない．価値自由を訴える強硬派グループとは異なり，第2のグループの批判者の議論は，ポストモダニズムやネオ・プラグマティズムに通じたものである．この批判者のなかには，ポストモダニズムの虚無主義的バージョン——文化や価値の評価基準は，時代や場所に特殊的なものであろうと，文脈依存的なものであろうと，あいまいなものであろうと，絶対に存在しないということ——を提案しているものはいないが，彼らはすべて，前節で論じた研究動向に影響を受けたさまざまな評価の基準に訴えている．サミュエルズ（Samuels 1990a）にとって，強調点はヴェブレンの研究における自己言及性および，道具主義的実際的知識は，普遍的評価の範疇にあるものではなく，ある特定の（我々の）生の形態の構築に資するものであるというヴェブレンの認識にあった．ウォーラーとロバートソン（Waller and Robertson 1991）にとって，答えは対話のなかにある（価値はコミュニティの議論や論争の文脈において弁証法的にのみ評価することができる）．ブラウン（Brown 1991）にとって，手がかりはポストモダニズムの暴露的，批判的側面にある．ミロウスキ（Mirowski 1987a）にとって，制度派経済学はデューイとエアーズによって科学的道具主義という脇道にそらされた（よりよい指針はパースの解釈学にある）．このほかにも，様々な批判の種類があるであろう．重要なのは，このような反応はすべて，プラグマティズムの直感を，現代の視点依存主義とより整合的に利用できるような制度学派の特徴を取り戻そうとしていることである．この研究計画は，制度派経済学の文脈において，ネオ・プラグマティズムの大部分やそれに関連した研究に影響を与えた研究を反映している．実際に，ローティ自身は，この制度学派の論争に反映されている哲学的「対立」を認めている．ローティ（Rorty 1994）では，彼のデューイ解釈は多数派の解釈ではなく，標準的な解釈は，彼自身のニーチェ的な美学化解釈よりも道具主義的であることを認めている．制度学派における文化的相対性論争は明らかに，プラグマティズム哲学内部のこの対立を反映している．

経済学のレトリックは，経済学と，ポストモダニズム，ネオ・プラグマティズムおよび対話分析との間でのきわめて異なる接触点である．経済学におけるレトリック転回は，1983年に『ジャーナル・オブ・エコノミック・リテラチャー』に掲載された，D・マクロスキーの「経済学のレトリック」によって始まった．

他の人が同様の方向性をもっていなかったわけではないが，すでに著名な経済学者であった著者による，一定の分量のある力強く表現された文章が，米国経済学会の公式雑誌のひとつで発表されたことは，かなり重要な契機となった．当初の論争は近年において静まったが，それは，この研究が失敗したからではなく成功したためである．それはいまでは，経済学の学問的文化の考察に対する確立されたアプローチの1つであり，経済学の歴史および哲学におけるほかの多くの研究にうまく溶け込んだ．

　マクロスキーは様々な「方法論的」アプローチ（実証主義やポパー主義）が，経済学者の研究活動を理解するのに役立たなかったと述べて，論文を始めている．これらの公式の「方法論」——大文字のMの方法論（Methodology）——はすべて，モダニズムにもとづいており，モダニズムは知的文化のための一般的枠組みとしてはとんでもない大失敗であったという議論である．小文字のmの方法論——経済学の現場での研究実践上の方法——は，より高級な「会話倫理」——文明的対話の会話上の規範——がそうであるように，有益な目的に資しているが，従来行われているような〔大文字の〕「方法論」はそうではない．

　　「トップと平社員のあいだに，青い制服を着た中間管理職が存在するように，冷静な威厳のある『会話倫理』と小文字のmの仕事上の功利をもたらす方法とのあいだに，〔大文字の〕『方法論』が鎮座する．この『方法論』は，経済学者に対して実践的助言をするための身の上相談的具体性に欠けているため，有効な方法とはならない．我々の文化や経済学での行儀よい会話法ほどの一般性を欠いているため，それは『会話倫理』ではない．それは，特定の諸科学から，科学一般の科学に普遍化したものと自称している．」（McCloskey 1985a, p. 25）

　マクロスキーにとって，「方法論」は知的な無用物であるが，問題は「いまだに大きな弊害をなしうる」（McCloskey 1994, p. 298）ことにある．

　「方法論」の大失敗というマクロスキーの主張の大半は，本章およびこれまでの章から理解できる．「伝説」は死に絶えた．科学の理論は過小にしか決定されず，観察は理論負荷的である．科学は，社会的で，利害負荷的で，特定の状況に依存したものであり，文脈的であり，条件付きのものである．**先験的**哲学的思索は，成功している科学の実践をとらえないし，とらえることはできない．言語や対話は，科学を含む人間文化のあらゆる側面で重要である．哲学の従来的二分法

248

──理論 対 観察，発見 対 正当化，実証 対 規範，**先験 対 経験**，など──は
どれも，文化横断的に一定の意味を持たない．科学と知識に関する重要な事柄は，
ポパーや論理実証主義者ではなく，クーンやクワインやローティや SSK の人々
に論じられている．マクロスキーの独特のひねり（読者を選ぶひねりであるが）は，
方法論的ルールを生み出すものとしての科学哲学者と，政府の役人の余計な介入
とのアナロジーである．

> 「経済学のためにルールを作る人たちは，もちろん崇高な意図をもっている．
> 政府の役人のように，彼は人々を助けるために駆けつけたのである．しかし
> 経済学者は，自生的秩序への介入という類似の状況に関して，崇高な意図は
> 愚かな結果を正当化しないと結論づけたがる．」(McCloskey 1994, p. 20)

明らかに，

> 「これは市場の議論である．知性の経済をうまく機能させるのに，哲学的な
> 法制定や方法論的な規制を行う必要はない．」(McCloskey 1994, p. 28)

しかし，「定説」に関する周知の問題を考慮しても，そして科学哲学のほかの
研究プログラムが，科学がこれまでなしてきた業績をなぜ，どのようにしてなし
たのかに関して広く受けいれられる学説を提示できなかったことを考慮しても，
間違いなく現実の科学者は「真理」を追究し，しばしば「真理」を発見する．マ
クロスキーはそうではないと主張する．「アイオワシティの気温」(McCloskey
1994, p. 46) のような小文字の真理は発見することができるが，大文字の「真理」，
「神の精神に宿る真理」(McCloskey 1994, p. 47) は発見できない．前者は，人間の
調査の産物であり，後者は哲学者のお題目である．

> 「『真理』という概念──大文字の真理，人々に説得的であるというだけのも
> のを超える何か──は，5つめの車輪であり，ときに外れて，歩行者にぶつ
> かる以外には機能がない．もし我々が，貨幣数量説や分配の限界生産力理論
> が説得的であると決めるなら，我々は，それが『真理』であるかどうか知る
> 必要はない．」(McCloskey 1994, pp. 46-7)

マクロスキーにとっての重要な問題は説得である．説得的であるものは我々の
関心を引くに値するが，そうでないものはそれに値しない．哲学者──あるいは
その他の自称知的案内人──によれば我々が関心をもつべき事柄は，我々がその
ように説得されるとき，かつそのときに限り，興味を引く．性急なモダニズムの
全盛期には，「方法論」や「真理」のような事柄が関心を引いたときもあったが，

第6章　プラグマティズム，対話，立場　　249

我々はすでに異なる状況に置かれている．説得の考察はレトリックであるので，経済学者を説得する方法の考察は，**経済学のレトリック**，つまり経済学の学問的解釈における説得の考察である．

> 「レトリックは，直接に『真理』をあつかわない．それは会話をあつかう．荒っぽくいえば，会話を考察するための文学的方法であり，詩人や小説家と同様に経済学者や数学者の会話を文学的に考察する．（中略）『レトリック』という言葉はここでは，『空虚なレトリック』とか『たんなるレトリック』と言う場合のように（ただし形式は無意味ではないし，空虚なレトリックも空ではない），言語上のペテンを意味しない．レトリックは発話の技術である．より一般的には，それは人々がどのように他者を説得するかに関する考察である．」（McCloskey 1994, pp. 28-9）

マクロスキーは，大文字の M の「方法論」研究を経済学のレトリックに置き換えたい．つまり，定型的な経済学の哲学は，とりわけ，経済学の対話における，隠喩，換喩，提喩，アイロニーの優れた用法を探し出すことによって置き換えられるべきであるということである[32]．これは新しい問いである．経済学はどうやって他者を説得するのであろうか．経済学論文・主張・命題・著者はどうやって読者を説得するのであろうか．どのように経済学の権威が生み出され，維持されるのか．経済学という学問の社会的構造は，経済学者の外部への説得力に寄与しているのか．多くのほかのこのような問いがあり，経済学のレトリックはそのすべてを問いかける．

過去 10 年間，経済学のレトリックに関する研究の急速な拡大があった[33]．考察の対象となった経済学の論点の多様性は驚くほどである．レトリック・アプローチ（の変種）を採用した人々は次のような論点を考察してきた．すなわち，サムエルソン，〔ジョン・〕ムス，〔ロバート・〕フォーゲル（McCloskey 1985a），優位検定，標準誤差，計量経済学（McCloskey 1985a, 1985b, 1994, 1996; McCloskey and Zilak 1996 など），経済学における予測と専門性（McCloskey 1985a, 1988, 1990a など），シカゴ学派経済学（McCloskey 1985a, 1989, 1994 など），経済学における物語の性質（McCloskey 1994, 1996 など），黒板経済学〔ロナルド・コースが取引費用をゼロと仮定して外部性を考えることを批判して名付けた名前〕（McCloskey 1994, 1996 など），一般均衡理論（McCloskey 1994 など），新古典派マクロ（Klamer 1984 など），合理性の仮定（Klamer 1987），サムエルソンの教科書（Klamer 1990），経

済学と会計の関係（Klamer and McCloskey 1992），キャピタルゲイン課税政策（Chordes, Klamer, and Leonard 1993），価値のパラドックス（Swales 1993），アダム・スミス（Brown 1993, 1994a），国際貿易理論および政策（Milberg 1996），交渉（Brown 1994b），マルクス経済学（Milberg and Pietrykowski 1994），ケインズ経済学（Gerrard 1991, Marzola and Silva 1994 の様々な論文），フリードマンの貨幣数量説（Mayer 1997），フェミニズム経済学（Robertson 1996），ロバート・ルーカス（Rossetti 1990）であり，以上はたんなる部分的なリストでしかない.

　レトリック転回はかなりの量の批判を生み出したが[34]，そして，批判は様々な方向から行われたが，マクロスキーは主要な論点のほぼすべてに応えようとした（とくに McCloskey 1994）．この批判的文献の多く，およびマクロスキーの応答を論じることは不可能であるが，この論争で生じた繰り返し言及される論点のうち2つを簡単に考察したい．第1点は，**レトリックと不合理主義**の問題であり，第2点は，**だから何？** という問題である．この2つはともに，現代の科学理論に関するこれまでの議論と関連している.

　マクロスキーが不合理主義者というレッテルを貼られた理由はきわめて明白である．レトリック研究は，たんなる意見や不合理な気まぐれから，科学的で合理的なものを画するための神聖な基準である，「真理」と「方法論」の両方を放棄する．「何でもあり」ということになってしまうのではないのか．これでは，門前に迫った野蛮人に対してなす術がないのではないか．マクロスキーは，いやそうとは限らないと応える.

　　「もちろん，議論には善し悪しがある．何でもありというわけではない．それにもかかわらず，すべては議論にすぎないと認識するからといって，保守的な科学哲学者が定義するような『相対主義』の煮たった鉄釜におちてしまうわけではない．どちらも受け手を考慮しており，発語媒介的作用や反復パターンや（中略）それ以外の要素を組み合わせて作られていることを見たとしても，洗剤のコマーシャル曲とゲーデルの証明を区別する能力を失うことはないのである.」（McCloskey 1994, p. 290）

　不合理主義という批判に対するマクロスキーの弁護は，4分の3がネオ・プラグマティズムで4分の1が経済学であるように見える．まずネオ・プラグマティズムであるが，「方法論」の放棄は，普遍的・絶対的基準を放棄することにはつながるが，局所的・特殊的基準を放棄することにはならない．小文字の m

の方法論はきわめて便利である．ローティとフィッシュにならって，マクロスキーは，制度的状況から独立した基準——実際の現場の局所的，文脈的，特殊的状況から独立した基準——は存在しないと主張しているだけであり，どのような方法によっても評価を行うことはできないと主張しているわけではない．「制度から独立の基準はないということは，基準は全くないということと同じではない」（McCloskey 1994, p. 305）．あらゆる種類の物事には（科学も含めて）局所的な実践的基準が確かに存在し，我々は日々それを用いている．スタンリー・フィッシュの例を用いれば，野球の普遍的理論は存在しないが，「ストライクを投げて，塁に上がらせない」（Fish 1987）ためのきわめて実践的な助言は存在する．よりマクロスキーらしい例では，経済学「方法論」は存在しないが，「計量経済分析において統計的有意を用いる方法を明確にする」ための有益な実践的方法の助言は存在する．このような基準は，普遍的でも，絶対的でも，超越的でもないが，プラグマティズムの伝統が言うように，それで何も問題はないのである．

> 「しかし，子供とプラトニズムのみが超越性を必要とする．（中略）大人のコミュニティは反対に，彼らの基準は神のものでも，超越的でも，歴史に無関係でもないということを現実において認めながら，その基準が依然として強制する価値があることを肯定することに抵抗はない．」（McCloskey 1994, p. 311）

ではこの議論は経済学の議論といえるのだろうか．政府の役人としての哲学者の比喩に立ち戻ることになる．マクロスキーによれば，「方法論」は，指導する権利を持つと信じる人々による上からの指令である（ソビエトの場合には経済的資源，科学哲学の場合には認知的資源）という意味において，また，実際に実行されるのは，計画の指示するものとは全く関係がない（いっぽうで中央計画経済の歴史を，他方ではクーンとファイヤアーベントを見よ）という意味において，中央計画経済と似ている．しかし，中央計画経済（いわば，大文字のPの「計画（Planning）」）の失敗は，この体制には工場の現場での合理性（小文字のpの計画（planning））がないということを意味しない．ある時点のある工場（および，ある科学の現場で）で様々な具体的作業を行うための効率的な方法と非効率な方法が存在しうるし，一般的に存在するであろう．中央計画（および論理実証主義）の失敗は，経済的（および認知的）効率性という局所的基準が必要ないということを意味しない．

最後に，「だから何？」という問題がある．我々が「方法論」を論じるのをやめ，経済学のレトリックを始めるとしよう．それによって何が得られるのであろうか．この問いに対する答えは，経済学のレトリックに関するマクロスキーの2つの主著（McCloskey 1985a, 1994）の両方の終章で述べられている．1985年の著作の終章では，経済学のレトリックによる5つの（良い）結果が挙げられている．経済学の文章を改善し，学生への講義を改善し，ほかの学問との関係を改善し，経済学の論証法を改善し，経済学者の気性を改善することができる．この5つの主張は1994年の著作の終章でも触れられるが，強調点は別の事柄におかれているように見える．1994年の著作における主張の1つは，レトリックは経済学をより人間的にするということである．つまり，経済学という学問の自閉症を和らげることに役立つであろうということである．経済学者は，孤独な形式主義的思考を抑え，より幅広い人間の対話に参加するようになるであろう．

　「言い換えれば，経済学に対するレトリック・アプローチは，人間であることによりよく適合する．『科学の方法』が非人間的であると言っているわけではない．問題は，それが人間であることのほんのわずかな一部でしかないということである．」（McCloskey 1994, p. 383）

もう1つのテーマは，レトリックは，経済学者が自分たちの学問をよりよく評価するのに寄与するということである．経済学がはるかによりよい物語になる．モダニズムの「方法論」は，経済学の偉大な洞察——スミスやリカードやマルクスやケインズの才気あふれる議論——をとらえていない．これらの人物のレトリックがなぜ説得的であるかを理解するためには，彼らの文脈や読者を理解し，かれらの著作をよりよく理解し評価することが必要である．最後に，マクロスキーは，レトリックは実際によりよい経済学を生み出すことに役立つと主張している．率直に主張に向き合い，前提を探り出し，一致点を見つけ，対立の本質を発見することを強いられる．レトリックは，討論の基準を押し上げ，それによって経済学の対話の質を引き上げる．よいことばかりであるように見えるなら，たしかにすべて実現すればよいことである．経済学のレトリックは現在進行中の研究動向である．相当な量の研究がすでになされたが，まだ続くであろう．そのようなレトリックの考察から得られる多くの利益に関するマクロスキーの楽観が最終的に現実のものとなるかどうか，時のみが教える．

第6章　プラグマティズム，対話，立場　　253

6.3 フェミニズム認識論と経済学

これまでの主題と同様に，この最終節の論点は本章のこれまでの議論で示されたメッセージと独立ではない．フェミニズムは，ポストモダニズムやプラグマティズムのように，現代の知的社会的文化において活発に意見を表明しており，社会や知識や経済学に対するわれわれの態度に影響を及ぼしている．フェミニズム経済学方法論を刺激した要因は多くあるが[35]，そのうちの１つは，近年のフェミニズム科学理論の研究動向である．フェミニズム論者たちはつねに，科学を，現代文化における男性中心的権威の重要な源泉とみなしてきたが，科学という問題は，フェミニズムのなかで定型的にあつかわれるものでは決してなかった．フェミニズムの科学や科学制度に対する分析はつねに，大きな緊張関係を伴っている．一方では，科学は大多数が男性によってなされており，科学と結びつけられる技術的産物は，男性中心的権威の強化に重要な役割を果たしてきた．他方では，フェミニズムの社会批評は，表面的には科学的活動に対して哲学的基礎（および科学の解放的な作用）を提供するのと同じ，知識や真理という啓蒙主義概念にもとづいている．この緊張関係は，フェミニズム論者のなかでさまざまな反応を引き起こしており，現在の関心において最も重要なことには，この緊張関係を解消する努力は，フェミニズム認識論を，近代のフェミニズム研究者の第一世代が進んだ方向性とは異なる方向へ転換した．サンドラ・ハーディング（Harding 1986）は，この変化を，「科学における女性問題」から「フェミニズムにおける科学問題」への変化と特徴づけている．

初期のフェミニズム文献では，科学に関する議論は主として，女性科学者の数や，様々な科学理論における女性の描かれ方に集中した．つまり，男性が優勢な科学者の世界にどうやって女性を送り込むか，どのように特定の科学分野（とくに生物学）が男性支配を強化することに機能しているかという問題である．「フェミニズムにおける科学問題」への転換は，科学に関するフェミニズムの関心事のなかに，哲学的に過激な大きな変化を表した．重要な問題は科学に女性を送り込むことや様々な科学の理論からジェンダーの偏りを取り除くことではなく，科学的知識自体の性質，とくにジェンダー化された性質に対してフェミニズム批判を向けることであるとフェミニズムは主張しはじめた．フェミニズムはつねに，社会的政治的権力に関心を持ってきたが，この変化は，知識獲得と権力維持のあ

いだの関連性に対する関心を強めた．ある意味において，知識の入手は権力拡大の手段であるが，より過激な見方では，知識正当化の方法は，認識的に汚れているとみなされる人々を排除する方法なのである．要するに，「フェミニズムにおける科学問題」において，フェミニズムの科学批評は認識論的になったのである．ヘレン・ロンジーノの言葉では以下の通りである．

> 「フェミニズムが，確立された探求分野において男性的偏向を示すことによって，従来の知識に対する信頼が揺らいだ．我々の懐疑はどこまで及ばなければならないのであろうか．合理性自体が，男性支配の道具でしかないのであろうか．客観性は男性的幻想なのであろうか．これらの問いに対して，そうであると答えるなら，我々自身のフェミニズムの主張の根拠として，何が残されるのであろうか．これらの問いは，フェミニズムの分析用具を自然科学に用いたときに，最も破壊的な次元に到達する．」(Longino 1988, p. 561)

　様々な異なる枠組みが現在，フェミニズム認識論のなかで共存しているが，主に2つの主要なアプローチに焦点を当てたい．**立場認識論**と**文脈的経験主義**である．この2つのアプローチは，哲学において最も大きな関心を集めており，フェミニズム経済学方法論の現在の研究に最も関連性があるように思われる．立場理論には多くの異なるバージョンが存在するが，ここではこの視点の最も有名な代表的人物であると思われるサンドラ・ハーディング（Harding 1991, 1993, 1995）に強く依拠する．ヘレン・ロンジーノ（Longino 1990, 1992, 1994）は，フェミニズムに刺激を受けた文脈的（あるいは社会的）経験主義に関する主要な出典として用いられる．

　この2つのアプローチは，フェミニズム研究の内部から生じた最も影響力のある科学解釈であるように思われるが，フェミニズム科学論において大きな関心を集める別の2つのアプローチがある．**フェミニズム・ポストモダニズム**と**フェミニズム経験主義**である[36]．この2つの学説は重要であるが，すでに論じられた立場のフェミニズムへの適用であるので，それほど多くの説明を要しない．例えば，フェミニズム・ポストモダニズムは基本的に，科学知識のジェンダー的性質という問いにポストモダニズムの発想を応用したものである．そのような議論の中心的課題は，普遍化を目指す論説に対する，前述のポストモダニズム批判のフェミニズム版である．フェミニズム経験主義は，フェミニズム研究に由来する，科学知識に関する新しい考え方ではないが，実際に，フェミニズム経済学に

第6章　プラグマティズム，対話，立場　　255

おいて重要な（しばしば見逃されがちな）役割を果たしている見解である．「フェミニズム経験主義」という言葉はハーディングによって生み出された．それは「研究者が反対する性差別的・男性中心的主張は，たんに「悪い科学」の結果であるという議論」である（Harding 1991, p. 111)[37]．フェミニズム経験主義にとって，科学哲学（実証主義的なものでさえ）には何も問題はなく——科学を行う適切な方法は，（客観的で実証的な）科学的方法によって明確に指定されている——，問題は，科学者が実際に科学の方法を**実践**していないということである．科学者は，自分たちの性差別信条が結果に偏りを与えるのを許している．フェミニズム経験主義によれば，科学哲学に問題はない．是正が必要なのは科学の実践である．フェミニズム・ポストモダニズムと同様に，この見解は，新しいフェミニズム認識論というよりも，別のところから生じた哲学的概念の応用と見るのが適切である．しかし，フェミニズム経験主義は，とくに経済学にとって重要である．というのも，これは，多くの経済学方法論研究者——フェミニズム論者も，そうでないものも——が，経済学の実践に関して感じているものをとらえているからである．批判的経済学者は，科学哲学によって与えられる方法論的規範に何ら問題はなく，たんに経済学者がその基準に従って研究を行っていないだけであるかのように主張する．この点は本節の最後でもう一度触れるが，現在のところは，立場理論と文脈的経験主義に移ろう．

　あらゆる**立場理論**（フェミニズム立場理論を含む）は，ある「立場」が別の立場よりも知識の追求にとって望ましい（あるいは望ましいということがありうる）という発想にもとづいている．もっとも伝統的で，根本的な形態では，立場理論は，ある立場は認識的な特権を有するのであり，ある特定の社会的境遇にある人々が，別の社会的境遇にある人々よりも真理を見分けることにより適していると主張する．最もプラグマティズム的，構成主義的形態では，立場理論はたんに，特定の立場は——ある文脈のもとで，そして具体的な種類の問いに対して相対的に——ほかの立場よりも重要な視点依存的優位性をもつだけ主張する．多くの立場理論は，マルクス主義に起源を持つ——労働者階級の視点が特権をもち，資本家の資本主義理解はつねに，彼らの経済的・階級的利害によって遮断されているいっぽうで，労働者階級にはそのような教条的偏見がないので，彼らは資本主義生産の真の特徴を見ることができる[38]．立場というテーマはマルクスやルカーチにのみあるわけではなく，現代の SSK の先駆者の一人であるカール・マンハイム

（Mannheim 1936）によっても支持された．マンハイムは，経済的階級的利害の構造全体から乖離した知識人が，認識的な特権をもつと主張した．

　ハーディングが論じるタイプのフェミニズム立場認識論は，科学的信念はすべて社会的な状況に依存する——理論・社会・利害負荷的である——というこれまでのなじみのあるテーマから出発するが，この状況依存性は相対主義にはつながらない．あらゆる信念は社会的な状況に依存する——我々はどこでもない場所からの視点，「神という裏技」（Haraway 1991, p. 189）を喚起することはできない．たんにある状況がべつの状況よりもよいというだけである．とくに，女性やその他の社会の主流から取り残された人々の生は，知識の追求に対して独特の有効な出発点を与えてくれる．ハーディング（Harding 1991, pp. 121-33）は，女性の観点を特権視する8つの理由を示した．すなわち，マンハイム的な，女性は「価値ある「部外者」である」（p. 124）という主張や，女性の「抑圧は自分たちの無知に対する関心を失わせる」（p. 125）というもの，女性の生は「女性を，『自然の』対象を『文化的』対象に転換する『生産過程』に向かわせる」（p. 131）というもの，いまが女性の観点にとって「歴史上の好機である」（p. 132）というものなどである．のちの著作でハーディングは，彼女の立場理論を弁護するためにほかの議論を加えた．その1つは，科学哲学内部のより標準的な見解も「立場」理論であるというものである．特に経験主義は，理想的な知識受容者として特定の視点——感情に左右されない，利害関心を持たない個人——を特権視する（Harding 1993, p. 66）．ハーディングは，女性の立場から出発することで得られる客観性を，「強い客観性」とよぶ．以前の客観性はせいぜい，「弱い客観性」——元来の目的（どこでもない場所からの視点）を実現できない客観性——でしかない．多くのひとが状況依存性を受け入れ，特定の状況の認識的有意を利用することに抵抗がない現在において，我々の客観性概念は強化される．ハーディングはこの見解を次のように要約している．

　　「客観性という概念を，恥ずべき有害な歴史から切り離すことができるし，そうするべきである．研究は社会的状況に依存しており，価値自由であることを主張しなくても，より客観的に研究を実行することは可能である．強い客観性概念によって，世界の完全な，鏡のような表象や，堅固な要塞としての自己や，道徳や政治に関して関心を持たないという意味での『真に科学的』という概念を捨て去ることが可能になる．しかし依然として同概念によって，

部分的な，歪曲された信念から，比較的そうでないものを区別することに合理的基準を適用することが可能になる．つまりわたしの主張は，この基準は，弱い客観性にともなう基準よりも，合理的であり，最大限に客観的な結果をもたらすのに効果的であるということである.」(Harding 1991, p. 159)

容易に推測できるように，ハーディングやその他の立場理論の研究は，幅広い種類の批判を招いた．フェミニズム科学論の内部からは，ポストモダニズム・フェミニズムが，立場理論は穏健的すぎるのであり，時代遅れの基礎づけ主義の一バージョン（状況的基礎づけ主義）を支持していると非難したいっぽう，文脈的経験主義（以下で論じる）は，実証主義と一緒に科学も放棄してしまって，認識的立場において個人主義的すぎると批判した．フェミニズムの外部からの批判は，膨大で，かつきわめて多様である．別個のフェミニズム認識論を打ち立てるあらゆる試みに批判的な女性科学哲学者が多数存在し，ハーディングの研究は，その試みのなかでも最も有名な研究であるので，頻繁に標的にされる（例えばHaack 1993; Koertge 1996; and Pinnick 1994）．主流派の科学哲学内部からの批判者（たとえばKitcher 1994）だけでなく，科学社会学からの批判者（例えばGieryn 1994）もいるが，おそらくもっとも辛辣な批判は，状況依存的知識という概念そのものに抵抗を感じる実際の科学者（表向きには利害関心のないとされる科学者）によって出されている（Gross and Levitt 1994）[39]．

立場理論の議論を終えるまえに，ハーディングがあらゆる「知識に関わる計画」とくに自然科学に対して立場理論を用いることを支持しているということを指摘するのが有益である．立場理論はもちろん，社会における女性の研究に，あるいはより一般的に社会科学に限定されるのであれば，それほど論争的ではなくなるであろう．実際に，立場アプローチに対する標準的な批判は，それはたんに社会科学に関する議論であるというもの——社会的作用の理解ということであれば，特定の社会的立場がどのように圧迫されているか——であるが，この主張は，主体の社会的境遇に関する潜在的動機がそれほど顕著でないように見える自然科学にも向けられる．立場理論が，**社会科学**において女性の生という出発点を特権視するだけであっても，それを疑問視する人は間違いなくいるであろうが，この限定された文脈のもとであればはるかにより穏健であると考える人は多いであろう．経済学に関係するのは，このより穏健な場合である．

立場理論は，最も注目を浴びているように思われるフェミニズム認識論である

258

が，科学哲学に最大の影響を与えたのはこのアプローチではない．哲学の主流派の関心をより強く引いたフェミニズム的見解は，**文脈的（あるいは社会的）経験主義**である．ここではヘレン・ロンジーノの文脈的経験主義に集中するが，関連するアプローチ——『フェミニズム自然主義』とも呼ばれる——は，ジェーン・デュラン（Duran 1998），リン・ハンキンソン・ネルソン（Nelson 1990, 1995），ミリアム・ソロモン（Solomon 1994a, 1994b），アリソン・ワイリー（Wylie 1995）によって支持されている．

　立場理論（およびこれまでの数章で論じたほぼすべてのほかの見解）と同様に，文脈的経験主義は，事実は社会・理論負荷的であり，科学は本質的に社会的であるという立場から出発している．ロンジーノの加えたひねりは，立場理論よりも，ある点においてより過激であり，別の点においてより従来的である．過激な点では，ロンジーノは科学の社会的側面を押し進めることに対して非常に積極的であり，認識的個人主義に対する批判においては非常に強硬である．従来的な点では，ロンジーノは，非常に反相対主義であり，SSKや本章で扱った思想家の大部分よりも自然主義に近い科学観をもっている．ロンジーノにとって，科学は社会的であるが，だからといって知識と意見の区別や，科学は客観的であり，理論的推測を実証的データに突き合わせることにもとづいた活動であるという考えを捨てる必要はない．

　ロンジーノは，感覚経験が，知識であるかどうかの根本的な裁定者であり正当化する条件であると言っている点において従来的な経験主義者であるが，理論負荷性や過小決定性や科学の社会性という問題を無視しているわけではない．ではどうして，社会的状況に置かれ，それに条件づけられる個人の精神によって処理されるから，感覚経験はつねに局所的で文脈的なものであると認めながら，科学的理論が究極的に感覚データによって正当化されるという考えに忠実でいられるのであろうか．

　ロンジーノの答えは，特定の科学の社会構造のもとでは，条件づけをもたらすさまざまな社会的状況の多様性を（すくなくとも理想的には）活用することができるというものであった．科学においては「違いは資源であり，失敗ではない」（Longino 1995, p. 388）．社会的文脈は特定の個人が利用できる事実を条件づけるので，実証的領域を強化する最善の方法は，幅広い社会的視点からの表象を確保することである．より多様な表象は，より多くの社会的状況の関与を意味し，そ

れはさらに，より多様な感覚経験が利用可能になることを意味する．

　「背景的仮定は，それを用いている科学コミュニティの成員にはしばしば不可視であるので，また，そのような仮定の無思慮な受容は，そのようなコミュニティの成員の考え方を規定してしまうことがあるので，背景的仮定に対する有効な批判をするためには，ほかの視点の存在および表現が必要なのである．」(Longino 1991, p. 670)[40]

　もちろん，多様性は，知識の拡大にとって必要であるかもしれないが，十分ではない．科学の社会的組織は，多様な声の潜在的な不協和音を安定化させるような**批判的かかわり合いを可能に**（理想的には最大化）しなければならない．この批判的環境が手がかりである．それは，すべての人に開かれていなければならないし，特定の立場を先験的に特権視することがあってはならないし，「実証可能な証拠の意義」(Longino 1992, p. 209) に対して敏感でなければならない．科学のコミュニティはしたがって，次の4つの基準（Longino 1992, p. 209 ほか）を満たす「理想的な認識的コミュニティ」(Longino 1994, p. 145) である．

1. 証拠・方法・推論仮定を批判する公認の場がある．
2. コミュニティはそのような批判に全体として対応する．
3. 批判者が喚起することのできる共有された基準が存在する．
4. 知的権威は，能力が認められた実際の研究者たちのあいだで広く共有される．

　この4つの基準は科学的探求に関する**規範**であることに注意が必要である．ロンジーノは，記述的な社会学や相対主義的脱構築を提供しているのではない．彼女は，特定の規範的科学哲学を支持し，知識の拡大に最もよく寄与するためには科学をどのように組織**すべき**かという基準を提供している．あらゆるものが知識とみなされるわけではない．科学的探求を実行するための正しい（あるいは少なくともよりよい）方法と間違った（あるいは少なくともより悪い）方法がある．対照的に，彼女のアプローチは規範的であるが，個人主義的ではない．（反証主義や実証主義風に）適切に科学を行うためには，個人の科学者はどのようにふるまわなければならないかを指定するのではない．ロンジーノの研究プログラムは，社会的に規範的であり，個人的に規範的であるのではない．認知的目標（知識の拡大）によりよく資するように科学を組織する方法があるが，「すべき」は主に社会的組織に向けられており，個々の科学者の行動に関するものではない．

　「これらの基準を客観性の基準として見るなら，客観性は，あらゆる科学コ

ミュニティで行われている建設的批判の深さと範囲に依存する．（中略）知識と客観性は，この観点では，社会的交流の結果であり，したがって，個人ではなくコミュニティに位置づけられる．」(Longino 1992, p. 211)

　科学の社会的組織への認知的手がかりは，そのような組織が有効な批判を促進するかどうかにあるのであり，「批判によって，特権階級の世界観ではなく客観性や知識が有効に促進されるためには，研究コミュニティは，能力が認められた，対話に参加するすべての人に，平等な知的権威を授けなければならないのであり」(Longino 1993, p. 167)，「理想的には存在するかぎりの多くの」(Longino 1995, p. 384) 人にそのような権威を授けなければならない．多様性は必要であるが，適切な社会的組織によって，この多様性は，混乱や相対主義ではなく客観性を促進する．4つの規範は「有効な批判の条件」を提供し，それを「満たすことによって，コミュニティのなかで受け入れられている理論や仮説が，一部の個人の特異な偏り（ヒューリスティックであれ，社会的なものであれ）を含んでいないことが保証される」(Longino 1994, p. 145)．

　ロンジーノによれば，彼女のアプローチは，現代の科学論の問題——科学に固有の認知的価値を支持したうえで，その負荷性や社会性を受け入れるにはどうすればよいか——と，フェミニズム科学論に関する特定の問題を同時に解決する．フェミニズム研究は，構成主義——社会的要因が，我々の世界観（科学的な見解も含む）をどのように条件づけ，形成しているか——に依拠しているが，客観的科学という批判的特徴も必要とする．ロンジーノやほかの研究者は，一種のナイフの刃のうえでぎりぎり均衡したものとしてフェミニズム科学論をみなしている．一方では，社会的文脈の構成作用を否定し，フェミニズム認識論が知識に関して意義あることを指摘できることを否定する従来の科学観がある．他方では，すべてを散漫な主観的なものにするポストモダニズムの相対主義がある（支配，女性差別，レイプは，客観的な指示対象から切り離される）．ロンジーノは，彼女の議論はこのナイフの刃の状況をかなり安定させ，フェミニズム科学論に「批判的でかつ建設的なフェミニズム研究を根拠づける議論」(Longino 1992, p. 212) を与えたと考えている．

　フェミニズム認識論の以上の展開と平行して，一部の経済学者は近年，フェミニズム経済学の考察を始め，そのなかには様々なフェミニズム経済学方法論の議論が含まれる[41]．この研究の大半は，主流派経済学に対する学問的なフェミニ

第6章　プラグマティズム，対話，立場　　261

ズム批評という形をとっている——フェミニズム経験主義の経済学バージョン（科学的基準に関する従来の見解を疑わず，男性支配的経済学がその基準に即しているかどうかを問う）としてか，合理的経済人のジェンダー的特徴に焦点を当てるような，より内容に即した方法で——が，科学的知識一般（経済学も含むが，それに限定されない）のジェンダー的特徴に焦点を当てる研究動向もある．この後者の研究は，フェミニズム認識論の研究と直接関連している．

　フェミニズム経済学の分野で活動する経済学者のあいだで最も一般的な方法論的立場は，間違いなくフェミニズム経験主義である [42]．この理由は，ハーディングが，自然科学のなかでフェミニズム経験主義の人気が高いことに対して与えた理由と同様であると思われる．それは，科学者の「適切な科学的研究という原理の従来的理解」（Harding 1991, p. 113）の大部分を損なう必要がないし，「知的に，および政治的に影響力のある，科学的探求理解を保存し，維持し，守る」（Harding 1991, p. 113）．そして，「多くの科学者が，研究資金・教職・実験室割当を継続的に獲得・維持するために必要な学問的尊敬を確保する」（Harding 1991, p. 114）ためのおそらく最も強固な戦略である．言い換えれば，男性支配的な職業生活は，採用およびテニュア授与判断を行う人を含むほとんどの経済学者が当然視する認識論的背景をおおやけに疑問視しなくても，すでに十分に困難であるということである．最後に，フェミニズム経済学者の大半が真剣に，科学に関する実証主義的主張を信じているという明白な事実をハーディングのリストに付け加えることは正当であると思われる．その理由の一つはハーディングが提案する理由——実証主義的発想の政治的影響力や説得力——であるが，また科学的知識についての考え方が過去百年間に社会科学の訓練を受けた人々の学問的心理状態に深く入り込んでいるという別の理由もある．確かに，科学知識の性質に関する「伝説」を疑問視するよりも，最大化行動の仮定や，完全競争の現実性や，経済的価値のある唯一の活動は市場行動であるという暗黙的含意を疑問視することのほうがはるかに容易である．

　フェミニズム経済学者のなかでのフェミニズム経験主義者の統計的多数派にもかかわらず，そのような経験主義は本節の焦点ではない．フェミニズム・ポストモダニズムの（はるかに小さな）グループの研究と同様に，フェミニズム経験主義は，われわれの科学的（経済的）知識に関する理解に対して，フェミニズム独特の貢献をすることはない．フェミニズム経済学者は，主流派経済学批判におい

てきわめて有効に実証主義的概念を利用するかもしれない——同様の批判的意図をもつほかの異端派経済学者よりも有効に——が，それは，既存の，より重要なことにフェミニズム以前の，哲学的立場の応用である．そのような研究は経済学におけるフェミニズム研究にとっては重要である．ただ，我々の現在の方法論的探求の論点からは外れるということである．以下で論じられる2つのフェミニズム方法論の見解はともに，フェミニズム経済学者が，近年のフェミニズム認識論に由来する概念（とくにハーディングとロンジーノ）を，彼女らの主流派経済学批判と結合しようと試みた事例である．第1の例は，ジュリー・ネルソン（Nelson 1993, 1995, 1996）の近年の研究であり，第2は，ダイアナ・ストラスマン（Strassmann 1993a, 1993b）の，ロンジーノの研究を（認知的）価格のゆがみの経済議論に応用した研究である．

　ジュリー・ネルソン（Julie A. Nelson, 1956-）は，近年のフェミニズム経済学の貢献者のなかでは最も方法論に関心がある論者のひとりである．彼女の論文集『フェミニズム，客観性，経済学』（Nelson 1996）は，彼女自身のフェミニズム方法論的視点を通して現代経済学の多くの論点を一貫した立場から考察している．彼女の方法論上の見解は，上述のフェミニズム認識論のすべてと同様に，客観性に関する社会的な状況依存的概念から出発する．ハーディングにならって，ネルソンは，客観性に関する古い——利害関心のない，個人主義的な——概念は時代遅れであると主張する．それはつねに，大きな説得力（と政治力）をもってはいたが，幻想であり，これを放棄し，「社会的に構成された科学という概念や，社会的存在としての科学者という概念に一致した」（Nelson 1996, p. 39）客観性の定義を採用することがはるかに望ましい．ネルソンは「強い客観性」というハーディングの状況依存的バージョンを支持するが，ハーディングのフェミニズム的立場認識論までは支持していない．彼女の方法論上の立場は，ハーディングの状況依存的見解を，ロンジーノのフェミニズム自然主義と結合させることであるように見える．ネルソンは，特定のフェミニズム的知識獲得の方法を主張したり，フェミニズム経済学者は必然的に，経済学の主流派とは全く異なるものを生み出せると主張したりしない．要点はむしろ，現在の（男性中心的）見解は，狭小すぎるし，経済活動に関する（重要であるが）一部でしかない事柄に過度に焦点を当てすぎているということである．ネルソンにとって，フェミニズム経済学は，これまでの議論をすべて捨て去るのではなく，経済理論を拡大し，多様化させ，

第6章　プラグマティズム，対話，立場　　263

そしてそれによって改善するべきである.

　ネルソンのアプローチの好例として，ゲーリー・ベッカーの家族の経済学に関する議論がある（Nelson 1996, Ch. 5）. ベッカーは，家計の効用最大化モデルからの比較静学的結果として，家族について多くの定型化された事実——子供に対する需要に作用する性別分業などの様々な要因——を導出した. 家計の効用関数——通常，（利他的）家父長制の効用関数と解釈される——は，時間や商品に関する家族の予算制約条件下で最大化される. そこでは，商品（Z_i）が家計のなかで，市場財，家計財，時間，および様々な種類の人的資本を用いて生産される. とくに，ベッカーは，（世界の厚生ではなく）家計の効用最大化をおこなう国際貿易理論の完全特化の結果として，性別分業（1 人が完全に市場活動に従事し，もう 1 人が家計生産に完全に従事する）を導く. 彼は当初（Becker 1981, Ch. 2），家計の 2 人の主体がおたがいに完全に同一であるようなモデル（しかし 1 人がたまたま市場的人的資本ではなく家計的人的資本に投資する）から完全特化を導いたが，その後（多くの読者にとって残念なことに）一方の性が自然と，他方の性よりも大きな家計的人的資本をもつため，家計生産に特化することが自然と適していると主張するようになった[43]. ネルソンは，ベッカーのモデルのさまざまな側面を批判している. 家族の特徴が，個別の効用関数をもつ 2 人のプレイヤー間のゲームのナッシュ均衡として生じるゲーム理論的交渉モデルは，ベッカーの家計効用モデルよりも優れていると認めるが，彼女は，そのような交渉モデルは十分ではないと感じている. このような形式的モデルはどれも，実際に結婚や家族についての知識を得ることよりも，ミクロ経済理論の力を示すことのほうにより関心があるように思われる. 家族を理解するためのより有効な方法は，はるかにより一般的な経済概念——「生活を支える」という概念——から出発し，家族は「関係性のもとでの個人」からなり，家族の意思決定は合理的選択理論の分析になじまない「プロセス」であることを認識した分析に進むことであるであろう. その結果としてのフェミニズム経済学の分析は，「認識論的マチスモ」（Nelson 1996, p. 66）に侵されておらず，家庭生活において機能している実際の作用に関する，より豊かな，より綿密な理解を提供してくれる. 家族の経済学に対する標準的アプローチは，形式主義に固執しており，家族制度を支える社会的作用（経済的作用でさえも）に対する本当の理解を妨げている. フェミニズム経済学は，そのような作用の理解を与えてくれる.

「そのようなより豊かなモデルを使う代わりに，経済学者は，合理的選択理論モデルの内部でとらえることのできる程度においてのみ，結婚や家族に焦点を当てがちであった．最大化公理および数学的導出の方法が，分析の発展を方向付けている．そのような手続きは，混乱した思考，誤った特定化，貧しい分析手続きをもたらすのみである．」(Nelson 1996, p. 74)

主題が家族の経済学であれ，彼女が考察する経済学探究の多くのほかの領域のうちのひとつであれ，標準的な合理的選択理論にもとづく経済学の慣行は，フェミニズム研究が呈した問題についてより敏感な経済学が提供するものよりも，情報量が少なく，実際のところ客観的ではないとネルソンは主張する．

「フェミニズムは，経済学の客観性について論じるべきことがある．男性的特徴・経験を不当に強調する文化的価値体系を採用することによって，客観性への関心は，硬直的な客観主義に転化してしまったのであり，人間行動に関する信頼できる説明を行おうという関心は，制約条件付き最大化への教条的集中に堕してしまった．フェミニズムの解釈は（中略），現在の経済学者を，個人的に悪意があるとみなしたり，あらゆるところに性差別を見いだしたり，形式主義を純粋悪の根源とみなしたりする世界観に依拠していない．それは，女性的な経済学や，女性のみによって実践される新しい経済学を提唱しているのではない．それが求めるのは，経済学が，厳格であると同時に柔軟で，論理的であると同時に文脈的で，科学的であると同時に人間的で，正確であると同時に豊かであるように，経済学の価値体系に変化をもたらすことである．」(Nelson 1996, p. 150)

ダイアナ・ストラスマンも，社会および経済的生における女性の経験および，フェミニズム認識論の展開につうじたより豊かなフェミニズム経済学を支持している．ストラスマン（Strassmann 1993b）は，ロンジーノの文脈的経験主義を利用して，主流派経済学の標準的な研究慣行を批判する経済議論を展開している．彼女の議論は，科学的（経済的）アイデアの市場に関する別の考え方を提供する．

科学（あるいは何らかの特定の科学分野）は，「アイデアの市場」であるという主張がしばしばなされる．その議論では，この市場が（競争的に）放任されれば，認知的に最も効率的な結果を（見えざる手によって）生み出すであろうと考えられる[44]．もしそのような議論を経済学に当てはめるなら，経済的アイデアの市場は，最もよい経済学をもたらすはずである．あるいは別の見方をすれば，現在

の経済学は，経済的アイデアの競争市場を生き残ったものであるので，可能な最善の経済学であるに違いない．ストラスマンは，まさにこの主張を行っている．彼女は，アイデアの市場を経済学に適用すれば，その「市場」は**不完全競争（完全に競争的ではない）市場**であることが分かるはずだと主張する[45]．特定の経済的論証の形態のみが，もっとも権威ある学術雑誌や大学院教育を支配しているエリート経済学者によって公式に是認されており，（それゆえ必然的に）支持される論証は，かれらの学問的立場を強化するようなものである．経済的アイデアの市場には，参入の自由も，完全情報も存在せず，その結果はまさに，不完全に競争的な環境で生じると期待されるものである．すなわち，レント追求，非効率，価格のゆがみである．ストラスマンは，そのような不完全競争行動は，ロンジーノの文脈的経験主義のもとで科学的客観性に必要な条件とは正反対の社会的環境を生み出していると主張する．

　　「ヘレン・ロンジーノ（Longino 1990）は，学問分野における客観性は，能力を認められた研究者が知的権威を共有するときに強められると主張する．彼女の議論は容易に，経済学の言語に翻訳することができる．経済的アイデアの市場に対する参入の自由の欠如は，この領域における概念の相対評価をゆがめ，支配的な研究者に市場支配力を与えている．支配的な研究者は排他的慣行を使って知的拠点を保護するだろう．経済学者がみな同意するように，参入障壁は価格のゆがみを生み出す．」（Strassmann 1993b, p. 57）

　ストラスマンはつづいて，価格のゆがみはたんなる氷山の一角であり，ネルソンと同様に，経済学に対する，はるかに豊かなフェミニズム・アプローチは，経済活動により大きな洞察を与えると主張する．ストラスマンとネルソンは，近年フェミニズム経済学の概念とフェミニズム認識論を組み合わせて，主流派の新古典派に対する多様な批判を生み出し，ジェンダーのバイアスが少なく，そして彼女らの主張によればはるかに客観的な経済学を提供する研究プログラムを描き出している経済学者のほんの2例である．

第7章 経済学方法論の近年の発展

様々な性質と分量の本が書かれてきたということは，これらの本がそれなりの数の読者よりもその筆者たちにとって興味深いのかもしれない．このことは気休めになるかもしれない．というのも方法論についての本は恐らくそれほどの害を与えないであろうことを意味するからだ．主な気がかりは，若者がこれらの本を読んで，真剣に受け取ってしまうかもしれないことだ．[Knight 1940, p. 151]

現代の経済学者は頻繁に反証主義を宣伝するが，滅多にそれを実践しない．彼らが実際に行っている科学哲学は，「無害な反証主義」と述べるのが適切である．[Blaug 1992, p. 111]

論理実証主義の用語法や，特にポパーのそれを受け入れるならば，原理的に経験によって反証されえないかぎり，理論や仮説は「非科学的」である．したがって，数学や人間行為学（praxeology）を含む，すべてのア・プリオリな理論は「非科学的」とみなされる．これは単なる用語についての難癖にすぎない．まともな人間ならば誰もそのような用語法上の問題を議論するのに時間を浪費しないだろう．人間行為学と経済学は，人々がそれらをどのように分類し，どのように記述しようとも，人間の生活と行為のために極めて重要な意義を持ち続けるであろう．[Mises 1978, p. 70]

フランス料理のシェフが新古典派の経済学者に似ていたとしたならば，そのシェフはほんの少しの材料しか用いないため，フランス料理の料理法は今よりも単調なものになっていただろう．彼らは，他の材料を含んだ料理はフランス料理ではないと熱心に言い張ったことだろう．[Hausman 1992, p. 260]

　ここまでの4つの章（第3章から第6章まで）では現代の科学理論の多くを考察してきた．そして，科学論の著作を経済学の様々なトピックへと結びつけるべく体系的な努力を試みたときの主要なテーマは，経済学や経済学方法論よりも**科学論**にあった．科学論への興味が経済学への興味に起因するもので，科学論への興味自体は副次的なものにすぎないという読者は，本章が経済学方法論に立ち戻ることに安心するかもしれない．もちろん，これまでの章は非常に多くのことを成し遂げてきた．特に，我々は科学論の膨大な文献の中に，いくつかの（むしろ極めて明白な）共通のテーマを発見した．科学は，「伝説」が我々に信じさせてきたものよりも，不統一であり，過小にしか決定されておらず，また，理論，形而上学，文脈や関心に負荷的であり，本質的に社会的であり，根本的に複雑——

267

そして，そう，だらしのないもの——なのである．同じく，我々が説明した著者のほとんどは科学という事業を断念したくはなく，また，科学の特定の認知的長所の本質を哲学的に描写するという事業をすっかり諦めてしまいたくもなかった．結果として，ほとんどの著者——すべてではなく，ほとんど——は相対主義と「定説」との間のどこかに，新たな，より満足のいく妥協点を見つけようとしていた．最終的に，認識論と政治経済学は，経済学方法論の著作によって一般的に認識されているよりも，はるかに深い次元で絶えず相互に作用してきたことが見いだされた．認識的秩序についての実質的な見方は，経済的秩序についての見方と独立ではない（し，かつてそうだったことはない）．

　最近の 30 年間に経済学方法論の文献は急増した．そして，この章では近年の発展の多くを考察するつもりである．第 2 章での文献のように，ここで考察される著作は方法論的であることに自覚的である．主な違いは，近年の著作は「伝説」後のメタ科学の発展に続くものであり，多くの場合，明らかにそれと対峙していることである．本章の第 1 節ではポパー的経済学方法論を考察し，第 2 節ではミルの伝統の中での近年の発展を議論する．第 3 節では経済学と現代実在論との間の様々な接点を見るが，最後の節では様々な認知的，意味論的テーマを議論する．

7.1　ポパーの伝統

　カール・ポパーは明らかに，他のどの個々の哲学者（あるいは，哲学の学派）よりも戦後の経済学方法論で大きな影響力を持った．第 3 章で触れたように，経済学者の間での彼の影響が，実際に科学哲学者一般の間での影響よりも大きいことは皮肉に見える．経済学方法論における彼の影響力にはいくつかの理由があるように思われる．1 つは明らかに，ポパーの哲学は相対的に分かりやすく，応用が容易であるという共通認識にある．彼の文章は明確で気取っておらず，また，反証主義者のプログラムは，科学的研究の適切な遂行のための容易に実行可能な方法論的ルールや，比較的単純な境界画定の基準を提供するように思われた（つまり A5 用紙に収まる科学哲学だということだ）．もう 1 つの動機は，ポパー自身の知的な興味と関心に関わっているかもしれない．ポパーは始め，特定の社会科学の科学的地位についての疑問，とりわけ彼の境界画定の基準を用いて，正当な科

学的研究の領域からフロイト心理学とマルクス主義社会理論を取り除きたいという欲求に動かされていた（Popper 1976b）．このことは，政治哲学の領域での彼自身の好みとあいまって，ポパーを，科学としての経済学に関心を持つ人々にとっての1つの明確な選択肢とした．彼の影響力についての最後の理由は，――これは社会科学への彼の関心と関わっているものの，それとはまた別のものだ――影響力があり，方法論に関心があるような経済学者の多くとの（特にLSEでの）彼の個人的および職業的なつながりである．それは，フリードリヒ・ハイエク（Caldwell 1992a, 1992b; Hutchison 1981, 1988）やリチャード・リプシー（De Marchi 1988a），マーク・ブローグ（Blaug 1994a）らである[1]．

　ポパーが経済学方法論に重大な影響を与えたことは明らかであるが，彼の貢献の本質がまさに何であったかはそれほど明確ではない．ポパーの経済学方法論を評価することの困難は，**ポパーの哲学的伝統に存在する様々な問題と緊張関係**に帰着する．第1に，ポパー自身による自然科学の哲学の中に緊張関係がある．第2に，自然科学についてのポパーの哲学と彼が社会科学について言及および記述したこととの間に見られる差異のために生じる緊張関係がある．そして最後に，緊張関係は「ポパー学派」の様々なメンバーによって提出された視点（特にポパーの著作の中で何が最も重要であるかについて）の多様性によって生み出される．次のいくつかの小節では，経済学方法論の文献の中でこれらの様々な緊張関係がどのように明らかとなってきたかを考察する．

7.1.1　ポパー的方法論における緊張関係

　ポパーの**反証主義**は第2章のハチソンの議論の中で紹介され，第3章で詳細に考察されたので，ここで基本的な議論を繰り返す必要はないだろう．しかし，注意すべきは，ポパーは多くの異なる哲学的主題という言葉を論じたが，反証主義者の科学哲学――元々は『科学的発見の論理（*Logik der Forschung*）』（Popper 1934）で論じられた――が，容易に彼の名前と同一視されるような哲学的立場を明らかに維持しているということである．どの哲学者に，カール・ポパーの主張について尋ねても，ほとんど必ず大胆な推測と厳格な検証について暗唱するだろう．加えていうならば，彼の名前を認識しているあらゆる経済学者から本質的に同じ講義を受けるだろう．反証主義とは，ほとんどの哲学者が「ポパー的」科学哲学によって意味しているものであり，そして，ほとんどの経済学者が「ポパー的」経

第7章　経済学方法論の近年の発展　　269

済学方法論によって意味しているものである．まさに方法論に関心のある有力な経済学者の多くが，**反証主義を経済学にとっての適切な方法論として受け入れて**きたからこそ，ポパーの影響力は大きいのである．テレンス・ハチソン（Hutchison 1938）——反証主義の考えを経済学に紹介した人物——に加えて，長く反証主義を擁護した人物には，リチャード・リプシー（Lipsey 1966），マーク・ブローグ（Blaug 1980/1992, 1990a），そしてJ・J・クラント（Klant 1984, 1988, 1994）がいる．明示的に方法論を論じた，比較的主流派のこれらの経済学者に加えて，長年，主流派の経済学を批判するために反証主義の基準を用いてきた多くの異端の経済学者（例えば，Robinson 1977 や Eichner 1983）や，自身の特殊な異端のプログラムを擁護するために反証主義を用いてきた他の人々（Moseley 1995）が存在する．

　経済学の反証主義者には様々な異なる様相があるが，共通の方法論的なメッセージは，経済学者は**反証主義を実践すべきだ**が，実際には**ほとんどそれを実践**していないというものである．その議論は，反証主義は科学的研究の適切な実施のためのルールを提示し，多くの経済学者はそのルールに従うことを主張する——彼らは反証主義を宣伝する——が，実際，彼らはほとんどそれを実践しない，というものである．マーク・ブローグは，「悔い改めない」ポパー主義者（Blaug 1994b）のうち最も強硬な論者であるが，かれの経済学方法論に関する概説書第2版の序文でこの立場を説明している．

　　「**反証主義**は，理論や仮説に伴う予測が少なくとも反証可能である，すなわち，それが特定の行為・状況・出来事の発生を禁じる場合にのみ，その理論や仮説を科学的であるとみなす方法論的な立場と定義されるが，**この立場**について，私は好意的に論じる．（中略）加えて，現代の経済学者は実際，反証主義の方法論に賛同すると私は主張する．（中略）しかしながら，私は，経済学者がその宣伝しているものを絶えず実践していないとも論じる．彼らの基礎となっている科学哲学は，『無害な反証主義』と特徴づけるのが適切だ．」（Blaug 1992, p. xiii）

　ブローグはかなり率直な発言をしているが，彼だけが主流派経済学の実践を反証主義の立場から批判しているわけではない[2]．標準的な反証主義の教訓は，**経済学者はその行為を改める必要がある**というものである．ポパーは科学的研究の運営のための適切な方法——反証主義的方法——を記述してきたのであり，経済学者はこの科学的方法に従うべきであるが，そうしていない．もちろん，経済学

者は経験的研究に従事しているが,「その多くはネットを下げたままテニスをしている. つまり, 検証可能な予測を反証しようとする代わりに, 現代の経済学者全員があまりに頻繁に, 現実の世界が彼らの予測に従うことを示すことで満足しており, したがって, 困難な反証主義を容易な検証へと置き換えている」(Blaug 1992, p. 241, 強調引用者). 反証主義者は一般に, 今こそネットを上げる時である (実際にはとっくの昔にそうすべきだった) と信じている.

　経済学者が本当の (経験) 科学を行っていないために, 現代経済学の多くは方向を誤っていると信じる人々にとって, 反証主義が強い魅力を持つのは確かに明白である. 経済学方法論の伝統的見解を所与として——経済学の適切な運営のためのルール一式を与えるものとして——, 反証主義は厳格であると同時に率直なルールを与えるように思われる. 理論が科学的であるためには, 少なくとも一つの経験的基本言明によって反証可能でなければならず, 最も厳しい検証を耐え抜いた理論こそが最も支持され, 選好されるものなのである. これは一般に経済学者が行っていることではないために——「反証主義者の眼鏡を通して見ると, 経済分析の発展は陰鬱な出来事に見えるだろうということを明らかにするためには, 詳細な歴史研究を行うまでもない」(Latsis 1976b, p. 8)——, 反証主義は, 経済学という学問分野に大修理の必要があること, その修理を指導するためには厳格な方法論的ルールが必要であることを示している. 鞭を惜しめば科学はダメになる, というわけだ.

　なぜ多くの経済学者にとって反証主義がそのように魅力的であるか——そして, なぜ多くの現場の経済学者が, その制約に従いもしないのに, リップサービスをするように強いられると感じているか——は明らかかもしれないが, この方法論が多くの問題を抱えていることも同様に明らかである. 反証主義を批判する哲学的著作は極めて多く, そして, これらの批判の多くは経済学に対して反証主義が適切であるかどうかという問題にとって重要であるが, 本書では経済学方法論についての著作の中で明確に論じられる論点に議論を絞ろう (そして, そこでも, 重要だと思われるものすべてを論じるわけではない). 議論は4つの一般的な問題領域に焦点を当てる. これらの領域は非常に広いが, 経済学方法論へのポパー的アプローチの中にある重大な緊張関係の継続的な源泉を示している [3].

　反証主義の**第1の問題**は, 第3章で論じたデュエム＝クワイン (過小決定性) 問題から生じる. 問題は, 科学理論は決して独立には検証され得ないということ

である．実験の結果が否定的な結果に終わることは，（理論と補助的仮説からな
る）**検証体系**の少なくとも 1 つの要素と証拠とが対立していることを示す．つ
まり，それは必ずしも科学理論が問題であることを意味しない．もちろん，ポ
パーは過小決定性の問題に十分に気づいており，やや単純な解決法を示した．そ
れは，補助的仮説を全て問題のない予備知識と考え（仮定して），反証の結果を
理論によるとするものである．これは慣習によって予備知識を問題のないものと
して受け入れるという意味で反証主義を慣習主義哲学の一種に転換する．特定の
反証に応用される場合には，その結果は，ハウズマンの言う「慣習的反証」とな
る（Hausman 1996, p. 214, 強調原文）．この理由のため，ラカトシュはポパー的反
証主義を，「革命的慣習主義」（Lakatos 1970, p. 106）的哲学アプローチと呼んだ．
観察言明を受け入れるのは**決断**によるのであり，そのように慣習的に受け入れら
れた言明を「観察的」と呼べるとしても，それは「単に言葉の問題」に過ぎない
（Lakatos 1970, pp. 106-7）．慣習主義はまた，理論負荷性の問題と科学の経験的基
礎の可謬性に対するポパーの応答でもある．観察結果を問題ないものとして受け
入れると決めることは事実上ある種の理論——理論がデータを生み出す——を
（慣習的に）受け入れ，別の理論（理論が検証される）を疑問視するという決断
である．理論はいたるところに存在するし，あらゆる理論から独立であるような
立場はない（そうなると基礎がなくなってしまう）が，経験的基礎に関わるポパー
の（慣習的）ルールは，船全体を浮かせつづけながら理論体系の様々な側面を検
証することを可能とする．

　経験的基礎についてのポパーの慣習主義は，確かに反証主義にとっての難点
（反証主義を経験的基礎付け主義の一形態と見る人々にとっては極めて重大な難点）で
あるが，当面は，過小決定性と理論負荷性の問題へのこの（慣習主義的）回答を
受け入れることにしよう．それでも，まだ反証主義アプローチには問題がある．
ダニエル・ハウズマン（Hausman 1992, pp. 184-5; 1996, pp. 214-15）が強調する問
題は，まさに同じ慣習主義の手続きが反証と同様に確証にも応用できるというこ
とである．したがって，検証を反証によって置き換えようとする**反証主義者の計
画全体を損なう**のである．ハウズマンの言葉は次の通りである．

　　「ある命題に依拠して他の命題を反証する決断は，そこにどのような根拠が
　　あるかにかかわらず，避けられない．しかし，慣習的**反証**を可能とするため
　　に，前提の中に予備知識を含むことを許すならば，それは慣習的**検証**をもま

た可能にする．慣習的な非対称性命題は損なわれ，科学者は反証のみを追究すべきであるという主張をポパーは擁護し損ねている.」（Hausman 1992, p. 185, 強調原文）

第2の重要な緊張関係は，過小決定性や理論負荷性のような論点をポパーが認めたことから生じている．これによって，反証主義は，信用をなくした基礎付け主義と，急進的相対主義という2つの障害から逃れられなくなっているように思われる．問題はほとんどの「ポパー的」経済学方法論者が反証主義を**経験的基礎付け主義**の一種——初期実証主義者の古き良きルール作りから帰納の問題を取り除いたもの——と見ていることであり，このように認識された基礎付け主義こそが反証主義の研究計画の魅力の大部分を作り出しているのである．もちろん，ほとんどの反証主義者は**可謬主義にリップサービスをする**（哲学的に問い詰められると，彼らはポパーが後件否定の実証主義者以上の存在であると認める）が，そう認識したからといって，彼らの方法論的提言に対しても，彼らがそうした提言を支持する理由に対しても，ほとんど，あるいは全く影響を与えないようだ．したがって，ポパー支持を強く主張する経済学方法論者は，**無害な可謬主義**と適切にも呼ばれうるものを実践しているように見える．彼らは（問い詰められれば）可謬主義を説くが，ほとんどそれを実践しない．今や，ポパーが経験的基礎付け主義者ではないことは極めて明らかであるが，この批判から彼を解放すると，少なくとも2つの異なる種類の問題が生じる．経済学では，それは**ほとんどの反証主義者は間違った理由でポパー主義者である**ということを意味する．あるいは，もしほとんどのポパー主義者の経済学者がより現代的な仕方でポパーを読んだならば，ポパー主義者のままではいないであろう．なぜなら，洗練された反証主義は，これらの経済学者が方法論に望むこと，すなわち，野蛮人を科学的経済学の門から追い払うことをしないからである．しかし，状況はさらに悪い．一方では，間違った理由で反証主義を支持する経済学者（と間違いなく他の学問分野の人々）がおり，他方では，ポパーが理論負荷性や過小決定性のような問題に敏感であったと認めながらも，それゆえに**彼は相対主義者であった**と結論する多くの哲学者がいる．非常に有名なのは恐らくD・C・ストーブで，彼は『ポパーとその後』の中で，『科学的発見の論理』[4]は「科学史と科学哲学における非合理主義的革命」に貢献したと主張する（Stove 1982, p. 13）．ストーブの立場は極端であると考えられるが，ポパーを相対主義者として描く人々は他にも多く存在して

いる. 例えば, スーザン・ハークはポパーを, 科学が「消極的にさえ経験の支配下にある」とは考えない「隠れ懐疑主義者」であると考え (Haack 1993, pp. 97-8), 他方で, ラリー・ラウダンはポパー哲学を「徹底的な相対主義的性格をもつもの」と見なしている (Laudan 1989, p. 370). ではどちらがより悪いのであろうか. 科学理論の最近 50 年の主な教訓を見落としたがゆえに支持されるのと, これらの教訓を認識し取り込もうとする見解を展開しようとしたがゆえに非難されるのと, どちらの回答も反証主義をあまり心地よい立場には置かない.

このことがポパー哲学の**第 3** の緊張関係に結びつく. それは, 真理の概念とポパー版の科学的実在論の基礎にかかわる問題点である.『科学的発見の論理』におけるポパーの 1934 年時点の元々の立場は, 認識論を語ることなく方法論を語ることであった. 大胆な推測と厳密な検証という反証主義哲学は, 科学というゲームを行う究極的な目的や意義を与えることなく, そのゲームのためのルールを与えた. ラカトシュがポパーの立場を描くように,「ゲームのルールである方法論はそれら自身の足で立っているが, これらの足は哲学的な支えなしに宙にぶら下がっている」(Lakatos 1978, p. 154). ポパーは明らかにこのギャップを認識しており, 後の著作でそれを埋めようとした.

> 「『科学的発見の論理』が出版されて以来 (つまり, 1934 年以来), 私は科学的方法の問題をより体系的に提示する方法を発展させてきた. 私は科学的活動の目的についていくつかの示唆をすることから始め, この示唆から (中略) 科学的方法に関する私の主張の大部分を引き出そうとしてきた.」(Popper 1983, p. 131)

1959 年か 1960 年に導入されたポパーの主な示唆は, 科学とは「真理の探究」であるというものだった [5]. ポパーは常に科学的実在論を好み, 真実の探究として科学を特徴づけてきたが, 1930 年代初頭には真理の対応理論は哲学的に不評であり, 彼は「その話題を避けること」を戦略的に選んだ (Popper 1965, p. 223). ポパーが「真理の概念に関する不安」(Popper 1972, p. 320) を失い, 科学の目的として真理を公式に承認したのは, 彼がアルフレト・タルスキの理論を知った後のことであった. しかし真理に目を向けたことはポパー哲学を認識論的により満足なものとしたが, そのことはさらなる問題も作り出した. 最も明らかな問題は, **反証主義は必ずしも真なる理論を生み出さないということである**. 大胆な推測と厳密な検証という方法は虚偽を発見するかもしれないが, 真理を発見することは

ない．ポパーは可謬主義者である——多くの厳密な検証をうまく通過してきた（裏付けのある）科学理論が選好されうる——が，それが真理であるかどうかは分からない．真理とは統制的概念であり，決して我々が得たと確信できるようなものではないのである．

可謬主義的真理の問題に対するポパーの応答は**真理らしさ**，あるいは，**真理近接度**の理論であった．真理近接度の概念によって，「ある理論 T_1 は新たな理論である T_2 によって取って代わられる．なぜなら T_2 は T_1 よりもより真実らしいからである」と論じることが可能になるだろうと，ポパーは信じていた（Popper 1972, p. 57）．真理近接度によって，真理へと近づく方法として反証主義を擁護することが可能になるだろう——それは科学的実在論と矛盾しない．しかし，それと同時に，我々が実際に真理を得ると主張する本質主義的な落とし穴と彼が考えるものを回避する．もし真理近接度の概念がうまくいくならば，そして，それを達成するのに反証主義の方法論的ルールが役に立つならば，反証主義はきっと確かな認識論的基礎の上に立つだろう．そのとき，厳密な検証を通過してきた理論は，将来のどのような検証においても同様にうまくいくと信じる十分な理由があるだろう．不幸にも，それは決してうまくいかない．真理近接度というポパーのアプローチは，ティシー（Tichy 1974）とミラー（Miller 1974）の2つの論文やそれ以降の論争によって，体系的に解体された．イアン・ハッキングは真理近接度を「ポパーのいかさま」と呼び（Hacking 1979, p. 387），非ポパー的な真理近接度の擁護者であるグラハム・オディーはポパーの著作が「困惑させる結果」を生じさせてきたと主張する（Oddie 1986, p. 164）．多くのポパー主義者が同様に批判的である．ジョセフ・アガシはそれを単純に「誤り」と呼び（Agassi 1988, p. 473），ジョン・ウォロルはポパーの形式的概念を「不当なもの」と考え（Worrall 1982, p. 228），デビッド・ミラーはこう論じる．「ここには重大な問題がある．それは，真理らしさや真理近接度についての我々の直感的な判断が，実際に客観的な何かの判断であるかどうかという問題である」（Miller 1994, pp. 197-8）．ポパーは真理近接度という一般的概念やその重要性を決して放棄しなかったが，彼は最終的に，それを正式なものにしようとする試みは「明白な誤り」であると考えた（Popper 1983, p. xxxv）[6]．

結論を言えば，真理近接度の計画が失敗したことによって，反証主義の伝統は真理へのつながりを失ったこととなる．大胆な推測と厳密な検証という反証主義

的方法に従えば，真理により近い理論を得られるであろうかどうかについて，説得的なポパー的主張は全く存在しないのである．もちろん，異なるポパー主義者はこの幾分落ち着かない帰結の重要性について異なる見解を表明している——「帰納主義の名残」に対するラカトシュの弁解（Lakatos 1978, p. 159）から，真理近接度を全体的に確証主義プログラムへと置き換えようとするジョン・ワトキンズ（Watkins 1984）の努力まで——が，問題は普遍的に認識されている．「ポパーは常に科学的実在論者であったが，彼は一度も，世界についての真理を生み出すことを保証する方法のルールを示すことはできなかった」（Nola 1987, p. 468）．もちろん，これらの問題は，経済学の反証主義的方法論にとって幸先の良いものではない．もし，厳密に検証されても反証されなかった理論が，自然科学においてどのように真理に近づくかを説明できなければ，反証主義が経済学において真理を発見する有効な手法を提供するだろうと信じるいかなる理由も決して存在しないだろう．

　ポパー哲学における，そして，恐らく経済学にとって最も重要な**最後**の緊張関係は，反証主義は経済学の中でのポパーの立場の標準的解釈であるが，このポパー哲学の解釈は，**社会科学について論じるときに彼が実際に賛同を示した方法論と相容れない**ように見えるということである．ポパーは社会科学の方法論について詳細に論じたわけではないが，しかし，彼の著作では，人間行為の説明において「合理性原理（rationality principle）」と「状況分析（situational analysis）」の本質的な役割が強調された．合理性原理も状況分析もどちらも，反証主義とはうまく調和しない．

　社会科学と状況分析についてのポパーの言及は，論文と著作の多くの場所に散見される（例えば，Popper 1961, pp. 149-52; 1966, pp. 96-8; 1976b, pp. 117-8）が，この状況はポパー（Popper 1994）所収の「モデル，道具，真理：社会科学における合理性原理の属性」の出版によって変化した．この論文の見解は元々，1963年にハーバード大学経済学部で発表されたものであり，それはポパーの出版された全ての著作の中で状況分析と合理性原理についての最も詳細な論考を示している[7]．

　ポパーの状況分析によれば，人間行為の説明は以下の形式をとる．ある主体の「問題状況」から始め，この問題状況は個人の信念，目的，欲求を含み，それと同時に，その個人がこれらの目的や欲求を達成しようとするときに直面する制約も含んでいる．個人の行為は，その個人の置かれた特定の問題状況から演繹する

276

ことで「説明」される．そのような説明のために「機能する法則」は合理性原理であり，それは，個人がいる状況を所与として，個人は「適切，あるいは適当に」(Popper 1994, p. 169) 行為したと説明する．コージ (Koertge 1975, p. 440; 1979, p. 87) に従えば，主体 A が行為 X を行った理由についての状況分析の説明は，下記の図式的な形で与えられうる．

状況記述：　　主体 A が状況 S にある．
状況の分析：　状況 S において適切（合理的）な行為は X である．
合理性原理：　主体はその状況を所与として常に適切（合理的）に行為する．
被説明項：　　したがって，A は X を行う．

　個人（あるいは企業）の行為に関するミクロ経済学的説明は，この一般的な説明図式の特殊なケースであることは明らかだろう．経済学では，そのような説明はある種の目的（例えば，効用または利潤），ある種の制約（例えば，予算または費用），そして，ある種の決定的に「適切」な行為（すなわち，最大化または最小化）を含意するが，その枠組みは明らかに状況分析形式のものである[8]．多くのミクロ経済学的説明は一般的な状況分析形式に合致しているだけでなく，ポパーは，経済学がこのアプローチの発想の源であったことを認めている．

　　　「社会科学方法論についての私の見解は，経済理論への称賛の結果である．
　　　私は，25 年ほど前，理論経済学の方法を一般化する試みのなかで，それら
　　　を発展させ始めた．」(Popper 1994, p. 154)

　状況分析の説明の明らかな問題点の 1 つは，それらが反証主義と極めて調和し難いということである．状況分析と合理性原理に基礎づけられた社会科学は，ポパー自身の（反証主義的）境界画定基準に基づいて「科学的」であるようには全く見えない[9]．ここには多くの問題がある（そして，それらすべてを議論するための十分な紙幅がない）が，最も明白な問題点は合理性原理それ自体の属性に関わっている．合理性原理は（表向きには）科学的な説明の根底にある法則であるが，しかし，ポパーの方法論的構想において潜在的反証を免れている．合理性原理を含む説明が検証され，誤りであることが明らかにされる場合，「合理性原理ではなく他の理論——すなわち，モデル——が説明責任を負うと判断することが健全な方法論的方針」である (Popper 1994, p. 177)．そのような防御的で場当た

第 7 章　経済学方法論の近年の発展　　277

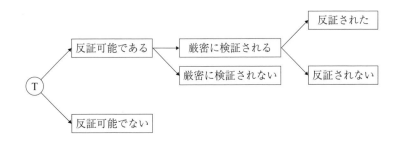

り的な戦略は，自ら批判に晒されること，すなわち大胆な推測と厳密な検証という反証主義的方針とはほとんど相容れないように見える．ポパーの反証主義的解釈の断固たる擁護者であるマーク・ブローグでさえ，「ポパーが行った合理的選択理論の擁護は，反証主義的方法論の観点からは受け入れられないだろう」と認めている (Blaug 1994b, p. 113). この緊張関係の認識は，ハンズ (Hands 1985b) におけるポパー N (自然科学の反証主義的哲学者)[10]とポパー S (社会科学の状況分析哲学者) の区別を招いた．注目すべきは，この論点は単に経済学と社会科学の哲学に関わるものではなく，ポパー哲学のプログラム全体に関わる根本的論点でもあるということだ．ポパーは明らかに，彼が似非科学と考えるものから，特にマルクスやフロイトと科学を区別するために，境界画定基準を発明したということを念頭に置いてもらいたい．どうしてこれらの理論は，（ポパーの観点からすれば）最良の社会科学でもできないことをしそこねたということで，批判されうるのだろうか．

上記の図表は反証主義，合理性原理，経済学における様々な問題を診断する助けとなるかもしれない．

左端から始めて，合理性原理を含む特定の経済理論を考えよう．ポパーが認めるように (Popper 1994, pp. 177-8)，その原理は誤りであるか，あるいは，反証不可能であろう．もし「適切に」が弱い仕方で（人々が何をしようと，というように）定義されるならば，誰も合理性原理に反することはできず，したがって，その原理を含む経済理論は反証不可能（したがって，非科学的）だろう．もし合理性原理がより厳密に定義される——したがって，実際にある観測可能な行為が「不適切」である——ならば，その原理は反証可能である．しかし，人々は適切な行為のいくつか，あるいはすべての基準に反しそうであるため，それは誤りで

もあり，結局，図表の右上（反証された）へと至る．ポパーは反証された理論の中から選択する方法を与えない——反証された理論はただ除外される——ため，（誤った）合理性原理を含む特定の経済理論を堅持するべきかどうかを（反証主義的基礎に基づいて）判断する術がない．最後に，我々が合理性原理を保持するとすれば，すなわち，反証可能であるが反証されないとすれば，厳密に検証されたが反証されていない理論を持って，右端の下段（反証されない）にいることになるが，そのとき，我々は真理近接度の問題に直面する．そのような理論が真実であるということ，あるいは，そのような厳密な検証を生き延びた他の理論よりも真理に近いということさえ，我々には信じる理由がない．合理性原理を含む経済理論は，結局，3つの幾分不愉快なカテゴリーの中の1つに至るようである．それは，反証不可能である（科学的ではない）か，誤りである（そして，除外される）か，あるいはどうにかして厳密な検証を生き延びたとしても，我々にはまだそれが真実であるかどうか，真理に近いかどうか，他の同様の検証を生き延びた理論よりも良いかどうかも分からないのである．

　総合すれば，これらの4つの緊張関係は，一般に反証主義科学哲学にとって，そして，特に反証主義の経済学方法論にとって，いくつかの深刻な問題をもたらす．反証に有効性を持たせるために慣習的要素が加えられる場合，同様の有効性が帰納法へと移されることとなる．また，反証主義は古めかしい基礎付け主義か，あるいは，急進的相対主義のどちらかとして解釈されるように見える．さらに反証主義的方法論の実践とそのルールに従って検証されてきた理論の真理らしさとの間に，体系的繋がりは存在しない．そして最後に，反証主義はポパーが実際に社会科学と経済学について提示した議論と根本的に相容れないように見える．ハウズマンがポパー哲学の章を，「ポパーの科学哲学は，経済学における理論評価の中心問題を提示することを可能とせず，それらを解決する手助けにもならない」という単純な言明で結論づけるのも不思議ではない（Hausman 1992, p. 191）．

7.1.2　ラカトシュ的転換

　ラカトシュの科学研究プログラム（MSRP）の方法論も第3章で議論されており，「前進」の概念，「新奇な事実」の重要性，あるいは「ハード・コア」と「防御帯」という「ポルノ的な比喩」（Hacking 1979, p. 398）についての記憶を新たにしたいという人々は3.3.1節を振り返るべきである．経済学に3次的かあるいは

より疎遠にしか経済学に向けられないほとんどの哲学的アプローチと違い，ラカトシュの影響は即時的直接的で，彼の著作について極めて精通した人々によって始められた．ラカトシュを経済学へ持ち込むことに大きく寄与した2人の著者は，スピロ・ラトシスとマーク・ブローグである．ラトシスは，ラカトシュの下で学んだ大学院生，かつ彼の友人であり，経済学へ科学的研究プログラムを応用した最初の哲学論文（Latsis 1972）を公表し，それに関する最初の論文集の編集も行った（Latsis 1976b）[11]．ブローグは経済学の論文集で公表された最初のラカトシュ主義の論文（Blaug 1975）を書き，経済思想史へと議論を導入したように，一貫した，率直なラカトシュ哲学の擁護者であった[12]．

ラカトシュと経済学に関する文献は膨大な量となってきた．様々な一般的議論（例えば，Archibald 1979; Backhouse 1994a, 1997a; Blaug 1980/1992, 1991a, 1994b; Boylan and O'Gorman 1995; Caldwell 1982/1994, 1991a, 1991b; De Marchi 1991; Fulton 1984; Glass and Johnson 1989; Hands 1979, 1992; Hausman 1992, 1994; Hutchison 1976; Pheby 1988; Redman 1991; Remenyi 1979; Robbins 1979; and Shearmur 1991）に加えて，経済思想のおよそ考えられる全ての領域においてラカトシュ主義のケース・スタディが存在している．これらのケース・スタディの（限定的）リストは次のものを含んでいる．企業の理論（Ahonen 1990; Latsis 1972, 1976b; Nightingale 1994），経済学の心理学的基礎（Coats 1976），ケインズ経済学（Ahonen 1989; Blaug 1975, 1976, 1991b; Hands 1985a, 1990b; Leijonhufvud 1976; and McGovern 1995），ポスト・ケインジアン経済学（Brown 1981），レオンチェフ・パラドックス（De Marchi 1976），一般均衡理論（Backhouse 1993; Diamond 1988a; Rosenberg 1986; Salanti 1991, 1993a, 1993b; Toruno 1988; and Weintraub 1979, 1985a, 1985b, 1988b），新古典派マクロ（Backhouse 1991, 1998b; Cross 1982; Hoover 1991; Maddock 1984, 1991; McMahon 1984），新経済成長理論（Foss 1998），履歴効果（Cross 1987, 1991），スラッファ経済学（Backhouse 1995b; Steedman 1991, 1995），オーストリア学派経済学（Lavoie 1991a; Rizzo 1982），ジョブ・サーチ理論（Kim 1991），需要理論（Gilbert 1991），ゲーム理論（Bianachi and Moulin 1991），実験経済学（Smith, McCabe, and Rassenti 1991; Smith 1989），ラディカル・エコノミクス（Blaug 1990b; Reich 1995），マルクス主義経済学（Blaug 1990c; Moseley 1995），限界革命（Fisher 1986），アダム・スミスの経済学（O'Brien 1976），ミクロ的基礎（Janssen 1991; Weintraub 1979），進化経済学（Nightingale 1994），資本理論（Birner 1990），ヘンリー・ジョージ（Petrella

1988), ファイナンス経済学 (Schmidt 1982), そして, 経済学のレトリック (Maloney 1994) である.

第3章で論じたように, ラカトシュのアプローチは準歴史的である. そのアプローチは, ポパーの規範的な科学哲学の要素と, クーンが始めた歴史的分析の要素を融合しようとした. ラカトシュのプログラムは, 少なくとも3つの異なる次元でポパーの反証主義から離反した. それは, 方法論的次元, 認識論的次元, そして, メタ方法論的次元である. ラカトシュのポパーからの離反において最も重要な (あるいは, 少なくとも最も知られている) 点は, **方法論的**次元にある. 最も顕著な点は, ラカトシュが分析の単位を科学理論から科学**研究プログラム**へと転換したことである. ポパーと違って, ラカトシュはすべての科学研究プログラムが「生まれながらにして反証されている」(Lakatos 1970, pp. 120-1; 1971, p. 114) ことを認めるが, ラカトシュによれば, この事実はこれらのプログラムが理論的あるいは経験的にも前進的であることを妨げない. たとえ研究プログラムが後退したとしても, 破棄されるとは限らない. (この場合もポパーと違って,) ラカトシュは評価と助言を混同しなかった. したがって, MSRP は実際の科学史 (クーン) を取り込みながら, 理論の変化の科学的前進性を評価する方法 (ポパー) も提供する. ラカトシュは, ポパーの経験的内容の概念 (多くの潜在的反証要素), 経験的基礎の慣習的性質, そして, ポパーの「独立した検証可能性」あるいは「新奇な事実」の概念を保持した. 彼は研究プログラムに焦点を当てることによってポパーから離れ, 前進の概念を (クーンやその他の研究者が明らかにしたように科学者が試みたことのほとんどない) 反証から新奇な事実の**確証**へと立場を移行した. そして, 彼は評価と助言を区別した.

認識論的次元においては, 「帰納主義の名残」に直接的に訴えることによって, ラカトシュは真理と真理近接度に関するポパーの問題点を回避しようとした (Lakatos 1978). ポパーは「我々は, 理論も, 理論が真実であるという信念も正当化することができない. また, 真理に近づいているという信念も正当化できない」(Popper 1983, p. 61) と論じていたが, 彼とは違ってラカトシュは「前進を**認識する**」(Lakatos 1978, p. 156, 強調原文) 方法を提供し, 前進的な問題転換と真理に近づくこととの間の認識論的連関を生み出そうとした. ラカトシュによれば, その連関が構築されるのは, 「実在論的形而上学を方法論的評価と結びつける, すなわち, 真理近接度を確証に結びつけるような帰納原理によってである. この

帰納原理は「科学的ゲーム」のルールを，知識の拡大のしるしについての，すなわち，**科学理論の真理近接度が増大する**しるしについての推測理論として再解釈するものである」(Lakatos 1978, p. 156, 強調原文)．ラカトシュは，そのような帰納原理なしには，方法論的提案は認識論的有効性を欠いた慣習に堕してしまうと論じる．

> 「この原理なしには，ポパーの『確証』も『反証』も，私の『前進』や『後退』も単なるゲーム上の称号に過ぎなくなるだろう．帰納の問題の**積極的解決**によって，どれほど論拠が弱かろうと，境界画定に関する方法論的理論は恣意的な慣習から合理的形而上学へと転換されうるのである．」(Lakatos 1978, p. 165, 強調原文)[13]

　最後に，（複数の科学方法論から何を選択するかに関する）**メタ方法論**の次元においては，クーンに多くを負う方法論評価のための準歴史的フレームワークを包含するために，ラカトシュはポパーと論理実証主義双方の先験的な哲学的アプローチを破棄した．ラカトシュのメタ方法——歴史研究プログラムの方法論 (the methodology of historical research programs, MHRP)——は，様々な方法論的提案を検証するために，科学史から「最善策」を援用した．MHRP によれば，「科学の一般的定義は，（中略）一般的に最良と認められている研究戦略を『科学的』なものとして再構築しなければならない．もしそれに失敗すれば，その定義は否定されなければならない」(Lakatos 1971, p. 111)．したがって，ある方法論——科学的合理性の性質についての見方——は，もしそれが実際の科学史の大部分を合理化できるならば，好ましいことになる．どのようにして最善策が決定されるのだろうか．それは科学的エリート自身によって決定される．「もし境界画定の基準が科学的エリートの『基本的』評価と相反するならば，それは否定されなければならない」(Lakatos 1971, p. 111)．要点は，科学的方法の一般的ルールには議論の余地があるかもしれないが，他方，科学者は一般的に言ってすべての研究プログラムの科学的地位を知っているのである．特定の科学研究プログラムが最善の研究戦略を極めて適切に合理化するような方法論に基づいて再構築されるならば，その再構築されたものから実際の歴史が乖離している部分は，脚注で簡単に言及されるに止まる (Lakatos 1971, p. 105)．

　ラカトシュを経済学へ応用する論者達は，ラカトシュのアプローチの異なる側面を強調してきたが，ほとんどの著作は専ら（認識論やメタ方法論よりもむし

ろ）**方法論的論点**に焦点を当ててきた[14]．経済学において最も注目を受けてきた2つの主な方法論的特徴は，特定の研究プログラムの**構造**と**評価**である．経済学者は，ハード・コア，積極的ヒューリスティック，消極的ヒューリスティックなどを特定することによって，経済学における様々な研究計画の**構造**を特定しようとしてきた．そして，上記のリストが示すように，そのような構造分析が極めて多様な範囲の経済研究プログラムに応用されてきた．いったんラカトシュ的構造の様々な部分が特定されたならば，通常，次の段階は研究プログラムをその理論的あるいは経験的な前進性に関して**評価**することである．これが意味するのは，そのプログラムが何らかの**新奇な事実**（理論的前進）を生み出したか否かや，これらの新奇な事実のいずれかが実際に確認されたかどうか（経験的前進）を解明することである．

　経済学の文献の中で参照可能な多くのラカトシュ的ケース・スタディの多様性の例示を試みるよりも，ある特定のケースだけに注目しよう．それは，ロイ・ワイントラウプ（Weintraub 1985a）による一般均衡理論の研究である．この研究は多くの理由によって特に重要である．この研究はラカトシュ的ケース・スタディについての2冊しかない単著の1冊である．それは，専門的主流派において定着し，高く評価される部分である（そして，経済学における第二次世界大戦後の大学院教育の中心を形成した）経済学の領域に焦点を当てている．それは，MSRPだけでなく，数学的知識の拡大についてのラカトシュの著作も用いている．そして最後に，後で見るように，それは皮肉なことにラカトシュ的研究を停止させたように見える．

　ワイントラウプの分析の対象はワルラス的一般均衡理論であるが，実際には彼は，一般均衡分析は実のところ経済「理論」でもなく，経済「研究プログラム」でさえもないと論じている．関連する研究プログラムは**ネオ・ワルラシアン経済学**であり，ワルラス的一般均衡理論と呼ばれる領域の中で行われる研究がこのネオ・ワルラシアン・プログラムの**ハード・コア**に含まれている．全てのラカトシュ的ハード・コアのように，このハード・コアは，プログラムの防御帯の中の理論と補助的仮説によって経験的証拠との接触を免れる．ネオ・ワルラシアン・プログラムの防護帯の中にあるより応用的で，計量経済学的に推計がなされ，そして数学的な度合いが少ない理論——人的資本理論から家族の経済学，国際貿易理論まで——の部分はハード・コアの前提と経験的証拠の間の接点を示している．

第7章　経済学方法論の近年の発展　　283

ネオ・ワルラシアン・プログラムは以下の6つのハード・コアとなる前提の周辺に体系化される.

「HC1. 経済主体が存在している.

HC2. 主体は帰結についての選好を持っている.

HC3. 主体は制約に従って独立に最適化を行う.

HC4. 選択は相互に関連する市場において行われる.

HC5. 主体は十分に必要な情報を持っている.

HC6. 観測される経済的帰結はうまく調整されるため,それらは均衡状態として議論される.」(Weintraub 1985a, p. 109)

ネオ・ワルラシアン・プログラムの積極的ヒューリスティックは,「その中で主体が最適化を行い」,「均衡状態についての予想を形成する」ような理論構築の要請を含む.それに対して,消極的ヒューリスティックは我々に,「不合理な行動が何らかの役割を持つ」ような理論,あるいは,その中で「均衡が意味を持たない」ような理論を避け,そしてもちろん,「ハード・コアの前提を検証」しないことを要請する(Weintraub 1985a, p. 109).

ワイントラウプの主要論点の一つは,ハード・コアは「ゼウスの頭から生じたアテナのように当初から完全な形で生まれる」(Lakatos 1970, p. 133)わけではないということである.つまり,ハード・コアがハードになるまでには時間がかかるのである.特に,ワルラス一般均衡モデルにおける均衡価格ベクトルの存在についての一連の論文——(1930年代初頭のカール・メンガーのウィーン・セミナーでの)アブラハム・ワルドとカール・シュレジンガーの著作に始まり,アローとハーン(Arrow and Hahn 1971)におけるアロー・ドブリュー・マケンジー・モデルの正統な提示で終わる連なり——は,ネオ・ワルラシアン・モデルのハード・コアのハード化を表している.このストーリーは,「これまで提示された他のどのような説明よりも歴史的記録に対する適切な解釈である」(Weintraub 1985a, p. 112).

ワイントラウプは一般均衡の存在に関する研究で用いられる数学について,主に2つの論点を挙げている.第1に,ハード化プロセスは,(固定的な)ハード・コアの前提がどのように解釈されるか——それらがどのようにして一貫した仕方で解釈されるようになるか——についての体系的精錬を含むため,ハード化プロセスは「プログラムの数学化を要請する」(Weintraub 1985a, p. 141).第2に,

そして，これはよりネオ・ワルラシアン・プログラムの評価に関係するが，ハード化プロセスは——それは本質的に数学的であるため——**数学**として**評価**されるべきである．とりわけ（MSRP ではなく）『証明と反駁』（Lakatos 1976）[15] におけるラカトシュの数学哲学こそが [16]，ハード・コアの中の問題転換が前進であるか後退であるかを評価するための基準を提示するはずだ．もちろん，ラカトシュの MSRP によって提示される理論的および経験的な前進についての基準はネオ・ワルラシアン・モデルの評価にとって**重要である**が，しかし，それらは防御帯に含まれる応用理論の評価にとって〔のみ〕重要である．ネオ・ワルラシアン・プログラムに関しては2つの（ラカトシュ的）評価基準が存在する．それは，ハード・コアにおける活動についての『証明と反駁』という（数学的）基準と，防御帯における応用理論についての MSRP という（経験的）基準である．ワイントラウプは自分の議論を次のように要約している．

> 「したがって，我々は一般均衡分析を評価するための2つの別々の基準を有している．第1に，我々は，ネオ・ワルラシアン・プログラムのコアのハード化に伴う知識の発展を測定するために，数学的前進の評価に相応しい基準を用いる．第2に，我々は，そのハード・コアの周囲にある防御帯の中の研究を評価するために伝統的な（中略）評価手法を用いる．理論——例えば，需要理論や，人的資本理論，有効保護理論など——を導き出すこれらの防御帯は，実際に検証され，そして，確証されなければならない．（中略）**アロー・ドブリュー・マケンジー・モデルの反証可能性**について問うことは，**現実的でも実証的でも厳密でもない．それは混乱している．**」（Weintraub 1985a, p. 119，強調原文）

別々の2つのテストがあるだけではない．ネオ・ワルラシアン理論はそれらの両方にうまく合格してきたとワイントラウプは主張する．ネオ・ワルラシアン・プログラムのハード・コアの（数学的な）部分の前進性はワイントラウプ（Weintraub 1985a）において擁護され，他方，防御帯の中での特定の理論の経験的な前進性はワイントラウプ（Weintraub 1988b）において支持される．したがって，主流派のネオ・ワルラシアン経済学はまさにうまくいっている．数学的な一般均衡理論は数学的な前進——プログラム全体の発展に必要な前進——を示すような仕方で発展してきたのであり，そして，防御帯の中の無数の下位プログラムは，それらすべてがラカトシュ主義者の同意が得られるような十分な経験的前進を示

している.

　ワイントラウプに対しては，これまで数多くの批判——バックハウス（Backhouse 1993），ブローグ（Blaug 1992, Ch. 8），ダイアモンド（Diamond 1988），ローゼンバーグ（Rosenberg 1986），サランティ（Salanti 1991, 1993a, 1993b），ビルクス（Vilks 1992）——がなされてきたが，恐らく関連する経済理論の重要度からすると期待されるほどは多くなかった．ワルラシアン経済学を（「新古典派」のハード・コアの周囲の防御帯に含まれる多くの考えられる下位プログラムの一つとしてではなく），ハード・コアの中に位置付けることは，疑問視されてきた．そして，数学的前進という（ラカトシュ的）概念は，数学の哲学としても，数理的一般均衡理論の歴史に関する記述としても，異議を唱えられてきた．また，防御帯の中の（より経験的な）理論は全くハード・コアの定理と整合的でないとも論じられてきた．さらに，一般均衡理論や理論家に与えられた専門的名声が，防御帯の中の検証可能な経験的理論の長期的発展に負の影響を与えてきたと述べられてきた．そして，最後に，ワイントラウプの経験的前進の概念は，ラカトシュの新奇な事実概念とは関係がなく，むしろ，実証主義や反証主義であってもよいとも論じられてきた．

　こうした様々な非難の（いずれかに）妥当性があるかどうかの評価は興味を持った読者に任せておくが，ワイントラウプの研究のやや皮肉な含意を指摘したい．皮肉というのは，彼の研究は——その詳細さ，ページ数，関連する研究プログラムの評判の高さという観点から——ラカトシュと経済学の関係に関する領域において間違いなく最も重要な研究であるが，事実，それは明らかにその領域の更なる発展に萎縮効果を与えたということである．この負の影響には2つの主な理由があるように思われる．第1に，ワイントラウプ自身が次の研究に移ったことである．ワイントラウプは，彼のラカトシュ的研究を撤回することもしないうちに一般均衡理論研究の方向を変え，多くの異なる説明の糸を20世紀の経済思想における一本の歴史的物語へ紡ごうとする，より歴史を自覚した（そしてより方法論的ではない）研究に今や携わっている．現代の科学理論の知見との関連についていえば，彼の最近の著作（Weintraub 1988a, 1989, 1991, 1997; Weintraub and Mirowski 1994）は，（MSRP，MHRP，あるいは『証明と反駁』といった）ラカトシュ的アプローチよりも，第5章で議論した構造主義的SSKや，第6章で議論したネオ・プラグマティズムやその他の思想を用いている．この歴史

的・社会学的な転換は，ラカトシュ的アプローチに共感する多くの経済学者にとって，きっと厄介なものであろう．ラカトシュの多くの支持者は MSRP を，経済学者の経験的実践を制約し，うまくいけば浄化するような一連の比較的厳密なルールを与える境界画定の手段として見ていた．これらの著者にとって経済学の問題はその経験的規律の欠如にあり——反証主義は実践において少々厳格にすぎるが，その経験的精神は正しい——，ラカトシュのアプローチは，経済学の科学的前進のための厳格な経験的ルールを与えながら，（反証主義を厳密に適用すれば非科学的と非難されてしまうような）現代の経済学の多くを維持することを可能とするために，望ましいものである．これらの目的に照らしてみると，ワイントラウプの SSK やネオ・プラグマティズムへの移行は本当に問題である．最も重要なラカトシュ的ケース・スタディを書いた人物が，今やダークサイド（あるいは，少なくともハードならぬソフトな側面）と戯れているように見えるのである．

しかし，ワイントラウプの研究には SSK への移行よりも（ラカトシュ主義者にとって）悪いかもしれない第 2 の問題がある——ワイントラウプが，一般均衡理論は科学的にうまくいっていると示していることである．ラカトシュに共感するほとんどの方法論者にとって，**一般均衡理論は現代経済学において問題のあるパラダイム・ケースなのである**．

> 「その終わりのない改良に膨大な知的資源が費やされたが，それらのいずれもが経済システムの働きについての本質的説明へ近付くための有益な出発点さえ与えなかった．その主要な特徴は純粋に論理的な問題の，終わりない形式化であり，経済学の根本的な任務である現実の経済活動についての反証可能な定理の生産にはほんの少しも関わりを持たない．恐らく，他の知的な要因のどれよりも，もし厳格な科学としての資格を得るつもりならば，全ての経済理論は一般均衡と整合的でなければならないという広く受け入れられた信念は，現代経済学の論法の多くにおける純粋に抽象的で非経験的な特徴の原因であった．」（Blaug 1992, p. 169）

ラカトシュに厳しい経験的検証を求めるならば，ワイントラウプによる一般均衡分析の前進性の支持に大いに当惑することだろう．問題は，もしワルラス的一般均衡理論——現代経済学の中で最も非経験的な側面——が科学的に前進的である（あるいは，少なくとも経験的に前進的な研究プログラムのハード・コアを含

んでいる）とするならば，ラカトシュの MSRP は実際の方法論として有効性を持たない（ファイヤアーベント［Feyerabend 1975］がもともと主張したように「何でもあり」に帰着する）ことになるということである．言い換えれば，もし一般均衡理論がラカトシュ主義の網をくぐり抜けることができるならば，その網は何の役に立つのだろうか．つまり，ラカトシュはそれを受け入れる多くの経済学者が彼の方法論に期待すること——より厳しい経験的基準を課し，抽象的な数学的理論化の価値を下げること——をするには効果的な方法論的手段ではないということをワイントラウプは示したのであり，結果としてそのことは（どれくらい意識的であったかはともかく）ラカトシュ主義者のやる気を大いに損ねたのである．ワイントラウプの歴史的・社会学的アプローチへの転向は，まさに傷口に塩を塗るようなものであった．

　最後に，そしてワイントラウプの研究とは関係なく，ラカトシュの**新奇な事実**の概念をめぐる論争が存在する．第 3 章で明らかにしたように，新奇な事実の概念は哲学的に厄介な概念である．哲学的な著作には（ラカトシュ主義者の文献においてさえ）新奇な事実の複数の（いくつかは部分的に重複しており，また，いくつかは部分的に矛盾している）定義が存在する．真理，有用性，有意味性，あるいは，科学理論の信頼性といったものに対するその概念の意義について，答えよりもより多くの問いを生じさせるような新奇さという概念には，哲学において長い論争の歴史がある．そして，現代の哲学者の多くは，（どのような定義の下でも）新奇さが，科学理論，あるいは，研究プログラムの評価にとって特に重要ではないと考えている [17]．たとえ新奇な事実の正しい予測——それが，一定の科学コミュニティによって新奇な事実として受け入れられていると仮定して——が科学的議論において一種の「決定的要因」として役に立つと論じたいと思う論者がいるとしても，それが科学的前進の唯一にして必要不可欠な基準であるべきであるとは意味しない．どのようにポパーが，場当たり的でないという概念，独立の検証可能性という考え，そして最終的に新奇な事実の重要性にたどり着いたかを理解（そして，恐らくは共感）できるだろう．また，どのようにラカトシュがポパーの考えを拡張し，新奇な事実により重きを置いたか，どのように後のラカトシュ主義者が MSRP の歴史的説明能力を改善するために新奇な事実の定義を修正したか，そして最後に，どのように我々が新奇さに関する現在の混乱へと入り込んだかについても，理解することができるだろう [18]．しかし，その

理解は，**新奇さに基づく基準から離れる**ように，それを科学的前進の単一の基準
としないようにと告げるだろう．

　これらすべてはラカトシュと経済学を関連づける研究に批判的であるように見
えるが，必ずしもそうではない．定義や実際の識別といった新奇な事実の問題は，
MSRP を経済学の中の様々な研究プログラムの評価のための道具として用いるこ
とについての論争であって，評価は，MSRP が経済学に応用される唯一の方法で
はない．多くの論者（De Marchi 1991; Hausman 1994）が示すように，ラカトシュ
の MSRP は，たとえ**評価**のためにはよい道具ではないとしても，経済学（あるい
は，特定の経済理論）の**構造**を理解するためには有用かもしれない．経済理論は
ハード・コア，防御帯，積極的・消極的ヒューリスティックといったものを持っ
ていると思われる．これらの特徴を特定することや，どのようにそれらが特定の
研究プログラムの歴史を通じて発展するのかを特定することは，興味深い歴史研
究を生み出してきた．経済思想史の中で機能しているように見える理論的前進の
概念というものがあり，その概念をより良く理解することはきっと我々に経済に
対する考案の本質について価値ある知見をもたらすだろう．同様に経済学におい
て機能する経験的前進というものも明らかに存在する．経験的前進というその概
念は，ポパーを基礎とするラカトシュ主義者の新奇な事実の概念とは間違いなく
無関係であるが，そのトピックはきっと研究する価値のあるものであろう．ラカ
トシュはまた，研究プログラムを**比較**するために有用な手段を与えてもくれる．
そのような比較の 2 つの例は，ラトシスの最初の論文（Latsis 1972）にある企業
理論の研究と，近年のナイチンゲール（Nightingale 1994）によるその拡張である．
どちらの論文も企業についての新古典派の理論を——ハード・コアの定理として
のポパーの合理性原理とともに——，企業についての行動・進化の理論のような
経済組織の理論と比較している．そこでは，ラカトシュ的枠組みは有用な分析手
段でありうるのであり，もし新奇な事実の狭義の定義から離れるならば，実際に
様々な経験的前進を比較することができる．この 2 つの研究以外にも，多くの
応用が可能であろう．

　要するに，もし MSRP を境界画定の手段に役立たせたい——つまり，科学的
で良い経済学を，非科学的で悪い経済学から区別するための厳格な方法論的ルー
ルを与えたい——ならば，その目的には失敗するだろう．もちろん，これまでの
4 つの章で詳細に論じたように，いかなる現代の科学理論もそのような役割を果

たしていない．それに対して，もし MSRP を，部分的な特徴を持ち，主に歴史的で，尊大ではなく，そして，多分もっと興味を引くようなより実行可能性のある役割のために用いたいとすれば，今もなお，何らかの目的に供するかもしれない．

7.1.3　批判的合理主義と経済学

　反証主義はカール・ポパーの哲学の最も一般的な解釈であるが，それは彼の研究の唯一の解釈ではない．ポパーの哲学のもう 1 つの解釈は，**批判的合理主義**である．彼の中心命題をこのように解釈しているのは，ジョゼフ・アガシ，W・W・バートリー，イアン・ジャーヴィー，ゲラルド・ラドニツキーなどの多くのポパー主義者の哲学者である [19]．これらの著者は，科学と非科学の境界線を引くことよりも，科学知識の拡大のために必要な社会的文脈を明らかにすることに関心を持っている．彼らの主張によれば，ポパーの『科学的発見の理論』は，1930 年代に彼が直面した困難な状況への反応であった．この解釈によれば，反証主義はポパーのより一般的な哲学と矛盾してはおらず，彼の一般的命題を特定の事例に応用した一例とみなせる．反証主義とは，1930 年代の論理実証主義（とポパー）が関心を寄せた特定の種類の哲学的問題に対して応用された批判的合理主義にすぎない．ポパーの哲学はこれらの問題を解決したし，同様に他の多くの哲学的問題も解決すると論じ，特定の関心，すなわち，基本的には境界画定の問題に集中することは，彼の著作の中のより重要で一般的な（批判的）メッセージを無視することとなる．

　批判的合理主義は，反証主義よりも強硬な反基礎付け主義であるが [20]，しかし，基礎付け主義の否定は，批判的合理主義が相対主義や記述主義，あるいは社会学に帰着することを意味しない．批判的合理主義は，科学的研究の実施のための**厳格なルールを用いない**ものの確かに規範的である．そのプログラムは，ある一定の理論を信じることには**合理的な理由**があるが，これらの理由は体系的な**批判**——方法論的ルールの特定の限定的な組み合わせに従うことにではなく，適切な批判的環境に依拠する批判——に基づいているということを仮定している．合理主義は経験的基礎ではなく批判に依拠することで，相対主義に陥っていない．

　　「我々はよく，ある理論を他の理論よりも好むことに関して理由付けをする．その理由は，これまである理論が他の理論よりも批判に耐えてきたことを示

すこと，そして，その過程を示すことにある．」(Popper 1983, p. 20)

批判的合理主義は，大胆な予測と厳格な検証という反証主義の方法を否定せず，単にそれをより一般的な批判的方法の一例として含むのである．反証主義は**経験的批判**の1つの方法である．反証主義とは，知識の理論ではなく，経験的基礎が（慣習によって）受け入れられている場合に，どのように科学的理論を最大限の経験的批判に晒すかという問題への回答に過ぎない．ポパー自身の言葉では，「私の方法の理論のもとで，観察や実験，測定が果たす**唯一**の機能は，批判を補助するという控えめではあるが重要なものである．」(Popper 1994, p. 162, 強調引用者)

批判的合理主義にとっての方法論的問題とは，境界画定の問題でも，経験的観察から科学的理論へと真理を移行させる科学的実践のためのルールを発見するという問題でもない．批判的合理主義にとっての問題とは，**建設的批判を最大限に引き出すような科学・教育制度の組織化に関する**問題である．批判的合理主義者の多くにとって，重要な問題は実証主義や基礎付け主義の問題ではなく，社会的認識論や**我々の認知的活動**に関する産業組織論の問題である．つまり，科学の批判的合理主義哲学は社会的認識論の一形態，すなわち，知識の拡大において，批判が大きな役割を果たすという信念にもとづく一形態であるということである．ポパーはこの問題——認知に関する社会組織の問題——を明らかに認定してはいたが，彼はその問題になんら解答を与えてはいないということも明らかである．『開かれた社会』のような著作の中では，ポパーは批判と知識の拡大に対抗する様々な力を**認識**していたが，必要な社会制度の積極的な特徴を詳細に具体化するには至らなかった．

「科学に不可欠な批判的アプローチを促進するような制度とは何であり，それらはどの程度効率的であろうか．学界の中で——（思想史のような）科学の領域の中にあるとはいえない研究領域と同様に科学の中において——それらの制度はどのように機能するのか．こうした問題を彼は研究しなかった．ポパーは，誰が批判的態度の守護者なのか，そして，その態度を守る仕事が十分には関心を向けられていないことについて，誰に対して我々は不満を述べることができるのか，ということを問わなかった．」(Agassi 1993, p. 224)

批判的合理主義の様々な解釈は，「適切な社会制度」に関する議論を様々な仕方でおぎなった．バートリーやラドニツキー（Bartley 1984, 1990; Radnitzky 1986,

1991; Radnitzky and Bartley 1987) による批判的合理主義の一つの見解は，競争市場に関する経済理論の議論を援用している．批判的合理主義のこの解釈はすでに第4章の進化論的認識論についての節で考察した．バートリーとラドニツキーにとって，我々の認知的活動の適切な産業組織とは，科学的（そして，その他の）アイデアの競争的市場なのである．開かれた批判的環境において競合する異なる仮説が多数あれば，経済的効率性が競争市場から生じるのとまさに同様の仕方で，知識がこのアイデアの市場から生じるだろう．批判的合理主義のこの種の見方——信念の自己組織的なクモの巣としての知識——は，経済学に優るとも劣らず生物学にも多くを負っている進化論的認識論の見方である．批判的合理主義の他の見方（例えば，アガシ）は，進化論的認識論や経済学よりも，ソクラテスの弁証法やソクラテスの**方法**（elenchos）に非常に多くを負っている．これらのソクラテス的変種は，（おそらく，当然のこととして）多くの場合に，科学の政治経済学についての異なる見方を示す．例えば，アガシ（Agassi 1993, pp. 224-41）はバートリーやラドニツキーよりも，政府や社会の介入に非常に大きな役割を見出しており，科学的知識の発展のための責任ある導き手の重要性を強調する．ポパー主義者の伝統の中では，社会認識論の他の場所のように，認識的秩序と経済的秩序とは，お互いに密接に結びついているようである．

　ポパー主義者の批判的合理主義には多くの見解が存在し[21]，それらは完全には明確に論じられておらず，また，それぞれが潜在的な問題を抱えている（いくつかの例として Hands 1993, pp. 184-6 を見よ）が，それらは全て，適切な**批判的環境**が科学知識にとって重要であるという議論を保持している．この議論は——現在の多様な形式においてさえ——，恐らく進化論的認識論だけでなく，科学社会学のいくつかの側面や SSK，ゴールドマンの社会認識論，パース，そして，ロンジーノの社会的経験主義といった以前の章で考察した多くの見解と関連している．もしポパー主義者の見解を比較するならば——反証主義 対 批判的合理主義——，批判的合理主義は，**反証主義よりも現代的な哲学的見解である**．第1に，ポパーによってこれまで受け入れられてきた反証主義のどのような見解も，現代科学理論の主な教訓——過小決定性，理論負荷性など——を認めていたが，批判的合主義はより一貫して（そして，より明確に）それを認めているように見える．第2に，反証主義よりも積極的に可謬主義・反基礎付け主義であることに加え，批判的合理主義はその一般的なアプローチにおいてより自然主義的でもあり，先

験主義的ではない．第3に，批判的合理主義が実在論的である限りにおいて，それは鏡写しや表象ではなく，進化論的認識論と「適合性」にもとづいた実在論である．最後に，そして恐らく最も重要なこととして，批判的合理主義は，科学の社会組織に主たる注意を向けており，したがって，規範的科学哲学を社会認識論に転換しているのである．

> 「私は，自然・社会科学の目的が科学者の公平な精神状態ではなく，単に科学的事業の公共的・競争的特徴という事実に，したがって，その特定の社会的側面に基づいているということを強調する．これが，いわゆる『「知識の社会学」が見落としているものは，まさに知識の社会学，すなわち科学の社会的・公共的特徴である』と書いた理由である．端的に言えば，客観性は相互の合理的批判，批判的アプローチ，批判的伝統に基づいている．」(Popper 1994, pp. 69-70，強調原文)

批判的合理主義が反証主義よりも現代の科学理論と調和しているならば，それは経済学方法論にとってどのような意味を持っているだろうか．その意味は多数あるが，最も重要なのは，（洗練された）反証主義よりも批判的合理主義のほうが，主流派経済学の実践，および社会科学に関するポパー自身の提案（状況分析）とより調和的であるということである．多くの経済学の説明は状況分析に基づいており，状況分析と批判的合理主義との間には，状況分析と反証主義との間よりは本質的に緊張関係が小さい（おそらく緊張関係は全く存在しない）．もしポパーの真のメッセージが反証主義的ルールではなく，単に合理的批判にあるならば，状況分析の方法には大きな問題はないように見える（Caldwell 1991a）．状況分析の議論の中でポパーは，特定の状況分析が経験的データと対立するように見える場合，あるいは，内的に矛盾する場合，また，我々のより基本的な信念や，より裏付けのある理論と対立する場合に，どのように状況分析を調整するかについて詳細に説明している．もし我々が「科学の目的，あるいは，科学の合理性と呼ぶものが科学理論を批判的に議論することにすぎないのであれば」(Popper 1994, pp. 159，強調原文)，状況分析に基づく社会科学は，人間や社会的行動についての知識の源泉として許容できるように思われる．もし有効な批判に至る道筋が多く存在するならば，合理性原理を維持し，他の状況分析を調整することは完全に合理的な（そして，知識を増大させるような）応答でありうる．批判的合理主義は，したがって，科学的合理性と状況分析の社会科学との間の緊張関係を解

く（また，フロイトやマルクスの問題も解決する，なぜならそのような理論は合理的批判を許容しないと議論することができるからである）．また，批判的合理主義は，厳格な反証主義よりも現代的で，かつ，それほど問題を含んではいない枠組みである．

批判的合理主義は，1959年にカート・クラップホルツとジョゼフ・アガシによって経済学方法論に導入された（Klappholz and Agassi 1959）．クラップホルツとアガシの論文は，表向きは当時出版された2つの経済学方法論の研究書に対する書評であったが，しかし，批判的合理主義の観点から，ロビンズ，フリードマン，サムエルソン，そして（特に）ハチソンといった文字通り当時支配的な方法論の解釈のほとんど全てを批判することとなった．方法論のルールというよりはむしろ批判を擁護する本論文の論調は，冒頭の段落から明らかである．

> 「もし経済学者があれこれの方法論的ルールを採用していれば，少なくとも前途は開けるだろう（そして，その通行は活発となるだろう），というのは全く性急な議論である思われる．反対に，一般的に応用可能な方法論的規則は一つしか存在しないというのが我々の見解であり，その規則とは，批判的な心構え，常に誰かの仮説を批判的精査にかける心構えを奨励するものである．」（Klappholz and Agassi 1959, p. 60）

クラップホルツとアガシにとっての問題は，多くの批判的合理主義者にとっての問題と同様に，反証主義やその他の狭義の方法論的**規則**が，ただ厳格にすぎるということであり，また，科学的知識の発展にとって本質的であるような多くの重要な（特に形而上学的な）発想を顧みないということである．経験的検証は重要である——それは批判の非常に重要な形式の1つである——が，しかし，「観察された現象に対する経験的検証が唯一の批判の方法であると強弁することは，基本的な誤りである」（Klappholz and Agassi 1959, p. 66，強調引用者）．批判とは，広い範囲と多くの側面を持つ概念である．批判は，非常に狭い，一面的なものであるべきではない——もし効果的であろうとするならば，そうはなりえない．適切な方法論的な立場は単純に，「その有効性を示すことによって，あるいは，対立するアプローチに反論することによって，批判的態度を広める」というものであるが，しかし，「結局のところ，……どんな科学でも単に採用するだけで前進を速めるような方法論的規則が存在しうるという幻想に陥らないようにすることが重要である」（Klappholz and Agassi 1959, p. 74）．

経済学方法論の領域におけるこれらの現代の著作の中で，ローレンス・ボーランド（Boland 1982, 1986, 1989, 1991, 1994, 1997）は間違いなく，批判的合理主義アプローチの最も一貫した擁護者であった[22]．ボーランドはアガシの下で研究し，1970 年代に自覚的に（ソクラテス的な）批判的合理主義の観点を伴って経済学方法論へと入ってきた．その観点は，過去 30 年間にわたる彼の方法論の研究に反映されている．近年，彼はその立場を次のように要約している．

> 「ポパーの科学論については，経済学ではよく知られていないような異なる見方が存在する．このもう 1 つの見方では，反証可能性はかなり小さな役割しか果たさない．（中略）端的に述べれば，ポパーにとっての科学とは，ソクラテス的な対話の特殊ケース，すなわち，経験的批判によって誤りを取り除くことで知識を獲得するようなものである．合理性とは批判的議論であり，強調点は議論に置かれている．ポパーはときにこれを批判的合理主義と呼んでいる．ソクラテス的な対話に重点を置くならば，私はこの見解をソクラテス的ポパーと呼びたい．」（Boland 1997, p. 263）

1980 年代，議論の主題が「ポパー的反証主義，あるいは，何かそのようなもの（実証主義，クーン，ラカトシュなど）」に基づく方法論的ルールであるように思われた時期，ボーランドは一貫して，ポパー的反証主義の擁護者（ブローグ，ハチソンなど）はどのような形であれポパーの立場を受け入れているという主張を拒否していた．もしポパーが批判に賛成であり，方法論的ルールには反対であるとすれば，どのようにして彼の立場は，方法論的反証主義者が受け入れる一連の限定された方法論的ルールに要約されうるだろうか．ボーランドは，自分の指導教員であったアガシのように，このポパーの誤った解釈をイムレ・ラカトシュの影響力の大きさによるものだと考えた．

> 「もしポパーの見解が『反証主義的方法論』として特徴づけられうると考えるならば，彼らはポパーを理解していないと，私は繰り返し訴えてきた．私は彼らに，ポパーとイムレ・ラカトシュを混同しており，もし彼らがポパーを本当に理解するならば，ポパーの見方はソクラテス的であり，批判を通じた知識獲得に基づいているということを理解するだろうと伝えた．正しい特徴付けは，ポパーは彼が『批判的合理主義』と呼ぶものを擁護したというものであろう．」（Boland 1997, p. 153）[23]

ボーランドが方法論の研究書の中で立ち向かおうとした問題は，「批判的合理

主義の方法論とはどのようなものであるか」という問いである．ある意味では，ルール設定主義者，反証主義者，あるいはその他のものは，メッセージが明確だという利点を持っている．それは，経済学はルールに従わず，また，その行動を改める必要があるということである．では，ボーランドはそのようなルールの代わりに何を提示するのであろうか．その答えは，方法論的評価というよりは科学論に近いように思われる．

> 「科学とはソクラテス的対話である，という考えに従うポパー主義的方法論者の実践は，自身をポパー的反証主義者であると見なしている方法論者の活動とは，大きく異なるだろう．ソクラテス的ポパーに従う方法論者はその時間の多くを，批判を発展させ，促進するために費やすだろう．（中略）彼らは状況分析を用いて，従来の解決法が適切ではなく，論争となっているような問題を特定することによって，現存する批判・批評への説明を与える．もし評価をすることがあるとすれば，それは現在の批判の有効性に関する評価に限られるだろう．」(Boland 1997, p. 265)

　ボーランド自身はそのような研究に数多く取り組んできた（Boland 1982, 1986, 1989）ものの，恐らく最も良い例は彼の学生による研究である．それはスタンリー・ウォンによるサムエルソンの顕示選好理論についての決定的な研究（Wong 1978）である．

　ボーランドの方法論研究の結論は，その根本的に異なった注目点にかかわらず，多くの方法論者が主流派経済学の実践について結論することと，それほど異なってはいないかもしれない．

> 「冷やかしはさておき，私はそれがポパー主義的方法論者にとって興味深いジレンマであることに気付いている．『科学』は主にその批判的な態度によって特徴づけられるとポパーが述べているので，新古典派経済学者は，方法論や，新古典派経済理論についての本質的に方法論的な批判に対応することを避けているように思われる．新古典派経済学者が臆病者であると論じることは容易いことだ．しかし，ソクラテス的ポパーの観点からより重要なのは，方法論的批判に寛容でないことが，単に新古典派経済学者が『非科学的』であることを示すかもしれないということである．」(Boland 1997, p. 286)

7.2 ミルの伝統

　第2章ではミルの伝統が1930年代までの経済学方法論の主流であったことを明らかにしたが，同じく第2章で，このミルの伝統には，ジョン・ステュアート・ミルのみならず，ケアンズ（Cairnes 1875），ネビル・ケインズ（Keynes 1917），ロビンズ（Robbins 1952）といった様々なアプローチが存在することも明らかにした．ここでは，ミル的視点に対する近年の解釈を2つ考察する．すなわち，ダニエル・ハウズマン（Hausman 1992）とナンシー・カートライト（Cartwright 1989a）である．この2つの方向性はどちらも，ミルの方法論と経済学を議論しているが，お互いの焦点はまったく異なっている．ハウズマンの関心は，明らかに経済学方法論にあり，現代経済学の理論的研究を哲学的に理解（し評価）する方法を提示している．ハウズマンの経済学解釈は，方法論上のほかの学説（フリードマン，反証主義，ラカトシュのMSRP，そして経済学のレトリック）と対比される．カートライトも同様に，ミルの経済学の方法に関する見解について議論しているが，カートライトの議論は，より一般的なものである．カートライトは，ミルの経済学についての見解を用いて，科学理論に関する一般的な主張を展開している．カートライトは，伝統的な「科学哲学の取り寄せ」観を逆転し，ミルの経済学の哲学にもとづいて，科学知識を理解するためのより一般的な枠組みを構築している．従来のポパー的観点と関連づけることが容易であるので，以下ではハウズマンを先に議論する．

7.2.1 厳密でない固有の科学である経済学

　ダニエル・ハウズマン（Daniel Hausman, 1947-）は，キャリアの大部分において経済学を考察している．本節の主題――「厳密でない固有の科学である経済学」というハウズマンの経済学解釈――にくわえて，資本理論を考察した著作（Hausman 1981a）や倫理学と経済学に関する著作（Hausman and McPherson 1996）も書いている．

　ハウズマンの出発点は，例えば反証主義やラカトシュの科学研究プログラムといった，経済学方法論における主要なアプローチはどれも「現代経済学の構造と戦略」（Hausman 1994, p. 205）を理解する枠組みを提供できないというものである．現代の経済理論，少なくとも現代のミクロ経済学[24]を相対的にうまく言い

表している立場は，ジョン・ステュアート・ミルの視点であると彼は考えている．ハウズマンは，経済学を正当化する根拠としてミルの立場に完全には賛同していないものの──とはいえ，そのような正当化は可能ではあるとハウズマンは考えている──，ミルは経済学者が経済学を実践するときに行っていることを最もよくとらえているとは論じている．このため部分的にはミル（とその解釈の一部）に批判的であるが，ハウズマンをミル的伝統に属するとみなしても良い．

　ハウズマンは，現代の経済理論のさまざまな分野から導いた多くの事例研究を用いて，経済学の評価を根拠づけている（Hausman 1981, 1992; Hausman and Mongin 1998）．このような考察によって，ハウズマンの自然主義的な方向性が支えられている．初期の論文でハウズマンがこの問題設定を以下のように示している．

> 「科学哲学者は，つねに科学者の実際の活動に関心を持ってきたが，過去20年ほどのあいだに，科学が理想的にはどのように行われるべきかを指示することから，科学が実際にどのように行われているかという問題へという明確な転換があった．（中略）部分的には，この変化は，従来的な基礎づけ主義的認識論に関する一般的な不信感を反映している．そのような不信感は，それ自体においては，論理経験主義の基礎づけ主義プログラムの失敗にたいする反応である．現代の，注意深い実証的な科学にたいする考察への転換は，科学哲学の新しいプログラムであり，私はこれを，『経験的科学哲学』とか『科学哲学にたいする経験的アプローチ』と呼んでいる．」（Hausman 1980, p. 353）

　同じ論文の後半で，ハウズマンは自然主義的テーマをさらに詳しく論じているが，さらに，経験的な経済学の哲学と，自然科学の哲学における同様の方向性とのあいだの重要な相違点にも言及している．この相違は，ハウズマンの（少なくとも経済学に関する）自然主義の立場を部分的に弱くしている．

> 「明確で広く受け入れられた哲学的命題にもとづいて議論を始めることができるのであれば良いだろう．しかし，それは不可能である．というのも，そのような命題は存在しないからである．経済学の哲学を研究するものは，科学についての知識を追求する実証的科学哲学者と同じ哲学的状況に置かれている．唯一の重要な相違は，物理学の哲学者は，比較的に物理学の価値に関して懐疑心を持たないで済むということである．」（Hausman 1980, p. 358）

以上から，ハウズマンが自身に課した課題が明らかになるであろう．それは，主流派の均衡理論を正確に理解し，その一方で，おおよそ（弱い形態の）自然主義で，疑わしい基礎づけ主義を回避した科学哲学にもとづいて経済学を批判する余地を持つことである．

ハウズマンは，演繹的学問としての経済学というミルの理解から出発し，経済学は**厳密ではなく，固有の科学である**と強調している．厳密でないというのは，経済学で用いられる一般的傾向法則は，（攪乱要因を前提すると）経済現象に関する厳密な予測を可能にしないということであり，固有であるというのは，独特の原因因子が，経済学の学問領域のあらゆる現象を説明するということを指している（ミルにとっては富の追求，ロビンズにとっては希少手段と無限の欲求）．ハウズマンによれば，非厳密性と固有性はあわせて，均衡理論に独特な特徴を与えている．その特徴は，ミル的なア・プリオリの方法の模範を提供し，現代経済理論の慣行を正確に言い表す，次の4つの点によってとらえられる．

「1. 経済学は，対象とする問題領域ではなく，原因因子によって定義される．

2. 経済学は，特有の領域を持っており，そこでは，上記の原因因子が支配的である．

3. そこで支配的な原因因子に関する『法則』は，すでにほぼ十分に知られている．

4. この法則を用いる経済理論は，統一的で包括的でありながら，厳密でない説明を提供する．」(Hausman 1992, pp. 90-1)[25]

第2章で論じたように，ミルやその賛同者によれば，根本的「法則」はすでに**知られている**，つまり，内省や日常的経験によって示されるので，これを反証しようとしたり，ほかの基本的法則を探求したり，その因果的影響に含めることのできない現象を扱おうとする必要はない．ハウズマンの言葉では，「物質的厚生を追求する主体によって経済学は機能しており，この動機を無視する理論は経済学ではなくなる」(Hausman 1992, p. 95)．ミルの応用経済学においては，この基本的法則と，初期条件と，セテリス・パリブス条件と，単純化のための想定などを組み合わせることによって具体的な観察を推論するが，現実に予測が失敗したとき放棄されるのは，基本的法則では決してない．第1に，この法則は「既知」であり，反駁の対象ではない．第2に，その法則は，傾向法則であり，攪乱

要因の影響のもとで経験的に厳密でない法則となる．第3に，基本的法則を放棄すれば，経済学ではなくなる．というのも，経済学という固有の学問は，その法則によって定義されるからである．そして最後に，検証は，（上記の理由によって）法則自体に対する検証では決してなく，その具体的な応用が当初の法則を指し示しているかどうかの検証でしかない．

　ハウズマンは，経済学における厳密でない（一般的傾向）法則の重要性についてミルを追認しているが，その法則に対する哲学的正当化に関しては意見を異にしている．問題は，**厳密でない法則**とは何なのかという問いに行き着く．「定説」に由来する標準的な説明によれば，科学**法則**は，経験的規則性についての真実の普遍的な命題である．「法則らしい」命題は，真実であれば法則となる命題である．そのような法則らしい命題は，たんなる「偶然の一般化」とは異なるものである．筆者がこれを書いている時点において，「私のデスクにあるコーヒーカップはすべて空である」というのは，真実の命題であるが，これは，現在私のデスクにある2つのカップに関する偶然の一般化であり，普遍的法則ではない．法則と偶然の一般化とを区別する1つの方法は，法則のほうが反事実条件文を根拠づけるということである．すべてのXがYであるというのは，もし特定のZがXであるなら，それはYでもあるという反事実条件文を根拠づけるが，同じ偶然の一般化はそのような条件文を根拠づけることはない．「私のデスクにあるすべてのコーヒーカップは空である」という偶然の一般化は，「コーヒーカップが私のデスクにあれば，それは必然的に空である」という反事実条件文を根拠づけることはないということである．では，以上の議論が経済学の厳密でない法則にどのように関連するのであろうか．

　ハウズマン（とミル）によれば，経済学で用いられる原因因子は**傾向**を生じさせるものである．この傾向は，観察可能な規則的事実のなかに見出せる場合もあるが，そうでない場合もある．具体的な事例において観察しようとしている傾向に干渉する「攪乱要因」が多く存在する．ナンシー・カートライト（Cartwright 1989a）の例を用いれば，アスピリンは頭痛を和らげる傾向があるが，頭痛持ちの人なら誰でもわかるように，具体的な事例（頭痛）においてその傾向が現れるのを妨げる攪乱要因は存在する．経済学では例えば，ある財の代替財の価格が上昇すれば，その財の価格が上昇する傾向が生じる．しかし，これを需要供給問題として単純に考えてみれば，多くの相殺要因が干渉し，価格上昇が観察されるの

を妨げることがありうる．拮抗要因に依存して，この傾向の経験的効果が現れる可能性がないことも考慮するなら，それを捉える法則は**厳密**ではない．ハウズマンの言葉では，「傾向とは，厳密でない法則が表す真正の規則的事実のなかに潜在的に存在する因果的な働きである」(Hausman 1992, p. 127)．これはもちろん，その法則の正当化に関して深刻な問題を呈する．というのも，厳密でないのであれば，真実の普遍的一般化を表していない（法則が真実であるときもあれば，そうでないときもある）のであり，したがって，少なくとも従来的定義においては真正の科学法則ではないということになる．どのようにすれば，このような厳密でない法則を正当化することができるのであろうか．

　ハウズマンは，厳密でない法則（すなわち傾向法則）という概念に対する4つの（お互いに排他的でない[26]）捉え方を論じている．

> 「1. 厳密でない法則は近似である．それは，ある誤差の範囲内で真実である．
>
> 　2. 厳密でない法則は確率的あるいは統計的なものである．経済法則は，人間の必然的な行動を述べているものではなく，人間の通常の行動を述べたものである．
>
> 　3. 厳密でない法則は，干渉要因が存在しないときに事実がどう**であろう**かを述べた反事実的主張である．
>
> 　4. 厳密でない法則は，曖昧なセテリス・パリブス条件によって制限される．」(Hausman 1992, p. 128, 強調原文)

　ハウズマンは，これらの4つの解釈のうち最後の2つ——反事実的あるいは様式的解釈，および曖昧な制限あるいは曖昧な**セテリス・パリブス解釈**——のみが，ミルの議論や，均衡理論を専門とする経済学者が経済学の法則を理解する方法と一致していると考えている．第2章でミルを論じたときに，ミル自身の考えは，(De Marchi 1986 や他の論者に即して)様式的見解で捉えることができると述べたが，文献解釈はここでは問題ではない．というのも，ハウズマンは，**曖昧な制限**解釈が経済学の厳密でない法則を捉える適切な方法であると主張しており，そのような主張が正当化できるかどうかを評価するための明確な提案をしているからである（ここではミルとは見解を異にしている）．ハウズマンの言葉では，「反対の結果が立証された場合を排除するためにすべての人がセテリス・パリブス条件に訴えるわけではない．セテリス・パリブス条件のもとで，人間が不死の存在で

第7章　経済学方法論の近年の発展　　301

あるわけでもないし，犬が 6 本の足を持っているわけでもない」(Hausman 1992, p. 133).

　ハウズマンは，曖昧に制限された厳密でない法則が正当化できるかどうかを論じるための 4 つの基準を提案している．「4 つの必要条件（法則らしさ，信頼性，場当たり的でないこと，反証の原因を示せること）が満たされている時のみ，先行条件のある反事実的主張や，曖昧なセテリス・パリブス条件のある命題を法則とみなすことが正当化される」(Hausman 1992, pp. 139-40). この 4 つの条件を詳しく説明することもできるが，それは必ずしも必要ではない．主要な論点は単純に，ミルとは違って，ハウズマンは，経済学で利用される厳密でない法則を正当化するために比較的厳しい基準を示したということにある．経済学の「法則」は全く厳密でない——経験によって反駁されることがある（ブローグの，反証主義が実践されていないという言及を想起されたい）——が，ハウズマンにとっては，このような法則が，正当な科学としての経済学には受け入れられないということにはならない．その一方で，ハウズマンは，そのような厳密には反駁できない法則を受け入れるためのかなり厳しい基準を要求している．「私の見解では，法則らしく，信頼でき，場当たり的でなく，反証の原因を示せる場合には，反対の結果が確認された場合でも，ある特定の一般化を法則とみなしてもよい」(Hausman 1992, p. 141). この基準を用いてハウズマンは，経済学者の均衡理論の利用を**正当化する**ことは**可能である**と主張した（ただし，ミルの弁護は不十分であった）が，その一方で，経済学で行われていることがすべて科学的に**正当である**わけではないとも主張した．経済学者の科学的戦術の一部——例えば効用理論に関する近年の心理学者の批判を無視しつづけていること [27]——は，適切ではなく，方法論的批判が妥当である．均衡理論は一般的には問題はなく，経済学者の教条的な態度も一般的には正当化できるが，経済学者は時々われを忘れて，哲学的に弁護できないような教条的な態度に陥る．非厳密性と傾向に関する議論は，カートライトに関する次の小節で議論し，ローソンの傾向法則に関する実在論的解釈は，第 7.3 節で論じる．

　ハウズマンの方法論的見解には多くの批判が寄せられた．バックハウス (Backhouse 1995c, 1997b), フーバー (Hoover 1995b), ハチソン (Hutchison 1998), マキ (Mäki 1996a, 1998c, 2000b), ロイテン (Reuten 1996, 1997) などが挙げられる [28]. これらの文献の 1 つひとつを詳しく議論する必要はないが，主要な論点にいくつ

か言及することは有益である．第1に，ほぼすべての批判者は，経済学には主流派以外の学説もあるし，主流派には均衡理論以外の部分もあるということを強調した．ハウズマンの反応は，それは間違いなく正しいが，あまり重要な論点ではないというものであった．経済学が独特な学問である理由や，経済学者たちが最良と認める研究や，経済学の大学院教育の中心的部分は実際に，均衡理論であると彼は指摘している．ハウズマンは，経済学者たちの教条的（経験的）態度に関して寛容すぎる——批判が弱すぎ，十分に反証主義的でないという理由でも批判された（例えば Backhouse 1995c, 1997b や Hutchison 1998 や Reuten 1996, 1997 など）．この批判は基本的に，非厳密性は教条的態度の口実にはならないという，反証主義の党派的主張を強調するものである．経済法則が反証されるなら，それは放棄されるべきである．非厳密性，固有性，拮抗力といった説明は，教条的態度の口実にはならない．以上の2つの批判は，外在的に（すなわち他の経済学派や他の方法論的アプローチから）ハウズマンの研究を解釈しているが，マキ（Mäki 1996a, 1998c）は，非厳密性と固有性は別々に評価することが可能であ（り，そうすべきでもあ）る経済理論の2つの独立した側面であるという，ハウズマンの根本的な前提を批判している．ハウズマンはそのような独立性を前提としているが，そうした前提に関する正当な哲学的根拠を示していないとマキは主張した．また別の批判（Backhouse 1995c や Mäki 1998c など）では，ハウズマンは何が望ましいかを論じるよりも，実際の経済学がどのようであるかを表現するほうに，はるかにより長けていると主張された．均衡理論の重要性に関するハウズマンの主張を受け入れるのなら，ミルの演繹的なア・プリオリの方法が，経済学者の考え方の重要な部分を捉えているのは事実である（例えば反証主義よりは確実に優れている）と思われる．問題は，ハウズマンが実際の経済学の説明だけでなく，望ましいあり方も提言しようとしていることであり，後者においては明らかに説得力が劣っていると思われることである（はるかに少ないページしか割いていない）．単純に，厳密でない法則の正当化に関するハウズマンの議論全体に同意しない批判者（特に反証主義者）もいるし，ハウズマンの提言には詳細な哲学的根拠が示されていない（提言という骨格の周りに認識論的な肉体がない）ことを問題視する批判者（たとえば Mäki 1998c）もいる．最後の批判は，これ以前の章の議論でたびたび提起された問題とうまく関連するものである．マキ（Mäki 1998c）は，方法論的「ルール」——ハウズマンのものであれ，別のものであれ——は，経済学で実際

に行われていることよりも，経済学という学問の社会組織のほうにより強い関連があると議論している．おそらく経済学者の考え方を説明するのであれば，哲学よりも社会科学に頼るべきである．

『厳密でない固有の科学』の議論を終えるまえにハウズマンが用いた科学理論に関する見解を考察するのは有益である．この科学理論に関する解釈を用いてハウズマンは，科学の経験主義的見解を損なうことなく抽象的な数理的理論を説明した．経済学の哲学を研究している他の研究者も多くがこの見解を追認している．ハウズマンは，**理論の意味論的見解**という議論を評価している．意味論的見解にはさまざまなバージョンが存在するが[29]，ハウズマンは，ギャリー（Giere 1984, 1988, 1999）のより厳格でないモデル理論的見解を好んでいるようである．

このバージョンの意味論的見解を理解するおそらくもっとも容易な方法は，標準的な，科学理論に関する**命題的**見解と比較することである．この標準的見解によれば，科学理論は単に命題の集まりであり，それらは真であったり偽であったり，すなわち，経験的データに関する他の命題にもとづいて確証されていたり反証されていたりするが，いずれにせよ命題であることにかわりはない．それに対し，このバージョンの**意味論的**見解によれば，科学理論はたんに**述語を定義して いる**にすぎない[30]．例えば，ニュートン力学は，「〜はニュートン的体系である」という述語を定義しており，また，ケインズ経済学は，「〜はケインズ的経済である」という述語を定義している．そのような述語は，「真でも偽でもありえず，なんらの予測も提示していない」（Hausman 1992, p. 74）．経験的主張がそのような科学理論から**生み出される**方法は，「x は科学理論 T の一例である」という「経験的仮説」を示すというものである．したがって，「我々の太陽系は，ニュートン的体系である」というのは，ニュートン力学に関する経験的仮説であり，「1933 年のアメリカ経済はケインズ的経済である」というのは，ケインズ経済学に関する経験的仮説である．経験的仮説は，科学理論とちがって，真あるいは偽となりうる．ハウズマンの事例では，新古典派経済学は「〜は均衡的経済体系である」という述語を定義しており，「現実の経済は，消費者選択理論や企業理論における法則が，そのなかで真実であり，均衡が生じるとき，かつその時にかぎり，均衡的経済体系である」（Hausman 1992, p. 74）．

ギャリーは，科学理論と，それにもとづく経験的仮説とのあいだの意味論的見解における区別を明らかにするために**地図**をアナロジーとして用いた．

「2つの状況が生じている．アナロジーを用いて説明しよう．世界地図を描いてみる．つまり地図を生み出したのだ．しかしこの地図はなにも主張していない．（中略）この地図に経験的内容を与えるには，実際に世界に飛び出して，『そうか，世界のこの部分は，私の地図に似ている！　私の地図はその世界の一部を表しており，それゆえよい地図である！』と言うことだ．そしてどのように地図が適合しているかを考える．ここには2つの別個の状況が発生している．一方に地図があり，他方に地図を使って行う主張がある．」(Giere in Callebaut 1993, p. 224，強調原文)

　ハウズマンは，現実の経済学者と同様に経済学の専門用語を用いるため，いくつかの用語法に関する修正をモデル理論的観点に加えている．一般的に意味論的観点で「理論」と呼ばれるものを，ハウズマンはモデルと呼んでいる．また，モデルが現実世界のある一部に当てはまるという仮説を，**理論的仮説**と名付けている．したがって，ハウズマンの用語法では，ケインズ・モデルが，「〜はケインズ的経済である」という述語を定義し，1933年のアメリカ経済はケインズ的経済であるという主張は，ケインズ・モデルに関する**理論的仮説**である．それでは，ハウズマンにとって科学理論とは何なのか．科学理論とは，モデルと，そのモデルが現実世界の一部において真実であるという主張との組み合わせである．ハウズマンの言葉では，「モデルと，モデルの想定が世界のある一部において真実であるという**一般的**理論的仮説とが組み合わさると，理論となる」(Hausman 1992, p. 77，強調原文)．このためハウズマンの用語法によれば，ケインズ経済**理論**は，ケインズ・モデルと，ある経済がそのモデルの想定を満たしているという主張との組み合わせである．

　このバージョンの，理論に関する意味論的見解を用いて，ハウズマンはさまざまな議論を展開しているが，おそらく最も重要なのは，モデルの構築や展開という純粋に理論的な研究と，モデルを経済世界のある一部に応用する実証的研究を区別したことである．「経済理論」の研究における経済学者の議論の大半は，モデルを世界に応用するときにどのような理論的・実証的仮説が用いられるかという問題には関連性を持たない．ハウズマンの考えでは，このような理論的研究は，完全に正当なタイプの「理論的活動」である．一般均衡理論のような抽象的数理理論は，多くの方法論学説（とくに反証主義）にとって厄介な対象であったが，理論に関するハウズマンの意味論的見解では，完璧に説明可能である（そして，

第7章　経済学方法論の近年の発展　　305

ハードコア，防御帯，新奇な事実という見解を用いる必要はない）．

「理論経済学者はたんに，概念を構築し，数学と論理を用いて，かれらが提唱した定義から示唆される特徴を探求しているにすぎない．そのようなモデル構築や定理の証明は，特定のモデルが現実世界を理解するために何らかの役に立つと経済学者が信じているということを意味しない．（中略）モデルを議論しているかぎりにおいて，仮定の現実性という問題は無視することができる．しかし，この時点では現実世界について**何の主張も**していないということを想起しなければならない．（中略）たんにそこにはなにも評価するべきものが存在しないという理由で，経験的評価は無意味である．何らの経験的主張もなされていないのであるから．」（Hausman 1992, p. 79，強調原文）

ハウズマンにとって，純粋な数理理論形成は適切であるというだけでなく，経験主義的かついくぶん自然主義でもある立場から正当化しうる均衡理論形成に不可欠な一部なのである．

7.2.2 経済学，潜在性，傾向

ナンシー・カートライトの科学哲学は，影響力のある著作『物理法則の嘘』（Cartwright 1983）以来，長期間にわたって進化している．カートライトは，あるバージョンの科学的**実在論**を支持しつづけているが，それは，彼女の初期の著作に見られた存在実在論（Hacking 1983）ではない[31]．カートライトのアプローチは，一般的に**自然主義**であると言えるが，一般的な意味での自然主義であり，第4章で論じられたいずれかの特定の自然主義ではない——自然主義化の基礎として特定の学問に依拠していない．彼女の一般的視点は，進化論的認識論よりも，ノイラートに由来しており（Cartwright, Cat, Fleck and Uebel 1996），科学に関する哲学的論争における最終的な判断基準は，現実の科学者の活動であるというものである．このような自然主義のもとでカートライトは，（ノイラートと同様に）科学の不統一に対して寛容である．異なる存在や異なる因果的メカニズムをともなう様々な科学が，現実に存在するのである——したがって，知識は**分裂**している．最後に，カートライトは，**反基礎づけ主義**をとっており，理論負荷性と過小決定性を強く考慮している一方で，相対主義の蟻地獄には足を踏み入れていない．客観的知識は存在するが，それはたんに，局所的で，分裂しており，「定説」の考える知識とは大きく異なるものである．

306

カートライトのアプローチは，一般的に言って経験主義ではあるが，（基礎づけ主義的な）ヒューム経験論の伝統には明示的に反対している．ヒューム的，急進的経験主義の観点では，因果性とはたんに，経験的出来事がつねに共に発生するということでしかない．出来事 A が出来事 B を引き起こすというのは，A が B の前に発生し，A のタイプの出来事が規則的に B のタイプの出来事にともなって発生するとき，かつそのときにかぎるのである．この観点によれば，（因果的）科学理論は，そのような経験的出来事の規則性に関する普遍的な命題でしかない．これまでの章で述べられたように，科学法則に関する，このヒューム的観点は明確に「伝説」の一部であり，初期の論理実証主義に存在し，現在でも主流派科学哲学で大きな影響を及ぼしつづけている．

　これまでの章で十分に論じてきたように，ヒューム的伝統には多数の問題があるが，カートライトが批判した論点は，因果的働き，潜在的な力，自然の本質といった，「舞台裏にある」力や「オカルト」的概念をすべて避けようとする経験主義的信条である．攻撃的な解放宣言として，カートライト（Cartwright 1989a, 1992, 1994a, 1994b）は，自然，必然，潜在性（capacities）という本質論的語彙を，自然科学の哲学にふたたび取り入れた．その意図は，一貫した自然主義である．それらの概念は，科学者自身の科学理解において絶対的な基礎となっているので，我々の科学理解にとっても絶対的な基礎となるものであるとカートライトは主張した．現実の科学者は，考察対象のなかに，比較的永続的で安定した本質や潜在性が存在することを前提としており，ヒューム的な出来事の規則性ではなく，このような安定した潜在性が，科学の因果的主張の基礎にある——我々の科学理解は，そのような潜在性の役割を理解することに依存するのである．

　「科学の一般的な因果的主張は，規則性の報告ではなく，事例ごとに物事を生じさせる潜在性の特定である．『アスピリンは頭痛をやわらげる』．これは，アスピリンがつねに頭痛をやわらげるということや，周りの状況がすべてうまく作用すればつねに頭痛をやわらげるということや，大多数の場合において頭痛をやわらげる，あるいは頭痛をやわらげる場合のほうが多いということを意味しているのではない．そうではなく，アスピリンは，頭痛をやわらげる潜在性を持っており，その潜在性は，状況に依存しない，比較的永続的で安定したものであるということを意味している．その潜在性は，周りの状況が適切であれば規則性を発揮することによって効果を示すが，単一の適切

な事例においてもほぼ確実に見ることのできるものなのである.」(Cartwright 1989a, pp. 2-3)

潜在性の強調は,科学の活動における法則(伝統的なヒューム的な意味での因果法則)の重要性を著しく減少させる.体系の潜在性が,そこで働く因果法則を規定するのであり,この因果法則が,体系がもつ説明能力や経験的特徴をもたらすのである.カートライトの言葉では以下の通りである.

「根本的なのは法則ではなく,潜在性である.自然は,異なる要因が持ちうる潜在性を選び,潜在性の相互作用に制限を課す.自然のなかで生じうる結合は,このようなより根本的な潜在性の作用の結果として生じる.ある意味において,結合に関する法則というものは存在しない.それは,付随的な現象である.」(Cartwright 1989a, p. 181)

カートライトの立場は,ある種の「自然主義的」あるいは「実践的」経験主義に依拠していることに注意されたい.科学とは何かという問いに答えるための証拠としては現場の科学者に対する観察を用いているが,このような観察では,現実の科学者が,純粋に理論から中立的な観察を用いたり,それを得ることが可能であったり,その存在を信じていたりするという急進的経験主義の主張は支持されないのである.このような経験主義の自然主義的バージョンは,ヒュームの厄介な経験的基礎や初期の論理実証主義者とは程遠い.実際のところ,こうした自然主義的観点からすれば,経験的観察に関する従来的な見解は,全く形而上学的であり,(急進的な)経験主義の教条的信条であるように思われる.

「しかし,汚れのないデータ源とはなんだろうか.我々の経験においてそれはどこに存在するであろうか.それは,哲学的人工物であり,形而上学であり,世界を解釈する1つの方法である.(中略)この人工物は,自然領域を特徴づける,物事を生じさせるメカニズムや要因や障害に関する素朴な真理よりも,我々が世界と向き合うなかでの日常的経験からはるかに疎遠なものである.」(Cartwright 1992, pp. 60-1)

潜在性に関するカートライトの議論は,自然主義的経験主義という彼女の基本的立場と強く関連していることを示すことができる.第1に,科学とは何かという問いは,科学者の実際の活動によって規定されなければならないのであり,現実の科学者は実際に,潜在性と因果的な力が研究対象のなかに存在することを前提としているとたびたび主張している.第2に,理論負荷性と過小決定性の問題

があるので，従来経験主義者が重視する「観察」は，潜在性や因果的な力よりも
堅固なものだとは必ずしも言えない．実際に，科学者が実際にそのような潜在性
を信じ，それに干渉しようとしたり，従来重視されてきた観察的基礎を利用して
いなかったりすることを考えれば，経験主義的基礎づけ主義の理論中立的観察よ
りも，潜在性のほうを信じるべき強い根拠が存在する．

> 「私の経験は人々や家やつねられる痛みやアスピリンの経験であり，おおよ
> そその本質を参照することによって理解される事物の経験である．私にとっ
> て，家のなまの経験は，単なる色の寄せ集めではない．（中略）知覚データ，
> あるいは**所与の事物**というのは，形而上学的人工物であり，本質とは異なり，
> 検証可能な科学的主張において何ら役割を果たさない．」(Cartwright 1992, pp.
> 60-1, 強調原文)

カートライトの自然科学哲学は，経験主義的基礎づけ主義への挑戦であり，そ
の挑戦はほとんど本質論的でもあり，科学哲学における自然主義的転回と実際の
科学者の活動のどちらとも合致しているように思われる．では，カートライトの
アプローチは，経済学とはどのような関連があるのであろうか．経済学は，2つ
のかなり重要な方法でカートライトの議論のなかに入り込んでいる．第1に，論
証の段階で，計量経済学，少なくともその一部が[32]，現実の科学者の研究のな
かに潜在性という概念がどのように利用されているかの例示として提示されてい
る．カートライトの経済学の援用は，これまでに論じてきた科学哲学者の議論の
手法とは顕著に対照的である．カートライトは，**実際の（一部の）経済学者の活
動を見ることで，科学者の実際の研究活動を捉えようとした**．「模範としての計
量経済学」の利用は科学哲学では珍しいが，これは，カートライトの第2の経済
学領域への侵入よりも重要ではないであろう．第2の侵入は，カートライトの潜
在性に関する議論の模範——カートライトが因果的メカニズムを特徴づけるのと
同じ方法で他の科学哲学者がそれを特徴づけた哲学史上の事例——が，**ジョン・
ステュアート・ミルの経済学における傾向法則の分析**であるということである．
この2つの経済学の利用は，きわめて隔たっており，別々の考察が必要である．
まず計量経済学の利用から論じてみよう．

カートライトによれば，基礎的な安定的因果メカニズム，つまり，体系がさま
ざまな転換を経ても一定であるような因果メカニズムを仮定するとき，科学者は
潜在性の存在を前提としている．そのような潜在性は，経済学者が計量経済学を

第 7 章　経済学方法論の近年の発展　　309

利用するときに見出されるとカートライトは主張している.「現代科学の小さな
一側面に焦点を当てようと思う. それは計量経済学である. そこでは,科学にお
いて潜在性の存在を我々に信じさせている理由を示すことができると私は考えて
いる」(Cartwright 1989b, p. 190).

計量経済学に関する主要な論点は, 単純な需要関数に関して提示されている.

$$q = ap + u$$

ただし,「q は需要量, p は価格を表し, u は決定論的関係を確率論的関係に転
換するようなランダムショックを表している」(Cartwright 1989a, p. 149). 推定係
数 a は, 価格と数量の関係を表すが, カートライトによれば, **安定的潜在性**で
ある. この係数は,「需要を生み出す(あるいは抑制する)価格の潜在性の強さ
を表している」(Cartwright 1989b, p. 195). 変数 p と q の因果関係を表しており,
需要量を変化させる他の要因に変動——u の変化によって引き起こされる需要曲
線のシフト——が生じても一定であるような関係である. カートライトにとって,
この関係を受け入れることは, 計量経済学者が, 安定的な因果的潜在性をもつと
いう自然あるいは経済に関する見解を受け入れていることを意味する.

「これは一般的に, 計量経済学の手法に反映されている. 係数は, 1 つの状
況のもとで推定されるが, その値は, 全く異なる状況のもとでも成立すると
想定される. この係数が原因と結果を結びつけているという前述の観察と合
わせれば, 筆者がなぜ安定的な因果的傾向について議論しているかが理解で
きるであろう.」(Cartwright 1989a, p. 153)[33]

カートライトは, 潜在性の存在に関する科学的想定の模範として計量経済学を
用いているが, 経済学者の論じる具体的な潜在性を必ずしも受け入れているわけ
ではないと用心深く指摘していることも注記しておこう. 物理学者はそのような
潜在性の存在を受け入れており, 物理学の議論ではカートライトは, 潜在性の議
論により楽観的であるように見える.

「計量経済学は, 悪名高い不確実な学問であり, 予測の成功は数えるほどし
かない.(中略)筆者の主要な主張は, 経済現象が〔因果的〕潜在性によっ
て決定されるということではなく, 計量経済学の研究手法がそれの存在を前
提としているということである.(中略)しかし, この主張はより広範囲に
及ぶものである.(中略)計量経済学に関する筆者の主張は, 従来的な統計

的手段をもちいて原因を推測する分野であれば等しく当てはまるであろう．（中略）同様のことは，物理学の方法にも当てはまると筆者は考える．経済学の状況がどうであれ，物理学ではこの手法は機能しており，それを根拠づける潜在性はめったに否定されることはない．」(Cartwright 1989a, p. 158)

計量経済学を科学の模範として用いたことは，科学哲学者のあいだでは確かに珍しいが，カートライトの経済学への二番目の関わり方は，彼女の全体的な立場にとってさらに重要である——科学において潜在性の役割を正しく認識していた科学哲学者の模範は，ジョン・ステュアート・ミルである．それは，物理学を論じるミルではなく，経済学の方法を議論するミルである．ミルにおける経済学と物理学の主要な差異は，物理現象においては因果的な力が個別に（加法的に）働き，原因の本質は，対象となる体系の経験的振る舞いから推測することができるということにあった．経済学では，事態はそれほど単純ではない．社会現象はきわめて複雑で，経済的原因は分離したり，単独で機能したりすることはほとんどない（加法的でもない）．結果として，経済学では，つねに変化している多様な原因を個別に分離する経験的研究を行うことは不可能である．

「このような状況においては，従来的な帰納の方法は不十分であろう．ミルにとって，帰納的手段は，人間本性に関する一般的知識から得られる原理によって補われなければならない．この『帰納と推論の混合的手段』が，ミルのいう『ア・プリオリ』の方法である．」(Cartwright 1989a, p. 183)

ミルの解決法は，（ヒューム的）出来事の規則性に関する法則ではなく，経済システムで潜在的に機能している因果的「傾向」に焦点を当てることであった．「ジョン・ステュアート・ミルにとって，経済学の基本法則は，永続的な『傾向』に関する法則であり，実際に生じる出来事に関する法則ではない．すなわち，潜在性に関する法則であり，たんなる出来事の生起順序に関するものではない」(Cartwright 1989a, p. 183)．この傾向，あるいはその直接の結果は，相殺的な力がつねに存在するため，経済学では直接観察することはほとんどできない．ミルに関する節で述べたように，傾向法則の代表的な事例は，古典派経済学における利潤率の低下である——資本主義的生産の特徴から，利潤率が減少する傾向が生じる．ただし，それを相殺する力や攪乱要因がこの傾向が経験的に観察されるのを（ほぼつねに）妨げるのであるが．

傾向法則の分析には，きわめて強い「抽象」，すなわち，重要な因果的傾向を

取り出すために阻害要因をすべて剝ぎ取る抽象が必要である．カートライトは，この種の因果的力すなわち傾向や，それを分離して取り出す方法を，現代物理学（とコウルズ委員会的計量経済学〔コウルズ委員会は，民間の寄付によって設立された数理経済学のための研究所であり，20世紀半ばに確率論的統計学に基づく計量経済学を確立した〕）の実践のなかに見出している．カートライトの潜在性は，ミルの傾向法則の特殊なバージョンにすぎない．

「特定の要因を考察するための理想的状況とは何であろうか．それは他のすべての『攪乱』要因がない状況である．（中略）**他のすべての攪乱が存在しないとき，その要因は明示的にその力を発揮する．**（中略）これは，まったく異なる複雑な状況で生じるであろう結果についても何らかの理解をもたらす．しかし，それは，その要因が一定の潜在性を持っており，状況に関係なく，その潜在性が作用しているかぎりにおいてである．

この議論は，構造的に筆者の議論と同一である．（中略）つまり，因果的モデルを設定し応用する際の我々の標準的な方法は，潜在性，すなわち，それが計測された文脈から離れても同じであり続ける安定的な潜在性の存在を前提とするかぎりにおいて，理にかなっている．（中略）ジョン・ステュアート・ミルは，このように推論することは自然には安定的な傾向，あるいは潜在性が存在することを前提とすることであるということを示したのである．」

（Cartwright 1989a, pp. 190-1，強調原文）

カートライトがミルと傾向法則に言及していることに関して，彼女の解釈とハウズマンの解釈には相違があるかどうか，どのような相違があるかを問うことができる．ハウズマンは，「厳密でない」傾向法則について4つの異なる解釈——(1) 近似，(2) 確率論，(3) 反事実・様式，(4) 曖昧なセテリス・パリブス条件——を提示し，第4の解釈を，哲学的に正当化できる見込みがもっとも高く，実際の均衡経済学とももっとも整合的であるものとみなした．カートライトの議論を捉えるおそらく最善の方法は，彼女の問題はハウズマン（やミルやロビンズ）の問題——単純には（普遍的に）真実でない経済法則を正当化するという問題——と同じものであるが，**答え**については少し異なった経験主義的でないものを提供しているとみなすことである．カートライトは基本的に，ハウズマンのリストに5番目の解釈を加えたといえる．

5．厳密でない法則は，潜在性に関する命題である．それはある原因が存在

するときに何が生じるかではなく，どのような原因がそれをもたらす傾向，あるいは潜在性を有しているかを表すものである．

　これは，「法則」や「原因」に関する，ハウズマンの4つの解釈のいずれよりも，経験主義的でない解釈である．ハウズマンにとって，厳密でない法則でさえも，原因とそれに関連する効果を結びつけるが，カートライトにとっては，厳密でない法則は，原因と，**生じる傾向のある**効果を結びつけるものである．たとえば，「AはBを引き起こす傾向をもつ」という厳密でない法則があるとする．ハウズマンにとっては，この法則は，「多くの（おそらく曖昧な）セテリス・パリブスの前提があれば，AがBと関連している（ことが観察される）」．少なくとも，厳密ではない程度において，あるいはセテリス・パリブスのもとで，AはBとともに生起する．カートライトにとっては，同じ厳密でない法則は，「Bと関連している（と観察される）のは，Aの本質のなかに含まれる」と解釈される．この解釈のもとでは，この法則が成立するために（セテリス・パリブスのもとでも）AがBとともに生起する必要はない．カートライトにとっては，因果的法則は，（ヒュームのように）あるものが何を生じさせるかではなく，また，（アリストテレスのように）その**存在や本質**でもなく，**何を生じさせることがその本質の中に含まれる**かに関するものである．カートライトは，ニュートン力学の法則に関する彼女自身の議論と，セテリス・パリブス的議論とを比較して次のように述べている．

　　「力学法則が普遍的ではないにもかかわらず真実であるとするなら，少なくとも2つの捉え方が存在する．それは，純粋なセテリス・パリブス法則でありうる．つまり，制限された環境でのみ，すなわち指定されたもの以外の，結果に影響する要因が生じないかぎりにおいて成立する法則である．（中略）おそらくこの捉え方は，ニュートン力学という事例においては弱すぎる解釈である．（中略）このような事例では，**本質**という，より古典的な表現が適切である．必要な規模の加速を生み出すことが力の本質のなかに含まれる．つまり，セテリス・パリブスのもとで，力はその加速を生み出す．しかし，他の原因が作用しているときであっても，力は，その加速を生み出『そうとする』．この発想は，加速を生み出そうとする力の例では理解しやすい．（中略）一般に，『しようとする』(trying) ということに当たるものは，原因の事例ごとに異なる．ある振る舞いを，ある特徴の本質に帰着させることは，

第7章　経済学方法論の近年の発展　　313

その振る舞いが，セテリス・パリブス条件という厳格な制限をこえて移動可能であると主張することである．ただし，『傾向』や『しようとすること』としてのみであるが．」(Cartwright 1994a, pp. 285-6, 強調原文)

カートライトの一般的潜在性を用いた科学観については，いまだ決着はついていないけれども，彼女のアプローチが，ほかの自然科学の哲学者よりもはるかに強く経済学に依拠していることは明白である．彼女にとって経済学は，自然主義的探求において利用される学問の一つであり，ミルの経済学の方法はそのアプローチ全体を根拠づける主要な哲学的洞察である．これまで論じてきた他の哲学者はみな——（ノイラートやポパーらのように）経済的関心と認識論的関心が緊密に関連する議論を行った人でさえ——，これほど強く経済学に依拠しなかったのであり，この議論が生じた背景は，最近の科学哲学における自然主義的展開と，アリストテレスに親和的な本質論とを結びつけた哲学的考察であった．

7.3　実在論のテーマ

第3章において科学的実在論は，（経験主義的）基礎付け主義にともなう問題を免れており，これによって説得力を増しているという議論を行った．この節ではそうした現代の実在論がどのように経済学方法論の文献へと進出したのかを検討する．第1小節ではバスカー流の超越論的実在論から派生した立場である批判的実在論を検討する．批判的実在論は発展を続けているプログラムであり，近年は経済学分野で支持を増やしている．トニー・ローソンは最も多作な批判的実在論者であり，彼の研究が第1小節の焦点となる．第2小節ではもう1つの実在論であるウスカリ・マキの立場を検討するとともに，ファン・フラーセンの反実在論が経済学方法論の文献にどのように影響したかを概観する．

7.3.1　批判的実在論

ロイ・バスカーの**超越論的実在論**については第3章で簡単に検討した．そこでは，バスカーや他の実在論哲学者たちが，経験主義的基礎付け主義の問題を科学的探求に対する様々な実在論的解釈の根拠として用いていたことが焦点となっていた．バスカーのアプローチは実在論であるが，リチャード・ボイドや「定説」のうちの実在論者が唱えるような科学的実在論そのものではない．バスカー

の立場は本質的に（そしておそらく本質論的に）存在論的である．経験主義の伝統とは反対に，科学の目的とは，科学哲学者たちが伝統的に着目してきた人工的な事象の規則性の背後にあって，それらを究極的に発生させる自然の因果メカニズムを明らかにすることであると彼は主張した．カートライトのように，バスカーはこうした本質的な因果作用に関する実在論は，成功した科学の実践を理解するためには絶対に必要であると論じている．両者の違いは，カートライトの研究は一般的自然主義を反映して，知識論は科学的実践に終始すると主張しているのに対し，バスカーはより超越論的哲学を用いており，一般的な科学の実践を可能にするためには世界はある特定の姿を持っていなければならないと考えている．この違いは微妙なものだ．本質的には，実際の科学者たちが暗黙に想定している自然の特徴と，現実の科学が成立するために必要とされる自然の特徴とのあいだの違いである．法則，因果メカニズム，傾向，潜在性に関するバスカーの見解は，実際のところカートライトのものに非常に近い．主要な違いは哲学的な強調点だ．両者は（経験主義のような）因果法則とは事物の**作用**を知ることだとは考えない．バスカーは存在，すなわち事物の根本的性質を強調する．カートライトは**事物の性質としての作用**（作用であり，存在ではない）に関心がある．

　バスカーの超越論的実在論は近年，経済学者やその他の社会理論に関心を持つ人々から多くの注目を集めている．こうした注目の最大の理由は，トニー・ローソン（Tony Lawson）の研究であり，彼自身や彼の弟子，そして彼の研究に影響された人々の著作がバスカーへの関心を喚起した．一連の諸論文（Lawson 1989a, 1989b, 1994a, 1995, 1996, 1997b を含む）と著作『経済学と実在』（Lawson 1997a）において，ローソンは**批判的実在論**と呼ばれる，経済学に対する哲学的アプローチを体系的に明らかにしてきた[34]．批判的実在論はバスカーの超越論的実在論に由来するが，一般的な実在論的枠組みを社会科学（の予備的考察）に当てはめることによってバスカーのアプローチを拡張している．その枠組みは，（1）社会理論の形成に大きな制約を課すと同時に，（2）主流派経済学に対する哲学的批判の手段を供給する．

　ローソンは，社会システムは根本的に開放系だというバスカーの洞察から出発している．それはとりわけ，実験室のような閉鎖性を欠いており，「X ならば常に Y が生じる」（Lawson 1997a, p17）という形式の事象の規則性を探求する経験主義的科学方法論には適していない．ローソンにとって社会科学の目的は，観察

事象の一般的パターンを生じさせる**深層構造**と**潜在的因果作用**を認識することである．その目的はヒューム的ではなく，バスカー的な意味での因果的説明であり，経験的事象のあいだの不断の結合として定式化される法則の発見ではない．社会的説明の誤ったアプローチは，ローソンによれば主流派経済学の研究の多くを導いてきたものだが，**演繹主義**である．演繹主義的アプローチのもとでは，科学は，経験的事象の規則性として表現される一般的被覆法則を用いた説明の探求と解釈される．したがって，第3章における「定説」の議論を思い起こせば，科学の演繹主義的アプローチは**演繹的・法則的**（D-N）形式の科学的説明を探求し，こうした説明に用いられる被覆法則は科学法則に関するヒューム的（あるいは極端な経験主義的）概念と合致している．ローソン流に言い換えれば，演繹主義＝説明の **D-N 形式**＋ヒューム的な**科学法則観**である．

> 「現代の主流派経済学に関する私の中心的主張は，それが演繹主義としてもっとも正確に特徴づけられるということだ．演繹主義というのは，『この事象や事態ならば常にこの事象や事態が生じる』という**形式**を取る規則性に，一連の初期条件を加えて，被説明項を演繹する説明方式と私はとらえている．」（Lawson 1997b, p. 88，強調原文）[35]

そうした不断の結合が現れるような，つまり演繹主義が機能するようなシステムとは，**閉鎖系**である．実験室はそうした閉鎖系を作り出そうとする試みであるが，そのようなシステムは経済学や他の社会科学においては有効に起こりえない．社会科学では，演繹主義ではなく批判的実在論が適しているのであり，観察事象の一般的パターンの究極的原因となるような，深層的・潜在的メカニズム，作用，**傾向**を探求することが求められる．こうした潜在的傾向とは，カートライトの科学解釈から出てくる傾向よりも，より深く，より本質主義的・アリストテレス主義的であり，結果として，より非経験主義的である．

> 「実際の事象または事態は，非常に多くの，しばしば背反するメカニズムによって共同的に決定されるかもしれない．個々のメカニズムの作用は，実在し，自然においてはおそらく必然性を表しているけれども，直接に明らかになったり『実現』したりすることはないかもしれない．**傾向**としてここで概念化されるのは，関連するシステムが開放的であるために実現しないかもしれないメカニズムの作用や効果の特徴的なあり方である．（中略）要するに傾向とは，特定の結果に直接に現れることなしに働いているかもしれない潜

在的可能性である.」（Lawson 1997a, pp. 22-3, 邦訳 24-25 頁. 強調原文）

　こうした背後の因果作用とそれに関連した傾向との間の結合は経験的表出に対して非常に弱い結びつきしか持たず，また強力に相殺する諸力の前では完全に切断されるため，経験的手段（実証主義，ポパー主義や他のアプローチ）によって直接的にこうした因果作用を「発見」することは不可能である．適切な探求手法は**リトロダクション**である．パースのアブダクションに似てリトロダクションは現象レベルからその現象の背後にある関連した因果メカニズムへと直接的に移動する．

　　「推論の中心的様式は，演繹でも帰納でもない．それはむしろ，仮説形成的
　　推論（リトロダクション）であった．その目的は一般化（中略）のもとで現象
　　を取り扱おうとすることではなく，現象の原因となっている現象を生み出し，
　　少なくとも促進している要因をつきとめることである．それが仮定されたよ
　　うに存在し活動しているとすれば，説明の対象として選び出された現象の原
　　因となるようなメカニズムを（中略）組み立てることが到達目標である.」
　　（Lawson 1997a, p. 212, 邦訳 238 頁）

　これまでのところ，ローソンの批判的実在論とバスカーの超越論的実在論とに共通する特徴に焦点を当ててきた．（主流派経済学に批判的実在論を応用したこと以外の）ローソン自身の貢献は，特定の**社会的存在論**を追加的に議論したことである．実際のところ，批判的実在論＝超越論的実在論＋「社会的存在論の特殊理論」（Lawson 1997a, p. 157, 邦訳 176 頁）である．バスカーは存在論の重要性を強調したが，ローソンは適切な社会的存在論とは実際にどのようなものであるべきかを論じた．

　ローソンの社会的存在論には多くの側面があるものの，経済学の分析に最も重要と思われるのは，人間の**選択**と**意図性**を強調したことだろう．ローソンによれば，もし人間の社会的行為を主題とするならば，意図を持った人間の**主体性**の可能性を受け入れる必要がある．意図性や，合理性を原因として認めることに基づく主体性の解釈については第 4 章で検討した．

　　「**主体性**という言葉を，私は人間の特定の権力と能力の意味で用いている．
　　人間行為あるいは**行動**という言葉を，私は，主体性の意図的な行使，すなわ
　　ち，人間が意図的に行う所作という意味で理解している．**意図性**を行動に帰
　　属させていることからわかるように，私は行動を，生活の実践的な関心に
　　よって基礎づけられた信念であるような理由に基づいて行われた人間の所作

であると考える．（中略）最後に，私は**選択**の概念を，実際に行われたのとは別様に行為しえたような状況のもとで，諸個人が保持していた力を表わすと考えている．」（Lawson 1997a, p. 174，邦訳 196 頁．強調原文）

こうした選択概念のもとでローソンは，**新古典派経済学はまったく選択を必要としない**と主張する．選択と決定というレトリックの多用にもかかわらず，主流派経済学は（演繹主義へのコミットメントにより）経済主体にいかなる実質的選択も許さないような存在論を暗黙に想定する．新古典派的主体は最大化以外のことはできず，経済主体ですらなくなる．もし経済主体が本当に**選択する**ならば，彼らには他の選択が可能であり，その行為は「常に X タイプの事象ならば Y タイプの事象が生じる」といった形式の一般法則に従わないだろう．

「主流派の学術雑誌や著作に見出される形式的『モデル』においては，人間の選択は究極的に否定されている．というのは，もし現実の選択が何かを意味するとすれば，それは，いかなる個人も常に違ったように行動できたということである．これはまさに，現代の『理論家』が彼らの形式的モデルの中に取り入れることを認められないものである．（中略）かわりに，諸個人にとって，その選好する行動，あるいは合理的な行動の仕方は，彼らの状況に応じて，いつもただ 1 つしか存在せず，しかもそれが常に行われるものとされている．」（Lawson 1997a, p. 9，邦訳 8 頁．強調原文）

意図性や選択は重要であり，実際のところ必要であるにもかかわらず，それらは，人間行為や社会の全貌ではないことは明らかである（バスカーを思い起こそう）．批判的実在論は素朴心理学には帰着しない．個人の意図性に加えて，社会生活上の出来事に影響する深層的社会構造や潜在的因果メカニズムもまた存在する．アンソニー・ギデンズの構造化理論（Giddens 1973, 1986）に似て，社会的説明への批判的実在論アプローチは，個人の意図的行動と，深層的社会構造・関係性の**両方**を必要とする．**社会も個人も**問題だが，いずれも先行するものではない．個人の意図的行動が社会構造や社会的関係を再生産し，その意味では社会は個人行動の結果であるが，社会構造や社会的関係は個人の行動を制限し，時には決定したりもするのである．「どちらの極端な概念も，支持できないものとして拒否されなければならない」（Lawson 1997a, p. 167，邦訳 188 頁）．社会的探求のための適切な存在論的枠組みは，「主意主義的観念論」と「機械的決定論」の中間にある（Lawson 1997a, p. 168）．つまり経済学は，素朴でも自閉症的でもなく，むし

ろ現代科学論の科学解釈に近い，複雑で偶発的な知識生産プロセスなのだ．

　「そして，ここで考えられているような経済分析は，通常は複雑でやっかいな作業である．科学は事象の規則性を詳述するだけだというような単純な実証主義的な考え方とは異なり，（中略）重要な因果構造とメカニズムを発見し，説明することは通常は面倒で時間を要する活動である．そして，それは，常に部分的で条件依存的な（そして通常は異議を唱える余地がある）結果を生み出すための，変形的な活動である．（中略）経済学の中でそのような複雑な事態が避けられないとしても，もう一度繰り返すことになるが，これも他の多くのことと同様に，状況は他の科学でもまったく同じなのである．」

（Lawson 1997a, pp. 270-1, 邦訳 303 頁）

　ローソンは明らかに主流派経済学と批判的実在論は**対立する**と信じているが，批判的実在論と整合的な存在論的見解をもつ他の理論的プログラムが，過去にも現代にも多く存在すると考えていることも同様に明らかである．ローソン自身，多様な経済理論のなかに批判的実在論の要素があることを見出した．メンガー（Lawson 1996），ハイエク（Lawson 1994b, 1997d），ポスト・ケインジアン経済学（Lawson 1994d），経路依存性に関するポール・デヴィッドの研究（David 1985, 1994）（Lawson 1997a），そしてイギリスの生産性鈍化に関する彼自身の初期の業績（Kilpatrick and Lawson 1980）に対する論評（Lawson 1997a）など．また，批判的実在論に共感する他の論者がメンガー（Clive Lawson 1996），ハイエク（Fleetwood 1996, Peacock 1993）やポスト・ケインジアン（Pratten 1996, Rotheim 1998）に関するローソンの議論に加わったり，マーシャル（Pratten 1998），取引費用経済学（Pratten 1997），マルクス主義経済学（Pratten 1993），進化経済学（Foss 1994），経済教育（Emami and Riordau 1998）などにも批判的実在論の要素を見出したりした[36]．様々な経済理論に対する批判的実在論の影響を明らかにしようとするこうした試みに加えて，より伝統的な方法論の問題に取り組む批判的実在論者の論文も増えてきている．例えば，ローソン（Lawson 1994c, 1997c）は経済学方法論の一般的な役割について検討し，ルンド（Runde 1996）はポパーの確率の傾向説について議論し，ローソン（Lawson 1992）はフリードマンの方法論を分析し，またバン・エイーゲン（van Eeghen 1996）はポパー N とポパー S を調停するために批判的実在論を援用している．

　ローソンや他の批判的実在論者を批判する文献も生じているが，現時点ではま

だ新しく，支持者がこうした批判にうまく反論できるかも明らかではない[37]．この進行中の議論の様々な面を整理しようとするよりも，これまでに挙がったいくつか（実際のところ 4 つ）の批判に簡単に触れることで，批判的実在論に関する議論を終えたい．

第 1 の批判は**超越論的**哲学の役割に関するものである（Boylan and O'Gorman 1997a, Parsons 1997a, 1999）．ローソンによる特定の（バスカー的）超越論的アプローチに対してのみならず，現代の哲学的に謙虚な知的環境において「超越論的」分析を行おうとすること自体に対して疑義が挙げられている．何が事実であるべきかを断固として主張するプロジェクトはある種の哲学的傲慢さを持つようにみえないだろうか．超越論的分析の問題と関連して，しかしもう少しより一般的に，バスカーの実在論は現代科学論の発展に実際には応答していないというのが 2 つ目の批判である（Baert 1996）．バスカーのアプローチ――批判者の一人は「哲学的レーニン主義」と呼んでいる（Aronowitz 1996, p. 212）――は，構成主義，社会負荷性，科学知識の社会依存性の方向性を示しつつ，究極的には自然をしっかりと科学の制御下においている．我々は常に間違っている可能性を認めなければならない（可謬主義）が，科学を他のあらゆる人間の活動から区別するものは物事が「実際に存在する」自然なあり方との一致である．ローソンの批判的実在論は明示的に社会的生活に関心があるので，社会的文脈により敏感であってもよいのだが，こうした論点は注意深く検討する必要がある．第三に，よりローソンに特有な点として，**主流派経済学**に関する問題がある（Backhouse 1997c, Hands 1997c, Hausman 1998b, 1999, Parsons 1999, Viskovatoff 1998）．主流派の新古典派理論も現代の計量経済学も，ローソンの「演繹主義」に当てはまらないという説得力のある主張が可能である．実際のところ，彼は明らかに主流派経済学を批判しようとしているにもかかわらず，ローソンの（経験的実在論としての）主流派経済学解釈は彼自身を主流派の認識論的な擁護者に転換するだろう．彼は経済学を（方法論家のほぼ全員が否定するにもかかわらず）20 世紀の有力な経済理論家たちが従事していると主張しつづけてきた，経験主義そのものであると批判する．19 世紀アメリカ文学のリーマスおじさんのブレア・ラビットを真似れば，主流派は「お願いローソン博士，私を経験主義者の刺棘に投げ込まないで」と言っているに違いない[†]．最後に，そして最も重要な点として，**魅力的構造**（endearing structures）と呼びうる問題がある．批判的実在論者は，社会的生活の表面的現象

の背後にある，永続的（enduring）で自然の因果構造を明らかにすることを欲し，また科学にはそれが可能であると信じているにもかかわらず，彼らはそうした永続的構造への特権的アクセスをもたらすいかなる**特有の方法**も，特定のアプローチやテクニックもいまだ提示していない．**魅力的**構造が，永続的構造として偽装されるのを防ぐことができるであろうか．実証主義やポパー的反証主義にともなう問題にもかかわらず，魅力的なものを認めてしまうというのは，まさにそうした経験主義的方法論が退けようとしたものではなかったか．リカード派経済学において永続的とみなされた魅力的なものは，マルサスの人口法則とリカードの地代法則であり，マルクスにとっては価値法則と利潤率低下傾向の法則であり，おそらく，戦後のワルラス派経済学にとっては全ての経済主体が，商品選択空間に関して定義される2階微分可能な強い準凹型効用関数を備えているということであった．こうした存在論的地雷原へのドアを開くことがどのように経験的基礎付け主義のよく知られた問題に対する適切な応答をもたらすのか，あるいはより重要な，どのように経済的生活のより良い理解を助けるのかは明らかではない．

7.3.2　経済学における実在論と反実在論

　トニー・ローソンは哲学的実在論と経済理論の関係について広く論じている近年唯一の著者ではない．この小節では「実在論と経済学」に関する近年の文献へのもう一人の主要な貢献者であるウスカリ・マキの業績について検討する．この小節にはファン・フラーセンの影響を受けたトーマス・A・ボイランとパスカル・オゴーマンによる反実在論方法論の簡潔な検討も含んでいる．

　ローソンもマキもいずれも実在論と経済学という主題について大変活発に執筆してきたが，彼らのアプローチは全く異なっている．ローソンは明らかに**規範的形而上学**[38]に取り組んでいる．彼は必然性や存在に関する経済学者の考え方を変えることを望んでいる．ローソンによれば，正しい存在論的アプローチ（批判的実在論）と誤った存在論的アプローチ（経験的実在論）が存在し，彼は経済学者が後者から前者へと移るよう説得しようとしている．マキは，哲学的実在論一般

---

† アメリカ南部の動物寓話に由来する表現．ウサギがキツネにつかまり，「茨の茂み（荊棘）に投げ込まないで」と嘆願することで反対に，自分が生まれ育って慣れ親しんでいる茨の茂みに投げ込ませた．つまり，主流派経済学者にとって経験主義と評されるのは喜ばしいことだという意味．

により共感を示しつつも，（少なくとも現在利用可能な）いかなる特定の存在論的枠組みの促進にも転換にも関心がないようにみえる．彼のプロジェクトは，長期的には規範的願望を保持しつつも，より記述的であり，主流派経済理論の存在論的枠組みを変更することにのみ関心があるわけではない．主要な関心は様々な経済学者の研究の中に暗黙に含まれている実在論を明らかにすることであり，そうした実在論的影響の潜在的な含意（一貫性，矛盾，認識されていない関連性，等々）を探し出すことである．そうした研究から批判が生じるかもしれないが，それは規範的形而上学による存在論的批判ではなく，特定の経済学者や経済理論の探求から浮かび上がる固有の矛盾や不透明性である可能性が高い．マキは彼自身のアプローチを**ボトムアップ**と呼び，ローソンのような批判的実在論者の**トップダウン・アプローチ**と対比させている．

> 「科学的実在論はどのように経済学と調和するだろうか．この段階では，2つの観点から経済学と実在論の関係の分析に取り組むことができる．トップダウン・アプローチを採用することもできる．すなわち，ある科学的実在論の見解を唯一の正解と定め，経済学がそれに合致するかをチェックするというアプローチである．合致するなら，『やった！』と言い，合致しなければ経済学者を責めて，より合致するように修正を強要する．一方でボトムアップ・アプローチを採ることもできる．科学としての経済学の鍵となる一般的特徴を明らかにし，それを多様な実在論のアイデアと照合する．その結果に応じて，そうした実在論的アイデアを却下したり，調整したり，新しい実在論的アイデアに置き換えたりする．私自身の研究は，ほとんどがボトムアップの方向性をとっている．」（Mäki 1998e, p. 302）

マキの初期の貢献の1つに実在論（realism）と現実性（realisticness）という用語間の区別の明確化がある（Mäki 1989, 1998d）．経済学者はしばしば「仮定のリアリズム」について語るが，この「リアリズム」という語はこの文脈ではかなり曖昧である．「仮定」論争は，リアリズムではなく——経済理論やモデルの仮定とそれが表象すると考えられる世界の特徴との間の関係を記述する——，「現実性」（あるいは非現実性）という用語を用いることで明確にすることができるだろう．現実性が特定の理論やモデルや表象の属性であるのに対し，実在論（リアリズム）とは特定のメタ理論的観点を表す哲学的主張である．これら二つの特徴の間にはいかなる必然的関係もない．ある経済理論は経済現象の特定領域の正確な

記述を示す（現実的である）と同時に，科学理論の道具主義的（非実在論的）な見解と一致させることもできるし，経済的生活の背後にある真の因果作用をあらわにすると主張する理論が記述的に不正確なこともあるだろう．実在論と現実性はどちらも重要だが，それらは非常に異なった論点である．

　実在論と現実性の違いは，マキが哲学的実在論と経済学の間の複雑な関係をはっきりさせるために用いてきた様々なツールの1つにすぎない．彼はオーストリア学派経済学（Mäki 1990a, 1990b, 1992c, 1997）やフリードマンの方法論（Mäki 1986, 1989, 1992b, 2000a），ロナルド・コースの取引費用経済学（Mäki 1998f, 1998g, 1998h, 1998i, 1999b）といった非常に多くの異なった経済理論家の研究や理論から，経済学における実在論と物理学における実在論の違い（Mäki 1989, 1996b, 1998e, 2000b）や経済学における孤立化と抽象化の役割（Mäki 1992d, 1994b, 1998f）まで，多様な論点を分析してきた．この小節ではこうしたトピックのうち，経済学と物理学における実在論の間の主な違いに関するマキの議論と，コースの方法論に関する彼の最近の研究という2つだけを検討し，彼の（密接に関連した）孤立化に関する研究はこの章の最終節（そこで他の論者による同様の研究が検討される）で論じる．

　マキは，経済学は物理学における科学的実在論に関する議論——おそらくその主要な部分——から影響を受けないと繰り返し主張してきた．物理学における実在論と反実在論の対立はしばしば，理論物理学によって仮定される理論的存在——電子，クオーク，光子，等々——の存在論的地位，とりわけそうした存在はテーブルや椅子といった常識的な物理的対象が実在するのと同じ意味で**実在する**と言えるのかという疑問にかかっていると彼は主張している．

　　「物理学は，素粒子の組み合わせ構造，重力場や電磁場，ブラックホール，曲がった時空間のような，完全に異なった対象の領域を仮定する．この科学的対象の理論的領域は根本的に通常の常識的経験の境界を越えている．物理学に関する科学的実在論の論点は，科学的領域の実在性やそれに関する言明の真実に関する問題である．」（Mäki 1996b, pp. 433-4）

　マキは，こうした新しい理論的存在の実在性という論点は自然科学においては非常に重要であるが，**経済学**においては**問題**とならず，こうした違いを理解すれば，物理学の哲学における実在論・反実在論論争の用語が経済学方法論者の関心にほとんど合致しないことがより明らかになると主張している．彼の議論[39]で

は，企業，消費者，価格，数量，利益，利子率，投資といった経済学の「理論用語」は全く異なる対象領域に言及しているのではなく，実際のところ常識的経験に非常に近いものなのだ．

　「経済学においては，状況はまったく異なるように思われる．経済理論において仮定される世界の構成物は多かれ少なかれ，我々の通常の経験的領域に存在しているものと同じである．科学的領域と通常領域との間にいかなる根本的ギャップも広がってはいない．経済理論は経済問題に関する我々の普通の経験に立ち現れる対象——企業と家計，彼らの目的と期待，貨幣と商品とその価格，土地と労働と資本，賃金と利潤と税——について語っている．したがって，科学的領域の対象の存在は経済学において大きな論点とはならない．」（Mäki 1996b, p. 434）[40]

　経済学にとっての論点は理論的対象の存在ではなく，その配置のされ方である．科学的経済学と常識的経済学（そして科学的経済学内部の異なった研究プログラム）は，こうした対象を非常に異なったやり方で配置し，経済的関係に関する彼らの因果的ストーリーにそれぞれ非常に異なった要因を包含させたり排除したりする．実在論と経済学に関する議論は，理論的対象の存在についてではなく，当該のストーリーに本質的な因果メカニズムが包含されているか否かに関するものである．実在論的経済学は世界の作動の仕方（the way the world works, www）に関する重要な真実を特定しなければならず，異なった経済理論は異なった因果的構造を世界の作動の仕方の本質として強調する（Mäki 1998e, 2001）．そうした因果プロセスの探求は——レトリック，社会的構成物，その他現代科学論で提示される論点と同様に——相当量の非現実性と整合的であり，依然として**実在論的**経済研究である[41]．

　マキはこうした論点の適切な理解が特定の研究プログラムや個々の経済学者の研究をより良く理解できたり，場合によっては批判したりするのに役立ちうると主張する．その一例がロナルド・コースに関する彼の最近の研究である（Mäki 1998f, 1998g, 1998h, 1998i, 1999）．コースは 1991 年にノーベル経済学賞を受賞した（Coase 1992）．彼は「取引費用経済学」と呼ばれる研究領域の理論的要素を提供したことのみならず，「コースの定理」（Coase 1960）や企業の理論（Coase 1937）でもよく知られている．キャリアの比較的後期にシカゴ大学へと移ったにもかかわらず（Medema 1994, p. 6），コースは「シカゴ学派」経済学，とりわけ法

と経済学の領域におけるシカゴ学派を一般的には想起させる．おそらくあまり知られていないのは，コースが，彼の同僚であるミルトン・フリードマンの支持する「実証経済学の方法論」のみならず，彼がしばしば「黒板経済学」と呼ぶ，主流派の新古典派経済学の方法論的実践に対する辛辣な批判家であったということである（Coase 1978, 1988）．コースの方法論および理論的論文に対するマキの検討は，経済理論の仮定の現実性と概して経済理論に対する実在論的アプローチの双方への継続的なコミットメントをあらわにした．マキはこれを，仮定の非現実性と，経済理論の性質に関する実在論と道具主義のフリードマン的混合を支持するミルトン・フリードマンと対比させている（Mäki 1992b, p. 181）．

コースの方法論的主張と彼の取引費用経済学の実践はおおむね一貫性があるようにみえるものの，マキはコースの研究のなかに興味深い方法論的緊張を見出している．その緊張は，主流派の「黒板」経済学に対するコースの批判と彼の経済学の経済学とのあいだに生じている（Mäki 1998g, 1999）．コースが黒板経済学を批判するとき，彼はある特定の種類の規範的方法論を支持している．「彼は非現実的な黒板理論を扱う習慣を止めて，代わりに理論化の経験的基礎としてケース・スタディを用いて現実的な理論を追求するよう経済学者に勧めている」（Mäki 1998g, p. 255）．これは「一種の方法論的規制主義」を意味する（Mäki 1998g, p. 260）．他の研究（とりわけ Coase 1988）では対照的に，コースは経済学という領域は経済的アイデアの自由市場——方法論的規制なしに効率的に運営される市場——であるべきと提案している．この緊張関係にともなう様々な論点を整理しようとして，マキはさらなる問題をあらわにした．コースによる経済学という職業の経済的分析には，取引費用経済学が含まれていない．実際のところ，経済学という学問を取引費用経済学の観点から研究しようとすれば，黒板経済学が同学問を組織立てるための比較的効率的な方法であることに気づくだろう．

「高度に形式化された唯一の『パラダイム』の現在の優勢は，それが多くの標準化をもたらすため，取引費用を縮減するという点では非常に効率的である．形式化された標準化は探索コストやモニタリング・コストを減らすのに役立ち，それは研究成果の評価やコミュニケーションを円滑にする．なかには黒板経済学は，常に不確実性と相対立する多様な解釈を免れない経験的フィールドワークの複雑さによって生じるコストをともなわないという理由から，望みうる最高の経済学だとまで主張する人もいるかもしれない．」

（Mäki 1998g, p. 265）

こうした議論は「実在論と経済学」のより良い理解へと導くだけでなく，再帰性とアイロニーが構成主義者やレトリック・アプローチを採る論者に限定されているわけではないことも明らかにする．

マキとローソンは近年の経済学方法論における実在論の強固な擁護者であったが，彼らだけがこの主題に関する近年の論者ではない．トーマス・ボイランとパスカル・オゴーマン（Boylan and O'Gorman 1995, 1996, 1997a, 1997b, 1998）はローソンとマキいずれの実在論アプローチとも対照的な**因果ホーリズム**と呼ばれる方法論的立場を表明してきた．因果ホーリズムはかなり極端な経験主義——まるで存在論恐怖症——と理論負荷性と過小決定性の問題を組み合わせている．それはファン・フラーセンの構成主義的経験主義とクワインのホーリズムの結合である（いずれも第3章で議論した）．ファン・フラーセンのように，科学の目的は正確な記述を提供する——現象を救う——ことであり，科学理論は説明するかもしれないが，その説明的役割は認識的には不毛だ．科学的説明は純粋にプラグマティックな（あるいは構成主義的かレトリックとしての）役割のみを果たし，そうした説明に含まれる理論の認知的あるいは認識的価値とは何の関係もない．説明は応用経済学に格下げされ，当該の理論の経験的適切さと全く関係ない一方で，純粋経済理論はその記述的適切さ——認識論的評価——に基づいて評価されるべきである．クワインのように，彼らの経験主義は自然主義であり反基礎付け主義である．第一哲学は存在せず，特定の言明の意味はそれが我々の信念体系全体において他の言明とどのように結びつくかによって決定される．それは経験主義——実際のところかなり極端な経験主義——であるけれども，経験主義的基礎付け主義に対する現代的な批判の多くを受け入れている．

ボイランとオゴーマンは経済学方法論の他のアプローチ——ローソン，マキ，およびマクロスキー——を批判するだけでなく，主流派経済理論に対する既存の批判，とりわけニコラス・カルドアの批判を解くことに，因果ホーリズムを用いた（Boylan and O'Gorman 1995, 1997b）[42]．因果ホーリズムが経済学方法論の他の議題の分析に有用なのか，また支持者を集めることができるのかどうかはまだわからない．今のところ，それは二人だけのショーだが，品格高い経験主義が反基礎付け主義の嵐の中を生き残り，ポスト基礎付け主義の経済学方法論に何らかの貢献ができることを示している．

7.4 認知的および意味論的テーマ

この最終節では，これまでの分類に当てはまりにくい近年の経済学方法論分野を2つ議論する．第1に，ミクロ経済学や合理的選択理論を体系的に批判するために素朴心理学（第4章の末尾を参照）批判を取り入れたアレクサンダー・ローゼンバーグの研究をあつかう．第2の話題はより多面的な研究動向であり，経済モデルという概念や，経済モデルが観念化や抽象化という概念とどう関連するかを分析する多様な試みをあつかう．

7.4.1 意図性，素朴心理学，経済学

アレクサンダー・ローゼンバーグは，ダニエル・ハウズマンと同様に，経済学者の理論活動を理解することにキャリアの多くを費やした哲学者である．ローゼンバーグの最初の著作——『ミクロ経済学の法則』（Rosenberg 1976）——は，ミクロ経済理論の認知状態を考察したが，かれの代表的論考が示されたのは後年の著作においてであった．この代表的論考——経済理論についてのローゼンバーグの**主要な哲学的問題**に関する基本的主張——は，1970年代後期から1980年代初頭（Rosenberg 1980a, 1980b, 1983 など）に示され，のちの数多くの著作でも展開された（Rosenberg 1989, 1992, 1994b, 1995a, 1995b, 1998 など）．ローゼンバーグは，この論考の含意や中心的問題の重要性について意見を変えることもあったが，かれの議論の基本的特徴は変わっていない．ローゼンバーグは，生物学の哲学に関しても研究している（Rosenberg 1985b, 1994a）．経済学と生物学は同じ認知的な長所・短所を多く共有していると考える哲学者もいるが，ローゼンバーグは，この2つの学問に異なった評価を下しており，多くの場合正反対の議論をしている．

ローゼンバーグの哲学的枠組みは基本的に，本章で論じたほかの論者と異なり，「定説」の枠内にある．科学法則や科学的因果性に関するかれの概念は，ヒューム的伝統に属する経験主義であり，科学的説明は，演繹的・法則的モデルのように被覆法則への包含として定義される．理論負荷性や過小決定性などにともなう問題は存在するが，そのような問題は，近代の合理的・科学的な生の営みの根幹をなす哲学的枠組みを放棄したり，大きな修正を加えたりすることを必要とするほど重要な問題ではない．主流派の科学哲学は，有効な（あるいは少なくとも有用な）科学理解——自然科学の大部分と整合的な科学理解——を有しており，経

第7章　経済学方法論の近年の発展　**327**

済学の哲学で必要な問いはたんに，経済学がこの科学理解に適合しているかどうかであり，もしそうでないのなら，なぜなのかというものである[43]．

ローゼンバーグは，第一の問いに対して否定的に答える．**経済学は，自然科学を特徴づける経験的前進を示していない**．経済学者の経験的予測は，数が少なく，まったく具体的ではなく，あまり正しくもない（経済学は「予測において劣っている」．Roserberg 1992, p. 56）．経済予測は，一般的にすぎるし定性的にすぎる（「せいぜいのところ一般的な予測しかできない」．Roserberg 1992, p. 69）．理論は，社会政策の根拠としては信用できない（「『危機』にある経済理論という評判をもたらしたのは，ミクロ経済学とマクロ経済学の予測の信頼性に政策決定者が不満を募らせた故であった」．Rosenberg 1992, p. 67）．そしてローゼンバーグにとってもっとも重要なことに，経済学の経験的予測は，これまで一貫した改善を示していない（「十分な」予測力を有していないし，「たとえばマーシャルのときよりも高い予測力を獲得したようには思われない」Roserberg 1992, p. 67）．ローゼンバーグは，自然主義的なひねりを加え，「経験主義的認識論を信奉している」（Rosenberg 1992, p. 18）経済学者に従っているにすぎないと示唆したが，この言及にもかかわらず，かれの立場は一般的に（哲学者が先導役を果たすという）主流派の伝統のなかにある．かれは，「予測の成功に関する長期的改善が，知識の提供を公言する学問にとって必要な結果である」（Rosenberg 1992, p. 56）という規範的な哲学的主張を提示し，経済学はこの基準から大きく外れているという経験的判断を下している．

良い科学に必要な，正しい経験的予測が経済学にはできないという議論は，経済学に関するありふれた批判である——反証主義者の批判（ブローグなど）と非厳密性に関する議論（ハウズマン）はどちらも実質的にはこのような批判である——が，ローゼンバーグは，この理由について独特な説明をしている．ローゼンバーグは，経済学の失敗を，経済学を含む多くの社会科学のもつ特徴に帰着させている．それは，これらの学問が，**信念，行動，欲求という人間の意図に基づく説明的枠組みに基づいている**ということである．経済学的説明は，経済主体が（価格，所得，費用，期待，その他の制約条件に関する）信念と（効用，利潤などの）欲求を持っており，行動（振る舞い）は，制約のもとで合理的に欲求を満たそうとする（通常，欲求を最大化しようとする）ことの結果として説明できるという議論に基づいている．この説明的枠組みにおいては，**理由が原因なのである**．信念と欲求という意図に基づく枠組みのもとでは，経済主体には行動のため

328

の理由が存在し，そのような理由は，主体の行動の因果的説明のために用いられる．そのような信念（belief），行動（action），欲望（desire）に関する説明（以下ではBAD）は，**素朴心理学**に関する節（第4章）で論じたが，これは，ローゼンバーグによれば，あらゆる経済学の説明や，他の多くの社会科学の説明の基礎となっている．「経済主体は，もっとも好ましい選択肢を獲得するように行動するという主張は，かなり明確に，この素朴心理学原理の単純な応用である」（Rosenberg 1995a, p. 119）．

　このBADに基づく説明枠組みの単純なものは，ローゼンバーグの［L］として示される．

　　「［L］主体 x が d を欲求し，現在の状況において a が d を実現するための手
　　段であると信じるなら，x は a を実行する．」（Rosenberg 1995a, p. 31）

　［L］は本質的に，合理性原理を用いたポパーの社会科学に関する状況分析枠組みと同一であることに注意しよう．どちらの枠組みにおいても，欲求と，その欲求を満足させる方法に関する信念を前提とした適切な行動が存在し，説明は，全ての主体が適切に行動するという「被覆法則」に依拠する．つまり，x は「現在の状況のもとで d を実現するための手段」（おそらく最善の手段）を実行するというものである[44]．そのような枠組みが経済学におけるあらゆる説明を捉えているという，ローゼンバーグの主張を信じないとしても，**個人の行動に関するミクロ経済学上の説明**の多くで採用されている基本的説明枠組みを捉えているのは確かであり，そのようなミクロ的基礎に基づく集計的現象の説明にも表面上は用いられる．明らかに，多くの経済学者がこのような方法で物事を説明するのであり，また明らかに——消去的唯物論とポパーの状況分析に関する議論で明らかなように——この説明枠組みに関連した多くの問題がある．ローゼンバーグは，数多くの問題について議論しているが，ここでは，もっとも重要だと思われる4つの点について触れる．

　第1に，**無限後退**あるいは循環性の問題がある．［L］を用いるためには，人々が何を信じているかを知っていなければならない．何を信じているかを知るための明白な方法は，人々にそれを尋ねることであるが，これは，潜在的に無限の後退への扉を開く．人々に訊いたかれらの信念と「本当の信念」が同じものであると考えるためには，［L］のような枠組みを前提としなければならない．すなわち，人々は本当の信念を申告する欲求を持っており，この欲求を満たすため

の最善の方法が真実を述べることである，とかれらは信じている．そのため，かれらは正直にかれらの信念を申告する．我々は通常，[L] を前提に発話行為を解釈するので，枠組みを検証する際には，その枠組みをあらかじめ前提とすることになる．この結果，科学的説明枠組みとしての [L] に関して，潜在的な悪循環が生じる．

> 「行動を説明するためには，[L] に則って，その行動を生み出す信念と欲求を特定する必要がある．この信念と欲求を正確に特定するためには，さらに別の信念と欲求について知らなければならない．もし，そのためにさらにまた別の欲求と信念について知る必要があるのであれば，当初の問題がふたたび生じてくる．我々はここで，当初の説明に対する疑問に答えることに関してほとんど前進していないのである．」(Rosenberg 1995a, p. 39)

第 2 の問題は，**理由と原因**の間の論理的関係である．被覆法則的枠組みの範囲において，理由は，行動をもたらすかぎりにおいて説明因子となるが，多くの場合，主体は，ある行動を行う完璧な理由がありながら，その理由は最終的な行動の原因ではない．ローゼンバーグ（Rosenberg 1995a, pp. 34-5）の例では，1 日 10 キロメートル走る人が取り上げられる．この人が走る理由は，それが「健康によい」というもの——この人が信じており，正直に表明する完璧な理由——であるが，「本当の理由」は生理学的なものであると考えることができる．つまり，この人は，走っている時に放出されるエンドルフィンの中毒であると考えることができる．適切な理由もあるが，それは，行動の原因ではない．この例は経済学からかけ離れているように思われるかもしれないが，重要な点を示している．理由を示すことは，それがたとえ適切な理由であっても，原因を特定するのと同じことではない．あるタイプの理由は原因となる**かもしれない**——法則的に，その理由がある行動をもたらしたと示すことが可能である——と認めたとしても，理由を示すことと本当の原因因子を特定することの間に必然的な関係はない．

第 3 の問題は，ポパーの合理性原理に関する節で論じた．人々が適切に行動する——目的を達成するための手段だと人々が信じる方法で——という「法則」はきわめて疑わしい．被覆法則にもとづく説明における法則としては，人々が適切に行動するという法則は，誤りであるか，反証不可能であるかのどちらかであると思われる．「適切さ」が厳密に定義される——例えば，コブ・ダグラス型効用関数の最大化——なら，これは一般法則としては誤りである（この一般法則の反

例となる人々はつねに存在する）．対照的に，大まかに定義される——例えば主体にとって「都合が良いと思われる」というように——なら，これは反証不可能である（どのような行動であってもそのように捉えることができる）．この問題はもちろん，一般的科学法則の経験的検証に関する標準的な過小決定性の問題とは別の問題である．

第4の論点は，第4章の末尾で論じた，素朴心理学に対する消去的唯物論の批判である．**信念と欲求という人間の意図に関連する語彙は，世界に関する科学的に重要な特徴を捉えていない**．あるいは，「自然を関節で切断して」いない[45]〔食肉解体に基づく表現．本当に重要な側面を捉えていないという意味〕．素朴天文学や素朴物理学のように——成熟した神経科学の語彙とは違って——，そのような語彙は，科学以前の概念と同じように歴史のゴミ箱に捨て去られるべきである．

「経済学者の，経済行動に関する改善可能な法則をみいだす試みにおける問題の真の源は，心理学の哲学における，常識哲学や認知哲学における意図に関する変数を理解する試みにおいて明らかになった．『信念』や『欲求』——一般の人々や社会科学が人間行動に関する原因と結果を考えるときに用いる用語——は，『自然の性質』を捉えていない．それは，関節で自然を切断していない．（中略）我々の意図に関する語彙のため，現在の予測能力以上に，意図にもとづく行動の説明を改善できると期待できない．しかし，われわれの意図にもとづく理論の予測能力は，プラトンのときより上回っていない．」（Rosenberg 1994b, p. 224）

ローゼンバーグの基本的主張は，BAD 的説明枠組みが現在の経済学の認知的困難の究極の原因であり，経済学の過去の経験的成果が必ずしもよくないし，着実に改善もしていない理由を説明しているというものである．経済学は，〔L〕の形式の説明に依存しており，その説明枠組みは，乗り越えがたい困難を抱えている．このため，経済学は当然ながら，予測的科学として失敗する．基本的説明枠組みが不十分であれば，どうして経済学がうまくいくことがあろうか．

「いずれにせよ，個人の行動に関する経済理論の想定が，予測能力が向上するように，改善されたり，訂正されたり，明確にされたり，具体化されたり，条件づけられたりしてこなかった理由を，我々は説明することができる．このようなことはそもそも経済学には不可能なのである．経済理論の根本的な説明変数の意図性によって，そのような改善が妨げられている．」

（Rosenberg 1992, p. 149）

　ローゼンバーグは一貫して，［L］や経済学に関して批判的な立場を維持したが，（改善可能な経験科学としての失敗を前提として）経済理論に何ができるかに関して異なる推測をしている．すなわち，彼の論文のタイトルにあるように，「経済学は科学でないとすれば何なのか」（Rosenberg 1983）．ローゼンバーグの主要な 2 つの回答は，「応用数学」と「社会契約論的政治哲学」である．応用数学という表現は，確かにローゼンバーグに限ったものではない．他の多くの論者も，経済学は，合理性に関する特定の抽象的定義からの数学的含意を推論する知的活動でしかないと論じてきた．その一方，社会契約論的政治哲学という呼び方は，比較的珍しい．ローゼンバーグの論拠は，近年，多くの政治哲学者がワルラス的一般均衡理論の分析枠組みを採用しているため，「社会制度として市場を採用する最善の社会契約論的根拠」（Rosenberg 1992, p. 220）の一部となっているということである．このように経済理論はいまや，「社会契約論的政治哲学の研究プログラムにおいて重要な構成要素であり，（中略）どのような経済制度が，契約に加入する主体から合意を得られるかという問題への厳密な考察の一部」となっている（Rosenberg 1992, p. 220）．言うまでもなく，以上のようなかれの経済学の捉えかたに賛成しなくても，［L］と経済学に関するローゼンバーグの批判を洞察にあふれたものとみなすことはできる（ローゼンバーグの著作を冷静に読めば，事実記述的な議論よりも，批判的分析のほうにはるかにより多くの労力を割いているように思われる）．

　紙幅の制限から，経済学の窮状やその理由に関するローゼンバーグの分析に対する多くの批判をここで詳細に議論するのは不可能であるが[46]，そこで提起された 2，3 の論点について以下で言及する[47]．第 1 に，ローゼンバーグの議論は，**個人の行動に関するミクロ経済学的**説明に関してもっとも説得力がある．問題はもちろん，経済学にはマクロもあり，ミクロの分野においても，研究対象が（排他的に）集計的な**市場の現象**であることもしばしばあるということである．経済学者の科学的活動の大部分は，実際には計量経済学や記述統計の分析であるということも考え合わせれば，たとえ個人のミクロ経済学的行動に関して同意するとしても，ローゼンバーグの経済学に関する一般的主張は頓挫する．別の問題として経験的予測がある．ローゼンバーグは基本的に予測の失敗を前提としている．経済学を，著名な学術誌で掲載される最先端の研究ではなく，実際の経済学者の

332

言動として大まかに定義するなら，この「失敗」は，ローゼンバーグが言うほど大きいものではないかもしれない．もちろん，応用経済学者が，ローゼンバーグが想定するよりも良い予測の成果を生み出していたとしても，そのような応用的研究と経済理論の厳格な研究との関係という重大な問題が存在する．第3の，そしておそらくこれまでの章の議論に最も関連性のある問題は，ローゼンバーグの従来的な哲学的枠組みである．かれの関心は哲学的な規則制定であり，現代の科学論の大部分を無視した規則制定であると思われる．ローゼンバーグにとって，法則，因果性，検証，説明などに関する主流派科学哲学の視点にはなんら問題はない．問題は経済学（あるいは［L］社会科学一般）のほうにある．知識に関するより急進的な見解——自然主義，ネオ・プラグマティズム，構成主義など——以外に，［L］説明を非科学的と決めつけないで，ローゼンバーグがかれの認識論的基礎を大部分維持することを可能にするようなより保守的な立場も存在する．被覆法則モデルよりも柔軟で，相対主義の蟻地獄に踏み込まなくてもよいような，**科学的説明**を捉える方法も存在する[48]．最後に，付随性（第4章を参照）や道具主義的反応（たとえば Dennett 1978）のような，素朴心理学批判への多様な反応がある[49]．素朴心理学に関する研究は多数存在し，消去的であるのはそのうちわずかしかない．BAD 的説明の科学的有効性に対する弁護は，ローゼンバーグの議論を経由して，個人の行動に関するミクロ経済学的説明の弁護になった．

　これらの批判にもかかわらず，経済学（少なくとも個人の行動の理論としての経済学）の困難に関してローゼンバーグに説得力があったのは明らかである．ローゼンバーグはまた，経済学批判の議論をもちいて，心理学の哲学や，より一般的に社会科学の哲学における論争に加わり，これらの分野や経済学方法論のあいだでの交流を活性化させた．ローゼンバーグは明らかに，近年の経済学方法論における議論に疑問を投げかけたが[50]，現在時点では，ローゼンバーグの研究がより一般的に方法論の分野にどのような影響を及ぼすかは明らかではない．今の時点で明らかだと思われるのは，重要な交流が始まったということである．心理学の哲学の概念が経済学方法論に流入したり，心理学や意思決定論や政治理論や政治哲学などの分野の論争における経済学の役割が変化したりする可能性がある．

7.4.2 抽象，孤立化，モデル論

　本章はすでに非常に長いが，この最終節では，経済学における抽象化，孤立化，

モデルの役割を考察した近年の研究を紹介したい．氷山の一角でしかないが，3つの視点について議論する．すなわち，いわゆる構造主義（とそれに関連するポズナン）アプローチ，マキの孤立化に関する研究，メアリー・モーガンの経済モデルに関する最近の研究である．読者は，他の視点やこれら3つの見解に関するより詳細な考察を行なった文献を参照する必要があるであろう．

科学理論の構造主義的見解は，パット・スピス（Pat Suppes 1957, 1961）の「西海岸」モデル論（Diederich 1996, p. 15）に端を発するが，この研究プログラムは，ヨーロッパ大陸，特にドイツの科学哲学と関連が深い．初期の重要な研究は，ジョセフ・スニードの『数理物理学の論理的構造』（Sneed 1971）とヴォルフガング・シュテグミュラーの『理論の構造とダイナミクス』（Stegmüller 1976）である．構造主義プログラムへのその他の重要な貢献には，シュテグミュラー（Stegmüller 1979），バルザーとモウリネスとスニード（Balzer, Moulines, and Sneed 1987），バルザーとモウリネス（Balzer and Moulines 1996）がある[51]．科学哲学の他のアプローチの多くとはちがって，スニードとシュテグミュラーの構造主義は，ほぼ当初から，経済学への応用に強い関心を示していた．これは，経済理論の基礎に対する真剣な関心があったからでもあったが，経済学が構造主義的アプローチに特に親和的であったという理由も考えられる．というのも，構造主義は，科学理論の論理構造を集合論で「再構成」するという観点であり，現代の経済学（ワルラス的一般均衡論や形式的マルクス＝スラッファ・モデル）の数理的枠組みはこのような再構成に特によく適していたからである．経済学に対する構造主義の適用には以下のような研究がある．シュテグミュラーとバルザーとシュポーン（Stegmüller, Balzer, and Spohn 1982）所収の16本の論文，バルザーとハミンガ（Balzer and Hamminga 1989）所収の論文の大半，ハミンガとデ・マーキ（Hamminga and De Marchi 1994）所収のうちの2, 3の論文，バルザー（Balzer 1982, 1985），デ・ラ・シエンラ（De la Sienra 1992），ハミンガ（Hamminga 1983, 1990），ヘンドラー（Händler 1980a, 1980b, 1982），ハンズ（Hands 1985c, 1985d），ハズリンガー（Haslinger 1983），クオッカネン（Kuokkanen 1993），ラインフェルナー（Leinfellner 1983），パースとトゥッチ（Pearce and Tucci 1982），レカート（Requate 1991），ビルクス（Vilks 1992）である[52]．

構造主義プログラムは，7.2.1節で議論された，理論の意味論（モデル論）的見解の一変種である．ハウズマンの意味論的見解と同様に，構造主義は，科学理論

を命題としてではなく，定義を与える述語とみなす．ハウズマンとの違いは，構造主義にとって，この述語は完全に**集合論で表されなければならない**ということである．構造主義は，科学理論を命題ではなく**構造**，つまり，ある体系的な論理的関係によって経験的主張と関連づけられるような構造として捉える．この論理的関係を特定すること——この関係を明らかにするような方法で理論を再構成すること——が，構造主義アプローチの主要な目標である．関係は，理論の近似，とくに**集合論による**近似によって明らかにされ，（再構成された）科学理論によって定義された述語は集合論上の存在となる．構造主義的解釈のもと，ケインズ理論が「〜はケインズ的経済である」（以下では「〜はKである」）という述語を定義するのであれば，「AはKである」という文は，集合Aに関して真か偽かが評価できる．

「〜はKである」という述語が真である集合の要素は，ケインズ理論という理論の**モデル**である．したがって，ある経済Aがケインズ理論の公理を満たすなら——「AはKである」が真であるなら——，Aは**ケインズ理論のモデルである** [53]．構造主義的語彙において次に重要なのは，**潜在的（可能的）モデル**という概念である．ケインズ理論の可能的モデル（あるいは潜在的モデル）は，その理論を適用することがある程度，理に適っているような事例である．つまり，「〜はKである」がおそらく真でありうるような事例である．潜在的モデルは，当該理論と十分な構造的類似性があり，「おそらく」モデルであると呼んで差し支えないような事例である．ケインズ経済学の例で言うと，「1960年のアメリカ経済」はケインズ理論の**潜在的モデル**である——この命題は，真であるかもしれないし，そうでないかもしれないが，十分な構造的類似性があるので，問いとして立てることは理に適っている．対照的に，「私のコーヒーカップ」や「コンピュータソフトウェア産業」は，ケインズ理論の潜在的モデルではない．より厳密には，潜在的モデルとは，その理論の言語で特徴付けられる集合論的存在である．つまり，おそらくモデルでありうる諸事例である．したがって，理論Tのモデルすべてを含む集合が$M(T)$として与えられるなら，そして潜在的（あるいは可能的）モデルの集合が$M_p(T)$として与えられるなら，$M(T) \subseteq M_p(T)$という関係が成立する．一般的にいって，特定の理論Tを扱っている科学者は，$M_p(T)$の要素だけを考察する．この科学者の経験的活動は，$M_p(T)$の各要素が$M(T)$の要素でもあるかどうかを調べることであろう．

$M(T)$ と $M_p(T)$ はどちらも，必ずしも非数理的要素を含まないことは指摘できる．理論，およびその潜在的モデル（とモデル）は，純粋に数理的存在のみで構成されうる．確かに，「たんに数理的骨格だけではなく」（Stegmüller 1979, p. 13）科学理論を描写しようとするなら——あるいは別の言い方をすれば，ブルバキを超えて構造主義科学哲学に到達するためには——それ以外のものも加えなければならない．科学への到達は，**部分的潜在的（あるいは可能的）モデル**という概念によって試みられた．部分的潜在的モデルとは，**理論的用語を取り除いた潜在的モデル**であり，これは，構造主義的観点での理論負荷性問題，すなわち**理論的用語問題**（Sneed 1971, p. 38; Stegmüller 1978, p. 43; 1979, p. 21）を解決するために導入された．構造主義は，「T の理論性」に関する定義を示し，M_p の要素の記述から T の理論的用語を「捨て去っ」（Stegmüller 1979, p. 22）たり，「切り落とし」（Sneed 1971, p. 166; Stegmüller 1979, p. 25）たりすることによって**潜在的モデルの集合**（M_p）から**部分的潜在的モデルの集合**（M_{pp}）を導いた．したがって，M_{pp} の各要素（各 $x \in M_{pp}$）は，おそらくこの理論のモデルとなりえるし，かつ，T の理論的用語を使わずに記述することができる．部分的潜在的モデルという概念によって，科学理論の経験的目的に近づくことはできるが，そこに到達することはできない．特定の要素 x が，実際に集合 $M_{pp}(T)$ の要素でありうる——したがって，T に関する潜在的モデルとなりうるほどの構造的類似性を有し，T の理論的用語を伴ってもいない——が，依然として抽象的な数理的実体（方程式体系のような）である．最終的な科学との接点は，**対象応用例集合**によって生み出される．対象応用例集合（I）とは，この理論が対象としている具体的な実体（純粋に数理的な実体とはちがって）の集合である．どのような科学理論も，「その理論を利用する研究者が，その理論を適用しようとする現実の体系を包含する**対象応用例の集合 I**」（Balzer 1998, p. 450）を持っている．集合「I は，M_{pp} の部分集合だと想定される」（Balzer 1998, p. 45）．言い換えれば，I の要素は，M_{pp} の要素と同じ構造を持っていなければならない（つまり，$I \subseteq M_{pp}$）．I に含まれる具体的存在——経済理論においては，企業や消費者や実質国内生産や利子率のような物ごと——は，M_{pp} の T の理論的用語ではない用語によって規定しなおされなければならない．対象応用例の集合がなければ，たんに抽象的な集合論的構造のみが存在する．対象応用例の集合があれば，科学理論の集合論的再構成が可能となると構造主義者は主張する．

以上の議論をすべて組み合わせれば，科学理論 T は順序対 $\langle\!\langle C, I\rangle\!\rangle$ として表される．ただし，C は科学理論の**コア**であり，I は対象応用例の集合である．コアは，モデル集合，潜在的モデル集合，部分的潜在的モデル集合からなるので，最終的な表現は，

$$T = \langle\!\langle C, I\rangle\!\rangle = \langle\!\langle M, M_p, M_{pp}, I\rangle\!\rangle$$

となる．集合 M, M_p, M_{pp} は，理論 T の**本質的構造的**な特徴を捉えており「x は P である」（ただし，P は T によって定義される述語である）という根本的述語を定義する．コア C は対象応用例集合 I と，$I \subseteq M_{pp}$ によって関係付けられる[54]．

以上より，科学理論の論理的構造とその経験的主張との関係に関する構造主義的観点を明示的に述べることができる．$T = \langle\!\langle C, I\rangle\!\rangle$ という理論は次のように経験的主張を行う．どの $x \in I$ においても，x が T のモデルとなるように x の記述に加えることのできる T の理論的用語が存在するとき，かつその限りにおいて，「x は P である」（ただし，P は T によって定義される述語である）といえる．$I \subseteq M_{pp}$ であるので，すべての $x \in I$ に関して $x \in M_{pp}$ であるが，M_{pp} の要素は，M_p の要素から理論的用語を「切り落とす」ことによって定義されているので，もし理論的用語を「付け直す」ことができる（x を理論的に補強することができる）なら，$x^* \in M_p$ であるような x^* を得ることができる．もちろん，$M \subseteq M_p$ であるので，$x^* \in M$ であるかもしれない．つまり，理論的に補強された I の要素は，実際にこの理論のモデルであるかもしれない．$x^* \in M$ となるような補強が可能であるなら，「x は P である」という経験的主張が真実であり，x は科学理論 T の具体的応用例であるといえる．構造主義は他にも，漸進的および革命的理論変化の**相互関係**について議論しているが（Kuhn 1976; Stegmüller 1978, 1979），構造主義の，科学理論の集合論的再構成という基本的概念を示すのに，以上の議論で事足りるであろう[55]．

経済理論の構造主義的再構成とはどのようなものであるかを理解するために，一例を挙げるのがおそらく最善であろう．以下の事例は筆者自身（Hands 1985d）のものであり，これが特に優れた構造主義的再構成であると主張するつもりはないが，例示としては十分であろう[56]．

N 種類の財と H 人の個人（あるいは家計）からなるワルラス的純粋交換経済を考えてみよう．そこでは，財には，$i = 1, 2, \cdots, n$，個人には $h = 1, 2, \cdots, H$ という

第 7 章　経済学方法論の近年の発展　　337

添え字が付与される．各個人 h は，予算集合 $B^h(p) = \{x \in R_+{}^n \mid p^T x \geq p^T \omega^h\}$ （ただし，$\omega^h = (\omega_1{}^h, \omega_2{}^h, \cdots, \omega_n{}^h) \in R_{++}{}^n$ は h の初期保有であり，$p = (p_1, p_2, \cdots, p_n) \in R_{++}{}^n$ は価格ベクトルである）の制約のもとで，典型的な効用関数 $U^h : R_+{}^n \to R$ を最大化する．効用最大化は，以下の個人 h の需要関数を生み出す．

$$x^h(p, \omega^h) = (x_1{}^h(p, \omega^h), x_2{}^h(p, \omega^h), \cdots, x_n{}^h(p, \omega^h))$$

需要関数の初期保有の変数を消去し，すべての個人に関して足し合わせれば，財 i に関する市場超過需要 z_i が以下のように与えられる．

$$z_i(p) = x_i(p) - \omega_i = \sum_{h=1}^{H} x_i{}^h(p) - \sum_{h=1}^{H} \omega_i{}^h(p)$$

超過需要関数は，$z(p) = (z_1(p), z_2(p), \cdots, z_n(p))$ によって与えられる．狭義に正の一般均衡価格ベクトルは，すべての $i = 1, 2, \cdots, n$ に関して $z_i(p^*) = 0$ となるような $p^* \in R_{++}{}^n$ である．

市場超過需要関数を根本的概念と解釈するなら，純粋交換経済の潜在的モデル集合（M_p）に関する次のような定義を示すことができる．

定義 D1：もし n, N, z, p, D からなる構造が以下を満たすのであれば，x は純粋交換経済の**潜在的モデル**である（$x \in M_p$）．

1. $x = \langle\!\langle n, N, z, p, D \rangle\!\rangle$
2. $N = \{1, 2, \ldots, n\}$ であり，n は正の整数である
3. $D \subseteq R_{++}{}^n$
4. $p \in D$
5. $z : D \to R^n$，ただし z は連続関数である

科学理論の構造主義的観点によれば，潜在的モデルとは，理論が当てはまるかもしれない物ごとのことであった．その一方，理論のモデルは，実際に理論の公理を満たす構造である．純粋交換経済には 2 つの公理があり，以下のように定義できる．

定義 D2：もし n, N, z, p, D からなる構造が以下を満たすとき，x は純粋交換経済の**モデル**である（$x \in M$）．

1. $x \in M_p$
2. すべての $p \in D$, およびすべての $\lambda > 0$ に関して, $z(p) = z(\lambda p)$
3. すべての $p \in D$ に関して, $p^T z(p) = 0$

条件2は, 超過需要関数がゼロ次同次であることを示しており, 条件3はワルラス法則を示している. 前者は, 相対価格のみが意味を持つということを示唆しており, 後者は, すべての超過需要の価値の和は, どのような価格ベクトルにおいても (p^* 以外においても) ゼロとなることを意味している. 構造主義アプローチのもとでは, $M \subseteq M_p$ であることに注意が必要である.

D1 も D2 も効用や効用最大化には触れていないが, ドブリュー (Debreu 1974) の結果は, $x \in M$ であれば n 人の取引参加者の集合があり, その各個人が典型的な効用関数を持ち, それゆえこれらの取引参加者の効用最大化の選択が超過需要関数 z をもたらすということを保証する. これは定理として示すことができる.

定理 T1：すべての $x \in M$ において, 典型的効用関数の最大化が z を生み出すような n 人の取引参加者の集合が存在する.
証明：ドブリュー (Debreu 1974)

もちろん, 一般均衡価格ベクトルの存在が, 純粋交換経済のもっとも重要な定理であり, これが第2の定理である.

定理 T2：すべての $x \in M$ において, $z(p^*) = 0$ となるような p^* が存在する
証明：標準的な存在証明 (例えば, アローとハーン [Arrow and Hahn 1971, p. 28])

もちろん, 別の定理を示したり, この構造主義的再構成を, 一般均衡理論の最盛期 (1950年から75年) の多様なモデルと関連づけたりすることは可能であるが[57], ここでの目的は, 経済理論に関する構造主義アプローチの応用例を示すことである. 数理経済理論を構造主義に則って再構成することがきわめて実現可能な作業であるのは明らかであろう. 純粋交換経済の多様な再構成が示すように, その数理的特徴から多くの経済理論は, 構造主義的研究にとって肥沃な土地だと言える.

純粋交換経済を再構成すると, 経済理論に対する構造主義の応用には大きな問題があることが明らかになる[58]. その問題とは, 集合論的再構成が, (たんなる

ブルバキ数学の一要素ではなく）構造主義的科学哲学の一要素である理由は，対象応用例集合（I）にあるが，高度な数理経済理論にそのような**集合が存在するかどうかはまったく明らかではない**ということである．例えば，上記の再構成では集合Iは触れられてすらいないし，さらに，Iを部分集合としてもつ部分的潜在的モデル集合（M_{pp}）にも言及していない．集合Iは「ニューヨーク証券取引所」や「シアトル中心街のパイクプレースマーケット」のような事例を含むと提案することはできるが，Iの構造主義的定義を前提とすればこれはきわめて難しい主張である．$I \subseteq M_{pp}$であり，M_{pp}は，D1で定義された潜在的モデルから純粋交換経済の理論的用語を「切り落とす」ことによって定義された．超過需要関数は純粋交換経済の理論的用語であるので，非理論化されたのちにM_pに何が残るかはまったく明らかではないし，どのようにして，ニューヨーク証券取引所やシアトル中心街のパイクプレースマーケットのような物ごとが，切り落とされた部分集合M_{pp}と共通した構造を持ち，M_{pp}の任意の部分集合に含まれるかはさらに不明瞭である．この問題は，この再構成や一般均衡理論に固有の問題ではけっしてない[59]．構造主義の研究者の側でも，この点に関して疑問が呈されてきた．たとえば，バルザーは，「経済学では，純粋交換経済の標準的事例として経済学者のあいだで一般的に受け入れられている現実の具体的体系を1つも挙げることはできない」（Balzer 1982, p. 41）と述べており，ヘンドラーは，多くの経済理論は純粋理論であり，そこでは「純粋理論は現実について語ることを意図していない」のであり，たんに「現実には存在しない可能的世界のイメージ」（Händler 1982, p. 75）であると論じている．

　対象応用例を捉える1つの方法は，経済理論が**観念化をともなう**ということを認めることである．経済理論は，対象領域（「対象応用例」に関する大まかな定義のもとでの対象応用例に含められるような物ごと）のなかでの事物を，せいぜい近似的に，厳密ではない形で描写しており，したがって理論とその対象応用例のあいだには，構造主義的観点にとって必要な，還元的な集合論的関係が成立しない[60]．観念化の重要性を理解したうえで，いわゆる**観念化に対するポズナン・アプローチ**，とくにポーランド人学者のレシェク・ノバック（Lezek Nowak）の議論に入るのが適切であろう[61]．ノバック（Nowak 1980, 1994）は，科学における観念化の役割という問題を，構造主義的枠組みに一般的に親和的な形で議論しただけでなく，かれの分析は，ある特定の経済理論の観念化に焦点を当てた．その経済理

論とは，マルクスの『資本論』である．

　ポズナンの観念化をここで詳細に考察することはできないが，主要な論点を述べることは容易である．ノバックらによれば，科学理論は，科学法則の本質（マルクスの『資本論』第1編における投下労働価値説のような）を孤立化させるために，（乱雑で，現実的な）具体的な事例から不要な部分を体系的に捨象し，理想化しているのであり，そしてそののちに，基本理論のより具体化されたバージョンを得るために理想化条件を緩めていく（マルクスの第3巻のように）のである．

　　「大まかに言って，ノバック（Nowak 1980）は，科学が相殺的な諸力を抽象した（ノバックは**観念化**という用語を用いた）単純なモデルから出発すると主張した．次のステップは，当初の抽象をより現実的な想定に段階的に置き換えることである．ノバックは，**観念化命題**を，自然界に存在する条件に置き換えることについて**具体化**という用語を用いた．すべての観念化命題が取り除かれれば，完全に具体化されたモデルが得られる．」（Janssen 1994, p. 101, 強調原文）

　経済理論が「完全に具体化されたモデル」に到達することができるかどうかは，明らかに議論の余地のある問題であるが，あるタイプの観念化が経済学において行われているのは確かであり，おそらくこの枠組みによって，経済学者の考え方におけるこの重要な側面を論じる手がかりをつかむことはできるであろう．ポズナン・アプローチは，経済理論を再構成するという，一般的構造主義の目標によく適合するのも明らかである．

　　「この観点では，理論の再構成は，第1に，適切な理想化条件を見出し，第2に，科学者が成功裏に理想化条件を取り除くことによって法則を『具体化する』方法を考察し，そして第3に，その理論が成立すると科学者が信じる，理想的で仮想的な存在と，理論が究極的に対象としている現実の存在とのあいだの関係を考察することである．」（Balzer and Hamminga 1989, p. 2）

　観念化のようなプロセスが経済学を理解するうえできわめて重要であると主張する一方，ポズナン・アプローチの細かな点に反対しているのが，ウスカリ・マキ（Mäki 1992d, 1994b, 1996b, 1998e）である．マキにとって，真に重要な概念は，**孤立化**であり観念化ではない．孤立化は，大まかに言って分離のプロセスであり，世界を2つの別個の部分集合や領域に切り分けるものである．

　　「**孤立化**において，何らかの存在の集合Xは，他のあらゆるものの集合Yと

の関わりや影響から『遮断』される．X と Y が合わさると，世界全体を構成する．X の Y からの分離によって，X の各要素間での相互連関を示すことになる．X を**孤立化領域**，Y を**排除領域**と呼ぶことにしよう．」（Mäki 1992d, p. 321，強調原文）

マキの観点では，**抽象**は孤立化の 1 タイプである．「普遍的なものやおよそ普遍的なものを特定の例示から孤立化させる」（Mäki 1992d, p. 322）とき，抽象，あるいは抽象的孤立化が生じる．例えば，「アイオワ産小麦に関する昨年の国内市場」のような具体的事例ではなく「競争市場」を論じることには，抽象が必要となる．そのような抽象レベルの変化をともなわない孤立化——「抽象レベルが一定のままの」孤立化（Mäki 1992d, p. 322-3）——は**水平的孤立化**と呼ばれ，抽象レベルの変化を伴うものは**垂直的孤立化**と呼ばれる．観念化は，水平的孤立化を実行するための 1 つの方法である．**観念化**は，何らかのパラメータの値を 0 か無限大に設定することによる水平的孤立化であり，経済学の事例では，商品の無限分割可能性や，競争的企業の完全弾力的限界収入曲線や，取引費用がない状態などが当てはまる．抽象の反対，つまりより低い抽象レベルへの移行のプロセスは**具体化**と呼ばれる．抽象の増大（垂直的孤立化）は，具体化の低下と同じことであり，抽象の低下（垂直的脱孤立化）は具体化の増加と同じことである．次のような非経済的事例は，以上の概念を明確にするのに役立つ．

「テーブルの上に，1 つは青色の，もう 1 つは黄色の，2 冊の本と，1 本の鉛筆と，1 枚の紙があるとする．青色の本と鉛筆にだけ焦点を当て，他の 2 つのものを排除すれば——それらのみを『モデル』に加えれば——水平的孤立化が生じる．そこに，1 枚の紙や黄色の本や，あるいはその両方をモデルに加えれば，水平的脱孤立化が生じる．垂直的孤立化は，テーブルにある具体的なものから，色や鉛筆一般に移行したり，この 2 冊の本からそこに含まれる知識に移行したり，要するに，具体的なものから抽象的なものへ，象徴から一般的タイプへ，ある場合には，個別から普遍へと移行する操作である．反対の操作は，垂直的脱孤立化である．」（Mäki 1998f, p. 8）

前述（7.3.2 小節）のように，マキは，経済学で扱われる**存在**は，一般的な日常的経済において見出されるもの——彼の言う「常識的存在」（Mäki 1998e, p. 307）——と異ならないが，差異はこれらがどのようにお互いに**関係づけられるか**ということにあると主張する．別の言い方をすれば，経済学は**孤立化**を行なっている．

孤立化は，垂直的であれ水平的であれ，新しい情報をもたらさない．それはたんに当初の状況を組み替えたり，（垂直的孤立化の場合には）抽象化するのみである．上の引用を考えてみればよい．デスクの上にある鉛筆から「鉛筆一般」へ，あるいはデスクにある本から「本に含まれる知識」一般への垂直的移動は，新しい情報をもたらさない．同じ鉛筆や本から，物理学者の考えるそれらの構成物質である「電子」への移動が新しい情報をもたらすのとは異なる．経済学者は多様な孤立化戦略を用いているが，経済学は，物理学の哲学で従来的に論じられてきたのと同じ，実在論に関する論争には影響されないとマキは主張している．

> 「物理学理論の想定の多くは，電子や光子やクォークのような，理論的，非観察的存在を設定することに依拠している．他には，重心や摩擦のない平面のように，抽象化や観念化によって存在を変更することにも依拠している．経済理論の想定の大半，あるいはそのほぼ全ては，前者よりも後者の種類のものである．（中略）経済学の理論的孤立化は，主として，物理学で想定されるような観察不可能な存在というより，常識的存在に関して行われる．」
> (Mäki 1998e, p. 308-9)

もちろん，経済理論が，経済的世界の重要な側面をうまく捉えているかどうかという問い——経済理論への制約としての**世界の作動の仕方**（www）——は依然として残るが，この問いは，ポズナン・アプローチのもとでの「観念化」という概念や，構造主義的観点における部分的潜在的モデル集合（M_{pp}）のもとで提起された問いとは大いに異なる．

本章の最後に，ポズナンおよび構造主義的観点に対するもう一つの批判的視点を議論するのが有益であろう．それはメアリー・モーガンの経済モデルに関する研究である（Morgan 1988, 1996, 1997, 1998, 1999, 2001）．モーガンは，ポズナンの観念化やスニードとシュテグミュラーの再構成では科学モデルを捉えられないとは主張していないが，そのような形式的分析は——その点では，実証主義の影響を受けた科学モデルの研究も（例えばNagel 1961）——科学におけるモデルの役割，特に経済学におけるモデルの役割を十分には考察できないと論じている．**経済学におけるモデルの役割**は，複雑な問題であるので，物理学や数理論理学におけるモデルの役割を見たり，抽象的思索にふけったりすることではなく，実際の経済学者のモデルの**用い方**を考察することで探求されなければならない．モデルに関する既存の哲学的研究は，——ここまで論じてきたものを含めて——「経済学者

が『モデル』という存在を用いたり，必要としたりする理由を適切に議論することはできない」（Morgan 1998, p. 316）．

　モーガンは，経済モデルに関する2つの主要な主張を行なっている．第1は，マーガレット・モリソンやモリソンとの共同研究（Morrison 1998, 1999; Morrison and Morgan 1999b）にあるように，モデルは**仲介者**として機能するという主張である．モデルは，理論とデータの仲介をするが，有効な仲介をするためには，モデルは，理論からもデータからも一定の自律性を保持しなければならない．法的な争いにおける仲介者においても，仲介が有効であるためには，その行動が，原告と被告のどちらかから完全に影響を受けるということはあってはならない．仲介者は，当事者双方の意向を気に留め，注意しなければならないが，一定の独立性も確保しなければならない．これは，経済学（や他の科学）のモデルにも当てはまる．モーガンの第2の主要な論点は，経済モデルは**ストーリーを語る**というものである．モデルは受動的ではなく，それが機能するためにはその意味を問わなければならない．そしてモデルの機能はほぼ常にストーリーをともなう（Morgan 2001）．需要・供給モデルやIS-LMモデルやソロー成長モデルは，それぞれに関連したストーリーがなければ，なんであろうか．ヘッセ（Hesse 1966）と経済学のレトリックの研究を参照して，モーガンは，モデルが隠喩であると主張したが，モデルには隠喩（構造的関係，抽象，孤立化のような）以外の側面もあるとも論じた．隠喩とストーリーは，相互に制約を加える．「隠喩がモデルをもたらす．（中略）しかし，そこで語られるストーリーに制約を課す．一方，経済学者が語りたいストーリーは，隠喩の解釈に制限を加える」（Morgan 1998, p. 320）．このストーリーという議論の直感的説得力は，アービン・フィッシャーの貨幣論に関する事例研究（Morgan 1997, 1999）や，計量経済学における実証的モデルに関するモーガンの初期の研究（Morgan 1988, 1990）によって補われている．モーガンのモデルに関する研究は，依然として初期の段階にあり，また，モーガンのアプローチが構造主義やポズナンの立場に対する唯一の代替的立場というわけではないが[62]，経済学におけるモデルの役割をよりよく理解するための最初の重要な一歩となるのは確かなようであり，これは，本節で論じられた形式的アプローチと，前章までに論じられた，よりレトリック的なアプローチと構成主義的アプローチとを結合したものである．

344

第8章　　経済学的転回

人生とは情報を獲得すること，すなわち認知の過程であり，かつ営利企業そのものである（人によってはそれを商業的と呼ばんとするかもしれない）．外的世界についての知識の増大は，経済的優位性をもたらす．ひいてはこれらは淘汰圧を行使することで，さらなる成長のための情報を習得し貯蔵するメカニズムの起点となるのだ．[Lorenz 1977, p. 28]

認識論あるいは知識論として知られている哲学分野の主たる関心は，知識の拡大でなければならない．これは，知識論とは経済学の一分野であるということを意味する．[Bartley 1990, p. 89]

知識の生産とは，言ってみれば，1つの経済活動であり1つの企業である．経済学者はこれまで農業や鉱業，鉄鋼生産（中略）そしてあらゆる種類の財サービスの生産を分析してきたが，知識の生産の分析を無視してきた．これは驚くべきことであり，だからこそ知識の生産についての経済学的分析は非常に興味深く，また，新しい洞察をもたらす可能性があると考えるべき多くの正当な理由が存在する．[Machlup 1962, p. 9]

「科学の経済学」を繁栄させようという試みが（中略）賛同者や改宗者を獲得するとは考えられないし，科学論の研究者に経済分析を推めるという，意図した効果を生み出すこともないだろう．むしろ単に（中略）手に負えない帝国主義的攻撃性，並外れた無愛想さ，当事者の声に耳を傾ける際の救い難い音痴ぶり，他の学問分野に土足で入り込む際の無教養な愚鈍さ，そして痛ましいほどの無知さ加減という経済学者に対して以前から存在する偏見を確認することになるだけだろう．[Mirowski 1996a, pp. 72-3]

　これまでの章では，経済学と科学論の間の移り変わる最前線に沿って生じた（生じつつある）幅広い相互作用について強調してきた．本章では，こうした主題は継続されるものの，大きく異なった方向へと焦点を移す．以下で議論される様々な理由によって，経済学は近年，科学知識の一般的研究に活発に従事するようになっている．科学論は，**経済学的転回**を迎え始めたのである．認知心理学（第4章）や進化生物学（第4章），社会学理論（第5章）と全く同様，経済学はもはや単なる科学論のための**一つの主題**に止まらず，いまや科学論において**使用される**重要な資源の1つとなっている．先の2つの章では，主として哲学や科学の研究から経済学へと至る概念の流れに焦点を当てた．本章では，経済学から現代の科学論へという反対の流れについて検討する．この逆方向の流れについては以

345

前までの章の様々な箇所で言及してきたが，いよいよ主要な焦点となる．

第1節では，経済学的転回をもたらしたいくつかの要因について議論する．これらの論点の多くが，これまでの各章で既に見たものである一方，我々を全く新しい探求領域へと導くものもある．第2節では，「科学の経済学」についての初期（1960年代および1970年代）の文献について手短に検討する．第3節では，経済学が科学論の礎として用いられている近年の文献に目を向ける．それは筆者が**科学知識の経済学**（economics of scientific knowledge: ESK）と呼ぶものであり，最も本質的な一節であるとともに本書の残りの部分に最も明確に関係している．ESK についての議論は，哲学者による著作，経済学者による著作，そのどちらでもない（非主流派に属する）アプローチの3つの部分に分けられる．最終節では，経済学的転回に関する一般的影響とこれまでの各章で挙げられた論点との関係について述べ，議論を締めくくる．

8.1　現代科学論における経済学的転回

多くの読者にとって，経済学と科学知識の最も自然な関連性という問題はこれまでの7つの章での議論となんら関係がないと思われるかもしれない．経済学と科学を結びつける最も理解しやすい方法とは，**経済**そのものを通してみることであろう．科学知識の改善は研究や発展につながり，また新しい技術へとつながり，さらに財やサービスの改善として現れ，そしてこうした改善がついには経済活動全般の水準を向上させる．換言すれば，科学は経済成長に寄与するがゆえに，経済学者にとって重要である．経済成長という主題は明らかに科学の経済学における関心の一部を生み出すもとになっているが，既に議論したような哲学的問題に関わる誘因には全くなっていないと思われる．現代科学論における発展はいったいどのように経済学的転回に寄与してきたのだろうか．なるほど現代科学論は，現場の科学者たちは自分たち自身の（あるいは集団の）関心に従っているのであって，必ずしも科学哲学者によって設定された方法論的規則に従っているわけではないことを示唆する．もしそれが本当だとするならば，こうした科学者たちの活動を説明するために経済学——利己的行動の集合的帰結に最も関心のある社会科学——を採用してもよいのではないだろうか．

それでは，いったいどちらであろうか．経済学的転回は，経済成長や経済政策

への関心によって動機付けられているのであろうか，それとも科学活動の利害負荷性と科学の認知的優位性とを調停しようと試みる科学論コミュニティの多様な構成員による成果の１つなのであろうか．その答えは，**どちらだとも言えるし，それ以外にも多くの動機が存在する**，というものである．本節では，近年の科学論の経済学的展開をもたらした６つの独立した（多くの場合関係はしているが分離可能である）成果について議論する．すべて重要ではあるが，しかし，そのうちのどの１つも経済学的転回の「原因」などとは考えてはならない（それぞれの１つ１つは，なぜ個別の研究者や個別の研究者集団が経済学へと向かったのかについての主たる理由となるのかもしれないが）．まず経済学方法論や科学論からは最も遠く隔たったところにあると思われる影響から議論を始め，その後，前章までの主題に少しずつ戻ってくることにしよう．

1. **成長理論**：経済成長は少なくともアダム・スミスの時代から経済分析の主題であるが，1950 年代後半からの成長理論の中で生まれた特別な成果によって，科学や科学知識の役割に対する経済学者たちの関心は体系的に方向付けられてきた．元々のソロー（Solow 1956）成長モデルには，「科学」や「知識」あるいは「情報」さえも体系的な形としては全く含まれていないにもかかわらず——技術は外生的であった——，成長理論が誕生してからの最初の 20 年においてモデルが実証的に彫琢されたことによって，経済学者たちは，こうした特殊な外生変数の役割を真剣に問題とするようになった．ソローが用いたのは，標準的な新古典派生産関数を集計的に改良した $Y = F(K, L)$ であり，Y は集計的実質産出量，K は資本，L は労働を表す．こうした生産関数が与えられたとき，実質産出量の変化は当然ながら，K と L の，あるいはいずれかの変化の結果として現れるが，しかし，技術変化の影響を内生的に体系立って論じることはまったくできないように思われる．技術変化は生産関数をシフトさせることで資本と労働の特定の組み合わせからより大きな産出量を獲得できると主張することも可能なのは確かだが——$Y = AF(K, L)$ かつ $A > 0$，A は技術の「シフト・パラメーター」と記述することも可能ではある——，ΔA の源自体はこの経済モデルにとって全く外生的であろう．技術と科学はモデルの全く外部にあるにもかかわらず，内生変数の変化（ΔK と ΔL）が実質生産量の変化（ΔY）にいかに寄与するかを経験的に測定しようとす

る取り組みは，大きな未解決部分——いわゆる「ソロー残差」——を絶えず残すことになり，それは資本あるいは労働どちらの量の変化によっても説明することはできなかった（Denison 1967, 1979; Solow 1957）．ソロー残差を巡る論争により，多くの経済学者たちが知識獲得と技術変化の影響の役割について探求しはじめた（Arrow 1962a; Uzawa 1965）．さらにいっそう重要な貢献は，1980年代の終わりから1990年代初頭になされたポール・ローマー（Romer 1986, 1990, 1994）と他の論者たち（Lucas 1988）による「新」あるいは「内生的」成長理論であった．こうした文献に登場する成長モデルは，それ以前の成長理論と収穫逓増の仮定（着想自体は少なくともYoung 1928までさかのぼる）や不完全競争の要素，そして次に議論されるような，科学や研究開発や技術変化に関するミクロ経済的研究を結合することで，技術変化の内生的理論を提供する．これは重要かつ拡大を続ける理論的文献であり，間違いなく科学知識への経済学者たちの関心に影響を及ぼしてきた．

2. **科学政策のミクロ経済学**：20世紀の英語圏には科学政策をめぐって少なくとも3つの大きな論争が存在した．1つ目は1930年代の科学の社会管理に関するイギリスの論争であり，とりわけJ・D・バナールや哲学者マイケル・ポランニーといった人々がこれに加わった．バナールが科学活動のより直接的な社会管理を主張した一方，ポランニーは，科学共同体は政府の関与から一定の自律性を保つべきだと主張した[1]．2番目の論争は，アメリカの第二次世界大戦直後の時代における，基礎科学に対する政府の財政支援を巡る議論であった．この論争で最も影響力のあった文書は，ヴァネヴァー・ブッシュの『科学——限りなきフロンティア』（Bush 1945）であった．ブッシュは科学研究開発局（Office of Scientific Research and Development）の戦時局長であり，1950年にはアメリカ国立科学財団（National Science Foundation）の初代所長となった．1957年10月のスプートニクの打ち上げによって，事実上ブッシュの優勢のうちに論争は終結した．科学政策をめぐる冷戦初期の論争が，次の8.2節で論じられるような科学文献の経済学の大半を喚起した．そして我々は依然として3つ目の論争の真只中にいる．冷戦の終結と政府部門の規模（さらにその財政赤字）について世論の関心が一層高まったため，アメリカ合衆国やその他地域での国家的な「科学政策」に関する現在進行中

の論争は一層激しくなった．いったいどのくらいの金額で，また具体的にはどんな方法で，政府は基礎研究に関わるべきなのか．知識産業において登場している新しい制度的枠組みは，公的部門によって奨励または抑制されるべきなのか．高等教育と科学研究との関係はどうあるべきか．研究費が不足する場合には，研究費の配分を担当する政府部門は，様々なプロジェクトの費用と便益を適切に評価するための効率的な経済的手段を持つべきではないのか．明らかにそうした諸問題が，科学知識の経済学（ESK）への関心の高まりに寄与している．

3. **拡大するミクロ経済学の説明領域**：ミクロ経済学者たちが自分たちの強力なモデル作成技術を科学という方向に転換させた理由の1つは，単純にそれが経済学の理論的射程を拡大するための優れた機会だからである．公共選択理論あるいは家族の経済学——これらの分野では，当選議員の行動や家族生活自体に対する関心よりも，経済分析の可能性を誇示することの方に関心があるように思われる時もある——のように，科学の経済学の文献は，科学者の行動や科学知識の特徴について新しい発見を行いたいという欲求よりも，経済学の説明領域を拡張したいという欲求によって駆り立てられているように思われる時もある．経済学の射程の拡大は常に魅力的である一方，そうした魅力が高められるのは，最新の理論的手法を分析に用いることが可能である時であり，科学の経済学はこれに当てはまると思われる．科学の経済学で用いられる理論的概念の多くは——ゲーム理論や経路依存性，取引費用の経済学，複雑性の理論など——，比較的最近に誕生したものである．これは明らかに，経済学という研究プロジェクトの一般的な学問的有効性を拡張するものである．これら2つの特徴——経済学の手法を新しい説明領域に拡張しようとする欲求と，実際にそのような研究において近年の経済理論の発展を用いることができたこと——によって，科学的行動の研究が近年，経済理論家の関心を喚起している理由を少なくとも部分的には説明できるであろう．

4. **科学が社会的かつ合理的であることは可能なのか**：ついに我々は前章までの議論に基づく主題に到達した．「定説」の崩壊とそれにともなう成果によって，数多くの重要な問題が浮かび上がってきた．科学が過小決定的であり，

理論負荷的であり，社会的に条件付けられており，科学哲学者たちが適切な科学研究のための指針として提示してきた規則に徹頭徹尾，明らかに違反している諸個人によって遂行されるものであるならば，それはいかにして（あるいはそもそも）認識的に特権的地位を得ることが可能なのであろうか．近年の科学論を侵食する相対主義から，何らかの科学的合理性を救い出す方法は存在するのであろうか．これらは難問ではあるけれど，経済学者たちが何らかの有益な指針を提供できる可能性のある問題だと思われる．実際，経済学は，こうした特有の問題群に取り組むのに最も適した社会科学と考えられてきた．過去 200 年にわたって経済学者たちが焦点を当ててきたのは，いかにして利己心を持った個別の主体が，特定の制度的構造という文脈の中で，(1) 社会的に望ましい，と同時に (2) どんな個別の主体やその集団の意図に基づかない，結果をもたらすのかという問題であった．経済学者たちは，（競争市場のような）個人の利己心に基づく行動を社会的に望ましい帰結へと結びつける制度を分析してきただけではなく，そうした最適化行動の帰結には失敗する可能性（市場の失敗）があり，どうすればそうした失敗が修正できるのか，に関する条件の研究に多くの時間と労力を費やしてきた．いまやこうした議論を科学の文脈へと移すべき時である．クーンや SSK といった論者たちの中心となる要点は，科学者たちは実際には（認識的に適切な）科学的方法の規則に従っていないということである．フィリップ・キッチャーの上手い表現を借りるならば，彼らは「認識的に不純な」主体なのだ（Kitcher 1933, p. 364）．しかし，（経済学の主張に倣って）科学共同体という社会的文脈の中から認知的に最適な結果が現れる**ために**は，個別の科学者は科学的方法の規則に従う**必要はない**ということが示されうるとしよう．なんと，相対主義者たちの脅威は解除された．**認識的に不純な主体であっても，認知的に正しいものを生み出すことができるかもしれない**（そうでないとしても，そうした結果が生み出されるように科学の組織や制度を修正する方法を考えるうえで経済学は貢献できるかもしれない）．こうした方法で相対主義を退けることが，近年，哲学者たちが科学知識の生産に対して洞察を得るために経済学を利用しようとしている主たる動機の 1 つである．

5. **自然化の基礎としての経済学**：第 4 章では，科学知識の一般的研究のための

礎として諸専門科学を用いようとするならば，どの科学を出発点として採用するべきかを決定する必要があるということを議論した．自然化の基礎（あるいは諸基礎）を選択しなければならないのだ．過去数十年の自然主義に触発された哲学文献の大部分については，進化生物学や認知心理学が自然化の基礎としての役割を果たしてきた．社会学的文献はしばしば自然主義と対照的ではあるけれども，第5章で論じたように，SSKは，社会科学を自然化の基礎に用いる自然主義の1つのバージョンとして捉えることが可能である．それでは，経済学でもよいのではないだろうか．経済学を，科学知識の一般的研究のための自然化の基礎にして議論を始めてもよいのではないか．進化生物学は経済学よりも認識的な評価が高いのは確かだが，心理学や社会学は必ずしもそうとは限らない．経済学は，これら2つの人間科学と同じ程度には，科学的「与件」として正当性を持つと思われる．もちろん，経済学は機能しないかもしれない．社会学あるいは認知心理学ほどには科学活動に対する洞察を提供しないかもしれないが，しかし，それに取り組まない先験的な理由があるとは全く思えない（もし上記の［4］の通りならば，成功するかもしれない数多くの申し分ない理由があると考えられる）．私は自然化の基礎として経済学を出発点にしていることを自認する哲学者を寡聞にして知らないが，次の8.3.1節で論じる哲学者たちの大部分にとっては，それはまさに彼らが行っていることであるように思われる．

6. **経済学と認識論は深く結びついている**：前章までに何度も繰り返された主題の1つは，経済学についてわれわれが考える方法と科学知識について考える方法が強く結びついているということであった．何らかの無垢な「哲学の取り寄せ」を行い，経済学者が経済学の領域に適用するための着想を得ることができるわけではない．哲学的取り寄せの手法は，ある程度，政治経済学の文脈や経済学的な着想によって条件付けられている（あるいは常にそうであった）——ノイラートの実証主義は，自身のマルクス主義的社会理論によってある程度動機付けられていた．ポパーは，マルクス主義を排除し，ミクロ経済学を取り込むことを欲した．認知科学の発展は，サイモンの新古典派理論批判に端を発する．進化論的認識論における見えざる手と定常状態は，経済学における見えざる手と定常状態と同じであるように思われる．プラグ

第8章　経済学的転回　**351**

マティズムは，経済基盤を持った職人は抽象的事実の求道者に勝ると主張した．立場認識論はその起源を経済的生産関係に置く，などそのリストはいくらでも続けられる．導き出される特定の経済学的着想やそれらを分析に取り込む方法が明確になることにより，ある意味では，経済学的転回がこうした相互浸透をまさに系統だったものとした．経済学は常にそこにあった．唯一の違いは，いまや我々はまさにESKがあることで，ウサギが帽子の中に入るのを見る機会を得たということだ．

　経済学的転回への貢献はこれら6つの事項に尽きるものではないことは確かだが，近年の文献を促進した要因のかなりを占めている．経済学者と哲学者が異なる要因から経済学的転回を果たしたことを理解するならば，6つの要因のどれが特定の著作家や，特定の著作家のグループにとって最も意義深いものであるかが非常に明確になるだろう．こうした最近の文献に実際に目を向ける前に，なぜその各研究が現在のように分類されるのかについて簡単に述べておこう．

　第5章では，科学社会学と科学知識の社会学（SSK）の相違を強調したが，マートンが前者の典型例であるのに対して，ストロング・プログラムと社会構成主義が後者の具体例であった．これら2つの分野の相違は，科学の内容に関するものであった．SSKにとって，科学の内容は，知識生産過程における社会的文脈によって条件付けられており——認識的要素が存在する——，それゆえその分析は，科学の認知的内容に潜在的な含意（通常否定的な）を持っている．マートンや他の科学社会学者の分析には，そうした認識的要素はまったくない．科学は正当な知識を生み出すということが**前提**とされてはいるが，しかしマートンが検討する社会学的要素は，検討対象となっている科学の認知的内容からは独立している．もちろんこれは，科学社会学者と科学哲学者の間の知的労働の適切な分業のあり方についての「定説」の認識と軌を一にしている．社会学者は科学の社会構造と機能のみを（つまり科学と社会を結ぶいわばパイプの部分だけを）分析の対象とする一方，哲学者たちは生産物の認知的品質を評価する仕事を扱う（そして，こちらのほうがより重要であると暗黙に想定されている）．もちろんSSKはこうした2つの相違を不明瞭にする．そうしたパイプとそこを流れる科学論の間には有益な区別など存在しない．双方とも科学の社会的特徴の単なる側面に過ぎず，哲学者の仕事と社会学者の仕事に厳密な区別はない．第5章で述べたように，筆者

は科学社会学と SSK の相違は有益な区別であると考えているが——膨大な文献
を，比較的有益な方法で区別していると思われる——，それは不完全で非常に柔
軟な区別であり，異なった目的を持つ論者にとっては適切な方法とは言えないか
もしれない．

　ようやく経済学的転回へと目を向ける時が来た．それはある意味では，科学活
動とその成果を分析するために，社会学に代わって経済学を用いることである．
ここで，**科学の経済学**と**科学知識の経済学**（ESK）という類似した区別を用いた
い．基本的に，科学の経済学は，経済学者が企業や消費者の行動を分析する（説
明や予測をする）のと同じ意味で，科学者の行動を分析する（説明や予測をする）．
社会学のマートン学派と同様，科学の経済学がほとんど常に**前提とする**のは，科
学は高い認知的特質を持つ成果を生産するということであるが，しかし，それが
「本当に」そうであるか否かの探求が，経済分析の適切な主題とみなされること
はない（それは，企業の生産物が「本当に」消費者の欲求を充足させるかどうかを分
析するようなものだ）．対照的に，ESK は SSK 同様，はたして認識論的に正しい
商品が，科学という経済において生み出されているのかという問題を扱ってきた．
ESK は経済学と規範的科学論を融合させる．科学の経済学と ESK の区別は，科
学社会学と SSK の相違だけではなく，ミクロ経済学と厚生経済学の伝統的区別
を反映している．よく言われるように，ミクロ経済学は経済主体の行動を予測し
たり説明したりする一方，厚生経済学は，経済主体の行為の結果として生み出さ
れる社会構造が「最適である」かどうか，あるいは「効率的である」かどうか，
という問題に焦点を当てる．厚生経済学における効率性の基準は，伝統的に主体
自身の効用に置かれてきたが——それゆえ認識論ではなく（少なくともその中核
においては）倫理学に基礎付けられてきた——，いまや ESK へはほんのもう一飛
びであり，そこでの問題とは，特定の主体の行動が認識的に「最適な」あるいは
「効率的な」社会構造を生み出すか否かということである．科学の経済学は，科
学者や科学制度の振る舞いを予測したり説明したりする一方，ESK が新たに問
いかけるのは，そうした行為や制度が，認知的に効率的あるいは最適な科学的成
果を生み出すか否かということである（もしそれらが最適でなければ，どうやって
そうした制度を認識的効率性の改善のために変化させることができるかということであ
る）．

　科学の経済学と ESK の区別は科学社会学と SSK の区別に多くを負っている一

第 8 章　経済学的転回　　353

方，科学の経済学とESKとを区別する障壁は，科学社会学とSSKを区別するものよりもさらにいっそう浸透性を持っている．とは言っても，筆者はこうした区別を依然として有益だと考えており，続く各節でもそれを用いるつもりである．

ではこうした注意を念頭に置きつつ，8.2節では科学の経済学についての簡単な説明を行ってみよう．同節が比較的短いのには2つの大きな理由がある．第1に，科学の経済学は，8.3節で議論されるESKよりも，経済学方法論や現代科学論との関連性ははるかに小さい．第2に，近年，数多くのサーベイ研究があり，ここで扱う題材をうまくまとめている（Diamond 1996; Mirowski and Sent 2000; Sent 1999; Stephan 1996; Zamora Bonilla 2000）[2]．

8.2　科学の経済学

ソロー成長理論と科学政策をめぐる冷戦初期の論争という2つの要因によって，1950年代後期および1960年代初期に，科学と技術の経済学という論点で盛んに研究がなされた．ダスグプタとデイビッド（Dasgupta and David 1994）は，「新しい科学の経済学（new economics of science）」（ESKの1バージョンである）と呼ばれる分野の主要人物であるが，こうした**旧科学の経済学**の戦後期の文献に言及している．こうした文献の中でも最も影響力のある論文を2つ挙げるならば，アロー（Arrow 1962b）とネルソン（Nelson 1959）である．これらの論文や他の同種の論文の中心的貢献とは，厚生経済学の標準的手法，特に費用便益分析や外部性及び公共財の理論を，基礎科学研究の「最適」水準についての問題に応用したことであった．

これらの論文で用いられる経済理論はほとんどの読者にとって馴染み深いものだが，それでもそうした議論は後の大部分の科学の経済学の著作の背景となっているため，手短にまとめておくのが有益だろう．標準的な議論によれば，任意の個別の財の，社会的に最適な（あるいは効率的な）量は，社会的純便益（net social benefit: NSB）を最大化する量として与えられる．ここでの社会的純便益とは，社会的総便益（social benefit: SB）と財の消費と生産に関わる社会的総費用（social cost: SC）の差である．任意の個別の財の社会的最適量を求める解は，次のような最大化問題として与えられる．

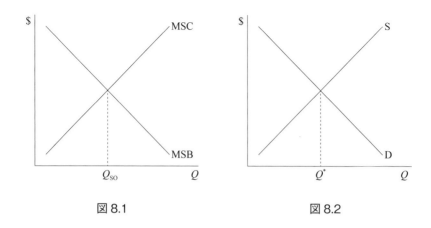

図 8.1　　　　　　　　　　　図 8.2

$$\max_{\{Q\}} NSB(Q) = SB(Q) - SC(Q)$$

　この最大化問題の1階の条件は，社会的限界便益（marginal social benefit: MSB）が社会的限界費用（marginal social cost: MSC）に等しいことである．このように我々が通常の仮定を置くならば——社会的便益はすべての私的便益の単純合計である，社会的費用はすべての私的費用の単純合計である，それぞれの個人の限界私的便益は，財が消費されるに従って逓減する，財は限界収益が逓減する（したがって限界私的費用は逓増する）という短期的な条件の下で生産される——，社会的最適量（Q_{so}）は図8.1で示されているように，MSBとMSCが交差するところで与えられる．

　もちろん，市場経済におけるほとんどの財にとって問題となるのは，Q_{so} の量を決定することではなく，むしろ Q_{so} と競争市場によって生産される財の量（Q^*）との関係を決定することである．競争市場は，供給が需要と一致する場所で財を生産し（図8.2），社会的最適産出量は Q_{so} である．ここで社会的厚生に関連して問題となるのは，どんな条件の下で $Q_{so} = Q^*$ となるのかということだ．言い換えるならば，どんな条件の下で競争市場は，適切な（社会的に最適な）量の財を生産するのだろうか．もちろん関連する問題として**市場の失敗**がある．すなわち，市場が社会的に最適な量の財を生産するのに「失敗」してしまう（$Q_{so} \neq Q^*$）状況である．標準的な議論では，**外部性**がまったく存在しない場合——正

第8章　経済学的転回　　355

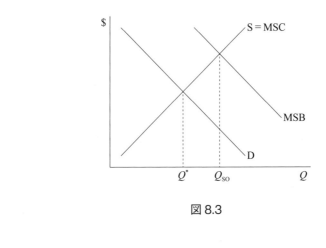

図 8.3

図 8.4

の外部性が存在せず（便益のみが財の購入者に帰属し MSB = D〔需要曲線〕となる）負の外部性が存在しない場合（財の生産に関連する費用のみが個々の生産者に帰属し，MSC = S〔供給曲線〕となる）——，競争市場は適切な量の財を生産する．正の外部性が存在する（MSB > D），あるいは負の外部性が存在する（MSC > S）場合，市場の失敗が起こる（$Q_{so} \neq Q^*$）．とくに，正の外部性のみが起こる場合，財は過少生産され（$Q_{so} < Q^*$），負の外部性のみが起こる場合，財は過剰生産される（$Q_{so} > Q^*$）．

それでは，「旧」科学の経済学で用いられた社会的最適性や外部性の概念とはいったいどのようなものであったのであろうか．確かに多様な考え方が存在していたが，ほとんどの著者たちにとっての最終的な結論とは，基礎研究は相当の正の外部性を持ち，それゆえ競争市場によって**過少生産**されるということであった．知識の総量は個々の「消費」によって減少することはないため，科学は事実上**純粋**公共財であると主張する論者がいる一方で，（図 8.3 に描かれているように）単純に正の（しばしば巨大な）外部性のみを主張する論者もいた．主要な政策的含意は，教育や外部性を伴った他の財と同様，基礎科学は政府によって奨励，それ

も大規模に奨励される必要があるということであった[3]．もう1つの政策提言としては，科学の担い手に対して特許やその他の財産権の使用を保証することで，他者に帰属する社会的便益の一部をより多く取り戻す可能性があるということが挙げられる．

科学研究に関する正の外部性の主張は，基礎研究とその結果としての社会的便益の関係に関するいわゆる**線形モデル**に部分的な基礎を置いていた．最も単純な意味において，そうした線形モデルが主張するのは，科学研究が技術変化をもたらし，さらにそれが新しい財サービスの開発や個人の（それゆえ社会の）便益の増加をもたらすということであった（図8.4）．もちろん線形モデルは今ではその分野の大部分の研究者によって単純すぎるとみなされているが，社会における科学の役割に関する一般的な議論においては今なお重要な（暗黙的ではあるが）役割を担っているように思われる．

厚生経済学の手法を科学研究の効率的な産出という問題に応用するのは，（旧）科学の経済学に対する唯一のアプローチではなかった．多くの産業組織論の経済学者が，様々な産業に対する（およびその産業での），科学や技術や研究開発の影響について研究した——そのうち，最も影響力を持った人物はエドウィン・マンスフィールド（Edwin Mansfield 1966, 1972, 1991, 1996）であった[4]．ソロー残差をめぐる議論に続く形で，また1つには純粋科学の利益に対する政府の（特に軍事的な）関心にも刺激され，マンスフィールドたちは，まったく別の（ミクロ非集計的な）観点から科学知識と商業製品イノベーションとの関係に関する問題に取り組み，アメリカの特定の企業内における，知識とイノベーションの結合に関する数多くの実証的な事例研究を行った．これらの研究はしばしば，個別の企業や製品ラインに関して価値のある情報を提供したが，それぞれの産業部門を横断して一般化できるような結果を生み出したとは言い難い．

応用厚生経済学と産業研究は，科学の経済学における既存の（および現在進行中の）業績の相当大きな部分を占めているが，これら2つのアプローチによって，「科学の経済学」と呼ぶべき文献の幅広さと多様さが尽きるわけではない．ある種の社会学的洞察と経済学を用いて，科学的名声の獲得に関する包括的理論を生み出そうという努力はずっと存在してきた（Stephan 1996; Ziman 1994; 他）．科学が存立する場所や時間，立地条件の重要性に関する様々な実証的研究が行われてきた（例えば，Stephan and Levin 1992）．多くの経済学者が人的資本理論の観点か

第8章　経済学的転回　　357

ら科学的行動を分析してきた（Stephan 1996 において議論されている）．競合財や非競合財といった伝統的概念を，知識生産の産業構造における近年の変化に適合するように再定義する努力も行われてきた（Nelson and Romer 1996 を参照せよ）．他にも膨大な理論的および実証的な研究上の展開が存在する．科学が経済的影響を有することは明らかであり，様々な経済的観点から検討可能であるし，実際にそう行われてきた．こうした文献は急速に発展しているだけでなく，科学政策を決定する地位にある人々からより真剣に検討されている．それは重要かつ興味深いものであるが，しかし，次節の主題である科学知識の経済学ほど（幅広い定義における）経済学方法論に直接関係はしていない．

8.3 科学知識の経済学（ESK）

次の3つの小節では，ESK への3つの異なったアプローチについて検討する．すなわち，哲学者による経済理論の様々な知見の科学への応用，知識の拡大に着目する経済学者による科学に関する研究，そして最後に，非主流派経済学による科学知識の研究（および潜在的に科学知識に関係する研究）の一部についての簡単な議論である．これらの事例のそれぞれについて，比較的近年の著作に焦点を当てるとともに，前章までに検討した文献と可能なかぎり結びつけて議論を行っていく．

8.3.1 哲学者と ESK

既に見てきたように，科学論の領域において経済学的概念や論法を哲学者（や他の論者たち）が用いた多くの例が存在する．そうした事例のリストはかなり長いものであるが，私はこれまで全く関心を示してこなかった項目を少し付け加えたい．C・A・フッカー（Hooker 1995）が，経済学の論法を科学知識の進化論的アプローチに用いたということに，間違いはないだろう．ニコラス・レッシャーは，科学知識の拡大をしばしば経済学の用語で特徴付けることによって哲学文献に実りの多い貢献を果たしている（Rescher 1989; Wible 1994b, 1998）．アルヴィン・ゴールドマンの認知科学と信頼性主義については，第4章で詳細に論じたが，知識の生産と分配に関わる数多くの様々な哲学プロジェクトにおいて彼は明示的に経済学を用いてきた（Goldman and Shaked 1991; Cox and Goldman 1994;

Goldman and Cox 1996; Sent 1997b)[5]. マイケル・ブライス (Blais 1987) は繰り返しゲーム理論を認識論の問題に応用した. ジョセフ・スニード (Sneed 1989) は, 自身の集合論的構造主義を用いて科学の経済学に従事してきた. スティーヴ・フラー (Fuller 1991) は, 知識の所有権の根拠について検討してきた. サモラ・ボニージャ (Zamora Bonilla 1999a, 1999b) は, 応用経済学の論法を経済学方法論の問題のいくつかにも適用した. 他にもリストに加えることのできる多くの論者が存在するのは間違いないだろう. 最後に, 経済理論の概念を実際に用いたわけではないけれど, 「科学の経済学」に類する用語を使用した哲学者が存在してきたことに注意しておくのは有益である. 例えばマッハ (Mach 1893, 1898) は「経済的」という言葉をほぼ「最も簡素な」という意味で用いた.

　他にも多くの例が挙げられようが, 本節の目的は, 科学知識を定義する際に経済学的推論を用いてきた哲学者たちをとにもかくにも列挙することではない. 全ての様々な貢献について少しでも何かを言わんとするよりも, むしろ一人の現代の哲学者——フィリップ・キッチャー——だけに焦点を当て, その独特の研究プロジェクトについて詳しく解きほぐしていきたい. キッチャーが素晴らしい選択であるのは, 相対主義と社会構成主義の恐怖から科学的合理性と規範的認識論とを救い出すために経済学の力を援用した科学哲学者の中で, 彼の著作が最も影響力があり, かつ最も自覚的であるからである. 確かにキッチャーは, 第3～6章の哲学的諸問題から, 旧式の認識的優位性を (少なくともそのいくつかを) 救い出すことを望んでおり (Kitcher 1993, p. 127), そうした問題への最も有望な解決策として, 個別の主体と社会的調整に関する経済モデルに基礎付けられた社会認識論を考えている. キッチャーは, 規範哲学が危機に瀕していることを認めつつも, 「その終焉はあまりにも誇張されている」(Kitcher 1993, p. 127) ことを, 比較的自然主義者に近い立場から示したいと考えており, 心服はしないまでも科学的努力の社会的側面を認めている. その目的は, 「『伝説』の洞察とその批判者たちの洞察を組み合わせた, 科学に関する哲学的枠組みを提供すること」(Kitcher 1993, p. 390), すなわち, 「眠気を誘う自己満足とラッダイト的憤怒の双方に代わる」新しい中立的立場を発見することである (1993, p. 391).

　キッチャーの経済学への歩みは, ゴールドマンの信頼性主義や第4章で論じられた論者たちに始まる. 知識とは伝統的に「正当化された真なる信念」を意味し, 信念は個々の人間の内に存在すると一般的に考えられていることを思い起こ

第8章　経済学的転回　　359

すならば，伝統的に個人が知識の主体であった（キッチャーにとっても依然そうである）．キッチャーの転換——主要な論点をクーンや社会学者に負っている——とは，「正当化」とみなされるもの，すなわち信頼性の基準とは，**社会的な基準**でなければならない，ということである．重要なのは，個人の信念に影響を与える社会的プロセスの信頼性である．実際，各個人が信頼できる信念を持っているか否かはあまり重要ではない．そうではなく，認識的共同体にとって最も重要なのは，そうした共同体内部での信頼できる信念の**分配**である．我々は共同体内部の信念全体のうち信頼できる信念の割合を増大させるような社会的プロセス及び，基礎的制度を奨励したいと望む．そのとき問題となるのは**社会認識論**，あるいは，そうしたプロジェクトを経済学の言語に翻訳するなら，それは（認識的）産業組織論であり，つまり認知的活動の産業組織論である．経済学者の関心とは，経済的効率性に最も寄与する社会制度を発見することにあり，キッチャーの規範哲学のプロジェクトは，（信頼できる信念の形成を最も良く促すような）認識的効率性に最も有益な認知的制度を発見することである．知識は依然として個人の中に（社会ではなく）存在するが，しかし最も重要な問題は，われわれの社会制度の（認識的）効率性である[6]．

> 「社会認識論の主要な研究目標は，様々な社会的プロセスの信頼性を考察することである．個人は他者が提供した情報をもとに信念を形成するというのが我々の理解であったが，だとするならば，共同体が特定の問題について共通意見を形成する状況に関して深刻な問題——共同体内部における意見や認知的努力の不一致，権力の適切な帰属先に関する問題——が生じる．私は，そのような問題領域を**認知的労働の組織化に関する研究**と表現する．（中略）人間の認知能力及び，現実の研究者の共同体の中で見られる社会関係について現実的な仮定を置くことができる限りにおいて，我々は自らの集団的な認識的能力を説明し，評価し，そして，**原理的には改善することができる**.」
> （Kitcher 1994, p. 114，強調原文）

キッチャーによれば，知識拡大の手がかりとなるのは——ここで彼は生物学を援用しているが——，多様性，つまりこの場合には，認知的多様性である．社会のなかの信頼できる知識の分配を増進させる制度と社会的プロセスは，**認知的分業**を促すものである（Kitcher 1990, 1993, 1994）．キッチャーは，『科学の進歩』第8章で次のように述べている．

「至るところで（中略），認知的多様性には科学者コミュニティにとって利点があるということを私は示唆してきた．直感的には，状況が明らかでない場合に両方に賭ける用意のある共同体の方が，画一的な意見に迅速に向かう共同体よりもよい結果をもたらすように思われる．本章の残りの大半は，こうした直感的な理解についての検討と，歓迎すべき多様性を育む傾向のある社会構造について理解する試みに充てられる．」（Kitcher 1993, p. 344）

　知識とは認知的**多様性**によって促進されるものであるため，クーンや構成主義者によって強調されたような不純な行動によって知識の拡大が妨げられているとはキッチャーは考えなかった．現実の科学者が規則に従っていないとしたら，また，方法論上の規範に常に従っているわけではないとしたら，現実にはその方がよいのかもしれない．つまり，全員が同じ一連の規則に従っているならば，認知的**一様性**が存在したとしても，（知識を促進する）認知的多様性は存在しないであろう．ここで経済学が有益となることを理解するのは実に容易である．不純かつ利己的に行為する個々の主体がどのように（この場合には認知的）分業をもたらすのかを説明するために，経済学よりも適切な学問領域があるだろうか．社会学者と哲学者は，社会的に最適な認知的分業と個々の科学者の不純な行動の間には——Q_{so} と Q^* の間には——必然的に緊張関係が存在すると考えるかもしれないが，経済学者は，それが必ずしも常に存在するわけではないことを知っている（かつそれを証明するための数学的モデルを持っていると思われる）．利己的行動が認識的にも良き集団的結果をもたらすことは可能である．

「科学の拡大を重視する立場には，ひとたび科学者が様々な種類の社会的関心に動機付けられているということが示されてしまうと，認識的に何か恐ろしいものが生まれてきてしまうのではないかという考えが染み渡っている．反対に私が繰り返し強調してきたのは，特定の種類の社会構造のもとでは，最も卑しい動機が認識的に上手く活用されるということである．」（Kitcher 1993, p. 305）[7]

　キッチャーによる経済学の利用において最も徹底しているのは——『科学の進歩』第 8 章において彼が用いるゲーム理論的モデルのように——，本質的に「どうして可能となるのか」という結論である．つまり，そのモデルは，利己主義的主体が認知的分業に至ることがどうして可能なのかということを説明するために設計されている．どうして「不純な科学者は認識的に純粋な科学者よりも優れた

業績をあげる」ことが可能なのだろうか（Kitcher 1993, p. 310），あるいは，どうして「科学的意思決定の埒外にあるものとして，しばしば退けられる動機が，幅広い条件の下で共同体の認識的活動において建設的な役割を担う」ことが可能なのだろうか（1993, p. 245）．ここで，キッチャーが他の哲学者（例えばバートリー）のように，完全な自由放任を主張しているわけではないことに注意するのは重要である．キッチャーが言わんとするのは，不純な自己利益に基づく行動が（あたかも見えざる手に導かれて[8]）常に社会的に最適な認知的分業をもたらす，ということではない．彼が述べているのは，主流派の経済学とより密接な立場であり，そうした意図せざる最適化は可能ではあるけれども，個々の事例はそれぞれの状況に応じて考察される必要があるということである（ある種の場合には，社会的介入が必要かもしれない）．

　キッチャーの経済学援用の特徴を理解するためには，彼が『科学の進歩』第8章で提示している多くの形式的モデルの1つについて，部分的にではあるが実際に取り組んでみることである．私が検討するモデルは，認知的分業（の可能性）の基礎的論拠を提供する．分業の結果は，N人の利己的な科学者によってプレイされる単賞くじゲーム（single-prize lottery game）の非協力的（ナッシュ）均衡の一属性として導出される．以下の議論は，ロールダ（Roorda 1977）によって提示された（表現としてより簡潔な）説明に従う．

　科学者が取り組む理論には，T_1とT_2という2つがあるものとする．N人の科学者（$N>0$）が存在し，それぞれの科学者は1つの，すなわちたった1つの理論に従事（および専念）する．ゆえに，nがT_1に専念する人数とするなら，$N-n$がT_2に専念する人数となる．A_1を最終的にT_1が受容された理論となるという言明だとするなら，A_2はT_2が受容される理論となるという言明となる．2つの理論のうちの1つが最終的には受容されるゆえに，次のような条件付き確率の式を得る．

$$P(A_1 | n) + P(A_2 | n) = 1 \qquad \text{すべての } n \text{ に対して，} n \leq N$$

　さらに，誰も従事しない理論が受容されることはないという穏当な仮定を加えると，次のようになる．

$$P(A_1 | 0) = P(A_2 | N) = 0$$

それぞれの科学者は自分自身の期待効用を最大化し，かつ $N-1$ 人の科学者も自身の期待効用を最大化するということを知っている．分析を単純にするために，科学者たちは賞として1単位の効用をめぐって争っており，この（くじの）ゲームの賞は次のように配分されると仮定する．ひとたび T_1 あるいは T_2 が勝利したことが（受容されたことが）判明したならば，敗北した理論に従事していた科学者は何も得られない（報酬となる効用は0）．勝利した理論に従事していた科学者たちは名乗りをあげ，（効用1単位の）勝者は無作為に選ばれる．勝利した理論に従事していた他の科学者たちも何も得られない．それゆえ，n 人の科学者が T_1 に従事しているとすれば，これら n 人の科学者1人当たりの期待効用は，EU_1 によって与えられ，T_2 に従事している科学者1人当たりの期待効用は EU_2 によって与えられる．すなわち，

$$EU_1 = [1 \cdot P(A_1|n)]/n \quad \text{かつ} \quad EU_2 = [1 \cdot P(A_2|n)]/N-n.$$

このくじのゲームの均衡概念は，ナッシュ均衡である．他の科学者の行動を所与とし，どの科学者も離脱しない（従事する理論を変更しない）とき，T_1 に n 人従事し，T_2 に従事する $N-n$ 人従事するというのはナッシュ均衡となる．n が上方硬直的かつ下方硬直的であるならば，n の配分はそうしたナッシュ均衡となる．ここで**上方硬直的**とは，誰も T_2 から T_1 に移動しないことを意味し（n は大きくならない），**下方硬直的**とは，誰も T_1 から T_2 に移動しないことを意味する（n は小さくならない）．それゆえ，この場合のナッシュ均衡配分 n^* は，次の2つの式によって記述される．

$$\frac{1 \cdot P(A_1|n^*+1)}{n^*+1} \leqq \frac{1 \cdot P(A_2|n^*)}{N-n^*} \quad (n^* は上方硬直的)$$

$$\frac{1 \cdot P(A_2|n^*-1)}{N-n^*+1} \leqq \frac{1 \cdot P(A_1|n^*)}{n^*} \quad (n^* は上方硬直的)$$

T_1 に従事する科学者が存在し，T_2 に従事する科学者も存在する場合，ナッシュ均衡は，認知的分業を示すことになる．ゆえにもし $n^* \neq 0$ かつ $n^* \neq N$ ならば，均衡配分 n^* は認知的分業を支持すると言うことができる．$n^* \neq 0$ というのは，$n=0$ は**上方硬直的**ではない（つまり $n=0$ のときには誰かが T_1 に従事し始める），かつ，$n^* \neq N$ というのは，$n=N$ は**下方硬直的**ではない（つまり，$n=N$ のときには誰かが T_1 に従事するのを止める）ということに注意するべきである．それゆえ，次の2

第8章　経済学的転回　　363

つの条件式が成立するならば，ナッシュ均衡配分 n^* は認知的分業を支持する.

$$\frac{P(A_1|1)}{1} > \frac{P(A_2|0)}{N} \Rightarrow P(A_1|1) > \frac{1}{N} \tag{1}$$

$$\frac{P(A_2|N-1)}{1} > \frac{P(A_1|N)}{N} \Rightarrow P(A_2|N-1) > \frac{1}{N} \tag{2}$$

右側の2つの条件式を満たすのは比較的容易なので，（協調的に行動しない）不純な科学者が認知的分業をもたらすという主張は説得力を持つ. 不純な科学者の行動に関するキッチャー・モデルのナッシュ均衡は，認知的分業と整合的である. つまり，そうした認知的労働の不純な均衡が可能であることを示している. こうした「どうして可能となるのか」という問題の結論は，理想化された認識的設計者——「意義深い真実の集団的達成を促すために科学的人員を編成」する「哲人君主」(Kitcher 1993, p. 305)——に有益な情報を提供する.

これがキッチャーの唯一の結論ではないことは確かだし，キッチャーが現代科学論においてこうした議論を用いる唯一の哲学者ではないけれども，この1つの事例は，こうした種類の議論が一般的にどう行われているのかをよく理解させてくれる. キッチャーが認めるように，そうしたモデルには「空想の共同体」における「空想の科学者」(1993, p. 305) をともなうが，しかしまさにこうした形で，ゲーム理論的経済モデルが経済問題や経済政策の分析に用いられているのである. そうしたゲームを具体化し個々の科学者の行動を定義する方法は数多く存在するがゆえに，数多くの異なった（非協力）解の概念や混合戦略の可能性，協力と提携関係の構築，動学，比較静学の可能性や，さらには，それぞれの解概念をともなうより高次のゲーム（例えば完全部分ゲーム均衡）を具体化する可能性まで存在する. 科学的行動のためのそうしたモデルの可能性に事実上，限界は存在しない. 何人かの経済学者がそうしたモデルを作成しているというのは，知識の一般理論という見地から見ればいまやさほど興味を引く物珍しい話ではないかもしれない. しかし，こうした研究を行っているキッチャーらの論者は影響力のある主流派の科学哲学者である. これは単なる例外的研究ではなく，現代科学哲学と（社会）認識論においてますます注目を集める手法になりつつある. そうしたモデルは，経済学を援用した議論を用いることで，社会的転回に対する批判とそこに潜む相対主義から，規範的科学哲学（特に科学的実在論）を救い出そうとしている.

「多様性という認識論的長所を強調することで，キッチャーのゲーム理論分

析は，実証主義以降の科学的実在論を詳細に提示するという彼のより大きな
プロジェクトに取り入れることができる．科学理論の選択に影響を与える社
会的圧力が，進歩に有利な環境を維持することを示すことで，キッチャーは
社会構成主義者から実在論に浴びせられた強力な批判を無効にしようとして
いる．」(Roorda 1997, p. 217)

　こうしたモデルに多くの問題点を指摘することができるのは確かだが[9]，ここ
で注意すべき点は，科学方法論の研究において経済学が明確に用いられていると
いうことであり，それこそが私が示唆してきたより幅広い定義における経済学方
法論なのである．こうした研究が存在しているのは，第3〜6章で取り上げた問
題のためであり，このような研究は，そうした問題に対するきわめて洗練された
哲学的回答であると考えられている．以前には哲学者が経済学の議論を用いる試
みは特異なことであったが，こうしたモデルは影響力のある主流派の科学哲学者
によって促進されており，彼らは現代経済学の着想のみならずそうした語法をも
用いている．これらは，経済学者がモデルを創り出し使用しているのと同じ意味
においてモデルなのである．産業組織論のゲーム理論モデルから出発し，企業や
プレイヤーを「科学者」に変更し，「認識的」という形容詞を付け加え，さらに
いくつかの技術的な変更を行えば，いきなり科学知識の哲学的モデル（哲学者に
とっても適切なモデル）を得ることができる．

8.3.2　経済学とESK

　一般的に言って経済学者はキッチャーのような哲学者とは異なる問題関心に
よって動機付けられているが（先ほど挙げた6つのリストのうち1番から3番
は経済学者のためのものであり，4番から6番は哲学者のためのものである），
経済学者も，ESKの一（あるいは諸）類型である，いわゆる**新しい科学の経済学**
という研究を生み出している．実際にそうした研究に携わる経済学者は，「新」
という形容詞を最初に付けることによって自分たち自身の研究方法――ゲーム理
論や限定合理性，取引費用，制度への更なる関心を含む――をそれ以前の科学の
経済学から区別しようとするが，この文献は別の意味においてもやはり「新し
い」．つまり検討対象とする規範的認識論や様々な科学的諸制度の認知的評価に
関してはるかに明示的である．換言すれば，これはESKであり単なる（旧い）
科学の経済学ではない．

第8章　経済学的転回　　365

そうした分野は過去数年の間に急速に拡大しているが（例えば，Brock and Durlauf 1999; Dasgupta and David 1994; David 1998; Durlauf 1997; Leonard 1997; Wible 1991, 1992, 1998），全く新しいものとは言えない．実際，科学知識の拡大について議論してきた（比較的）主流派の経済学者による，散発的ではあるが相当に長い伝統が存在する．マハループ（Machlup 1962）やタロック（Tullock 1966）と並んで，ある意味ではハイエク（Hayek 1937）がこの主題に対する初期の貢献を果たした．こうした初期の著作が最近の文献と違うのは確かだが——特に，相当異なった理論的手法を用いている——，根本的問題はまったく同じである．比較的最近の貢献はしばしば（常にではないけれど）より形式的であるが，基本となる理論的枠組みの点で均質的でないことは確かである．上に引いたものに加えて，ボーランド（Boland 1971, 1989）やダイアモンド（Diamond 1988b），カーンとランズバーグとストックマン（Kahn, Landsburg and Stockman 1992, 1996）を ESK への経済学者の貢献のリストに追加することができるだろう（その他にも存在するのは間違いない）．過去数十年にわたって ESK を論じてきた経済学者が，幅広い理論的観点や経済学的手法（さらに言うならば科学政策への提言）を展開してきたのは明らかである．

　哲学分野の研究動向に関する前節と同様，こうした様々な種類の経済学者によって提供されている議論のすべて（あるいはそのほとんど）を要約するようなことはしない．むしろ，最近の経済学文献における検討可能な著作の射程を明らかにするのに特に有益だと考えられる，2つの具体的なアプローチに焦点を当てたい．これら2つの理論的アプローチは，経済学者による初期の研究とキッチャーら哲学者の著作の双方を効果的に対比させている．私が検討する最初の論文は，おそらく ESK に対する経済学の貢献の中で最も有名であり，新しい科学の経済学という分野全体を定義した，パーサ・ダスグプタとポール・デイビッド（Partha Dasgupta and Paul David 1994）である．2番目の論文は，この分野へのジェイムズ・ワイブルの多くの貢献の1つであり，今回取り上げるのは科学の経済的構造や企業，市場に関する著作である（Wible 1995, Wible 1998 の第9章）．

　ダスグプタとデイビッドの関心は，科学活動に関する形式的「モデル」を提供することよりも，新しい科学の経済学における一般的な幅広い枠組みを定義することにある．彼らのアプローチは，科学論と経済学の双方における広範な知的資源を活用している．すなわち彼ら以前の科学の経済学や科学社会学のマートン主

義的伝統，マイケル・ポランニーの著作（および依拠する度合いは少ないが，クーンの著作も），進化論的認識論，経済史における経路依存性などの主題に関するデイビッドの以前の研究（David 1985, 1994, etc.），情報理論，ゲーム理論（特に動学ゲーム理論）である．彼らが提供する一般的枠組みは，次のような広範な研究活動の鋳型としての役割を果たす（あるいは果たす意図を有していた）．すなわち，科学者の行動や科学制度に関する個別の形式的モデルや，特定の科学的制度の構造に関する経験的評価，（過去あるいは現在の）様々な科学政策の評価である．

　ダスグプタとデイビッドは，マートンらの論者によって承認された立場から議論を始める．すなわち，科学は認識論的に特別な位置を占めるのは確かであるけれども，その特殊性とは（もっぱら）その社会組織の他に類を見ない形態の結果であり，哲学者が伝統的に論じてきたような個々の科学者の認知的純粋さに基づくものではない．「確実な知識の累積過程は本質的に社会的なものである」（David 1998, p. 16）．こうした独特の信頼性を生み出す社会組織の形態は**開かれた科学**と呼ばれるが，こうした組織の最良の模範は，現代の大学における科学，すなわち「国による財政支援や民間財団の後援によって保護され，今日では大学や（非営利の）公的機関によって行われる活動」（David 1988, p. 15）である．開かれた科学の最も重要な特質は，当然であるが，その開放性である（マートンはそれを公有主義と呼んだ）．つまり科学の成果は，可能な限り速やかに公開され，観察・使用・批判のために全員にとって一般的に利用可能となることである．それゆえ開かれた科学は，「自然の神秘に関する旧い秘密主義的探求」（David 1998, p. 16）とも，現代の産業・軍事研究における知識の占有を志向する応用科学とも，全く対照的である．

　開かれた科学の成功と継続的な再生産の鍵は，利己的な個人を開かれた行動に誘導する組織構造のあり方にある．こうした誘導を担うのが，開かれた科学の**報酬システム**であり，特に強調されているのは（もう１つのマートン主義的概念である）科学的発見の**先取権**である．何らかの発見をしたとしてもそれが公開されない限り，先取権（それゆえ名声も）を得ることはできない．それゆえ先取権への欲求は次の２つの異なった（しかし究極的には双方とも好ましい）方向性を持つ．一方では，人は他者に覆されるような成果を公表することを望まないために——誰でも他人の研究を批判したり，再現したりできることを想起されたい——，公

第8章　経済学的転回　　367

的開示する前に成果が本当に確実であると確かめるために，広範囲にわたる経験的検証を行ったり，それに必要なその他の活動に従事したりするインセンティブを持つ．他方，同じものを発見しても二番手ならば名声を得ることはないため——ここでの問題は先取権である——，発見を可及的速やかに公表するインセンティブも持つ．ゆえに開かれた科学とは，信頼できる成果のみを可及的速やかに公表することによって，それぞれの利己心が最も良く満たされる社会組織なのである．科学共同体とは，それぞれの科学者の間で行われる勝者総取りゲームを管理・維持する独特な社会組織の形態であり，またそのような組織形態をつうじて，信頼できる科学知識が生産され，公的に開示される．

「端的に言って，公開性の規範は，先取権の主張の承認に基づく，学界内評価の報酬システムと，インセンティブの面で整合的である．それはまた，その成果が集計されることで研究努力の過度の重複を減少させ，情報を補完しあう領域が拡大するように個人の戦略選択を促進する．これにより各研究プログラムの間で相互的波及効果が生じ，結果として社会にも便益が及び，新発見の素早い再現と速やかな検証が促されることになる．」(David 1998, p. 17)

ダスグプタとデイビッドによる開かれた科学の定義は，科学共同体の最適なインセンティブ構造を設計するための（産業組織論的）含意を持つ．巨額の報酬が主要な勝者総取りゲームの勝者にもたらされるために，「科学への参加者には均一給を提供し，業績がすばらしい人はより多く報われる競争的報酬で補完した給与体系が望ましい」(Dasgupta and David 1994, p. 499)．このように開かれた科学は，科学者の総所得のうち均一給の部分の一部，あるいはおそらくそのすべてを，大学が教育報酬として支払っている状況にふさわしいものである．

大学科学という社会組織は，信頼できる科学知識の創出および普及という責任を担っているが，開かれた科学の組織以外にも「科学共同体」は存在する．大学科学に加えて，特定の産業や軍事部門の研究施設に主として場所を定める応用科学や技術というシステムが平行して存在する．科学共同体におけるこうした2つの異なった要素は，補完的かつ相互に補強し合っているけれども，異なった社会制度であることは確かである．ひとたび開かれた科学によって一般に公開されるや，科学知識は成文化された情報，すなわち「各判断主体間で容易に伝達可能な文言に縮約され変換された知識」(Dasgupta and David 1994, p. 493)となる．情報は非競合財（ある個人による使用によって他の個人に対するその財の利用可能性や効

用が減少することはない）であるがゆえに，科学知識は，異なる種類の制度的構造や経済的な報酬システムの影響を受ける．成文化された情報の非競合的性格を前提とするならば，（一般的にあまり成文化されておらずより暗黙的な）科学「知識」の場合とは異なり，占有的行動は公開性や一般公開の要求と必ずしも対立しない．言い換えれば，科学知識はひとたび情報となるや，他の財と同様に競争市場によって効率的に配分することが可能である．ゆえに科学知識は財サービスの生産に大きな波及効果を及ぼすが，しかし，開かれた科学および，評判を分配する報酬システムからなる社会構造は，科学知識自体にとっては必要であったが，情報（公的開示された知識）の効率的配分にとって必要だとは限らない．

　ダスグプタとデイビッドが議論しているのは産業科学の構造であるが，それ（比較的標準的な経済学的議論）が彼らの主要な論点あるいは貢献ではないことに注意するのは重要である．彼らがより多くの関心を抱いているのは，**開かれた科学が大学科学という特定の非市場的な制度的構造を必要とする**理由であり，応用科学や技術がそうした枠組みを必要としない理由ではない．議論としては異なっているが，ダスグプタとデイビッドの政策的含意は，既に議論したどの論者よりマイケル・ポランニーのものと一致している．特に彼らの立場は，バートリーやラドニツキーといった哲学者によって提示された科学的アイデアの競争市場を支持する主張とはまったく対照的である．彼らの基本的主張は，科学の制度的構造はまったく**上手く**機能しており大きな制度改革の必要はなく，開かれた科学が競争市場だからという理由で上手く機能しているわけではない，ということにある．むしろ科学が上手くいっているのは，開かれた科学が**科学共同体それ自体**によって運営される固有の制度的構造と報酬システムを持っているからである．もちろん，こうした特殊な共同体は知識を生産・公開し，それらは（情報として）市場制度によって利用されることで新しい財サービスを生み出し，その結果，社会的厚生や経済成長を促進するけれども，市場が効率的に機能し始めるのはあくまで第二段階においてである．第一段階とは，大学科学という独特の社会的報酬構造からなる限定的な領域であり，信頼できる知識の生産もそれに基づいている．

　ダスグプタとデイビッドの新しい科学の経済学から浮かび上がる政治的含意は，（開かれた）科学の**自律性**の弁護である．信頼できる知識を生産し公開する科学の能力は，その基底にある科学の報酬構造の変化に非常に敏感である．急激な変化は――それが，科学の社会的生産性を増加させようと試みる民主的政府の善意

第8章　経済学的転回　　369

による変化であろうが，企業資本や経営戦略による科学共同体への利己的侵入で
あろうが――，開かれた科学を支える繊細なインセンティブ構造やその集団的成
果をほぼ間違いなく破壊してしまうであろう．産業技術への波及効果という経済
的便益が存在するからこそ，科学は支援され続けるべきであるが，ダスグプタと
デイビッドが主張してきたように，こうした支援は政府のひも付きで行われるべ
きではない．科学は独特な社会形態を有しており，その運営は基本的に科学の共
和国における内部の人間に委ねられるべきである．科学知識の生産には，特定の
社会条件を極めて精妙に構成することが必要となる．それが機能し続けるのを望
むならば，手を出してはならない（支援は続けるとしても，手を出してはならない）．

> 「個々の科学者が，苛だたしい厳しい監視，特に素人の当局者が厳しく支配
> しようとする企てから解放されることによって享受する利益だけではなく，
> 科学共同体の自治と研究課題に対する，科学共同体による管理という意味で
> の自律性を発揮することが，知識拡大を尊重する社会に対して明白な利益を
> もたらすのである．」(Dasgupta and David, p. 505)

　もちろん全体の政治的意図としては科学の自律性を支持している一方，ダスグ
プタとデイビッドは次のようなことも主張してきた．すなわち，上手く設定され
た新しい科学の経済学の利益の1つは，様々な種類の漸次的調整を評価するため
の一揃えの効果的な手法を提供し，それによって科学の認知的効率性の改善を可
能にすることである．彼らは急激な変化には反対であっても，制度の枝葉の部分
で，経済学の知見に裏打ちされた微調整を行うことには反対していない．新しい
科学の経済学は比較的最近に登場したものであり，現段階での唯一の明確な提言
は，科学は専門家，すなわち科学者たち自身に委ねられるのが最も適していると
いうことである．

　ジェイムズ・ワイブル（James Wible）は ESK の文献に対して数多くの貢献を
行っているが[10]，ここでは1つの具体例である科学の経済学への「補完的」ア
プローチの議論のみに焦点を当てたい（Wible 1995, 1998 Ch. 9）．ダスグプタとデ
イビッドと（その意味ではキッチャーとも）同様に，ワイブルが経済分析を用い
て理解しようとしているのは，科学という特定の社会構造がいかにして科学知識
の拡大をもたらすのか，あるいは少なくともそれを促進するのか，さらに一度そ
うしたメカニズムが理解されたならば，どうすれば科学の認知的効率性を向上さ
せるための様々な提言をより適切に評価することができるのかということである．

本節で論じた他の論者たちと同様に，ワイブルも，科学知識の市場に，見えざる手を単純に適用しているだけではない．実際ワイブルが他の論者よりも強く強調しているのは，競争市場の効率性を単純に科学の領域に移し変えたとしても，ESK への適切なアプローチ，あるいは ESK から知見を得るための最適な方法にはならない，ということである．

ワイブルは，比較的正攻法かつ今ではむしろありふれた科学の定義から出発する．

> 「科学とは，世界の本質についての基本的知識を生み出す一連の組織とプロセスのことである．科学の制度と組織は比類がない．それらは，経済の私的あるいは公的部門において観察されるものとは全く異なっている.」（Wible 1998, p. 159）

科学とは社会的ではあるが，SSK において多くの論者に示される定義とは異なり，唯一無二の例外的な存在である．それはわれわれに「世界の本質についての基本的知識」をもたらす．

ワイブルは，科学は競争市場に過ぎないとする示唆をいち早く却下する一方，科学の経済学の2つの理論，代替的見解と彼自身の補完的見解について検討している．代替的見解とは，科学の経済学や ESK の広範な文献を含む，科学について考える際の一般的枠組みである．ワイブルが代替的見解の，やや洗練されたバージョンについて詳しく検討し，結果的に，それは科学知識の生産に対していくつかの有益な洞察をわれわれにもたらしてはくれるが，充分だとは言えないと主張した．それゆえこうしたバージョンの代替的見解は，彼自身の補完的見解を説明するための引き立て役となっている．

ワイブルが経済的問題に関する代替的見解と呼ぶのは，非市場的制度（政府や非営利団体など）が市場の代替物として働くという基本概念である．こうした（標準的）枠組みの中では，競争市場やそれと結びついた効率性が出発点となる．市場が失敗する際には，制度的代替物が特定の市場の失敗に対して発見されなければならない．こうした代替組織の枠組みは，明らかに 8.2 節で論じたような科学の経済学の文献に反映されていた．「経済学における代替物論法は，競争の効率性に関する非歴史的・進化論的な構想と，政府介入によって市場経済の副作用を修正しようという試みから構成される」（Wible 1988, p. 161）.

ワイブルが主張するように，基本的代替アプローチにおける1つの特徴的な展

開は，アーメン・アルシアンとハロルド・デムゼッツ（Armen Alchian and Harold Demsetz 1972），ロナルド・コース（Ronald Coase 1937, 1960），オリバー・ウィリアムソン（Oliver Williamson 1975, 1985）らの著作と関連した「新制度学派」あるいは「取引費用」に関する研究動向である [11]．こうした研究動向の主要な理論的貢献の一つは，市場の失敗を用いた営利企業の説明である．企業の問題——なぜ企業は存在するのかという問い——の答えは，取引費用の存在によって市場が財サービスの生産において効率的に機能しないという主張によって与えられる．これが**制度の代替理論**であり，企業を「市場の不十分さを補うために登場した」制度構造とみなす（Wible 1998, p. 163）．

新制度学派の科学の経済学への応用は比較的新しいものの [12]，ワイブルはこうした代替アプローチを，科学知識に関する経済的分析において（不完全だとしても）有益な道具として用いることを薦めている．このアプローチが問いかけるのは，企業の存在理由ではなく，科学者の存在理由である．もちろんその答えは，競争市場において科学知識の生産に関する取引費用を最小化するためである，ということになるだろう．科学制度は「科学を遂行する際の取引費用を削減する」ために存在する（Wible 1998, p. 171）．ワイブルは，これが有益な洞察である一方——科学が取引費用を引き下げることになることに間違いない——，科学制度の代替理論が示唆しているように，議論がそれに尽きるわけではないと主張する．

それに代わってワイブルが提唱するのが，科学制度に対する自身の**補完**アプローチである．驚くべきことではないかもしれないが，補完アプローチの見解は，政府や企業，科学といった非市場的制度を，競争市場の代替物というよりはむしろ補完物とみなす．

「補完的立場は，次の命題によって大まかに定義される．すなわち，経済活動をより完全に理解するためには数多くの制度が必要とされるだろうということ（制度的多元主義），そして，他の全ての制度に優越する卓越した役割を果たす制度は存在しないということである．市場と企業は社会において最も重要な制度である一方，どちらに優先順位があるということもまたない．」（Wible 1998, p. 172）

市場と非市場的制度の補完性はワイブルにとって重要であるけれども，それは科学と科学知識に対する彼の全体的な見解のほんの1つに過ぎない．彼は，広範な哲学概念——ポパー，パース，レッシャー，ハイエクなど——を引きつつ，市

場と非市場的制度の双方によって解かれねばならない根本的問題が存在するということも主張している．それは，認識的問題でもあり経済的問題でもある（というよりも経済的問題を包含する認識的問題である）．認識的問題とは，人類は根本的な知識の不確実性に直面している——知識は常に可謬的かつ不確実で根拠に乏しく，絶えず改訂されるものである——ということであり，こうした不確実性が，**認識的希少性**という経済的（資源配分の）問題をもたらすのである．

> 「不確実な世界や経済においては，知識の生成，破壊，消滅が絶えず起こっている．社会や経済の認識的構造は極めて脆弱である．ここには根本的な不確実性が存在し，認識的希少性が生じるのである．」(Wible 1998, p. 173)

認識的希少性という問題に対する解答は，**多様性**にある（これもまたありふれた主題ではあるが）．知識を獲得する条件には，変わり続ける状況にそれぞれ異なったやり方で対応する柔軟性が求められる．単一の制度構造は，知識の生産に関しては危険過ぎる．われわれは制度のポートフォリオを多様化することが必要である．

> 「補完的観点においては，認識の希少性を解決するための質的に細分化された多様な組織が不可欠である．人類は，市場のような単一の制度，あるいは数ある中の１つの制度の優越性にさえ依存することはできない．我々はすべての組織の『卵』を１つの制度という籠の中に入れることはできないのである．」(Wible 1998, pp. 174-5)

他の論者と同様に，ワイブルも科学的活動の２つの性質を強調する．彼が**第１の科学**と呼ぶものは，「単一の非市場的構造」を有しており（Wible 1998, p. 177），あまり詳細には論じていないものの，彼が念頭においているのは，ダスグプタとデイビッド（あるいはマートン）の，開かれた科学の定義であると思われる．こうした第１の科学は，より広く「市場に対する信頼」を置く**第２の科学**と対照的である（Wible 1998, p. 177）．科学の競争的側面としてワイブルが念頭に置いているのは，ダスグプタとデイビッドによって論じられたのと同じ産業・軍事研究であると思われる．ワイブルにとって第１の科学のような非市場的制度や第２の科学のような市場支配型の制度は補完しあうものであり，双方がそれぞれの方法で，認識の希少性の問題を解決するのに役立つ．それらは異なった役割を演じるが双方とも重要であり，いずれの一方がより本質的であったり，相手の代わりを果たしたりするわけではない．市場は重要であるが説明の一部にすぎず，他の部分

——第1の科学——が市場システムを採用しないのは，取引費用やその他の市場の失敗が原因となって，この領域における市場の機能を妨げるためである．科学は経済的であり——資源を用いて認識的希少性の問題に取り組む——，現代の経済理論を援用して分析することが可能である（またそうされるべきである）．だがそれは，自由市場が機能している事例でも，自由市場が何らかの意味で（公共財，外部性，取引費用……）失敗した際の代替的制度の事例でもない．

　もちろん，ワイブルの分析には厳しい批判を呈することが可能だろう．しかしダスグプタとデイビッドの，あるいはキッチャーの空想上の科学者の枠組みのときと同様に，われわれの課題は，1つひとつの詳細についてその賛否を示すことではなく，ESK において膨大な研究がなされていることを包括的に理解することである．その作業は，科学とは根本的に社会的であり，前章までに議論された哲学的問題には真剣な応答が求められているという前提から出発している．それらの研究によって，科学知識の生産と普及は経済学の言葉で明示的に定義される．そこでは非協力ゲーム理論や情報理論，新制度派経済学のような現代の経済理論の概念が応用される．加えて経済学方法論の文献にとっておそらく最も重要なのは，以前には科学論から経済学に向かっていた矢の方向が完全に逆転しているということである．

8.3.3　ESK の代替的構想

　前節までに様々な見解を検討したが，それらはすべて本質的に主流派の見解，すなわち主流派の科学哲学であり主流派の経済学であった．もちろん，他よりもっと主流派的だと考えられるアプローチもいくつかあるかもしれないが——例えば，ワイブルなどの論者によって用いられた新制度学派は，主流派経済学ではないのではないかと問う向きもあるだろう——，マルクス経済学や（旧）制度学派，フォン・ミーゼス型のオーストリア学派の問題意識と比較するならば，これまで議論してきたESK のすべては（哲学者によって書かれたものであっても），比較的主流派としての経済学を用いてきた．事実，キッチャーの議論は2つの意味で主流派であると言うことができるだろう．というのも，彼は主流派の科学哲学に直接貢献するために主流派の経済学を用いたからである[13]．

　主流派経済学を科学知識に関する研究に全面的に応用する計画に，真っ向から異議を唱える批判的文献は存在するけれども[14]，そうした文献は本節の主題で

はない．本節では，主流派に基礎を置くESKに対する間接的な異議申し立てとでも呼ぶべき，科学知識研究において比較的非主流派的な経済的概念を用いる立場に焦点を当てる．主流派と非主流派経済学の区別は相当あいまいであるが，本節で取り上げる文献と，キッチャーやワイブル，ダスグプタとデイビッドといった論者の研究とを区別するのに有益である．まず非主流派の領域に基礎を置くと思われる既存の文献を手短に分類することから始め，次にこうした広い領域に属すると思われる（あるいは既に進行中であり，着手されている）様々な研究計画について（大まかではあるかもしれないが）いくつかの考察を行ってみたい．

科学研究において非主流派経済学と関わる著作の類型の1つは，科学史と科学哲学におけるマルクス主義の文献である．カール・マンハイム（Mannheim 1936）や第5章で議論したマルクス主義の科学史家たち（Bernal 1939, 1953; Hessen 1931），さらに近年のものではバナールの見解のニュー・レフト的翻案や（例えば，Rose 1994），ある種の知識の中央計画を伴う社会認識論の諸類型（例えば，Fuller 1988, 1992），そしてマルクス主義理論の諸相から成る社会学文献（ピカリング，初期のラトゥールとウルガー，アクター・ネットワーク理論の一部など）が挙げられる．こうした文献の大部分については前章までに既に議論した．

経済学的ではあるが主流派経済学とは異なる概念から成る科学知識の文献のもう1つの類型は，贈与のような「交換」という社会学的あるいは人類学的概念に基づく科学の社会的**交換**モデルであり，伝統的に経済学の中で定義されてきた（かつ定義され続けている）交換概念とは全く異質である．こうした文献は，多様であり，かつ第5章で議論した社会学的文献とも重複しているが，2つの代表的な例としてW・O・ハグストロム（Hagstrom 1965 他）とP・ブルデュー（Bourdieu 1975 他）が挙げられる．これらの類似したアプローチ（特にブルデュー）は知識の「交換」理論を含む相当量の文献を生み出してきたけれども，それらが科学に関する経済学者の著作や，あるいは経済学を含む主流派の科学哲学の文献に登場したことはほとんどない（Mäki 1992a は例外である）．そうした不在は，主として彼らのアプローチに含まれる根本的に異なった理論概念を反映していると推察される．

さらに別の関連文献としては，科学共同体の成長のためには「経済的条件」が不可欠（あるいは少なくとも効果的）であると考える経済史の一部を挙げられる．こうした文献にはマルクス主義に由来するものも，「主流派」経済史に属すると

第8章 経済学的転回 375

考えられるものもあるけれど，経済的必要「条件」の中に科学知識を生み出す能力を含める，マルクス主義でも主流派でもない重要な歴史的文献も存在する．マルクス主義者としての方向性を持つが，ヘッセンや他のバナール主義者とは全く異なる主張を行っている著作の例として，ハッデン（Hadden 1994）がある．ハッデンは「生産関係」に焦点を当て，社会領域における商品交換やそれと関係する絶対価値（価格）の計算が，自然領域における機械論的世界観の登場の一因となったと主張する．経済学に端を発する別の説明としては，プーベイ（Poovey 1998）が挙げられる．彼女は広い範囲に及ぶ様々な観点——SSK，最近の科学史，ポストモダニズムの要素など——に基づき，近代科学の登場（特に事実という近代的概念）と初期資本主義のある種の制度（特に複式簿記）とを架橋する詳細な歴史物語を織り上げようとする．プーベイは数多くの経済思想史の重要人物に関する広範な議論を伴う極めて豊穣な歴史を提供しているが，彼女が，科学共同体の社会的構成と，一定水準の経済成長の達成とを結びつけようとする，SSK に影響を受けた唯一の著者でないことは確かである．例えばシェーピン（Shapin 1994）は，「経済的余裕」と，「利害超越性」という概念の発展との関係を繰り返し強調する．実質的に彼が主張しているのは，経済成長が，（当初は）社会の小さな一部分においてマートン的規範が誕生するための経済的条件——生産と分配という経済における条件——を与えたということである[15]．こうした問題については少数の例に言及するだけではなく，さらに注意を払う価値があるのは確かではあるが，こうした簡単な抽出からでも要点はまったく明らかであろう．科学を特定の経済的条件——一般的には余剰を生み出す資本主義の条件——に基礎付ける文献が広い形で存在しており，こうした主張はゲーム理論と個々の科学者の効用最大化行動，あるいはそれらのどちらか一方から成る主流派的な研究と必ずしも矛盾するものではないが，全く別の種類の（異端派経済学と非常に上手く適合すると考えられる）文献である[16]．

　経済学や科学知識に対する経済観に関わるものとして，以上の 3 つの異なった研究動向（他にもあることは間違いない）が最近では存在するが，こうした領域には未だ明確にはなっていない相当の潜在的可能性があると思われる．以下では本節のまとめとして，非主流派に基礎を置く ESK の潜在的な研究計画の短いリストを挙げておこう．こうした問題についての作業には現在進行中の場合もあるし，単なる研究企画案に過ぎない場合もあるが（少なくとも筆者は，近い将来にそ

うした研究が発表されそうであるとは認識していない），いずれの場合にせよ，これらは皆，さらなる探求のための沃野であることは明らかである．もちろん，こうしたアプローチの多くを，ゲーム理論や他の何らかの現代の主流派経済学のより形式的なモデル化戦略と結合することも可能である（またそうされている）．このリストは数ある可能性の中の数例を示唆するに止まっているし，項目の配列についても順不同である．

・**進化経済学**：「進化経済学」としてある程度分類可能な種類の文献は，膨大であるとともに極めて多様である[17]．この分野は制度学派（少なくともヴェブレン［Veblen 1919］まで遡る）とオーストリア学派（特にハイエクとシュンペーター）の2つと重なり合っているとともに，強調点と理論的手法の双方において主流派経済学に相当程度接近した数多くの現代的形態も持っている（Alchian 1950; Nelson and Winter 1982; 他）．もちろん，ESKの研究を行っている多くの経済学者が，こうした進化経済学の現代的形態に影響を受けている（かつ自分たちの著作をその外延に属するものと捉えている）．しかし，これらの既存のアプローチに加えて，比較的新しく，急速に数を増やしている進化経済学の文献も存在しており，それらは，ミクロ還元主義的で，厳密にダーウィン主義的な標準的アプローチをとらない（Eldredge 1997）．こうした文献は，遺伝子還元論という個人主義的関心から出発するのではなく，スティーブン・ジェイ・グールドやナイルズ・エルドリッジたちの断続平衡説のようなマクロ指向型の進化生物学に，進化経済学を基礎づける．こうしたアプローチは比較的新しいものの（淘汰の単位として，制度やその他の集合体をあつかう制度学派モデルとの家族的類似性は有しているけれど），（既存の文献の大部分とは異なり）方法論的個人主義を前提としない種類のESKとして，進化論的認識論と経済学を統合する可能性を提示している．この種の非還元論的進化経済学の下に打ち立てられるESKの研究プログラムは，進化生物学における近年の変化を反映したり，経済学の異端的伝統とつながったりしているだけではなく，計算機数学や動学的モデルの構築における近年の発展を利用することもできるであろう．

・**（旧）制度学派のESK**：非還元論的進化経済学の文献やワイブル型のESK

と関連しつつ，モデル化よりも，より哲学的な問題に焦点を当てているのが，ヴェブレンの（あるいはヴェブレン＝エアーズの）経済学と現代のネオ・プラグマティズムを結びつけようとする，旧制度学派の ESK の 1 バージョンであるかもしれない．第 6 章で見たように，ローティのようなネオ・プラグマティズムの論者は，パースやデューイのような古典的プラグマティズムの論者よりも，ポストモダニズムや急進的相対主義に接近していると，哲学者一般からみなされていることを思いだそう．その主たる理由は，ローティのようなネオ・プラグマティズムは，自分たちの（道具主義者としての）評価基準を極めて局地的かつ偶発的なものとして維持し続けることを主張していると考えられるからである．「A はよい（あるいは真である）」という文章がネオ・プラグマティズム的に何らかの意味を持つのは，「こうした特定の文脈において」や「これらの特定の偶発的条件の下で」という文言が付加される場合に限られる．これが意味するのは，そうした評価は常に特定の状況に「関連している」ということであり，それゆえ多くの哲学者たちが，彼らをプラグマティックな有益性を持った存在というよりは，相対主義的虚無主義者であると考えている．制度派経済学をこの議論に加えてみよう（厳密に言えば，再び加えてみよう）．そして，エアーズの経済発展論に関する第 6 章の議論において，制度派理論のヴェブレン＝エアーズ的伝統の目的の 1 つは，デューイの道具主義という骨格に何らかの実用的な経済学を肉付けするということにあったのを想起しよう．確かにたいへん困難な課題ではあるが，ヴェブレン＝エアーズの経済学の伝統を，現代のネオ・プラグマティズムと整合的な形の ESK の中に，再び位置づけることが可能かもしれない．

・**ハイエク的 ESK**：ハイエクの名はしばしば ESK の文献に登場するが（ワイブルの著作，つい先ほど取り上げた進化経済学のいくつか，バートリーやラドニッキーといった哲学者の進化論的認識論など），確かにハイエク的 ESK には研究を重ねていく余地がある．ESK の多くの研究者と同様に，「ハイエクは，**知識**の創造や発見，利用，伝達，保存の助けとなる様々な制度の役割を検討することを提案した」（Caldwell 1997, p. 1885, 強調原文）が，彼の着眼点には他にはない多くの特徴があり，ESK の研究をさらに重ねていく上で有意義な可能性を秘めている．一例を挙げるならば，ハイエクは人間行動を利己的

だと見なしているが，同時に，こうした個人の合理性と整合的な，社会的な
ルール遵守行動に関する豊かな理論を発展させた（Vanberg 1994, 1998 を参照
せよ）．個人の合理性とルール遵守行動を調和させるハイエクの方法は，不
純な科学者の行動と適切な科学的方法に関するルールとの複雑な関係に何ら
かの有益な洞察を提供するかもしれない．ハイエク的アプローチは，近年の
適応的複雑系理論の発展と整合的であるとも考えられる．ハイエク主義的ア
プローチのもう 1 つの重要な特徴は，彼が経済学と知識についての自身の観
点と整合的な，心や心理に関する詳細な哲学（Hayek 1952）を発展させたと
いうことである．人間の認知と ESK との関連はキッチャーやゴールドマン
のような哲学者の著作には見られるが，経済学者の著作にはほとんど存在し
ないように思われる．ハイエクの著作は，何らかの失われた環を提供するか
もしれない．

・**ESK における限定合理性**：現代経済学において囁かれている「限定合理性」
には多くの異なったバージョンが存在しており（Conlisk 1996; Rubinstein
1998; Sargent 1993; Sent 1997a, 1998b を参照せよ），それらの多くはサイモンの
もともとの概念とはほとんど似ていないが，これらのいくつか（あるいは全
て）は科学者の「合理性」を論じる上で有益かもしれない．ある意味 ESK
の大半は，標準的な**経済学**における合理性概念（効用最大化）を**科学的**合理
性（知識の発見）の研究に用いようとする試みである．しかし，サイモンら
の論者が正しいとするならば，現実の人間の合理性は経済合理性と同一では
なく——現実の人間は，獲得・維持できる情報量にも，その情報を処理する
計算能力にも，限界を有する——，それゆえ彼らは限定的に合理的であるに
過ぎない．これにより次の当然の疑問が導かれる．方法論的ルール遵守行動
を，科学者個人個人の合理的行動によって置き換えることを望むならば，そ
れらを，完全情報を有する新古典派的な経済主体ではなく，限定合理性に基
づく人間としてモデル化すべきではないだろうか．もちろん，限定合理性を
概念化するには多様な方法が可能であるため，限定合理的な科学者が科学知
識を生産するプロセスを論じるには多様な方法が存在するが，それらのいず
れかは ESK の本格的な研究計画の出発点として適切であると考えられる．

・**経済社会学と ESK**：最後に，経済社会学という多様な研究分野が存在し（Granovetter and Swedberg 1992; Smelser and Swedberg 1994; Swedberg 1987, 1998等），それらを科学共同体と科学知識の考察に利用することは可能であろう．経済社会学の定義——「社会学の視座や，そこで用いられる変数や説明モデルを，希少な財サービスの生産，分配，交換，消費からなる複合体に応用すること」（Smelser and Swedlerg 1994, p. 3）——からすると，「科学知識の経済社会学」という問題領域を設定するには，上記の定義の「希少な財サービス」を「科学知識」に置き換えるだけでよい．経済社会学は社会学の三巨頭——ウェーバー，マルクス，デュルケーム——の著作に起源を持つがゆえに，こうしたアプローチは，一部の科学知識の社会学における文献に既に組み込まれているのは確かである．さらにオーストリア学派（シュンペーター）や制度学派（ヴェブレン）も創始者として挙げられているため，こうしたアプローチは既に示唆した研究領域のなかに包括されていると述べることが可能だろう．とはいえ，広範にわたる近年の研究が存在しており，それらは社会的に条件付けられた主体やそうした主体の意義深い行動に焦点を当てたり，生産や分配だけではなく制度や制度変化を強調したりしている．それらは，新制度派経済学に対する社会学的代替物として提示されることが多く，ESKに応用されるべき明らかな一つの候補となるアプローチであると思われる．

8.4 経済学的転回に関する結論

ここまで本章では，数多くの立場——経済学的転回をもたらした動機から，哲学的・経済学的文献の代表例についての詳細な議論，ESK の枠内で取り扱われる可能性のある数多くの非主流派研究プログラムに関する考察——を取り扱ってきた．極めて多岐にわたる解説を行ったが，それは，経済学方法論の著作がこれまで扱ったことのない，まったく**新しい内容**でもあった．つい最近まで経済学方法論の書物に科学の経済学の議論を含めようとは，誰も考えなかったが（いまだにそれが良い考えだと思わない読者も，おそらく存在するだろう），経済学方法論を経済学と科学知識の研究を接続する領域と幅広く定義するならば，そうした科学知識の生産と分配に関する経済学研究（特に良い知識と悪い知識について規範的な主張を行おうと試みる研究）は，明らかに経済学方法論の1つの（成長しつつあ

380

る）あり方と考えられる．本章ではまた，経済学が現在（そして潜在的に）どの程度まで現代科学論に浸透しているかについて説明してきた．この分野の著作は極めて膨大かつ高度に多様化されており，なされるべき作業も依然として膨大であり，そこから導かれる展望もまた多様であることを，本章は希望を持って論じてきた．

それにもかかわらず経済学的転回は，科学論および経済学方法論における伝統的領域に，多くの問題や懸念を呈している．こうした懸念には，実践的な方向を向いているものがある一方——科学論の分野での様々な変化によって誰が勝利し，誰が敗北したか——，伝統的な哲学的問題により関係しているものもある．本章の最後の数ページでは，こうしたいくつかの問題関心（実際には3つ）について議論してみたい．もちろんこれら3つは，経済学的転回から生まれた多くの問題のうちほんのわずかなものでしか過ぎない．

ひとたび科学論が利害やインセンティブの問題へと開かれると——すなわち，伝統的な科学哲学のアプローチのもとで，認知的になすべきことが存在し，科学者は自動的にそれを行うと想定するのとは違って——，科学論の分野において，**誰が恩恵を受けるのか**という問題が生じる．特に，我々が問うことができるのは，いったい誰が経済学的転回から得をし，損をするのかという問題である．もちろん，勝者と敗者への報酬は，広大な ESK の領域のどの特定のバージョンをわれわれが考慮するかによって決まるため，そのうち特定のバージョンを選び，それによってもたらされうる利益について議論してみよう（他のバージョンの検討については読者に委ねることとする）．ここではキッチャーの『科学の進歩』で示された研究プログラムを取り上げよう．この研究の成功によって，いったい誰が恩恵を受けることになるのだろうか．

伝統的な科学哲学者は，クーンや SSK などの学説や，それに伴う「伝説」の凋落によって生じた，認識的に破壊的な含意を和らげようとしており，明らかに，彼らはキッチャーの成功から恩恵を受けるだろう．彼のプログラムは科学の社会性に敏感であり，そうした批判的文献による指摘の多くを受容しているとともに，それにもかかわらず，科学の優越性と科学的実在論を維持している．彼はまた，自立的な認識の案内役としての科学哲学の正当性を一般的に再確認するという方法で，それを成し遂げている．同様に科学コミュニティも，キッチャーのプログラムの成功によって利益を得るということも明らかである．それについては前章

までであまり議論しなかったが，近年進行中の「サイエンス・ウォーズ」がある（Gross and Levitt 1994; Gross, Levitt, and Lewis 1996; Ross 1996; Sokal and Bricmon 1998）．すなわち，研究資金は希少であり，科学の認知的地位を貶める社会学者は，個々の科学者たちの生活や，おそらく究極的には開かれた科学という文化全体までも脅威にさらしている．ある社会学者が以下のように述べている．

> 「反駁不可能な事実に対する抽象的で時間を超越した探求という，『古い』実証主義的な科学のイメージ——科学は，不確実性に伴う苦痛や，ジレンマの中での選択という負担を取り除き，『社会』を超越しており，また，万人の利益となる技術革新を否応なくもたらす——は，不可解なほど現在でも強く生き残っている．しかし，驚くも何もまさにそうなのである．（中略）国家が現在も研究資金の中心的な供給者であり続ける限り，科学者自身がその古いイメージを手離さないのである．というのも，遠い過去に科学者は，そのイメージを用いて，政治的領域に立ち入る権利や必要な資源を獲得したからである．」（Edge 1995, p. 18）

数多くの科学社会学者・レトリック論者による相対主義的主張を論駁することで，科学コミュニティが「サイエンス・ウォーズ」で有利になることは確かであろう．

それゆえ，科学哲学者や自然科学者はキッチャー的プログラムの成功によって一般的に恩恵を受けると考えられるが（あらゆる種類の急進的暴露論者たちは不利になるだろう），経済学にとってはどうであろうか．有利説も不利説も考えるのは可能だが，どちらが最終的に優勢であるかは定かではない．その便益を観察することは非常に容易である．経済学者は，キッチャー的プロジェクトに適用可能なモデルを多数保有しており，キッチャーを引用して論文や学位論文が書けるだろう．こうした議論は，現代の科学政策における権力の座への道も切り開くために（アメリカ連邦議会小委員会，アメリカ国立科学財団など），経済学者たちは科学的資源の配分に（科学と他の分野との資源配分にも）影響力を及ぼすことができるだろう．これらはみな経済学という専門領域にとって非常に良いことに聞こえるが，しかし問題が1つある．その問題とは，経済学は一般に社会科学の中で最も「科学的」であるとみなされていることである．経済学には数学や計量経済学，ノーベル賞があり，経済学の課程は自然科学と同様に教科書を使って教育される．他のいかなる社会科学よりも，経済学は「伝説」から利益を得てきた．もちろん，

キッチャー的プロジェクトは「伝説」の一部分を救い出そうとしているが，せいぜい迂回的に（見えざる手やナッシュ均衡，認識的に上手く設計された報酬制度を用いて）行っているにすぎない．経済学が利益を得るのは伝統的見解からであって，その代替物（経済学はそれを設計する手段を持ってはいるが）ではないのかもしれない．おそらく単に「伝説」を支持し続けることは，ESK に対してどんな貢献を果たしうるとしても，何より経済学者の利益にいっそう適うであろう．

　2 番目の問題は，**再帰性**の問題である．果たしてどのような意味で，経済学者は経済学の着想に基づく科学知識の概念を用いて，経済学あるいは特定の経済理論の科学的地位を評価することが可能なのであろうか．再帰性問題が SSK の内部で生じたことを（第 5 章から）想起されたい．科学者の信念は，彼らの社会的文脈から構成されるのであって，「そこにある」客観的世界に基づいているのでないとするならば，これは SSK を行っている社会科学者にも当てはまるのではないだろうか．だとするならば，いったいどのような意味で我々は，自然科学に関する社会学者の主張を信じればよいのだろうか．すべての科学はそれが生み出される社会的文脈の産物であるとするなら，これは SSK にも当てはまらなければならない．暴露の過程は，暴露する側の根拠も弱める．初期の SSK の議論から明らかなように，これは社会学的文献において大きな懸念を起こしている問題であり，安易な解決を許さない問題である．

　ESK に携わる経済学者も同様の問題に陥ることを逃れえない．科学者が自分自身の利己心（評判，昇進など）を追求しているとするならば，経済学者たちも同様に自身の利己心を追求していることになる．見えざる手や経済学者コミュニティ内でのナッシュ均衡の認識的効率性を通じて，そうした利己的な行動が依然として正しい（本当の，真理近接的な，信頼できる……）結果を導くと考えたとしても，深刻な問題が残る．第一に単純な経験的事実として言えるのは，ほとんどの経済学者は，自分たちの行動が狭い利己心に基づいていると主張したり，信じたりしているわけではない．ほとんどの経済学者が主張している（そして信じている）のは，自分たちが探求している経済という領域における物事のありようを理解しようとしているということである．こうした経験的事実は問題であるが，それは数多くの方法で迂回することができる．ちょうどそれは，経営者は自分たちが限界収入を限界費用に一致させているとは言わない（信じていない）という「事実」を経済学者が迂回できるのと同じである．より重要なのは，経済学者た

ちが追求しているのは自身の利己心であって，真実や他の認識的目標などではないという主張は，ESK を論じる経済学者にも適用されなければならないということである．これがどのような意味で問題なのか，すぐには理解できないかもしれない．というのも，たとえ，そうしたメタ理論を提供する経済学者は自身の利己心に基づいて行動しており（メタ理論的な）真実を発見しようとしているわけではなかったとしても，同じ見えざる手（あるいは他の最適生産活動の結果）が経済学者の行為に関する真のメタ理論となっている可能性があるからである．しかし，これが導くのは無限後退である．経済学者の利己的行動が経済主体に関する真実を導くことをメタ理論家が論証したのと同じく，メタ理論家の利己的行動がいかにしてメタ理論的真実を導くのかを明らかにするメタ・メタ理論家が存在しなければならない．この後退は永遠につづく[18]．

　単純な事実として何かを「評価」したいと思うならば（良いか悪いか，真か偽か，容易か困難か……），評価される事物以外の何かに基づく評価基準が必要となる．ここで示唆しているのは，再帰性とは，経済学者が ESK には従事するが，他の知的活動において ESK を実践しないときに生じる，致命的な問題だということではない．言いたいのは，ESK から導かれた良い科学と悪い科学という概念を，例えば反証主義やラカトシュの MSRP と同様に，容易に伝統的な規範的方法論の枠組みに取り込むことができると信じる人がいるとするならば，その人はひどく失望するであろうということに尽きる．この意味で ESK は他の自然主義と同じ問題を抱えている——進化論的認識論は生物学理論を評価する際に困難を抱えており，ゴールドマンの信頼性論は認知科学を評価する際に困難があるだろう——しかしそれは，哲学が評価対象の諸科学とは異なる（より高い）地位にあることが明確だった時代には検討される必要のなかった厄介な問題なのである[19]．

　最後の問題は，最終的に ESK に有利となる論点である．既に見てきたように，あらゆる形態の自然主義は，規範的科学哲学として見たときには困難を有する．われわれは科学的（自然主義的）用語で科学行動を記述できるかもしれないが，果たしてそうした用語でどんな規範的評価が行えるのであろうか．それは本質的に，ヒュームのギロチンの認識的バージョンであることを思い出そう．倫理的な「べき」を「である」からは演繹できないのと同じく，認識に関する「べき」を「である」から演繹することはできない．実際のところ ESK はこの問題に対して興味深いひねりを加えている．それはさほど明快な解答ではないが，問題が少な

い解答でもある．ルールや規範についての経済学的説明は，哲学から受け継がれた規範の説明と比べるならば，適用される主体の行動からは乖離してはいない．経済学においては，規範がいかにして持続するのか，つまりそれがどのように再生産されるのかという興味深い問題に対応することができる．すなわち，主体がこうした一連の特定のルールに従って行動するようになるメカニズムの問題である．規範に関する一般的な哲学的視点は（倫理に関するものであろうと認識に関するものであろうと），本質的に水先案内人，あるいは中央計画者の見方である．問題なのは正しいルールを発見することであり，そうすればそれに従って行動する主体は正しい行い（善あるいは真）をするようになる．経済学者の視点はこれとは異なる．発生や持続可能性の問題により強い関心が向けられる．すなわち，特定の規範が生じ，各主体の行為の社会的帰結として維持されるためには，主体はどのようなものでなくてはいけないかを理解することが問題である．つまり，なぜ人々は契約書（ESK の場合には，認識的契約書）に署名するのであろうか，という問いに経済学は関心があるのである．

　このように規範とルールに関する経済学の捉え方は異なるが，このことは，ESK や，規範を自然主義の哲学プログラムから導き出すという伝統的問題とどう関連するだろうか．2 つの論点がある．第 1 に，哲学者の概念よりも，経済学者の規範概念は自然主義と緊張関係を生み出すことが少ない．経済学者の説明によれば，「である」から「べき」を演繹しているのではなく，「誰もルールが生じると思ってはいなかった」ところに「こうしたルールが生まれた」ことを演繹しているのである．後者にもそれなりの問題があるとしても，それは少なくとも伝統的な哲学問題とは異なった問題であるように思われる．2 番目として，これはむしろ大胆な経験的主張と言えるかもしれないが，**認識に関する中央計画当局など過去に一度も存在したことはなかった**．科学者が従ってきたルールがどんなものであれ，それは科学の実践という文脈の中から生じてきたものである．認識論的哲人王が前もって科学のルールを設定し，その下で科学が実践されたため認識的に正しい行動が現れ，最終的には抗生物質や衛星放送，エアコンを人類に与えてくれた，というわけではない．最初にあったのは人間の活動であり，その後どういうわけかそこから科学のルールが生まれ維持されたのである．こうした「伝説」後の科学論における論点に関して，おそらく ESK は確かな利点を持っている．

第 9 章　　結論

> 論理学と哲学の訓練を受けた人が，科学の主要な理論的問題の解決に寄与するべきだというのは，おこがましい考えのように思われる．要するにそうした考えは，世間知らずだったのだ．そうした企ては，論理学や哲学の学問文化から科学の理論を引き出し，それらの理論を抽象的に分析できるという誤った思い込みに依拠していた．したがって，後期の分析的科学哲学者たちは，彼らの長老である論理経験主義者から無批判に受け継いだ仮定の犠牲者だったのだ．その結果として，多くの哲学者と数少ない科学者の同調者が集まる，比較的孤立した学問領域が生み出された．当の科学はそれ自身のダイナミクスによって発展し続けている．[Giere 1999, p. 16]

　これまでの 8 章で膨大な議論を紹介したが，いまやプロジェクト全体をより全般的に吟味して反省する時がきた．これまでの章では科学論と経済学方法論をサーベイし，両者間の様々な関係を体系的に検討してきたが，本書の題名は「方法論とそれに関連する文献のサーベイ」ではない．タイトルは『ルールなき省察』であり，このタイトルは（1）単純なルールに基づいた経済学方法論は静かに，そしてあっさりと舞台から姿を消しており，（2）この消失は経済学という領域における哲学的・科学論的な省察や関与に対する死の宣告ではないし，そうである必要もないという，近年の方法論的文献に関する 2 つの主張を伝えることが意図されている．実際のところ，この転換は，幅広い方法論的な論点に関する新しく興味深い省察という極めて豊かな収穫をもたらした．新しい文献は部分的にはルール探求的な方法論の失敗によって開かれた領域のおかげで発展してきたが，他にも様々な要因がある．こうした要因の 1 つは間違いなく研究者の世代交代である．いまや完全に新世代の著者たちが姿を現しており，彼らは伝説以降の哲学的考え方のもとで育っており，より学際的あるいは多領域志向であり，幅広い知的発展により敏感である．もちろん，科学や哲学や経済学，そして一般的な合理的思考の役割に関する 1930 年代から 40 年代の大変動とそれが引き起こした反応が，我々の集団的意識から消え去ってきているということも明白である．ルール作成者の多くは彼らこそが野蛮人を門から締め出していると信じていたし（例えば，ハチソンはこれに関して明示的だ），彼らの知的な口調や姿勢はこの役割を反映していたことは疑いようがない．おそらく彼らの仕事は必要であったし，その目的もうまく果たしたのだ．おそらくは権力を握った者たちがその権力を維

持するのに必要な物語だった．そしておそらく（筆者の選択だが），ルール探求的な方法論への欲望は記述され理解されるべきであり，審判されるべきではない．いずれにせよ，新世紀となり，知的世界も変わった．20 世紀半ばの方法論的談話で唯一の任務と思われた，狭いルール一式を発見することに失敗したにもかかわらず，より広範なタイプの経済学方法論が繁栄している．

　ルールに基づいた方法論の静かな崩壊と第 7 章・第 8 章で示された（そして第 3 章から第 6 章で「経済学との関連性」の議論に散見したような）研究の急増を考えれば，経済学方法論の狭い定義を保持して，その領域は死んだとはっきり宣言するという選択肢もあるだろう．その結果，近年の研究は科学社会学，科学哲学，レトリック論，経済思想史，社会認識論，等々の現存するカテゴリーの中に分割され分類されることになる．筆者は明らかにこの立場を取らない．私の見解は，我々は単にルールに基づいた経済学方法論という狭い定義を捨て，この領域を**経済学と科学論の双方に実質的に関わる**研究すべてとして定義し直すべきというものだ．この定義では，経済学方法論は生き残るだけでなく，健在ですらある．したがって，これまでこの方法論的探求のより広い領域のための新しい名前を紹介していなかったが，この結論部分でそれを行いたい．筆者はこの新しく拡張された領域のことを**新しい経済学方法論**と呼びたい．新名称の導入に関するいくぶん不安な気持ちを認めなくてはならない．「新しい X」の売り込みは明らかな疑問を引き起こす．なぜ名前が変わるのか．名前など誰が気にするのか．たんに内容に関心を向ければ良いではないか．ある意味で，筆者もこのような意見に同意する．科学哲学者が科学知識の探求に経済学を用いるとき，あるいは SSK の研究者が科学知識の社会学的研究に経済学を採用するとき，彼らが「本当は新しい経済学方法論を行っている」と主張することで得られるものは何もない．これは筆者の目的ではない．考えるに，動機はそこまで厚かましいものではなく，はるかに単純だ．

　基本的に，新しい経済学方法論という名称を用いるべき理由は 3 つある．第 1 の理由は最も単純で最も直接的なものだ．単にこれまで検討してきた文献**すべてのための用語**が必要である．経済学と現代科学論の双方を含む非常に興味深い文献が大量に存在し，かつ増大しつつあり，それら全体を示す単一の用語があったほうがよいだろう．新しい経済学方法論はそのような用語であると思われる．第 2 に，「新しい経済学方法論」という用語は古い[1] 方法論の消滅に注意を惹き

つけるが，それは有用なことだと個人的には考えている．ルールに基づいた個別のアプローチを一撃で論破しようと長年試みてきた人間としては，潜在的な標的を送り出し続けた背景機構が最終的に崩壊したということを知れば安心する．しかし，これがあまりに個人的過ぎることは理解している．実際のポイントは，古く狭い方法論は経済学者のごく一部分を除くほぼ全員にとって全く面白くなかったということだ．幅広いアプローチはより広範な学者たちに魅力的となるはずであるし，名前の変更はもはや古いゲームと同じではないということを伝えるのに役立つだろう．最後に，そして最も重要なことに，名前の変更は，異なった聴衆に向けて研究し，異なった分野で訓練を受けた研究者全員に，探求に値する何か共通のことが始まっていることを気づかせるだろう．例えば，キッチャーを含む，哲学的研究に経済学を採用している科学哲学者を考えてみよう．こうした著者はまるで経済理論の科学的地位に関して哲学的疑問がこれまで提起されたことがなかったかのように議論している．経済学者がそうした問題を無視するのは仕方ない．方法論者にとっては腹立たしいが，少なくとも理解できることである．しかし，科学哲学者が200年におよぶ方法論的議論を知らないように見えることはなかなか理解しがたい．おそらく，こうした完全に異なっているが関連のある研究領域の全てを単一の新しい見出しのもとに結びつけることは，関連した取り組みの相互理解をもたらし，したがって効果的な相互交流の促進に役立つだろう．高望みに過ぎるのかもしれないが，名前の変更がこうした試みを妨げるようなことはないと考えている．

　したがって，筆者は新しい経済学方法論と呼ぶつもりだ．この名称が定着するか（そして有効に機能するか）を決めるのは読者である．この結論部分では簡単に，新しい経済学方法論のプロジェクト全体から2つの点だけを振り返りたい．第1に，新しい文献やそれをもたらした過去の出来事から得られる「教訓」のいくつかを紹介したい．次節ではこうした教訓のいくぶん長いリストを提供する．リストの項目の多くはこれまでの章で明確に（そして何度も）述べられており，その他についてはこれまでの議論で明白ではないにしても間接的に説明されている．このリストは現代科学論と新しい経済学方法論の特定の立場や見解というよりもむしろ幅広い一般的な特徴を強調したものであり，参照は付けていない（議論の詳細も参照文献も，これまでの8つの章で豊富に提示されている）．これらの「教訓」の順番は，重要性やここまでの章に現れた順番とは関係がない．唯一の順序——

第9章　結論　　389

せいぜい弱い順序づけ——は，（少なくともこれまでの本書の議論の後では）比較的議論の余地のないものから徐々により合意の得にくい領域へと移っていくというものである．最終節では新しい文献に対する潜在的な批判に応答し，今後の方向性を示すことを目指す．新しい方法論への道には（新たな）落とし穴がないわけでなく，可能な限り素早くかつはっきりとそれを明らかにすることは有用だろう．

9.1 新しい経済学方法論から得られる教訓

・「定説」と「伝説」は過去のものだ．それらは，経済学方法論の専門家たちが過去に用いていたようには利用することはできない．他の場所から取り寄せできるものは何もない．つまり，ある種のルールに基づいた方法論——科学哲学を頼りにしたもの——はもはや利用できないということだ．これは我々が何か違うことを「しなければならない」という主張ではない．「しなければならない」と言うと，選択肢が存在するかのようにみえるが，これに関しては我々に選択肢はない．食器棚は空っぽなのだ．もちろん，棚は空なのだから今何をすべきかに関する多くの選択肢がある．しかしルールに基づいた方法論はもはや利用できないのだ．

・優れた経済学を他のもの（非科学，無意味，認知的に意味のない談話，がらくた，その他なんでも）から決定的に区別するような狭い方法論的ルールの探求は消え失せており，もはや方法論的文献の主要な論題ではない．だからと言って，それが全くなくなってしまったり，完全に「駆逐された」というわけではない．そのように学問分野が変化することはない．第4章冒頭のパトリシア・チャーチランドの引用——「パラダイムというのは決定的な反駁によって崩壊することは稀で，むしろ，衰え徐々に支持者を失っていくものである．（中略）しかし，私たちの多くは，『壮大な古いパラダイム』の中で研究を進めても得るものは小さいと感じている」（Churchland 1987, p. 546）——は経済学方法論の壮大な古いパラダイムにも同様に当てはまる．もちろんこの変化は，空っぽの棚という最初の教訓と関連しているけれども別個の問題だ．棚の喪失はルールの1つの特別な供給源がもはや利用できないということを意味するが，2つ目の教訓は（その供給源が何であれ）狭いルールを発見するという関心がより一般的に失われたということである．

・少数の単純なルールの探求が方法論的文献から消え去っただけでなく，狭い
ルールに基づく経済学方法論観がそれ自体として歴史的逸脱だったということ
も，第2章のミル的伝統やその他の議論から当然に明らかだ．「伝統的な」
ルールに基づく経済学方法論観は，実際にはより広い意味では伝統的な見解で
はなかった．それは，ミル，ケアンズ，ネヴィル・ケインズ，もっと言えばロ
ビンズやハイエクのうち，誰の見解でもなかった．それは20世紀中頃に出現
した経済学方法論に関する特殊な考え方だったのだ．この変化はもちろん実証
主義と「定説」の影響力とも関係するが，ワルラス的新古典派とケインズ主義
的マクロ経済学という2つの学説による経済学の安定化や，戦間期の社会経
験を含む他の多数の要因や条件とも関連している．

・「伝説」は過ぎ去り，その代わりとなる学説はどこにも見当たらないけれど，
現代科学論の多様な文献から生じたいくつかの顕著な一般的特徴がある．一般
的に科学論は，反基礎付け主義で自然主義的で，理論負荷性や過小決定性の問
題に敏感であり，科学の社会的特徴に強い関心を向けている．もちろんこれら
の特徴は，これまでもそしてこれからも，新しい経済学方法論の文献に大きな
影響を持ちつづけるだろう．

・新しい方法論における研究は，それが経済思想史であろうと現代的実践の研究
であろうと，検討されている経済学の詳細に対してより慎重な注意を払う．構
成主義的SSKや現代科学史からの影響を受けて，哲学的あるいは方法論的洞
察を示すことを目指して経済学の様々な領域を研究する者は，特定のエピソー
ド，一連の結果，論文，研究チームといったものにますますより注意深く着目
するようになる．「新古典派革命」や「ケインズ革命」に関する研究は減り，
経済学の知識生産の現場に対する詳細な調査を重視するものが増える．その結
果もたらされる歴史はより深くかつより豊かになるだろう．経済思想史家が従
来，注意深く詳細な歴史的研究を行ってこなかったと言っているわけではない．
実際に，彼らはそのような研究を実践してきた．肝心なのは方法論的洞察を示
してきた研究の種類だ．それらはしばしば，重要な歴史に簡単に言及するのみ
である．問題は，経済思想史家たちは分厚い歴史——複雑性や偶然性，多様な
要因の重要性を強調する歴史——を生み出す一方で，こうした歴史は複雑すぎ
て，適切な経済学の実施のためのまとまった少数のルールを探すという（古
い）方法論的目的を追求する者にとって役に立たなかったということだ．方法

論の焦点の変化は，分厚い歴史と方法論的研究のあいだのこうした葛藤を解決した.

・もちろん，科学哲学から取り寄せられた「定説」が存在しないとしても，経済学を理解しようとする人々にとって学問的哲学の意義がないということには決してならない．哲学は舞台から完全には去ってはいない．科学哲学のある特定の狭い種類のみが舞台から去ったのだ．第7章で検討した近年の方法論的研究の多くや，第6章でのプラグマティズムやポストモダニズムやフェミニズム認識論の議論が明らかにしたように，哲学的アイデアは新しい経済学方法論において重要な役割を果たし続けている．ただ単により広範囲の哲学的アイデアがいま（ふたたび）検討できるようになっただけだ．広範囲の哲学的アイデアが考慮されるようになっている一方で，こうしたアイデアはより選択的に用いられ，特定の問題や関心のために微調整されるようになってきている．これは哲学が「定説」の全盛期に果たした役割よりも，19世紀の方法論争において果たした役割に非常に近い.

・広範囲の哲学的資源の使用は，たった数十年前には方法論では使用禁止と考えられていた多くの哲学的アイデアの再導入をもたらした.

　■形而上学は重要だ．形而上学と存在論は，いまや実証主義者による侮辱を伴うことなく経済学方法論において真剣に議論されうる．これはとりわけ第4章における自然主義の議論や第7章における様々な種類の実在論の検討から明らかであるが，形而上学は他の議論でも登場している.

　■プラグマティズムが戻ってきた．実証主義に影響された哲学はもはや唯一の「科学的」哲学ではない．第6章で議論したように，これは現代科学論とそれに関連した経済学方法論の研究にかなりの影響をおよぼした．プラグマティズムの復権は，方法論的対話にも一定の影響をおよぼしている．より重要なのは全般的な哲学の論調が変化してきたことだ．「定説」が認識上の高い地位を専有していたときは，「定説」か相対主義（あるいは相対主義に陥らないようにするための議論）かという2つの選択肢しかなかった．いまや他の選択肢がある．「伝説」を受け入れなくても，信念形成の唯一の（そして比類なく有益な）社会組織あるいは方法として科学を信頼することが可能となった.

　■倫理学もまた，哲学と経済学の相互作用に関する議論に再び加わるように

なった．本書では，科学論が焦点なので，倫理学と経済学に関する近年の文献には十分に注意が払われてはいないが，それは明らかに発展中の分野であり，その復権は少なくとも部分的には実証主義の支配力が弱まったことによることも明らかだ．倫理的談話が「無意味」とみなされるような哲学的環境においては，経済学が倫理学から完全に分離される（あるいはされるべき）と考えられたのは驚くことではない．「科学」と「無意味」との分岐が解消してしまったことに加えて，自然主義とプラグマティズムの運動によって，それ自体において活発なだけでなく，経済学と盛んに創造的交流を行う，倫理哲学の新しい領域が開拓された．

■心の哲学が長年なかったような仕方で経済学の議論にとって重要になってきている．確かにミルは，経済学に対する心の哲学の重要性を認識し，認識論や心理学や経済学という彼の知的ビジョンの様々な要素を組み合わせようと奮闘したし，ロビンズやハイエク，サイモンなども同様（成功度は様々だが）．第4章で検討された研究やローゼンバーグの素朴心理学に関する議論，ローソンの批判的実在論における意図性の役割への明確な着目，その他多くのトピックスが示唆するように，これらの論点は明らかに方法論の俎上に戻ってきた．

■数学の哲学も数学と経済理論の関係にとって重要である．方法論争において，以下の2つの陣営しかないように思われた時代もあった．すなわち，経済学に数学が「多過ぎる」と主張するグループと，この分野の科学的地位は数学の使用によって単調増加すると考えるグループである．ラカトシュの数学の哲学に関するワイントラウプの議論や構造主義者たちによる経済理論の集合論的再構成，一般均衡理論の発展におけるブルバキ数学の役割に関する多くの歴史的論文，その他多くの研究が強調するように，それは単なる程度の問題ではない．経済学の特定領域に果たす数学の役割は，具体的な数学的プロジェクトを支える哲学的概念のみならず，その数学の種類や，歴史的文脈，その促進に絡む関心にも依存している．

・方法論的文献におけるこうした哲学的多様性に加えて，哲学に関して独自の方法をとろうとする傾向も存在する．第7章末尾の例が証明するように，新しい経済学方法論のそうした著作はしばしば，科学論について哲学者（あるいは歴史家や社会学者）によって書かれたものから多くの助力が得られることを否

定している．科学的実在論に関する膨大な文献があるが，マキらはそうした文献は経済学における実在論を理解するうえでほとんど役立たないと主張する．「モデル」に関する近年の研究も同様である．自然科学におけるモデルの役割を分析する膨大な文献が存在するが，モーガンらはそれらが経済モデルの機能の（とりわけ仲介の）仕方を捉え損なっていると主張する．以上のケースでは，哲学の論点や関心の重要性が否定されているわけではなく，方法論の研究者がこうした論点や関心に対する哲学者（やその他）の回答を，そのまま有効に利用できるという見解を否定しているのである．経済学方法論の研究者は，経済学の実践に対して非常に注意深い観察をおこなう必要があり，自然科学を第一の主題とする科学論の画一的方法を経済学方法論に強制しようとはしない．これはもちろん，科学哲学の「伝説」についても当てはまるが，ポイントは単に，科学哲学から取り寄せられた学説を否定することにとどまらない．肝心なのは経済学を観察する者が，科学知識に対する既存のアプローチを借用するのではなく，ますます経済学に関する問題（経済学に関する「哲学的」問題も含め）に対して独自の回答をあたえようとしているということである．

・経済学方法論の研究者が独自の方法を用いようとする傾向は，科学哲学の近年の風潮と一致している．「定説」が過去のものとなっただけでなく，ただ1つの科学的方法という考えがますます疑わしいものとみなされるようになっている．自然科学の哲学の主流派においてさえ，近年のテーマは不統一や多元主義，多様性といったものだ．自然主義の台頭によって，議論の焦点は，全ての科学に対する単一の基礎とは何かという問題から，我々の信念の網全体のうち比較的安定的な部分の多様性という問題に変化している．もちろん，第3章におけるノイラートの議論が示唆するように，こうした多元主義や自然主義的要素は実証主義のなかにも存在したが，こうした要素は経済学方法論の文献において重大な影響力を示さなかった．

・クーンやSSKや社会認識論などの，科学は社会的だという考え方もまた，科学哲学と社会科学の関係に根本的な変化をもたらした．「定説」の全盛期には社会科学（どの社会科学であっても）の哲学が哲学の二流市民の地位に追いやられた時代があった．しかし，科学知識にともなう認識的優位が，個々の科学者が狭い方法論的ルールに従った結果ではなく，科学コミュニティの社会構造や社会的特徴の結果であるならば，科学知識を理解するための最善の方法は，一

般的に言って社会科学に基づくべきだと思われる．したがって社会科学は，認識的下層階級から脱し，科学知識が生まれるプロセスの説明において重要な役割を演じるまでに出世した．この役割の逆転は明白な点のように思われるが，経済学を用いる科学哲学者の大多数にも，（そしてこれはより大きな驚きだが）「社会科学の哲学」として知られる分野で活動する哲学者の大多数にも，いまだ理解されていない．

・「科学」と「社会」の関係は，「伝説」が示唆するところよりもはるかに複雑である．科学は根本的に社会的であるが，それに止まらない．科学知識と人間の利害は別物ではない．クーンから SSK，プラグマティズム，フェミニズム認識論にいたるまで，知識と利害は深く絡み合っている．言い換えれば，「利害」は「知識生産の関心」から分離できない．この利害が経済的なものであるときも同様である．繰り返し強調してきたように，政治経済と認識論の関係もかつて考えられていた（あるいは我々が認めようとした）よりはるかに複雑である．多くの事例において，哲学者たちは科学知識を，彼ら自身の社会的，政治的，そして政治経済的利害を促進するように解釈してきた．その一方で，科学知識に関する見解はある程度，それが様々な社会的，政治的，経済的な影響力と合致する場合に優勢となる．シェーピンとシェーファーの適切な表現を用いれば，「知識の問題への解決策は社会秩序の問題への解決策である」(Shapin and Shaffer 1985, p. 332)．あるいは，より科学哲学的な用語で表現すれば，経済学者のための純粋な知識が外部から取り寄せられていたわけではなく，それは常に，少なくとも部分的に，経済学の内部にあったのだ．

9.2 関連するいくつかの懸念

この最終節では新しい経済学方法論に関する最も明白な懸念のうちいくつかに応答する．これらの見解は潜在的な批判に先手を打つ試みとして，あるいは，今後すぐ障害となりうる潜在的な欠落に注意を促す試みである．上記のリスト（あるいはもっと言ってしまえば本書全体）ですでに明らかであるはずだが，筆者は新しい経済学方法論の，今後の研究の可能性だけでなく，既存の研究のほとんどに関して楽観的である．興味深い可能性に満ちた全く新しい世界が存在し，この刺激的な新しい方法論的冒険への参加者を募ることにささやかながらこの本が役立

第 9 章　結論　　395

つことを期待している．それでもなお，筆者の全体的な楽観主義にもかかわらず，反対するグループも出てくるだろうから，待ち受けているかもしれない問題を指摘することは有用だと考える．

・第1は，新しい経済学方法論は誰の関心に役立つ（いやむしろ役立たない）のかという疑問である．多様な研究者が，参加し恩恵を得ることのできる，時流に乗った方向性だと思われるが，より幅広い方法論的転回に抵抗するかもしれない（そしてある場合にはしてきた）経済学者の2つのグループがあると考えている．彼らの研究はともに第二次大戦以降の方法論において優勢であったため，これらのグループは重要である．ある意味では，彼らが1930年代から近年の復権の間の不遇の時代に「方法論」を生きながらえさせたのだ．この2つのグループとは，いずれも主流派の実践に批判的であった，**異端派経済学者**と**ルール探求的な方法論者**（とりわけ反証主義者）である．これら2つのグループは経済学者が**行うべき**理論形成の方法に関して広範囲の異なった見解を示しているが，**主流派経済学の実践の中に問題を識別するという経済学方法論の批判的重要性**に関して非常に似通った見解を共有している．両グループは新しい経済学方法論に共鳴したり，参加したりするうえで同じ違和感を感じる可能性が高い．その違和感とは，新しい経済学方法論は，経済学者の実践を**批判**するための立場をもたらすようにみえないということだ．新しい方法論はそうした規範的含意を欠いているように見える．古い経済学方法論は厳密なルール——とりわけ科学哲学の実証主義や反証主義から集められたルール——を提供するため，主流派経済学者の実践を規範的に批判するために用いることができた．新しい方法論はこうした批判的研究に加わることを望んでいるとは思えない．これら2つのグループはそれぞれ異なった返答を是認するだろう．まず異端派経済学者から始めよう．

■新しい経済学方法論に抵抗するかもしれない異端派経済学者に対していくつかの返答が可能である．第1に，古い方法論は実際には経済学の異端派にとって有利ではなかったことは明らかだ．様々な理由があるが，最も重要な理由の1つは，一般的に異端派のアプローチが実証主義や反証主義の批判に対して主流派経済学よりも耐性があるわけではないということである．もちろん，クーンからSSKや自然主義的転回に至るまでの過去40年の科学論全

てが示すように，いかなる科学もそうした基準に沿わないのだが，それは要点ではない．肝心なのは（例えば）反証主義は，同様の厳しい基準が異端派の理論を非難するために用いられ得るため，異端派経済学者の関心には役立たないということだ．第2に，新しい経済学方法論のメリットに目を転じると，ここまでの8つの章を漫然と眺めるだけでも，新しいアプローチと異端派経済学の間の無数の関係性を見出すことができるだろう．新しい方法論は異端派経済学を締め出さないどころか，実際にはより大きな役割が待っている可能性がある．異端派の影響はSSKやESKにおけるマルクス主義経済学，サイモンの限定合理性と認知科学，制度学派とプラグマティズム，フェミニズム認識論と経済学等々，現代科学論の様々に異なった局面に見られる．異端派経済学者が新しい経済学方法論を恐れる理由は確かに何もないのだ．古い方法論は強力な武器だったが，標的だけでなく使用者にも危害を与えるものであって，新しい方法論は異端派の参加を促す多数の機会を有する肥沃な土壌を意味している．

■批判的なルール探求的方法論者に対する返答はより難しい．このグループは新しい方法論が開花するための土壌を耕した功労者である一方で，他方ではそうした努力はもはや必要ないと新しい方法論は示唆している．「ありがとう，ですが身を引いてください」では，和解のための出発点とはならないだろう．この伝統的立場の鍵となる議論は，主流派経済学は「その行動を整理する」必要があるというものだった．抽象的な数理モデルの構築ではなく，より真剣な経験的テストに取り組むべきなのだ．もしルール追求的な方法論者が積極的提案をするなら，その提案は全く新しい経済理論ではなく，単に応用的で経験的にテスト可能な経済理論（たいていの場合，よりマーシャル的なミクロと，よりケインズ的なマクロ）に重点を置いた変化だろう．このグループへの最初の返答は，「失うものがあるのか」という，非常に明白だがとても融和的には聞こえない質問である．科学哲学の反証主義者と実証主義者があらゆる厳密なルールを提案しているにもかかわらず，経済学の専門家はそうしたルールに全く注目してこなかったし，本質的に微塵も関心を持っていないということを，まさにこれらの方法論の研究が示唆している．ロン・ギャリーが本章冒頭の引用内で表現したように，「当の科学はそれ自身のダイナミクスによって発展し続けている」（Giere 1999, p. 16）．もし宇宙人

第9章　結論　397

がタイムトリップをして,「反証主義」のあらゆる痕跡を歴史的記録から消し去った——我々の精神や文書からそれを完全に取り除いた——としても,**経済学は全く同じままかもしれない**. 規範的方法論の「切れ味」(bite) は,目に見えないほどのひとかじり (nibble) でしかないようだ. しかしこのような影響の小ささはコインの一面にすぎない. 他方は,経済学者が応答したと想定してみることである. 経済学者が,経験的に反証されたとか,ラカトシュ的な新奇な事実を一貫して予言していないとして,全ての理論を却下したと想定してみよう. そうすれば**何も残らないだろう**. 経済学は存在しなくなるだろう. もちろん,もしそのような方法論的ルールで判定されればいかなる科学も存続しないだろうということを,現代科学論は明瞭に説明している. 反証主義のような厳密なルールは明瞭な境界線を引く. 問題なのは,これまで存在した自然科学も社会科学もすべて,最終的に非科学の側になってしまうことだ. もしそのルールによって,最良の科学と最悪の野蛮人の活動との間にいかなる有意味な区別を引くことも可能にならないのだとしたら,なぜ厳密な方法論的ルールが野蛮人を門から締め出すために利用できるのだろうか. 諦めよう. どれだけそれが善意に基づいたものであっても,この厳密なルールというプロジェクト全体がまさにそれを信奉する人々がそれに望んだことを可能にしなかった. 古い方法論が機能しなかったという以上の言及は否定的にみえるかもしれないが,新しい経済学方法論に関する肯定的なこともたくさんある. 新しい方法論における研究には,規範的な方法論的評価に関する議論をまったく控えているものもあるが,すべての著者やすべての取り組みがそうであるわけではない. 自然主義的プロジェクトの多く,実在論の様々な見解,構成主義的経験主義,ESK のいくつかのプロジェクト,科学社会学のマートン的アプローチ,ある種のフェミニズム認識論,等々は科学的事業に対する規範的評価を許容している. 実際のところ,「伝説」以後の,社会的配慮のある,自然主義的枠組みという文脈に規範的アドバイスの要素を残そうとすることは**過去数十年の科学哲学の主要目標**であった. 科学哲学者の一般的態度は「オーケー,実証主義は死んだ. しかし我々は相対主義を唯一の代替案として受け入れない. 精一杯頑張って,妥当な妥協点がどのようなものか見つけ出そうじゃないか」というものだ. 批判的なルール探求を信奉する経済学方法論の研究者がこの先例に従ってくれると喜ばしい.

・近年の科学論への貢献者，少なくともそのうちの科学哲学者のほぼ全員は，規範的認識論を回復する（あるいは救出する）ための妥協点を探求しているが，新しい経済学方法論に従事している者は，この課題がいかに困難なものであるかを認識する必要がある．この問いに対する1つのアプローチは，規範的な科学哲学の基本的アイデアを保持することだが，この分析に含まれる規範性の概念を弱める必要がある．もう1つの，経済学に最も関係しそうなアプローチは，認識的に規範的評価を行いつつも，それを個々の科学者の（ルール遵守的，あるいはそれ以外の）行動よりもむしろ，科学の社会構造や組織に対して評価を下す社会認識論へと転換することだ．これらのアプローチはいずれも科学の社会性を認識しており，したがってどちらのアプローチも潜在的には経済学のアイデアを直接的，間接的に利用するかもしれないが，これらの研究プロジェクトには，従来の規範的な科学哲学のアプローチには存在しなかった多くの問題が生じるだろう．問題の1つは再帰性である．もし経済学が科学知識の一般的性質に対する我々の理解に直接的に関わるとしたら，そうした科学的理解は経済学を規範的に評価する際にどのような貢献をすることができるのだろうか．第8章の末尾における多くの意見が示唆するように，これは必ずしも社会学や認知科学，進化生物学やその他自然化された認識論に関わるすべての領域よりも，経済学にとって一層厄介な問題というわけではないが，（それが弱かろうが社会的であろうが）あらゆる新しい規範的な科学哲学を経済学に応用する際にも浮上する問題であり，従来のアプローチでは存在しなかった問題なのだ．第2の問題は「社会性」の解釈である．科学社会学やSSKの内部で論争をもたらしているのが，社会性とは何かというものである——どのように定義され，特徴付けられるのか，どのような役割を果たすのか，それは還元され得るのか否か，どのように（あるいはそもそも）それは因果的作用をおよぼすのか，等々（第5章のチキン論争を思い出そう）．また，この問題は，ESKとSSKの区別とも関連しているし，ESK内部の様々なアプローチのあいだの差異とも関連している．もちろん，問題なのは，科学だけでなく何らかの生産活動において社会性の役割について話し始めると，社会（とそれに応じて個人）の性質や役割，特徴，そして還元に関する社会科学と，社会科学の哲学における300年におよぶ議論を始めることになるということだ．そのうえこれは，新しい方法論内部での経済学の議論や現代科学論内部での経済学の採用における問題であ

るだけではなく，従来の枠組みでは検討されなかったような，全く新しい一連の論争なのだ．これらは重要な問題だ．単に問題であるだけでなく，また願わくば乗り越えられない問題ではなく，新しい方法論に従事する際に心に留めておくと良いことでもある．

　もちろん上記以外にも，新しい経済学方法論に関する問題があるだろうし，批判者に対する返答も可能だろうが，目下の目的にとっては十分なように思われる．これまでの各章で，経済学方法論と現代科学論の詳細なサーベイとその複雑さへのより良い理解を提供しようと試みてきた．主題を変えることも主張した．あるいは，より正確には，主題は変わってきており，筆者はその変化を喜んで受け入れてきた．現代自然主義の精神に則って言えば，方法論的対話において（科学におけるように）特定のプロセスがうまく作動しており，そして，概してそのプロセスに対する我々の理解はそうした特定のプロセスの理解によって条件付けられているときに最良のものとなることを読者に説得しようと試みたのである．

原注

第 2 章　経済学の方法論的伝統

1) 方法論の文献においては，これらのトピックに関するいくつかの優れた概観，例えばブローグ（Blaug 1980/1992）やコールドウェル（Caldwell 1982/1994a）が現在のところ利用可能であることもまたこれに資する．

2) レドマン（Redman 1997）を参照せよ．

3) カートライト（Cartwright 1989a, 1994b, 1995a），デ・マーキ（De Marchi 1983, 1986, 1988b），ハウズマン（Hausman 1981b, 1992, 1995），ハーシュ（Hirsch 1992, 1995），ハーシュとデ・マーキ（Hirsch and De Marchi 1990），ホランダー（Hollander 1983, 1985），ホランダーとピアート（Hollander and Peart 1999），オークリー（Oakley 1994），ピアート（Peart 1995），レドマン（Redman 1997），シェーバス（Schabas 1995），シュウォーツ（Schwartz 1972）およびワイタッカー（Whitaker 1975）が挙げられる．

4) 実際，『論理学体系』における経済学に関する重要な論点の箇所（1884, pp. 624–5）では，ミルの「議論」は先の論文からの引用（1874, pp. 137–40）で構成されている．

5) 次章において，この問題は，科学的理論の実証検定に関するより一般的な問題（デュエム＝クワイン過小決定性問題）の一例であり，社会科学に特有のものではないことを明らかにする．

6) ミルにとって幾何学は，他のすべての数学のように，究極的には観察から始まり，その公理が（ある時点での）経験的観察からの帰納によって導かれている限りにおいて正当な知識であるということを想起されたい．これは次章で議論されることになる論理実証主義によって推し進められた経験主義よりもいっそう強硬な経験主義の形態である（またこの議論は非ユークリッド幾何学が破壊的な影響を及ぼす以前のものである）．

7) 経済学史の分野では，リカード理論が経験的予測をもたらしたか（あるいは，もたらさなかったか），そして利用可能な経験的証拠についての同意を得られたか（あるいは，得られなかったか）に関する膨大な論争がある．例えば，ブローグ（Blaug 1958）およびデ・マーキ（De Marchi 1970）を見よ．

8) これらのトピック，3 通りすべてに広範な文献があるため，ヒューウェルについてはデ・マーキとスタージズ（De Marchi and Sturges 1973），ヘンダーソン（Henderson 1990, 1998）およびホランダー（Hollander 1983），イギリス歴史学派についてはコーツ（Coats 1992）およびクート（Koot 1987）を挙げるにとどめる．ドイツ歴史学派は（2.1.4 節の）方法論争についての議論で再び登場するだろう．

9) ケインズは規範科学に関心を抱いていることに注意されたい．ケインズは，ミルと同様（少なくともある種の）倫理的問いは科学的問いであると考えた．（第 3 章で議論される）20 世紀初頭の論理実証主義で初めて「規範」のすべての考察が科学的研究から除外された．ケインズの実証科学と規範倫理学の区別を認めると主張する現代の論者を読み解く際には，この点を想起するべきである．ケインズにとっては（現代の多くの論者とは異なり），それは実証科学と規範的戯言の区別ではなく，単に 2 つの異なるタイプの科学的知識である．

10) この文章の正確な意味は，古くから現在に至ってもなお倫理哲学における論争の的である．文献は膨大であるが，チャペル（Chappell 1968）に収められた論文から始めるのが良い．経済学における実証と規範の区別に関連する一般的な議論についてはブローグ（Blaug 1998）およびマハループ（Machlup 1969）を見よ．

401

11）しばしば引用されるこの見解は，1935 年に出版された第 2 版には存在しないというのは興味深い．なぜロビンズが（わずか 3 年後の）第 2 版で変更したかという問題については新たな研究が待たれる．

12）本書ののちの箇所でより詳しく議論するが，興味深いことに，この効用の個人間比較の批判の箇所において，ロビンズは本質的に（次章で議論される）科学的意義という実証主義的概念を採用している．同著作の前出箇所（Robbins 1952, pp. 87–90）で，人間科学は経験的に観察不可能な事象（目標，目的）を含むため，目的論的ないし意図的行動を排除するべきという「行動主義的」議論を拒絶しているにもかかわらず，である．デイビス（Davis 1994, pp. 50–7）を見よ．

13）例えば，カートライト（Cartwright 1994b），ハチソン（Hutchison 1973），カウダー（Kauder 1957），クラント（Klant 1984, pp. 66–71），クライブ・ローソン（Lawson 1996），マキ（Mäki 1990a, 1990b, 1992c, 1997），ミロウスキ（Mirowski 1988, pp. 22–5; 1989a, pp. 260–2），オークリー（Oakley 1997）およびスミス（Smith 1990）を見よ．

14）ライオネル・ロビンズはこの緊張関係の好例だと思われる．彼がどちらの側に近いかは（『経済学の本質と意義』の第 2 版においては特に）完全に明らかというわけでは決してなく，この根本的な両面性は，同書が数多くの異なる批判に晒されている理由であるように思える．

15）19 世紀末および 20 世紀初頭の方法論の著作の背景に見え隠れしていることは事実であるが，方法論争についての英語圏の文献は驚くほど少ない．前出のケインズおよびロビンズの議論で見たように，方法論争は，ある種の脅迫手段として用いられた．「私のより穏当な方法論に耳を傾ければ，我々はそのような極端な（そして非生産的な）見解に決して陥ることはない」．後のオーストリア学派の数名はそうした態度を取っていると思われる（例えば，Böhm-Bawerk 1996 を見よ）．方法論争に関する近年の文献のいくつかとして，バーカイ（Barkai 1996），ボスタフ（Bostaph 1978），フリスビー（Frisby 1976），ハチソン（Hutchison 1973）およびマキ（Mäki 1997）が挙げられる．

16）メンガーは第 1 世代オーストリア学派と考えられ，ヴィーザーやベーム＝バヴェルクといった彼の若き同僚が第 2 世代をなし，ミーゼスは第 3 世代のメンバーとなる．

17）ミーゼスとカントの関連性に関する近年の論争として，バロッタ（Barrotta 1996）およびパーソンズ（Parsons 1997b）を見よ．

18）我々が他人の行動を理解できるのは共通の解釈的枠組みを有しているからであるという主張は，社会科学に対する理解（フェアシュテーエン）ないし解釈学的アプローチ——それはしばしば人間行動の経済学的アプローチの正反対と考えられていた——と親和性がある．

　　　「個人的に意図的行動に従事していることによって，個人として行動する経済学者は意図を「理解する」．このフェアシュテーエンないし「解釈的理解」によって，自分自身の意図的行動パターンとの類比から人々の行動や対象に意味を付与することができるのである.」（Greenfield and Salerno 1983, p. 49）

このような議論は，経済学，特にオーストリア学派経済学と，フェアシュテーエン，解釈学および解釈との関係に関する膨大な文献をもたらした．この主題に関する様々な見解を示す文献として，バカラック（Bacharach 1989），ゴードン（Gordon 1991. Ch. 14），グリーンフィールドとサレルノ（Greenfield and Salerno 1983），ハイエク（Hayek 1973），クラント（Klant 1984, pp. 76–82），ラヴォイエ（Lavoie 1990, 1991b）およびルーウィン（Lewin 1996）を見よ．社会科学に対する古典的な解釈的見解についてはウィンチ（Winch 1990）を，この主題の近年の概観についてはローゼンバーグ（Rosenberg 1995a）を見よ．

19）ミーゼスは，以下（第 4 章終わり）で議論することになる「消去的唯物論（eliminative materialist）」の主張を先に予想して批判している．

20) ミーゼスによれば，経済学を物理学のように行う企ては，望ましくない政治的帰結をもたらす．社会科学を普遍的なものにしようとするする欲求は——ミーゼスがいみじくも論理実証主義（第3章を見よ）に認めた傾向——，「他のあらゆる人類を単なる駒扱いするような独裁者の役割——イタリア指導者やドイツ総統，生産現場の皇帝——を担おうとする」「独裁主義的強迫観念」（Mises 1978, pp. 40-1）に由来すると彼は論じた．

21) 次のことに注意することは有益である．すなわち，経験的検定に関するミーゼスの態度は，理論負荷性や過小決定性といった問題（詳細は第3章で議論される）が哲学的文献で一般的に受け入れられているということ（Caldwell 1984b および Boettke 1998 を見よ）をもって，現在では擁護しやすくなっていると思われる．このことはもちろんミーゼスの立場が正しいことを意味しないが，わずか20-30年前には考えも及ばなかったであろう仕方で彼の経験主義や実証主義への批判の多くは正当化されている．

22) いつ（あるいは本当に）ハイエクがミーゼスの方法論的見解から「転向」したかという点に関していくつかの議論が存在する．ブルース・コールドウェル（Caldwell 1988）は，ハイエクの『経済学と知識』（1937）前後に転向はあったが，それはミーゼスとはあまり関係がなく，ハイエクが知識の調整などの重要な問題に取り組む過程で均衡分析に対して不満を強めることになったことに起因した，と論じている．コールドウェル（Caldwell 1992a, 1992b, 1998a）およびハチソン（Hutchison 1981, Ch. 7, 1992a）を見よ．

23) 後で（第7章で）見るように，哲学者カール・ポパーも社会科学を個々の合理的行動の意図せざる結果の研究として特徴づけた．こうした着想は少なくともバーナード・マンデヴィル，アダム・ファーガスンおよびアダム・スミスにまで遡ることができるのは疑いようもないが，ハイエクはポパーが意図せざる結果の着想を自分から直接に得たのだと示唆している（Hayek 1967c, p. 100）．ポパーとハイエクの関係に関する異なる見解として，コールドウェル（Caldwell 1991a, 1992a, 1992b, 1998a）およびハチソン（Hutchison 1981, Ch. 7, 1992a）を参照せよ．

24) ハチソンの著作の一般的議論についてはコールドウェル（Caldwell 1998b）およびコーツ（Coats 1983a）を，彼の（1983年以前の）書籍目録についてはコーツ（Coats 1983b）を見よ．

25) おそらく，特にホリスとネル（Hollis and Nell 1975）を指す．

26) ハチソン（Hutchison 1938）への批判的論評——とりわけクラップホルツとアガシ（Klappholz and Agassi 1959），ナイト（Knight 1940）およびマハループ（Machlup 1955）——は20世紀半ばの最重要な方法論的文献の一角をなす．これらの批判で提起された問題の多くは，当時においては正当に評価されなかった（あるいは誤解された）が，近年の方法論的論争はこれらの論文で提起された議論の多くに対して新たな敬意を示している．

27) この文献に対する他の反応についてはマハループ（Machlup 1946）およびスティグラー（Stigler 1947）を見よ．

28) 「理論なき計測」論争に関連する論文はコールドウェル（Caldwell 1993）の第2巻に再録されている．ミロウスキ（Mirowski 1989b）も見よ．ダニエル・ハモンド（Hammond 1993）のフリードマンへのインタビューは，フリードマン自身が（少なくとも後から振り返り）実感するところでは彼の方法論の進展において最も重要であった諸要因についての知見をもたらしている．

29) この時期の，コウルズ委員会とシカゴ大学経済学部との間の不一致におけるフリードマンの関わりの議論についてはミロウスキとハンズ（Mirowski and Hands 1998）を見よ．

30) 我々は第3章および第7章で，新奇な事実が他の方法論的アプローチにおいても重要であることを発見する．

31) マキ（Mäki 1989, 1992b 他）は，フリードマンの興味の対象について「現実性（realism）

〔realism は実在論の意味もあり，本書では文脈によって訳し分けた〕」よりも「現実らしさ（realisticness）」がはるかに適切な用語であると論じており，筆者もこれが正しいとは思うが，慣習にしたがい現実性という用語を用いる．マキの論点に関する議論については 7.3.2 節を見よ．

32）この文献の圧倒的多数は批判的である（Mayer 1993, 1995 は例外である）．これは奇妙な状況を引き起こす．すなわち，多くの，恐らくはほとんどの実際に活動している経済学者はフリードマンの見解を（少なくとも形式的には）追認する一方で，この論文について書かれた注釈のほとんどすべてはまったく批判的である．このことは，誰が 20 世紀後半において経済学方法論を研究しているのかということを部分的に反映しているが，間違いなく他の要因も存在する．筆者はこの時点では，このことがどのようにミルと違うと言えるか，という点だけ指摘したい．

33）仮定論争に対する他の主要な貢献としては，ベアとオル（Bear and Orr 1967），クラップホルツとアガシ（Klappholz and Agassi 1959），クープマンス（Koopmans 1957），マキ（Mäki 1989, 1992b, 2000a），メリッツ（Melitz 1965），ネーゲル（Nagel 1963），ロトワイン（Rotwin 1959），サムエルソン（Samuelson 1963）およびウォン（Wong 1973）が挙げられる．より完全な目録についてはハウズマン（Hausman 1992, p. 163, n. 17）あるいはレドマン（Redman 1991, p. 99, n. 4）を見よ．

34）マキ（Mäki 2000a）は，仮定論争についてのマスグレーブの解釈に対していくつかの批判を展開している．

35）ブリッジマンが「操作主義」という用語を好まず，ある意味で「フランケンシュタインを作り出した」（Green 1992, p. 310）と感じていたのは明白であるが．

36）この章で議論したほとんどの経済学者とは違い，サムエルソンの方法論を動機づけた知的関心が何であったかはあまり明白ではない．サムエルソンのシカゴ大学学部生時代に，フランク・ナイトと深遠ながら厄介な議論を行なったことがその背景ではないかと筆者は個人的に疑っているが，憶測の域を出ない．

37）フリードマンと同様に，方法論的文献のほとんどはサムエルソンの操作主義に対してまったく批判的である（そして，それは多様な観点からなされている）．部分的な文献リストでしかないが，コーエン（Cohen 1995），ゴードン（Gordon 1955），ハウズマン（Hausman 1992, pp. 156–8），ルーウィン（Lewin 1996），マハループ（Machlup 1964, 1966），マシー（Massey 1965），ミロウスキ（Mirowski 1989c, 1998a）およびウォン（Wong 1973, 1978）がある．

38）顕示選好の原論文（1938a）は明らかに操作主義の精神に基づいているが，「操作」という用語は論文中に登場しない．しかし，その用語は同年に出版されたサムエルソンの別の論文（1938b）——標準的な効用理論の操作的に有意味な含意についての——では登場する．

39）消費者選択理論の結果のうち，スルツキー行列の対称性（「積分可能性条件」）が欠落している．この結果はハウタッカー（Houthakker 1950）のより強い顕示選好条件（Samuelson 1950 によって顕示選好の強公理と称された）には備わっている．

40）注 37 における批判的文献のほとんどが，顕示選好理論は，サムエルソンが一貫して主張したように，操作主義の成功物語であるのかどうかという問題を扱っている．

第 3 章　科学哲学における「定説」の崩壊

1）フィリップ・キッチャー（Philip Kitcher, 1993）は，この主流的見解を「伝説」（Legend）と呼ぶが，ただし彼の解釈は実証主義に触発された「定説」よりも多少とも一般的なものである．実証主義が筆者の主たる対象であるため，本章では「定説」という用語を使い続けるつもりであるが，より一般的な問題を対象とする後の章では伝説という用語を採用する．

2）たとえば，アチンスタインとバーカー（Achinstein and Barker 1969）やエイヤー（Ayer 1946

および Ayer 1959）は，論理実証主義の標準的見解を示す文献である．ヘンペル（Hempel 1965 および 1966）やネーゲル（Negel 1961）は「定説」の典型的主張である．サップ（Suppe 1977）やラウダン他（Laudan et al. 1986）には論理実証主義の衰退に寄与した様々な批判が要約されている．コールドウェル（Cladwell 1982/1994）には，経済学の文献で用いられる「定説」についてもっとも詳細な分析がある．

3) 事実，「ウィーン学団」として知られるに至ったものは１つのセミナーではなかった．シュリックの木曜晩の会合に加え，ヴィクター・クラフトとエドガー・ツィゼルが組織した会合や，カール・メンガー（Karl Menger）の有名な数学のセミナーも存在した．メンガーのセミナーは，経済学者カール・メンガーの息子が組織したという点のみならず，それが数学的な一般均衡理論の初期の歴史において果たした役割という面でも現代経済思想史にとって重要である（Arrow and Debreu 1954, pp. 287-9; Arrow and Hahn 1971, pp. 8-11; Menger 1973; Wald 1951; Weintraub 1983 and Ch. 6 of 1985 を参照）．レナード（Leonard 1995a, 1998）は，カール・メンガーの倫理に関する理論，視覚芸術の発展，数理経済学など，ウィーン学団の哲学に織り込まれる複数のテーマを考察している．

4) 表向き無意味な命題を経済学から削除することの例については先に議論した．すなわちロビンズ（Robbins 1932/1952）などが行った厚生経済学と消費者選択理論から効用の個人間比較を削除するというものである．ただしこの問題でさえ，それほど単純ではないが（Cooter and Rapoport 1984; Davis 1990a; and Ch. 7 of Walsh 1996 を参照）．

5) しかしながら論理実証主義者でさえ完全に見解が一致したわけではない．シュリックとノイラートはとくに両極端なケースであった．シュリックにしてみると，独立した「有意味さの経験的基準」が存在し，科学はこの基準に従う以上，有意味であり，神学はこの基準に合致しないため意味をもたなかった．これから見るように，ノイラートは，より「自然主義的」な見方（この意味での「自然主義」については本章の最終節と以下の章で議論されるだろう）に立って，意味の哲学的基準を経験科学の上位に位置づけることすら，形而上学の傾向をもち，論理的実証主義以前の哲学化の方法へ後退するものであると論じた．「基礎づけ主義」と「反基礎づけ主義」という言葉でいえば，シュリックは非常に基礎づけ主義的な論理実証主義者で，ノイラートははるかに自然主義的で反基礎づけ主義的な実証主義者であった．この問題について１冊の本を費やすほど丹念に考察した成果として，ユーベル（Uebel 1992）およびカートライト，キャット，フレックとユーベル（Cartwright, Cat, Fleck, and Uebel 1996）を参照せよ．

6) この論理実証主義の経験主義的解釈，とりわけカルナップの立場は，近年ではよりカント的な解釈によって批判されてきた（Coffa 1991 and Friedman 1992, 1993 を参照）．

7) ノイラートは多くの経済問題についても論じていた（Uebel 1998 および Cartwright, Cat, Fleck, and Uebel 1996 を参照）．ヨリンク（Jolink 1999）にはテレンス・ハチソンの方法論へのノイラートの影響について興味深い議論がある．

8) ノイラートの政治経済学の彼の科学哲学への影響は以下の多くの近年の論考で検討されてきた．それらはカートライト，キャット，フレックとユーベル（Cartwright, Cat, Fleck, and Uebel 1996），キャット，カートライトとチャン（Cat, Cartwritht, and Chang 1996），オニール（O'Neill 1995），ライシュ（Reisch 1997a, 1997b），ユーベル（Uebel 1992）である．本節の最後の「統一科学」の議論のなかでこの問題に立ち返るつもりである．近年の研究はまた，ノイラートの政治がミーゼスやハイエクなど多くのオーストリア経済学者の反実証主義に寄与したことを示唆している（Caldwell 1997 および O'Neill 1995, 1997 を参照）．

9) あるいはジョゼフ・アガシ（Agassi 1998, p. 84）が述べるように，ノイラートにとってはこうである．
上層階級の思考＝形而上学＝観念論＝悲観的歴史主義＝悪

労働者階級の思考＝科学＝唯物論＝楽観的歴史主義＝善

10) ノイラートでさえ，「危険」ないし「いかがわしい」ために禁止されるべき用語のリストである「禁止字句目録（index verborum prohibitorum）」を提案していた．ライシュ（Reisch 1997b）はノイラートの目録を検討し，禁止された語句の部分的リストを提示している．一般に予測されるように，「本質」や「魂」などといった語句だけでなく，一見したところは意図がわかりにくい「観察」や「説明」も含まれている．

11) ノイラートの著作には，少なくとも5つの異なる「船」の比喩が存在し，「戦時経済学の諸問題」に関する1913年の論考にはじめて登場したようである（Cartwright, Cat, Fleck, and Uebel 1996, p. 91）．

12) 社会・政治的な状況もまた1つの役割を果たしたように思われる．「検証可能性よりも寛容な意味の基準を求めなければならないという結論にいたった」のは「ウィーン学団左派」であるとカルナップは躊躇なく認めている（Carnap 1963, p. 57）．

13) 「操作主義」の問題はきわめて興味深い．多くの論理実証主義者が，ブリッジマン（Bridgeman 1927, 1938）の操作主義——カルナップの検証可能性ないし確証可能性の変種として（あるいは一種の対応規則としてさえ）——に言及していたが，その発言はたいてい断片的である．操作主義はたしかに論理実証主義のプログラムの主題ではなく，ヘンペルといった後の論理経験主義者はブリッジマンの立場に公然と批判的であった（Hemple, 1965 の第6章）．それにもかかわらず，**社会科学者**が論理実証主義の考えを研究仲間に紹介するさいには，意味の実証主義的基準はブリッジマンの操作上の意味という概念と同一視された．この良い例がスティーヴンズ（Stevens 1939）である．コッホ（Koch 1992）は，1930年代と40年代の心理学者たちによる論理実証主義と操作主義の解釈について詳細な批判を行っている．これらの発言は前章で議論したサムエルソン批判（とくに Cohen 1995）を部分的に反映している．

14) 興味深いことに，いまやきわめて自明な見解——すなわちノイラートの統一科学（そして科学一般）の見方が彼の政治経済学によって大きく影響を受けていたこと——は，ミーゼス（Mises 1978, p. 131）などオーストリア学派の経済学者によって以前に示唆された時には，非常に論争的なものと受け止められていたのである．

15) 標準的な論理経験主義のこれら2つの見解についての言明は，ネーゲル（Nagel 1961）の第6章にみられる．

16) サーモン（Salmon 1966, pp. 17-21）は仮説演繹法が帰納問題の回避に成功してはいないことをかなり説得的に論じている．

17) そうした記述主義的あるいは反説明的な見解を擁護するサムエルソンの議論を想起されたい（とくに Samuelson［1965］にみられる）．

18) このモデルがカール・ポパーに由来するものであるかどうかについては論争がある（Hands 1991a を参照）．

19) ヘンペルとオッペンハイムのオリジナルの論考でも経済学について簡潔に検討されてはいるが，合理的選択の説明を D-N 説明に組み込む綿密な試みはヘンペル（Hempel 1962）にある（同様の議論については Ayer 1967 を参照）．

20) D-N モデルをめぐる決定的な論争史はサーモン（Salmon 1989）にある．サーモンは関連する文献の「時系列的な文献目録」さえ提供している．多くのより重要な論考はピット（Pitt 1988）に再掲されている．

21) 英訳である *The Logic of Scientific Discovery*（Popper 1968）から，以下では LSD と略記する．

22) 彼自身の哲学的論証を含め，論理実証主義にとって伝統的問題である．

23) 験証，大胆な理論，厳しいテストをめぐるポパーの立場は，彼の「アドホック」や「新奇な事実」についての彼の見解と関係している．これらの問題は以下で議論されるだろう．

24) ポパーは自らの立場を「修正された本質主義（modified essentialism）」と呼んでいる（Popper 1972）．マスグレーブ（Musgrave 1993, Ch. 15）およびウォロル（Worrall 1982）はポパーの実在論をめぐる問題について信頼に足る二次資料である．

25) ポパーの「真理に近づくこと」や「真理らしさ」（真理近接度）の概念は第7章でより詳細に議論される（Hands 1991b も参照されたい）．

26) ポパーは科学の「経験的基礎について慣習主義者」であることを認めるが，科学的知識の「慣習主義的」見解と彼がみなす他の側面については受け入れない．

> 「いかなる理論も経験によって曖昧さを残さずに決定することはできない，というのが慣習主義者の中心概念であり，また彼の出発点でもある．これは私が支持できる点である．それゆえ彼は，「もっとも単純な」理論を選ばなければならないと信じるのだ．しかし，慣習主義者は彼の理論を反証可能なものとして扱わず，むしろ慣習的な条件として扱っているため，彼は「単純性」ということで反証可能性の程度とは別のものを意味させているのは明らかである．」（Popper 1968, p. 144，邦訳182頁）

27) このケースの1つは，いわゆる確証のパラドックスによる論理経験主義の確証概念の崩壊である．おそらくこれらのパラドックスでもっとも有名なのは，ネルソン・グッドマン（Nelson Goodman 1955）の「グルー（grue）」のパラドックス〔帰納法の問題点を指摘したパラドックス．グルーとはグリーン（緑）とブルー（青）を兼ね備えた色の造語．帰納法による推論が複数の結論を支持することを示した．例えば，これまで観察されたすべてのエメラルドが緑であったことから，すべてのエメラルドは緑である，という結論を導いたとしよう．ここで，グルーという用語を導入する．これはある時点までは緑であり，その後の時点では青になる性質をもつ．この用語を用いるとこれまで観察されたエメラルドはすべてグルーであるから，すべてのエメラルドはグルーであると推論できる．しかし，そうなると，すべてのエメラルドは緑であるとも，青であるともいえる．同じ推論から複数の同程度の結論が生じるわけで，帰納法の問題とされる．〕であるが，ヘンペル自身のカラスのパラドックスなどそれ以外のものも存在した（1965, Ch. 1）．

28) 過小決定性の名声がクワインとデュエム（Duhem 1954）のいずれに与えられるべきか，あるいはいずれもそれに値しないのかという点については相当な意見の不一致が存在する（Ariew 1984 を参照）．クワインは「2つのドグマ」の注17でデュエムに言及している（Quinc 1980b, p. 41）．

29) 新古典派の需要理論のテストに関する批判的議論については，ギルバート（Gilbert 1991）およびクーゼンカンプ（Keuzekamp 1994）を参照．

30) これらの標準的結果はどのようなミクロ経済学の教科書にも見られる（例えば，Mas-Colell, Whinston, and Green 1995 の第2章と第3章を参照せよ）．

31) 多くの論者がデュエム＝クワイン定理を経済学の特定領域に応用してきた．例えば，クロス（Cross 1982）はマクロ経済学に，ハンズ（Hands 1983）は完全競争に，スミス（Smith 1989）は実験経済学に，レナード（Leonard 1997）は最低賃金をめぐる近年の論争にこの定理をそれぞれ応用した．一般的な議論については，クロス（Cross 1988）およびソイヤー，ビードとサンキー（Sawyer, Beed, and Sankey 1997）を参照されたい．歴史的な視点から，デ・マーキ（De Marchi 1983, p. 174）は，ジョン・スチュアート・ミルがスコットランドの哲学者デュガルド・スチュウートの19世紀初頭の著作を通してこの問題を認識するに至ったと指摘している．またシェーバス（Schabas 1990, p. 73）によれば，ジェヴォンズは『科学の原理』（1877）のなかで，現在デュエム＝クワイン定理と呼ばれていることがらについて議論していた．

32) 例えば，ヘーファーとローゼンバーグ（Hoefer and Rosenberg 1994）を参照．

33) こうした「ホーリズム」と「過小決定性」の用法は，クワイン（Quine 1975）自身が行った

区別とは若干異なっている．この論考では，クワインは「ホーリズム」をテスト問題と科学的信念の相互連関性双方を意味するものとして用い，他方「過小決定性」を「どのような可能な観察もそれだけで理論を決定するには不十分である」という事実（ホーリズムの1つの含意）を指すものとして用いた．また，ヘーファーとローゼンバーグ（Hoefer and Rosenberg 1994）も参照．

筆者の区別は，現代の科学哲学で最も頻繁に用いられる用法と両立するように思われる．それはまた，「意味のホーリズム（筆者のいうホーリズム）」と「テストのホーリズム（過小決定性ないしデュエム＝クワイン問題）」と呼ばれるボイランとオゴーマンの有益な区別とも一致している．ボイランとオゴーマン（Boylan and O'Gorman 1995, pp. 74-82）を参照．

34) 経済学者は比較的迅速にクーンを自らの領域に「応用」した．初期の応用には，ブロンフェンブレナー（Bronfenbrenner 1971），コーツ（Coats 1969），カーステン（Karsten 1973）とスタンフィールド（Stanfield 1974）がある．デボラ・レドマンは31の項目を含む（1991年時点の）「クーンと経済学」に関する文献の「部分的な文献目録」を提供している（Redman 1991, p. 96, note 1）．ガッティング（Gutting 1980）はクーンの『科学革命の構造』への多くの初期の反応や応用を再掲している．

35) 実際，クーンはつねに潜在的に観念主義的な議論に陥らないよう気を配り，「世界」はさまざまであると述べている．むしろパラダイムの変化によって転換するのは科学者が世界を「見る」方法にすぎない．「以前と同じ一群の対象に向かい，しかも自分でそうしていることを知っていながら，彼はなおかつその詳細において，徹底的にその対象を変革して見ているのである」（Kuhn 1970a, p. 122, 邦訳137頁）．後にみるように，クーンの後継者の多くはそうした変化をよりラディカルに解釈している．

36) クーンに対する多くの批判者は，クーンが『科学革命の構造』のなかで「パラダイム」という用語を，様々な異なる概念を包括するものとして用いたと論じていた（Masterman 1970は21もの異なる用法を発見している）．これに応じてクーン（Kuhn 1970b, 1977b）は，先の用法の一部には「専門母型（disciplinary matrix）」という用語を，それ以外については「模範例 exemplar」という用語を導入した．これらの区別について，ここでこれ以上論じる必要はない．

37) 「相対主義」という用語には細心の注意が必要である．例えば第5章で，「相対主義者」であるとしばしば咎められる科学社会学者たち（その多くがクーンから着想を引き出していると主張している）を検討するだろう．彼らが「相対主義者」と咎められるのは，特定の文化のメンバーがなぜその信念を抱くにいたるのかを説明するのと同じ仕方で，科学者が科学的信念をもつということを説明するからである．それらの社会学者は，科学者がある信念を抱く「いかなる健全な理由もない」と述べているわけではなく，科学的信念を抱く特別な「科学的」「認知的」あるいは「認識論的に特権的な」理由などないと述べているのだろう——純潔さ，魔女，インフレーション，あるいはサラダを食べるフォークなど，人が文化の他のあらゆる側面についてもつ信念を決定しているのと同様，科学的信念も社会的諸力の帰結である．「相対主義」というラベルが現代哲学や科学論で用いられる場合（近頃よく用いられるように思われる），たいていそれは「ある理論を別の理論よりも好む正当な，伝統的な，あるいは認識論的な理由が存在しない」ことを指している．

38) 自然主義については以下でより詳しく論じられる．

39) 過小決定性がデュエム＝クワインの過小決定性問題として言及されるのと全く同じように，通約不可能性の問題はしばしば，クーン＝ファイヤアーベントの通約不可能性問題として言及される．

40) 例えば，ボイド（Boyd 1993），イアマン（Earman 1993），イルジークとグリュンベルク（Irzik and Grünberug 1995）とライシュ（Reisch 1991）を参照．

41) クーン以後の科学史家と科学哲学者の関係についてはニックルズ（Nickles 1995）を参照.

42) 筆者は「歴史的」という用語のより一般的な意味ではなく，この特定の議論に対して「準歴史的」という用語を用いるつもりである．というのも，この特定の最初の応答を，科学的知識の研究に対する歴史的（および社会学的）アプローチに向けたより一般的な趨勢と区別したいと考えているためである．科学史の規範的役割は，クーン以後拡大したことは間違いないが，この一般的拡大は，本節で検討しているより特殊な（司法取引）アプローチとは区別されるものであり，「歴史的」という用語ではこの差異をうまくとらえられないのである.

43) 初期のバージョンはラカトシュ（Lakatos 1968）で提示されたが，主たる議論はラカトシュ（Lakatos 1970）で展開されている．彼の一般的な哲学的アプローチのもっとも慎重な擁護はラカトシュ（Lakatos 1971）のなかで提示された．もう一つの第一戦目の準歴史的応答はがラウダン（Laudan 1977）にみられる．紙幅の関係と経済学におけるラカトシュの重要性を踏まえて，ラウダン（Laudan 1977）や他の準歴史的アプローチについて詳しい検討は行わない．その後ラウダンは彼自身の第一戦目の応答を自ら批判した（Laudan 1986 を見よ），不幸にも，ラカトシュの早すぎる死によって，彼が同じように自己批判を行ったかどうか知ることは不可能となった.

44) この段落は，ポパー派の哲学的伝統における，テスト可能性，独立したテスト可能性，アドホック性，非アドホック性，前進および新しさといった様々な概念間の様々な相互関係の氷山の一角にすぎない．これらの問題（とくに新しさ）は以下（第7章）でより詳細に検討するため，ここでは簡単な導入で十分であろう．ハンズ（Hands 1985a, 1988, and 1991b）も参照されたい.

45) マーフィー（Murphy 1989）は新奇な事実の異なる定義を6つ想定しているが，筆者の場合は5つの定義であり（Hands 1991c），さらに我々がともに見落とした定義が存在するのも明らかである.

46) この議論における経済学者の役割には非常に興味深いものがある．ジェヴォンズはときに新奇な事実を肯定する側に引用され，ケインズとミルの名はほぼつねに批判する側で挙がる（例えば，Popper 1965, pp. 247-8 および Lakatos 1970, pp. 123-4）．ケインズの『確率論』はこの点についてきわめて明確である.

> 「予測することとかあらかじめ指定することとかにみられる特異な力は，まったく架空のものである．被検査事例の数およびそれら事例間の類比が必須の事柄であって，したがって，ある特殊な仮説が提案されたのがたまたま事例の検査前なのか，あるいは後なのかという問題はまったく関係がない.」（Keynes 1962, p. 305, 邦訳353頁〔邦訳の全集記載の原典頁は337〕)

多くの経済学者が『確率論』におけるケインズの議論について論評してきたし（例えばLawson 1985 および O'Donnell 1990），経済学者は，新奇な事実がどのように特徴づけられるべきかをめぐる論争に加わってきたが，こうした議論はラカトシュを経済学に適用しようとする方法論の文献と関連づけられたことはない（第7章）.

47) 様々なタイプの実在論を区別し，分類する多くの方法がある．1つの有益な区別はノラ（Nola 1988）が提示したものである．ノラは3つの異なる実在論を区別している.

1. 存在論的実在論（知識の主体から独立した世界の存在を主張する）
2. 指示的ないし意味論的実在論（観察不可能な用語は指示しており，そうした観察不可能なものを含む文は真であると主張する）
3. 認識論的実在論（我々には（1）と（2）が事実であると信じる正当な理由がある，またはそう知られていると主張する）

ノラは実際には9つの異なる実在論を提示している——上記のカテゴリーはそれぞれさらに3つの異なるバージョン（弱い，中位の，もっとも強い）に区分される——が，筆者の定義

原注（第3章）　409

では 3 つのカテゴリー内のすべてのバージョンが混ぜ合わされている．存在論的実在論は，科学理論の真理，また真理の可能性についてすら何も述べていない．そのためそれは非常に弱い実在論であり，「実在論」への批判者であることを自認する多くの論者（例えば第 5 章で論じる科学社会学者のほとんど）が支持しているものである．注意すべきは，非常に強い実在論者（例えば第 4 章で議論する消去的唯物論者）は，認識論的実在論を支持していないという点である．真の信念は結局のところ信念であり，非常に強い実在論者にとって，「信念」は世界に存在する事物を指示する用語ではないからである．実在論の多様なバージョンについてはマキ（Mäki 1998b）も参照．

48）パットナムは初期の実在論の研究（例えば Putnam 1975 や 1983）のなかで示していた見解を変え，いまはプラグマティズムにより共感しているようである（たとえば Putnam 1994 や 1995）．

49）IBE の実在論擁護にたいする多くの批判の 1 つについては，デイとキンケイド（Day and Kincaid 1994）を参照．

50）若干，名前を挙げれば，イアン・ハッキング（Hacking 1983），ロム・ハレ（Harré 1986），およびリチャード・ミラー（Richard Miller 1987）などがそうである．

51）バスカー（Bhaskar 1978, 1987, 1989, 1991）およびコリアー（Collier 1994）を参照．バスカーの実在論は，トニー・ローソン（Lawson 1989a, 1989b, 1994a, 1995, 1997a など），ウィリアム・ジャクソン（Jackson 1995），その他多くの論者が経済学に応用してきた．これらの経済学の文献については第 7 章まで取り上げるつもりはないが，バスカーをここで検討するのは，**経済学および社会科学の哲学一般における彼の重要性ゆえ**であることは指摘しておく必要がある．バスカーはボイドとは異なり（純粋に）哲学的な文献ではほとんど引用されていない．ナンシー・カートライト（Cartwright 1989a）のようなより影響力のある哲学者は，バスカーの実在論と共通点の多い主張を行うが，（いずれの側からも）その共通性は認識されていないようである．

　バスカーはもともと，彼の一般的な（実在論的）科学哲学について「超越論的実在論」という言葉を用い，この観点を人文科学に適用する場合には「批判的自然主義（critical naturalism）」という用語を用いていた．後の解釈者や支持者はこれら 2 つの表現を結合し，彼のアプローチ一般（自然科学および社会科学）に「批判的実在論（critical realism）」という用語を採用した．バスカーは批判的実在論という用語を受け入れてはいるが（Bhaskar 1989, p. 190），本節では引き続き，彼の科学哲学一般については超越論的実在論という用語をもちい，第 7 章の経済学の議論では批判的実在論をもちいることにしたい．

52）この彼の努力がどの程度成功しているかという問題についての他のマルクス主義者の見解として，ガン（Gunn 1989）およびラヴァリング（Lovering 1990）を参照．

53）実在論と新奇な事実の予測とを結びつけるポスト・ラカトシュ派さえ存在する（Musgrave 1998 および Worrall 1989 を参照）．

54）急進的な経験主義と理論負荷性とは非常にはっきりと矛盾するため，ファン・フラーセン自身から引用しておくのが有益である．

　　　「我々の言語は隅々まで理論に感染している．もしわれわれの言語から理論負荷的な用語を洗い落としたならば，（中略）有用なことばは何も残らないであろう．我々の，そして科学者たちの語り方は，あらかじめ受け入れられている理論が与える描像に，導かれているのである．（中略）実証主義者が描いたような言語の無菌的な再構成は，全く見込みがない．」（van Fraassen 1980, p. 14, 邦訳 44 頁）

第 4 章　自然主義的転回

1）これらの 2 つのカテゴリーは明らかに不完全であり，考えられうる問題のすべての集合をカ

バーしていない.

2) この自然化運動に寄与した人々は以下で議論され（引用され）るので，ここでは 2 冊の一般的な書籍を紹介するにとどめる．パピノー（Papineau 1993）は哲学における自然主義を一般的に論じている．Kornblith（1985b）は重要な論文集である．シュミット（Schmitt 1985）は自然化された認識論についての 30 ページにおよぶ文献目録を収録している．

3) この用語はハーク（Haak 1993）の第 6 章による.

4) もちろん改革には，相対的にあまり重要でないものからほとんど革命的なものまで様々な程度がある.

5) 「誤りを指摘する」自然化された認識論とでも呼べる第 3 のアプローチがあることを後に見る．このアプローチの焦点は改革でも革命でもなく純粋な批判である．科学が既存のアプローチの失敗を示すために用いられるが，代替案が示されることはない．もし改革主義者が古い建物に新しいファサードを取り付け，革命主義者は新しい建物を建てるために古いものを壊すとすると，誤りを指摘するアプローチは単に建物を取り壊し自らの手際に惚れ惚れとするものだと言えよう．おそらく，誤りを指摘するアプローチは分業しているというのがもう少し公平な見方かもしれない．新しい建物を建てる前に古い建物は取り壊されなければならず，解体作業をする業者と建築をする業者が同じでなければならない道理はない.

6) 様々な著者と学派が関連性のある「経験」を様々に解釈している．「経験」が古典的な経験主義者の知覚データを指すこともあれば，特にプラグマティズムによってより広く理解されることもある.

7) 2 つに加えて第 3 の，中間的な立場がある．最も一般的な立場は認識論を広義の「経験」によって基礎づける（一般的自然主義）が，最も一般的でない立場はそれを特定の科学理論によって基礎づける．しかしその中間に，経験一般でもなく特定の科学理論でもなく，現代科学による基礎づけを行う立場がある．一般的な派閥に属する著者の多くは最も一般的な見解を好むようだが，中間的な立場に傾く者もいる．筆者の焦点は認識論を特定の科学理論に還元しようと考える自然主義者なので，この一般的立場と中間的立場の違いには拘泥しない.

8) G・E・ムア（Moore 1903）は，「である」と「べき」の混同を「自然主義的誤謬」と呼んだ．もちろんムアは自然化された認識論ではなく自然化された倫理学のことを議論していたのだが自然主義的な規範の問題は両者に共通である.

9) この問題は社会科学と科学の社会的研究の文脈でしばしば「再帰性」の問題と呼ばれる．これについては第 5 章で詳細に論じる.

10) クワインの初期の自然化された認識論における行動主義は，後期にはより一般的な視点に取って代わられたようである．彼は進化生物学，認知心理学に言及し，さらに彼の自然主義的探求は「学際的な境界を無視して」行われていると述べている（Quine 1995, p. 16）.

11) 実際には，クワインはこれが個々の科学者とそのデータ（心理学）なのか，科学共同体とそのデータ（社会心理学と社会学）なのかについてやや曖昧である．クワイン（Quine 1969b）では両方の解釈を支持する議論を見いだせる．一方で彼は心理学と言うが，他方で彼の観察概念には話者コミュニティという根本的に社会的な概念が含まれる．これから見るように，自然化された認識論に関連性のある人文科学は心理学，社会心理学，もしくは社会学なのかという論点は後の文献において重要な争点になる.

12) 次章で見るように，科学社会学においてはこれは必ずしも当てはまらない.

13) 規範的な要素は彼の後期の著作においてより明らかである．例えば Ferrater Mora 講義において，クワインは以下のように述べている．

「広く信じられているのとは反対に，認識論における規範的な領域は自然主義への宗旨替えを経ても存続する．それは推測，もしくは仮説を組み立てる技芸を評価するものである．……規範的な認識論は狭義の科学だけではなく，より一般的に合理的信念を形成

する技芸もしくは技術である．この領域において文献が急成長しており，私には現象論から自然主義への変更がこれと矛盾するものとは思えない.」（Quine 1995, pp. 49-50）

このタイプの自然主義——セラピーもしくは役に立つ伯父さんとしての認識論——は規範的ではあるが，伝統的な規範的認識論の見方とはかなりの隔たりがある．経済学的な観点からは，クワインがこの「急成長」している規範的な文献の例としてゲーム理論と意思決定理論を挙げているのが興味深い．

14) キムが次のように誇張して述べている．「もし規範的認識論が研究として可能でないならば，なぜ認識論者を志望する者は心理学ではなく流体力学や鳥類学に依拠しないのか.」（Kim 1988, p. 391）

15) これはコーンブリス（Kornblith 1985a）による.

16) 本章の最終節ではこの見方の現代版を議論する.

17) サイモンについては以下で論じるが，あるインタビューで彼は，いかにして行動主義の制約を逃れることができたのかという質問に対し次のような興味深い回答をしている.

「1つには，おそらく非常に自明なことだが，私がそのパラダイムの中で訓練を受けたことがなかったということである．私は一度も心理学の正式なコースを取ったことがないのだ．だから私はやってはいけないことについて知らなかった．そういうことについて読んだことはあり，大して信じてもいなかったが行動主義の存在は知っていた．しかし私は生物学と社会科学における他のいくつかの伝統に馴染んでおり，それらの伝統においては人々はずっと緩やかな態度で多様なものをデータと見なし，データの見方も多様であった.」（Simon 1986, p. 371）

18) ノージックはゲティアの例の1つを意訳している.

「2人の人が私の研究室にいるが，私は1人がフォード車を所有していると信じるに足る証拠を持っている．実は彼は今はフォード車を所有してはいないのだが，もう1人（私の知らない人）はフォード車を所有している．私はフォード車を所有している人が研究室にいると信じておりそれは真でありまた正当化されてもいるが，私はそれが誰かを知ってはいない．この例から，ゲティアは，知識は単に正当化された真なる信念ではないと結論づけた.」（Nozick 1981, p. 173）

19) 実のところ，ゴールドマンの関心は科学者だけでなく認知主体一般の信頼できる信念形成なのだが，ここでは科学者についてのみ議論する.

20) ここではゴールドマンによる経済分析を直接適用した著作（Cox and Goldman 1994; Goldman and Shaked 1991）については論じず，第8章で科学的知識の経済学の一部として扱う.

21) 実際は信頼性主義には他のバージョンがあるが，ここでは単に信頼性主義をゴールドマンのアプローチと同一視する.

22) マキ（Mäki 1989）の用語.

23) ゴードン（Gordon 1986, 1992），ハリス（Harris 1992），ゴールドマン（Goldman 1992）を参照せよ.

24) ここでは議論されないが，この論点と関係して，より真剣な研究対象とする価値のあるもう1人の経済学者はフリードリヒ・ハイエクである．ハイエクのめったに議論されることのない1952年の著書『感覚秩序』はヘルマン・ヘルムホルツとヨハネス・ミュラーによる先行研究を利用している．これらの著者（特にヘルムホルツ）は自然主義的であるだけでなく，認知科学における最近の多くの展開の先駆者であったことが明らかにされている（Meyering 1989とBarry Smith 1997を見よ）．バーナー（Birner 1999），コールドウェル（Caldwell 1997, p. 1875），ミロウスキ（Mirowski 2001, Ch. 5）を参照.

25) 限定合理性は最近の経済理論において影響力を持って復活を遂げた（Conlisk 1996, Rubinstein 1998; Sargent 1993）が，これら最近の研究におけるこの用語の使用法は，しばし

ばサイモンのもとの定式化とはかなり異なっている（Mirowski 1998b, Sent 1997a, 1998a, 1998b）.

26）この特定の論文は（他に多くの論文がある），コンピュータプログラム KEKADA を用いて「ハンス・クレブスが尿素サイクルを発見する際に用いた経験則をできる限り忠実に再現」している.（Kulkarni and Simon 1988, p. 173）他の例についてはラングレー，サイモン，ブラッドショーとジトコン（Langley, Simon, Bradshaw and Zytkow 1987）を，この発見プログラムとサイモンの初期の研究との関係についての一般的な議論はサイモン（Simon 1992）を参照せよ.

27）進化論的アプローチと認知的アプローチは代替的というよりはしばしば相互補完的なので，おそらく「別の」というのは少し強すぎる表現かもしれない. 何人かの著者（例えばKitcher 1992, Rosenberg 1996）は進化論的概念がすべての自然化された認識論にとって必要不可欠であるかのように論じている. 自然化された認識論すべてにおいて，わずかな生物学の影響を見つけることができるのは疑いないが，進化生物学の役割について明示的で，それを集中的に論じているものとそうでないものを区別することができるのも確かである. 本書では，明示的な解釈を進化論的認識論と呼ぶ.

28）ジコとキャンベル（Cziko and Campbell 1990）の進化論的認識論の文献目録は（初期のCambell 1974, Campbell, Heyes, Cecilia, and Callebaut 1987 によるものを含めて）40 頁にのぼる. これは定期的に更新されており，本書の執筆時点で 1,100 以上の文献が掲載されている.

29）「現代版の EEM」というのは，このプログラムは 19 世紀後半に起源を持ち，20 世紀のKonrad Lorenz による重要な研究（Cambell 1960; Danailov and Togel 1990; Lorenz 1977; Munz 1993; あるいは Cziko and Campbell 1990 の文献目録参照）を含むからである. しかし，ここでは専ら EEM の現代版のみを扱う.

30）進化論的認識論（特に EET）は非常に多くの批判的文献を生み出したという点は重要である. これらの批判には，進化論的認識論という一般的な考え方を対象としているものと，（より多くの）より特定のアプローチを対象としているものがある. この批判的文献をここできちんと扱うことはできないが，2 つの標準的な議論を紹介しよう. 1 つは，科学はダーヴィン的であるよりもラマルク的であるというものである. つまり，突然変異はランダムではなく，変異は盲目的ではない，というものである. 第 2 の議論は，適応は真理と同一ではない（少なくとも進化論的認識論家はいかにしてこれらが同一となりうるかを説明していない）というものである. この分野の著者のほぼ全員（次の節で議論するポパー主義者を含む）がこれらの 2 つの批判に返答しているが，現時点でどれも完全に満足の行くものではない. ブレディ（Bradie 1986），キャッチャー（Kitcher 1992），オヘア（O'Hear 1987），ステレルニー（Sterelny 1994）がこれらとその他の批判を議論している.

31）興味深いことに，キャンベルの影響力のある 1960 年論文の大部分はハーバート・サイモンとその支持者の批判に当てられている. その理由はもちろん，サイモンは発見的方法と効率的なアルゴリズムを要求するのに対し，キャンベルは盲目的な変種と選択的保持を支持したからである. キャンベルは最終的に，彼の見解はサイモンとそれほど異なるものではないと結論付けている. 彼の議論は基本的に発見的方法が選択の単位となりうるというものであった.

32）キャンベル（Cambell 1988）は彼の見解がポパーのそれとどう異なるのかを説明している.

33）ハルの研究はほとんど必ず進化論的認識論の議論で言及される（例えば Bradie 1986; Munz 1993; Sterelny 1994）にもかかわらず，彼自身は実際には進化論的認識論という用語を用いていない. これは表面的にはこの用語があまりに頻繁に科学知識に対する伝統的な（基礎づけ主義的な）アプローチと関連付けられるからである.

34）ハルは後に経済学との関連や，見えざる手の役割についてより明示的になった（Hull 1997）. ハルの見えざる手の議論に対する批判としてレイ（Wray 2000）とイリコスキ（Ylikoski

1996）を参照せよ．

35）ほとんどのポパー主義者はこの変化を（もしくは他のいかなる変化をも）「転回」と捉えず，むしろ単にポパーの『科学的発見の論理』（Popper 1934）において提示された考えの自然な展開，明確化であると考えていることに注意が必要である．この点がポパーの見解の変化を意味するのかそれとも当初の考えの精緻化なのかという点は，ここでの本題に関係しない解釈学的問題である．大切な事実は，1960年代のある時点においてポパーは，自分の立場を知識に関する進化論的アプローチと明示的に特徴づけ始め，この進化論的見解をポパー（Popper 1972）において初めて真剣に提示したという点である．

36）マンズは以下のように述べて「進化論的認識論」を支持することを明確に否定している．
「生物学の認知的帰結を指して，進化論的認識論（つまり，認識論における多くのもしくはほとんどの伝統的な問題を進化理論の助けを借りて解決する，知識の理論）と呼ぶことが慣例となっている．しかし進化論的認識論の意味についての合意どころか，それが何を意味するのかという明確な理解すらないのが現状である．このテーマにはよく言及がなされるが，それらの言及の多くには全く共通点がない．」（Munz 1993, p. 205）

37）これは第3章のポパーに関する節で論じた可謬主義的また推測的実在論とほぼ同じものである．

38）バートリーは経済学と直接関係を持っている．彼は常に自由市場主義的政治哲学の強力な支持者であり，1990年の死までハイエク論集の編集に携わっていた．この関連があるから，バートリーの使う市場・競争・均衡といった用語法はワルラス的ではなくオーストリア学派的に解釈しなければならない．

39）第8章では，経済学の論法を用いる他の非ポパー的学説を論じる．

40）経済学者なら，ミクロ経済学的説明，少なくとも個人行動のミクロ経済学的説明も，この種の説明であることにすぐ気づくであろう．ミクロ経済学的説明は，欲求が効用のようなもの（選好，利潤等）に限定され，信念が特定の制約（予算，費用等）と変数（価格等）に限定された，素朴心理学的な説明の特殊例である．経済学と素朴心理学の関係という重要な問題は第7章まで先送りする．

41）そして我々の道徳的，法律的な規則としても素朴心理学は重要な役割を担っている．例えば第一級殺人と悲劇的な事故の違いは単なる故意の問題である．

42）スティッチはもうこの立場を取ってはいない．彼の最近の本に，いかにして彼が「教条主義的まどろみ」（Stich 1996, p. 5）から目覚めたかが記されている．

43）この議論はずっと前にファイヤアーベント（Feierabend 1963）とローティ（Rorty 1965, 1970）によって提示された．この消去主義はこれらの著者の後期の作品と照らし合わすと意外かもしれないが，後に（第6章で）見るように，少なくともローティについてはこの立場と後の哲学的立場の間に不一致があるとは必ずしも言えない．

44）「イムレ・ラカトシュの言葉を借りれば，FPは行き詰まったもしくは後退している研究プログラムであり，数千年の間そうであった」（Churchland 1992, p. 8）．

45）チャーチランド（Churchland 1992）の第2部にはコネクショニズムとPDP（そしてそれらの認識的重要性）について詳細に論じた論文がいくつか含まれている．スティッチ（Stich 1996）の第2章も参照せよ．

46）Stich 1996はこの批判的文献への良いガイドである．彼は消去的唯物論の声高な擁護者であったが，今ではその多くの批判者に説得されてしまった．

47）キム（Kim 1982, 1984）もしくはキンケイド（Kincaid 1988, 1998）を参照せよ．

48）フーバー（Hoover 1995a），ジャクソンとペティット（Jackson and Pettit 1992），キンケイド（Kincaid 1998），ネルソン（Nelson 1984），センサト（Sensat 1988）を参照せよ．

第5章　社会学的転回

1) 自然主義的転回と社会学的転回の関係の標準的解釈ではないが，筆者以外にもこの解釈をとるものがいる（たとえば Roth 1996, Barnes 1991）．もちろん，この解釈が意味をなす程度は，どの社会学的アプローチを念頭においているかによって異なる．自然主義的側面は，ストロング・プログラムにおいて最も強い．

2) この2つの伝統は，お互いに排他的ではなく，SSK の台頭以前の，科学の社会学的研究のすべてではない．シェーピン（Shapin 1982）は，初期の研究を詳細に論じている．

3) 言い換えれば，以下のような，かれの社会学的アプローチの解釈においてクーンは正しいのであろうか．すなわち，「自然自体は，それがどのようなものであれ，自然に関する信念の発展にまったく役割を果たさないように思われた」（Kuhn 1992, p. 8）．

4) この解釈も，資本主義と科学の関係に関するソビエト＝スターリン的公式見解となった（McGucken 1984, Werskey 1988 を見よ）．

5) 1931 年の大会へのソビエトの参加と，それにともなうブハーリン編集の論文集出版の興味深い背景が，ワーズキー（Werskey 1988, esp. 138-49）によって語られている．ワーズキーは，イギリスの科学左翼とイギリスの科学政策一般に対するバナール学派の影響も詳細に論じている．マクガケン（McGucken 1984）も，1930 年代および 40 年代のイギリス科学政策へのバナール学派の影響を論じている．

6) シェーファーは，ヘッセンのマルクス主義は二次文献で論じられるほど低俗なものではなかったと主張している．経済関係は重要であるが，それは生産力に科学を含めるだけの議論よりもはるかに複雑（かつ緻密）であった．このヘッセン解釈のもとでは，彼の研究はより最近の SSK 研究，とくにシェーピンとシェーファー（Shapin and Schaffer 1985）により近いものとみなされる．

7) カール・マンハイム（Mannheim 1936）は，マルクス主義に影響を受けたほかの多くの人々のうちの一人であった．マルクス主義との関連を強調する社会学的研究のサーベイには，コリンズとレスティボ（Collins and Restivo 1983），レスティボ（Restivo 1995），シェーピン（Shapin 1992）が含まれる．マルクス主義の SSK との関係に関する批判的評価に関しては，ブンヘ（Bunge 1991）を見よ．

8) シェーピン（Shapin 1988）は，マルクス主義を批判するマートンの議論を，パレート社会学の影響，および 1930 年代のハーバード大学のパレート・サークルの影響に跡づけている．

9) 科学社会学が，科学「知識」の問題に対して判断をまったく差し控えることも可能であろう．科学を，純粋かつ絶対的に，たんなる考察対象である1つの文化と考えることはできる．先住民の宗教の研究者のように，神々（科学法則）は実在するのか，あるいはシャーマンが信じるような力を持つかどうかを（暗黙にも，明示的にも）問わないというのは可能である．これは，現代の一部の研究の目標であると思われるが（例えば Traweek 1988），実際にそれを実行するのはとても難しい．この問題は，科学文化の一般的（および考察者自身への）影響力や再帰性の問題と関係する．

10) 実際，クーンに影響を受けた研究が急拡大する以前の 1970 年代には，マートンの後期の，より限定的な研究のほうが，より初期の科学的道徳規範の研究よりもはるかにより重要とみなされた時期があった．ジョナサン・コールとハリエット・ザッカーマンは次のようにこの状況を説明した．

    「科学社会学者は，マートンの後期の研究には（中略）より大きな「発展の潜在的可能性」と十分に明確な研究プログラムがあると考えた．（中略）この分野において，1960 年代と 70 年代の最もよく引用されたもののリストに新しく加わった論文をよく見ると，この実証研究の多くは，マートンの後期の論文のいずれかが提起した問題を出発点としている．」（Cole and Zuckerman 1975, p. 157）

11) これには経済学も含まれる．例えば，ジョージェスク・レーゲン（Georgescu-Rogen 1992）はマタイ効果を用いて，自分ではなく，サムエルソンの名前が代替定理に付けられた理由を説明した．同様にトリソン（Tollison 1986）は，乗数にケインズの名前が付けられた理由を説明した．間違いなくほかの多くの事例がある．

12) このマートンの概念も，経済学に適用されている．例えば，パティンキン（Patinkin 1983），スティグラー（Stigler 1982），ニーハンス（Niehans 1995a）を見よ．ニーハンスは，経済理論において 40 の「複数性」を挙げている．ニーハンスの例を批判的に議論したものとして，デ・マーキ（De Marchi 1995），ミロウスキ（Mirowski 1995a），ニーハンス（Niehans 1995b），ロンカリア（Roncaglia 1995）を見よ．

13) 哲学者にとって SSK の後期のプログラムに明確な狙いをつけるのははるかに困難である（後期になるほど，つかみどころがなくなる）．例えば，本章で論じるほかの 3 つのプログラムは，方法論的アプローチを前もって提示せず，研究の方法と内容を混ぜ合わせることが多い．この違いは部分的には，ストロング・プログラムは科学論の全般的転換の途上であったことに起因する．クーンらの含意は受け取ったが，当時の一般的語彙は依然として基礎づけ主義で，分析的であった．のちの論者は，ポストモダニズムやネオ・プラグマティズムの影響を受けており，自分のアプローチも考察対象の科学と同様に，条件つきで，社会的に規定されたものとみなす傾向がより強かった．

14) 利害による説明はストロング・プログラムを識別する特徴となったが，プログラムのメンバー全員がブルーアと同じ程度に利害中心的であったわけではない．例えば，マケンジー（Mackenzie 1990）とシェーピン（Shapin 1994）の研究は，広義にはストロング・プログラムの精神と一致するが，利害による説明に固執してはいない．

15) 実際には，超再帰性の急進性は論争的な点である．以下で見るように，超再帰性は，批判的に科学や科学哲学を論じるための立場をすべて台無しにしてしまうため，それは全く急進ではなく，むしろ保守的であると考える批判者もいる．

16) 社会的構成主義と同様に，複数の ANT が存在する（McClellan 1996 を見よ）．

17) ラトゥールが「アクタン」で意味したものの例に関しては，全米ライフル協会を含むアメリカの銃法制論争での，非人間的「銃」と人間的「人々」の考察を見よ（Latour 1999, pp. 176-80）．

18) この論争を扱ったほかの論考には，フリードマン（Friedman 1998）とフラー（Fuller 1996）がある．

19) もちろん，自然的作用がつねにストロング・プログラムの一部であったかどうか，あるいは，チキン論争のような近年の議論を考慮した再解釈であるのかどうかという論点がある．バーンズとブルーアとヘンリー（Barnes, Bloor, and Henry 1996）の主張は，ストロング・プログラムはつねに，自然が重要な役割を果たすことを認めており（けっして方法論的観念論ではなかった），そうでないという人々（ストロング・プログラムを考察した人のほとんどを含む）はたんにプログラムの出発点となった諸研究を読み間違えているというものであった．筆者自身は，かれらはストロング・プログラムに都合の良い物質的解釈を加えたと考えている．この解釈は，初期の諸研究と矛盾はしないが，初期の研究とは全く異なる方向に議論を押し進めている．これは，現在においては全く理解可能な転換であると思われる．というのも，ストロング・プログラムはいまや，第一世代研究のときのように主流派科学哲学と競合しているのではなく，より急進的に社会的な（彼らの言う観念論的な）SSK のバージョンと競合しているからである．

20) この社会的経験主義は，ミリアム・ソロモン（Solomon 1994a, 1994b）が提唱する社会経験主義と大して異ならないように思われる．ただし，彼女は自分の学説を SSK と対立するものとして提示している．

416

21) ペルズ（Pels 1997）は，（ノール・セティナらの研究を使って）初期の SSK の大部分は経済学に焦点を当てていたが，経済的要素は次第になくなっていったという興味深い議論をしている．

22) カロン（Callon 1998）は，分類は難しいが興味深い主張をしている．この著作のなかの論文は，市場（およびその法則）という主題に ANT 的な分析を用いているが，ここでは市場は，（経済における）ものとしても，（経済学における）経済学者コミュニティの産物としても考えられていない．むしろ，市場法則は，経済運動と経済学によって共同生成されたものである（とくにカロンの「序論」を見よ）．これは，ANT 的科学論の経済学への応用であるのか，あるいは経済学の主題であるのか．おそらくどちらでもあり，どちらでもない．というのも，そのような区別は ANT の観点では意味をなさないからである．

23) 関係はそれほど直接的ではないが，経済思想史の古典的教科書を経済思想史における SSK 的発想の例と考えてもよい．一部の教科書では，経済概念は特定の社会的文脈から生じるものとして提示される．

24) 費用便益に関する別の解釈に関しては，バックハウス（Backhouse 1992a, 1992b, 1997a）やブローグ（Blaug 1994b）を見よ．筆者はハンズ（Hands 1997a）で，SSK に影響を受けた研究が提起する歴史方法論上の論点をより詳細に考察した．

第6章　プラグマティズム，対話，立場

1) トマス・ユーベル（Uebel 1996）の最近の論文は，興味深い事例である．カルナップとシュリックの立場はともに，チャールズ・S・パースのプラグマティズムにきわめて近かったとこの論文は主張している．ユーベルの主張に説得されるかどうかにかかわらず，プラグマティズムがこのように論証可能なほどに注目を浴びるようになったこと，つまり，個々の実証主義者がどの程度プラグマティズムの考えに適合しているかどうかで判断されるようになったことは興味深い事実である．

2) アーペル（Apel 1981）は，パースの哲学的進化には実際には4つの異なる期間が存在し，プラグマティズムはその最後であると主張している．段階がたがいに別々ではなかったとしても，パースの考えが時間とともに変化したのは明らかである．この結果として，現代の研究のなかで様々に異なるパース解釈が存在する（パースを単純な反証主義者と見る研究さえある，サリバン（Sullivan 1991）はこれを批判している）．近年，興味深く読みやすいパースの伝記的研究が多数出されている（Brent 1993, 1996; Ketner 1998）．

3) バックハウス（Backhouse 1994b）は，パースの4つの信念固定化概念を使って，経済学者の意見の対立を説明している．彼の主な主張は，実証的証拠に十分注意を払わないから経済学者は意見を対立させるというものである．このようなパースの利用は，彼を単純な経験主義者にしてしまうが，以下で見るように彼はそうではない．

4) この理由で，アーペル（Apel 1981, p. 92）はパースの立場を「論理社会主義」と呼んでいる．おそらく，認知的社会主義のほうがよい表現であろう．

5) ここで論じないパースのほかの重要な側面は，記号論である．異なる著作から集めたパース自身の記号論に関する議論に関しては，パース（Peirce 1940）を見よ．現代の議論に関しては，ハーバーマス（Habermas 1992, pp. 88-112）を見よ．

6) パースは重要な形而上学研究——一次性，二次性，三次性概念——をおこなった．しかしかれは，従来的形而上学プログラムを断固として否定した．パースの形而上的見解およびかれの哲学一般との関係の議論に関しては，ケトナー（Ketner 1998）やルイスとスミス（Lewis and Smith 1980）の第2章を見よ．

7) ニーニルオト（Niiniluto 1999）は，パースのアブダクション概念を詳細に議論し，このバージョンのほうが，彼の元々の定式よりも一般的であると主張している．言うまでもなく，

原注（第6章）　　417

パースの著作に1つ以上のアブダクション概念を見つけることは可能である.

8) ヒンティッカ (Hintikka 1998) は,興味深いアブダクション的推論の戦略的(ゲーム理論的)解釈を提示している.

9) デューイの「経験」概念は,従来的認識論への批判の基礎となっている.彼のこの言葉の使用は,経験主義的科学哲学よりも,現代の進化論的認識論と調和的であるように思われる.

　　「デューイの分析は(中略)従来的認識論の核心にある経験概念の批判に向けられており,異なる経験概念を志向している.この概念は,進化生物学や機能心理学と一致するものであり,彼自身の論理学研究において明白である.デューイは,この異なる経験概念を,「直接経験主義」とか「素朴実在論」などと呼んでいるが,この概念は,経験はどのような場合でも知識事象であるわけではなく,むしろ「生物の物理的社会環境との交流事象」であることを主張した.その環境のもとで生物は一義的には,知識獲得者ではなく,「動作主・被動者,行為者,受苦者,享受者」である.」(Westbrook 1991, p. 126)

10) デューイの道具主義は,「定説」と関連した「道具主義」的理論解釈と混同するべきではない.次小節では,経済学方法論における事例——フリードマンの方法論——を考察するが,そこでは,2つの異なる道具主義解釈に関する論争があった.

11) 本章で「制度派」経済学と言及するときには,それは,ソースティン・ヴェブレン,ジョン・R・コモンズや,彼らに直接影響を受けた人々の「旧」制度学派を指す.より最近の,おそらくより主流派の,「新」制度派経済学(ときに主要な貢献者の名前をとって「CDAWN」学派と呼ばれる.つまり,ロナルド・コース,ハロルド・デムゼッツ,アーメン・アルシアン,オリバー・ウィリアムソン,ダグラス・ノースである)ではない.新旧制度学派の様々な比較に関しては,ホジソン (Hodgson 1989, 1994, 1998a),ラングロア (Langlois 1986, 1989),メイヒュー (Mayhew 1989),ラザフォード (Rutherford 1989, 1994) を見よ.

12) ブッシュ (Bush 1989),ダイヤー (Dyer 1986),リーバフスキー (Liebhafsky 1993),ミロウスキ (Mirowski 1987a),ラザフォード (Rutherford 1990) は,パースと制度学派の関連に関する異なる見解を提示している.ティルマン (Tilman 1998) は,新しいデューイとヴェブレンの議論を提供している.

13) エアーズの研究は,ルイス・ユンカー (Junker 1962),マーク・トゥール (Tool 1985) らの後期制度学派によってさらに解説が加えられた.より近年の議論は,デューイの影響を強調する.例えば,ブッシュ (Bush 1994) とヒッカーソン (Hickerson 1987) がある.

14) デューイとエアーズはともに,「制度」,「技術」,「道具主義」という用語について興味深い解説をした.エアーズは,自分の理論を(制度主義ではなく)道具主義経済学と呼ぶことも考えていた一方で,デューイは自分の哲学を(道具主義的ではなく)「技術的」プラグマティズムと呼ぶことも考えていたようである.

　　「経済学の思考法の名称として,「制度主義」という用語はきわめて不都合である.というのも,そこから逃れたくなるような場所を指しているからである.(中略)経済活動のなかで技術が果たす決定的役割を重視する思考法の名称としては,「道具主義」がはるかに適切である.」(Ayres 1962, pp. 155-6, note 1)

　　「多くの著者が,この見解に関連する諸事実を指摘しているが,私の知るかぎりクラレンス・エアーズ博士は科学を一技術様式と明確に呼んだ最初の人であった.もし私の科学知識理解に関して「道具主義」ではなく,「技術」を一貫して使っていたら,誤解をかなり避けることができたかもしれない.」(Dewey, Junker 1962, p. 68, note 5 に引用された)

15) ボーランド (Boland 1979) 刊行の経緯に関する興味深い解説に関しては,ボーランド

（Boland 1997）の第1章を見よ．同著の第3章と第4章は同論文の影響について論じている．

16）以下のような研究がある．ボーランド（1980, 1981, 1987），デニス（Dennis 1986），フェルズ（Fels 1981），フレーザーとボーランド（Fraser and Boland 1983），フーバー（Hoover 1984），ラグー（Lagueux 1994），マキ（Mäki 1986, 1992b），ロトワイン（Rotwein 1980），ワイブル（Wible 1984），さらにブローグ（Blaug 1980/1992）の第4章，コールドウェル（Caldwell 1982/1994）の第8章，ハウズマン（Hausman 1992）の162-9頁．

17）この説は，ワイブル（Wible 1984）でも提示された．

18）この1879年論文は間違いなく，パースのもっとも重要な経済学への貢献であるが，唯一の貢献ではない．ワイブル（Wible 1999）は，経済学に関するパースの著作の完全なリストを示している．

19）この議論のどの程度までが，パースの独自のものであり，どの程度までが既存の経済学研究に由来するものであるかは明らかではない．ステュアート（Stewart 1991）は，パースがリカードおよび——この論文に関してより重要なことに——クールノーに影響を受けていたと主張している．

20）それにもかかわらず，少なくとも一人の哲学者が勇敢にもポストモダニズム誕生の時点を特定している．すなわち，「1972年7月15日午後3時32分，セントルイスの（ル・コルビュジェの設計思想に基づいた）プルーイット・アイゴー団地の爆破解体」（Bhaskar 1991, p. 139）である．

21）第4章の意図性と素朴心理学（FP）の議論を想起せよ．意図性は密接に表象と関連している——意図の状態は，ほかのもの「について」・「を表す」・「を示す」ものである——ので，初期のローティ（Rorty 1965, 1970）の消去的唯物論は，後期のネオ・プラグマティズムの反表象主義と必ずしも対立しないことに注意せよ．

22）彼は，「左翼的クーン主義」とか「新しい曖昧さ」という言葉も使った（Rorty 1987, p. 41）．

23）フーバー（Hoover 1994）の306-10頁，あるいはキンボール（Kimball 1995）の53-4頁を見よ．

24）膨大な批判的文献があるが，ホール（Hall 1994）の議論やマラコウスキ（Malachowski 1990）の各論文から入るのがよい．ダニエル・デネットの「ローティ係数」の議論は，この批判的文献の論調をうまくとらえている．我々は「ローティの，他者の学説解釈に，0.742を掛け合わせるべきである」（Dennett 1982, p. 349）．

25）様々な下部領域はすべて密接に関連しているが，少なくとも3つの研究計画を区別することが可能である．第1は，科学の純粋レトリックとでも呼べるものである（例えば Campbell 1987; Gross 1990 and 1991; Gross and Keith 1997）．いっぽうで第2の計画は，社会的対話としての科学に焦点を当てる（例えば，Gilbert and Mulkay 1984; Mulkay 1981 and 1985; Mulkay and Gilbert 1982）．そして第3は，ガーフィンケル（Garfinkel 1967）のエスノメソドロジーを科学に応用したものである（例えば Lynch 1985 1992）．

26）近年，経済学方法論のポストモダニズムを批評する研究が現れている（例えば Backhouse 1997a）．しかしポストモダニズムはこれらの批評ではきわめて広義に定義されている．以下で論じる経済学のレトリックだけでなく，第5章で論じた SSK や構成主義研究，およびローティ的ネオ・プラグマティズムも含んでいる．

27）マルクス主義の反応の1つは，レズニックやウォルフ（Resnick and Wolff 1987）らの「過剰決定」学派である（例えば，アマリーリォ（Amariglio 1998），アマリーリォとレズニックとウォルフ（Amariglio, Resnick, and Wolff 1993），アマリーリォとルッチオ（Amariglio and Rucchio 1994），カッラーリとカレンバーグとビーベーナー（Callari, Cullenberg, and Biewener 1995），レズニックとウォルフ（Resnick and Wolff 1988），そしてバックハウス（Backhouse 1998d）の批判など）．

原注（第6章）　419

28) 1991 年の『ジャーナル・オブ・ポストケインジアン・エコノミクス』特集号には，ポスト
モダニズムと経済学に関する多数の論文が収録されている．ミロウスキ（Mirowski 1991），
ルッチオ（Ruccio 1991），サミュエルズ（Samuels 1991），ワイントラウプ（Weintraub
1991b）などである．制度学派の議論には，ブラウン（Brown 1991, 1992），ホクスバーゲン
（Hoksbergen 1994），クライン（Klein 1998）や，以下で論じる論文がある．保守的政治観の
側では，バークザック（Burczak 1994）は，オーストリア学派経済学の研究のなかにポスト
モダニズムのテーマを見いだしている．

29) ワイントラウプのアプローチは，バックハウス（Backhouse 1992a, 1992b, 1997a）やマキ
（Mäki 1994a）によって批判された．

30) こちらの論者には，ブッシュ（Bush 1994），ヒッカーソン（Hickerson 1987），トゥール
（Tool 1985, 1990）などがいる．

31) ゴードン（Gordon 1990）やメイヒュー（Mayhew 1987）などである．

32) マクロスキーは一貫して経済学のレトリックを推奨してきたが，近年，「レトリック分析」
のより寛容な解釈へと変化したことは指摘しておくべきである．初期の著作では，マクロス
キーは批判的文脈で（モダニズム「方法論」を批判するために）様々な研究文献を利用した
——クーン，ポストモダニズム，ローティ，クワイン，SSK など——が，その「方法」に代
わるものとしては，古典的レトリック分析を堅持した．批判には誰でも加わることができた
が，それに代わる枠組みは，レトリック・文学であった．より近年の著作では，名称は依然
としてレトリックであるが，以前より多くの手法がレトリック・アプローチとして用いられ
ているように思われる（マクロスキー（McCloskey 1994, pp. 102-5）を見よ）．例えば，クー
ンと SSK（あらゆるバージョン）の両方がレトリック・アプローチとして用いられている．
　　「新しい科学社会学者・科学史家・科学レトリック研究者たちは，「トーマス・クーンの
　　子供たち」を自称している．科学論は，クーンが 1962 年に発言して以来力強く発展し
　　ている．この変化はひとつの言葉に要約できる．それはレトリックである．（中略）ハ
　　リー・コリンズ，トレバー・ピンチ，マイケル・マルケイ，バリー・バーンズ，マルコ
　　ム・アシュモア，スティーブ・ウルガーらイギリスの社会学者の「知識の社会学」は，
　　科学のレトリックの別名である．」（McCloskey 1997, p. 102）
これは，実際の SSK 研究者の態度とは大きく異なるように思われる．彼らは一般的に，社
会学アプローチと対話アプローチを厳密に区別（し，前者が後者よりも優れていると主張）
することを支持しているようである．例えば，コリンズは，「対話分析は SSK のなかでほと
んど放棄されている」（Collins and Yearley 1992s, p. 305）と主張している．

33) マクロスキーの主要著作（McCloskey 1985a, 1990a, 1994, 1996, 1998）や，挙げることの不
可能なほど多数の論文以外に，多数の論文集も存在する（Nelson, Megill, and McCloskey
1987; Klamer, McCloskey, and Solow 1988; Samuels 1990b; Henderson, Dudley-Evans, Backhouse
1993）．バックハウス（Backhouse 1998e）の項目も見よ．

34) バックハウス（Backhouse 1995a, 1997a, 1998c），ボイランとオゴーマン（Boylan and O'
Gorman 1995, Ch. 2），ビュトス（Butos 1987），コールドウェルとコーツ（Caldwell and Coats
1984），デイビス（Davis 1990b），ダイヤー（Dyer 1988），マキ（Mäki 1988a, 1988b, 1993a,
1995），ミロウスキ（Mirowski 1987b），ラパポート（Rappaport 1995, 1998），ローゼンバー
グ（Rosenberg 1988a, 1988b, 1992）がある．

35) 実を言うと，そのもとになった文献の 1 つは，マクロスキーの経済学のレトリックに関する
最も最近の著作である．そこでは，戦後の主流派経済学が男の子の砂遊びに例えられている．
　　「それは，男の子の遊びに必然的にともなう悲しさである．女の子の遊びにはしばしば
　　人間的重要性があるのとちがって，男の子の砂場遊びには，大人になってからの実際の
　　土木作業の準備として以外にはまったく意味がない．（中略）言いようもなく悲しい事

実は，1945 年以来経済学が誇ってきた成果は大部分，砂場遊びであるということである．」（McCloskey 1996, p. 14）

36）フェミニズム・プラグマティズムという，わずかであるが，拡大中の研究動向もある．（例えば，Code 1998; Moen 1997; Seigfried 1996, 1998 を見よ）．

37）より近年の著作では，彼女は，「自生的フェミニズム経験主義」という言葉を使っている（Harding 1993）．

38）マルクスは，特定の階層の人々の立場を特権視した唯一の経済学者ではない．ヴェブレン（Veblen 1934）は，ヨーロッパのユダヤ人の立場に重点を置いているように見える（Bush 1989, p. 1162 を見よ）．

39）実際のところ，かつてハーディングはニュートンの『プリンキピア・マテマティカ』を「レイプ指南書」と呼んだことがある．グロスとレヴィットはとくにこのような表現に憤慨しているようである．

40）この論点に関するロンジーノの見解は，認識的多様性に関する初期のファイヤアーベントの議論（Feyerabend 1968）やポパーの批判的合理主義を想起させるように思われる．

41）方法論的関心の強いフェミニズム経済学には，ナンシー・フォルブレ（Folbre 1993），ジュリー・ネルソン（Nelson 1993, 1995, 1996），ジャネット・サイズ（Seiz 1993, 1995），ダイアナ・ストラスマン（Strassmann 1993a, 1994），ファーバーとネルソン編著『男性としての経済人を超えて』（Ferber and Nelosn 1993）の収録論文がある．クラマー（Klamer 1991）とマクロスキー（McCloskey 1993）は，フェミニズムとレトリックを組み合わせて，主流派経済学を非難している．ハーディング（Harding 1995）とロンジーノ（1993）はともに経済学を論じていることをも指摘するべきである．

42）フェミニズム経済学が提起した問題に対するフェミニズム経験主義の反論は，レベッカ・ブランク（Blank 1993）によって提示されている．

43）言うまでもなく（そして驚くべきことではないが），ベッカーの「新家政経済学」はフェミニズム論者の標的によくなっている．イングランド（England 1993），マクロスキー（McCloskey 1993），ストラスマン（Strassmann 1993b），ウーリー（Woolley 1993）はそのうちのほんのわずかな例である．ベッカーには，フェミニズム研究の外部からも方法論的批判者がいる（例えば Blaug 1992, Ch. 14）．

44）このような議論は，第 4 章のポパーの進化論的認識論の議論で紹介された．第 8 章でより詳細に論じられる．

45）類似の論点は（フェミニズムとの関連はないが）メイヤー（Mayer 1993）が提起している．

第 7 章 経済学方法論の近年の発展

1）注意すべきは，ポパーが，経済問題についての非学術的な著者の間でも影響力を持っていたということである．中でもソロス（Soros 1998）は，ポパーの科学哲学を金融市場の非均衡理論を発展させるために用いた．

2）ブローグにとって，この批判は主流派と異端の経済学の両方に適用される．ブローグ（Blaug 1992）の後半は，需要理論，一般均衡理論，国際貿易理論，人的資本理論，家族の経済学やその他の様々なものを含む，主流派経済学の領域における多くのケース・スタディを含んでいる．彼は，これらの領域の全てにおいて，（様々な程度に）不足があることに気が付いている．彼はブローグ（Blaug 1990a）の中で，マルクス経済学，急進派やその他の異端の経済学における多くの異なる領域においても同様のことを行っている．

3）これらの 4 つの関心を特定の著者に結びつけようとするよりは，方法論の著作の中でこれらの問題が取り上げられた多くの箇所の中のいくつかとして，コールドウェル（Caldwell 1982/1994a, 1984a, 1991a, 1991b, 1994b），ハンズ（Hands 1979, 1984a, 1985b, 1991a, 1991b,

原注（第 7 章）　421

1992),ハウズマン(Hausman 1985, 1988, 1992, 1996),ラトシス(Latsis 1972, 1976b, 1983),レドマン(Redman 1991),およびサランティ(Salanti 1987)を挙げたい.

4) 『科学的発見の論理』(Popper 1934)の英訳版は The Logic of Scientific Discovery(Popper 1968)であることを(第3章から)思い起こされたい.

5) ポパー(Popper 1965; 1972, pp. 44-84 および pp. 319-35; 1976b, p. 150; 1983, pp. 24-7 その他).

6) 筆者は,真理近接度とポパーのプログラムにおけるその重要性について,ハンズ(Hands 1991b)においてより詳細に議論している.真理近接度と経済学の別の見方については,サモラ・ボニージャ(Zamora Bonilla 1999b)を見よ.真理近接度と真理らしさについての非ポパー主義者の文献も相当な量が存在している.ニーニルオト(Niiniluoto 1998)を見よ.

7) この論文の抜粋はフランス語(Popper 1967)で発表されており,その翻訳版はミラー編の著作(Popper 1985)の中で公表された.しかし,これらの版は,原論文の約3分の1しか含んでいない.更なる詳細についてはハンズ(Hands 1996)を見よ.

8) どうやら,状況分析と経済学のつながりは,1960年代初頭よりポパー主義者の一団においてはよく知られていた(ハーバード大学経済学部でのポパーの発表は1963年であったことを思い起こされたい).しかし,そのつながりを強調する最初に公表された論文はラトシス(Latsis 1972)であった.

9) この緊張は広範かつ多様な著者によって認識されてきた(Caldwell 1991a, 1991b; Curtis 1989; Farr 1983; Hands 1985b, 1991a; Koertge 1975, 1979; Latsis 1972, 1976b, 1983; Nadeau 1993; Redman 1991;および,Stokes 1997,その他).反対の見方については,ボーランド(Boland 1997, p. 162)を見よ.

10) 今となれば,ポパー F(反証主義を意味する)がより良い選択であったかもしれない.

11) ラトシスにはまた別の功績もある.それは,ラトシス基金が,ラカトシュと経済学を主題とする研究の主要部分を生み出した2つの会議の資金調達を手助けしたというものである.最初のラカトシュ会議(物理学と経済学の研究プログラムに関するナフプリオン・コロキアム)は1974年にギリシャのナフプリオンにおいて開催され,2つ目のラカトシュ会議は1989年にイタリアのカプリにおいて開催された.これらの会議はラトシス(Latsis 1976a)とデ・マーキとブローグ(De Marchi and Blaug 1991a)という2つの著作を生み出し,ラカトシュと経済学についての豊富な著作の支柱となるものを形成した.(2つ目の)カプリの会議の知的活力について,筆者は個人的に保証を与えることができるが,最初のナフプリオンの会議は,マーク・ブローグの「一生に一度あるかないかの会議」(Blaug 1994a, p. 24)や,ライオネル・ロビンズの「個人的にはこれまで参加した会議のどれよりも刺激的だった」(Robbins 1979, p. 996)といった多様な方法論学者による賞賛の言葉を考えると,より良いものであったに違いない.

12) ブローグは一貫してラカトシュの方法論を擁護してきたが,注意すべきは,ラカトシュのMSRPについてのブローグによる解釈はポパーの反証主義についての彼の解釈と似ているため,ブローグのラカトシュ擁護と反証主義擁護は多くの場合に区別しがたいということである.もちろん,この見方はポパー自身のものと異なっており,ポパーはラカトシュを,彼の研究の「信頼できない,誤解を招く」(Popper 1974, p. 999)翻訳者であると考えていた.

13) ラカトシュはより認識論的な批判を明らかに求めていたが,彼が実際に何らかの批判を提供したかどうかは明らかではない.近年の論評者が述べているように,ラカトシュの帰納原理は「議論によってではなく,宗教的な希望によって支持されている」(Larvor 1998, p. 102).

14) この方法論中心の文献における例外の一つは,ケインズの『一般理論』における新奇な事実の少なさが,経済学方法論に適切なアプローチとしてラカトシュのMSRPを否定すべきかどうかについての(メタ方法論的な)議論である.ブローグ(Blaug 1975/1976, 1990d, 1991b)および,ハンズ(Hands 1985a, 1990b)を見よ.マクガバン(McGovern 1995)は議

論を要約しており，ハンズ（Hands 1991b）においても認識論的な問題のいくつかは分析されている．

15) 『証明と反駁』は，ラカトシュの 1961 年の博士論文と 1963 年から 64 年に *British Journal for the Philosophy of Science* で公表された一連の論文に基づいており，（死後に）ジョン・ウォロルとエリー・ザハーによって編集された．編者が解釈面で行った裁量についての論争もあるようである．ラーヴァー（Larvor 1998, Ch. 2）は，ラカトシュ自身はこの著作をポパー的というよりもヘーゲル的なものにしただろうと論じている．

16) 経済学者が数学哲学についてのラカトシュの研究に目を向けることを勧めていたのは，ワイントラウプだけではない．例えば，レイヨンフーブドは次のように述べている．
> 「したがって，純粋経済理論の多くの研究が，ラカトシュの後期の MSRP よりも『証明と反駁』によってより良く記述されることは驚くには値しない．」（Leijonhufvud 1976, p. 81）

バーナー（Birner 1990, pp. 187–90）も，経済理論の特定の領域での評価において，ラカトシュの数学哲学と MSRP とを結びつけている．

17) この主題についてはスティーブン・ブラッシュの言葉が雄弁である．
> 「予測主義者の主張は，科学史から少しの経験的支持を得ることもない．理論家がそのときに知っていること，彼が行ったこと，あるいは，情報があれば行ったであろうことの点から新奇さを再定義することによってそうした主張を救済しようとする試みはどれも，哲学者を密告者のいないウォーターゲート事件の調査員の立場に置くこととなる．」（Brush 1995, p. 141）

18) この一連の流れについては，ハンズ（Hands 1985a, 1988, 1991b，および，1991c）において詳細に論じている．

19) おそらく筆者は，「ポパーの哲学について最も好まれる別の読み方は，批判的合理主義である」と言うべきだろう．なぜなら，おそらく，ポパー主義者の数だけポパーの哲学の異なる読み方が存在するからである．ラカトシュに加えて，バートリー（Bartley 1984, 1990），ゲルナー（Gellner 1974），ミラー（Miller 1994），マスグレーブ（Musgrave 1993），および，ワトキンズ（Watkins 1984）は既存の見解のうちのほんの一部を示しているにすぎない．ポパー学派の中での（個人的な，および，哲学的な）多くの不一致の説明——著者が言うには，「憂鬱な説明」——については，アガシ（Agassi 1993）を見よ．それほど憂鬱ではないが，同様の所見は，ファイヤアーベント（Feyerabend 1995）においても見られる．

20) 多くのポパー主義者は，反基礎付け主義よりもむしろ「反正当化主義」という用語を使用するだろう．しかし，この用語は明確さよりもさらなる混乱を招く．ポパー主義者は「正当化された」という用語を，ある時はしっかりと「基礎づけられた」，あるいは，しっかりとした「基礎」を与えられたという意味で，また，別の時は「確かであると証明された」という意味で，さらに，別の時には「合理的な議論によって支持された」という意味で，様々な異なる仕方で用いている．基礎付け主義はポパー主義にとどまらない明白な意味を持っている定着した哲学的用語であるので，筆者は正当化主義ではなく基礎付け主義について論じたい．

21) ポパーはこれらの問題について極めて示唆的であったが，その示唆をより体系的な形へと発展させることは彼の弟子たちに残された．バートリーとラドニツキーの進化論的認識論や経済学に触発された見方やアガシのソクラテス的アプローチに加えて，他のものも存在する．例えば，ミラー（Miller 1994）は反証主義と容易に区別することのできない形の批判的合理主義を提案しており，また，ノラ（Nola 1987）は批判的合理主義を単にメタ方法であると見ている．批判的合理主義という用語を通常は用いないような，例えばマスグレーブ（Musgrave 1983）やワトキンス（Watkins 1984）といった後期の「ポパー主義者」が存在していることも思い出されたい．

22) ボーランドは最も息の長い批判的合理主義者であったが，この種の立場を擁護した唯一の経済学方法論者というわけではない．ブルース・コールドウェルの**批判的多元主義**は明らかに批判的合理主義であり（Caldwell 1991a, 1991b, 1994），また，J・J・クラントの**妥当性主義**も関わっている．経済学における反証主義と批判的合理主義についての議論全体の最善の考察は，ブローグ（Blaug 1994b），ボーランド（Boland 1994），および，コールドウェル（Caldwell 1994b）の3論文に含まれている．

23) ラトシス（Latsis 1972, 1976b, 1983）は，この主張についての興味深い根拠を提供している．一方で，ラトシスは，（ボーランド同様に）ポパーと反証主義を同一視してはいない——事実，ラトシスは反証主義をハチソンに帰しており，ポパーの見解については全体として状況分析と合理性原理（ここでもボーランドを支持している）の観点から論じている．しかし，他方で，ラトシスは**ラカトシュの学生**であった．もし誤った情報の源泉がラカトシュであったならば，なぜラトシスはその策略の被害者とはならなかったのだろうか．

24) ハウズマンは，彼が「均衡理論形成」と呼ぶものにもっぱら焦点を当てている．これは，ミクロ経済理論，一般均衡論，新古典派マクロ経済学，ゲーム理論の大部分を含む．除かれているのは，異端派経済学の他に，ケインズ主義的マクロ経済学，経済予測，産業研究，政府や企業で働くエコノミストが日々行なっていることの大部分（費用便益分析，経済的影響分析，費用研究など）や，純粋（大部分の応用）計量経済学である．

25) ハウズマン（Hausman 1994, p. 205 and 1996, p. 209）も参照のこと．

26) 以下で見るように，この4つはすべてを網羅してはいない．

27) ハウズマンは，1つの批判——選好逆転の事例——について1992年の著作の第13章で詳細に対応している．

28) ハウズマン（Hausman 1996, 1997, 1998a, 2000）は，批判のいくつかについて応答している．ハウズマンのミル解釈に焦点を当てた研究もある（例えば De Marchi 1986 や Hausman 1981b, 1995 など）．

29) 理論の意味論的観点には4つのバージョンが存在する．モデル理論的（Giere 1984, 1988, 1999），段階・空間的（Suppe 1977, 1988, 1989），状態・空間的（Lloyd 1984, 1988; van Fraassen 1970, 1980），集合論的あるいは構造主義的（Balzer and Moulines 1996; Balzer, Moulines, and Sneed 1987; Sneed 1971; Stegmüller 1976, 1979; Suppes 1961, 1967, 1977）である．モリソンとモーガン（Morrison and Morgan 1999a）は，これらの観点について有益な議論を提供している．構造主義的解釈は経済学に応用されているので，第7.4.2小節でより詳細に考察する．

30) 理論の意味論的見解の全バージョンが科学理論をこのように定義するわけではないと指摘しておくことは重要である．この（ギャリーの）バージョンが他の意味論的見解とどう異なるのかという議論はカートライト（Cartright 1999a）を見よ

31) ハッキング（Hacking 1983）の表現は，「吹きかけることができるなら，存在する」というものである．カートライトは，構成主義的な方向にこの表現を改めている．「吹きかけることができるとき，それは存在する」（Cartwright 1994a, p. 292，強調原文）．

32) とくに，1930年代のコウルズ委員会の計量経済学やハーベルモやフリッシュの初期の計量経済学である．より具体的にはカートライトは，リーマー（Leamer 1983）やヘンドリー（Hendry 1980）の近年の計量経済学の研究には，潜在性を見出さなかった．カートライト（Cartwright 1989b）は，リーマーのアプローチは推論を完全に避けており，一方のヘンドリーのアプローチは，安定的構造を想定していないため，根本的に道具主義的である．「ヘンドリーの研究は，コウルズと共通している部分も大きいが，潜在性を信奉していない．一方，コウルズ委員会は潜在性を信奉していると筆者は考える」（Cartwright 1989b, p. 193）．計量経済学はカートライト（Cartwright 1991, 1995b, and 1998）でも，他の経済学の事例は

カートライト（Cartwright 1994b, 1995a, and 1997）で論じられている.

33) セント（Sent 1996）は，経済学一般やコウルズ計量経済学に関するカートライトの解釈を批判している. フーバー（Hoover 2002）もカートライトの計量経済学観を批判している.

34) 「批判的実在論」という用語はローソンの用語法とは非常に異なった意味で様々に使用されているため，他の用法をいくつか紹介するのは有益である. マスグレーブ（Musgrave 1983）が批判的実在論と呼ぶ，ポパー流批判的合理主義のバージョンや，1930 年代におけるアメリカのプラグマティズムや観念論に対する「批判的実在論者」の応答（Montague 1937），あるいは政治学や国際関係論における批判的「リアリスト」アプローチと，ローソンの批判的実在論は混同されるべきではない（間違いなくその他にも多くの用法がある）.

35) ローソンによる，説明の D-N 形式と科学法則の（やや極端な）経験的特徴付けとの組み合わせとしての「演繹主義」の用語法はこの語が一般的に哲学分野で用いられる用法とは異なっているということは指摘しておくべきだろう. 「演繹主義の限界」に関する広範な哲学的文献は存在するが（例えば Grunbaum and Salmon 1988），もっぱらローソンの定義の前半部分（D-N モデル）に集中している. バスカーもまた「演繹主義」という用語を用いるが，後者（ヒューム的法則）のみを彼の批判対象として強調しているようだ（例えば Bhaskar 1994, p. 19）. 実際のところ，説明の演繹的形式とヒューム的法則概念という 2 つの別個の問題があり，ローソンはそうし損ねているが，おそらく両者を区別したままのほうが有益だろう. この演繹主義の 2 つの定義はとりわけ新古典派経済学の分析の際に問題となる. そこでは数学の精緻な使用が説明の演繹的形態を示唆するが，関連する「法則」はヒューム的な事象の規則性とは根本的に折り合わないようにみえる.

36) このリストは批判的実在論を経済学内（および他の社会科学）の様々なトピックに応用した文献の一部に過ぎない. より詳細なリストはローソン（Lawson 1996, p. 405, note 3, 1997a, p. 300, note 20）やフリートウッド（Fleetwood 1997, p. 5, note 2）などで確認できる.

37) ローソン（Lawson 1997b, 1998, 1999）はこうした論点の多くに応答している.

38) アルヴィン・ゴールドマン（Goldman 1993, p. 113）はこの用語を心の哲学や認知科学の特定のアプローチを示すものとして用いている.

39) マキによるこの主張の擁護には「孤立化」という彼の概念が含まれており，それについては後ほど議論する.

40) 興味深いことに，ハウズマン（Hausman 1998b）も同様の主張をしているが，それをマキの（そしてローソンの）見解への批判と考えている.

41) もちろん，ここはマキの議論の全般的批判の場ではないが，経済理論において議論される存在の「常識的」性質という彼の主張には疑問が残るということは指摘しておくべきだろう. 実際のところ，食料品店に多くの「消費者」が存在することと，形式的経済理論において「消費者」（アローとハーン［Arrow and Hahn 1971］やマスコレルとウィンストンとグリーン［Mas-Colell, Whinston, and Green 1995］のような）が登場することでは，レジで隣りにいる血肉の通った人間と，現代経済理論において「消費者」を特徴付ける消費セット（$X_h \subseteq R^n$）と選好関係（$\geq_h$）の結合との間の存在論的同一性というよりも，我々の用語の選択の問題だろう. 学部生向けの経済学を教えたことのある人なら誰でも，経済学の理論的対象が，日常生活において同一の用語が指し示す対象と同じであるという主張には懐疑的にならざるを得ない. 例えば「投資」や「利潤」を考えてみよ（ローソン（Lawson 1999, pp. 276–7）は同様の議論をハウズマン（Hausman 1998b）への反論として行っている）.

42) ラグー（Lagueux 1994）はフリードマンの道具主義を批判するためにファン・フラーセンの構成主義的経験主義から同様の議論を用いている.

43) ローゼンバーグのより近年の著作は，「科学哲学において，ある理論の認知的性質を示すリトマス試験紙のようなものが存在するという確信はもはや存在しない」（Rosenberg 1994b, p.

217）と認識しているが，かれの科学や経済学観は大きく変わっていないように思われる．

44）素朴心理学や［L］説明に関する哲学的研究は非常に多く，状況分析や合理性原理に関するポパー的伝統の研究も多い（より少ないが，意欲に満ちている）にもかかわらず，この2つの研究動向がお互いに関係を持たないのは皮肉である．

45）意図性に基づく説明にともなう困難に関する別の解釈は，デビッドソン（Davidson 1980）にある．デビッドソンにとっては，信念はつねに規範的要素を有している．雨が降っており，傘があり，雨に濡れたくないのであれば，傘を開くべきである．合理性とはこういうことである．合理的な行動は，意図によって保証された行動である．この場合には，合理性の想定は，主体が合理的に行動するという想定でしかない．したがって，意図にもとづく因果的説明は——ローゼンバーグの［L］であれ，ポパーの状況分析であれ——，規範的解釈（合理的な行動があり，それを行うべきである）と，合理性の想定（個人は合理的な行動を行う）を結びつけたものである．デビッドソンにとって，意図にもとづく説明は，本質的に規範的であり，したがって自然科学の記述的説明とは根本的に異なる．

46）ここには，コトレル（Cottrell 1995），ハンズ（Hands 1984b; 1993, pp. 171-83），ハウズマン（Hausman 1989），ハドソン（Hudson 1997），キンケイド（Kincaid 1996, pp. 200-6），マキ（Mäki 1996a），ネルソン（Nelson 1986, 1990），ラパポート（Rappaport 1995, 1998），ロス（Ross 1995）が含まれる．

47）これらの批判に対するローゼンバーグの反応は，かれの様々な著作のなかでバラバラに議論されている（Rosenberg 1989, 1992, 1995a, 1995b, 1995c など）．

48）代替的な説明枠組みはハンズ（Hands 1998）に言及されている．

49）ローゼンバーグは，この反応の両方，とくに道具主義的反応に大きな注意を向けているが，彼は，経済学に関する論争は無意味であると考えている．付随性は，経済学者自身の，ミクロ的基礎と方法論的個人主義への固執と整合しないが，経済学は予測能力が低いので，道具主義アプローチはうまくいかない．この論争はもちろん，今も解決していない．

50）たとえば，ローゼンバーグの立場は，トニー・ローソンのいう経済学の「演繹主義」と「経験的実在主義」の大部分の批判になっているように思われる．ローゼンバーグは基本的に，経済学はローソンが考えるような（そして，そうであってはならないような）種類の科学ではないと論じている．コトレル（Cottrell 1998）は，心の哲学における近年の論争の観点からローソンを批判している．

51）ディーデリヒとイバラとモーマン（Diederich, Ibarra, and Mormann 1994）は，1989 年から 94 年の間の構造主義の研究に関する本格的なリストを提供しており，初期の研究に関するサーベイ研究にも言及している．

52）**構造主義**という用語は，哲学や社会科学において様々なアプローチを指すために用いられ——ピアジェの発達心理学，レヴィ＝ストロースの人類学，ソシュールの言語学，一部のマルクス主義など——，スニードとシュテグミュラーの構造主義とこれらの別の構造主義との関係を明らかにすることは可能であるかもしれないが，ここでは集合論的構造主義を自立的な哲学的立場としてあつかう．ただし，これには例外が1つある．それは数学基礎におけるブルバキの構造主義プログラムである．スニードとシュテグミュラーのプログラムは，直接ブルバキズムの影響を受けており——「数学の『ブルバキ・プログラム』を経験科学の議論に拡張したもの」（Diederich 1996, p. 15）である——，スニードとシュテグミュラー流の構造主義者の大半は，ブルバキを影響要因とみなしている．

「他の学派も『構造主義的』と表現されてきた．『構造主義』は，社会科学（心理学，言語学，民族学）や，（フランスの）哲学や，数学基礎（主にブルバキ・プログラム）に見いだすことができる．後者のみが，『我々の』構造主義と重要な関連性を有している．他の用法に関しては，関係性はあったとしても，きわめて弱い．」（Moulines 1996, p. 1）

ブルバキは，ドブリュー（Debreu 1959）や他の多くの第二次大戦後の（とくにコウルズ委員会の）数理経済学に大きな影響を与えたため（Hands 1985c; Mirowski 2001, Ch. 6; Weintraub and Mirowski 1994），数理経済学に関するスニードとシュテグミュラー流の再構成は，数理経済学におけるコウルズ＝ブルバキ的伝統の正当な後継者とみなすことができる．

53) この「モデル」の利用は数理論理学に由来し，経済学者が通常この用語を用いるのと同じ意味ではない．ハウスマンが，「理論」という用語を「モデル」に言い換え――つまり，ハウズマン（や大部分の経済学者）は，「ケインズ主義モデルが『～は K である』という述語を定義する」という言い方をする――，「A は K である」という経験的主張には「理論的仮説」という用語を用いていた．

54) もちろん，これは，構造主義の省略された形である．より詳細に，構造主義的特徴づけの他の構成要素を知るには，原著に当たるのが良い（Sneed 1971; Stegmüller 1976, 1979; Balzer, Moulines, and Sneed 1987; Balzer and Moulines 1996）．バルザー（Balzer 1998）には，わずか数ページながらも構造主義アプローチに関する比較的詳細な解説がある．

55) 筆者は構造主義的な動学的概念について論じたことがある（Hands 1985c, pp. 312-15）．

56) これは，純粋交換ワルラス一般均衡体系に関する，多くの構造主義的再構成のうちの１つである．総超過需要関数に焦点を当てたが，他の再構成は，効用や選好や個人需要を強調している．他のワルラス再構成には，バルザー（Balzer 1982, 1985），ハズリンガー（Haslinger 1983），ヤンセンとクイパース（Janssen and Kuipers 1989），レカート（Requate 1991），ビルクス（Vilks 1992）がある．

57) これについてはハンズ（Hands 1985d）を見よ．

58) 他の批判は，ハンズ（Hands 1985c）で論じられている．

59) ハミンガ（Hamminga 1990）はマルクス経済学にも同じ問題を見出している．

60) もちろん，非厳密性は，ハウズマンの意味論的アプローチの焦点でもあったが，かれは集合論による形式的な議論に限定していないので，問題は異なる形態をとっている．

61) ハミンガ（Hamminga 1998a）は，ポズナン・アプローチの簡潔な要約を提供している．ハミンガとデ・マーキ（Hamminga and De Marchi 1994）に収録された論文は，ポズナンの方法を多くの経済学の事例に応用しており，ハミンガ（Hamminga 1989）はマルクス価値論に関してスニードとノバックを直接比較している．ポズナンの理想化は，ハミンガ（Hamminga 1983）やクラント（Klant 1984）やノーテボーム（Nooteboom 1986）の「もっともらしさ」アプローチにも間接的に関連している．ハミンガ（Hamminga 1998b）を見よ．

62) 経済学におけるモデルの役割に関する他の解釈には，ボウマンス（Boumans 1999），カートライト（Cartwright 1997），ギバードとバリアン（Gibbard and Varian 1978），ロイテン（Reuten 1999），ボガード（Bogaard 1999），ウォルシュ（Walsh 1987）がある．

第 8 章　経済学的転回

1) J・D・バナールについては第 5 章で議論した．この主題に関するポランニの最も有名な著作は，『科学の共和国』（Polanyi 1962）である．この論争の全体的な論議については，ブルックス（Brooks 1996），ミロウスキ（Mirowski 1997b）あるいはワーズキー（Wersky 1988）を参照せよ．

2) ダイアモンド（Diamond 1996）のサーベイは 30 人以上の著者の論評とともに出版された．これらの論評は，科学の経済学についての近年の関心と幅広い多様な見解の双方を反映している．

3) 科学が正の外部性を持ち，それゆえ政府によって奨励される必要があるという主張が，この分野に携わる経済学者の間で多数を占める見解となっていることは間違いないが，費用便益分析の枠組みを用いてきた論者の誰もがそうした結論に至ったわけではない．例えば，ジョ

原注（第 8 章）　　427

ンソン（Johnson 1972）やロッテンバーグ（Rottenberg 1981）は（主として，政府が科学の費用と便益あるいはその一方を計算することは不可能だとの理由から）補助金論に批判的であり，キーリー（Kealy 1996, 1998）は完全な自由放任を説いている．

4) ダイアモンド（Diamond 2000）は科学と技術の経済学に対するマンスフィールドの貢献について詳細な議論（と完全な文献目録）を提供している．

5) ゴールドマンは，科学論において経済学を用いる哲学者の全てが同一の問題に対して同一の解答をおこなっているわけではない，ということを指摘するのに確かによい例である．例えば「科学的アイデアの自由市場」という問題については，第4章において，バートリーや他のポパー主義者たちが自由放任の認知的効率性について見えざる手による説明を行ったことを見た．これと同じ主題についてゴールドマンとコックス（Goldman and Cox 1996）は（市場よりもむしろ）裁判の対審制度（adversarial system）の利益を主張する一方，キッチャー（Kitcher 1997）は，市場は時には機能し，時にはそうではないという立場を取る．

6) キッチャーによる社会的なるものの定義は，しばしばそのアプローチに対する批判の源となってきた．例えば，フラー（Fuller 1994），ハンズ（Hands 1995），キンケイド（Kincaid 1977），ミロウスキ（Mirowski 1995b, 1996b），ソロモン（Solomon 1995b）を参照せよ．

7) 経済学者が特定の用語を使用する場合と，キッチャーや他の論者たち（SSK でさえも）が使用する場合の重要な相違について指摘しておくのは有益である．科学論に従事する者にとって良い動機とは一般的に**個人的**（真実を求める，客観的である，自分の理論を検証する）だと考えられている一方，卑しい，あるいは不純な動機とは**社会的**（昇進する，終身職を手に入れる，地位を獲得する）と考えられている．対照的に，経済学者は通常こうした問題を正反対に捉えている．良い動機とは**社会的**（貧民を助ける，社会的利益に従って行動する）であり，不純な動機とは**個人的**（自分の効用を最大化する，自分自身の利己心に従って行動する）である．これが意味するのは，科学研究に従事する者が見えざる手を説明する際，卑しい社会的関心から良き意図せざる結果を生じさせる要因についてであるのに対し，当然のことながら経済学者が考えているのは，卑しい個人的関心から良き意図せざる結果を生じさせる要因についてだということである．

8) 実際には「見えざる手」という用語はキッチャーの 1993 年の著作において目立った形で現れることはない．ほとんどの批評者が——哲学者（Fuller 1994; Solomon 1995b）も経済学者（Hands 1995; Mirowski 1995, 1996b）も——キッチャーは見えざる手型の議論を行っていると見なしているものの，実際に彼がその用語を使用しているわけではない．

9) 筆者はハンズ（Hands 1997d）においてこれらの問題のうちのいくつかについて検討した．フラー（Fuller 1994）やキンケイド（Kinkaid 1997），ミロウスキ（Mirowski 1995b, 1996b），ロールダ（Roorda 1997），ソロモン（Solomon 1995b），レイ（Wray 2000）もキッチャーの方法の数多くの難点について議論している．キッチャーら哲学者による ESK の文献が，経済学方法論に従事する論者によるさらなる探求のための実りある土壌を提供しているのは確かである．しかしその文献は**哲学者に端を発し経済学を直接**用いてはいるけれども，その著者たちは経済学の哲学や経済学方法論の文献を全く意識していないように（おそらくは意識しないほうが好都合だと）思われる．

10) ワイブル（Wible 1991, 1992, 1994a, 1994b, 1995）を含む．この主題に関する彼の著作のほとんどは，ワイブル（Wible 1998）に改訂された形で再掲されている．

11) 第6章注 11 を参照せよ．コースの著作については第7章でも検討した．

12) 少なくとも2つの最近の論文が新制度学派経済学の見地を科学研究に応用している．1つは経済学におけるものであり（Thomas Leonard 1997），もう1つは哲学においてである（Shi 2000）．

13) あるところで筆者は，「新古典派的に自然化された認識論」というキッチャーの立場につい

428

て言及したが（Hands 1995, p. 615），それは，非協力ゲーム理論は「本当に」新古典派経済学なのかという全面的な議論の口火を切るものである．「主流派」という用語を用いることでそうした論争を避けることができるだろう．非協力ゲームは（今では）明らかに主流派経済学の一部である．

14) 例えば，デイビス（Davis 1997b），ハンズ（Hands 1995, 1997d），ミロウスキ（Mirowski 1995, 1996b, 1996a），オニール（O'Neill 1990），およびセント（Sent 1996, 1997b, 1999）．

15) デイビッド（David 1998）が科学誕生の歴史的条件について議論しつつ，それを経済的条件と直接的には結びつけていないことに注意しておくのは興味深い．デイビッドは科学制度の経済分析を提示するが，本質的に社会的な用語でそうした制度の歴史的誕生を定義している．

16) こうした一般的ジャンルに属する文献の他の例として，最近増えつつある巨大科学や冷戦期のテクノサイエンスについての文献や，それらと第二次世界大戦後の時期の独特の政治経済学的条件の関係性を含めることも可能であろう（例えば，Mirowski 2001）．

17) この分野の広大さと多様性の双方を証明するものとしては，ジェフリー・ホジソンの著作を参照せよ（例えば，Hodgeson 1993, 1997, 1998b）．

18) 1つの脱出口は，経済学者は科学者ではないと主張することによってその連鎖を打ち破ることである．ESK は科学の探求を行うが，もし経済学が科学でないならば，再帰性は全く問題とならなくなる．こうした議論をより巧妙にするならば，経済学は科学の一類型だとしても，ESK の検討対象とは異なるタイプのものになるであろう．これは元々ステファンとレヴィン（Stephan and Levin 1996）によって提供された議論である．彼らは自分たちの科学の経済学的分析は経済学とは関係がないと主張するが，その理由は次のようなものである．（1）科学はチームを組んで行われるが経済学はそうではない，（2）補助金は経済学では自然科学ほど重要ではない，（3）先取権の決定は自然科学と経済学では異なる．ステファンとレヴィンがこうした主張を行うことで再帰性の問題を回避できているかどうかは明確ではないが，いずれにせよそれが彼らの主張の結論なのである．

19) 経済知識の経済学における再帰性問題の最も詳細な説明としては，マキ（Mäki 1997b）を参照せよ．

第9章 結論

1) この文脈で「古い」という形容詞を使うことには注意が必要である．第2章のミル的方法論の議論で強調したように，そして以下でより詳細に論じるように，科学哲学からの取り寄せに基づいた方法論は主として20世紀中頃の現象であり，したがって多くの点で，「新しい」方法論は，実際にはその直接の先行者よりも実証主義以前の方法論的「伝統」と共通点を持っている．

参考文献

Achinstein, Peter and Barker, Stephen F., eds. 1969. *The Legacy of Logical Positivism*. Baltimore, MD: Johns Hopkins University Press.

Agassi, Joseph. 1988. *The Gentle Art of Philosophical Polemics*. La Salle, IL: Open Court.

Agassi, Joseph. 1993. *A Philosopher's Apprentice: In Karl Popper's Workshop*. Amsterdam: Rodopi.

Agassi, Joseph. 1998. "To Salvage Neurath." *Philosophy of the Social Sciences* 28: 83-101.

Ahonen, Guy. 1989. "On the Empirical Content of Keynes' *General Theory*." *Ricerche Economiche* 43: 256-67.

Ahonen, Guy. 1990. "A 'Growth of Knowledge' Explanation to the Response to Chamberlin's Theory of Monopolistic Competition." *Research in the History of Economic Thought and Methodology* 7: 87-103.

Alchian, Armen. 1950. "Uncertainty, Evolution and Economic Theory." *Journal of Political Economy* 58: 211-22.

Alchian, Armen A. and Demsetz, Harold. 1972. "Production, Information Costs, and Economic Organization." *American Economic Review* 62: 777-95.

Amariglio, Jack. 1998. "Poststructuralism." In *The Handbook of Economic Methodology*, ed. J. B. Davis, D. W. Hands, and U. Mäki, 382-8. Cheltenham: Edward Elgar.

Amariglio, Jack and Ruccio, David. 1994. "Postmodernism, Marxism, and the Critique of Modern Economic Thought." *Rethinking Marxism* 7: 7-35.

Amariglio, Jack, Resnick, Stephen, and Wolff, Richard D. 1993. "Division and Difference in the 'Discipline' of Economics." In *Knowledges: Historical and Critical Studies in Disciplinarity*, ed. E. Messer-Davidow, D. R. Shumway, and D. J. Sylvan, 150-84. Charlottesville: University Press of Virginia.

Apel, Karl-Otto. 1981. *Charles S. Peirce: From Pragmatism to Pragmaticism*. Atlantic Highlands, NJ: Humanities Press.

Archibald, G. C. 1979. "Method and Appraisal in Economics." *Philosophy of the Social Sciences* 9: 304-15.

Ariew, R. 1984. "The Duhem Thesis." *British Journal for the Philosophy of Science* 35: 313-25.

Aronowitz, Stanley. 1996. "The Politics of the Science Wars." In *Science Wars*, ed. A. Ross, 202-25. Durham, NC: Duke University Press.

Arrow, Kenneth J. 1962a. "The Economic Implications of Learning by Doing." *Review of Economic Studies* 29: 155-73.

Arrow, Kenneth J. 1962b. "Economic Welfare and the Allocation of Resources for Invention." In *The Rate and Direction of Inventive Activity*, ed. R. R. Nelson, 609-26. Princeton, NJ: Princeton University Press.

Arrow, Kenneth J. and Debreu, Gerard. 1954. "Existence of an Equilibrium for a Competitive Economy." *Econometrica* 22: 265-90.

Arrow, Kenneth J. and Hahn, Frank H. 1971. *General Competitive Analysis*. San Francisco: Holden-Day. 〔『一般均衡分析』福岡正夫・川又邦雄訳, 岩波書店, 1976年〕

Ashmore, Malcolm. 1989. *The Reflexive Thesis: Wrighting the Sociology of Scientific Knowledge*. Chicago: University of Chicago Press.

Ashmore, Malcolm, Mulkay, Michael, and Pinch, Trevor. 1989. *Health and Efficiency: A Sociology of Health Economics*. Milton Keynes: Open University Press.

Ayer, A. J. 1946. *Language, Truth, and Logic*, 2nd ed. New York: Dover. 〔『言語・真理・論理』吉田夏

430

彦訳，岩波書店，1955 年〕

Ayer, A. J. 1967. "Man as a Subject for Science." In *Philosophy, Politics, and Society*, 3rd series, ed. P. Laslett and W. G. Runciman, 6-24. New York: Barnes & Noble.

Ayer, A. J. 1990. *The Meaning of Life*. New York: Charles Scribner's Sons.

Ayer, A. J., ed., 1959. Logical Positivism. New York: Free Press.

Ayres, Clarence E. 1952. *The Industrial Economy: Its Technological Basis and Institutional Destiny*. Boston: Houghton Mifflin.

Ayres, Clarence E. 1961. *Toward A Reasonable Society*. Austin, TX: University of Texas Press.

Ayres, Clarence E. 1962. *The Theory of Economic Progress: A Study of the Fundamentals of Economic Development and Cultural Change*, 2nd ed. New York: Schocken Books. 〔『経済進歩の理論』泉知永訳，文雅堂書店，1957 年〕

Baars, Bernard J. 1986. *The Cognitive Revolution in Psychology*. New York: The Guilford Press.

Bacharach, Michael. 1989. "The Role of 'Verstehen' in Economic Theory." *Ricerche Economiche* 43: 129-50.

Backhouse, Roger E. 1991. "The Neo-Walrasian Research Program in Macroeconomics." In *Appraising Economic Theories: Studies in the Methodology of Research Programs*, ed. M. Blaug and N. De Marchi, 403-26. Aldershot: Edward Elgar [reprinted as chapter 2 of Backhouse 1998a].

Backhouse, Roger E. 1992a. "The Constructivist Critique of Economic Methodology." *Methodus* 4: 65-82.

Backhouse, Roger E. 1992b. "Rejoinder: Why Methodology Matters." *Methodus* 4: 58-62.

Backhouse, Roger E. 1993. "Lakatosian Perspectives on General Equilibrium Analysis." *Economics and Philosophy* 9: 271-82 [reprinted as chapter 4 of Backhouse 1998a].

Backhouse, Roger E. 1994a. "The Lakatosian Legacy in Economic Methodology." In *New Directions in Economic Methodology*, ed. R. Backhouse, 173-91. London: Routledge [reprinted as chapter 5 of Backhouse 1998a].

Backhouse, Roger E. 1994b. "The Fixation of Economic Beliefs." *Journal of Economic Methodology* 1: 33-42 [reprinted as chapter 15 of Backhouse 1998a].

Backhouse, Roger E. 1995a. "A Decade of Rhetoric." *Journal of Economic Methodology* 2: 293-311 [reprinted as chapter 8 of Backhouse 1998a].

Backhouse, Roger E. 1995b. "Comment on Steedman." In *Heterodox Economic Theories: True or False?*, ed. F. Moseley, 23-40. Aldershot: Edward Elgar.

Backhouse, Roger E. 1995c. "An Empirical Philosophy of Economic Theory." *British Journal for the Philosophy of Science* 46: 111-21 [reprinted as chapter 16 of Backhouse 1998a].

Backhouse, Roger E. 1997a. *Truth and Progress in Economic Knowledge*. Cheltenham: Edward Elgar.

Backhouse, Roger E. 1997b. "An 'Inexact' Philosophy of Economics?" *Economics and Philosophy* 13: 25-37 [reprinted as chapter 17 of Backhouse 1998a].

Backhouse, Roger E. 1997c. "Critical Realism: A Critique." (forthcoming).

Backhouse, Roger E. 1998a. *Explorations in Economic Methodology: From Lakatos to Empirical Philosophy of Science*. London: Routledge.

Backhouse, Roger E. 1998b. "Lakatos and Economics." In *Explorations in Economic Methodology: From Lakatos to Empirical Philosophy of Science*, 39-55. London: Routledge.

Backhouse, Roger E. 1998c. "Rhetoric and Methodology." In *Explorations in Economic Methodology: From Lakatos to Empirical Philosophy of Science*, 103-19. London: Routledge.

Backhouse, Roger E. 1998d. "Should Economists Embrace Postmodernism?" In *Explorations in Economic Methodology: From Lakatos to Empirical Philosophy of Science*, 134-45. London: Routledge.

Backhouse, Roger E. 1998e. "Rhetoric." In *The Handbook of Economic Methodology*, ed. J. B. Davis, D. W. Hands, and U. Mäki, 419-22. Cheltenham: Edward Elgar.

Baert, Patrick. 1996. "Realist Philosophy of the Social Sciences and Economics: A Critique." *Cambridge*

Journal of Economics 20: 513-522.

Balzer, Wolfgang. 1982. "A Logical Reconstruction of Pure Exchange Economics." *Erkenntnis* 17: 23-46.

Balzer, Wolfgang. 1985. "The Proper Reconstruction of Exchange Economics." *Erkenntnis* 23: 185-200.

Balzer, Wolfgang. 1998. "Set-Theoretic Structuralism." In *The Handbook of Economic Methodology*, ed. J. B. Davis, D. W. Hands, and U. Mäki, 448-52. Cheltenham: Edward Elgar.

Balzer, Wolfgang and Hamminga, Bert., eds. 1989. *Philosophy of Economics*. Dordrecht: Kluwer.

Balzer, Wolfgang and Moulines, C. Ulises, eds. 1996. *Structuralist Theory of Science*. Berlin: Walter de Gruyter.

Balzer, Wolfgang, Moulines, C. Ulises, and Sneed, Joseph D., eds. 1987. *An Architectonic For Science: The Structuralist Program*. Dordrecht: D. Reidel.

Barkai, Haim. 1996. "The Methodenstreit and the Emergence of Mathematical Econom- ics." *Eastern Economic Journal* 22: 1-19.

Barnes, Barry. 1974. *Scientific Knowledge and Sociological Theory*. London: Routledge.

Barnes, Barry. 1977. *Interests and the Growth of Knowledge*. London: Routledge.

Barnes, Barry. 1982. *T. S. Kuhn and Social Science*. New York: Columbia University Press.

Barnes, Barry. 1991. "How Not to Do the Sociology of Knowledge." *Annals of Scholarship* 8: 321-35.

Barnes, Barry, Bloor, David, and Henry, John. 1996. *Scientific Knowledge: A Sociological Analysis*. Chicago: University of Chicago Press.

Barrotta, Pierluigi. 1996. "A neo-Kantian Critique of von Mises's Epistemology." *Economics and Philosophy* 12: 51-66.

Bartley, W. W. III. 1984. *The Retreat to Commitment*, 2nd ed. La Salle, IL: Open Court (1st edition 1962).

Bartley, William W. III. 1990. *Unfathomed Knowledge, Unmeasured Wealth*. La Salle, IL: Open Court.

Bear, D. V. T. and Orr, Daniel. 1967. "Logic and Expediency in Economic Theorizing." *Journal of Political Economy* 75: 188-196.

Becker, Gary. 1981. *A Treatise on the Family*. Cambridge, MA: Harvard University Press. Berger, Peter L. and Luckmann, Thomas. 1966. *The Social Construction of Reality: A Treatise in the Sociology of Knowledge*. New York: Anchor Books.

Berger, Peter L. and Luckmann, Thomas. 1966. *The Social Construction of Reality: A Treatise in the Sociology of Knowledge*. New York: Anchor Books. 〔『日常世界の構成：アイデンティティと社会の弁証法』山口節郎訳，新曜社，1977 年〕

Bernal, John Desmond. 1939. *The Social Function of Science*. London: Routledge. 〔『科学の社会的機能』坂田昌一ほか共訳，勁草書房，1981 年〕

Bernal, John Desmond. 1953. *Science and Industry in the Nineteenth Century*. London: Routledge. 〔『科学と産業：19 世紀における』菅原仰訳，岩波書店，1956 年〕

Bhaskar, Roy. 1978. *A Realist Theory of Science*, 2nd ed. Brighton: Harvester. 〔『科学と実在論：超越論的実在論と経験主義批判』式部信訳，法政大学出版局，2009 年〕

Bhaskar, Roy. 1987. *Scientific Realism and Human Emancipation*. London: Verso.

Bhaskar, Roy. 1989. *Reclaiming Reality*. London: Verso.

Bhaskar, Roy. 1991. *Philosophy and the Idea of Freedom*. Oxford: Blackwell.

Bhaskar, Roy. 1994. *Plato Etc*. London: Verso.

Bianchi, Marina and Moulin, Hervé. 1991. "Strategic Interactions in Economics: the Game Theoretic Alternative." In *Appraising Economic Theories: Studies in the Methodology of Research Programs*, ed. M. Blaug and N. De Marchi, 179-96. Aldershot: Edward Elgar.

Birner, Jack. 1990. *Strategies and Programmes in Capital Theory: A Contribution to the Methodology of Theory Development*. Ph.D. Dissertation, University of Amsterdam.

Birner, Jack. 1999. "The Surprising Place of Cognitive Psychology in the Work of F. A. Hayek." *History of Economic Ideas* (1999).

Blais, Michel J. 1987. "Epistemic Tit for Tat." *Journal of Philosophy* 84: 363-75.

Blank, Rebecca M. 1993. "What Should Mainstream Economists Learn from Feminist Theory." In *Beyond Economic Man: Feminist Theory and Economics*, ed. M. A. Ferber and J. A. Nelson, 133- 43. Chicago: University of Chicago Press.

Blaug, Mark. 1958. *Ricardian Economics: A Historical Study*. New Haven, CT: Yale University Press. 〔『リカァドウ派の経済学：歴史的研究』馬渡尚憲・島博保訳, 木鐸社, 1981 年〕

Blaug, Mark. 1975. "Kuhn versus Lakatos, or Paradigms versus Research Programmes in the History of Economics." *History of Political Economy* 7: 399-419 [reprinted with minor revisions as Blaug 1976].

Blaug, Mark. 1976. "Kuhn versus Lakatos, or Paradigms versus Research Programmes in the History of Economics." In *Method and Appraisal in Economics*, ed. S. J. Latsis, 149-80. Cambridge: Cambridge University Press.

Blaug, Mark. 1980. *The Methodology of Economics: Or How Economists Explain*. Cambridge: Cambridge University Press.

Blaug, Mark. 1990a. *Economic Theories, True or False? Essays in the History and Methodology of Economics*. Aldershot: Edward Elgar.

Blaug, Mark. 1990b. "A Methodological Appraisal of Radical Economics." In *Economic Theories, True or False? Essays in the History and Methodology of Economics*, 57-87. Aldershot: Edward Elgar.

Blaug, Mark. 1990c. "A Methodological Appraisal of Marxian Economics, Parts I and II." In *Economic Theories, True or False? Essays in the History and Methodology of Economics*, 17-56. Aldershot: Edward Elgar.

Blaug, Mark. 1990d. "Reply to D. Wade Hands' 'Second Thoughts on "Second Thoughts": Reconsidering the Lakatosian Progress of *The General Theory*.' " *Review of Political Economy* 2: 102-4.

Blaug, Mark. 1991a. "Afterword." In *Appraising Economic Theories: Studies in the Methodology of Research Programs*, ed. M. Blaug and N. De Marchi, 499-512. Aldershot: Edward Elgar.

Blaug, Mark. 1991b, "Second Thoughts on the Keynesian Revolution." *History of Political Economy* 23: 171-92.

Blaug, Mark. 1992. *The Methodology of Economics: Or How Economists Explain*, 2nd ed. Cambridge: Cambridge University Press.

Blaug, Mark. 1994a. "Not Only an Economist - Autobiographical Reflections of a Historian of Economic Thought." *The American Economist* 38: 12-27.

Blaug, Mark. 1994b. "Why I Am Not a Constructivist: Confessions of an Unrepentant Popperian." In *New Directions in Economic Methodology*, ed. R. Backhouse, 109-36. London: Routledge.

Blaug, Mark. 1998. "The Positive-Normative Distinction." In *The Handbook of Economic Methodology*, ed. J. B. Davis, D. W. Hands, and U. Mäki, 370- 4. Cheltenham: Edward Elgar.

Block, Walter. 1980. "On Robert Nozick's 'On Austrian Methodology'." *Inquiry* 23: 397-444.

Bloor, David. 1976. *Knowledge and Social Imagery*. London: Routledge. 〔『数学の社会学：知識と社会表象』佐々木力・古川安共訳, 培風館, 1985 年〕

Bloor, David. 1983. *Wittgenstein: A Social Theory of Knowledge*. New York: Columbia University Press. 〔『ウィトゲンシュタイン：知識の社会理論』戸田山和久訳, 勁草書房, 1988 年〕

Bloor, David. 1984. "The Strengths of the Strong Programme." In *Scientific Rationality: The Sociological Turn*, ed. J. R. Brown, 75-94. Dordrecht: D. Reidel.

Bloor, David. 1991. *Knowledge and Social Imagery*, 2nd ed. Chicago: University of Chicago Press.

Bloor, David. 1992. "Left and Right Wittgensteinians." In *Science as Practice and Culture*, ed. A. Pickering, 266-82. Chicago: University of Chicago Press.

Bloor, David. 1999. "Anti-Latour." *Studies in History and Philosophy of Science* 30: 81-112.

Blumberg, Albert E. and Feigel, Herbert. 1931. "Logical Positivism: A New Movement in European Philosophy." *The Journal of Philosophy* 28: 281-296.

Boettke, Peter. 1998. "von Mises, Ludwig." In *The Handbook of Economic Methodology*, ed. J. B. Davis, D. W. Hands, and U. Mäki, 534-40. Cheltenham: Edward Elgar.

Bogaard, Adrienne van den. 1999. "Past Measurement and Future Prediction." In *Models as Mediators*, ed. M. S. Morgan and M. C. Morrison, 282-325. Cambridge: Cambridge University Press.

Boland, Lawrence A. 1971. "Methodology as an Exercise in Economic Analysis." *Philosophy of Science* 38: 105-17.

Boland, Lawrence A. 1979. "A Critique of Friedman's Critics." *Journal of Economic Literature* 17: 503-22 [reprinted with minor revisions as chapter 2 of Boland 1997].

Boland, Lawrence A. 1980. "Friedman's Methodology vs. Conventional Empiricism." *Journal of Economic Literature* 18: 1555-7.

Boland, Lawrence A. 1981. "Satisficing in Methodology: A Reply to Rendigs Fels." *Journal of Economic Literature* 19: 84-6.

Boland, Lawrence A. 1982. *The Foundations of Economic Method*. London: George Allen & Unwin.

Boland, Lawrence A. 1986. *Methodology for a New Microeconomics*. Boston: Allen & Unwin.

Boland, Lawrence A. 1987. "Boland on Friedman's Methodology: A Summation." *Journal of Economic Issues* 21: 380-8.

Boland, Lawrence A. 1989. *The Methodology of Economic Model Building*. London: Routledge.

Boland, Lawrence A. 1991. "The Theory and Practice of Economic Methodology." *Methodus* 3: 6-17 [reprinted with minor revisions as chapter 8 of Boland 1997].

Boland, Lawrence A. 1994. "Scientific Thinking Without Scientific Method: Two Views of Popper." In *New Directions in Economic Methodology*, ed. R. Backhouse, 154-72. London: Routledge [reprinted with minor revisions as chapter 20 of Boland 1997].

Boland, Lawrence A. 1997. *Critical Economic Methodology: A Personal Odyssey*. London: Routledge.

Bostaph, Samuel. 1978. "The Methodological Debate Between Carl Menger and the German Historicists." *Atlantic Economic Journal* 3-16.

Boumans, Marcel. 1999. "Built-In Justification." In *Models as Mediators*, ed. M. S. Morgan and M. C. Morrison, 66-96. Cambridge: Cambridge University Press.

Böhm-Bawerk, Eugen von. 1890. "The Historical vs. the Deductive Method in Political Economy." *Annals of the American Academy of Political and Social Science* 1: 244-71.

Bourdieu, Pierre 1975. "The Specificity of the Scientific Field and the Social Conditions of the Progress of Reason." *Social Science Information* 14: 19-47.

Boyd, Richard. 1973. "Realism, Underdetermination, and a Causal Theory of Evidence." *Nous* 8: 1-12.

Boyd, Richard. 1983. "On the Current Status of the Issue of Scientific Realism." *Erkenntnis* 19: 45-90.

Boyd, Richard. 1991. "Realism, Anti-foundationalism and the Enthusiasm for Natural Kinds." *Philosophical* Studies 61: 127-48.

Boyd, Richard. 1992. "Constructivism, Realism, and Philosophical Method." In *Inference, Explanation, and Other Frustrations: Essays in the Philosophy of Science*, ed. J. Earman, 131-98. Berkeley: University of California Press.

Boylan, Thomas A. and O'Gorman, Paschal F. 1995. *Beyond Rhetoric & Realism in Economics: Towards a Reformulation of Economic Methodology*. London: Routledge.

Boylan, Thomas A. and O'Gorman, Paschal F. 1996. "Empiricism without the Dogmas: A Causal Holist Perspective" [unpublished].

Boylan, Thomas A. and O'Gorman, Paschal F. 1997a. "Critical Realism and Economics: A Causal Holist Critique." *Ekonomia* 1: 9-21 [reprinted with minor revisions as chapter 8 of Fleetwood 1999].

Boylan, Thomas A. and O'Gorman, Paschal F. 1997b. "Kaldor on Method: A Challenge to Contemporary Methodology." *Cambridge Journal of Economics* 21: 503-17.

Boylan, Thomas A. and O'Gorman, Paschal F. 1998. "van Fraassen, Bas." In *The Handbook of Economic*

Methodology, ed. J. B. Davis, D. W. Hands, and U. Mäki, 526-7. Cheltenham: Edward Elgar.

Bradie, Michael. 1986. "Assessing Evolutionary Epistemology." *Biology and Philosophy* 1: 401-59.

Bradie, Michael. 1998. "Evolutionary Epistemology." *In The Handbook of Economic Methodology*, ed. J. B. Davis, D. W. Hands, and U. Mäki, 167-71. Cheltenham: Edward Elgar.

Brandom, Robert B. 1994. *Making It Explicit: Reasoning, Representing, & Discursive Commitment*. Cambridge, MA: Harvard University Press.

Brent, Joseph. 1993. *Charles Sanders Peirce: A Life*. Bloomington, IN: Indiana University Press.〔『パースの生涯』有馬道子訳, 新書館, 2004年〕

Brent, Joseph. 1996. "Pursuing Peirce." *Synthese* 106: 301-22.

Bridgman, Percy W. 1927. *The Logic of Modern Physics*. N.Y.: Macmillan [ninth printing 1961].『現代物理学の論理』今田恵・石橋栄訳, 創元社, 1941年〕

Bridgman, Percy W. 1938. "Operational Analysis." *Philosophy of Science* 5: 114-31.

Brock, William A. and Durlauf, Steven N. 1999. "A Formal Model of Theory Choice in Science." *Economic Theory* 14: 113-30.

Bronfenbrenner, Martin. 1971. "The 'Structure of Revolutions' in Economic Thought." *History of Political Economy* 3: 136-51.

Brooks, Harvey. 1996. "The Evolution of U. S. Science Policy." In *Technology, R&D, and the Economy*, ed. B. L. R. Smith and C. E. Barfield, 15- 48. Washington, DC: Brookings and AEI.

Brown, Doug. 1991. "An Institutionalist Look at Postmodernism." *Journal of Economic Issues* 25: 1089-1104.

Brown, Doug. 1992. "Institutionalism and the Postmodern Politics of Social Change." *Journal of Economic Issues* 26: 545-52.

Brown, E. K. 1981. "The Neoclassical and Post-Keynesian Research Programs: The Methodological Issues." *Review of Social Economy* 34: 111-32.

Brown, Vivienne. 1993. "Decanonizing Discourse: Textual Analysis and the History of Economic Thought." In *Economics and Language*, ed. W. Henderson, T. Dudley-Evans, and R. Backhouse, 64-84. London: Routledge.

Brown, Vivienne. 1994a. *Adam Smith's Discourse: Canonicity, Commerce, and Conscience*. London: Routledge.

Brown, Vivienne. 1994b. "Higgling: The Language of Markets in Economic Discourse." In *Higgling: Transactors and Their Markets in the History of Economics* [Supplement to HOPE vol. 26], ed. N. De Marchi and M. S. Morgan, 66-93. Durham, NC: Duke University Press.

Brush, Stephen G. 1993. "Prediction and Theory Evaluation: Cosmic Microwaves and the Revival of the Big Bang." *Perspectives on Science* 1: 565-602.

Brush, Stephen G. 1995. "Dynamics of Theory Change: The Role of Predictions." In *PSA* 1994, Vol. II, 133-45. East Lansing, MI: PSA.

Bukharin, Nikolai et al., eds. 1931. *Science at the Crossroads*. London: Frank Cass & Co. Bunge, Mario. 1991. "A Critical Examination of the New Sociology of Science: Part I." *Philosophy of the Social Sciences* 21: 524-60.

Burns, Arthur F. and Mitchell, Wesley C. 1946. *Measuring Business Cycles*. New York: National Bureau of Economic Research.

Burzak, Theodore A. 1994. "The Postmodern Moments of F. A. Hayek's Economics." *Economics & Philosophy* 10: 31-58.

Bush, Paul D. 1989. "Institutionalist Methodology and Hermeneutics: A Comment on Mirowski." *Journal of Economic Issues* 23: 1159-72.

Bush, Paul D. 1994. "The Pragmatic Instrumental Perspective on the Theory of Institutionalist Change." *Journal of Economic Issues* 28: 647-57.

Bush, Vannevar. 1945. *Science - The Endless Frontier*. Washington, DC: U.S. Government Printing Office.

Butos, William. 1987. "Rhetoric and Rationality: A Review Essay of McCloskey's The Rhetoric of Economics." *Eastern Economic Journal* 13: 295-304.

Cairnes, John E. 1875. *The Character and Logical Method of Political Economy*, 2nd ed. New York: Harper and Brothers [1st edition 1857]〔『経済要義』田口卯吉校閲, 伴直之助訳, 経済学講習会, 1883 年〕

Caldwell, Bruce J. 1982. *Beyond Positivism: Economic Methodology in the Twentieth Century*. London: George Allen & Unwin.〔『実証主義を超えて：20 世紀経済科学方法論』堀田一善・渡部直樹監訳, 中央経済社, 1989 年〕

Caldwell, Bruce J. 1984a. "Some Problems with Falsificationism in Economics." *Philosophy of the Social Sciences* 14: 489-95.

Caldwell, Bruce J. 1984b. "Praxeology and Its Critics: An Appraisal." *History of Political Economy* 16: 363-79.

Caldwell, Bruce J. 1988. "Hayek's Transformation." *History of Political Economy* 20: 513-41.

Caldwell, Bruce J., ed. 1990. *Carl Menger and His Legacy in Economics*. Durham, NC: Duke University Press.

Caldwell, Bruce J. 1991a. "Clarifying Popper." *Journal of Economic Literature* 29: 1-33. Caldwell, Bruce J. 1991b. "The Methodology of Scientific Research Programmes in Eco-nomics: Criticisms and Conjectures." In *Economics, Culture and Education: Essays in Honour of Mark Blaug*, ed. G. K. Shaw, 95-107. Aldershot: Edward Elgar.

Caldwell, Bruce J. 1992a. "Hayek the Falsificationist? A Refutation." *Research in the History of Economic Thought and Methodology* 10: 1-15.

Caldwell, Bruce J. 1992b. "Hayek the Falsificationist: Reply to Hutchison." *Research in the History of Economic Thought and Methodology* 10: 33-42.

Caldwell, Bruce J., ed. 1993. *The Philosophy and Methodology of Economics*, Vols. I, II, and III. Aldershot: Edward Elgar.

Caldwell, Bruce J. 1994a. *Beyond Positivism: Economic Methodology in the Twentieth Century*, 2nd ed. London: Routledge.

Caldwell, Bruce J. 1994b. "Two Proposals for the Recovery of Economic Practice." In *New Directions in Economic Methodology*, ed. R. Backhouse, 137-53. London: Routledge.

Caldwell, Bruce J. 1997. "Hayek and Socialism." *Journal of Economic Literature* 35: 1856-90.

Caldwell, Bruce J. 1998a. "Hayek, Friedrich A." In *The Handbook of Economic Method- ology*, ed. J. B. Davis, D. W. Hands, and U. Mäki, 220-26.

Cheltenham: Edward Elgar. Caldwell, Bruce J. 1998b. "Hutchison, Terence W." In *The Handbook of Economic Methodology*, ed. J. B. Davis, D. W. Hands, and U. Mäki, 232-35. Cheltenham: Edward Elgar.

Caldwell, Bruce J. and Coats, A. W. 1984. "The Rhetoric of Economics: A Comment on McCloskey." *Journal of Economic Literature* 22: 575-8.

Callari, Antonio, Cullenberg, Stephen, and Biewener, Carole, eds. 1995. *Marxism in the Postmodern Age: Confronting the New World Order*. New York: Guilford Press.

Callebaut, Werner. 1993. *Taking the Naturalistic Turn or How Real Philosophy of Science Is Done*. Chicago: University of Chicago Press.

Callon, Michel. 1986. "Some Elements of a Sociology of Translation: Domestication of the Scallops and the Fishermen of St Brieuc Bay." In *Power, Action, and Belief: A New Sociology of Knowledge*, ed. J. Law, 196-233. London: Routledge.

Callon, Michel. 1995. "Four Models for the Dynamics of Science." In *Handbook of Science and*

Technology Studies, ed. S. Jasanoff, G. E. Markle, J. C. Petersen, and T. Pinch, 29-63. Thousand Oaks, CA: Sage.

Callon, Michel, ed. 1998. *The Laws of the Markets*. Oxford: Blackwell.

Callon, Michel and Latour, Bruno. 1992. "Don't Throw the Baby Out with the Bath School! A Reply to Collins and Yearley." In *Science as Practice and Culture*, ed. A. Pickering, 343-68. Chicago: University of Chicago Press.

Callon, Michael, Law, John, and Rip, Arie, eds. 1986. *Mapping the Dynamics of Science and Technology: Sociology of Science in the Real World*. London: Macmillian.

Campbell, Donald T. 1960. "Blind Variation an*d Selective Retention in Creative Thought as in Other Knowledge Processes."* Psychological Review 67: 380-400.

Campbell, Donald T. 1974. "Evolutionary Epistemology." In *The Philosophy of Karl Popper Vol. I*, ed. P. A. Schlipp, 413-63. La Salle, IL: Open Court.

Campbell, Donald T. 1988. "The Author Responds: Popper and Selection Theory." *Social Epistemology* 2: 371-77.

Campbell, Donald T. 1990. "Levels of Organization, Downward Causation, and the Selection-Theory Approach to Evolutionary Epistemology." In *Theories of the Evolution of Knowing*, ed. G. Greenberg and E. T. Tobach, 1-17. Hillsdale, NJ: Lawrence Erlbaum Associates.

Campbell, Donald T. 1993. "Plausible Coselection of Belief by Referent: All the 'Objectivity' that is Possible." *Perspectives on Science* 1: 88-108.

Campbell, Donald T., Heyes, Cecilia M., and Callebaut, Werner. 1987. "Evolutionary Epistemology Bibliography." In *Evolutionary Epistemology: A Multi-paradigmatic Program*, ed. W. Callebaut and R. P. Pinxten, 405-31. Dordrecht, Holland: D. Reidel.

Campbell, John A. 1987. "Charles Darwin: Rhetorician of Science." In *the Rhetoric of the Human Sciences*, ed. J. Nelson, A. Megill, and D. N. McCloskey, 69-86. Madison: University of Wisconsin Press.

Carnap, Rudolf. 1928. *Der Logische Aufbau der Welt*. Berlin: Weltkreis-Verlag [translated as *The Logical Structure of the World*. Berkeley: University of California Press, 1969].

Carnap, Rudolf. 1963. "Intellectual Autobiography." In *The Philosophy of Rudolf Carnap*, ed. P. A. Schilpp, 3-84. LaSalle, IL: Open Court.

Carnap, Rudolf, Hahn, Hans, and Neurath, Otto. 1929. "The Scientific Conception of the World: The Vienna Circle (*Wissenschaftliche Weltauffassung*, Der Wiener Kreis)." 1973 reprint, Dordrecht, Holland: D. Reidel Publishing Co.

Cartwright, Nancy. 1983. *How the Laws of Physics Lie*. Oxford: Oxford University Press.

Cartwright, Nancy. 1989a. *Nature's Capacities and Their Measurement*. Oxford: Clarendon.

Cartwright, Nancy. 1989b. "A Case Study in Realism: Why Econometrics Is Committed to Capacities." In *PSA 1988 Vol. II*, ed. A. Fine and J. Leplin, 190-7. East Lansing, MI: Philosophy of Science Association.

Cartwright, Nancy. 1991. "Replicability, Reproducibility, and Robustness: Comments on Harry Collins." *History of Political Economy* 23: 143-55.

Cartwright, Nancy. 1992. "Aristotelian Natures and the Modern Experimental Method." In *Inference, Explanation, and Other Frustrations: Essays in the Philosophy of Science*, ed. J. Earman, 44-71. Berkeley: University of California Press.

Cartwright, Nancy. 1994a. "Fundamentalism vs. The Patchwork of Laws." *Proceedings of the Aristotelian Society* 94: 279-92.

Cartwright, Nancy. 1994b. "Mill and Menger: Ideal Elements and Stable Tendencies." In *Idealization VI: Idealization in Economics*, ed. B. Hamminga and N. De Marchi, 171-88. Amsterdam: Rodopi.

Cartwright, Nancy. 1995a. "Ceteris Paribus Laws and Socio-Economic Machines." *The Monist* 78: 276-94.

Cartwright, Nancy. 1995b. "Probabilities and Experiments." *Journal of Econometrics* 67: 47-59.

Cartwright, Nancy. 1997. "Models: The Blueprints for Laws." *Philosophy of Science*, 64 (Proceedings): S292-S303.

Cartwright, Nancy. 1998. "Capacities." In *The Handbook of Economic Methodology*, ed. J. B. Davis, D. W. Hands, and U. Mäki, 45-8. Cheltenham: Edward Elgar.

Cartwright, Nancy. 1999a. "Models and the Limits of Theory: Quantum Hamiltonians and the BCS Model of Superconductivity." In *Models as Mediators*, ed. M. S. Morgan and M. C. Morrison, 241-81. Cambridge: Cambridge University Press.

Cartwright, Nancy. 1999b. *The Dappled World: A Study of the Boundaries of Science*. Cambridge: Cambridge University Press.

Cartwright, Nancy, Cat, Jordi, Fleck, Lola, and Uebel, Thomas. 1996. *Otto Neurath: Between Science and Politics*. Cambridge: Cambridge University Press.

Cat, Jordi, Cartwright, Nancy, and Chang, Hasok. 1996. "Otto Neurath: Politics and the Unity of Science." In *The Disunity of Science: Boundaries, Contexts, and Power,* ed. P. Galison and D. J. Stump, 347-69. Stanford: Stanford University Press.

Chamberlin, Edward. 1933. *The Theory of Monopolistic Competition*. Cambridge, MA: Harvard University Press.〔『独占的競争の理論：価値論の新しい方向』青山秀夫訳，至誠堂，1966 年〕

Chappell, V. C., ed. 1968. *Hume: A Collection of Critical Essays*. Notre Dame, IN: University of Notre Dame Press.

Chomsky, Noam. 1959. "Review of Verbal Behavior." *Language* 35: 26-58.

Chordes, Joseph, Klamer, Arjo, and Leonard, Thomas. 1993. "Academic Rhetoric in the Policy Arena: The Case of Capital Gains Taxation." *Eastern Economic Journal* 19: 459-79.

Churchland, Patricia S. 1986. Neurophilosophy:*Toward a Unified Science of the Mind-Brain*. Cambridge, MA: MIT Press.

Churchland, Patricia S. 1987. "Epistemology in the Age of Neuroscience." The Journal of *Philosophy* 84: 544-53.

Churchland, Patricia S. and Churchland, Paul M. 1983. "Stalking the Wild Epistemic Engine." *Nous* 17: 5-18.

Churchland, Paul M. 1984. *Matter and Consciousness*. Cambridge, MA: MIT Press.

Churchland, Paul M. 1992. *A Neurocomputational Perspective: The Nature of Mind and the Structure of Science*. Cambridge, MA: MIT Press.

Coase, Ronald H. 1937. "The Nature of the Firm." *Economica* 4: 386-405.〔「企業の本質」，『企業・市場・法』宮沢健一・後藤晃・藤垣芳文訳，1992 年〕

Coase, Ronald H. 1960. "The Problem of Social Cost." *Journal of Law and Economics* 3: 1-44. 〔「社会的費用の問題」『企業・市場・法』所収〕

Coase, Ronald H. 1978. "Economics and Contiguous Disciplines." *Journal of Legal Studies* 7: 201-11.

Coase, Ronald H. 1988. "How Should Economists Choose?" In I*deas, Their Origins, and Their Consequences*, 63-79. Washington, DC: American Enterprise Institute.

Coase, Ronald H. 1992. "The Institutional Structure of Production." *American Economic Review* 82: 713-19.

Coats, A. W. 1969. "Is There a 'Structure of Scientific Revolutions' in Economics?" *Kyklos* 22: 289-95.

Coats, A. W. 1976. "Economics and Psychology: the Death and Resurrection of a Research Programme." In *Method and Appraisal in Economics*, ed. S. J. Latsis, 43-64. Cambridge: Cambridge University Press.

Coats, A. W. 1983a. "Half A Century of Methodological Controversy in Economics: As Reflected in the Writings of T. W. Hutchison." In *Methodological Controversy in Economics: Historical Essays in Honor of T. W. Hutchison*, ed. A. W. Coats, 1- 42. Greenwich, CT: JAI Press.

Coats, A. W. 1983b. "Bibliography of Terence W. Hutchison's Writings." In *Methodological Controversy in Economics: Historical Essays in Honor of T. W. Hutchison*, ed. A. W. Coats, 265-9. Greenwich, CT: JAI Press.

Coats, A. W. 1992. "The Historicist Reaction in English Political Economy, 1870 -90." In *On the History of Economic Thought: British & American Economic Essays*, Vol. I, 220-30. London: Routledge [originally published in 1954].

Coats, A. W. 1993a. "The Sociology of Knowledge and the History of Economics." In *The Sociology and Professionalization of Economics: British and American Economic Essays*, Vol II, 11-36. London: Routledge.

Coats, A. W. 1993b. "The Sociology of Science: Its Application to Economics." In *The Sociology and Professionalization of Economics: British and American Economic Essays, Vol II*, 37-57. London: Routledge.

Code, Lorraine. 1998. "Feminists and Pragmatists." *Radical Philosophy* 87: 22-30.

Coffa, J. Alberto. 1991. *The Semantic Tradition From Kant to Carnap: to the Vienna Station*. Cambridge: Cambridge University Press.

Cohen, Joshua. 1995. "Samuelson's Operationalist-Descriptivist Thesis." *Journal of Economic Methodology* 2: 53-78.

Cole, Jonathan R. and Zuckerman, Harriet. 1975. "The Emergence of A Scientific Specialty: The Self-Exemplifying Case of the Sociology of Science." In *The Idea of Social Structure: Papers in Honor of Robert K. Merton*, ed. L. A. Coser, 139-74. New York: Harcourt Brace Jovanovich.

Cole, Stephen. 1996. "Voodoo Sociology: Recent Developments in the Sociology of Science." In *The Flight from Science and Reason*, ed. P. R. Gross, N. Levitt, and M. W. Lewis, 274-87. Baltimore, MD: Johns Hopkins University Press.

Collier, Andrew. 1994. *Critical Realism: An Introduction to Roy Bhaskar's Philosophy*. London: Verso.

Collins, Harry M. 1985. *Changing Order: Replication and Induction in Scientific Practice*. Beverly Hills, CA: Sage.

Collins, Harry M. 1991. "The Meaning of Replication and the Science of Economics." *History of Political Economy* 23: 123-42.

Collins, Harry M. 1995. "Science Studies and Machine Intelligence." In *Handbook of Science and Technology Studies*, ed. S. Jasanoff, G. F. Markle, J. C. Peterson, and T. Pinch, 286-301. Thousand Oaks, CA: Sage.

Collins, Harry M. and Yearley, Steven. 1992a. "Epistemological Chicken." In *Science as Practice and Culture*, ed. A. Pickering, 301-26. Chicago: University of Chicago Press.

Collins, Harry M. and Yearley, Steven. 1992b. "Journey into Space." In *Science as Practice and Culture*, ed. A. Pickering, 369-89. Chicago: University of Chicago Press.

Collins, Randall and Restivo, Sal. 1983. "Development, Diversity, and Conflict in the Sociology of Science." *The Sociological Quarterly* 24: 185-200.

Conslisk, John. 1996. "Why Bounded Rationality?" *Journal of Economic Literature* 34: 669-700.

Cooter, Robert and Rapoport, Peter. 1984. "Were the Ordinalists Wrong About Welfare Economics?" *Journal of Economic Literature* 22: 507-30.

Cottrell, Allin. 1995. "Intentionality and Economics." *Economics and Philosophy* 11: 159-76.

Cottrell, Allin. 1998. "Realism, Regularities, and Prediction." *Review of Social Economy* 56: 347-55.

Cox, James C. and Goldman, Alvin. 1994. "Accuracy in Journalism: An Economic Approach." In *Socializing Epistemology*, ed. F. F. Schmitt, 189-215. Lanham, MD: Roman & Littlefield.

Cross, Rod. 1982. "The Duhem-Quine Thesis, Lakatos and the Appraisal of Theories in Macroeconomics." *Economic Journal* 92: 320- 40.

Cross, Rod. 1987. "Hysteresis and Instability in the Natural Rate of Unemployment." *The Scandinavian*

Journal of Economics 89: 77-89.

Cross, Rod. 1991. "Alternative Accounts of Equilibrium Unemployment." *In Appraising Economic Theories: Studies in the Methodology of Research Programs*, ed. M. Blaug and N. De Marchi, 294-323. Aldershot: Edward Elgar.

Cross, Rod. 1998. "The Duhem-Quine Thesis." In *The Handbook of Economic Methodology*, ed. J. B. Davis, D. W. Hands, and U. Mäki, 107-10. Cheltenham: Edward Elgar. Curtis, Ronald. 1989. "Institutional Individualism and the Emergence of Scientific Ratio-nality." *Studies in History and Philosophy of Science* 20: 77-113.

Cziko, Gary A. and Campbell, Donald T. 1990. "Comprehensive Evolutionary Epistemology Bibliography." *Journal of Social and Biological Structures* 13: 41-82.

Danailov, Atanas and Tögel, Christfried. 1990. "Evolutionary Epistemology: Science Philosophy." In *Theories of the Evolution of Knowing*, ed. G. Greenberg and E. Tobach, 19-28. Hillsdale, NJ: Lawrence Erlbaum Associates.

Dasgupta, Partha and David, Paul A. 1994. "Toward A New Economics of Science." *Research Policy* 23: 487-521.

David, Paul A. 1985. "Clio and the Economics of QWERTY." *American Economic Review* 75: 332-7.

David, Paul A. 1994. "Why Are Institutions The 'Carriers of History': Path Dependence and the Evolution of Conventions, Organizations and Institutions." *Structural Change and Economic Dynamics* 5: 205-20.

David, Paul A. 1998. "Common Agency Contracting and the Emergence of 'Open Science' Institutions." *American Economic Review* 88: 15-21.

Davis, John B. 1988. "Sraffa, Wittgenstein and Neoclassical Economics." *Cambridge Journal of Economics* 12: 29-36.

Davis, John B. 1990a. "Cooter and Rappoport on the Normative." *Economics and Philosophy* 6: 139- 46.

Davis, John B. 1990b. "Rorty's Contribution to McCloskey's Understanding of Conversation as the Methodology of Economics." *Research in the History of Economic Thought and Methodology* 7: 73-85.

Davis, John B. 1994. *Keynes's Philosophical Development*. Cambridge: Cambridge University Press.

Davis, John B. 1997a. "New Economics and Its History: A Pickeringian View." In *New Economics and Its History* [Supplement to HOPE vol. 29], ed. J. B. Davis, 289-302. Durham, NC: Duke University Press.

Davis, John B. 1997b. "The Fox and the Henhouses: the Economics of Scientific Knowl- edge." *History of Political Economy* 29: 741-46.

Davidson, Donald. 1980. *Essays on Actions and Events*. Oxford: Oxford University Press.〔『行為と出来事』服部裕幸・柴田正良訳，勁草書房，1990年〕

Day, Timothy and Kincaid, Harold. 1994. "Putting Inference to the Best Explanation in Its Place." *Synthese* 98: 271-95.

Deane, Phyllis. 1983. "The Scope and Method of Economic Science." *The Economic Journal* 93: 1-12.

Deaton, Angus and Muelbauer, John. 1980. *Economics and Consumer Behavior*. Cambridge: Cambridge University Press.

Debreu, Gerard. 1959. *Theory of Value*. New Haven, CT: Yale University Press.〔『価値の理論：経済均衡の公理的分析』丸山徹訳，東洋経済新報社，1977年〕

Debreu, Gerard. 1974. "Excess Demand Functions." *Journal of Mathematical Economics* 1: 15-21.

Delaney, C. F. 1992. "Peirce on the Social and Historical Dimensions of Science." In *The Social Dimensions of Science*, ed. E. McMullin, 27- 46. Notre Dame, IN: University of Notre Dame Press.

De la Sienra, Adolfo G. 1992. *The Logical Foundations of the Marxian Theory of Value*. Dordrecht: Kluwer.

De Marchi, Neil. 1970. "The Empirical Content and Longevity of Ricardian Economics." *Economica* 37: 257-76.

De Marchi, Neil. 1976. "Anomaly and the Development of Economics: the Case of the Leontief Paradox."

In *Method and Appraisal in Economics*, ed. S. J. Latsis, 109-27. Cambridge: Cambridge University Press.

De Marchi, Neil. 1983. "The Case For James Mill." In *Methodological Controversy in Economics: Historical Essays in Honor of T. W. Hutchison*, ed. A. W. Coats, 155-84. Greenwich, CT: JAI Press.

De Marchi, Neil. 1986. "Discussion: Mill's Unrevised Philosophy of Economics: A Comment on Hausman." *Philosophy of Science* 53: 89-100.

De Marchi, Neil. 1988a. "Popper and the LSE Economists." *The Popperian Tradition in Economics and Beyond*, ed. N. De Marchi, 139- 66. Cambridge: Cambridge University Press.

De Marchi, Neil. 1988b. "John Stuart Mill Interpretation Since Schumpeter." In Classical Political Economy: *A Survey of Recent Literature*, ed. W. O. Thweatt, 137- 62. Boston: Kluwer.

De Marchi, Neil. 1991. "Introduction: Rethinking Lakatos." In *Appraising Economic Theories: Studies in the Methodology of Research Programs*, ed. M. Blaug and N. De Marchi, 1-30. Aldershot: Edward Elgar.

De Marchi, Neil. 1995. "Comment on Niehans, 'Multiple Discoveries'." *The European Journal of the History of Economic Thought* 2: 275-79.

De Marchi, Neil and Blaug, Mark, eds. 1991. *Appraising Economic Theories: Studies in the Methodology of Research Programs*. Aldershot: Edward Elgar.

De Marchi, Neil and Sturges, R. P. 1973. "Malthus and Ricardo's Inductivist Critics: Four Letters to William Whewell." *Economica* 40: 379-93.

Denison, Edward. 1967. *Why Growth Rates Differ: Postwar Experience in Nine Western Countries*. Washington, DC: Brookings.

Denison, Edward. 1979. *Accounting for Economic Growth*. Washington, DC: Brookings.

Dennett, Daniel. 1982. "Comments on Rorty." *Synthese* 53: 349-56.

Dennett, Daniel. 1987. *The Intentional Stance*. Cambridge, MA: MIT Press. 〔『「志向姿勢」の哲学：人は人の行動を読めるのか？』若島正・河田学訳, 白揚社, 1996 年〕

Dennis, Ken. 1986. "Boland on Friedman: A Rebuttal." *Journal of Economic Issues* 20: 633-64.

Dewey, John. 1908. "Does Reality Possess Practical Character?" In *Pragmatism: A Contemporary Reader*, ed. R. B. Goodman, 79-91. New York: Routledge [1995].

Dewey, John. 1927. *The Public and Its Problems*. Athens, Ohio: Swallow Press [1991]. 〔『公衆とその諸問題：現代政治の基礎』阿部齊訳, 筑摩書房, 2014 年〕

Dewey, John. 1929. *Experience and Nature*, 2nd ed. New York: Dover [1958].

Dewey, John. 1939. *Theory of Valuation*. Chicago: University of Chicago Press.

Dewey, John. 1948. *Reconstruction in Philosophy*, Enlarged Edition. Boston: Beacon Press. 〔『哲学の改造』清水幾太郎・清水禮子訳, 岩波書店, 1968 年〕

Dewey, John. 1970. "Unity of Science as a Social Problem." In *Foundations of the Unity of Science: Toward an International Encyclopedia of Unified Science*, Vol. 1, ed. O. Neurath, R. Carnap, and C. Morris, 29-38. Chicago: University of Chicago Press.

Diamond, Arthur M., Jr. 1988a. "The Empirical Progressiveness of the General Equilibrium Research Program." *History of Political Economy* 20: 119-35.

Diamond, Arthur M., Jr. 1988b. "Science as a Rational Enterprise." *Theory and Decision* 24: 147-67.

Diamond, Arthur M., Jr. 1996. "The Economics of Science." *Knowledge and Policy: The International Journal of Knowledge Transfer and Utilization* 9: 6 - 49.

Diamond, Arthur M., Jr. Diamond, Arthur M. 2000. "Edwin Mansfield's contributions to the economics of technology." *Research Policy* 32:1607-1617.

Diederich, Werner. 1996. "Structuralism As Developed Within the Model-Theoretical Approach in the Philosophy of Science." In *Structuralist Theory of Science*, ed. W. Balzer and C. U. Moulines, 15-21. Berlin: Walter de Gruyter.

Diederich, Werner, Ibarra, Andoni, and Mormann, Thomas. 1994. "Bibliography of Structuralism II (1989-94 and Additions). *Erkenntnis* 41: 403-18.

Diggins, John Patrick. 1994. *The Promise of Pragmatism: Modernism and the Crisis of Knowledge and Authority*. Chicago: University of Chicago Press.

Doppelt, Gerald. 1990. "The Naturalist Conception of Methodological Standards in Science." *Philosophy of Science* 57: 1-19.

Duhem, Pierre. 1954. *The Aim and Structure of Physical Theory*. Translated by P. P. Wiener. Princeton: Princeton University Press [original published in French in 1906].〔『物理理論の目的と構造』小林道夫・熊谷陽一・安孫子信訳，勁草書房，1991 年〕

Duran, Jane. 1998. *Philosophies of Science/Feminist Theories*. Boulder, CO: Westview Press.

Durlauf, Steven N. 1997. "Limits to Science or Limits to Epistemology?" *Complexity* 2: 31-7.

Dyer, Alan W. 1986. "Veblen on Scientific Creativity: The Influence of Charles S. Peirce." *Journal of Economic Issues* 20: 21- 41.

Dyer, Alan W. 1988. "Economic Theory as an Art Form." *Journal of Economic Issues* 22: 157-66.

Earman, John. 1993. "Carnap, Kuhn, and the Philosophy of Scientific Methodology." In *World Changes: Thomas Kuhn and the Nature of Science*, ed. P. Horwich, 9-36. Cambridge, MA: MIT Press.

Edge, David. 1995. "Reinventing the Wheel." In *Handbook of Science and Technology Studies*, ed. S. Jasanoff, G. E. Markle, J. C. Peterson, and T. Pinch, 3-23. Thousand Oaks, CA: Sage.

Eichner, A. S. 1983. "Why Economics is Not Yet a Science." *Journal of Economic Issues* 17: 507-20.

Eldredge, Niles. 1997. "Evolution in the Marketplace." *Structural Change and Economic Dynamics* 8: 385-98.

Emami, Zohreh and Riordau, Timothy. 1998. "Tony Lawson on Critical Realism: What's Teaching Got to Do With It?" *Review of Social Economy* 56: 311-23.

Emmett, Ross B. 1990. "The Economist as Philosopher: Frank H. Knight and American Social Science During the Twenties and Early Thirties." Ph.D. Dissertation, University of Manitoba.

England, Paula. 1993. "The Separative Self: Androcentric Bias in Neoclassical Assumptions." In *Beyond Economic Man: Feminist Theory and Economics*, ed. M. A. Ferber and J. A. Nelson, 37-53. Chicago: University of Chicago Press.

Evans, Robert. 1999. "Economic Models and Policy Advice: Theory Choice or Moral Choice?" *Science in Context* 12: 351-80.

Farr, James. 1983. "Popper's Hermeneutics." *Philosophy of the Social Sciences* 13: 157-76.

Favretti, Rema Rossini, Sandri, Giorgio, and Scazzieri, Roberto. 1999. *Incommensurability and Translation: Kuhnian Perspectives on Scientific Communication and Theory Change*. Cheltenham: Edward Elgar.

Fels, Rendigs. 1981. "Boland Ignores Simon: A Comment." *Journal of Economic Literature* 19: 83-4.

Ferber, Marianne A. and Nelson, Julie A., eds. 1993. *Beyond Economic Man: Feminist Theory and Economics*. Chicago: University of Chicago Press.

Feyerabend, Paul K. 1963. "Materialism and the Mind-Body Problem." *Review of Metaphysics* 17 [reprinted in Feyerabend 1981].

Feyerabend, Paul K. 1968. "How to be a Good Empiricist - A Plea for Tolerance in Matters Epistemological." In *The Philosophy of Science*, ed. P. H. Nidditch, 12-39. Oxford: Oxford University Press.

Feyerabend, Paul K. 1975. *Against Method*. London: New Left Books.〔『方法への挑戦：科学的創造と知のアナーキズム』村上陽一郎・渡辺博共訳，新曜社，1981 年〕

Feyerabend, Paul K. 1995. *Killing Time*. Chicago: University of Chicago Press.

Fish, Stanley. 1980. *Is There a Text in This Class?* Cambridge, MA: Harvard University Press.〔『このクラスにテキストはありますか：解釈共同体の権威 3』小林昌夫訳，みすず書房，1992 年〕

Fish, Stanley. 1987. "Dennis Martinez and the Uses of Theory." *The Yale Law Journal* 96: 1773-1800.

Fish, Stanley. 1989. *Doing What Comes Naturally: Change, Rhetoric, and the Practice of Theory in Literary and Legal Studies*. Durham, NC.: Duke University Press.

Fisher, Robert. 1986. *The Logic of Economic Discovery*. New York: New York University Press.

Fleetwood, Steve. 1996. "Order Without Equilibrium: A Critical Realist Interpretation of Hayek's Notion of Spontaneous Order." *Cambridge Journal of Economics* 20: 729- 47.

Fleetwood, Steve. 1997. "Situating Critical Realism in Economics." *Ekonomia* 1: 1-8 [reprinted with minor revisions as chapter 7 of Fleetwood 1999].

Fleetwood, Steve, ed. 1999. *Critical Realism in Economics: Development and Debate*. London: Routledge.

Folbre, Nancy. 1993. "How Does She Know? Feminist Theories of Gender Bias in Economics." *History of Political Economy* 25: 167-84.

Foss, Nicolai J. 1994. "Realism and Evolutionary Economics." *Journal of Social and Evolutionary Systems* 17: 21- 40.

Foss, Nicolai J. 1998. "The New Growth Theory: Some Intellectual Growth Accounting." *Journal of Economic Methodology* 5: 223-46.

Frazer W. J. and Boland, L. A. 1983. "An Essay on the Foundations of Friedman's Methodology." *American Economic Review* 73: 129-44.

Friedman, Michael. 1992. "Philosophy and the Exact Sciences: Logical Positivism as a Case Study." In *Inference, Explanation, and Other Frustrations: Essays in the Philosophy of Science*, ed. J. Earman, 84-98. Berkeley: University of California Press.

Friedman, Michael. 1993. "Remarks on the History of Science and the History of Philosophy." In *World Changes: Thomas Kuhn and the Nature of Science*, ed. P. Horwich, 37-54. Cambridge, MA: MIT Press.

Friedman, Michael. 1998. "On the Sociology of Scientific Knowledge and Its Philosophical Agenda." *Studies in History and Philosophy of Science* 29: 239-71.

Friedman, Michael. 1999. *Reconsidering Logical Positivism*. Cambridge: Cambridge University Press.

Friedman, Milton. 1946. "Lange on Price Flexibility and Employment: A Methodological Criticism." *American Economic Review* 36: 613-31.

Friedman, Milton. 1953. "The Methodology of Positive Economics." In *Essays in Positive Economics*, 3-43. Chicago: University of Chicago Press. 〔「実証経済学の方法論」, 『実証的経済学の方法と展開』佐藤隆三・長谷川啓之訳, 富士書房, 1977 年〕

Friedman, Milton and Schwartz, Anna J. 1991. "Alternative Approaches to Analyzing Economic Data." *American Economic Review* 81: 39-49.

Frisby, David. 1976. "Introduction to the English Translation." In *The Positivist Dispute in German Sociology*, ed. T. W. Adorno et al., ix-xlix. New York: Harper Torchbooks.

Fuhrman, Ellsworth R. and Oehler, Kay. 1986. "Discourse Analysis and Reflexivity." *Social Studies of Science* 16: 293-307.

Fuller, Steve. 1988. *Social Epistemology*. Bloomington, IN: Indiana University Press.

Fuller, Steve. 1991. "Studying the Proprietary Grounds of Knowledge." *Journal of Social Behavior and Personality* 6: 105-28.

Fuller, Steve. 1992. "Social Epistemology and the Research Agenda of Science Studies." In *Science as Practice and Culture*, ed. A. Pickering, 327- 428. Chicago: University of Chicago Press.

Fuller, Steve. 1994. "Mortgaging the Farm to Save the (Sacred) Cow." *Studies in History and Philosophy of Science* 25: 251-61.

Fuller, Steve. 1996. "Talking Metaphysical Turkey About Epistemological Chicken, and the Poop on Pidgins." In *The Disunity of Science: Boundaries, Contexts, and Power*, ed. P. Galison and D. J. Stump, 170-86. Stanford, CA: Stanford University Press.

Fuller, Steve. 2000. *Thomas Kuhn: A Philosophical History for Our Times*. Chicago: University of Chicago Press. 〔『我らの時代のための哲学史：トーマス・クーン／冷戦保守思想としてのパラダイム論』中島秀人監訳, 海鳴社, 2009 年〕

Fulton, G. 1984. "Research Programmes in Economics." *History of Political Economy* 16: 187-205.

Galison, Peter. 1987. *How Experiments End*. Chicago: University of Chicago Press.

Galison, Peter. 1997. *Image & Logic: A Material Culture of Microphysics*. Chicago: University of Chicago Press.

Galison, Peter. 1998. "The Americanization of Unity." *Deadalus* 127: 45-71.

Garfinkel, Harold. 1967. *Studies in Ethnomethodology*. Englewood Cliffs, NJ: Prentice Hall. Garnett, Robert F. Jr., ed. 1999. *What Do Economists Know? New Economics of Knowledge*. London: Routledge.

Gellner, Ernest. 1974. *Legitimation of Belief*. Cambridge: Cambridge University Press.

Georgescu-Roegen, Nicholas. 1992. "Nicholas Georgescu-Roegen About Himself." In *Eminent Economists*, ed. M. Szenberg, 128-59. Cambridge: Cambridge University Press. 〔「自らを語る」, M・シェンバーグ編『現代経済学の巨星：自らが語る人生哲学 上』都留重人監訳, 岩波書店, 1994 年〕

Gerrard, B. 1991. "Keynes's *General Theory*: Interpreting the Interpretations." Economic Journal 101: 276-87.

Gettier, Edmund L. 1963. "Is Justified True Belief Knowledge?" *Analysis* 23: 121-3.

Gibbard, Alan and Varian, Hal R. 1978. "Economic Models." *The Journal of Philosophy* 75: 664-77.

Giddens, Anthony. 1973. *The Class Structure of Advanced Societies*. London: Hutchison. 〔『先進社会の階級構造』市川統洋訳, みすず書房, 1977 年〕

Giddens, Anthony. 1986. *The Constitution of Society: Outline of the Theory of Structuration*. Berkeley: University of California Press.

Giere, Ronald N. 1984. *Understanding Scientific Reasoning*, 2nd ed. New York: Holt, Rinehart & Winston.

Giere, Ronald N. 1988. *Explaining Science: A Cognitive Approach*. Chicago: University of Chicago Press.

Giere, Ronald N. 1995. "Viewing Science." PSA 1994, Vol. II, 3-16. East Lansing, MI: PSA.

Giere, Ronald N., ed. 1992. *Cognitive Models of Science*. Minneapolis, MN: University of Minnesota Press.

Giere, Ronald N. 1999. *Science Without Laws*. Chicago: University of Chicago Press. Gieryn, Thomas F. 1994. "Objectivity for These Times." *Perspectives on Science*, 324-49.

Gieryn, Thomas F. 1995. "Boundaries of Science." In *Handbook of Science and Technology Studies*, ed. S. Jasanoff, G. E. Markle, J. C. Peterson, and T. Pinch, 393-443. Thousand Oaks, CA: Sage.

Gilbert, Christopher L. 1991. "Do Economists Test Theories? Demand Analysis and Consumption Analysis as Tests of Theories of Economic Methodology." In *Appraising Economic Theories: Studies in the Methodology of Research Programs*, ed. M. Blaug and N. De Marchi, 137-68. Aldershot: Edward Elgar.

Gilbert, G. Nigel and Mulkay, Michael. 1984. *Opening Pandora's Box: A Sociological Analysis of Scientists' Discourse*. Cambridge: Cambridge University Press. 〔『科学理論の現象学』柴田幸雄・岩坪紹夫訳, 紀伊國屋書店, 1990 年〕

Glass, J. C. and Johnson, W. 1989. *Economics: Progression, Stagnation or Degeneration?* Hempstead UK: Harvester Wheatsheaf.

Glymour, Clark. 1980. *Theory and Evidence*. Princeton: Princeton University Press.

Goldman, Alvin. 1986. *Epistemology and Cognition*. Cambridge, MA: Harvard University Press.

Goldman, Alvin. 1987. "Foundations of Social Epistemics." *Synthese* 73: 109-44.

Goldman, Alvin. 1992. "In Defense of the Simulation Theory." *Mind and Language* 7: 104-19.

Goldman, Alvin. 1993. *Philosophical Applications of Cognitive Science*. Boulder, CO: Westview Press.

Goldman, Alvin. 1995. "Simulation and Interpersonal Utility." *Ethics* 105: 709-26.

Goldman, Alvin. 1999. *Knowledge in a Social World*. Oxford: Oxford University Press. Goldman, Alvin and Cox, James C. 1996. "Speech, Truth, and the Free Market for Ideas." *Legal Theory* 2: 1-32.

Goldman, Alvin and Shaked, M. 1991. "An Economic Model of Scientific Activity and Truth Acquisition." *Philosophical Studies* 63: 31-55.

Goodman, Nelson. 1955. *Fact, Fiction, and Forecast*. Cambridge, MA: Harvard University Press.〔『事実・虚構・予言』雨宮民雄訳, 勁草書房, 1987 年〕

Goodman, Russell B., ed. 1995. *Pragmatism: A Contemporary Reader*. New York: Routledge.

Gordon, Donald F. 1955. "Operational Propositions in Economic Theory." *Journal of Political Economy* 63: 150- 61.

Gordon, Robert M. 1986. "Folk Psychology as Simulation." *Mind and Language* 1: 158- 71.

Gordon, Robert M. 1992. "The Simulation Theory: Objections and Misconceptions." *Mind and Language* 7: 11-34.

Gordon, H. Scott. 1991. *The History and Philosophy of Social Science*. London: Routledge.

Gordon, Wendell. 1990. "The Role of Tool's Social Value Principle." *Journal of Economic Issues* 24: 879-86.

Granovetter, Mark and Swedberg, Richard, eds. 1992. *The Sociology of Economic Life*. Boulder, CO: Westview Press.

Green, Christopher D. 1992. "Of Immortal Mythological Beasts: Operationism in Psychology." *Theory & Psychology* 2: 291-320.

Greenfield, Robert L. and Salerno, Joseph T. 1983. "Another Defense of Methodological Apriorism." *Eastern Economic Journal* 9: 45-56.

Gross, Alan G. 1990. *The Rhetoric of Science*. Cambridge, MA: Harvard University Press.

Gross, Alan G. 1991. "Rhetoric of Science Without Constraints." *Rhetorica* 9: 283-99.

Gross, Alan G. and Keith, William M., eds. 1997. *Rhetorical Hermeneutics: Invention and Interpretation in the Age of Science*. Albany: State University of New York Press.

Gross, Paul R. and Levitt, Norman. 1994. *Higher Superstition: the Academic Left and Its Quarrels with Science*. Baltimore, MD: Johns Hopkins University Press.

Gross, Paul R., Levitt, Norman, and Lewis, Martin W., eds. 1996. *The Flight From Science and Reason*. New York: New York Academy of Sciences.

Gruchy, Allan G. 1972. *Contemporary Economic Thought: The Contribution of NeoInstitutional Economics*. Clifton, NJ: Augustus M. Kelley.

Grünbaum, Adolf and Salmon, Wesley C., eds. 1988. *The Limitations of Deductivism*. Berkeley: University of California Press.

Gunn, Richard. 1989. "Marxism and Philosophy: A Critique of Critical Realism." *Capital and Class* 37: 87-116.

Gutting, Gary. ed. 1980. *Paradigms and Revolutions*. Notre Dame, IN: University of Notre Dame Press.

Haack, Susan. 1993. *Evidence and Inquiry: Towards Reconstruction in Epistemology*. Oxford: Blackwell.

Habermas, Jürgen. 1971. *Knowledge and Human Interests*. Boston: Beacon Press.

Habermas, Jürgen. 1987. "Philosophy as Stand-in and Interpreter." In *After Philosophy*, ed. K. Baynes, J. Bohman, and T. McCarthy, 296-315. Cambridge, MA: MIT Press.

Habermas, Jürgen. 1992. *Postmetaphysical Thinking: Philosophical Essays*. Boston: MIT Press.〔『ポスト形而上学の思想』藤澤賢一郎・忽那敬三訳, 未来社, 1990 年〕

Hacking, Ian. 1979. "Imre Lakatos's Philosophy of Science." *British Journal for the Philosophy of Science* 30: 381-410.

Hacking, Ian. 1983. *Representing and Intervening*. Cambridge: Cambridge University Press.〔『表現と介

入：科学哲学入門』渡辺博訳，筑摩書房，2015 年〕

Hacking, Ian. 1996. "The Disunities of the Sciences." In *The Disunity of Science: Boundaries, Contexts, and Power*, ed. P. Galison and D. J. Stump, 37-74. Stanford, CA: Stanford University Press.

Hacking, Ian. 1999. *The Social Construction of What?* Cambridge, MA: Harvard University Press. 〔『何が社会的に構成されるのか』出口康夫・久米暁訳，岩波書店，2006 年〕

Hacohen, Malachi H. 1998. "Karl Popper, the Vienna Circle, and Red Vienna." *Journal of the History of Ideas* 59: 711-34.

Hadden, Richard W. 1994. *On the Shoulders of Merchants: Exchange and the Mathematical Conception of Nature in Early Modern Europe*. Albany: State University of New York.

Hagstrom, W. O. 1965. *The Scientific Community*. New York: Basic Books.

Hall, D. L. 1994. *Richard Rorty: Prophet and Poet of the New Pragmatism*. Albany: State University of New York Press.

Hall, R. and Hitch, C. 1939. "Price Theory and Business Behaviour." *Oxford Economic Papers* 2: 12-45.

Hamminga, Bert. 1983. *Neoclassical Theory Structure and Theory Development*. New York: Springer-Verlag.

Hamminga, Bert. 1989. "Sneed versus Nowak: An Illustration In Economics." *Erkenntnis* 30: 247-65.

Hamminga, Bert. 1990. "The Structure of Six Transformations in Marx's Capital." *Poznan Studies in the Philosophy of Science and the Humanities* 16: 89-111.

Hamminga, Bert. 1998a. "The Poznan Approach." In *The Handbook of Economic Methodology*, ed. J. B. Davis, D. W. Hands, and U. Mäki, 388-90. Cheltenham: Edward Elgar.

Hamminga, Bert. 1998b. "Plausibility." In *The Handbook of Economic Methodology*, ed. J. B. Davis, D. W. Hands, and U. Mäki, 364-6. Cheltenham: Edward Elgar.

Hamminga, Bert and De Marchi, Neil., eds. 1994. *Idealization VI: Idealization in Economics*. Amsterdam: Editions Rodopi.

Hammond, J. Daniel. 1991. "Frank Knight's Antipositivism." *History of Political Economy* 23: 359-81.

Hammond, J. Daniel. 1993. "An Interview with Milton Friedman on Methodology." In *The Philosophy and Methodology of Economics* Vol. I, ed. B. J. Caldwell, 216-38. Aldershot: Edward Elgar [interview conducted in May 1988].

Händler, Ernst W. 1980a. "The Logical Structure of Modern Neoclassical Static Microeconomic Equilibrium Theory." *Erkenntnis* 15: 33-53.

Händler, Ernst W. 1980b. "The Role of Utility and of Statistical Concepts in Empirical Economic Theories: The Empirical Claims of the Systems of Aggregate Market Supply and Demand Functions Approach." *Erkenntnis* 15: 129-57.

Händler, Ernst W. 1982. "The Evolution of Economic Theories: A Formal Approach." Erkenntnis 18: 65-96.

Hands, D. Wade. 1979. "The Methodology of Economic Research Programmes." *Philosophy of the Social Sciences* 9: 293-303 [reprinted with minor revisions as chapter 1 of Hands, 1993].

Hands, D. Wade. 1983. "'Testing' Perfect Competition: A Comment." *Economic Inquiry* 21: 588-90.

Hands, D. Wade. 1984a. "Blaug's Economic Methodology." *Philosophy of the Social Sciences* 14: 115-25 [reprinted with minor revisions as chapter 3 of Hands 1993].

Hands, D. Wade. 1984b. "What Economics is Not: An Economist's Response to Rosenberg." *Philosophy of Science* 51: 495-503.

Hands, D. Wade. 1985a. "Second Thoughts on Lakatos." *History of Political Economy* 17: 1-16 [reprinted with minor revisions as chapter 4 of Hands 1993].

Hands, D. Wade. 1985b. "Karl Popper and Economic Methodology: A New Look." *Economics and Philosophy 1*: 303-35 [reprinted with minor revisions as chapter 6 of Hands 1993].

Hands, D. Wade. 1985c. "The Structuralist View of Economic Theories: A Review Essay." *Economics and*

Philosophy 1: 303-35.

Hands, D. Wade. 1985d. "The Logical Reconstruction of Pure Exchange Economics: Another Alternative." *Theory and Decision* 19: 259-78.

Hands, D. Wade. 1988. "Ad Hocness in Economics and the Popperian Tradition." In *The Popperian Legacy in Economics*, ed. N. De Marchi, 121-37. Cambridge: Cambridge University Press [reprinted with minor revisions as chapter 7 of Hands 1993].

Hands, D. Wade. 1990a. "Grunberg and Modigliani, Public Predictions and the New Classical Macroeconomics." *Research in the History of Economic Thought and Methodology* 7: 207-23.

Hands, D. Wade. 1990b. "Second Thoughts on 'Second Thoughts': Reconsidering the Lakatosian Progress of *The General Theory*." *Review of Political Economy* 2: 69-81 [reprinted with minor revisions as chapter 5 of Hands 1993].

Hands, D. Wade. 1991a. "Popper, the Rationality Principle and Economic Explanation." In *Economics, Culture and Education: Essays in Honour of Mark Blaug*, ed. G. K. Shaw, 108-19. Aldershot: Edward Elgar.

Hands, D. Wade. 1991b. "The Problem of Excess Content: Economics, Novelty, and a Long Popperian Tale." In *Appraising Economic Theories: Studies in the Methodology of Research Programs*, ed. M. Blaug and N. De Marchi, 58-75. Aldershot: Edward Elgar [reprinted with minor revisions as chapter 9 of Hands 1993].

Hands, D. Wade. 1991c. "Reply to Hamminga and Mäki." In *Appraising Economic Theories: Studies in the Methodology of Research Programs*, ed. M. Blaug and N. De Marchi, 91-102. Aldershot: Edward Elgar.

Hands, D. Wade. 1992. "Falsification, Situational Analysis, and Scientific Research Programs: The Popperian Tradition in Economic Methodology." In *Post-Popperian Methodology of Economics*, ed. N. De Marchi, 19-53. Boston: Kluwer [reprinted with minor revisions as chapter 8 of Hands 1993].

Hands, D. Wade. 1993. *Testing, Rationality, and Progress: Essays on the Popperian Tradition in Economic Methodology*. Lanham, MD: Rowman & Littlefield.

Hands, D. Wade. 1994a. "Blurred Boundaries: Recent Changes in the Relationship Between Economics and the Philosophy of Natural Science." *Studies in History and Philosophy of Science* 25: 751-72.

Hands, D. Wade. 1994b. "The Sociology of Scientific Knowledge." In *New Directions in Economic Methodology*, ed. R. Backhouse, 75-106. London: Routledge.

Hands, D. Wade. 1994c. "Restabilizing Dynamics: Construction and Constraint in the History of Walrasian Stability Theory." *Economics and Philosophy* 10: 243-83.

Hands, D. Wade. 1995. "Social Epistemology Meets the Invisible Hand: Kitcher on the Advancement of Science." *Dialogue* 34: 605-21.

Hands, D. Wade. 1996. "Karl Popper on the Myth of the Framework: Lukewarm Popperians +1, Unrepentant Popperians -1." *Journal of Economic Methodology* 3: 317-47.

Hands, D. Wade. 1997a. "Conjectures and Reputations: The Sociology of Scientific Knowledge and the History of Economic Thought." *History of Political Economy* 29: 695- 739.

Hands, D. Wade. 1997b. "Frank Knight's Pluralism." In *Pluralism in Economics*, ed. A. Salanti and E. Serepanti, 194-206. Aldershot: Edward Elgar.

Hands, D. Wade. 1997c. "Empirical Realism as Meta-Method: Tony Lawson on Neoclassical Economics." *Ekonomia* 1: 39-53 [reprinted with minor revisions as Chapter 10 of Fleetwood 1999].

Hands, D. Wade. 1997d. "Caveat Emptor: Economics and Contemporary Philosophy of Science." *Philosophy of Science* 64 (Proceedings): S107-S116.

Hands, D. Wade. 1998. "Scientific Explanation." In *The Handbook of Economic Method- ology*, ed. J. B. Davis, D. W. Hands, and U. Mäki, 439-43. Cheltenham: Edward Elgar.

Hands, D. Wade and Mirowski, Philip. 1998. "Harold Hotelling and the Neoclassical Dream." In

Economics and Methodology: Crossing Boundaries, ed. R. Backhouse, D. Hausman, U. Mäki, and A. Salanti, 322-97. London: Macmillan.

Hanson, N. R. 1958. *Patterns of Discovery*. Cambridge: Cambridge University Press. 〔『科学的発見のパターン』村上陽一郎訳, 講談社, 1986 年〕

Haraway, Donna J. 1991. *Simians, Cyborgs, and Women: The Reinvention of Nature*. New York: Routledge.

Harding, Sandra. 1986. *The Science Question in Feminism*. Ithaca, NY: Cornell University Press.

Harding, Sandra. 1991. *Whose Science? Whose Knowledge? Thinking from Women's Lives*. Ithaca, NY: Cornell University Press.

Harding, Sandra. 1993. "Rethinking Standpoint Epistemology: What Is 'Strong Objectivity'?" in *Feminist Epistemologies*, ed. L. Alcoff and E. Potter, 49-82. London: Routledge.

Harding, Sandra. 1995. "Can Feminist Thought Make Economics More Objective?" *Feminist Economics* 1: 7-32.

Hargreaves Heap, Shaun. 1989. *Rationality in Economics*. Oxford: Basil Blackwell.

Harré, Rom. 1986. *Varieties of Realism*. Oxford: Basil Blackwell.

Harris, Paul L. 1992. "From Simulation to Folk Psychology: The Case for Development." *Mind and Language* 7: 120-44.

Harris, R. Allen. 1991. "Rhetoric of Science." *College English* 53: 282-307.

Harsanyi, John C. 1955. "Cardinal Welfare, Individualistic Ethics and Interpersonal Comparisons of Utility." *Journal of Political Economy* 63: 309-21.

Haslinger, Franz. 1983. "A Logical Reconstruction of Pure Exchange Economics: An Alternative View." *Erkenntnis* 20: 115-29.

Hausman, Daniel M. 1980. "How to do Philosophy of Economics." In PSA 1980, Vol. I, ed. P. D. Asquith and R. N. Giere, 353-62. East Lansing, MI: PSA.

Hausman, Daniel M. 1981a. *Capital, Profits, and Prices: An Essay in the Philosophy of Economics*. New York: Columbia University Press.

Hausman, Daniel M. 1981b. "John Stuart Mill's Philosophy of Economics." *Philosophy of Science* 48: 363-85.

Hausman, Daniel M. 1985. "Is Falsificationism Unpracticed or Unpractisable?" *Philosophy of the Social Sciences* 15: 313-19.

Hausman, Daniel M. 1988. "An Appraisal of Popperian Methodology." In *The Popperian Legacy in Economics*, ed. N. De Marchi, 65-85. Cambridge: Cambridge University Press.

Hausman, Daniel M. 1989. "Explanatory Progress in Economics." *Social Research* 56: 361-81.

Hausman, Daniel M. 1992. *The Inexact and Separate Science of Economics*. Cambridge: Cambridge University Press.

Hausman, Daniel M. 1994. "Kuhn, Lakatos and the Character of Economics." In *New Directions in Economic Methodology*, ed. R. Backhouse, 195-215. London: Routledge.

Hausman, Daniel M. 1995. "The Composition of Economic Causes." *The Monist* 78: 295-307.

Hausman, Daniel M. 1996. "Economics as Separate and Inexact." *Economics and Philosophy* 12: 207-20.

Hausman, Daniel M. 1997. "Theory Appraisal in Neoclassical Economics." *Journal of Economic Methodology* 4: 289-96.

Hausman, Daniel M. 1998a. "Separateness, Inexactness and Economic Method: A Very Brief Response." *Journal of Economic Methodology* 5: 155-6.

Hausman, Daniel M. 1998b. "Problems with Realism in Economics." *Economics and Philosophy* 14: 185-213.

Hausman, Daniel M. 1999. "Ontology and Methodology in Economics." *Economics and Philosophy* 15: 283-8.

Hausman, Daniel M. 2000. "Realist Philosophy and Methodology of Economics: What Is It?" *Journal of Economic Methodology* 7: 127-33.

Hausman, Daniel M. and McPherson, Michael S. 1996. *Economic Analysis and Moral Philosophy*. Cambridge: Cambridge University Press.

Hausman, Daniel M. and Mongin, Philippe. 1998. "Economists' Responses to Anomalies: Full-Cost Pricing versus Preference Reversals." In *New Economics and Its History*, ed. J. B. Davis, 255-72. Durham, NC: Duke University Press.

Hayek, Friedrich A. 1934. "Carl Menger." *Economica* 1: 393-420.〔「カール・メンガー」,『思想史論集』八木紀一郎監訳, 中山智香子訳, 春秋社, 2009 年〕

Hayek, Friedrich A. 1937. "Economics and Knowledge." *Economica* 4: 33-54.〔「経済学と知識」,『個人主義と経済秩序』嘉治元郎・嘉治佐代訳, 春秋社, 2008 年〕

Hayek, Friedrich A. 1952. *The Sensory Order: An Inquiry Into the Foundations of Theoretical Psychology*. Chicago: University of Chicago Press.〔『感覚秩序』穐山貞登訳, 春秋社, 2008 年〕

Hayek, Friedrich A. 1967a. "Degrees of Explanation." In *Studies in Philosophy, Politics and Economics*, 3-21. Chicago: University of Chicago Press [originally published in 1955].〔「説明の程度について」,『哲学論集』嶋津格監訳, 望月由紀訳, 春秋社, 2010 年〕

Hayek, Friedrich A. 1967b. "The Theory of Complex Phenomena." In *Studies in Philosophy, Politics and Economics*, 22-24. Chicago: University of Chicago Press [originally published in 1964].〔「複雑現象の理論」,『哲学論集』嶋津格監訳, 杉田秀一訳, 春秋社, 2010 年〕

Hayek, Friedrich A. 1967c. "The Results of Human Action but Not of Human Design." In *Studies in Philosophy, Politics and Economics*, 96-105. Chicago: University of Chicago Press.〔「行為の結果ではあるが, 設計の結果ではないもの」,『思想史論集』八木紀一郎監訳, 太子堂正称訳, 春秋社, 2009 年〕

Hayek, Friedrich A. 1973. "The Place of Menger's Grundsätze in the History of Economic Thought." In *Carl Menger and the Austrian School of Economics*, ed. J. R. Hicks and W. Weber, 1-14. Oxford: Oxford University Press.〔「経済思想史におけるメンガー『原理』の地位」,『思想史論集』八木紀一郎監訳, 太子堂正称訳, 春秋社, 2009 年〕

Hayek, Friedrich A. 1979. *The Counter-Revolution of Science*, 2nd ed. Indianapolis, IN: Liberty Press [1st edition 1952].〔『科学による反革命』渡辺幹雄訳, 春秋社, 2011 年〕

Hempel, Carl G. 1962. "Rational Action." *Proceedings and Addresses of the American Philosophical Association* 35: 5-23.

Hempel, Carl G. 1965. *Aspects of Scientific Explanation*. New York: The Free Press.〔『科学的説明の諸問題』長坂源一郎訳, 岩波書店, 1973 年〕

Hempel, Carl G. 1966. *Philosophy of Natural Science*. Englewood Cliffs, NJ: Prentice Hall.

Hempel, Carl G. 1969. "Logical Positivism and the Social Sciences." In *The Legacy of Logical Positivism*, ed. P. Achinstein and S. F. Barker, 163-94. Baltimore, MD: Johns Hopkins University Press.

Hempel, Carl G. and Oppenheim, Paul. 1948. "Studies in the Logic of Explanation." *Philosophy of Science* 15: 135-75 [reprinted (with postscript) as chapter 10 of Hempel 1965].

Henderson, James P. 1990. "Induction, Deduction, and the Role of Mathematics: The Whewell Group vs. The Ricardian Economists." *Research in the History of Economic Thought and Methodology* 7: 1-36.

Henderson, James P. 1996. *Early Mathematical Economics: William Whewell and the British Case*. Lanham, MD: Roman and Littlefield.

Henderson, James P. 1998. "Whewell, William." In *The Handbook of Economic Methodology*, ed. J. B. Davis, D. W. Hands, and U. Mäki, 547-9. Cheltenham: Edward Elgar.

Henderson, Willie, Dudley-Evans, Tony, and Backhouse, Roger., eds. 1993. *Economics and Language*. London: Routledge.

Hendry, David F. 1980. "Econometrics - Alchemy or Science?" *Economica* 47: 387-406.

Hesse, Mary. 1966. *Models and Analogies in Science*. Notre Dame, IN: University of Notre Dame Press. 〔『科学・モデル・アナロジー』高田紀代志訳，培風館，1986 年〕

Hessen, Boris. 1931. "The Social and Economic Roots of Newton's 'Principia'." In *Science at the Crossroads*, ed. N. Bukharin et al., 151-211. London: Frank Cass & Co.

Hickerson, Steven R. 1987. "Instrumental Valuation: The Normative Compass of Institutional Economics." *Journal of Economic Issues* 21: 1117-43.

Hintikka, Jaakko. 1998. "What is Abduction? The Fundamental Problem of Contemporary Epistemology." *Transactions of the Charles S. Peirce Society* 34: 503-33.

Hirsch, Abraham. 1992. "John Stuart Mill on Verification and the Business of Science." *History of Political Economy* 24: 843-66.

Hirsch, Abraham. 1995. "John Stuart Mill and the Problem of Induction." In *Monetarism and the Methodology of Economics: Essays in Honour of Thomas Mayer*, ed. K. D. Hoover and S. M. Sheffrin, 217-24. Aldershot: Edward Elgar.

Hirsch, Abraham and De Marchi, Neil. 1990. *Milton Friedman: Economics In Theory and Practice*. Ann Arbor: University of Michigan Press.

Hodgson, Geoffrey M. 1989. "Institutional Economic Theory: the Old versus the New." *Review of Political Economy* 1: 249-69.

Hodgson, Geoffrey M. 1993. *Economics and Evolution: Bringing Life Back Into Econom- ics*. Ann Arbor: University of Michigan Press. 〔『進化と経済学：経済学に生命を取り戻す』西部忠監訳，森岡真史他訳，東洋経済新報社，2003 年〕

Hodgson, Geoffrey M. 1994. "The Return of Institutional Economics." In *The Handbook of Economic Sociology*, ed. N. J. Smelser and R. Swedberg, 58-76. Princeton, NJ: Princeton University Press.

Hodgson, Geoffrey M. 1997. "Economics and the Return to Mecca: The Recognition of Novelty and Emergence." *Structural Change and Economic Dynamics* 8: 399- 412.

Hodgson, Geoffrey M. 1998a. "The Approach of Institutional Economics." *Journal of Economic Issues* 36: 166-92.

Hodgson, Geoffrey M. 1998b. "Evolutionary Economics." In *The Handbook of Economic Methodology*, ed. J. B. Davis, D. W. Hands, and U. Mäki, 160-7. Cheltenham: Edward Elgar.

Hoefer, Carl and Rosenberg, Alexander. 1994. "Empirical Equivalence, Underdetermination, and Systems of the World." *Philosophy of Science* 61: 592-607.

Hoksbergen, Roland. 1994. "Postmodernism and Institutionalism: Toward a Resolution of the Debate on Relativism." *Journal of Economic Issues* 28: 679-713.

Hollander, Samuel. 1983. "William Whewell and John Stuart Mill On the Methodology of Political Economy." *Studies in History and Philosophy of Science* 14: 127-68.

Hollander, Samuel. 1985. *The Economics of John Stuart Mill*, 2 Vols. Toronto: University of Toronto Press.

Hollander, Samuel and Peart, Sandra. 1999. "John Stuart Mill's Method in Principle and Practice: A Review of the Evidence." *Journal of the History of Economic Thought* 21: 369-97.

Hollis, Martin. 1982. "The Social Destruction of Reality." In *Rationality and Relativism*, ed. M. Hollis and S. Lukes, 67-86. Cambridge, MA: MIT Press.

Hollis, Martin and Nell, Edward J. 1975. *Rational Economic Man: A Philosophical Critique of Neo-Clasical Economics*. Cambridge: Cambridge University Press. 〔『新古典派経済学批判』末永隆甫監訳，生越利昭他訳，新評論，1981 年〕

Hooker, C. A. 1995. *Reason, Regulation, and Realism*. Albany: State University of New York Press.

Hoover, Kevin D. 1984. "Methodology: A Comment on Frazer and Boland." *American Economic Review* 74: 789-92.

Hoover, Kevin D. 1991. "Scientific Research Program or Tribe? A Joint Appraisal of Lakatos and the New

Classical Macroeconomics." In *Appraising Economic Theories: Studies in the Methodology of Research Programs*, ed. M. Blaug and N. De Marchi, 364-94. Aldershot: Edward Elgar.

Hoover, Kevin D. 1994. "Pragmatism, Pragmaticism and Economic Method." In *New Directions in Economic Methodology*, ed. R. Backhouse, 286-315. London: Routledge.

Hoover, Kevin D. 1995a. "Is Macroeconomics for Real?" *The Monist* 78: 235-57.

Hoover, Kevin D. 1995b. "Why Does Methodology Matter for Economics?" *Economic Journal* 105: 715-34.

Hoover, Kevin D. 2002. "Econometrics and Reality." In *Fact and Fiction in Economics: Models, Realism, and Social Construction*, ed. U. Mäki, 152-177. Cambridge: Cambridge University Press.

Houthakker, Hendrik S. 1950. "Revealed Preference and the Utility Function." *Econometrica* 17: 159-74.

Houthakker, Hendrik S. 1983. "On Consumption Theory." In *Paul Samuelson and Modern Economics*, ed. E. C. Brown and R. M. Solow, 57-68. New York: McGraw Hill.

Hoyningen-Huene, Paul. 1993. *Reconstructing Scientific Revolutions: Thomas S. Kuhn's Philosophy of Science*. Trans. Alexander Levine. Chicago: University of Chicago Press.

Hudson, Richard. 1997. "Rosenberg, Intentionality, and Explanatory Strategies in Financial Economics" [paper presented at the History of Economics Society Meetings, Charleston, S.C., June 1997].

Hull, David. 1988. *Science as a Process: An Evolutionary Account of the Social and Conceptual Development of Science*. Chicago: University of Chicago Press.

Hull, David. 1997. "What's Wrong with Invisible-Hand Explanations?" *Philosophy of Science* 64 (Proceedings): S117-S126.

Hume, David. 1888. *A Treatise of Human Nature*, Reprinted from the Original Edition in Three Volumes, ed. L. A. Selby-Bigge. Oxford: Oxford University Press [originally published in 1739].〔『人間本性論』木曾好能他訳，法政大学出版局，2011-12 年〕

Hutchison, Terence. 1938. *The Significance and Basic Postulates of Economic Theory*. London: Macmillan.

Hutchison, Terence. 1941. "The Significance and Basic Postulates of Economic Theory: A Reply to Professor Knight." *Journal of Political Economy* 49: 732-50.

Hutchison, Terence. 1960. *The Significance and Basic Postulates of Economic Theory*. New York: Augustus M. Kelly.

Hutchison, Terence. 1973. "Some Themes from *Investigations of Method*." In *Carl Menger and the Austrian School of Economics*, ed. J. R. Hicks and W. Weber, 16-37. Oxford: Oxford University Press.

Hutchison, Terence. 1976. "On the History and Philosophy of Science and Economics." In *Method and Appraisal in Economics*, ed. S. J. Latsis, 181-205. Cambridge: Cambridge University Press.

Hutchison, Terence. 1981. *The Politics and Philosophy of Economics*. New York: New York University Press.

Hutchison, Terence. 1988. "The Case for Falsificationism." In *The Popperian Legacy in Economics*, ed. N. De Marchi, 169-81. Cambridge: Cambridge University Press.

Hutchison, Terence. 1992a. "Hayek and 'Modern Austrian' Methodology: Comment on a Non-Refuting Refutation." *Research in the History of Economic Thought and Methodology* 10: 17-32.

Hutchison, Terence. 1992b. *Changing Aims in Economics*. Oxford: Blackwell.

Hutchison, Terence. 1996. "On the Relations Between Philosophy and Economics: Part I: Frontier Problems in an Era of Departmentalized and Internationalized 'Professionalism'." *Journal of Economic Methodology* 3: 187-213.

Hutchison, Terence. 1998. "Ultra-deductivism from Nassau Senior to Lionel Robbins and Daniel Hausman." *Journal of Economic Methodology* 5: 43-91.

Irzik, Gürol and Grünberg, Teo. 1995. "Carnap and Kuhn: Arch Enemies or Close Allies?" *British Journal for the Philosophy of Science* 46: 285-307.

Jackson, Frank and Pettit, Philip. 1992. "In Defense of Explanatory Ecumenism." *Economics and Philosophy* 8: 1-21.

Jackson, William A. 1995. "Naturalism in Economics." *Journal of Economic Issues* 39: 761-80.

Jaffé, William. 1976. "Menger, Jevons and Walras De-homogenized." *Economic Inquiry* 14: 511-24 [reprinted as Chapter 17 of Walker 1983].

James, William. 1907. *Pragmatism: A New Name for Some Old Ways of Thinking*. Cambridge, MA: Harvard University Press [1975]. 〔『プラグマティズム』枡田啓三郎訳，岩波書店，1957年〕

Janssen, Maarten C. W. 1991. "What Is This Thing Called Microfoundations?" *History of Political Economy* 23: 687-712.

Janssen, Maarten C. W. 1994. "Economic Models and Their Application." In *Idealization VI: Idealization in Economics*, ed. B. Hamminga and N. De Marchi, 101-16. Amsterdam: Rodopi.

Janssen, Maarten C. W. and Kuipers, Theo A. F. 1989. "Stratification of General Equilibrium Theory: A Synthesis of Reconstructions." In *Philosophy of Economics*, ed. W. Balzer and B. Hamminga, 183-205. Dordrecht: Kluwer.

Jevons, William Stanley. 1877. *The Principles of Science*. London: Macmillan.

Jevons, William Stanley. 1879. *Theory of Political Economy*, 2nd ed. London: Macmillan [1st edition 1871, Augustus M. Kelley reprint 1957]. 〔『経済学の理論』小泉信三他訳，寺尾琢磨改訳，日本経済評論社，1981年〕

Johnson, Harry G. 1972. "Some Economic Aspects of Science." *Minerva* 10: 10-18.

Jolink, Albert. 1999. "T. W. Hutchison's Role in the Dissemination of Otto Neurath's Physicalism to Economics." Paper presented at the History of Economics Society Annual meeting in June 1999 at the University of North Carolina, Greensboro.

Junker, Louis J. 1962. "The Social and Economic Thought of Clarence Edwin Ayres." Ph.D. Dissertation. University of Wisconsin, Ann Arbor, MI: University Microfilms.

Kahn, James A., Landsburg, Steven E., and Stockman, Alan C. 1992. "On Novel Confirmation." *British Journal for the Philosophy of Science* 43: 503-16.

Kahn, James A., Landsburg, Steven E., and Stockman, Alan C. 1996. "The Positive Economics of Methodology." *Journal of Economic Theory* 68: 64-76.

Karsten, S. 1973. "Dialectics and the Evolution of Economic Thought." *History of Political Economy* 5: 399-419.

Kauder, Emil. 1957. "Intellectual and Political Roots of the Older Austrian School." *Zeitschrift für Nationalökonomie* 17: 411-25.

Kealey, Terence. 1996. *The Economic Laws of Scientific Research*. New York: St. Martin's.

Kealey, Terence. 1998. "Why Science is Endogenous: a Debate with Paul David and Ben Martin, Paul Romer, Chris Freeman, Luc Soete and Keith Pavitt." *Research Policy* 26: 897-923.

Ketner, Kenneth Laine. 1998. *His Glassy Essence: An Autobiography of Charles Sanders Peirce*. Nashville, TN: Vanderbilt University Press.

Keuzenkamp, Hugo A. 1994. "What if an Idealization is Problematic? The Case of the Homogeneity Condition in Consumer Demand." In *Idealization VI: Idealization in Economics*, ed. B. Hamminga and N. De Marchi, 243-54. Amsterdam: Rodopi.

Keynes, John Maynard. 1962. *A Treatise on Probability*. New York: Harper and Row [1st edition 1921]. 〔『ケインズ全集 第8巻 確率論』佐藤隆三訳，東洋経済新報社，2010年〕

Keynes, John Neville. 1917. *The Scope and Method of Political Economy*, 4th ed. London: Macmillan & Co. [1st edition 1890, Augustus M. Kelley reprint 1986]. 〔『経済学の領域と方法』上宮正一郎訳，日本経済評論社，2000年〕

Kilpatrick, A. and Lawson, Tony. 1980. "On the Nature of Industrial Decline in the UK." *Cambridge Journal of Economics* 4: 85-102.

Kim, Jaegwon. 1982. "Psychophysical Supervenience." *Philosophical Studies* 41: 51-70 [reprinted as chapter 10 of Kim 1993].

Kim, Jaegwon. 1984. "Concepts of Supervenience." *Philosophy and Phenomenological Research* 45: 155-76 [reprinted as chapter 4 of Kim 1993].

Kim, Jaegwon. 1988. "What is 'Naturalized Epistemology?' " *Philosophical Perspectives* 2: 381-405 [reprinted as chapter 12 of Kim 1993].

Kim, Jaegwon. 1993. *Supervenience and Mind.* Cambridge: Cambridge University Press.

Kim, Jinbang. 1991. "Testing in Modern Economics: the Case of Job Search Theory." In *Appraising Economic Theories: Studies in the Methodology of Research Programs*, ed. M. Blaug and N. De Marchi, 105-30. Aldershot: Edward Elgar.

Kimball, Bruce. 1995. *The Condition of American Liberal Education: Pragmatism and a Changing Condition.* New York: College Entrance Examination Board.

Kincaid, Harold. 1988. "Supervenience and Explanation." *Synthese* 77: 251-81.

Kincaid, Harold. 1996. *Philosophical Foundations of the Social Sciences.* Cambridge: Cambridge University Press.

Kincaid, Harold. 1997. "Individualism and Rationality." In *Individualism and the Unity of Science*, 119-42. Lanham, MD: Roman & Littlefield.

Kincaid, Harold. 1998. "Supervenience." In *The Handbook of Economic Methodology*, ed. J. B. Davis, D. W. Hands, and U. Mäki, 487-8. Cheltenham: Edward Elgar.

Kitcher, Philip. 1990. "The Division of Cognitive Labor." *The Journal of Philosophy* 87: 5-22.

Kitcher, Philip. 1992. "The Naturalists Return." *The Philosophical Review* 101: 53-114.

Kitcher, Philip. 1993. *The Advancement of Science: Science Without Legend, Objectivity Without Illusions.* Oxford: Oxford University Press.

Kitcher, Philip. 1994. "Contrasting Conceptions of Social Epistemology." In *Socializing Epistemology: The Social Dimensions of Knowledge*, ed. F. F. Schmitt, 111-34. Lanham, MD: Roman and Littlefield.

Kitcher, Philip. 1997. "An Argument About Free Inquiry." *Noûs* 31: 279-306.

Klamer, Arjo. 1984. "Levels of Discourse in New Classical Economics." *History of Political Economy* 16: 263-90.

Klamer, Arjo. 1987. "As If Economists and Their Subject Were Rational." In *The Rhetoric of the Human Sciences*, ed. J. S. Nelson, A. Megill, and D. N. McCloskey, 163-83. Madison: University of Wisconsin Press.

Klamer, Arjo. 1990. "The Textbook Presentation of Economic Discourse." In *Economics and Discourse: An Analysis of the Language of Economics*, ed. W. J. Samuels, 129-65. Boston: Kluwer.

Klamer, Arjo. 1991. "On Interpretative and Feminist Economics." In *Economics, Culture and Education: Essays in Honour of Mark Blaug*, ed. G. K. Shaw, 133-41. Aldershot: Edward Elgar.

Klamer, Arjo and McCloskey, D. N. 1992. "Accounting as the Master Metaphor of Economics." *The European Accounting Review* 1: 145-60.

Klamer, Arjo, McCloskey, D. N., and Solow, Robert M., eds. 1988. *The Consequences of Economic Rhetoric.* Cambridge: Cambridge University Press.

Klant, Johannes J. 1984. *The Rules of the Game.* Cambridge: Cambridge University Press.

Klant, Johannes J. 1988. "The Natural Order." In *The Popperian Legacy in Economics*, ed. N. De Marchi, 87-117. Cambridge: Cambridge University Press.

Klant, Johannes J. 1994. The *Nature of Economic Thought: Essays in Economic Methodology*. Trans. T. S. Preston. Aldershot: Edward Elgar.

Klappholz, Kurt and Agassi, Joseph. 1959. "Methodological Prescriptions in Economics." *Economica* 26: 60-74.

Klein, Judy L. 1997. *Statistical Visions in Time: A History of Time Series Analysis 1662-1938.* Cambridge:

Cambridge University Press.

Klein, Philip A. 1998. "Is Postmodern Institutionalism the Wave of the Future? A Reply to Hoksbergen." *Journal of Economic Issues* 32: 833-43.

Knight, Frank H. 1922. "Ethics and the Economic Interpretation." *Quarterly Journal of Economics* 36: 454-81.

Knight, Frank H. 1940. "'What is Truth' in Economics?" *Journal of Political Economy* 48 [reprinted as chapter 7 of Knight 1956, page references to reprint].

Knight, Frank H. 1956. *On the History and Method of Economics*. Chicago: University of Chicago Press.

Knorr Cetina, Karin. 1981. *The Manufacture of Knowledge: An Essay on the Constructivist and Contextual Nature of Science*. New York: Pergamon.

Knorr Cetina, Karin. 1991. "Epistemic Cultures: Forms of Reason in Science." *History of Political Economy* 23: 105-22.

Koch, Sigmund. 1992. "Psychology's Bridgman vs. Bridgman's Bridgman." *Theory & Psychology* 2: 261-90.

Koertge, Noretta. 1975. "Popper's Metaphysical Research Program for the Human Sciences." *Inquiry* 19: 437-62.

Koertge, Noretta. 1979. "The Methodological Status of Popper's Rationality Principle." *Theory and Decision* 10: 83-95.

Koertge, Noretta. 1996. "Feminist Epistemology: Stalking an Un-Dead Horse." In The *Flight from Science and Reason*, ed. P. R. Gross, N. Levitt, and M. W. Lewis, 413-19. Baltimore, MD: The Johns Hopkins University Press.

Koopmans, Tjalling C. 1947. "Measurement Without Theory." *The Review of Economics and Statistics* 29: 161-72.

Koopmans, Tjalling C. 1949. "A Reply." *The Review of Economics and Statistics* 31: 86-91.

Koopmans, Tjalling C. 1957. *Three Essays on the State of Economic Science*. New York: McGraw Hill.

Koot, Gerard M. 1987. *English Historical Economics. 1870-1926: The Rise of Economic History and NeoMercantilism*. Cambridge: Cambridge University Press.

Kornblith, Hilary. 1985a. "Introduction: What is Naturalistic Epistemology." In *Naturalizing Epistemology*, ed. H. Kornblith, 1-13. Cambridge, MA: MIT Press.

Kornblith, Hilary., ed. 1985b. *Naturalizing Epistemology*. Cambridge, MA: MIT Press.

Kuhn, Thomas S. 1962. *The Structure of Scientific Revolutions*, 1st ed. Chicago: University of Chicago Press. 〔『科学革命の構造』中山茂訳, みすず書房, 1971 年〕

Kuhn, Thomas S. 1970a. *The Structure of Scientific Revolutions*, 2nd ed. Chicago: University of Chicago Press.

Kuhn, Thomas S. 1970b. "Reflections on My Critics." In *Criticism and the Growth of Knowledge*, ed. I. Lakatos and A. Musgrave, 231-78. Cambridge: Cambridge University Press.

Kuhn, Thomas S. 1976. "Theory-Change as Structure-Change: Comments on the Sneed Formalism." *Erkenntnis* 10: 179-99.

Kuhn, Thomas S. 1977a. *The Essential Tension*. Chicago: University of Chicago Press. 〔『科学革命における本質的緊張：トーマス・クーン論文集』安孫子誠也・佐野正博訳, みすず書房, 1998 年〕

Kuhn, Thomas S. 1977b. "Second Thoughts on Paradigms." In *The Structure of Scientific Theories*, 2nd ed., ed. F. Suppe, 459-82. Urbana, IL: University of Illinois Press.

Kuhn, Thomas S. 1992. *The Trouble with the Historical Philosophy of Science*. An Occasional Publication of the Department of History of Science, Harvard University, Cambridge, MA.

Kuhn, Thomas S. 1993. "Afterword." In *World Changes: Thomas Kuhn and the Nature of Science*, ed. P. Horwich, 311-41. Cambridge, MA: MIT Press.

Kulkarni, Deepak and Simon, Herbert. 1988. "The Processes of Scientific Discovery: The Strategy of

Experimentation." *Cognitive Science* 12: 139-75.

Kuokkanen, Martti. 1993. "On the Structuralist Constraints in Social Scientific Theorizing." *Theory and Decision* 35: 19-54.

Lagueux, M. 1994. "Friedman's 'Instrumentalism' and Constructive Empiricism in Economics." *Theory and Decision* 37: 147-74.

Lakatos, Imre. 1968. "Criticism and the Methodology of Scientific Research Programmes." *Proceedings of the Aristotelian Society* 69: 149-86.

Lakatos, Imre. 1970. "Falsification and the Methodology of Scientific Research Programmes." In *Criticism and the Growth of Knowledge*, ed. I. Lakatos and A. Musgrave, 91-196. Cambridge: Cambridge University Press.〔『批判と知識の成長』森博訳，木鐸社，1985 年〕

Lakatos, Imre. 1971. "History of Science and Its Rational Reconstruction." In *Boston Studies in the Philosophy of Science*, ed. R. C. Buck and R. S. Cohen, 174-82. Dordrecht: D. Reidel.

Lakatos, Imre. 1976. *Proofs and Refutations*. Cambridge: Cambridge University Press.〔『数学的発見の論理：証明と論駁』佐々木力訳，共立出版，1980 年〕

Lakatos, Imre. 1978. "Popper on Demarcation and Induction." In *The Methodology of Scientific Research Programmes: Philosophical Papers*, Vol. I, 139-67. Cambridge: Cambridge University Press.

Langley, Pat, Simon, Herbert, Bradshaw, Gary, and Zytkow, Jan. 1987. *Scientific Discovery: Computational Explorations of the Creative Process*. Cambridge, MA: MIT Press.

Langlois, Richard N. 1989. "What Was Wrong with the Old Institutional Economics (and What is Still Wrong with the New)." *Review of Political Economy* 1: 270-98.

Langlois, Richard N., ed. 1986. *Economics as a Process: Essays in the New Institutional Economics*. New York: Cambridge University Press.

Larvor, Brendan. 1998. *Lakatos: An Introduction*. London: Routledge.

Latour, Bruno. 1987. *Science in Action*. Cambridge, MA: Harvard University Press.〔『科学が作られているとき：人類学的考察』川崎勝・高田紀代志訳，産業図書，1999 年〕

Latour, Bruno. 1990. "Postmodern? No, Simply AModern! Steps Towards an Anthropology of Science." *Studies in History and Philosophy of Science* 21: 145-71.

Latour, Bruno. 1992. "One More Turn After the Social Turn." In *The Social Dimensions of Science*, ed. E. McMullin, 272-94. Notre Dame, IN: University of Notre Dame Press.

Latour, Bruno. 1993. *We Have Never Been Modern*. Cambridge, MA: Harvard University Press.〔『虚構の「近代」：科学人類学は警告する』川村久美子訳・解題，新評論，2008 年〕

Latour, Bruno. 1999. *Pandora's Hope: Essays on the Reality of Science Studies*. Cambridge, MA: Harvard University Press.〔『科学論の実在：パンドラの希望』川崎勝・平川秀幸訳，産業図書，2007 年〕

Latour, Bruno and Woolgar, Steve. 1979. *Laboratory Life: the Construction of Scientific Facts*. Beverly Hills, CA: Sage.

Latour, Bruno and Woolgar, Steve. 1986. *Laboratory Life: the Construction of Scientific Facts*, 2nd ed. Princeton, NJ: Princeton University Press.

Latsis, Spiro J. 1972. "Situational Determinism in Economics." *British Journal for the Philosophy of Science* 23: 207-45.

Latsis, Spiro J., ed. 1976a. *Method and Appraisal in Economics*. Cambridge: Cambridge University Press.

Latsis, Spiro J. 1976b. "A Research Programme in Economics." In *Method and Appraisal in Economics*, ed. S. J. Latsis, 1-41. Cambridge: Cambridge University Press.

Latsis, Spiro J. 1983. "The Role and Status of the Rationality Principle in the Social Sciences." In *Epistemology, Methodology, and the Social Sciences*, ed. R. S. Cohen and M. W. Wartofsky, 123-51. Dordrecht: D. Reidel.

Laudan, Larry. 1977. *Progress and Its Problems*. Berkeley: University of California Press.〔『科学は合理的に進歩する：脱パラダイム論へ向けて』村上陽一郎・井山弘幸共訳，サイエンス社，1986 年〕

Laudan, Larry. 1984. *Science and Values*. Berkeley: University of California Press. 〔『科学と価値：相対主義と実在論を論駁する』小草泰・戸田山和久訳, 勁草書房, 2009 年〕

Laudan, Larry. 1986. "Some Problems Facing Intuitionist Meta-Methodologies." *Synthese* 67: 115-29.

Laudan, Larry. 1989. "If It Ain't Broke, Don't Fix It." *British Journal for the Philosophy of Science* 40: 369-75.

Laudan, Larry. 1990. "Normative Naturalism." *Philosophy of Science* 57: 44-59.

Laudan, Larry et al. 1986. "Scientific Change: Philosophical Models and Historical Research." *Synthese* 69: 141-223.

Lavoie, Don. 1990. "Understanding Differently: Hermeneutics and the Spontaneous Order of Communicative Processes." In *Carl Menger and His Legacy in Economics*, ed. B. J. Caldwell, 359-77. Durham, NC: Duke University Press.

Lavoie, Don. 1991a. "The Progress of Subjectivism." In *Appraising Economic Theories: Studies in the Methodology of Research Programs*, ed. M. Blaug and N. De Marchi, 470-86. Aldershot: Edward Elgar.

Lavoie, Don., ed. 1991b. *Economics and Hermeneutics*. London: Routledge.

Lawson, Clive. 1996. "Realism, Theory, and Individualism in the Work of Carl Menger." *Review of Social Economy* 54: 445-64 [reprinted with minor revisions as chapter 3 of Fleetwood 1999].

Lawson, Tony. 1985. "The Context of Prediction (and the Paradox of Confirmation)." *British Journal for the Philosophy of Science* 36: 393-407.

Lawson, Tony. 1989a. "Abstraction, Tendencies and Stylised Facts: A Realist Approach to Economic Analysis." *Cambridge Journal of Economics* 13: 59-78.

Lawson, Tony. 1989b. "Realism and Instrumentalism in the Development of Econometrics." *Oxford Economic Papers* 41: 236-58.

Lawson, Tony. 1992. "Realism, Closed Systems, and Friedman." *Research in the History of Economic Thought and Methodology* 10: 149-69.

Lawson, Tony. 1994a. "A Realist Theory for Economics." In *New Directions in Economic Methodology*, ed. R. Backhouse, 257-85. London: Routledge.

Lawson, Tony. 1994b. "Realism and Hayek: A Case of Continuing Transformation." In *Capitalism, Socialism and Knowledge: the Economics of F. A. Hayek*, Vol. I, ed. M. Colonna, H. Hagemann, and O. Hamouda, 131-59. Aldershot: Edward Elgar.

Lawson, Tony. 1994c. "Why Are So Many Economists so Opposed to Methodology?" *Journal of Economic Methodology* 1: 105-33.

Lawson, Tony. 1994d. "The Nature of Post-Keynesianism and Its Links to Other Traditions: A Realist Perspective." *Journal of Post-Keynesian Economics* 16: 503-38.

Lawson, Tony. 1995. "A Realist Perspective on Contemporary 'Economic Theory'." *Journal of Economic Issues* 29: 1-32.

Lawson, Tony. 1996. "Developments in Economics as Realist Social Theory." *Review of Social Economy* 54: 405-22 [reprinted with minor revisions as chapter 1 of Fleetwood 1999].

Lawson, Tony. 1997a. *Economics and Reality*. London: Routledge. 〔『経済学と実在』八木紀一郎監訳, 江頭進・葛城政明訳, 日本評論社, 2003 年〕

Lawson, Tony. 1997b. "Critical Issues in *Economics as Realist Social Theory*." *Ekonomia* 1: 75-117 [reprinted with minor revisions as chapter 12 of Fleetwood 1999].

Lawson, Tony. 1997c. "On Criticizing the Practices of Economists: A Case for Interventionist Methodology." In *Pluralism in Economics*, ed. A. Salanti and E. Serepanti, 13-36. Aldershot: Edward Elgar.

Lawson, Tony. 1997d. "Development in Hayek's Social Theorising." In *Hayek: Economist and Social Philosopher*, ed. S. F. Frowen, 125-47. New York: St. Martins.

Lawson, Tony. 1998. "Clarifying and Developing the *Economics and Reality* Project: Closed and Open

Systems, Deductivism, Prediction, and Teaching." *Review of Social Economy* 56: 356-75.

Lawson, Tony. 1999. "What Has Realism Got To Do With It?" *Economics and Philosophy* 15: 269-82.

Leamer, Edward. 1983. "Let's Take the Con Out of Econometrics." *American Economic Review* 73: 31-64.

Leijonhufvud, Axel. 1976. "Schools, 'Revolutions,' and Research Programmes in Economic Theory." In *Method and Appraisal in Economics*, ed. S. J. Latsis, 65-108. Cambridge: Cambridge University Press.

Leinfellner, W. 1983. "Marxian Paradigms versus Microeconomic Structures." In *Epistemology, Methodology, and the Social Sciences*, ed. R. S. Cohen and M. W. Wartofsky, 153-201. Dordrecht: D. Reidel.

Lenoir, Timothy. 1988. "Practice, Reason, Context: The Dialogue Between Theory and Experiment." *Science in Context* 2: 3-22.

Lenoir, Timothy. 1992. "Practical Reason and the Construction of Knowledge." In *The Social Dimensions of Science, ed. E. McMullin*, 158-97. Notre Dame, IN: University of Notre Dame Press.

Leonard, Robert J. 1994a. "Laboratory Strife: Higgling as Experimental Science in Economics and Social Psychology." In *Higgling: Transactors and Their Markets in the History of Economics* [Supplement to HOPE vol. 26], ed. N. De Marchi and M. S. Morgan, 343-69. Durham, NC: Duke University Press.

Leonard, Robert J. 1994b. "Reading Cournot, Reading Nash: The Creation and Stabilisa- tion of the Nash Equilibrium." *Economic Journal* 104: 492-511.

Leonard, Robert J. 1995a. "Social Signs, Social Science: The Vienna Circle, the Visual Arts, and Social Theory in the Interwar Period." Paper presented at the History of Economics Society Annual meeting in June 1995 at the University of Notre Dame.

Leonard, Robert J. 1995b. "From Parlor Games to Social Science: von Neumann, Morgenstern, and the Creation of Game Theory 1928-1944." *Journal of Economic Literature* 33: 730-61.

Leonard, Robert J. 1997. "Value, Sign and Social Structure: the 'Game' Metaphor and Modern Social Science." *The European Journal of the History of Economic Thought* 4: 299-326.

Leonard, Robert J. 1998. "Ethics and the Excluded Middle: Karl Menger and Social Science in Interwar Vienna." *Isis* 89: 1-26.

Leonard, Thomas Clark. 1997. "The Reason of Rules in the Intellectual Economy: The Economics of Science and the Science of Economics." George Washington University Ph.D. Dissertation.

Lester, Richard A. 1946. "Shortcomings of Marginal Analysis for Wage-Employment Problems." *American Economic Review* 36: 63-82.

Lewin, Shira B. 1996. "Economics and Psychology: Lessons for Our Own Day from the Early Twentieth Century." *Journal of Economic Literature* 34: 1293-1323.

Lewis, J. David and Smith, Richard L. 1980. *American Sociology and Pragmatism: Mead, Chicago Sociology, and Symbolic Interaction*. Chicago: University of Chicago Press.

Liebhafsky, E. E. 1993. "The Influence of Charles Sanders Peirce on Institutional Economics." *Journal of Economic Issues* 27: 741-54.

Lipsey, Richard G. 1966. *An Introduction to Positive Economics*, 2nd. ed. London: Weidenfeld and Nicholson.『ミクロ経済学：ポジティブ・エコノミクス』大住栄治監訳, 1990 年, 『マクロ経済学：ポジティブ・エコノミクス』大住栄治監訳, 1992 年〕

Lloyd, Elisabeth A. 1984. "A Semantic Approach to the Structure of Population Genetics." *Philosophy of Science* 51: 242-64.

Lloyd, Elisabeth A. 1988. *The Structure and Confirmation of Evolutionary Theory*. Westport, CT: Greenwood Press.

Longino, Helen E. 1988. "Review Essay: Science, Objectivity, and Feminist Values." *Feminist Studies* 14: 561-74.

Longino, Helen E. 1990. *Science as Social Knowledge: Values and Objectivity in Scientific* Inquiry. Princeton: Princeton University Press.

Longino, Helen E. 1991. "Multiplying Subjects and the Diffusion of Power." *The Journal of Philosophy* 8: 666-74.

Longino, Helen E. 1992. "Essential Tensions - Phase Two: Feminist, Philosophical, and Social Studies of Science." In *The Social Dimensions of Science*, ed. E. McMullin, 198-216. Notre Dame, IN: University of Notre Dame Press.

Longino, Helen E. 1993. "Economics for Whom?" In *Beyond Economic Man: Feminist Theory and Economics*, ed. M. A. Ferber and J. A. Nelson, 158-68. Chicago: University of Chicago Press.

Longino, Helen E. 1994. "The Fate of Knowledge in Social Theories of Science." In Socializing Epistemology: *The Social Dimensions of Knowledge*, ed. F. F. Schmitt, 135-57. Lanham, MD: Roman and Littlefield.

Longino, Helen E. 1995. "Gender, Politics, and the Theoretical Virtues." *Synthese* 104: 383-97.

Lorenz, Konrad. 1977. *Behind the Mirror: A Search for a Natural History of Human Knowledge*. Trans. R. Taylor. New York: Harcourt Brace Jovanovich. 〔『鏡の背面：人間的認識の自然誌的考察』谷口茂訳, 筑摩書房, 2017年〕

Lovejoy, Arthur. 1908. "The Thirteen Pragmatisms." *Journal of Philosophy* 5: 5-12, 29-39.

Lovering, John. 1990. "Neither Fundamentalism nor 'New Realism': a Critical Realist Perspective on Current Divisions in Socialist Theory." *Capital and Class* 42: 30-54.

Lucas, Robert E. Jr. 1988. "On the Mechanics of Economic Development." *Journal of Monetary Economics* 22: 3-42.

Lynch, Michael. 1985. *Art and Artifact in Laboratory Science: A Study of Shop Work and Shop Talk in a Research Laboratory*. London: Routledge.

Lynch, Michael. 1992. "Extending Wittgenstein: The Pivotal Move from Epistemology to the Sociology of Science." In *Science as Practice and Culture*, ed. A. Pickering, 215-65. Chicago: University of Chicago Press.

Lyotard, Jean-Francois. 1987. "The Postmodern Condition." In *After Philosophy: End or Transformation?*, ed. K. Baynes, J. Bohman, and T. McCarthy, 73-94. Cambridge, MA: MIT Press.

Mach, Ernst 1893. "The Economy of Science." In *The Science of Mechanics*, trans. T. J. McCormak, 577-95. LaSalle, IL: Open Court [6th edition 1960].

Mach, Ernst. 1898. "The Economical Nature of Physical Inquiry." In *Popular Scientific Lectures*, trans. T. J. McCormak, 186-213. LaSalle, IL: Open Court.

Machlup, Fritz. 1946. "Marginal Analysis and Empirical Research." *American Economic Review* 36: 519-54.

Machlup, Fritz. 1955. "The Problem of Verification in Economics." *Southern Economic Journal* 22: 1-21.

Machlup, Fritz. 1962. *The Production and Distribution of Knowledge in the United States*. Princeton, NJ: Princeton University Press. 〔『知識産業』高橋達男・木田宏監訳, 産業能率短期大学出版部, 1969年〕

Machlup, Fritz. 1964. "Professor Samuelson on Theory and Realism." *American Economic Review* 54: 733-6.

Machlup, Fritz. 1966. "Operationalism and Pure Theory in Economics." In *The Structure of Economic Science, Essays on Methodology*, ed. S. R. Krupp, 53-67. Englewood Cliffs, NJ: Prentice Hall.

Machlup, Fritz. 1969. "Positive and Normative Economics: An Analysis of the Ideas." In *Economic Means and Social Ends: Essays in Political Economics*, ed. R. L. Heilbroner, 99-129. Englewood Cliffs, NJ: Prentice-Hall [reprinted as chapter 9 of Caldwell 1993, Vol. II].

MacKenzie, Donald. 1990. *Inventing Accuracy: A Historical Sociology of Nuclear Missile Guidance*. Cambridge, MA: MIT Press.

Maddock, Rodney. 1984. "Rational Expectations Macrotheory: A Lakatosian Case Study in Program Adjustment." *History of Political Economy* 16: 291-310.

Maddock, Rodney. 1991. "The Development of New Classical Macroeconomics: Lessons for Lakatos." In *Appraising Economic Theories: Studies in the Methodology of Research Programs*, ed. M. Blaug and N. De Marchi, 335-59. Aldershot: Edward Elgar.

Mäki, Uskali. 1986. "Rhetoric at the Expense of Coherence: A Reinterpretation of Milton Friedman's Methodology." *Research in the History of Economic Thought and Methodology* 4: 27-43.

Mäki, Uskali. 1988a. "How to Combine Rhetoric and Realism in the Methodology of Economics." *Economics and Philosophy* 4: 89-109.

Mäki, Uskali. 1988b. "Realism, Economics and Rhetoric: A Rejoinder to McCloskey." *Economics and Philosophy* 4: 167-9.

Mäki, Uskali. 1989. "On the Problem of Realism in Economics." *Ricerche Economiche* 43: 176-97.

Mäki, Uskali. 1990a. "Scientific Realism and Austrian Explanation." *Review of Political Economy* 2: 310-44.

Mäki, Uskali. 1990b. "Mengerian Economics in Realist Perspective." In *Carl Menger and His Legacy in Economics*, ed. B. J. Caldwell, 289-310. Durham, NC: Duke University Press.

Mäki, Uskali. 1992a. "Social Conditioning of Economics." In *Post-Popperian Methodology of Economics*, ed. N. De Marchi, 65-104. Boston: Kluwer.

Mäki, Uskali. 1992b. "Friedman and Realism." *Research in the History of Economic Thought and Methodology* 10: 171-95.

Mäki, Uskali. 1992c. "The Market as an Isolated Causal Process: A Metaphysical Ground for Realism." In *Austrian Economics: Tensions and New Directions*, ed. B. J. Caldwell and S. Boehm, 35-59. Boston: Kluwer.

Mäki, Uskali. 1992d. "On the Method of Isolation in Economics." *Poznan Studies in the Philosophy of the Sciences and the Humanities* 26: 317-51.

Mäki, Uskali. 1993a. "Two Philosophies of the Rhetoric of Economics." In *Economics and Language*, ed. W. Henderson, T. Dudley-Evans, and R. Backhouse, 23-50. London: Routledge.

Mäki, Uskali. 1993. "Social Theories of Science and the Fate of Institutionalism in Economics." In *Rationality, Institutions and Economic Methodology*, ed. U. Mäki, B. Gustafsson, C. Knudson, 76-109. London: Routledge.

Mäki, Uskali. 1994a. "Methodology Might Matter, But Weintraub's Meta-Methodology Shouldn't." *Journal of Economic Methodology* 1: 215-31.

Mäki, Uskali. 1994b. "Isolation, Idealization and Truth in Economics." In *Idealization VI: Idealization in Economics*, ed. B. Hamminga and N. De Marchi, 147-68. Amsterdam: Rodopi.

Mäki, Uskali. 1995. "Diagnosing McCloskey." *Journal of Economic Literature* 23: 1300-18.

Mäki, Uskali. 1996a. "Two Portraits of Economics." *Journal of Economic Methodology* 5: 1-38.

Mäki, Uskali. 1996b. "Scientific Realism and Some Peculiarities of Economics." In *Realism and Anti-Realism in the Philosophy of Science*, ed. R. S. Cohen, R. Hilpinen, and Q. Renzong, 427-47. Dordrecht: Kluwer.

Mäki, Uskali. 1997. "Universals and the Methodenstreit: a Re-examination of Carl Menger's Conception of Economics as an Exact Science." *Studies in History and Philosophy of Science* 28: 475-95.

Mäki, Uskali. 1998a. "Instrumentalism." In *The Handbook of Economic Methodology*, ed. J. B. Davis, D. W. Hands, and U. Mäki, 253-6. Cheltenham: Edward Elgar.

Mäki, Uskali. 1998b. "Realism." In *The Handbook of Economic Methodology*, ed. J. B. Davis, D. W. Hands, and U. Mäki, 404-9. Cheltenham: Edward Elgar.

Mäki, Uskali. 1998c. "Separateness, Inexactness, and Economic Method." *Journal of Economic Methodology* 5: 147-54.

Mäki, Uskali. 1998d. "Realisticness." In *The Handbook of Economic Methodology*, ed. J. B. Davis, D. W. Hands, and U. Mäki, 409-13. Cheltenham: Edward Elgar.

Mäki, Uskali. 1998e. "Aspects of Realism About Economics." *Theoria* 13: 301-19.

Mäki, Uskali. 1998f. "Is Coase a Realist?" *Philosophy of the Social Sciences* 28: 5- 31.

Mäki, Uskali. 1998g. "The Problem of Social Coase: Between Regulation and Free Market in Economic Methodology." In *Coasean Economics: Law and Economics and the New Institutional Economics*, ed. S. G. Medema, 249-69. Boston: Kluwer.

Mäki, Uskali. 1998h. "Coase, R. H." In *The Handbook of Economic Methodology*, ed. J. B. Davis, D. W. Hands, and U. Mäki, 64-7. Cheltenham: Edward Elgar.

Mäki, Uskali. 1998i. "Against Posner Against Coase Against Theory." *Cambridge Journal of Economics* 22: 587-95.

Mäki, Uskali. 1999. "Science as a Free Market: A Reflexivity Test in an Economics of Economics." *Perspectives on Science* 7: 486-509.

Mäki, Uskali. 2000a. "Kinds of Assumptions and Their Truth: Shaking an Untwisted F-twist." *Kyklos* 53: 303-22.

Mäki, Uskali. 2000b. "Reclaiming Relevant Realism." *Journal of Economic Methodology* 7: 109-25.

Mäki, Uskali. 2001. "The Way the World Works (www): An Ontological Constraint on Economic Theorizing." In The *Economic World View: Studies in the Ontology of Economics*, ed. U. Mäki. Cambridge: Cambridge University Press.

Malachowski, A., ed. 1990. *Reading Rorty*. Oxford: Blackwell.

Maloney, John. 1994. "Economic Method and Economic Rhetoric." *Journal of Economic Methodology* 1: 251-67.

Manicas, Peter T. 1998. "John Dewey and American Social Science." In *Reading Dewey: Interpretations for a Postmodern Generation*, ed. L. A. Hickman, 43-62. Bloomington: Indiana University Press.

Mannheim, Karl. 1936. *Ideology and Utopia: An Introduction to the Sociology of Knowledge*. San Diego, CA: Harcourt Brace Jovanovich. 〔『イデオロギーとユートピア』髙橋徹・徳永恂訳, 中央公論新社, 2006 年〕

Mansfield, Edwin. 1966. "National Science Policy: Issues and Problems." *American Economic Review* 56: 476-88.

Mansfield, Edwin. 1972. "Contribution of R&D to Economic Growth in the United States." *Science* 175: 477-86.

Mansfield, Edwin. 1991. "Academic Research and Industrial Innovation." *Research Policy* 20: 1-12.

Mansfield, Edwin. 1996. "Contributions of New Technology to the Economy." In *Technology, R&D, and the Economy*, ed. B. L. R. Smith and C. E. Barfield, 114-39. Washington, DC: Brookings and AEI.

Marshall, Alfred. 1949. *Principles of Economics*, 8th ed., New York: Macmillan [1st edition 1890]. 〔『経済学原理』馬場啓之助訳, 東洋経済新報社, 1965-1967 年〕

Marx, Karl. 1859. *A Contribution to the Critique of Political Economy* [Moscow: Progress Publishers, 1970]. 〔『経済学批判』武田隆夫他訳, 岩波書店, 1956 年〕

Marzola, Alessandra and Silva, Francesro, eds. 1994. *John Maynard Keynes: Language and Method*. Aldershot: Edward Elgar.

Mas-Colell, Andreu, Whinston, Michael D., and Green, Jerry D. 1995. *Microeconomic Theory*. Oxford: Oxford University Press.

Massey, Gerald J. 1965. "Professor Samuelson on Theory and Realism: Comment." *American Economic Review* 55: 1155-64.

Masterman, Margaret. 1970. "The Nature of a Paradigm." In *Criticism and the Growth of Knowledge*, ed. I. Lakatos and A. Musgrave, 59-89. Cambridge: Cambridge University Press.

Mayer, Thomas. 1993. *Truth versus Precision in Economics*. Aldershot: Edward Elgar.

Mayer, Thomas. 1995. *Doing Economic Research: Essays on the Applied Methodology of Economics*. Aldershot: Edward Elgar.

Mayer, Thomas. 1997. "The Rhetoric of Friedman's Quantity Theory Manifesto." *Journal of Economic Methodology* 4: 199-220.

Mayhew, Anne. 1987. "Culture: Core Concept Under Attack." *Journal of Economic Issues* 21: 587-603.

Mayhew, Anne. 1989. "Contrasting Origins of the Two Institutionalisms: the Social Science Context." *Review of Political Economy* 1: 319-33.

McClellan, Chris. 1996. "The Economic Consequences of Bruno Latour." *Social Epistemology* 10: 193-208.

McCloskey, D. N. 1983. "The Rhetoric of Economics." *Journal of Economic Literature* 21: 481-517.

McCloskey, D. N. 1985a. *The Rhetoric of Economics*. Madison: University of Wisconsin Press. 〔『レトリカル・エコノミクス：経済学のポストモダン』長尾史郎訳, ハーベスト社, 1992 年〕

McCloskey, D. N. 1985b. "The Loss Function Has Been Mislaid; The Rhetoric of Significance Tests." *American Economic Review* 75: 201-5.

McCloskey, D. N. 1988. "The Limits of Expertise: If You're So Smart, Why Ain't You Rich." *The American Scholar* 57: 393-406.

McCloskey, D. N. 1989. "Why I Am No Longer a Positivist." *Review of Social Economy* 47: 225-38.

McCloskey, D. N. 1990a. *If You're So Smart: The Narrative of Economic Expertise*. Chicago: University of Chicago Press.

McCloskey, D. N. 1990b. "Storytelling in Economics." In *Economics and Hermeneutics*, ed. D. Lavoie, 61-75. London: Routledge.

McCloskey, D. N. 1993. "Some Consequences of a Conjective Economics." In *Beyond Economic Man: Feminist Theory and Economics*, ed. M. A. Ferber and J. A. Nelson, 69-93. Chicago: University of Chicago Press.

McCloskey, D. N. 1994. *Knowledge and Persuasion in Economics*. Cambridge: Cambridge University Press.

McCloskey, D. N. 1996. *The Vices of Economists - The Virtues of the Bourgeoisie*. Amsterdam: Amsterdam University Press. 〔『ノーベル賞経済学者の大罪』赤羽隆夫訳, 筑摩書房, 2009 年〕

McCloskey, D. N. 1997. "Big Rhetoric, Little Rhetoric: Gaonkar on the Rhetoric of Science." In *Rhetorical Hermeneutics: Invention and Interpretation in the Age of Science*, ed. A. G. Gross and W. M. Keith, 101-12. Albany: State University of New York Press.

McCloskey, D. N. 1998. *The Rhetoric of Economics*, 2nd ed. Madison: University of Wisconsin Press.

McCloskey, D. N. and Zilak, Steven T. 1996. "The Standard Error of Regressions." *Journal of Economic Literature* 34: 97-114.

McElroy, Margorie B. and Horney, Mary Jean. 1981. "Nash Bargained Household Decisions: Toward a Generalization of the Theory of Demand." *International Economic Review* 22: 333-49.

McGucken, William. 1984. *Scientists, Society, and State: The Social Relations of Science Movement in Great Britain 1931-1947*. Columbus: Ohio State University Press.

McGovern, Siobhain. 1995. "On a Maze of Second Thoughts and On the Methodology of Economic Methodology." *Journal of Economic Methodology* 2: 223-37.

McMahon, Michael R. 1984. "An Appraisal of the New Classical Macroeconomics." *Journal of Macroeconomics* 6: 335-46.

Medema, Steven. 1994. *Ronald H. Coase*. New York: St. Martin's Press.

Megill, Allan. 1985. *Prophets of Extremity: Nietzsche, Heidegger, Foucault, Derrida*. Berkeley: University of California Press.

Megill, Allan. 1989. "What Does the Term 'Postmodern' Mean?" *Annals of Scholarship* 6: 125-51.

Melitz, Jack. 1965. "Friedman and Machlup on the Significance of Testing Economic Assumptions." *Journal of Political Economy* 73: 37-60.

Menger, Carl. 1963. *Problems of Economics and Sociology*. Trans. L. Schneider. Urbana: University of

Illinois Press [1st edition 1883].

Menger, Carl. 1976. *Principles of Economics*. Trans. J. Dingwall and B. F. Hoselitz. New York: New York University Press [1st edition 1871]. 〔『国民経済学原理』安井琢磨・八木紀一郎訳，日本経済評論社，1999 年〕

Menger, Karl. 1973. "Austrian Marginalism and Mathematical Economics." In *Carl Menger and the Austrian School of Economics*, ed. J. R. Hicks and W. Weber, 38-60. Oxford: Oxford University Press.

Merton, Robert K. 1936. "The Unanticipated Consequences of Purposive Social Action." *American Sociological Review* 1: 894-904.

Merton, Robert K. 1948. "The Self-Fulfilling Prophecy." *The Antioch Review* 8: 193-210.

Merton, Robert K. 1961. "Singletons and Multiples in Scientific Discovery: A Chapter in the Sociology of Science." *Proceedings of the American Philosophical Society* 105: 470-86 [reprinted in Merton 1973]

Merton, Robert K. 1968. "The Matthew Effect in Science." *Science* 159: 56-63 [reprinted in Merton 1973].

Merton, Robert K. 1970. *Science, Technology and Society in Seventeenth-Century England*. New York: Harper & Row [originally published in Osiris in 1938].

Merton, Robert K. 1973. *The Sociology of Science: Theoretical and Empirical Investigations*. Chicago: University of Chicago Press.

Merton, Robert K. 1977. "The Sociology of Science: An Episodic Memoir." In *The Sociology of Science in Europe*, ed. R. K. Merton and J. Gaston, 3-141. Carbondale: Southern Illinois University Press. 〔『科学社会学の歩み：エピソードで綴る回想録』成定薫訳，サイエンス社，1983 年〕

Meyering,Theo C. 1989. *Historical Roots of Cognitive Science:The Rise of a Cognitive Theory of Perception from Antiquity to the Nineteenth Century*. Dordrecht: Kluwer Academic.

Milberg, William. 1996. "The Rhetoric of Policy Relevance in International Economics." *Journal of Economic Methodology* 3: 237-59.

Milberg, William and Pietrykowski, Bruce A. 1994. "Objectivism, Relativism and the Importance of Rhetoric for Marxist Economics." *Review of Radical Political Economics* 26: 85-109.

Mill, John Stuart. 1874. "On the Definition of Political Economy; and on the Method of investigation Proper To It." In *Essays on Some Unsettled Questions of Political Economy*, 2nd ed. London: Longmans, Green, Reader & Dyer [Augustus M. Kelley reprint 1968, 1st edition 1844]. 〔『経済学試論集』末永茂喜訳，岩波書店，1936 年〕

Mill, John Stuart. 1884. A *System of Logic, Ratiocinative and Inductive: Being a Connected View of the Principles of Evidence and the Methods of Scientific Investigation*, 8th ed. New York: Harper & Brothers [1st edition 1843]. 〔『論理学体系：論証と帰納』大関将一訳，春秋社，1949-1959 年〕

Mill, John Stuart. 1909. *Principles of Political Economy with Some of Their Applications to Social Economy*. New York: D. Appleton & Co. [from the 5th London edition, 1st edition 1848]. 〔『経済学原理』末永茂喜訳，岩波書店，1959-1963 年〕

Mill, John Stuart. 1961. "Autobiography." In *Essential Works of John Stuart Mill*, ed. Max Lerner, 11-182. New York: Bantam Books [originally published in 1873]. 〔『ミル自伝』村井章子訳，みすず書房，2008 年〕

Miller, David. 1974. "Popper's Qualitative Theory of Verisimilitude." *British Journal for the Philosophy of Science* 25: 166-77.

Miller, David. 1994. *Critical Rationalism*. La Salle, IL: Open Court.

Miller, Richard W. 1987. Fact and Method. Princeton, NJ: Princeton University Press.

Mirowski, Philip. 1987a. "The Philosophical Basis of Institutionalist Economics." *Journal of Economic Issues* 21: 1001-38.

Mirowski, Philip. 1987b. "Shall I Compare Thee to a Minkowski-Ricardo-Leontief Matrix of the Hicks-Mosak Type?" *Economics and Philosophy* 3: 67-96.

Mirowski, Philip. 1988. "Physics and the Marginal Revolution." In *Against Mechanism: Protecting*

Economics from Science, 11-30. Lanham, MD: Rowman & Littlefield.

Mirowski, Philip. 1989a. *More Heat Than Light: Economics As Social Physics: Physics as Nature's Economics*. Cambridge: Cambridge University Press.

Mirowski, Philip. 1989b. "The Measurement Without Theory Controversy." *Economies et sociétés* 11: 65-87.

Mirowski, Philip. 1989c. "How Not to Do Things with Metaphors: Paul Samuelson and the Science of Neoclassical Economics." *Studies in History and Philosophy of Science* 20: 175-91.

Mirowski, Philip. 1991. "Postmodernism and the Social Theory of Value." *Journal of Post Keynesian Economics* 13: 565-82.

Mirowski, Philip. 1992. "Looking for Those Natural Numbers: Dimensionless Constants and the Idea of Natural Measurement." *Science in Context* 5: 165-188.

Mirowski, Philip. 1994. "A Visible Hand in the Marketplace of Ideas: Precision Measurement as Arbitrage." *Science in Context* 7: 563-89.

Mirowski, Philip. 1995a. "A Confederacy of Bunches: Comment Upon Niehans on 'Multiple Discoveries'." *The European Journal of the History of Economic Thought* 2: 279-89.

Mirowski, Philip. 1995b. "Philip Kitcher's *Advancement of Science*: A Review Article." *Review of Political Economy* 7: 227-41.

Mirowski, Philip. 1995c. "Three Ways to Think About Testing in Econometrics." *Journal of Econometrics* 76: 25-46.

Mirowski, Philip. 1995d. "Civilization and Its Discounts." *Dialogue* 34: 541-60.

Mirowski, Philip. 1996a. "Comments on Diamond Paper." *Knowledge and Policy* 9: 72-75.

Mirowski, Philip. 1996b. "The Economic Consequences of Philip Kitcher." *Social Epistemology* 10: 153-69.

Mirowski, Philip. 1997a. "The Attribution of Quantitative Error and the Erasure of Plural Interpretations in Various Sciences." In *Pluralism in Economics*, ed. A. Salanti and E. Screpanti, 260-77. Cheltenham: Edward Elgar.

Mirowski, Philip. 1997b. "On Playing the Economics Trump Card in the Philosophy of Science: Why It Did Not Work for Michael Polanyi." *Philosophy of Science* 64 (Proceedings): S127-S138.

Mirowski, Philip. 1998a. "Operationalism." In *The Handbook of Economic Methodology*, ed. J. B. Davis, D. W. Hands, and U. Mäki, 346-49. Cheltenham: Edward Elgar.

Mirowski, Philip. 1998b. "What Should be Bounded When It Comes to Bounded Rationality? or Automata vs. Simulacra" (forthcoming).

Mirowski, Philip. 2001. *Machine Dreams: Economics Becomes a Cyborg Science*. Cambridge: Cambridge University Press.

Mirowski, Philip and Hands, D. Wade. 1998. "A Paradox of Budgets: The Postwar Stabilization of American Neoclassical Demand Theory." In *From Interwar Pluralism to Postwar Neoclassicism* [Supplement to *HOPE* vol. 30], ed. M. S. Morgan and M. Rutherford, 269-92. Durham, NC: Duke University Press.

Mirowski, Philip and Sent, Esther-Mirjam. 2000. "Introduction." In *Science Bought and Sold*, ed. Mirowski, Philip and Sent, Esther-Mirjam. 2002. Chicago: University of Chicago Press.

Mises, Ludwig von. 1949. *Human Action*. New Haven, CT: Yale University Press. 〔『ヒューマン・アクション：人間行為の経済学』村田稔雄訳，春秋社，2008 年〕

Mises, Ludwig von. 1978. *The Ultimate Foundation of Economic Science*, 2nd ed. Mission, KA: Sheed Andrews and McMeel [1st edition published in 1961]. 〔『経済科学の根底』村田稔雄訳，日本経済評論社，2002 年〕

Mitchell, Wesley C. 1913. *Business Cycles*. Berkeley: University of California Press. 〔『景気循環』種瀬茂他訳，新評論，1972 年〕

Mitchell, Wesley C. 1967. *Types of Economic Theory*, Vols. I and II. New York: Augustus M. Kelley.〔『経済理論の諸型態』春日井薫訳，文雅堂銀行研究社，1971-1981 年〕

Moen, Marcia K. 1997. "Peirce's Pragmatism as a Resource for Feminism." *Transactions of the Charles* S. Peirce Society 27: 435-50.

Montague, W. P. 1937. "The Story of American Realism." *Philosophy* 12: 140-61.

Moore, G. E. 1903. *Principia Ethica*. Cambridge: Cambridge University Press.〔『倫理学原理：付録：内在的価値の概念／自由意志』泉谷周三郎他訳，三和書籍，2010 年〕

Morgan, Mary S. 1988. "Finding a Satisfactory Empirical Model." In *The Popperian Legacy in Economics*, ed. N. De Marchi, 199-211. Cambridge: Cambridge University Press.

Morgan, Mary S. 1990. *The History of Econometric Ideas*. Cambridge: Cambridge University Press.

Morgan, Mary S. 1996. "Idealization and Modeling: A Review of Bert Hamminga and Neil De Marchi (eds.) *Idealization in Economics.*" *Journal of Economic Methodology* 3: 131-48.

Morgan, Mary S. 1997. "The Technology of Analogical Models: Irving Fisher's Monetary Worlds." Philosophy of Science 64 (Proceedings): S304-S314.

Morgan, Mary S. 1998. "Models." In *The Handbook of Economic Methodology*, ed. J. B. Davis, D. W. Hands, and U. Mäki, 316-21. Cheltenham: Edward Elgar.

Morgan, Mary S. 1999. "Learning From Models." In *Models as Mediators*, ed. M. S. Morgan and M. C. Morrison, 347-88. Cambridge: Cambridge University Press.

Morgan, Mary S. 2001. "Models, Stories and the Economic World." In *Fact and Fiction in Economics: Models, Realism and Social Construction*. Cambridge: Cambridge University Press.

Morris, Charles. 1963. "Pragmatism and Logical Empiricism." In *The Philosophy of Rudolf Carnap*, ed. P. A. Schilpp, 87-98. LaSalle, IL: Open Court.

Morrison, Margaret. 1998. "Modelling Nature Between Physics and the Physical World." *Philosophia Naturalis* 38: 65-85.

Morrison, Margaret. 1999. "Models as Autonomous Agents." In *Models as Mediators*, ed. M. S. Morgan and M. C. Morrison, 38-65. Cambridge: Cambridge University Press.

Morrison, Margaret and Morgan, Mary S. 1999a. "Introduction." In *Models as Mediators*, ed. M. S. Morgan and M. C. Morrison, 1-9. Cambridge: Cambridge University Press.

Morrison, Margaret and Morgan, Mary S. 1999b. "Models as Mediating Instruments." In *Models as Mediators*, ed. M. S. Morgan and M. C. Morrison, 10-37. Cambridge: Cambridge University Press.

Moseley, Fred. 1995. "Marx's Economic Theory: True or False? A Marxian Response to Blaug's Appraisal." In *Heterodox Economic Theories: True or False?*, ed. F. Moseley, 88-118. Aldershot: Edward Elgar.

Motterlini, Matteo, ed. 1999. *For And Against Method: Imre Lakatos and Paul Feyerabend*. Chicago: University of Chicago Press.

Moulines, C. Ulises. 1996. "Structuralism: The Basic Ideas." In *Structuralist Theory of Science*, ed. W. Balzer and C. U. Moulines, 1-13. Berlin: Walter de Gruyter.

Mulkay, Michael. 1981. "Action and Belief or Scientific Discourse? A Possible Way of Ending Intellectual Vassalage in Social Studies of Science." *Philosophy of the Social Sciences* 11: 163-71.

Mulkay, Michael. 1985. *Word and the World: Explorations in the Form of Sociological Analysis*. London: Routledge.

Mulkay, Michael and Gilbert, G. Nigel. 1982. "Joking Apart: Some Recommendations Concerning the Analysis of Scientific Culture." *Social Studies of Science* 12: 585-613.〔「ジョークはさておき」，『科学理論の現象学』柴田幸雄・岩坪紹夫訳，紀伊國屋書店，1990 年〕

Munz, Peter. 1985. *Our Knowledge of the Growth of Knowledge*. London: Routledge.

Munz, Peter. 1993. *Philosophical Darwinism: On the Origin of Knowledge by Means of Natural Selection*. London: Routledge.

Murphy, Nancy. 1989. "Another Look at Novel Facts." *Studies in History and Philosophy of Science* 20: 385-88.

Musgrave, Alan. 1981. " 'Unreal Assumptions' in Economic Theory: The F-Twist Untwisted." *Kyklos* 34: 377-87.

Musgrave, Alan. 1988. "The Ultimate Argument for Scientific Realism." In *Relativism and Realism in Science*, ed. R. Nola, 229-52. Dordrecht: Kluwer Academic Publishers.

Musgrave, Alan. 1993. *Common Sense, Science and Scepticism.* Cambridge: Cambridge University Press.

Nadeau, R. 1993. "Confuting Popper on the Rationality Principle." *Philosophy of the Social Sciences* 23: 446-67.

Nagel, Ernest. 1961. *The Structure of Science: Problems in the Logic of Scientific Explanation.* New York: Harcourt, Brace & World. 〔『科学の構造』松野安男訳, 明治図書出版, 1968-1969 年〕

Nagel, Ernest. 1963. "Assumptions in Economic Theory." *American Economic Review* 53: 211-19.

Nelson, Alan. 1984. "Some Issues Surrounding the Reduction of Macroeconomics to Microeconomics." *Philosophy of Science* 51: 573-94.

Nelson, Alan. 1986. "New Individualistic Foundations for Economics." *Nous* 20: 469-90.

Nelson, Alan. 1990. "Social Science and the Mental." *Midwest Studies in Philosophy* 15: 194-209.

Nelson, J., Megill, A., and McCloskey, D. N., eds. 1987. *The Rhetoric of the Human Sciences.* Madison: University of Wisconsin Press.

Nelson, Julie A. 1993. "Value-Free or Valueless? Notes on the Pursuit of Detachment in Economics." *History of Political Economy* 25: 121- 45.

Nelson, Julie A. 1995. "Feminism and Economics." *Journal of Economic Perspectives* 9: 131-48.

Nelson, Julie A. 1996. *Feminism, Objectivity and Economics.* London: Routledge.

Nelson, Lynn Hankinson. 1990. *Who Knows? From Quine to a Feminist Empiricism.* Philadelphia, PA: Temple University Press.

Nelson, Lynn Hankinson. 1995. "A Feminist Naturalized Philosophy of Science." *Synthese* 104: 399-421.

Nelson, Richard R. 1959. "The Simple Economics of Basic Scientific Research." *Journal of Political Economy* 67: 297-306.

Nelson, Richard R. and Winter, Sidney G. 1982. *An Evolutionary Theory of Economic Change.* Cambridge, MA: Harvard University Press. 〔『経済変動の進化理論』後藤晃他訳, 慶應義塾大学出版会, 2007 年〕

Nelson, Richard R. and Romer, Paul M. 1996. "Science, Economic Growth, and Public Policy." In *Technology, R&D, and the Economy*, ed. B. L. R. Smith and C. E. Barfield, 49-74. Washington, DC: Brookings and AEI.

Neurath, Otto. 1937. "Unified Science and Its Encyclopaedia." *Philosophy of Science* 4: 265-77.

Newell, Allen and Simon, Herbert. 1972. *Human Problem Solving.* Englewood Cliffs, NJ: Prentice Hall.

Newton-Smith, W. H. 1995. "Popper, Science and Rationality." In *Karl Popper: Philosophy and Problems*, ed. A. O'Hear, 13-30. Cambridge: Cambridge University Press.

Nickles, Thomas. 1995. "Philosophy of Science and History of Science." *Osiris* 10: 139-63.

Niehans, Jürg. 1995a. "Multiple Discoveries in Economic Theory." *The European Journal of the History of Economic Thought* 2: 1-28.

Niehans, Jürg. 1995b. "Multiple Discoveries Defended: A Reply." *The European Journal of the History of Economic Thought* 2: 293-8.

Nielsen, Kai. 1993. "Peirce, Pragmatism and the Challenge of Postmodernism." *Transactions of the Charles* S. Peirce Society 29: 513-60.

Nietzsche, Friedrich. 1954. "On Truth and Lie in an Extra-Moral Sense." In *The Portable Nietzsche*, 42-7. Selected and Translated with an Introduction, Preface, and Notes by Walter Kaufmann. New York: Viking Penguin.

Nightingale, John. 1994. "Situational Determinism Revisited: Scientific Research Programmes in Economics Twenty Years On." *Journal of Economic Methodology* 1: 233-52.

Niiniluoto, Ilkka. 1998. "Verisimilitude: the Third Period." *British Journal for the Philosophy of Science* 49: 1-29.

Niiniluoto, Ilkka. 1999. "Defending Abduction." *Philosophy of Science* 66 (Proceedings): S436-S451.

Nola, Robert. 1987. "The Status of Popper's Theory of Scientific Method." *British Journal for the Philosophy of Science* 38: 441-80.

Nola, Robert. 1988. "Introduction: Some Issues Concerning Relativism and Realism in Science." In *Relativism and Realism in Science*, ed. R. Nola, 1-35. Dordrecht: Kluwer Academic.

Nooteboom, Bart. 1986. "Plausibility in Economics." *Economics and Philosophy* 2: 197-224.

Nowak, Leszek. 1980. *The Structure of Idealization: Towards a Systematic Interpretation of the Marxian Idea of Science*. Dordrecht: D. Reidel.

Nowak, Leszek. 1994. "The Idealizational Methodology and Economics." In *Idealization VI: Idealization in Economics*, ed. B. Hamminga and N. De Marchi, 303-36. Amsterdam: Rodopi.

Nozick, Robert. 1977. "On Austrian Methodology." *Synthese* 36: 353-92 [reprinted as chapter 5 of Nozick 1993].

Nozick, Robert. 1981. *Philosophical Explanations*. Cambridge, MA: Harvard University Press. 〔『考える ことを考える』坂本百大ほか訳, 青土社, 1997 年〕

Nozick, Robert. 1993. *Socratic Puzzles*. Cambridge, MA: Harvard University Press.

Oakley, Allen. 1994. *Classical Economic Man: Human Agency and Methodology in the Political Economy of Adam Smith and J. S. Mill*. Aldershot: Edward Elgar.

Oakley, Allen. 1997. *The Foundations of Austrian Economics From Menger to Mises*. Aldershot: Edward Elgar.

O'Brien, D. P. 1976. "The Longevity of Adam Smith's Vision: Paradigms, Research Programmes and Falsifiability in the History of Economic Thought." *Scottish Journal of Political Economy* 23: 133-51.

Oddie, Graham. 1986. "The Poverty of the Popperian Program for Truthlikeness." *Philosophy of Science* 53: 163-78.

O'Donnell, R. 1990. "The Epistemology of J. M. Keynes." *British Journal for the Philosophy of Science* 41: 333-50.

O'Hear, Anthony. 1987. "Has the Theory of Evolution Any Relevance to Philosophy?" *Ratio* 29: 16-35.

O'Neill, John. 1990. "Property in Science and the Market." *The Monist* 73: 601-15.

O'Neill, John. 1995. "In Partial Praise of a Positivist: The Work of Otto Neurath." *Radical Philosophy* 74: 29-38.

O'Neill, John. 1997. "Discussant's Comments: Hayek and the Positivists." In *Hayek: Economist and Social Philosopher*, ed. S. F. Frowen, 152-3. New York: St. Martin's.

Papineau, David. 1993. *Philosophical Naturalism*. Oxford: Blackwell.

Parsons, Stephen D. 1997a. "Why the 'Transcendental' In Transcendental Realism?" *Ekonomia* 1: 22-38 [reprinted with minor revisions as chapter 9 of Fleetwood 1999].

Parsons, Stephen D. 1997b. "Mises, The A Priori, and the Foundations of Economics." *Economics and Philosophy* 13: 175-96.

Parsons, Stephen D. 1999. "Economics and Reality: A Philosophical Critique of Transcendental Realism." *Review of Political Economy* 11: 455-66.

Patinkin, Don. 1983. "Multiple Discoveries and the Central Message." *American Journal of Sociology* 89: 306-23.

Peacock, Mark S. 1993. "Hayek, Realism and Spontaneous Order." *Journal for the Theory of Social Behaviour* 23: 249-64.

Pearce, David and Tucci, Michele. 1982. "On the Logical Structure of Some Value Systems of Classical

Economics: Marx and Sraffa.' *Theory and Decision* 14: 155-75.

Pearce, Kerry A. and Hoover, Kevin D. 1995. "After the Revolution: Paul Samuelson and the Textbook Keynesian Model." In *New Perspectives on Keynes* [Supplement to HOPE vol. 27], ed. A. F. Cottrell and M. S. Lawlor, 183-216. Durham, NC: Duke University Press.

Peart, Sandra. 1995. " 'Disturbing Causes,' 'Noxious Errors,' and the Theory-Practice Distinction in the Economics of J. S. Mill and W. S. Jevons." *Canadian Journal of Economics* 28: 1194-1211.

Peirce, Charles S. 1868. "Some Consequences of Four Incapacities." In *Philosophical Writings of Peirce*, ed. J. Buchler, 228-50. New York: Dover [1955].〔「四つの能力の否定から導かれる諸々の帰結」, 『プラグマティズム古典集成：パース, ジェイムズ, デューイ』植木豊編訳, 作品社, 2014 年〕

Peirce, Charles S. 1877. "The Fixation of Belief." In *Charles S. Peirce: Selected Writings, ed.* P. P. Weiner, 91-112. New York: Dover [1966].〔「信念の確定の仕方」, 『プラグマティズム古典集成』同上〕

Peirce, Charles S. 1878. "How to Make Our Ideas Clear." In *Charles S. Peirce: Selected Writings*, ed. P. P. Weiner, 113-36. New York: Dover [1966].〔「我々の観念を明晰にする方法」, 『プラグマティズム古典集成』同上〕

Peirce, Charles S. 1879. "Note on the Theory of the Economy of Research." In *United States Coast Survey* for the fiscal year ending June 1876, U. S. Government Printing Office [reprinted in *Operations Research* 15, 1967, 642-8, and as an appendix to Wible 1994b].

Peirce, Charles S. 1887-8. "A Guess at the Riddle." In *The Essential Peirce: Selected Philosophical Writings*, Vol. 1 (1867-1893), ed. N. Houser and C. Kloesel, 245-79. Bloomington, IN: Indiana University Press [1992].

Peirce, Charles S. 1905a. "What Pragmatism Is." In *Charles S. Peirce: Selected Writings*, ed. P. P. Weiner, 180-202. New York: Dover [1966].〔「プラグマティズムとは何か」, 『プラグマティズム古典集成』同上〕

Peirce, Charles S. 1905b. "Issues of Pragmaticism." In *Charles S. Peirce: Selected Writings*, ed. P. P. Weiner, 203-23. New York: Dover [1966].〔「プラグマティシズムの問題点」, 『プラグマティズム古典集成』同上〕

Peirce, Charles S. 1906. "Pragmatism in Retrospect: A Last Formulation." In *Philosophical Writings of Peirce*, ed. J. Buchler, 269-89. New York: Dover [1955].

Peirce, Charles S. 1940. "Logic as Semiotic: The Theory of Signs." In *Philosophical Writings of Peirce*, ed. J. Buchler, 98-119. New York: Dover [1955].

Pels, Dick. 1997. "Mixing Metaphors: Politics or Economics of Knowledge?" *Theory and Society* 26: 685-717.

Petrella, F. 1988. "Henry George and the Classical Scientific Research Program: The Economics of Republican Millennialism." *American Journal of Economics and Sociology* 47: 239-56.

Pheby, John. 1988. *Methodology and Economics: A Critical Introduction*. London: Macmillan.〔『経済学方法論の新展開』方法論と経済学』浦上博逵・小島照男訳, 文化書房博文社, 1991 年〕

Pickering, Andrew. 1990. "Knowledge, Practice and Mere Construction." *Social Studies of Science* 20: 682-729.

Pickering, Andrew. 1992. "From Science as Knowledge to Science as Practice." In *Science as Practice and Culture*, ed. A. Pickering, 1-26. Chicago: University of Chicago Press.

Pickering, Andrew. 1994. "Objectivity and the Mangle of Practice." In *Rethinking Objectivity*, ed. A. Megill, 109-25. Durham, NC: Duke University Press.

Pickering, Andrew. 1995a. *The Mangle of Practice: Time, Agency, and Science*. Chicago: University of Chicago Press.

Pickering, Andrew. 1995b. "After Representation: Science Studies in the Performative Idiom." PSA *1994*, Vol. 2, 413-19. East Lansing, MI: PSA.

Pickering, Andrew. 1997. "The History of Economics and the History of Agency." In *The State of the*

History of Economics, ed. J. P. Henderson, 6-18. London: Routledge.

Pinnick, Cassandra L. 1994. "Feminist Epistemology: Implications for Philosophy of Science." *Philosophy of Science* 61: 646-52.

Pitt, Joseph C. 1988. *Theories of Explanation*. Oxford: Oxford University Press.

Polanyi, Michael. 1958. *Personal Knowledge*. Chicago: University of Chicago Press. 〔『個人的知識：脱批判哲学をめざして』長尾史郎訳, ハーベスト社, 1985 年〕

Polanyi, Michael. 1962. "The Republic of Science." *Minerva* 1: 54-73. 〔「科学の共和国」,『知と存在：言語的世界を超えて』佐野安仁他監訳, 晃洋書房, 1985 年〕

Poovey, Mary. 1998. *A History of the Modern Fact: Problems of Knowledge in the Sciences of Wealth and Society*. Chicago: University of Chicago Press.

Popper, Karl R. 1934. *Logik der Forschung*. Vienna: Julius Springer Verlag [with the imprint "1935"].

Popper, Karl R. 1959. *The Logic of Scientific Discovery*. New York: Basic Books [transla-tion of Popper 1934]. 〔『科学的発見の論理』大内義一・森博共訳, 恒星社厚生閣, 1971-1972 年〕

Popper, Karl R. 1961. *The Poverty of Historicism*, 3rd ed. New York: Harper and Row. 〔『歴史主義の貧困』岩坂彰訳, 日経 BP 社, 2013 年〕

Popper, Karl R. 1965. *Conjectures and Refutations*, 2nd ed. New York: Harper and Row. 〔『推測と反駁：科学的知識の発展』藤本隆志他訳, 法政大学出版局, 2009 年〕

Popper, Karl R. 1966. *The Open Society and Its Enemies*, Vol. 2, 2nd ed. New York: Harper and Row. 〔『開かれた社会とその敵』小河原誠・内田詔夫訳, 未來社, 1980 年〕

Popper, Karl R. 1967. "La Rationalité et le Statut de Principe de Rationalité." In *Les Fondements Philosophiques des Systèmes Économiques*, ed. E. M. Classen, 142-50. Paris: Payot.

Popper, Karl R. 1968. *The Logic of Scientific Discovery*, 2nd ed. New York: Basic Books.

Popper, Karl R. 1972. *Objective Knowledge*. Oxford: Oxford University Press. 〔『客観的知識：進化論的アプローチ』森博訳, 木鐸社, 1974 年〕

Popper, Karl R. 1974. "Replies to My Critics." In *The Philosophy of Karl Popper*, ed. P. A. Schilpp, 961-1197. LaSalle, IL: Open Court.

Popper, Karl R. 1976a. "The Logic of the Social Sciences." In *The Positivist Dispute in German Sociology*, ed. T. W. Adorno et al., 87-104. New York: Harper and Row.

Popper, Karl R. 1976b. *Unended Quest: An Intellectual Autobiography*. LaSalle, IL: Open Court. 〔『果てしなき探求：知的自伝』森博訳, 岩波書店, 2004 年〕

Popper, Karl R. 1983. *Realism and the Aim of Science*. Totowa, NJ: Rowman and Littlefield. 〔『実在論と科学の目的：W・W・バートリー三世編『科学的発見の論理へのポストスクリプト』より』小河原誠他訳, 岩波書店, 2002 年〕

Popper, Karl R. 1985. "The Rationality Principle." In *Popper Selections*, ed. D. Miller, 357-65. Princeton: Princeton University Press.

Popper, Karl R. 1994. *The Myth of the Framework: In Defence of Science and Rationality*. London: Routledge. 〔『フレームワークの神話：科学と合理性の擁護』ポパー哲学研究会訳, 未來社, 1998 年〕

Pratten, Stephen. 1993. "Structure, Agency and Marx's Analysis of the Labour Process." *Review of Political Economy* 5: 403-26.

Pratten, Stephen. 1996. "The 'Closure' Assumption as a First Step: Neo-Ricardian Economics and Post-Keynesianism." *Review of Social Economy* 54: 423-43 [reprinted with minor revisions as chapter 2 of Fleetwood 1999].

Pratten, Stephen. 1997. "The Nature of Transaction Cost Economics." *Journal of Economic Issues* 31: 781-803.

Pratten, Stephen. 1998. "Marshall on Tendencies, Equilibrium, and the Statical Method." *History of Political Economy* 30: 121-63.

Putnam, Hilary. 1975. *Mind, Language, and Reality*. Cambridge: Cambridge University Press.

Putnam, Hilary. 1983. *Realism and Reason*. Cambridge: Cambridge University Press. 〔『実在論と理性』飯田隆他訳，勁草書房，1992 年〕

Putnam, Hilary. 1994. *Words and Life*. Cambridge, MA: Harvard University Press.

Putnam, Hilary. 1995. *Pragmatism*. Oxford: Blackwell. 〔『プラグマティズム：限りなき探究』高頭直樹訳，晃洋書房，2013 年〕

Putnam, Hilary and Putnam, Ruth Anna. 1990. "Epistemology as Hypothesis." *Transactions of the Charles S. Peirce Society* 26: 407-33.

Quine, W. V. O. 1951. "Two Dogmas of Empiricism." *Philosophical Review* 60: 20-43.

Quine, W. V. O. 1969a. "Ontological Relativity." In *Ontological Relativity & Other Essays*, 26-68. New York: Columbia University Press.

Quine, W. V. O. 1969b. "Epistemology Naturalized." In *Ontological Relativity & Other Essays*, 69-90. New York: Columbia University Press.

Quine, W. V. O. 1969c. "Natural Kinds." In *Ontological Relativity & Other Essays*, 114-38. New York: Columbia University Press.

Quine, W. V. O. 1975. "On Empirically Equivalent Systems of the World." *Erkenntnis* 9: 313-28.

Quine, W. V. O. 1980a. *From a Logical Point of View*, 2nd rev. ed. Cambridge, MA: Harvard University Press. 〔『論理的観点から：論理と哲学をめぐる九章』飯田隆訳，勁草書房，1992 年〕

Quine, W. V. O. 1980b. "Two Dogmas of Empiricism." In *From a Logical Point of View*. 2nd rev. ed., 20-46. Cambridge, MA: Harvard University Press. [revised reprint of Quine 1951].

Quine, W. V. O. 1981. "The Pragmatists' Place in Empiricism." In *Pragmatism: Its Sources and Prospects*, ed. R. Mulvaney and P. M. Zeltner, 23-39. Columbia: University of South Carolina Press.

Quine, W. V. O. 1995. *From Stimulus to Science*. Cambridge, MA: Harvard University Press.

Radnitzky, Gerard. 1986. "Towards an 'Economic' Theory of Methodology." *Methodology and Science* 19: 124-47.

Radnitzky, Gerard. 1991. "Refined Falsificationism Meets the Challenge from the Relativist Philosophy of Science." *British Journal for the Philosophy of Science* 42: 273-84.

Radnitzky, Gerard and Bartley, William W. III, eds. 1987. *Evolutionary Epistemology, Rationality, and the Sociology of Knowledge*. LaSalle, IL: Open Court.

Rappaport, Steven. 1995. "Is Economics Empirical Knowledge?" *Economics and Philosophy* 11: 137-58.

Rappaport, Steven. 1998. *Models and Reality in Economics*. Cheltenham: Edward Elgar.

Redman, Deborah A. 1991. *Economics and the Philosophy of Science*. Oxford: Oxford University Press. 〔『経済学と科学哲学』浦上博逵監訳，橋本努訳，文化書房博文社，1994 年〕

Redman, Deborah A. 1997. *The Rise of Political Economy as a Science*. Cambridge, MA: MIT Press.

Reich, Michael. 1995. "Radical Economics: Successes and Failures." In *Heterodox Economic Theories: True or False?*, ed. F. Moseley, 45-70. Aldershot: Edward Elgar.

Reisch, George A. 1991. "Did Kuhn Kill Logical Empiricism?" *Philosophy of Science* 58: 264-77.

Reisch, George A. 1997a. "How Postmodern was Neurath's Idea of Unity of Science?" *Studies in History and Philosophy of Science* 28: 439-451.

Reisch, George A. 1997b. "Economist, Epistemologist . . . and Censor? On Otto Neurath's *Index Verborum Prohibitorum.*" *Perspectives on Science* 5: 452-80.

Remenyi, J. V. 1979. "Core Demi-core Interaction: Toward a General Theory of Disciplinary and Subdisciplinary Growth." *History of Political Economy* 11: 30-63.

Requate, Till. 1991. "Once Again Pure Exchange Economies: A Critical View Towards the Structuralistic Reconstructions By Balzer and Stegmüller." *Erkenntnis* 34: 87-116.

Rescher, Nicholas. 1976. "Peirce and the Economy of Research." *Philosophy of Science* 43: 71-98.

Rescher, Nicholas. 1978. *Peirce's Philosophy of Science*. Notre Dame, IN: University of Notre Dame

Press.

Rescher, Nicholas. 1989. *Cognitive Economy: The Economic Dimension of the Theory of Knowledge*. Pittsburgh, PA: University of Pittsburgh Press.

Rescher, Nicholas. 1996. *Priceless Knowledge?: Natural Science in Economic Perspective*. Lanham, MD: Rowman and Littlefield.

Resnick, Stephen A. and Wolff, Richard D. 1987. *Knowledge and Class: A Marxian Critique of Political Economy*. Chicago: University of Chicago Press.

Resnick, Stephen A. and Wolff, Richard D. 1988. "Marxian Theory and the Rhetorics of Economics." In *The Consequences of Economic Rhetoric*, ed. A. Klamer, D. N. McCloskey, and R. M. Solow, 47-63. Cambridge: Cambridge University Press.

Restivo, Sal. 1995. "The Theory Landscape in Science Studies: Sociological Traditions." In *Handbook of Science and Technology* Studies, ed. S. Jasanoff, G. E. Markle, J. C. Peterson, and T. Pinch, 95-110. Thousand Oaks, CA: Sage.

Reuten, Geert. 1996. "A Revision of the Neoclassical Economics Methodology - Appraising Hausman's Mill-twist, Robbins-gist, Popper-whist." *Journal of Economic Method- ology* 3: 39-68.

Reuten, Geert. 1997. "What About Falsifiability? Further Notes on Hausman's Revision of the Neoclassical Economic Methodology." *Journal of Economic Methodology* 4: 297-302.

Reuten, Geert. 1999. "Knife Edge Caricature Modelling: The Case of Marx's Reproduc- tion Schema." In *Models as Mediators*, ed. M. S. Morgan and M. C. Morrison, 197-240. Cambridge: Cambridge University Press.

Ricardo, David. 1817. *On the Principles of Political Economy and Taxation*. Vol. I of *The Collected Works of David Ricardo*, ed. P. Sraffa and M. Dobb. Cambridge: Cambridge University Press [1951]. 〔『経済学および課税の原理』羽鳥卓也・吉澤芳樹訳, 岩波書店, 1987 年〕

Rizzo, M. J. 1982. "Mises and Lakatos: A Reformulation of Austrian Methodology." In *Method, Process, and Austrian Economics*, ed. I. M. Kirzner, 53-72. Lexington, MA: Lexington Books.

Robbins, Lionel. 1932. *An Essay on the Nature & Significance of Economic Science*. London: Macmillan. 〔『経済学の本質と意義』小峯敦・大槻忠史訳, 京都大学学術出版会, 2016 年〕

Robbins, Lionel. 1952. *An Essay on the Nature & Significance of Economic Science*, 2nd ed. London: Macmillan.

Robbins, Lionel. 1979. "On Latsis's *Method and Appraisal in Economics*: A Review Essay." *Journal of Economic Literature* 17: 996-1004.

Robertson, Linda R. 1996. "'Debating Markets': A Rhetorical Analysis of Economic Discourse." *Feminist Economics* 2: 98-113.

Robinson, Joan. 1933. *The Economics of Imperfect Competition*. London: Macmillan. 〔『不完全競争の経済学』加藤泰男訳, 文雅堂書店, 1957 年〕

Robinson, Joan. 1977. "What Are the Questions?" *Journal of Economic Literature* 15: 1318-39.

Romer, Paul M. 1986. "Increasing Returns and Long Run Growth." *Journal of Political Economy* 94: 1002-37.

Romer, Paul M. 1990. "Endogenous Technological Change." *Journal of Political Economy* 98: 71-102.

Romer, Paul M. 1994. "The Origins of Endogenous Growth." *Journal of Economic Perspectives* 8: 3-22.

Roncaglia, Alessandro. 1995. "Multiple Discoveries: Quantitative Data and Ideological Biases. A Comment on Niehans." *The European Journal of the History of Economic Thought* 2: 289-93.

Roorda, Jonathan. 1997. "Kitcher on Theory Choice." *Erkenntnis* 46: 215-39.

Rorty, Richard. 1965. "Mind-Body Identity, Privacy, and Categories." *Review of Metaphysics* 19: 24-54.

Rorty, Richard. 1970. "In Defense of Eliminative Materialism." *Review of Metaphysics* 24: 112-21.

Rorty, Richard. 1979. *Philosophy and the Mirror of Nature*. Princeton, NJ: Princeton University Press. 〔『哲学と自然の鏡』野家啓一監訳, 伊藤春樹他訳, 産業図書, 1993 年〕

Rorty, Richard. 1982. *Consequences of Pragmatism*. Minneapolis: University of Minnesota Press. 〔『プラグマティズムの帰結』室井尚他訳，筑摩書房，2014 年〕

Rorty, Richard. 1987. "Science as Solidarity." In *The Rhetoric of the Human Sciences*, ed. J. S. Nelson, A. Megill, and D. N. McCloskey, 38-52. Madison: University of Wisconsin Press.

Rorty, Richard. 1989. *Contingency, Irony, and Solidarity*. Cambridge: Cambridge University Press. 〔『偶然性・アイロニー・連帯：リベラル・ユートピアの可能性』齋藤純一他訳，岩波書店，2000 年〕

Rorty, Richard. 1991a. *Objectivity, Relativism, and Truth: Philosophical Papers* Vol I. Cambridge: Cambridge University Press.

Rorty, Richard. 1991b. *Essays on Heidegger and Others: Philosophical Papers* Vol II. Cambridge: Cambridge University Press.

Rorty, Richard. 1993. "Trotsky and the Wild Orchids." In *Wild Orchids and Trotsky: Messages from American Universities*, ed. M. Edmundson, 31-50. New York: Penguin.

Rorty, Richard. 1994. "Dewey Between Hegel and Darwin." In *Modernist Impulses in the Human Sciences 1870-1930*, ed. D. Ross, 54-68. Baltimore, MD: Johns Hopkins University Press.

Rorty, Richard. 1995. "Feminism and Pragmatism." In *Pragmatism: A Contemporary Reader*, ed. R. B. Goodman, 125- 48. New York: Routledge.

Rose, Hilary. 1994. *Love, Power, and Knowledge: Towards a Feminist Transformation of the Sciences (Race, Gender, and Science)*. Bloomington: Indiana University Press.

Rosenau, Pauline M. 1992. *Post-modernism and the Social Sciences: Insights, Inroads, and Intrusions*. Princeton, NJ: Princeton University Press.

Rosenberg, Alexander. 1976. *Microeconomic Laws: A Philosophical Analysis*. Pittsburgh, PA: University of Pittsburgh Press.

Rosenberg, Alexander. 1980a. *Sociobiology and the Preemption of Social Science*. Baltimore, MD: Johns Hopkins University Press.

Rosenberg, Alexander. 1980b. "A Skeptical History of Microeconomic Theory." *Theory and Decision* 12: 79-93.

Rosenberg, Alexander. 1983. "If Economics Isn't Science, What is it?" *Philosophical Forum* 14: 296-314.

Rosenberg, Alexander. 1985a. "Methodology, Theory, and the Philosophy of Science." *Pacific Philosophical Quarterly* 66: 377-93.

Rosenberg, Alexander. 1985b. *The Structure of Biological Science*. Cambridge: Cambridge University Press.

Rosenberg, Alexander. 1986. "Lakatosian Consolations for Economics." *Economics and Philosophy* 2: 127-39.

Rosenberg, Alexander. 1988a. "Rhetoric is Not Important Enough for Economists to Bother About." *Economics and Philosophy* 4: 173-6.

Rosenberg, Alexander. 1988b. "Economics is Too Important to be Left to the Rhetoricians." *Economics and Philosophy* 4: 129-49.

Rosenberg, Alexander. 1989. "Are Generic Predictions Enough?" *Erkenntnis* 30: 43-68.

Rosenberg, Alexander. 1992. *Economics - Mathematical Politics or Science of Diminishing Returns?* Chicago: University of Chicago Press.

Rosenberg, Alexander. 1994a. *Instrumental Biology or the Disunity of Science*. Chicago: University of Chicago Press.

Rosenberg, Alexander. 1994b. "What is the Cognitive Status of Economic Theory?" In *New Directions in Economic Methodology*, ed. R. Backhouse, 216-35. London: Routledge.

Rosenberg, Alexander. 1995a. *Philosophy of Social Science*, 2nd ed. Boulder, CO: Westview Press.

Rosenberg, Alexander. 1995b. "The Metaphysics of Microeconomics." *The Monist* 78: 352-67.

Rosenberg, Alexander. 1995c. "Laws, Damn Laws, and Ceteris Paribus Clauses." *The Southern Journal of*

Philosophy 34: 183-204.

Rosenberg, Alexander. 1996. "A Field Guide to Recent Species of Naturalism." *British Journal for the Philosophy of Science* 47: 1-29.

Rosenberg, Alexander. 1998. "Folk Psychology." In *The Handbook of Economic Method- ology*, ed. J. B. Davis, D. W. Hands, and U. Mäki, 195-7. Cheltenham: Edward Elgar.

Ross, Andrew, ed. 1996. *Science Wars*. Durham, NC: Duke University Press.

Ross, Don. 1995. "Real Patterns and the Ontological Foundations of Microeconomics." *Economics and Philosophy* 11: 113-36.

Ross, Dorothy. 1991. *The Origins of American Social Science*. Cambridge: Cambridge University Press.

Rossetti, Jane. 1990. "Deconstructing Robert Lucas." In *Economics as Discourse: An Analysis of the Language of Economists, ed. W. J.* Samuels, 225-43. Boston: Kluwer.

Roth, Paul A. 1987. *Meaning and Method in the Social Sciences*. Ithaca, NY: Cornell University Press.

Roth, Paul A. 1996. "Will the Real Scientists Please Stand Up? Dead Ends and Live Issues in the Explanation of Scientific Knowledge." *Studies in History and Philosophy of Science* 27: 43-68.

Rotheim, Roy J. 1998. "On Closed Systems and the Language of Economic Discourse." *Review of Social Economy* 56: 324-34.

Rottenberg, Simon. 1981. "The Economy of Science: The Proper Role of Government in the Growth of Science." *Minerva* 19: 43-71.

Rotwein, Eugene. 1959. "On 'The Methodology of Positive Economics'." *Quarterly Journal of Economics* 73: 554-75.

Rotwein, Eugene. 1980. "Friedman's Critics: A Critic's Reply to Boland." *Journal of Economic Literature* 18: 1553-5.

Rubinstein, Ariel. 1998. *Modeling Bounded Rationality*. Cambridge, MA: MIT Press.〔『限定合理性のモデリング』兼田敏之・徳永健一訳, 共立出版, 2008 年〕

Ruccio, David F. 1991. "Postmodernism and Economics." *Journal of Post Keynesian Economics* 13: 495-510.

Runde, Jochen. 1996. "On Popper, Probabilities, and Propensities." *Review of Social Economy* 54: 465-85 [reprinted with minor revisions as chapter 4 of Fleetwood 1999].

Rutherford, Malcolm. 1989. "What is Wrong with the New Institutional Economics (and What is Still Wrong with the Old)." *Review of Political Economy* 1: 299-318.

Rutherford, Malcolm. 1990. "Science, Self-Correction and Values: From Peirce to Institu- tionalism." In *Social Economics: Retrospect and Prospect*, ed. J. Lutz, 391-406. Boston: Kluwer Academic.

Rutherford, Malcolm. 1994. *Institutions in Economics: The Old and the New Institutionalism*. Cambridge: Cambridge University Press.

Salanti, Andrea. 1987. "Falsification and Fallibilism as Epistemic Foundations of Economics." *Kyklos* 40: 368-92.

Salanti, Andrea. 1991. "Roy Weintraub's *Studies in Appraisal*: Lakatosian Consolations or Something Else?" *Economics and Philosophy* 7: 221-34.

Salanti, Andrea. 1993a. "A Reply to Professor Weintraub." *Economics and Philosophy* 9: 139-144.

Salanti, Andrea. 1993b. "Lakatosian Perspectives on General Equilibrium Analysis: A Reply." *Economics and Philosophy* 9: 283-7.

Salmon, Wesley C. 1966. *The Foundations of Scientific Inference*. Pittsburgh, PA: University of Pittsburgh Press.

Salmon, Wesley C. 1989. "Four Decades of Scientific Explanation." In *Scientific Explanation*, ed. P. Kitcher and W. C. Salmon, 3-219. Minneapolis: University of Minnesota Press.

Samuels, Warren J. 1990a. "The Self-Referentiality of Thorstein Veblen's Theory of the Preconceptions of Economic Science." *Journal of Economic Issues* 24: 695-718.

Samuels, Warren J., ed. 1990b. *Economics as Discourse: An Analysis of the Language of Economists*. Boston: Kluwer.

Samuels, Warren J. 1991. "'Truth' and 'Discourse' in the Social Construction of Economic Reality: An Essay on the Relation of Knowledge to Socioeconomic Policy." *Journal of Post Keynesian Economics* 13: 511-24.

Samuels, Warren J. 1996. "Postmodernism and Economics: A Middlebrow View." *Journal of Economic Methodology* 3: 113-20.

Samuelson, Paul A. 1938a. "A Note on the Pure Theory of Consumer's Behaviour." *Economica* 5: 61-71.〔「消費者行動の純粋理論に関するノート」,『消費者行動の理論』宇佐美泰生他訳, 勁草書房, 1980年〕

Samuelson, Paul A. 1938b. "The Empirical Implications of Utility Analysis." *Econometrica* 6: 344-56.〔「効用分析の経験的含意」,『消費者行動の理論』同上〕

Samuelson, Paul A. 1938c. "A Note on the Pure Theory of Consumer's Behaviour: An Addendum." *Economica* 5: 353-4.

Samuelson, Paul A. 1947. *Foundations of Economic Analysis*. Cambridge, MA: Harvard University Press.〔『経済分析の基礎』佐藤隆三訳, 勁草書房, 1986年〕

Samuelson, Paul A. 1948a. *Economics*. New York: McGraw Hill.〔『経済学』都留重人訳, 岩波書店, 1981年〕

Samuelson, Paul A. 1948b. "Consumption Theory in Terms of Revealed Preference." *Economica* 15: 243-53.〔「顕示選好からみた消費理論」,『消費者行動の理論』同上〕

Samuelson, Paul A. 1950. "The Problem of Integrability in Utility Theory." *Economica* 17: 355-85.〔「効用理論における積分可能性の問題」,『消費者行動の理論』同上〕

Samuelson, Paul A. 1953. "Consumption Theorems in Terms of Overcompensation Rather Than Indifference Comparisons." *Economica* 20: 1-9.〔「無差別比較によらず過剰補償による消費諸定理」,『消費者行動の理論』同上〕

Samuelson, Paul A. 1963. "Problems of Methodology - Discussion." *American Economic Review* 53: 231-6.〔「サミュエルソン教授における理論とリアリズム：回答」,『社会科学としての経済学』勁草書房, 福岡正夫他訳, 勁草書房, 1997年〕

Samuelson, Paul A. 1964. "Theory and Realism: A Reply." *American Economic Review* 54: 736-9.

Samuelson, Paul A. 1965. "Professor Samuelson on Theory and Realism: Reply." *American Economic Review* 55: 1164-72.

Samuelson, Paul A. 1972. "Maximum Principles in Analytical Economics." *American Economic Review* 62: 249-62.〔「経済分析と極大原理」,『社会科学としての経済学』〕

Samuelson, Paul A. 1992. "My Life Philosophy: Policy Credos and Working Ways." In *Eminent Economists: Their Life Philosophies*, ed. M. Szenberg, 236-47. Cambridge: Cambridge University Press.〔『現代経済学の巨星：自らが語る人生哲学 下』都留重人監訳, 岩波書店, 1994年〕

Sargent, Thomas. 1993. *Bounded Rationality in Macroeconomics*. Oxford: Oxford University Press.

Sawyer, K. R., Beed, Clive, and Sankey, H. 1997. "Undetermination in Economics: The Duhem-Quine Thesis." *Economics and Philosophy* 13: 1-23.

Schabas, Margaret. 1990. *A World Ruled by Number: William Stanley Jevons and the Rise of Mathematical Economics*. Princeton, NJ: Princeton University Press.

Schabas, Margaret. 1995. "John Stuart Mill and Concepts of Nature." *Dialogue* 34: 447-65.

Schaffer, Simon. 1984. "Newton at the Crossroads." *Radical Philosophy* 37: 23-8.

Schmidt, R. H. 1982. "Methodology and Finance." *Theory and Decision* 14: 391-413.

Schmitt, Frederick F. 1985. "Bibliography." In *Naturalizing Epistemology*, ed. H. Kornblith, 269-99. Cambridge, MA: MIT Press.

Schultz, Henry. 1938. *The Theory and Measurement of Demand*. Chicago: University of Chicago Press.

Schwartz, Pedro. 1972. *The New Political Economy of J. S. Mill*. Durham, NC: Duke University Press.

Seigfried, Charlene Haddock. 1996. *Pragmatism and Feminism: Reweaving the Social Fabric*. Chicago: University of Chicago Press.

Seigfried, Charlene Haddock. 1998. "John Dewey's Pragmatist Feminism." In *Reading Dewey: Interpretations for a Postmodern Generation*, ed. L. A. Hickman, 187-216. Bloomington: Indiana University Press.

Seiz, Janet. 1993. "Feminism and the History of Economic Thought." *History of Political Economy* 25: 185-201.

Seiz, Janet. 1995. "Epistemology and the Tasks of Feminist Economics." *Feminist Economics* 1: 110-18.

Senior, Nassau W. 1836. *An Outline of the Science of Political Economy* [New York: Augus- tus M. Kelly reprint 1965]. 〔『シィニオア経済学』高橋誠一郎・浜田恒一訳, 岩波書店, 1929 年〕

Sensat, Julius. 1988. "Methodological Individualism and Marxism." *Economics and Philosophy* 4: 189-219.

Sent, Esther-Mirjam. 1996. "What an Economist Can Teach Nancy Cartwright." *Social Epistemology* 10: 171-92.

Sent, Esther-Mirjam. 1997a. "Sargent Versus Simon: Bounded Rationality Unbound." *Cambridge Journal of Economics* 21: 323-38.

Sent, Esther-Mirjam. 1997b. "An Economist's Glance at Goldman's Economics." *Philosophy of Science* 64 (Proceedings): S139-48.

Sent, Esther-Mirjam. 1997c. "STS: A Reflexive Review." *History of Political Economy* 29: 751-60.

Sent, Esther-Mirjam. 1998a. *The Evolving Rationality of Rational Expectations*. Cambridge: Cambridge University Press.

Sent, Esther-Mirjam. 1998b. "Bounded Rationality." In *The Handbook of Economic Methodology*, ed. J. B. Davis, D. W. Hands, and U. Mäki, 36-40. Cheltenham: Edward Elgar.

Sent, Esther-Mirjam. 1999. "Economics of Science: Survey and Suggestions." *Journal of Economic Methodology* 6: 95-124.

Shapin, Steven. 1982. "History of Science and Its Sociological Reconstructions." *History of Science* 20: 157-211.

Shapin, Steven. 1988. "Understanding the Merton Thesis." *Isis* 79: 594-605.

Shapin, Steven. 1992. "Discipline and Bounding: The History and Sociology of Science As Seen Through the Externalism-Internalism Debate." *History of Science* 30: 333-69.

Shapin, Steven. 1994. *A Social History of Truth: Civility and Science in Seventeenth-Century England*. Chicago: University of Chicago Press.

Shapin, Steven and Schaffer, Simon. 1985. *Leviathan and the Air-Pump: Hobbes, Boyle, and the Experimental Life. Princeton*, NJ: Princeton University Press. 〔『リヴァイアサンと空気ポンプ：ホッブズ, ボイル, 実験的生活』柴田和宏・坂本邦暢訳, 名古屋大学出版会, 2016 年〕

Shearmur, Jeremy. 1991. "Popper, Lakatos and Theoretical Progress in Economics." In *Appraising Economic Theories: Studies in the Methodology of Research Programs*, ed. M. Blaug and N. De Marchi, 35-52. Aldershot: Edward Elgar.

Shi, Yanfei. 2000. "Economics of Scientific Knowledge: A Rational Choice Neo- Institutionalist Theory of Science." Ph.D. Dissertation, University of Newcastle.

Simon, Herbert. 1945. *Administrative Behavior*. New York: Macmillan.

Simon, Herbert. 1957a. *Administrative Behavior*, 2nd ed. New York: Macmillan. 〔『経営行動 経営組織における意思決定過程の研究』二村敏子他訳, ダイヤモンド社, 2009 年〕

Simon, Herbert. 1957b. *Models of Man*. New York: John Wiley.

Simon, Herbert. 1986. "Interview." In *The Cognitive Revolution in Psychology*, ed. B. J. Baars, 362-81. New York: The Guilford Press.

Simon, Herbert. 1991. *Models of My Life*. New York: Basic Books. 〔『学者人生のモデル』安西祐一郎・安西徳子訳，岩波書店，1998 年〕

Simon, Herbert. 1992. "Scientific Discovery as Problem Solving." *International Studies in the Philosophy of Science* 6: 3-14.

Slezak, Peter. 1989. "Scientific Discovery by Computer as Empirical Refutation of the Strong Programme." *Social Studies of Science* 19: 563-600.

Smelser, Neil J. and Swedberg, Richard. 1994. "The Sociological Perspective on the Economy." In *The Handbook of Economic Sociology*, ed. N. J. Smelser and R. Swedberg, 3-26. Princeton, NJ: Princeton University Press.

Smith, Barbara Herrnstein. 1997. *Belief and Resistance*. Cambridge, MA: Harvard University Press.

Smith, Barry. 1990. "Aristotle, Menger, Mises: An Essay in the Metaphysics of Economics." In *Carl Menger and His Legacy in Economics*, ed. B. J. Caldwell, 263-88. Durham, NC: Duke University Press.

Smith, Barry. 1997. "The Connectionist Mind: A Study of Hayekian Psychology." In *Hayek: Economist and Social Philosopher*, ed. S. F. Frowen, 9-29. New York: St. Martin's.

Smith, Vernon. 1989. "Theory, Experiment, and Economics." *Journal of Economic Perspectives* 3: 151-69.

Smith, Vernon, McCabe, Kevin A., and Rassenti, Stephen J. 1991. "Lakatos and Experimental Economics." In *Appraising Economic Theories: Studies in the Methodology of Research Programs*, ed. M. Blaug and N. De Marchi, 197-226. Aldershot: Edward Elgar.

Sneed, Joseph D. 1971. *The Logical Structure of Mathematical Physics*. Dordrecht: Reidel.

Sneed, Joseph D. 1989. "Micro-Economic Models of Problem Choice in Basic Science." *Erkenntnis* 30: 207-24.

Sokal, Alan and Bricmont, Jean. 1998. *Fashionable Nonsense: Postmodern Intellectuals' Abuse of Science*. New York: Picador. 〔『「知」の欺瞞：ポストモダン思想における科学の濫用』田崎晴明他訳，岩波書店，2012 年〕

Solomon, Miriam. 1994a. "Social Empiricism." *Noûs* 28: 325-43.

Solomon, Miriam. 1994b. "A More Social Epistemology." In *Socializing Epistemology*, ed. F. F. Schmitt, 217-33. Lanham, MD: Roman & Littlefield.

Solomon, Miriam. 1995a. "The Pragmatic Turn in Naturalist Philosophy of Science." *Perspectives on Science* 3: 206-30.

Solomon, Miriam. 1995b. "Legend Naturalism and Scientific Progress: An Essay on Philip Kitcher's *The Advancement of Science*." *Studies in History and Philosophy of Science* 26: 205-18.

Solow, Robert M. 1956. "A Contribution to the Theory of Economic Growth." *Quarterly Journal of Economics* 70: 65-94.

Solow, Robert M. 1957. "Technical Change and the Aggregate Production Function." *Review of Economics and Statistics* 39: 312-20.

Soros, George. 1998. *The Crisis of Global Capitalism*. New York: Public Affairs Press. 〔『グローバル資本主義の危機：「開かれた社会」を求めて』大原進訳，日本経済新聞社，1999 年〕

Stanfield, Ron. 1974. "Kuhnian Scientific Revolutions and the Keynesian Revolution." *Journal of Economic Issues* 8: 97-109.

Steedman, Ian. 1991. "Negative and Positive Contributions: Appraising Sraffa and Lakatos." In *Appraising Economic Theories: Studies in the Methodology of Research Programs*, ed. M. Blaug and N. De Marchi, 435-50. Aldershot: Edward Elgar.

Steedman, Ian. 1995. "Sraffian Economics and the Capital Controversy." In *Heterodox Economic Theories: True or False?*, ed. F. Moseley, 1-22. Aldershot: Edward Elgar.

Stegmüller, Wolfgang. 1976. *The Structure and Dynamics of Theories*. New York: Springer- Verlag.

Stegmüller, Wolfgang. 1978. "A Combined Approach to the Dynamics of Theories." *Theory and Decision* 9: 39-75.

Stegmüller, Wolfgang. 1979. *The Structuralist View of Theories*. New York: Springer-Verlag.

Stegmüller, Wolfgang, Balzer, Wolfgang, and Sophn, Wolfgang, eds. 1982. *Philosophy of Economics*. New York: Springer-Verlag.

Stephan, Paula E. 1996. "The Economics of Science." *Journal of Economic Literature* 34: 1199-235.

Stephan, Paula E. and Levin, Sharon. 1992. *Striking the Mother Lode in Science: The Importance of Age, Place, and Time*. Oxford: Oxford University Press.

Stephan, Paula and Levin, Sharon. 1996. "Comments on Diamond Paper." *Knowledge and Policy* 9: 94-5.

Sterelny, Kim. 1993. "Science and Selection." *Biology and Philosophy* 9: 45-62.

Stevens, Stanley S. 1939. "Psychology and the Science of Science." *Psychological Bulletin* 36: 221-63.

Stewart, Hanish. 1995. "A Critique of Instrumental Reason in Economics." *Economics and Philosophy* 11: 57-83.

Stewart, W. Christopher. 1991. "Social and Economic Aspects of Peirce's Conception of Science." *Transactions of the Charles S. Peirce Society* 27: 501-26.

Stich, Stephen P. 1983. *From Folk Psychology to Cognitive Science*. Cambridge, MA: MIT Press.

Stich, Stephen P. 1996. *Deconstructing the Mind*. New York: Oxford University Press.

Stigler, George J. 1947. "Professor Lester and the Marginalists." *American Economic Review* 37: 154-7.

Stigler, George J. 1982. "Merton on Multiples, Denied and Affirmed." In *The Economist as Preacher and Other Essays*, 98-103. Chicago: University of Chicago Press.

Stokes, Geoff. 1997. "Karl Popper's Political Philosophy of Social Science." *Philosophy of the Social Sciences* 27: 56-79.

Stove, D. C. 1982. *Popper and After*. New York: Pergamon.

Strassmann, Dianna. 1993a. "The Stories of Economics and the Power of the Storyteller." *History of Political Economy* 25: 147-65.

Strassmann, Dianna. 1993b. "Not a Free Market: the Rhetoric of Disciplinary Authority in Economics." In *Beyond Economic Man: Feminist Theory and Economics*, ed. M. A. Ferber and J. A. Nelson, 54-68. Chicago: University of Chicago Press.

Strassmann, Dianna. 1994. "Feminist Thought and Economics; Or, What Do the Visigoths Know?" *American Economic Review* 84: 153-8.

Sullivan, Patrick F. 1991. "On Falsificationist Interpretations of Peirce." *Transactions of the Charles S. Peirce Society* 27: 197-219.

Suppe, Frederick. 1977. *The Structure of Scientific Theories*, 2nd ed. Urbana: University of Illinois Press.

Suppe, Frederick. 1988. "A Nondeductivist Approach to Theoretical Explanation." In *The Limitations of Deductivism*, ed. A. Grünbaum and W. C. Salmon, 128-66. Berkeley: University of California Press.

Suppe, Frederick. 1989. *The Semantic Conception of Theories and Scientific Realism*. Urbana: University of Illinois Press.

Suppes, Patrick. 1957. *Introduction to Logic*. New York: Van Nostrand.

Suppes, Patrick. 1961. "A Comparison of the Meaning and Uses of Models in Mathematics and the Empirical Sciences." In *The Concept and the Role of the Model in Mathematics and Natural and Social Sciences*, ed. H. Freudenthal, 163-77. Dordrecht: Reidel.

Suppes, Patrick. 1967. "What Is a Scientific Theory?" In *Philosophy of Science Today*, ed. S. Morgenbesser, 55-67. New York: Basic Books.

Suppes, Patrick. 1977. "The Structure of Theories and the Analysis of Data." In *The Structure of Scientific Theories*, 2nd ed., ed. F. Suppe, 266-83.Urbana: University of Illinois Press.

Susser, Bernard. 1989. "The Sociology of Knowledge and Its Enemies." *Inquiry* 32: 254-60.

Swales, John M. 1993. "The Paradox of Value: Six Treatments in Search of the Reader." In *Economics and Language*, ed. W. Henderson, T. Dudley-Evans, and R. Backhouse, 223-39. London: Routledge.

Swedberg, Richard. 1987. "Economic Sociology: Past and Present." *Current Sociology* 35: 1-221.

Swedberg, Richard. 1998. "Economic Sociology." In *The Handbook of Economic Methodology*, ed. J. B. Davis, D. W. Hands, and U. Mäki, 134-8. Cheltenham: Edward Elgar.

Thagard, Paul. 1993. "Societies of Minds: Science as Distributed Computing." *Studies in History and Philosophy of Science* 24: 49-67.

Tichy, Pavel. 1974. "On Popper's Definitions of Verisimilitude." *British Journal for the Philosophy of Science* 25: 155-60.

Tilman, Rick. 1998. "John Dewey as User and Critic of Thorstein Veblen's Ideas." *Journal of the History of Economic Thought* 20: 145-60.

Tollison, R. D. 1986. "Economists as the Subject of Economic Inquiry." *Southern Economic Journal* 52: 909-22.

Tool, Marc R. 1985. *The Discretionary Economy:A Normative Theory of Political Economy*. Boulder, CO: Westview.

Tool, Marc R. 1990. "Culture Versus Social Value? A Response to Anne Mayhew." *Journal of Economic Issues* 24: 1122-33.

Toruno, Mayo C. 1988. "Appraisals and Rational Reconstructions of General Competitive Equilibrium Theory." *Journal of Economic Issues* 22: 127-55.

Traweek, Sharon. 1988. *Beamtimes and Lifetimes: the World of High Energy Physicists*. Cambridge, MA: Harvard University Press.

Tullock, Gordon. 1966. *The Organization of Inquiry*. Durham, NC: Duke University Press.

Uebel, Thomas E. 1992. *Overcoming Logical Positivism From Within: The Emergence of Neurath's Naturalism in the Vienna Circle's Protocol Sentence Debate*. Amsterdam: Editions Rodopi.

Uebel, Thomas E. 1996. "Anti-Foundationalism and the Vienna Circle's Revolution in Philosophy." *British Journal for the Philosophy of Science* 47: 415-40.

Uebel, Thomas E. 1998. "Neurath, Otto." In *The Handbook of Economic Methodology,* ed. J. B. Davis, D. W. Hands, and U. Mäki, 331-3. Cheltenham: Edward Elgar.

Uzawa, Hirofumi. 1965. "Optimum Technical Change in an Aggregative Model of Economic Growth." *International Economic Review* 6: 18-31.

Vanberg, Viktor J. 1994. *Rules and Choice in Economics*. London: Routledge.

Vanberg, Viktor J. 1998. "Rule Following." In *The Handbook of Economic Methodology*, ed. J. B. Davis, D. W. Hands, and U. Mäki, 432-5. Cheltenham: Edward Elgar.

van Eeghen, Piet-Hein. 1996. "Towards a Methodology of Tendencies." *Journal of Economic Methodology* 3: 261-84.

van Fraassen, Bas. 1970. "On the Extension of Beth's Semantics of Physical Theories." *Philosophy of Science* 37: 325-39.

van Fraassen, Bas. 1980. *The Scientific Image*. Oxford: Clarendon. 〔『科学的世界像』丹治信春訳, 紀伊国屋書店, 1986 年〕

Veblen, Thorstein. 1904. *The Theory of Business Enterprise*. New York: Charles Scribner's Sons [New Brunswick, NJ: Transactions, 1978]. 〔『企業の理論』小原敬士訳, 勁草書房, 2002 年〕

Veblen, Thorstein. 1919. *The Place of Science in Modern Civilization and Other Essays*. New York: Viking.

Veblen, Thorstein. 1923. *Absentee Ownership and Business Enterprise in Recent Times*. B. W. Huebsch [New York: Augustus M. Kelley reprint 1964]. 〔『アメリカ資本主義批判』橋本勝彦訳, 白揚社, 1940 年〕

Veblen, Thorstein. 1934. "The Intellectual Pre-eminence of Jews in Modern Europe." *Essays in Our Changing Order*. New York: Viking Press.

Vilks, Arnis. 1992. "A Set of Axioms for Neoclassical Economics and the Methodological Status of the Equilibrium Concept." *Economics and Philosophy* 8: 51-82.

Vining, Rutledge. 1949a. "Koopmans on the Choice of Variables to Be Studied and of Methods of Measurement." *The Review of Economics and Statistics* 31: 77-86.

Vining, Rutledge. 1949b. "A Rejoinder." *The Review of Economics and Statistics* 31: 91-4.

Viskovatoff, Alex. 1998. "Is Gerard Debreu a Deductivist? Commentary on Tony Lawson's *Economics and Reality*." *Review of Social Economy* 56: 335-46.

Vonnegut, Kurt. 1981. *Palm Sunday*. New York: Dell Books.〔『パームサンデー：自伝的コラージュ』飛田茂雄訳，早川書房，2009 年〕

Wald, Abraham. 1951. "On Some Systems of Equations of Mathematical Economics." *Econometrica* 19: 368-403.

Walker, Donald A., ed. 1983. *William Jaffé's Essays on Walras*. Cambridge: Cambridge University Press.

Waller, William T., Jr. and Robertson, Linda R. 1991. "Valuation as Discourse and Process: Or, How We Got Out of a Methodological Quagmire On Our Way to Purposeful Institutional Analysis." *Journal of Economic Issues* 25: 1029- 48.

Walras, Léon. 1954. *Elements of Pure Economics*. Trans. W. Jaffé from the 4th definitive edition, 1926. Homewood, IL: Richard D. Irwin [1st edition 1874, Augustus M. Kelley reprint 1977].〔粋経済学要論：社会的富の理論』久武雅夫訳，岩波書店，1983 年〕

Walsh, Vivian. 1987. "Models and Theory." In *The New Palgrave: A Dictionary of Economics*, ed. J. Eatwell, M. Millgate, and P. Newman, 482-3. London: Macmillan.

Walsh, Vivian. 1996. *Rationality, Allocation, and Reproduction*. Oxford: Oxford University Press.

Watkins, John. 1984. *Science and Scepticism*. Princeton, NJ: Princeton University Press.〔学と懐疑論』中才敏郎訳，法政大学出版局，1992 年〕

Weintraub, E. Roy. 1979. *Microfoundations*. Cambridge: Cambridge University Press.

Weintraub, E. Roy. 1982. "Review of *The Mathematical Experience* by P. J. Davis and R. Hersh." *Journal of Economic Literature* 20: 114-15.

Weintraub, E. Roy. 1983. "On the Existence of a Competitive Equilibrium, 1930-1954." *Journal of Economic Literature* 21: 1-39.

Weintraub, E. Roy. 1985a. *General Equilibrium Analysis: Studies in Appraisal*. Cambridge: Cambridge University Press.

Weintraub, E. Roy. 1985b. "Appraising General Equilibrium Analysis." *Economics and Philosophy* 1: 23-37.

Weintraub, E. Roy. 1988a. "On the Brittleness of the Orange Equilibrium." In *The Consequences of Economic Rhetoric*, ed. A. Klamer, D. N. McCloskey, and R. M. Solow, 146-62. Cambridge: Cambridge University Press.

Weintraub, E. Roy. 1988b. "The Neo-Walrasian Program is Empirically Progressive." In *The Popperian Legacy in Economics*, ed. N. De Marchi, 213-27. Cambridge: Cambridge University Press.

Weintraub, E. Roy. 1989. "Methodology Doesn't Matter, But the History of Thought Might." *Scandinavian Journal of Economics* 91: 477-93.

Weintraub, E. Roy. 1991a. *Stabilizing Dynamics: Constructing Economic Knowledge*. Cambridge: Cambridge University Press.〔『経済動学の系譜』小島照男訳，文化書房博文社，1993 年〕

Weintraub, E. Roy. 1991b. "Surveying Dynamics." *Journal of Post Keynesian Economics* 13: 525-44.

Weintraub, E. Roy. 1997. "Is 'Is a Precursor of' a Transitive Relation?" In *Pluralism in Economics*, ed. A. Salanti and E. Screpanti, 212-31. Cheltenham: Edward Elgar.

Weintraub, E. Roy and Mirowski, Philip. 1994. "The Pure and the Applied: Bourbakism Comes to Mathematical Economics." *Science in Context* 7: 245-72.

Werskey, Gary. 1988. *The Visible College: A Collective Biography of British Scientists and Socialists of the 1930s*. London: Free Association Books [originally published 1978].

West, Cornel. 1987. *The American Evasion of Philosophy: A Genealogy of Pragmatism*. Madison:

University of Wisconsin Press.〔『哲学を回避するアメリカ知識人：プラグマティズムの系譜』村山淳彦他訳，未來社，2014 年〕

West, Cornel. 1993. *Keeping Faith: Philosophy and Race in America*. New York: Routledge.

Westbrook, Robert. 1991. *John Dewey and American Democracy*. Ithaca, NY: Cornell University Press.

Whitaker, John K. 1975. "John Stuart Mill's Methodology." *Journal of Political Economy* 83: 1033-49.

White, Michael V. 1994a. "'That God-Forgotten Thornton': Exorcising Higgling After *On Labour*." In *Higgling: Transactors and Their Markets in the History of Economics* [Supplement to HOPE vol. 26], ed. N. De Marchi and M. S. Morgan, 149-83. Durham, NC: Duke University Press.

White, Michael V. 1994b. "Bridging the Natural and the Social: Science and Character in Jevons's Political Economy." *Economic Inquiry* 32: 429-44.

Wible, James R. 1984. "The Instrumentalism of Dewey and Friedman." *Journal of Economic Issues* 18: 1049-70.

Wible, James R. 1991. "Maximization, Replication, and the Economic Rationality of Positive Economic Science." *Review of Political Economy* 3: 164-86.

Wible, James R. 1992. "Fraud in Science: An Economic Approach." *Philosophy of the Social Sciences* 22: 5-27.

Wible, James R. 1994a. "Charles Sanders Peirce's Economy of Research." *Journal of Economic Methodology* 1: 135-60.

Wible, James R. 1994b. "Rescher's Economic Philosophy of Science." *Journal of Economic Methodology* 1: 314-29.

Wible, James R. 1995. "The Economic Organization of Science, the Firm, and the Marketplace." *Philosophy of the Social Sciences* 25: 39-68.

Wible, James R. 1998. *The Economics of Science: Methodology and Epistemology as if Economics Really Mattered*. London: Routledge.

Wible, James R. 1999. "The Economic Writings of C. S. Peirce and His Critique of Utilitarianism: Darwin, Dmesis, and *De Gustibus Non Est Disputandum*." Paper presented at the History of Economics Society Annual meeting in June 1999 at the University of North Carolina, Greensboro.

Williamson, Oliver. 1975. *Markets and Hierarchies*. New York: Free Press.〔『市場と企業組織』浅沼萬里・岩崎晃訳，日本評論社，1980 年〕

Williamson, Oliver. 1985. *The Economic Institutions of Capitalism*. New York: Free Press.

Winch, Peter. 1990. *The Idea of a Social Science*, 2nd ed. London: Routledge [1st edition 1958].〔『社会科学の理念：ウィトゲンシュタイン哲学と社会研究』森川真規雄訳，新曜社，1977 年〕

Wittgenstein, Ludwig. 1922. *Tractatus Logico-Philosophicus*. London: Routledge and Kegan Paul.〔『論理哲学論考』丘沢静也訳，光文社，2014 年〕

Wittgenstein, Ludwig. 1953. *Philosophical Investigations*. Oxford: Blackwell.〔『哲学探究』丘沢静也訳，岩波書店，2013 年〕

Wong, Stanley. 1973. "The F-Twist and the Methodology of Paul Samuelson." *American Economic Review* 63: 312-25.

Wong, Stanley. 1978. *The Foundations of Paul Samuelson's Revealed Preference Theory*. Boston: Routledge Kegan Paul.

Woolgar, Steve. 1981. "Interests and Explanation in the Social Study of Science." *Social Studies of Science* 11: 365-94.

Woolgar, Steve. 1992. "Some Remarks about Positionism: A Reply to Collins and Yearley." In *Science as Practice and Culture*, ed. A. Pickering, 327-42. Chicago: University of Chicago Press.

Woolgar, Steve, ed. 1988. *Knowledge and Reflexivity*. London: Sage.

Woolley, Frances R. 1993. "The Feminist Challenge to Neoclassical Economics." *Cambridge Journal of Economics* 17: 485-500.

参考文献　　479

Worrall, John. 1982. "Scientific Realism and Scientific Change." *Philosophical Quarterly* 32: 99-124.

Worrall, John. 1989. "Structural Realism: The Best of Both Worlds?" *Dialectica* 43: 99-124.

Wray, K. Brad. 2000. "Invisible Hands and the Success of Science." *Philosophy at Science* 67: 163-75.

Wylie, Alison. 1995. "Doing Philosophy As a Feminist: Longino on the Search for a Feminist Epistemology." *Philosophical* Topics 23: 345-58.

Ylikoski, Petri. 1995. "The Invisible Hand and Science." *Science Studies* 8: 32-43.

Yonay, Yuval P. 1994. "When Black Boxes Clash: Competing Ideas of What Science Is in Economics, 1924-39." *Social Studies of Science* 24: 39-80.

Yonay, Youval P. 1998. *The Struggle Over the Soul of Economics: Institutionalist and Neoclassical Economists in America Between the Wars*. Princeton, NJ: Princeton University Press.

Young, Allyn. 1928. "Increasing Returns and Economic Progress." *Economic Journal* 38: 527-42.

Zahar, E. G. 1995. "The Problem of the Empirical Basis." In *Karl Popper: Philosophy and Problems*, ed. A. O'Hear, 45-74. Cambridge: Cambridge University Press.

Ziman, John. 1994. *Prometheus Bound: Science in A Dynamic Steady State*. Cambridge: Cambridge University Press. 〔『縛られたプロメテウス：動的定常状態における科学』村上陽一郎他訳, シュプリンガー・フェアラーク東京, 1995 年〕

Zamora Bonilla, Jesus P. 1999a. "The Elementary Economics of Scientific Consensus." *Theoria* 14: 461-88.

Zamora Bonilla, Jesus P. 1999b. "Verisimilitude and the Scientific Strategy of Economic Theory." *Journal of Economic Methodology* 6: 331-50.

Zamora Bonilla, Jesus P. 2000. "Economics, Economic Methodology and Methodonomics." Paper presented at the European Society for the History of Economic Thought Meetings in Graz, Austria, Feb. 25-7, 2000.

ウェブサイト

以下のウェブサイトは，本書で議論した様々な論点に関する優れた情報源である．これらのサイトはすべて，別の関連するサイトへのリンクを提供している．

経済学方法論および経済思想史
History of Economics (links to sources on many figures and schools in this history of economic thought)
www.eh.net/HE/
History of Economics Society (HES)
www.eh.net/HE/HisEcSoc/
International Network for Economic Methodology
www.econmethodology.org/
A Mill Page
www.cpm.ll.ehime-u.ac.jp/AkamacHomePage/Akamac_E-text_Links/Mill.html
Center For Critical Realism
www.criticalrealism.demon.co.uk/index.html

科学哲学
Institute Vienna Cirle
hhobel.phl.univie.ac.at/wk/
Karl Popper-Institute
hhobel.phl.univie.ac.at/wk/
History and Philosophy Working Group (HOPOS)
hhobel.phl.univie.ac.at/wk/
The Karl Popper Web
http://www.eeng.dcu.ie/~tkpw/

自然主義および認知科学
Resources in the Philosophy of Mind and Cognitive Science
www.hku.hk/philodep/www/mind.htm
On Evolutionary Epistemology
www.ed.uiuc.edu/facstaff/g-cziko/stb/
Principia Cybernetica Web
http://pespmc1.vub.ac.be/DEFAULT.html
Philosophy and the Neurosciences Online
www.artsci.wustl.edu/~pjmandik/philneur.html

社会学的アプローチ

Sociology of Knowledge
www.cudenver.edu/~mryder/itc_data/soc_knowledge.html
Virtual STS
http://post.queensu.ca/~simonb/vstsmain.htm
Actor Network Resource
www.comp.lancs.ac.uk/sociology/antres.html

プラグマティズム

The Pragmatism Cybrary
www.pragmatism.org/
Charles Sanders
Peirce www.door.net/arisbe/
The Center for Dewey Studies
www.siu.edu/~deweyctr/index2.html

フェミニズム認識論

Feminist Epistemology
www.cddc.vt.edu/feminism/epi.html

ポストモダニズム

Everything Postmodern
broquard.tilted.com/postmodern/episte.html

解説

高見典和 [1]，原谷直樹

1. はじめに

　本書の著者 D・ウェイド・ハンズ（1951-）は，アメリカの経済学方法論（経済学の哲学とも呼ばれる，詳しくは後述）や経済学史や数理経済学の研究者であり，1981 年にインディアナ大学で博士号を取得し，シアトル近郊のピュージット・サウンド大学で教鞭をとっている．経済学方法論の分野では世界的権威であり，同分野の専門雑誌『ジャーナル・オブ・エコノミック・メソドロジー（*Journal of Economic Methodology*)』の 1994 年の創刊以来，編集委員や共同編集長を務めている．本書は，彼の経済学方法論研究者としての名声を確立した著作である．

　簡潔に言って本書の意義は以下の点にある．19 世紀以来，経済学方法論は異なる学派や研究分野の間の代理戦争として機能していた側面があり，主流派経済学の批判や擁護が主要な関心事であった．この目的のために，20 世紀以降には論理実証主義やポパーやラカトシュといった少数の（都合の良い）科学哲学の学説が，「取り寄せ」られ経済学に応用されてきた．本書は，同様の先行書であるブルース・コールドウェル著『実証主義をこえて』（Caldwell 1982，コールドウェル 1989）がより近年の科学哲学の展開を見ることで，経済学方法論における単純な科学哲学の利用を批判したように，さらにより近年の科学哲学・科学論を詳細にサーベイし，経済学方法論のスコープを著しく拡大させた．現在，この研究分野では，本書で紹介される主要な洞察——「自然主義」「社会学的転回」「プラグマティズム」「実在論」などに基づく洞察——を全く考慮に入れず研究は行うことは困難となっている．

　以下ではまず，本書の内容を概観し，そのエッセンスを伝える．その後に，本書を活用するための糸口を提供したい．後者の論点では 2 つの方向性を指し示

---

1) 本解説の第 4 節は，高見（2014）に依拠している．転載を許可していただいた『経済学史研究』編集委員会に感謝を申し上げたい．

す．第1に，本書刊行後の経済学方法論（経済学の哲学）の専門雑誌や概説書における
トピックの変遷をサーベイすることによって，現在の同分野の動向を伝える．第2に，経済学の哲学・経済学方法論の隣接領域であり，（日本語版序文でも述べられている通り）日本でも研究者の多い経済学史・経済思想史との関連性を強調する．

現代の経済学の哲学では，本書に示された洞察の含意がさらにより真剣に追求され，経済学という学問が，より分析的に，より多様な側面から考察される．これは，ダニエル・ハウズマンなどが主導した研究手法であり，ポパーやラカトシュの学説のような予見的理論を参照せずに，経済学者の思考法を，他の哲学者にもわかるように論理的に，あるいは何らかの自然主義的方法を用いて分析することを目的とする．このような方向性は，前述の『ジャーナル・オブ・エコノミック・メソドロジー』で盛んに議論され，様々な研究を生み出した．新しい世代の研究者によって，この方向性に則った概説書も複数出版されている．

本書と経済学史との関連性がきわめて強いことは，ハンズ自身が経済学史の研究者でもあり，20世紀のミクロ経済学の歴史に関して多くの著名な研究を生み出していることからも明確に言える．また，本書の出発点となったと思われるハンズの論文が1997年に経済学史の学術雑誌に掲載されており（後述），経済学史に対する関心が本書執筆の動機の重要な一部となっていることも指摘できる．経済学方法論と同様に，経済学史も近年の科学論の影響を受け，大きな転換を経験した．すなわち，過去の経済学者の著作を読み，現代においても重要と思われる警告を読み取ろうとする方向性から，実証的な科学史研究を模範として，経済学の歴史的変遷を叙述・分析するという方向性への転換である．したがって，本書で論じられる「社会学的転回」や「プラグマティズム」の洞察はきわめて重要であったため，経済学史研究者が本書について議論する価値は高いと思われる．

2. 本書の概要

以下では，各章ごとに重要な論点を略述する．扱われるすべての話題に言及するのではなく，本書全体の方向性に強く関連する論点のみを紹介する．

序章では，経済学方法論に対する「科学哲学の取り寄せ」観が批判される．前述の通り，ポパーやラカトシュの学説を用いて主流派経済学を評価することが方

法論の主要な目的であった．しかし，科学哲学では，このような基礎づけ主義的議論——正当な知識や正当な科学的方法の基礎となる先験的なルールを設定し，正当な知的活動とそうでないもの（あるいは，科学と非科学）を区別しようとする議論——はかなり以前に説得力を失っており，異なる関心のもとで多様な（やや混乱した）研究動向が展開されていた．2001年時点の経済学方法論においてもすでに，基礎づけ主義に対する関心は弱まっており，新しく経済学方法論に参入しようとする経済学者は従来のイメージを捨てるべきであると論じられる．

第2章では，20世紀半ばごろまでの経済学者自身による古典的な方法論的議論が紹介される．まず19世紀前半に活躍したジョン・ステュアート・ミルに関して，経験主義的認識論とリカード経済学を両立させるために彼が提示した論法が示される．ミルは，正当な知識はすべて人間の知覚データに基礎付けられるという徹底した経験主義的認識論を保持したが，その一方で，演繹的に市場経済の有効性を解くリカード経済学にも傾倒していたため，演繹的経済学を同じ認識論的枠組みで正当化する必要があった．端的に言えば，経済学では複雑な社会現象が対象となるので，厳密な対照実験が不可能であり，その一方で，経済学が扱う領域を論じるには，限定的な人間理解——人間は富の追求に専心する——で十分であることが多いとミルは考えた．このため経済学では，演繹的手法に依拠することになる．ミルの経験主義は，理論がこのように演繹的に構築されたのちに（あくまで）事後的に，理論と現実の対応を見るべきという勧告につながる．しかしここにも注意すべき点がある．もし理論と現実に齟齬があった場合，ミルはただちに理論を棄却するべきと論じることはなく，理論で想定されなかった「攪乱要因」を特定することが重要だと述べた．このため，ミルは少なくとも経済学に関しては，20世紀的な基礎づけ主義や科学の境界確定理論とは異なり，理論の真偽を問うためというより，現実の複雑な状況を整理するために現実に対する観察を取り入れることを提案しているのである．このような方向性は，本書では「ミル的伝統」と呼ばれるが，ケアンズ，ネヴィル・ケインズ，ロビンズ，オーストリア学派に，少しずつ様相を変えながら受け継がれた．

同じく第2章では，20世紀的な実証主義に影響を受けた古典的方法論学説として，テレンス・ハチソン，ミルトン・フリードマン，ポール・サムエルソンの議論が紹介される．おそらくこの中で最も関心の高いと思われるフリードマンに関して本書の議論を略述すると，まずフリードマンの問題状況が論じられている．

解説　485

すなわち，1950年前後のフリードマンにとって重視するべきマーシャル的部分均衡論が，経営者に対するアンケート調査を用いたリチャード・レスターの研究によって批判されていた．ポパーの反証主義がハチソンなどを通じて，経済学で影響力を持ち始めていたため，フリードマンはレスターの批判に対して，実質的にポパーの学説を用いて経済理論を正当化する有名な論法を生み出した．すなわち，理論は現実を抽象化したものである以上，そこで用いられる仮定は必然的に非現実的にならざるを得ないが，そこから導かれる予測や説明が特定の領域において適切なものであれば，当初の仮定は，どれほど現実と対応していないように見えても，正当なものと評価して良いという論法である．これは，科学哲学の用語を用いて「道具主義」（後述の実在論と対をなす立場）と呼ばれる．ここでの道具主義とは，理論の記述的真実性ではなく，予測手段としての効率性を重視する考えであり，フリードマンの論法はこのような特徴を確かに有している．フリードマンの道具主義は，多数の論者によって議論され，経済学一般に大きな影響を与えたが，仮定の分類に注目したマスグレーブの反論や，同じ理屈を中古車の評価に応用しアイロニカルな結果を導いたハウズマンの批判が本書では言及される．

第3章では，20世紀の科学哲学の出発点となった論理実証主義，その後に科学哲学の主流派となった論理経験主義，そして，それらの影響力の著しい低下をもたらした内在的問題（過小決定性と観察の理論負荷性）について論じられる．論理実証主義は，1920年代後半のオーストリア・ウィーンでの学際的交流から生まれた知的運動であり，経験科学と数学・論理学を模範とする新しい科学のイメージを強力に打ち出した．具体的には，定義によって真偽が判別される「分析命題」と事実との対応によって真偽が判別される「総合命題」のみが，有意味な命題であり，それ以外は形而上学として正当な知的活動からは除外された．本書ではさらに，当初この運動を支えた初期ルドルフ・カルナップの「プロトコル文」理論とオットー・ノイラートの「物理主義」が論じられ，そこでは，直接の知覚経験を記述するプロトコル文のみで正当な科学の活動が説明できるかどうかが争われた．戦後，科学哲学の主流派を形成した論理経験主義は，論理実証主義の大まかな枠組みを引き継ぐ一方で，純粋な帰納として科学を描く傾向のあった後者とは異なり，一般法則や仮説演繹的手法の重要性を強調した．代表的には，カール・ヘンペルの，科学的説明に関する演繹的・法則的モデル（D-Nモデル）が挙げられる．科学的説明（あるいは予測）は，一般法則（「すべてのAはBを伴

う」）と初期条件（「ある x は A である」）から導かれる論理的結果（「x は B を伴う」）として，説明するべき事象を表現する．

　第 3 章の次の論点は，ポパーである．ポパーの反証主義は，ヒュームの帰納の問題——個別の観察をいくら蓄積しても一般法則は導けない——を回避している点で科学の方法を矛盾なく根拠づけている一方で，真実とは何かを論じていないという点で，認識論としては迂回的な議論になっている．実際にポパーの認識論は，複雑な論点を含んでおり，本書ではポパーに対する現代的解釈を踏まえて詳細に議論される．反証に用いられる観察は「可謬的，慣習的，理論負荷的」であることをポパーは認めており，科学は着実に前進するものというよりも，人間的・集団的な判断を伴うものであり，大きな変動にさらされると彼は理解していた．本書では，上記 3 者の学説——論理実証主義，論理経験主義，ポパー——を「定説」と表現し，この従来的な科学観におよそ適合する視点が大きく解体していく過程が次に描かれる．まずウィラード・ヴァン・オーマン・クワインの過小決定性が論じられる．過小決定性とは，上記の「総合命題」という概念に対する批判のなかで生み出された視点である．総合命題は，事実との対応によって真偽が判断される命題のことであったが，1 つの命題を単独で現実と対応させることはできないとクワインは主張した．なぜなら我々は，複数の信念が複雑に絡み合った「信念の網」を通して現実世界と対峙しているのであり，1 つの命題が事実と対応しているかどうかを判断するには，（少なくとも暗黙に）ほかの命題を前提としなければならない．その場合に，事実によって反証されたとき，最初の命題が誤りであるのか，（暗黙に前提した）ほかの命題が誤りであるのかを決定することはできない．もちろん現実の科学実験では，このような問題に対応するための設計が可能なかぎり行われるが，いずれにしても，「定説」が想定するほど，観察による検証（あるいは反証）は単純な作業ではないという結論が得られる．次に，観察の理論負荷性は，トマス・クーンの『科学革命の構造』によって強調され，広められた概念である．この概念は，同書のパラダイム論を基礎付ける人間心理の特徴として用いられたものであり，解釈をともなわない純粋な観察というものは存在せず，解釈には必然的に先行する関心や理論の影響が入り込むということを意味する．

　第 4 章では，自然主義について議論される．ここでいう自然主義とは，科学者の活動を理解するために，何らかのすでに確立された科学的手法を用いること

を意味する．このような意味での自然主義を提示したのは，過小決定性との関連でも言及したクワインであった．1969年の「自然化された認識論」という論文で，先験的な認識論によって良い科学を定義するという従来の哲学的見解を放棄し，哲学よりも信頼に足る知識である経験科学を用いて科学の営みを理解することを提唱した．この自然主義は，のちの世代の科学哲学者に多大な影響を与え，様々な具体的な学説に結実した．そのうちの1つであるアルヴィン・ゴールドマンの「信頼性主義」が本章で紹介される．20世紀半ば以来，人間精神をコンピュータのような情報処理システムとして捉える認知科学が発展したが，ゴールドマンは認知科学の知見を生かし，どのような活動のもとで信頼できる知識が生み出されるかを議論し，そしてそのような活動を評価するために迅速さや有効性などの複数の評価基準を設定した．ゴールドマンは，このような発想を科学者個人の活動だけではなく，科学コミュニティの社会構造の分析にも用いた．

　第5章では，社会学的転回が議論される．クーンの科学革命論を1つの契機として，また，1960年代の抵抗の時代を背景として，科学を抵抗するべき既存の社会的権威として捉え，科学に対する偶像破壊を目的とした研究が生じた．これは，イギリスの社会学者を中心としたグループの打ち出したストロング・プログラムという方向性であり，彼らは，科学者の行動を社会的利害の追求行動として分析することを提唱した．ストロング・プログラムの観点にもとづいて，様々なケーススタディが行われ，のちに「科学論」（サイエンス・スタディーズとも呼ばれる）という影響力のある研究領域の確立にもつながった．その一方で，このような視点は，「相対主義」——科学は何ら自然の客観的対象を捉えたものではなく，単に時々の流行によって変化する（文化や芸術と変わらない）活動とみなす立場——に陥る危険があり，科学者当人達はもちろん，科学論内部からの強い批判も惹起した．相対主義に陥らずに——科学の経験的有効性を認めながら——，科学の社会性を分析する枠組みが，第2世代の科学論研究者によって生み出された．例えば，ブルーノ・ラトゥールらによる「アクター・ネットワーク理論」では，社会的対象と自然的対象が同等の重要性を持ちながら，ネットワークを形成し，社会に対する影響力を増大していくプロセスに注目が向けられた．

　第6章では，哲学での復権を果たしたプラグマティズムが論じられる．チャールズ・パースやジョン・デューイのプラグマティズムは，「定説」崩壊後の科学理解と非常に親和的な議論を展開していることもあり，また，20世紀終

わりのポストモダニズム思想とも接点があるため，現代の哲学において再評価が進んでいる．1870年代に発表されたパースの古典的論文「信念の固定化」や「我々の観念を明晰にする方法」では，人間の知的活動を，生得的に不快感を催す疑念を排除するための活動として捉え，経験科学の方法を，集団的かつ段階的に，安定した知識を獲得していくための最も適切なプロセスとして高く評価した．パースは，このように科学に内在する心理性と社会性の両方を一貫して取り込みながら，相対主義に陥らない視点を提示していた．本章ではさらに，ポストモダニズムについても議論され，その関連のもとで，経済学のレトリックとフェミニズム経済学が議論される．経済学のレトリックは，ディアドラ・マクロスキーによって提示された視点であり，経済学を，真偽を問う実証科学としてではなく，他者を説得するための手段として捉えることを提案した．これによってマクロスキーは，経済学が過度に単調な議論に拘泥していることに警鐘を鳴らしたのである．他方のフェミニズム経済学は，サンドラ・ハーディングの立場認識論——個々の人間の感覚経験が，正当な知識とは何かという議論に影響を与えるため，従来無視されてきた人口階層（特に女性）の視点も含んだ知識の正当性を模索するべきという見解——などに影響を受けて経済学の議論を考察する分野であり，そこではゲーリー・ベッカーの家族の経済学などが批判された．

　第7章では，近年の経済学方法論に関する詳細なサーベイが提供される．まずポパーやラカトシュの学説に基づいた経済学分析の問題点が論じられる．現在，ポパーには様々な解釈が提起されており，その中で，反証主義はポパーの全体的なビジョン——広義の合理的批判を推奨する立場——のほんの一部でしかないという理解も一定の支持を得ている．その理解のもとでは，経済学は必ずしもつねに反証主義的批判に悩まされる必要はない．経済学のコミュニティにおいて，広い意味での合理的な批判が抑圧されていない状況であれば良い，という含意が得られるのである．その一方で，ラカトシュの学説に基づいた重要な経済学方法論の研究として，ロイ・ワイントラウプの一般競争均衡理論に関する著作が扱われる．この研究は，ラカトシュの（科学研究プログラムの方法論ではなく）数学の哲学に基づいて20世紀の一般競争均衡理論の発展を前進と評価するものであり，加えて，このようなプロセスを，科学研究プログラムの方法論の用語を用いて，「ハードコアのハード化」と表現した．このようにワイントラウプは，従来，単純なポパー的，あるいはラカトシュ的視点から批判されてきた一般競争均衡理論

を，別の（より整理され，おそらくより説得力のある）視点から肯定的に評価した
のである．本書でも述べられている通り，ワイントラウプはこの研究の後，文脈
的経済学史の研究に本格的に移行し（上記の著作でも20世紀の一般競争均衡理論に
対する歴史的分析が行われている），本解説第4節に述べるような動向を主導した．

　第7章では続いて，ミル的伝統に含まれる科学哲学者の研究が紹介される．
第1に，ダニエル・ハウズマンの『厳密でない固有の科学である経済学』は，
基本的に上記のミルの見解に従い，経済学は（何らかの）個人の合理性を仮定す
る固有の分野である一方，現実には経済学が想定しない要因が当然存在するため，
厳密でない経験的主張（傾向法則）しか行わない学問であると特徴づけた．より
正確に言えば，ハウズマンは，経済理論が頻繁に利用するセテリス・パリブス条
件（「ほかのものが等しい限り」という，経済理論を現実に適用する際のただし書き）
が十分明確に規定されていないことを指摘した．ハウズマンは基礎づけ主義を放
棄した世代の科学哲学者であり，（単純な）ポパーやラカトシュ的方法論で経済
学を考察することを批判した．その代わりに，経済学という個別の学問に対して
より固有の関心を向け，そのもとで経済学の科学としての意義を評価しようとし
た．概してハウズマンは経済学に対して否定的な評価を下しているが，経済学に
対する哲学的理解を大いに前進させたことは重要である．ミルに影響を受けた2
人目の科学哲学者の議論として，ナンシー・カートライトの「潜在性」が注目さ
れる．ハウズマンと同様に，カートライトも「定説」崩壊後の科学哲学者であり，
「定説」の影響下では忌避されてきた形而上学や存在論を積極的に議論した．現
実の科学者は，単なる事象の規則性を超えて，その背後に因果的な力があること
を想定している．そのような因果的な力は，相反する別の要因が機能している時
には必ずしも顕在化しないため，カートライトは以上のような形而上学的な因果
的な力のことを「潜在性」と呼んだ．カートライトは，潜在性の議論において上
記のミルの攪乱要因を参照しているため，本書ではミルの伝統の一部として議論
されている．

　第7章ではさらに，近年の経済学方法論における実在論をめぐる展開を論じ
ている．トニー・ローソンは，哲学者ロイ・バスカーの科学実在論を社会科学へ
と拡張して，超越論的に（つまり先験的に）人間の行動様式や社会構造を特徴付
けたうえで，それに合致した存在論的想定を置いていないとして主流派経済学を
批判した（なお，ここでの存在論とは，世界のあり様に関する議論であり，実在論と

490

は，何らかの存在が科学や認識に先行して実在していると考える立場である）．ローソンのように特定の存在論に強くコミットし，それに反する学説を批判するのではなく，個々の経済学者の中に暗黙のうちに置かれた存在論的想定を明らかにしようとしたのが，ウスカリ・マキである．マキは規範的判断を下さずに個々の経済学説を論理的に分析する自身のアプローチを，ローソンのものと対比してボトムアップと呼んだ．このような観点で，オーストリア学派やロナルド・コースを分析する一方，これらの経済学者の議論に内在する存在論の矛盾を指摘したり，より一般的な論点として，物理学と経済学のそれぞれにおける存在論に本質的な差異があることを主張したりした．

第8章では，科学論における経済学的転回が論じられる．本書のここまでの内容で明らかなように，科学の社会性を分析する手段として経済学を用いても何ら不思議ではない．実際に，経済学の発想を用いて有力な科学理解を提示している論者が存在する．例えば，科学哲学者のフィリップ・キッチャーは，ゲーム理論を用いて科学に多様性が生じるプロセスを描写した．そこでは，科学者が影響力のある新理論の代表的論者として取り上げられることを目標として，現存の複数の理論のそれぞれにすでに従事している他の科学者の配分を考慮して自分がコミットする理論を選ぶというゲームが描かれる．このようなゲームでは，往々にしてすべての科学者が単一の理論を選択するのではなく，複数の理論の間に分散する．他方で，経済学者のパーサ・ダスグプタとポール・デイビッドは，科学という特異な世界でのインセンティブ構造を分析し，学会内の評判を勝ち取るという動機によって科学が有効な知識を生み出すことが担保されると論じた．ダスグプタとデイビッドは，このような科学に対する産業組織論的な考察の結果として科学の自主性を弁護した．

第9章の結論では，「新しい経済学方法論（New Economic Methodology）」という名称のもとで，以上の多様な知的活動が相互に関心を共有するような大きな学問的コミュニティが誕生することが期待されている．哲学と経済学の新しい関係性が生じるであろうし，経済学者が自らの学問あるいは科学一般に対して新しい解釈を持つようになるであろう．従来の経済学方法論に従事し，主流派経済学を批判してきた研究者に対しても，別の，より広い視点からの批判を行うことが可能になるであろう．結論の定まった党派的議論ではなく，形而上学や社会性や文脈を考慮することで興味深い多様な方向性が今後の経済学方法論を特徴付けてい

解説　491

くことになるという楽観的な展望によって，本書は締めくくられている.

3. 近年の経済学方法論・経済学の哲学

　本書『ルールなき省察』刊行後の経済学方法論の動向について見てみよう．経済学方法論研究は 90 年代以降，この分野の専門学会である「経済学の方法のための国際ネットワーク（International Network for Economic Method, 以下 INEM）」を中心に組織化が進み，発展を続けている．会員は世界中に広がっているが，とりわけ活発な研究拠点としては，エラスムス大学・哲学と経済学研究所（Erasmus University Rotterdam, Erasmus Institute for Philosophy and Economics, 以下 EIPE）やロンドン・スクール・オブ・エコノミクス（London School of Economics），ヘルシンキ大学 TINT センター（University of Helsinki TINT, 以下 TINT）などが挙げられる．INEM は毎年一度開催される年次大会に加えて，科学哲学や社会科学の哲学，経済学史といった隣接諸領域の国際学会との交流企画も活発に進めており，まさしくこの学問分野の領域横断的な性格と方向性を示しているといえよう．ハンズ自身も 2016 年に日本の経済学史学会全国大会（於東北大学）に参加し，研究報告を行っているように，日本の学会および研究者との交流も徐々に深まって来ていると言えよう.

　専門的な研究成果の蓄積も着実に進んでいる．『エコノミクス・アンド・フィロソフィー（*Economics and Philosophy*）』は 1985 年の創刊以来，経済学方法論を含むメタ経済学研究分野における専門雑誌として高い評価を受けてきた．くわえて，INEM の機関誌であり，ハンズが長らく編集長を務めてきている『ジャーナル・オブ・エコノミック・メソドロジー（以下 JEM）』も，経済学方法論領域における研究雑誌の主導的地位を占めるようになってきている．また，INEM はラウトレッジ社（Routledge）から「経済学方法論の進展（Routledge INEM Advances in Economic Methodology）」と題したシリーズを展開しており，そのもとで多くの著作ならびに論文集を刊行して．近年ではさらに EIPE を中心とした若手研究者たちによって『エラスムス・ジャーナル・フォー・フィロソフィー・アンド・エコノミクス（*Erasmus Journal for Philosophy and Economics*, 以下 EJPE）』という電子ジャーナルが創刊され，経済学方法論から経済学の哲学，経済学史などの分野横断的な研究の公表場所として注目を集めている.

それでは，本書刊行後の経済学方法論研究の広がりを確認するために，まずは
JEM の特集テーマに着目してみよう．JEM には INEM 年次大会を始めとして，
EIPE や TINT 等で開催されたシンポジウムやセミナーの成果を元とした特集が
しばしば組まれている．21 世紀以降にそこで取り上げられて来たテーマから，
近年の経済学方法論研究の関心がどこにあるのかを見ることができるだろう．

　まずはよりオーソドックスなスタイルとして，個々の経済学者を対象とした特
集が散見される．アマルティア・セン（「ケイパビリティとアイデンティティ」2006,
「価値と正義」2012）やシェリング（「トマス・シェリング」2007）から，ソロス
（「ジョージ・ソロスと再帰性」2013）まで，対象も幅広い．

　また，様々な経済学説や最新の経済学研究に関する特集も多く見られる．テー
マを列挙すると，「進化経済学の存在論的問題」（2004），「経済学における実験の
役割」（2005），「計量経済学の脆弱性と頑健性」（2006），「開発経済学の方法論」
（2007），「神経経済学：まやかしか希望か」（2010），「実験経済学」（2011），「近年
の限定合理性理論の方法論的展望」（2014），「ビッグ・データ」（2017）となって
おり，経済学者や理論家たちの最新の関心や研究動向に敏感に対応しながら，そ
の方法論的・哲学的意義について研究を進めていることが伺われる．また実際の
経済事象やニュースをフォローする特集もあった（「金融危機」2010）．

　加えて，方法論研究の歴史的蓄積を示すように，経済学方法論者を対象とした
特集が増えてきていることも指摘できるだろう．ハチソン（「テレンス・ハチソン
の貢献」2002,「テレンス・ハチソンと経済学方法論」2009）やスピス（「パトリック・
スピス，経済学と経済学方法論」2016）といった本書でも取り上げられた初期の方
法論者から，ローソン（「トニー・ローソン『経済学を再構成する』」2004）やライ
ス（「説明のパラドクス」2013）といった現在この領域を切り開きつつある論者ま
で，その対象は様々である．

　また，本書でも提示されている，科学の社会性という観点からの特集が組まれ
ていることにも注目すべきである．科学者集団としての経済学者とその利害
（「方法論，システム的リスク，経済学者集団」2013），レトリックと対話としての経
済学研究の実践（「言語とゲーム」2008），経済学的知見のポピュラー・サイエン
ス化の広まり（「おもしろ経済学」2012）など，本書で示された新しい経済学方法
論のその先が読み取れることが期待されるテーマ群である．

　最後に指摘したいのが，折を見て企画される研究分野全体を展望したテーマの

解説　493

変遷である．2001 年の「経済学方法論の過去，現在，未来」から 2015 年の「経済学の哲学の未来」へと，この分野を表す呼称が（経済学方法論と冠した雑誌にもかかわらず）経済学方法論から経済学の哲学へと推移していることが象徴的に示されている．この点は次の概説書の動向において詳しく検討したい．

近年の経済学の哲学に関する概説書

　続いて，本書刊行後にこの分野における概説書がどのように展開しているかを見てみよう．もちろん，本書は刊行以来，経済学方法論分野における最も包括的かつ有益な概説書として評価されており，その地位はいまだ揺るがないが，本書に続くと考えうる入門書が近年相次いで刊行されている．その代表例がジュリアン・ライスの『経済学の哲学：現代的入門』（Reiss 2013）であり，また異なる観点からの類書としてドン・ロスの『経済学の哲学』（Ross 2014）が挙げられる．両者はいずれも哲学の自然化というハンズも指摘したトレンドに則り，経済学方法論に対する自然主義的解釈を促進すべきという立場から書かれている．

　ライスの『経済学の哲学：現代的入門』はまさしく科学哲学が近年進んでいる方向性と軌を一にしてメタ経済学研究を再構成しようと試みる意欲的な著作である．第一部「理論を解釈する」，第二部「方法論」，第三部「倫理学」という三部構成のこの著作で，ライスは経済学というディシプリンの持つ独自性を明らかにしつつ，それを対象とする哲学的研究の方向性を指し示すという課題に取り組んでいる．第一部「理論を解釈する」は，経済学で用いられる説明や因果，合理性やモデルといった概念を実際の事例や使用法を踏まえつつ分析するという，科学哲学的な狭義の「経済学の哲学」を実践している．それに対して第二部「方法論」では，計量経済学や実験経済学，証拠に基づく政策など，まさに経済学者が経済学研究に従事する際に実際に用いている方法に着目し，そこでの経済学者間の議論を追いながらそれらの検討を行っている．ここでライスは経済学方法論を，経済学に関するメタ研究すべてを包含する意味では用いておらず，その語が本来示すように経済学の方法についての議論に限定することを提案しているのである．第三部「倫理学」では福祉や厚生，分配的正義といった，これまで英語圏においては「経済学と哲学（Economics and Philosophy）」として，日本語では主に「経済哲学」と呼ばれていたような規範的分析が展開されている．しかし，主題こそオーソドックスな倫理的問題ではあるものの，分析手法として功利主義や快楽主

義，ロールズの格差原理やリバタリアニズムといった倫理学的ツールのみならず，費用便益分析，情報の経済学，取引費用経済学といった経済理論を用いているところに，ライスの独自性が表れている．また，こうした哲学的な規範問題の全体像と整合的な政策として，経済理論の先進分野である行動経済学の「ナッジ」——人間の行動特性を踏まえて誘導的な選択肢を設計する政策——が評価されており，経済学による哲学の自然化の実践例として見ることもできるだろう．

　一方，ロスの『経済学の哲学』もまた，自然主義というトレンドに合致した概説書であるが，その自然化の方向はライスとはかなり異なっている．ロスは，経済学がその隣接領域である社会学と心理学との関係性を検討したうえで，経済学は後者ではなく前者に統合されるべきであると主張しており，この主張のもとに経済学の理論や概念の哲学的分析が行われている．もちろん，ロスの幅広い哲学および経済学の理解に裏打ちされた議論は刺激的であるが，その意味で入門書という体裁を取りつつも，彼自身の科学観が前面に押し出された本作をハンズやライスのものに替わるような，研究分野を包括的に展望する概説書として読むことは難しい．とはいえ，この著作もまた，ハンズの「新しい経済学方法論」が示した未来のうちの1つの方向性として，ポスト『ルールなき省察』の試みとして評価されるべきだろう．

　また，ライスとロスの著作のいずれも，そのタイトルが経済学の「方法論」ではなく「哲学」となっていることも象徴的である．とりわけ，ライスの著作の構成で明らかなように，純粋な方法論は概念分析や倫理学と並んで，広義の「経済学の哲学」というテーマの一領域として位置づけられている．その意味で，ハンズの唱える「新しい経済学方法論」という呼称は，メタ経済学分析が経済学方法論という名のもとで専ら行われてきたという特殊な歴史的経緯に引きずられており，科学哲学から個別科学の哲学へと細分化が進むメタ科学研究の動向により合致することを考えるならば，「経済学の哲学」というネーミングこそが，ハンズの指し示した今後の方向性に対する最適な呼称と言えるかもしれない．

　最後に，日本における経済学方法論研究の広がりについて簡単に触れておきたい．本書の文献リストの翻訳情報が示すように，これまでにも経済学方法論ならびに科学哲学等の関連する領域の重要文献は翻訳というかたちで国内に紹介されてきた．本書で取り上げられる様々な学者や学説について関心を持った読者は，それぞれの主要な著作に対して日本語でアクセスし，理解を深めることができる．

解説　　495

さらに，本書のリストに補足すべき著作を 2 点挙げておく．第 1 に，トニー・ローソンの批判的実在論の理論的背景として本書でも言及されていたロイ・バスカーの超越論的実在論に関して，その哲学的議論をより深く知りたい読者はバスカー『自然主義の可能性：現代社会科学批判』（Bhaskar 1979，バスカー 2006）に取りかかるべきであろう．また，こちらも本書で紹介されているディアドラ・マクロスキーのレトリック論に関して，その後の展開に興味を持つ読者は，マクロスキーとたびたび共同研究を行なっているアリオ・クラマーの著作『経済学は会話である：科学哲学・レトリック・ポストモダン』（Klamer 2007，クラマー 2010）を読むことで，さらなる研究の発展の一端を知ることができる．なお，あいにく，ローソンやマクロスキーと並んで 90 年代から現代に至る経済学方法論をリードしてきたウスカリ・マキについては，いまだその翻訳はなされていないが，本解説の筆者の一人（原谷）がウスカリ・マキの存在論的研究を中心に，経済学方法論における存在論の意義について検討した論文が刊行されるため（原谷 2018），興味を持った読者はそちらにあたられたい．

4. 経済学史・経済思想史に対する意義

　日本語版序文にハンズが書いている通り，日本では，経済思想史における豊かな伝統が存在し，本書の翻訳陣のメンバーも基本的には同分野の研究者である．このため，本解説では経済学史・経済思想史の研究者にとって，本書がどのような意味を持ちうるかについても解説したい．これは，あくまで 1 つの解釈であり，必ずしも他の解釈を除外するものではないが，現在の欧米で行われている経済学史研究の動向を踏まえたものであり，現場の研究者としての状況依存的関心を反映したものとして理解してもらうことが重要である．

　日本も含め経済学史の研究は，従来的に以下のような特徴を持っていた．経済学の訓練を受けた者が過去の経済学者の著作を読み，経済学が見落としてきた，現代においても重要な警告を読み取ろうというものである．そのときの研究関心は，現代の経済論争に新たな視点を投げかけようという動機であり，経済学で一般的な問題関心――例えば，貧困や失業の解決や公平な財政など――に対して重要な示唆を提供しようとしてきた．その一方で，本書でも示されている通り（原著 pp. 210-212；本書 pp. 205-206），近年では，社会学的転回を経た科学論と問題関

心を共有し，社会性や状況・文脈依存性を明らかにしようとする経済学史の研究が盛んに生み出されている．

　社会学的転回で議論されるブルーノ・ラトゥールらの研究が過去の実例を用いた事例研究を含んでいたように，社会学の発想に基づく新しい科学論は，歴史研究とも親和性が高い．ラトゥールの代表的な論文には，パストゥールの細菌学が畜産業に応用される過程を考察したものがあり，現代の科学論の古典とされるシェーピンとシェーファーは17世紀のトマス・ホッブズとロバート・ボイルの論争を扱っている（Latour 1983; Shapin and Schaffer 1986）．後者では，ホッブズの実験科学に対する反発は，当時の宗教対立の文脈において，不確かな知識創造が社会を不安定にするという問題意識に根ざしていたと主張された．このように，一人の学者のなかで，科学とそれ以外の領域が密接に結びついているということは当然のことであるが，現代の科学論はそのような関連性を洗練された概念を用いて考察することを可能にしてくれるのである．これらの科学論研究と同様に，科学論の影響を受けた近年の経済学史研究は，後付け的に学問の歴史を整理するのではなく，具体的にどのような社会的プロセス——経済学者個人個人の文脈，学会や研究グループを単位とした活動など——を経て，経済学が変化していったのかを描写・分析することを目的としている．

　以下ではまず，科学論をどのように経済学史に応用するべきかについて，北米の経済学史家が1990代年以降に生じた論争を考察する．同分野で伝統的に権威を維持した学術雑誌『ヒストリー・オブ・ポリティカル・エコノミー（*History of Political Economy*，以下では HOPE）』はこの期間をつうじて断続的に，この新たな研究の方向性を広めようとしてきたが，その過程で，どのような対立が存在したかに焦点を当てる．続いて，この論争と平行して刊行された，科学論の知見を生かした最近の学史研究を紹介する．本書でも言及されたワイントラウプやメアリー・モーガンらの著作や論文を紹介し，かれらの研究に共通する特徴を考察する．

科学論に関する経済学史での論争

　本書が2001年の時点で指摘したように，経済学史への科学論の応用はすでに始まっていた．その背後には様々な論争があり，当初はもちろん，学史家のなかでもどの程度，科学論をみずからの研究に利用するかについて合意は得られてい

解説　　497

なかった．本節では，1990年代から2000年代にかけて北米の研究者がこの問題についてどのような議論を互いに行っていたかを考察する．

ここではまず，1992年のHOPEの紙面上で行われたシンポジウムに言及する．このシンポジウムは，マーガレット・シェーバスの「離脱：科学史としての経済学史」（Schabas 1992）という論文にたいして，14人の経済学史に携わる研究者が短い返答文を寄せるという形式で行われた．シェーバスは経済学の修士号と科学史の博士号を持ち，科学史家の立場から経済学史を研究している．彼女はこの論文で，歴史的思考を行う能力を失った経済学者にたいして経済思想の重要性を訴えるのは非生産的であり，むしろ経済学を明確な理論や慣行を持った科学として理解し，ほかの分野の科学史と共通した手法で経済学史を研究するべきであると述べた．そして経済学史家は，そうすることによって経済学者のコミュニティから離脱し，科学史家のコミュニティに加わるべきだという問題提起を行った．

まず前者の経済学史の方法にかんする論点にかんして，一部の学史家から強い反対が寄せられた．例えば，ボブ・コーツ，サミュエル・ホランダー，根岸隆らの反論に共通するのは，経済学の歴史はいまだ経済学者にとって非常に有用であるという論点である．経済学が実際に現実の政策に用いられた過去の事例を考察したり，経済理論が過去の経済学者によってどのように説明されていたかを見たりすることは，現代の経済学者にとっても非常に興味深い研究主題であるとかれらは主張している．彼らの第一義的な関心はこのように，歴史そのものへの研究というよりは，現代の経済学の有用性や経済社会にたいする理解を向上させることにある．

これとは反対に，フィリップ・ミロウスキやテッド・ポーターは，経済学部に在籍することを放棄せずに科学史や人文学との学際性を高めることを主張した．というのも一般に科学史家も，経済学の歴史にかんして特に強い関心を持っているわけではないし，科学史の研究者にたいする就職の見込みも決して高くないので，科学史家のコミュニティに接近するメリットは，経済学者のコミュニティから離脱するデメリットを上回ると彼らは述べているからである．彼らがそれでも科学史との交流を高めるべきと考えているのは，経済学に働きかけることの重要性を認識しているからである．ポーターは次のように言っている．「世界にとって，〔経済学の内部で〕歴史や人文学にたいする感性が養われることは確かに望ましい．（中略）しかし歴史はうまく書かれなければならない．主流派経済学のな

かによい歴史の模範や，それにたいする支持は見出せない」（Porter 1992, 236）．明らかに彼らの知的関心は，既存の経済学の枠内にはない．むしろ彼らは経済学を，人文学の観点から見ても洗練された学問に変えていくことに関心がある．そのために彼らは，経済学史家は経済学者とも向き合っていく必要があると主張しているのである．

　同様のシンポジウムは 1997 年にも行われている．このときのタイトルは「科学技術論と経済思想史」で，基調論文は本書の著者ウェイド・ハンズが書いている．ハンズの論文は，本書『ルールなき省察』の内容と重なっており，実証主義から科学論への科学哲学の変遷が議論される．ハンズは経済学史への応用に関しては，以下の論点を指摘している．すなわち，過去の経済学者が社会的な要因に影響を受けて研究を行ったというのは，自然科学者がそうしていたというのと比べると，けっして新奇には聞こえない．彼の言葉では，

　　「もちろん経済学者の信念は，社会的要因によって決定されるべきである．すなわちその信念は，利子率，失業の水準，相対価格にかんする時系列データなどの社会的要因によって決定されるべきである．その一方で，経済学者の信念は，誰がその研究に資金を提供するか，どの政党がその研究によって有利になるか，その研究が著者の学部長の論文を引用したかどうかなどの社会的要因によって決定されるべきではない．経済学者の場合には，社会対自然という対立ではなく，よい種類の社会と悪い種類の社会という対立が問題となる．」
　　（Hands 1997, 731）

　科学論は，権威的な自然科学に潜在する社会性を「暴露」したことに大きな意義があったため，それを経済学の歴史に有意義に応用するためには，理論的洗練を誇る分野——例えば一般均衡論，新古典派マクロ経済学，1970 年代の計量経済学——に応用するのがよいであろうとハンズは述べている．この意見はもちろん示唆的であるが，必ずしも文字通り適切とは言えないであろう．例えば，マルコム・ラザフォードのアメリカ制度学派に関する研究（Rutherford 2011）やアンガス・バーギンのモンペルラン協会に関する研究（Burgin 2012）は，厳格な数理経済学を扱った研究ではないが，科学論から影響を受けた優れた思想史研究と呼べるであろう．

　最後に 2002 年の HOPE の例年特集号に言及する．この特集号のタイトルは『経済学史の将来』であり，編者のロイ・ワイントラウプの論文のなかには明確

解説　　499

に経済学史の将来にたいする憂慮が読み取れる（Weintraub 2002a）．我々は，現代の主流派経済学を礼賛するためのいわゆるウィッグ・ヒストリー——過去のあらゆる時代において，現代の一般的な発想が不可逆的に普及していったという前提に基づく歴史アプローチ——にはもはや従事できない．しかし，現代のきわめて形式化された大学院教育を受けた経済学者が，ウィッグ・ヒストリー以外の歴史を受け入れるとは思えない．異端の経済学者のように，主流派経済学を攻撃するための道具として経済学史を用いることはできるが，経済学史の専門家はそのような歴史の扱いには抵抗を感じる．このようにワイントラウプは歴史家としての関心を共有するコミュニティを拡大することができず，むしろそれが縮小する一方であることに危機感を示している．同特集号には，異端の学派による学史の利用を除けば，2つの方向性が提示されている．第1に，シェーバスが寄稿した論文のなかで示されている，科学史との統合を目指すというものである．上述の1992年の論文の続編である「接近：科学史としての経済学史」という論文では，10年前に比べて経済学史家と科学史家の協力関係がより密になっていることを高く評価している（Schabas 2002）．第2の方向性は，イブリン・フォージェの論文において指摘された，科学論にもとづいた多様な知的環境の再構築としての伝記を生み出すというものである．これによって，学史研究の水準を向上させ，学史家の著作に新たな読者や学生を呼び込むことが可能になると期待されている（Forget 2002）．

科学論からの影響を受けた経済学史研究

　以下では，科学論からの影響という観点から特筆すべき研究を簡潔に紹介する．

　本解説の第2節でも言及したように，ワイントラウプは一般競争均衡理論に関する方法論的研究を発表したのち，本格的に文脈的な歴史研究に移行した．彼の代表的な歴史研究が，『経済学はいかにして数理科学になったか』（Weintraub 2002b）である．この著作は，アルフレッド・マーシャルが数学を学んだころの19世紀半ばのケンブリッジ大学の数学から議論を起こし，グリフィス・エヴァンズ，ジェラルド・ドブリューら数学者であり，かつ経済学にも影響を与えた人物の伝記的事実に即して，20世紀を通じた経済学の数学的形式化にたいして色彩のある歴史叙述をくわえた．同著にはワイントラウプの父親であるシドニー・ワイントラウプに関する章があり，そこではその生い立ちや家族について詳細に

論じられるとともに，経済学が一部で高度に数学化していた20世紀半ばに，キャリアを築いた一経済学者の置かれた状況が考察されている．著作全体としては，経済学が歴史をつうじて単調に数学化したというこれまでの見方にたいして，数学内部の変化に焦点を当て，時代によって数学が経済学に対して異なる影響を与えたという結論を導き出している．

　本書の第7章の末尾（原著pp. 351-352；本書pp. 343-344）でもわずかに言及されているメアリー・モーガンのモデル研究は，その後『モデルの中の世界：経済学者の研究・思考様式』（Morgan 2012）としてまとめられた．この著作ではモデルを，理論的概念と実証分析の橋渡しをする自己完結的な装置として理解される．モデルは理論そのものというよりは，複数の理論や前提を数学的に結合させた装置であり，モデルがどのような振る舞いをするかに関しては，個別の考察が必要となる．このような観点から以下のような様々なケーススタディが提供される．すなわち，リカードの差額地代論やエッジワース・ダイアグラムのような古典的事例や，20世紀の計量モデルやゲーム理論がどのように構築されたのかが議論される．これらの事例研究においては，例えばリカードの章において当時の実験農法が議論されるなど，経済学以外の歴史的文脈にも注意が向けられる．同著は，たんにモデルの構築という経済学者の慣行に注目したという点においてだけでなく，個々の歴史的関心の多様さという点においても科学論の影響を見て取ることができる．

　ラトゥール以降の科学論あるいは科学技術論と呼ばれる学問は，科学技術と社会とのあいだの健全な関係の確立という，より実証的かつ政策的な関心を持つようになっている．経済学に関しても専門家と社会とのあいだに健全な関係を構築することはもちろん重要な課題であり，その必要性は2008年の金融危機後さらに高まっていると言えるであろう．ロジャー・バックハウスの『現代経済学の謎』（Backhouse 2010）は，経済学史家が金融危機後に現代経済学の社会的位置づけを考察した著作であり，経済学の科学技術論と呼んでも差し支えないであろう．同著では，まず第一部で，過去20年間のあいだに経済学が現実の問題を解決するために用いられた事例を考察している．1990年の米国大気浄化法における有害気体のキャップ・アンド・トレード制の導入や，イギリスでの周波数オークションといった成功例と同時に，ソビエト崩壊後のロシアで用いられた欧米の経済学者の提言が結果としてハイパーインフレーションや平均余命の著しい低下を

もたらした失敗例が議論される．バックハウスはこれらの事例から以下のような一般的な結論を導いている．

「明らかに経済学は，厳密に限定された問題を扱うときには成功する可能性が高く，政治的・社会的現象をともなうような大きな問題が考察されるときには失敗する可能性が高い．この2つの結論は全く新奇なものではないが，その一方にのみ集中し，他方を忘れる人が大変多いのは驚くべきことである．」
（Backhouse 2010, 97）

同著の第2部では，経済学がどのようにして現代の姿をとるようになったかが歴史的に考察され，第3部で現代の経済学の科学社会論的評価が次のように行われる．すなわち，現実を説明するうえで厳格な理論統計モデルでは不十分であるかもしれず，現実の複雑性を考慮に入れるためにより単純なモデルを用いた推論のほうが適切である場合もある．そもそも，厳格な単一のモデルが現実に完全に対応しているかに関しては経済学者も懐疑的である（しかし，その一方で，実証研究の結果は過去のマクロ経済学の変化の一因となった）．したがって，理論モデルは経済学者の政策提言を完全には決定しないため，どのようにモデルを利用するかはおのおのの経済学者の経験と裁量に委ねられることになる．このため，過去の政策の失敗や成功による惰性的判断が行われる傾向が生じてしまう．以上を考慮して，経済学の健全な発展は，現在の経済理論を放棄することではなく，科学と社会との必然的な緊張関係を認識した上で，新しい厳密な理論を生み出すことで科学としての経済学の有用性を高めることにあると，バックハウスは提言している．

最後に，本解説の筆者の一人（高見）が共同執筆している『経済セミナー』の連載「経済学説史」（2016年4・5月号〜2018年2・3月号のうち2017年6・7月号からの5回分を筆者が担当）に言及したい（高見 2017-2018）．筆者が担当した回では，主として20世紀半ばの経済学の数理化を跡づけたが，この執筆に際して，近年の欧米の研究者による経済学史研究を積極的に利用した．というのも，上記のわずかな例以外にも，実証的な科学史を模範とした経済学史の研究は近年，多数発表されているため，これらを集約し，概説的な文章としてまとめることには意義があると思われたためである．計量経済学，ゲーム理論，行動経済学，IS-LM モデル，経済成長理論を扱ったが，これらを通して，20世紀後半に経済学が現在の姿に至る過程を描写・分析しようと試みた．例えば計量経済学の回で

は，コウルズ委員会という民間の小規模な研究所に焦点を当て，そこに集まった数理経済学者によって厳密に確率論にもとづく計量経済学を確立されたプロセスを論じた．これらの記事では，本書から得た洞察が明確に反映されている．具体的には，科学の社会性（あるいは集団的関心の重要性），文脈依存性，存在論的仮定，観察の慣習性（それゆえ学問間の認識論の相違）などといった洞察である．

5. まとめ

　以上のように，本書の意義は多様な観点から論じることができる．しかし最も重要な意義は，経済学方法論（経済学の哲学）の転換を捉えたことにある．その転換とは，ポパーやラカトシュを用いて主流派経済学を批判する異端派的活動から，自然主義や存在論などの近年の科学哲学の展開を踏まえ，問題意識を共有し建設的に議論が行われる研究領域への変化であった．後者のような領域は現在では，学術雑誌の名称に「経済学方法論」という言葉が残るものの，「経済学の哲学」と呼ばれることが一般的になっており，ライスの『経済学の哲学』のように，新しい展開をより強く反映した著作も存在する．しかし，現代の同分野の問題意識を理解するためには，やはり経済学方法論や経済学の哲学という分野の歩んだ変遷を知ることが必要であり，本書はまさにその目的において有益な著作である．

　経済学史に関しても，科学哲学や科学史からの影響によって20世紀終わりに大きな転換を経験したが，本書はその変化の背景の一端を詳細に知るための良い出発点である．概して現在の同分野では，過去の学者の状況・分脈依存的な問題意識を考察することに関心が向けられているが，この変化は現代の科学論の発展からの直接・間接の影響を受けたものであった．もちろん具体的な展開については本解説で言及した研究などを参照する必要があるが，現代の経済学史を基礎づける根本的な意図を明確に知るためには，本書で論じられる社会学的転回やプラグマティズムについて学ぶ必要があるのである．

参考文献

Backhouse, R. E. 2010. *The Puzzle of Modern Economics: Science or Ideology?* Cambridge: Cambridge University Press.

Bhaskar, R. 1979. *The Possibility of Naturalism: A Philosophical Critique of the Contemporary Human Science.* Routledge. ロイ・バスカー『自然主義の可能性：現代社会科学批判』式部信訳，晃洋

書房，2006 年.

Burgin, A. 2012. *The Great Persuasion: Reinventing Free Markets since the Depression*. Cambridge, Mass.: Harvard University Press.

Caldwell, B. J. 1982. *Beyond Positivism: Economic Methodology in the Twentieth Century*. Allen & Unwin. ブルース・J・コールドウェル『実証主義を超えて：20 世紀経済科学方法論』堀田一善・渡部直樹監訳，中央経済社，1989 年.

Forget, E. L. 2002. A Hunger for Narrative: Writing Lives in the History of Economic Thought. *History of Political Economy*, 34 (5): 226-244.

Hands, D. W. 1997. Conjectures and Reputations: The Sociology of Scientific Knowledge and the History of Economic Thought. *History of Political Economy*, 29 (4): 695-739.

Klamer, A. 2007. *Speaking of Economics: How to get in the Conversation*. Routldge. アリオ・クラマー『経済学は会話である：科学哲学・レトリック・ポストモダン』後藤和子・中谷武雄監訳，日本経済評論社，2010 年.

Latour, B. 1983. Give me a Laboratory and I will Raise the World. In K. Knorr-Cetina and M. Mulkay. ed. *Science Observed: Perspectives on the Social Study of Science*. Sage.

Morgan, Mary S. 2012. *The World in the Model: How Economists Work and Think*. Cambridge: Cambridge University Press.

Porter, T.M. 1992. Comment. *History of Political Economy* 24 (1): 234-236.

Redman, Deborah A. 2004. Reflection without Rules: Economic Methodology and Contemporary Science Theory (review). *History of Political Economy*, 36 (4): 769-771.

Reiss, J. 2013. *Philosophy of Economics: A Contemporary Introduction*. Abington: Routledge.

Ross, D. 2014. *Philosophy of Economics*. New York: Palgrave Macmillan.

Rutherford, M. 2011. *The Institutionalist Movement in American Economics, 1918-1947: Science and Social Controls*. Cambridge: Cambridge University Press.

Schabas, M. 1992. Breaking Away: History of Economics as History of Science. *History of Political Economy*, 24 (1): 187-203.

―――. 2002. Coming Together: History of Economics as History of Science. *History of Political Economy*, 34 (5): 208-225.

Shapin, S., and S. Schaffer. 1986. *Leviathan and the Air-Pump: Hobbes, Boyle, and the Experimental Life*. Princeton, NJ: Princeton University Press.

Weintraub, E. R. 2002a. Will Economics Ever Have a Past Again? *History of Political Economy*, 34 (5): 1-14.

Weintraub, E. R. 2002b. *How Economics Became a Mathematical Science*. Cambridge: Cambridge University Press.

高見典和　2014　「欧米での科学社会論を用いた経済学史研究」『経済学史研究』55 巻 2 号 109-115 頁.

高見典和　2017-2018　「連載：経済学説史」『経済セミナー』2017 年 6・7 月号〜 2018 年 2・3 月号，日本評論社.

原谷直樹　2018　「存在論はなぜ経済学方法論の問題になるのか：方法論の現代的展開」，只腰親和・佐々木憲介編『経済学方法論の多元性：歴史的視点から』蒼天社出版.

山崎好裕　2004　「書評　D. Wade Hands: Reflection without Rules: Economic Methodology and Contemporary Science Theory. Cambridge: Cambridge University Press, 2001, xi+480 pp.」『経済学史学会年報』45 巻，131-133 頁.

あとがき

　本書は，私が2010年から11年にかけて，アメリカのデューク大学で在外研究しているときに出会った著作で，ロイ・ワイントラウプ氏（解説を参照）の講義を聴講する中で関心を持った社会学的科学論が，経済学者の視点から包括的に説明してあったため，熱心に読み込んだ．帰国したのち，経済学史学会で原谷直樹さんと本書について議論する機会があり，翻訳に関心を示していただいた．原谷さんは，経済学方法論の研究拠点があったオランダのエラスムス大学に留学した経験があるなど，同分野の最新の動向に通じておられるため，基本的には経済学史の研究者である私にとっては，異なる観点から本書の重要性について理解を得ることができた．同じく経済学史学会で面識のあった若田部昌澄先生に本書の翻訳を提案したところ，本書は日本の経済学者にももっと読まれるべきだと考えておられ，翻訳の計画に賛同していただいた．経済学がどのような意味で正当な知識と呼びうるのか，あるいは，どのように我々の日常的な感覚と経済学の専門的内容を結びつけることができるのか，という問いに日本でももっと向き合う必要があり，本書の翻訳はこの欠落を大いに改善できるという意図が我々監訳者の間では共有されていたと思う．若田部先生から，編集者の永田透さんを紹介していただき，翻訳が実現する運びとなった．

　経済学史学会の中堅・若手会員に声をかけ，金子創さんと長雄幸一さんと太子堂正称さんと桑田学さんに，翻訳計画に参加していただいた．長津十さんは，経済学方法論（経済学の哲学）分野で国際的に活躍されている研究者で，帰国中に研究報告した際に本書の翻訳計画に参加することに同意していただいた．以上のどのメンバーもご自身の研究・教育で忙しい中，長い文章を丁寧に訳していただいた．長津さんにはさらに，解説にコメントもいただいた．原谷さんには担当章だけでなく，校正と解説の一部執筆を引き受けていただいた．若田部先生からは本翻訳全体をチェックしていただき，翻訳の完成までたびたび激励していただいた．またハンズ氏自身からも，2016年5月に来日した際には翻訳チームと交流する機会を得た上，かなり力の入った日本語版序文も執筆していただいた．上述のすべての方に厚く感謝を申し上げたい．

　大部の著作の翻訳であり，かつ，共訳であるので，様々な作業に多くの時間を

505

割かなければならなかったのは確かであるが，少なくとも私にとっては，原著の明晰な文章を読むという楽しさの方が常に上回っていた．なお訳注は本文中に〔　〕で補った他，長いものは†をつけ脚注にした．人名については，適当な箇所で生没年を記し，読者の便宜を図った．また明らかな誤植，文献の年号間違いなどは気がついたかぎり正しいものに修正した．最後に，本翻訳にある誤りや至らない点は，すべての章の校正に関わった私の責任に帰すべきものである．

2018 年 2 月

高見典和

人名索引

あ 行

アーペル，カール・オットー　421
アインシュタイン，アルバート　71, 92
アガシ，ジョセフ　275, 290, 292, 294, 295, 407-409, 427
アシュモア，マルコム　189
アチンスタイン，ピーター　408
アマリーリォ，ジャック　423
アリストテレス　40, 104, 314
アルシアン，アーメン　372, 421
アロー，ケネス・J　1, 284, 339, 354, 409, 429
イアマン，ジョン　412
イバラ，アンドニ　430
イヤリー，スティーブン　193, 196, 197, 201
イルジーク，ギュロル　412
イングラム，ジョン・K　27
ヴァン・エイーゲン，ピート・ハイン　319
ウィトゲンシュタイン，ルートヴィヒ　71, 73, 75, 106, 188, 235
ウィリアムソン，オリバー　372, 421
ウィンチ，ピーター　406
ウーリー，フランシス・R　425
ウェーバー，マックス　174, 184, 380
ウエスト，コーネル　242
ウエストブルック，ロバート　220, 221
ヴェブレン，ソースティン　225-227, 229, 231, 245, 246, 377, 378, 425
ウォーラー，ウィリアム・T　247
ウォルシュ，ヴィヴィアン　409, 431
ウォルフ，リチャード・D　423
ウォロル，ジョン　115, 275, 427
ウォン，スタンリー　296, 408
ウルガー，スティーブ　183, 189, 190, 194, 197, 203, 204, 375
エアーズ，クラレンス・E　224, 225, 245, 227, 229, 247, 378, 422
エイヤー，アルフッド・ジュールズ　71, 408
エッジ，デイビッド　179
エリクソン，ニール　55
エルドリッジ，ナイルズ　377
オークリー，アレン　405, 406

オゴーマン，パスカル　122, 326, 412, 424
オッペンハイム，ポール　83, 84
オディー，グラハム　275
オニール，ジョン　409, 433
オル，ダニエル　408

か 行

カーステン，S　412
カートライト，ナンシー　11, 12, 15, 79, 113, 119, 210, 297, 300, 302, 307-316, 405, 406, 409, 414, 428, 429, 431
ガーネット，ロバート・F　11
ガーフィンケル，ハロルド　423
カーン，ジェームズ・A　366
カウダー，エミル　406
ガッティング，ゲーリー　412
カッラーリ，アントニオ　423
カニンガム，ウィリアム　27
カルナップ，ルドルフ　71, 72, 74, 77, 78, 96, 106, 147, 410
カルボー，ヴェルナー　92, 124
カレンバーグ，スティーブン　423
カロン，ミシェル　190, 196, 197, 421
ガン，リチャード　414
カント，イマヌエル　41, 42, 211, 213, 219
キーリー，テレンス　432
ギエリン，トマス　176
キッチャー，フィリップ　100, 120, 144, 152, 350, 359-362, 364-366, 370, 374, 375, 379, 381, 382, 408, 432, 433
ギデンズ，アンソニー　318
ギバード，アラン　431
キャット，ジョルディ　79, 409
ギャリー，ロナルド　92, 124, 132, 143, 149, 304
ギャリソン，ピーター　210
キャンベル，ドナルド・T　153, 158, 417
ギルバート，クリストファー・L　411
キンケイド，ハロルド　414, 430, 432
クイパース，テオ　431
クーゼンカンプ，ヒューゴ　411
クーター，ロバート　409
クープマンス，チャーリング　11, 408
グールド，スティーブン・ジェイ　377
クーン，トマス・S　12, 70, 79, 91-93, 98-

507

108, 111, 113, 122, 124, 127, 143, 153-156, 167, 170, 178, 179, 188, 202, 236, 239, 249, 252, 281, 295, 350, 361, 381

クオッカネン, マルティ　334
クセノファネス　89
グッドマン, ネルソン　411
クニース, カール　27
クライン, ジュディ・L　206
クライン, フィリップ・A　424
クラップホルツ, カート　294, 407, 408
クラフト, ヴィクター　71, 409
クラマー, アリヨ　425
クラント, ヤコブス・ヨハネス　270, 406, 428, 431
グリーン, クリストファー　68
グリーンフィールド, ロバート・L　406
クリフ=レズリー, トマス・E　27
グリマー, クラーク　110, 149
グリュンベルク, テオ　412
クロス, ロッド　411
グロス, アラン　244
クワイン, ウィラード・ヴァン・オーマン　12, 70, 91-93, 95-98, 105, 107, 113, 122, 125, 127, 132-138, 156, 165, 208, 239, 242, 249, 415
ケアンズ, ジョン・E　17, 27-31, 35, 36, 52, 68, 297
ケインズ, ジョン・ネヴィル　17, 30-33, 49, 61, 68, 297, 405
ケインズ, ジョン・メイナード　1, 30, 253
ゲティア, エドマンド　140, 160, 416
ケトナー, ケネス・レーン　421
コーエン, ジョシュア　408
コージ, ノレッタ　277
コース, ロナルド　250, 323-325, 372, 432
コーツ, A・W　205, 405, 407, 412, 424
ゴードン, ウェンデル　424
ゴードン, ドナルド・F　408
ゴードン, H・スコット　406
コール, ジョナサン　419
コールドウェル, ブルース　3, 44, 405, 407, 409, 416, 424, 428
ゴールドマン, アルヴィン　11, 138, 141-146, 149, 151, 162, 292, 358, 359, 379, 384, 416, 432
コックス, ジェームズ・C　432
コッファ, J・アルベルト　409
コッホ　410
コトレル, アリン　430

コペルニクス　100
コリアー, アンドリュー　414
コリンズ, ハリー・M　183, 184, 186-188, 193, 194, 196, 197, 201, 419
コント, オーギュスト　17, 72
コンドルセ, ニコラ・ド　126

さ 行
サーモン, ウェズレイ　82, 410
サイズ, ジャネット　425
サイモン, ハーバート　138, 147-150, 351, 379, 416, 417
ザッカーマン, ハリエット　419
ザハー, エリー　427
サミュエルズ, ウォレン　247, 424
サムエルソン, ポール・A　1, 11, 16, 47, 55, 60, 62, 63, 65-68, 250, 294, 296, 408, 420
サモラ・ボニージャ, ヘスース　359, 426
サレルノ, ジョゼフ・T　406
サランティ, アンドレア　286, 426
サリバン, パトリック・F　421
サン=シモン, アンリ・ド　17
サンドリ, ジョルジョ　11
シーニア, ナッソー　26, 31, 36
シェーバス, マーガレット　405
ジェヴォンズ, ウィリアム・スタンリー　32, 39, 110, 411
シェーピン, スティーブン　180, 376, 419, 420
シェーファー, サイモン　172, 419
ジェームズ, ウィリアム　211, 212
ジャーヴィー, イアン　290
ジャクソン, ウィリアム　414
シュウォーツ, アナ　55, 405
シュテグミュラー, ヴォルフガング　334, 343
シュポーン, ヴォルフガング　334
シュモラー, グスタフ・フォン　27, 40, 41, 79
シュリック, モリッツ　51, 71, 72, 77, 86, 409
シュルツ, ヘンリー　61, 94
シュレジンガー, カール　284
シュンペーター, ヨーゼフ　11, 377
ジョージ, ヘンリー　280
ジョージェスク=レーゲン, ニコラス　420
ジョーンズ, リチャード　27
ジョンソン, ハリー・G　432
スカツィエリ, ロベルト　11

スキナー, B・F　139
スタージズ, R・P　405
スターリン, ヨシフ　46
スタンフィールド　412
スチュワート, デュガルド　411
スティーブンズ, スタンリー・S　68,
　410
スティグラー, ジョージ　232, 420
スティッチ, スティーヴン　161, 418
ステファン, ポーラ・E　433
ストーブ, D・C　273
ストックマン, アラン・C　366
ストラスマン, ダイアナ　263, 265, 266,
　425
スニード, ジョセフ　334, 343, 359
スピス, パット　334
スミス, アダム　17, 53, 145, 146, 251, 253,
　280, 347,407
スミス, バリー　406
スミス, リチャード・L　421
セイガード, ポール　150
セント, エステル＝ミリヤム　148, 205,
　206, 429, 433
ソクラテス　292, 295, 296
ソシュール, フェルディナン・ド　430
ソロモン, ミリアム　259, 420, 432

た　行

ダーウィン, チャールズ　150, 154, 155,
　159
ダイアモンド, アーサー・M　286, 366,
　431, 432
ダイヤー, アラン・W　422, 424
ダスグプタ, パーサ　354, 366-370, 373-
　375
タルスキ, アルフレト　71, 274
タロック, ゴードン　366
チェンバリン, エドワード　53
チャーチランド, パトリシア　161, 162
チャーチランド, ポール　161, 162, 418
チャペル, V・C　405
チョムスキー, ノーム　139
ツィゼル, エドガー　409
デ・マーキ, ニール　224, 230, 231, 334,
　405, 411, 420, 431
デ・ラ・シエンラ, アンドルフォ　334
デイ, ティモシー　414
ディーデリヒ, ヴェルナー　430
ディートン, アンガス　95
ディーン, フィリス　31

ディギンズ, ジョン・パトリック　238
ティシー, パヴェル　275
デイビス, ジョン・B　409, 424, 433
デイビッド, ポール　319, 354, 366-370,
　373-375, 433
テイラー, ハリエット　17
ティルマン, リック　422
デカルト, ルネ　4, 125, 127, 150, 219
デニス, ケン　423
デネット, ダニエル　423
デビッドソン, ドナルド　208, 430
デムゼッツ, ハロルド　372
デューイ, ジョン　79, 215, 218-224, 226-
　229, 231, 232, 234, 237, 239, 242, 245-247,
　378, 422
デュエム, ピエール　228, 232
デュラン, ジェーン　259
デュルケーム, エミール　380
デリダ, ジャック　236, 238
トゥール, マーク・R　246, 422, 424
トゥールミン, スティーブン　93
トゥッチ, ミケーレ　334
トービン, ジェームズ　1
トールマン, エドワード　68
ドッペルト, ジェラルド　111
ドブリュー, ジェラルド　339, 409, 431
トリソン, R・D　205, 420

な　行

ナイチンゲール, ジョン　289
ナイト, フランク　50, 231, 407, 408
ニーチェ, フリードリッヒ　236, 237, 239
ニーニルオト, イルカ　421, 426
ニーハンス, ユルグ　205, 420
ニールセン, カイ　237
ニックルズ, トマス　413
ニュートン, アイザック　104
ネーゲル, アーネスト　80, 82, 408, 409,
　410
ネルソン, ジュリー　263-266, 354, 425,
　430
ネルソン, リチャード　354
ネルソン, リン・ハンキンソン　259
ノイラート, オットー　71, 75-79, 89, 92,
　105, 119, 122, 124, 133, 137, 306, 314, 351,
　409, 410
ノージック, ロバート　1, 43, 416
ノーテボーム, バート　431
ノール・セティナ, カリン　183, 185, 186,
　204, 421

ノバック，レシェク　341
ノラ，ロバート　413

は 行

バーガー，ピーター・L　184, 408
バーカイ，ハイム　406
ハーク，スーザン　274
バークザック，セオドア　424
ハーサニ，ジョン・C　145
ハーシュ，エイブラハム　224, 230, 231, 405
パース，ケリー・A　61
パース，チャールズ・サンダーズ　115, 209, 211-219, 221, 224, 225, 232-234, 237, 292, 317, 372, 378, 421
パース，デイビッド　334
パーソンズ，スティーブン・D　406
ハーディング，サンドラ　254, 255, 257, 258, 262, 263, 425
バートリー，ウィリアム・ウォレン　156, 158, 290-292, 362, 369, 378, 418, 427
バーナー，ジャック　416, 427
ハーバーマス，ユルゲン　123, 214, 215, 421
ハーン，フランク　284, 339, 429
ハーン，ハンス　71
バーンズ，バリー　180, 199, 201
ハイエク，フリードリヒ・フォン　39, 45-47, 269, 319, 366, 372, 377-379, 406, 407, 416
ハイデガー，マルティン　238, 239, 242
ハウズマン，ダニエル　12, 15, 57-59, 272, 297-306, 312, 313, 327, 328, 334, 405, 408, 423, 426, 428-430
ハウタッカー，ヘンドリック　67, 408
ハグストロム，ウォレン・O　375
バジョット，ウォルター　27
バスカー，ロイ　112, 116-120, 314, 315, 318, 320, 414
ハズリンガー，フランツ　334, 431
ハチソン，テレンス　11, 15, 47-53, 61, 86, 270, 294, 295, 302, 406, 407
ハッキング，イアン　11, 119, 120, 210, 275, 414, 428
バックハウス，ロジャー・E　286, 302, 421, 423, 424
ハッデン，リチャード・W　376
パットナム，ヒラリー　114, 115, 208, 414
パティンキン，ドン　205, 420
ハドソン，リチャード　430
バナール，ジョン・デズモンド　170, 172-

175, 179, 184, 203, 348, 431
ハミンガ，バート　334, 431
ハモンド，ダニエル　407
バリアン，ハル・R　431
ハリス，アレン　243
ハル，デイビッド　153-155, 417
バルザー，ヴォルフガング　334, 431
ハレ，ロム　120, 414
バロッタ，ピエルルイジ　406
ハンズ，D・ウェイド　205, 206, 278, 334, 411, 413, 421, 426, 427, 430-432, 433
ハンセン，ノーウッド・ラッセル　93, 106
ピアート，サンドラ　405
ピアジェ，ジャン　430
ビーベーナー，カローレ　423
ピカリング，アンドリュー　170, 192-194, 197, 198, 201, 203, 209, 375
ヒッカーソン，スティーブン　422, 424
ヒッチ，C　53
ヒューウェル，ウィリアム　27, 110, 405
ヒューム，デイビッド　34, 72, 82, 83, 87, 91, 96, 125, 307, 308, 311, 316, 327
ビュトス，ウィリアム　424
ビルクス，アーニス　286, 334
ヒルデンブランド，ブルーノ　27
ヒンティッカ，ヤーコ　422
ファーガスン，アダム　407
ファイグル，ハーバート　71, 73, 86
ファイヤアーベント，ポール　93, 105, 239, 252, 288, 427
ファブレッティ，レマ・ロッシーニ　11
ファン・フラーセン，バス　112, 120-123, 314, 326, 414
フィッシャー，アービン　344
フィッシュ，スタンリー　242, 252
フーコー，ミシェル　236, 238
フーバー，ケビン・D　61, 302, 423, 429
プーペイ，メアリー　376
フェルズ，レンディグズ　423
フォーゲル，ロバート　250
フォルブレ，ナンシー　425
フッカー，C・A　358
ブッシュ，ポール・D　422, 424
ブッシュ，ヴァネヴァー　348
ブハーリン，ニコライ　172
フラー，スティーヴ　11, 359, 420, 432
プライス，マイケル　359
ブラウン，ダグ　247, 424
ブラッシュ，スティーヴン　111, 427
プラトン　212, 331

フランク，フィリップ　71
ブランク，レベッカ　425
フリートウッド　429
フリードマン，マイケル　420
フリードマン，ミルトン　1, 11, 15, 47, 52-59, 68, 224, 228-232, 251, 294, 297, 319, 323, 325, 408
フリスビー，デイビッド　406
ブリッジマン，パーシー　61, 68, 408, 410
ブルーア，デビッド　180-182, 199, 201
ブルックス，ハーベイ　431
ブルデュー，ピエール　375
ブルンベルグ，アルバート　73
ブレイスウェイト，リチャード　80
ブレイディー，マイケル　151
フレーゲ，ゴットロープ　72, 139
フレーザー，W・J　423
フレック，ローラ　79, 409
フロイト，ジークムント　139, 160, 209, 278, 294
ブローグ，マーク　3, 30, 269, 270, 278, 280, 286, 295, 328, 405, 421, 423, 425, 426, 428
ブロック，ウォルター　43, 44
ブロンフェンブレナー，マーティン　412
ベア，D・V・T　408
ヘーゲル，ゲオルク・ヴィルヘルム・フリードリヒ　213
ベーコン，フランシス　4, 150
ヘーファー，カール　411, 412
ベッカー，ゲーリー　1, 264
ヘッセ，メアリー　344
ヘッセン，ボリス　172-175, 203, 376
ペルズ，ディック　421
ヘルムホルツ，H・フォン　115
ベンサム，ジェレミー　17
ヘンダーソン，ジム　206
ヘンドラー，エルンスト　334, 340
ヘンドリー，デイビッド・F　55, 428
ヘンペル，カール　80, 82, 83, 85, 133, 410, 411
ヘンリー，ジョン　180, 199, 201
ボイド，リチャード　112-116, 119, 120, 314, 412
ホイニンゲン＝ヒューネ，パウル　103
ボイラン，トーマス・A　326, 122, 412, 424
ボウマンス，マルセル　431
ボーランド，ラリー　230, 295, 296, 366, 422, 423, 428
ホール，R　53
ボガード，アドリエンヌ・ヴァン・デン　205, 431
ホクスバーゲン，ローランド　424
ホジソン，ジェフリー　422, 433
ボスタフ，サミュエル　406
ポパー，カール　12, 48, 70, 77, 85-87, 89-91, 105, 108, 110, 120, 122, 155-158, 177, 206, 249, 268, 269, 272-278, 281, 282, 290-293, 295, 296, 314, 329, 351, 372, 407, 411, 418, 425-427
ホランダー，サミュエル　405
ポランニー，マイケル　93, 106, 348, 367, 369
ホワイト，マイケル・V　206

ま　行

マーシャル，アルフレッド　30, 32, 54, 319, 328
マートン，ロバート・K　12, 170, 173-179, 184, 352, 353, 373, 376, 420
マーフィー，ナンシー　413
マキ，ウスカリ　12, 203, 205, 302, 303, 314, 322-324, 326, 341, 342, 406, 408, 414, 416, 423, 424, 430, 433
マクガケン，ウィリアム　419
マクレラン，クリス　204
マクロスキー，D　7, 247, 249, 252, 253, 326, 425
マケンジー，ドナルド　180, 420
マスグレーブ，アラン　57, 58, 411, 427, 429
マッハ，エルンスト　72, 77, 359
マハループ，フリッツ　11, 366, 405, 407, 408
マラコウスキ，A　423
マルクス，カール　48, 52, 61, 172, 184, 203, 209, 225, 253, 256, 278, 294, 341, 380, 425
マルサス，ロバート　26
マンズ，ピーター　156, 157, 158, 418
マンスフィールド，エドウィン　357
マンデヴィル，バーナード　407
マンハイム，カール　256, 375, 419
ミーゼス，ルートヴィヒ・フォン　39, 41, 43-45, 47-50, 52, 374, 406
ミッチェル，ウェズリー・クレア　11, 225
ミューエルバウアー，ジョン　95
ミラー，デイビッド　275, 427
ミラー，リチャード　414
ミル，ジョン・スチュアート　10, 11, 15-17, 28-31, 33, 36-38, 40, 43, 44, 49, 68, 72, 146, 297-300, 303, 309, 311, 312, 314, 405,

411
ミロウスキ，フィリップ　206, 247, 406,
　407, 416, 420, 422, 424, 431, 432, 433
ムア，G・E　415
ムス，ジョン　250
メイヒュー，アン　422, 424
メイヤー，トマス　425
メギル，アラン　235, 236
メリッツ，ジャック　408
メンガー，カール（Carl Menger）　39-41,
　46, 319, 406
メンガー，カール（Karl Menger）　71, 79,
　284, 409
モウリネス，C・U　334
モーガン，メアリー　334, 343, 344, 428
モーマン，トマス　430
モッテルリニ，マッテオ　11
モリス，チャールズ　210
モリソン，マーガレット　344, 428

や 行

ヤンセン，マールテン　431
ユーベル，トマス　79, 409, 421
ユンカー，ルイス　422
ヨリンク，アルバート　409

ら 行

ラーヴァー，ブレンダン　427
ライシュ，ジョージ・A　409
ライヘンバッハ，ハンス　71
ラインフェルナー，W　334
ラヴァリング，ジョン　414
ラウダン，ラリー　135, 176, 274, 413
ラカトシュ，イムレ　12, 107-111, 123, 272,
　274, 276, 279, 282, 283, 285-287, 289, 295,
　297, 413, 426, 427
ラグー，M　423, 429
ラザフォード，マルコム　422
ラッセル，バートランド　71, 72, 77
ラトゥール，ブルーノ　183, 189-191, 194,
　196, 197, 203, 204, 375, 420
ラトシス，スピロ　280, 289, 426, 428
ラドニツキー，ゲラルド　156, 158, 290,
　291, 292, 378
ラパポート，スティーブン　424, 430
ラブジョイ，アーサー　212
ラングロア，リチャード　422
ランゲ，オスカー　55
ランズバーグ，スティーブン　366
リーバフスキー，E・E　422

リーマー，エドワード　428
リオタール，ジャン＝フランソワ　236
リカード，デイビッド　10, 17, 25, 26, 27,
　28, 32, 37, 253
リプシー，リチャード　269, 270
ルイス，デイビッド　421
ルーウィン，シラ　408
ルーカス，ロバート　251
ルカーチ，ジェルジュ　256
ルックマン，トマス　184
ルッチオ，デイビッド　424
ルンド，ヨーヘン　319
レイ，K・ブラッド　432
レヴィ＝ストロース，クロード　430
レヴィン，シャロン　433
レカート，ティル　334, 431
レスター，リチャード　53
レスティボ，サル　419
レズニック，スティーブン・A　423
レッシャー，ニコラス　358, 372
レドマン，デボラ　405, 408, 412, 426
レナード，ロバート・J　206, 409, 411
ロイテン，ヘルト　302, 431
ローゼンバーグ，アレクサンダー　12, 286,
　327-333, 406, 411, 412, 424, 429, 430
ローソン，クライブ　406
ローソン，トニー　12, 15, 302, 316-320,
　322, 326, 314, 315, 414, 429, 430
ローティ，リチャード　207, 224, 234, 238-
　243, 245, 247, 249, 252, 378, 418
ローマー，ポール　348
ロールダ，ジョナサン　432
ロス，ドン　430
ロック，ジョン　96, 125
ロッシャー，ウィルヘルム　27
ロッテンバーグ，サイモン　432
ロトワイン，ユージン　408, 423
ロバートソン，リンダ・R　247
ロビンズ，ライオネル　11, 17, 35, 36, 38,
　43, 68, 294, 299, 312, 406, 409
ロビンソン，ジョーン　53
ロンカリア，アレッサンドロ　420
ロンジーノ，ヘレン　255, 259-261, 263,
　266, 292, 425

わ 行

ワーズキー，ゲーリー　419, 431
ワイタッカー，ジョン・K　405
ワイブル，ジェイムズ　366, 370, 371, 373-
　375, 423, 432

ワイリー，アリソン　259
ワイントラウプ，ロイ　7, 206, 244, 283-
　288, 409, 424
ワトキンズ，ジョン　276, 427
ワルド，アブラハム　284, 409
ワルラス，レオン　39, 54

事項索引

略称等

BAD 的説明枠組み　　331, 329
F ねじれ　　229
IS-LM モデル　　54

あ 行

アート　　31
アイデアの市場　　265, 292, 325
曖昧なセテリス・パリブス　　301, 313
アイロニー　　241
アクター・ネットワーク理論（ANT）
　190, 194, 196, 197, 204
アクタン　　190, 420
新しい科学の経済学（new economics of
　science）　354, 365
後件否定　　273
アノマリー　　99, 103, 105
アブダクション　　115, 215, 217, 317, 421
ア・プリオリ　　267
ア・プリオリな知識　　25
ア・プリオリの方法　　15, 20, 303, 311
ア・ポステリオリな方法　　20
アメリカ制度学派　　225
アメリカの哲学者　　218
アメリカ例外論科学者　　231
安定的潜在性　　310
異端の経済学　　10, 270
一貫性主義　　140
一貫性理論　　142
5 つめの車輪　　249
一般均衡理論　　280, 283, 285-288, 339, 340,
　409
一般的科学陣営　　129
『一般理論』　　426
イデオロギー対立　　173
意図性　　42, 430
意味論的アプローチ　　431
意味論的観点　　334, 428
因果性　　181
因果法則　　315
因果ホーリズム　　326
因果メカニズム　　317, 324
ウィーン学団　　69, 71-74, 77-80, 86, 89, 123
ヴェブレンの二分法　　226
『営利企業の理論』　　231

『エコノミクス・アンド・フィロソフィー』　　3
演繹科学　　19, 22, 25
演繹主義　　316, 318, 320, 430
演繹的・法則的（D-N）モデル　　83-85,
　163, 316
演繹的科学　　20
演繹的でア・プリオリな方法　　22, 24
エンドルフィン　　330
応用計量経済学　　187
応用数学　　332
応用倫理　　144
オーストリア学派　　245, 280, 323, 374, 377,
　380, 406
オッカムの剃刀　　73
驚くべき事実　　217

か 行

改革的アプローチ　　129
改革的自然主義者　　218
懐疑主義　　175
外在主義　　141
解釈学的アプローチ　　406
外部性　　355, 356
開放系　　315
会話倫理　　248
『科学革命の構造』　　79, 98, 100, 101, 107
『科学革命の再構築』　　103
科学技術史国際会議　　172
科学技術社会論　　191
科学研究プログラム（MSRP）　　279, 281,
　282
科学コミュニティ　　176, 233
科学実在論　　120
科学社会学　　352, 353
科学社会学における「技術官僚」的衝動
　179
科学主義　　45, 210
科学知識の経済学（ESK）　　202, 346, 349,
　353, 354, 358, 365, 366, 374, 375, 379, 380,
　383-386
科学知識の社会依存性　　320
科学知識の社会学（SSK）　　170, 202, 287,
　346, 349, 353, 354, 371, 376, 419, 424
科学的アイデアの市場　　151, 158
科学的研究プログラムの方法論（MSRP）

514

108, 283, 285-289, 384
科学的研究プログラム　280
科学的実在論　111-113, 143, 153, 208, 274-276, 306, 314, 322, 323, 381
『科学的世界把握：ウィーン学団』　71, 78
『科学的発見の論理』　86, 91, 155, 269, 274, 290, 418, 426
科学哲学の取り寄せ観　2, 3, 80, 202
科学と非科学の境界画定基準　177
科学における再現　187
科学における女性問題　254
科学における普遍性　177
「旧」科学の経済学　354, 356
科学の経済学　174, 233, 346, 353, 354, 380
『科学の原理』　411
『科学の進歩』　360, 361
科学の道徳的規範　175
科学の独自性　175
科学の認知科学　141
価格のゆがみ　266
科学のレトリック　242
鏡の隠喩　238, 239
確証　281
確証可能性　77, 80
確証主義　96
確証主義プログラム　276
革命的アプローチ　129
攪乱要因　299, 300, 311, 312
確率の傾向説　319
『確率論』　413
家計的人的資本　264
過小決定性　91, 93, 95, 97, 105-107, 112, 113, 122, 126, 156, 271-273, 292
仮説演繹法　82, 83
仮説的実在論　157
家族的類似性　106, 107, 183, 235, 236
家族の経済学　264, 283
価値ある「部外者」　257
『価値評価の理論』　79
仮定の「現実性」　55, 322
仮定論争　56, 229
可謬主義　89, 273, 275, 292, 320
可謬性　90, 92, 272
カラスの例　83, 87, 94
『感覚秩序』　416
還元主義　95, 96, 166
観察可能含意　216
観察的語彙　80
慣習　89, 90
慣習主義　122, 155

慣習性　92
完全競争　53, 54, 56, 57
完全合理性　147
観念化　342
観念論　103
記号論　421
ゲシュタルト心理学　143
記述主義　61, 62, 290
「技術」と「制度」の二分法　226
「技術的」プラグマティズム　422
記述的実在論　200
技術の動的な力　226
技術変化の経済学　205
稀少性　36
規則　3, 5
基礎づけ主義　6, 74, 92, 105, 111, 140, 142, 155, 213
基礎づけ主義哲学　209
機能主義　178
帰納主義　17
帰納主義者　36, 41
機能主義社会学　175
帰納問題　82, 83, 87
規範　130, 135, 142
規範科学　31, 405
規範的　168
規範的認識論　131
『客観的知識』　155
急進的相対主義　209
(旧) 制度学派　374
(旧) 制度学派のESK　377
境界　38, 49
境界画定　87, 268, 277, 278, 282, 287, 290, 291
共感　145, 146
競争　157, 158
共同生成　190, 196, 421
局所的な実践　252
虚無主義　237
『岐路に立つ科学』　172
均衡理論形成　428
近代科学　240
金融市場　425
『偶然性・アイロニー・連帯』　241
「偶然の一般化」　300
空想上の科学者の枠組み　374
『経営行動』　147, 148
経営人　147
『景気循環』　231
経験　415, 422

経験科学　2
経験主義　6, 17, 41, 83, 91, 92, 97, 112, 117, 315, 326
経験主義的基礎づけ主義　18, 272, 273, 314, 326
経験主義的認識論　17
「経験主義の2つのドグマ」　93, 95, 98
経験則　147
経験的科学哲学　298
経験的基礎　76, 272, 281, 290, 291
経験的検証　294
経験的検証可能性　51
経験的検証可能性についての論理経験主義的基準　50
経験的実在主義　430
経験的実在論　116
経験的十全性（empirical adequacy）　120, 121
経験的前進　328
経験的出来事　307
傾向性　117
傾向法則　15, 21, 25-28, 299, 300, 309, 311, 312
傾向法則観　118
『経済科学の概要』　26
『経済学』　60
『経済学原理』　25, 30, 39, 46
経済学的転回　345-347, 352, 353, 380, 381
経済学という学問の自閉症　253
経済学と科学論とのあいだの相互浸透　7
『経済学と課税の原理』　27
経済学におけるモデルの役割　431
『経済学の性格と論理的方法』　27
「経済学の定義について」　16
『経済学の本質と意義』　35
『経済学の領域と方法』　30
『経済学の理論』　39
経済学のレトリック　244, 245, 247, 250, 281, 424
『経済学批判』　172
経済学方法論　1, 267, 268
「経済学方法論の死」　7
経済学方法論のミル的伝統　16
経済合理性　147
経済思想史　10, 205, 206, 421
経済社会学　380
経済人　147
『経済分析の基礎』　60
『経済理論の意義と基本的前提』　48
形而上学　73-75

啓蒙主義　4, 9
啓蒙の時代　112, 223, 235, 240
計量経済学　283, 309, 310, 320, 428
経路依存性　319
ケインズ経済学　53, 280
ケインズ的マクロ経済学　60
ケインズの方法論　32
ゲーム理論　280
ゲティアの例　140, 141
原因構成法則　20
限界効用逓減　37, 51
限界主義論争　53, 56
限界条件　233
「研究の経済性理論に関する一論」　225, 232, 233
顕示選好理論　65, 66, 296, 408
現実性　322
検証　24, 29, 271
験証（corroboration）　88
検証可能性　75, 77, 80, 139, 281, 288
検証可能な経験的命題　51
現代のミクロ経済学　297
限定合理性　147, 148, 379, 416
限定合理性プログラム　148
現場主義　184
ケンブリッジ形而上学クラブ　211
厳密でない演繹の経済学　27
『厳密でない固有の科学である経済学』　58, 297, 304
厳密でない法則　25, 300
原理の説明　46
行為的科学史　203
行為的語彙　193
後期制度学派　246
厚生経済学　409
構成主義　261, 320
構成主義者　361
構成主義的SSK　183
構成主義的経験主義（constructive empiricism）　112, 120-122, 326
構造主義　334-341, 343, 428, 430
後退　109
硬直的な客観主義　265
行動主義　137, 139, 143
行動主義的心理学　134
公平性　181
公有主義　175, 367
効用の個人間比較　37, 145
功利主義　144
合理主義　6

功利主義倫理学　146
合理性　430
合理性原理（rationality principle）　276-279,
293, 330
合理性に関する道具主義的理論　229
コウルズ委員会　53, 54, 56
コースの定理　324
「ゴール，下位ゴール」戦略　148
『国富論』　16
心の哲学　159, 166, 429
個人間効用（Interpersonal Utility, IU）　145,
146
ゴッセンの法則　51, 52
古典的経験主義者　96
古典的プラグマティズム　207, 209, 211,
237
コネクショニズム（connectionism）　164
コミュニティ　215
コミュニティの価値観　213
固有性　299
孤立化　341, 429
孤立化領域　342
根本的述語　337

さ　行

サイエンス・ウォーズ　382
再帰性　171, 182, 189, 197, 415, 419
再帰性学派　189
再現　187
「最善の説明への推論」（inference to the best
explanation, IBE）　114
最大化仮説　63, 64
サイバネティクス　148
先取権　367
サティスファイス（satisficing）　147
産業革命　227
産業組織論　205
シカゴ学派　232, 324
自己成就予言　178
指示的実在論（referential realism）　112, 119
市場の失敗　355
自生的フェミニズム経験主義　425
自然化　126
自然科学　76, 102, 119, 136, 137
（自然）科学の哲学　4
「自然化された認識論」　93, 125, 127, 132,
135, 137, 141
自然主義　19, 35, 103, 126, 128, 129, 138,
152, 156, 165, 326, 384, 385
自然主義的経験主義　308

自然主義的誤謬　415
自然主義的転回　9, 123, 125, 147, 419
自然主義と社会学的アプローチとの関係
168
自然淘汰　152
自然と社会の逆転　174
「自然」と「社会」の境界事例　191
『実験室の生活』　190, 204
実験者の悪循環　187
実験的行動可能含意　216
実験的実在論　119, 210
実験的実践　208
実在論　59, 81, 82, 85, 112-117, 293, 324,
343
実証科学　31
「実証経済学の方法論」　15, 53, 224, 228
実証主義（positivism）　15, 38, 69, 71-74,
80, 132, 286
実証的検証　44
実証的検証可能性　49
『実践のマングル』　192, 198
私的アイロニー　242
視点依存主義　197, 237
資本主義　419
『資本論』　341
シミュレーション・ヒューリスティック
146
『ジャーナル・オブ・ポストケインジアン・
エコノミクス』　424
『ジャーナル・オブ・エコノミック・メソド
ロジー』　3
『ジャーナル・オブ・エコノミック・リテラ
チャー』　247
『社会科学，特に経済学の方法に関する研究』
40
社会学的転回　167, 419
社会規範　176
社会契約論的政治哲学　332
社会構成主義　143, 171, 183, 352, 420
社会的経験主義　200, 201, 292, 420
社会的作用　195
社会的実在論　120, 195
社会的状況の多様性　259
社会的信念　168
社会的存在論　317
社会的な調整　200
社会的認識学　144
社会認識論　143, 292, 293, 360
社会負荷性　320
集合論的構造主義　359

事項索引　517

集団信仰　228
宗派に拘らない科学観　221, 222, 238
主観的新古典派　39
主体性　317
シミュレーション理論（または共感的方法論）　145
『需要の理論と計測』　61, 94
需要理論　285
主流派経済学　203, 320, 374
循環性　131, 133
『純粋経済学要論』　39
純粋交換ワルラス一般均衡体系　431
状況分析（situational analysis）　276, 293
消去的唯物論　159-165, 329
常識的存在　342
乗数　420
消費者選択理論　66, 67, 408, 409
情報処理システム　142
情報処理装置　139
情報の経済学　144
『証明と反駁』　285, 286, 427
初期条件　84
真・善・美　219, 235
新制度派経済学　422
新あるいは内生的成長理論　348
人為的でア・プリオリな真理　42
進化経済学　319, 377
新家政経済学　425
進化生物学　130, 351
進化論的アプローチ　417
進化論的認識論　120, 150, 153-157, 292, 293, 384, 417, 418, 425, 427
新奇な事実　54, 109-111, 281, 283, 288, 289
神経科学　160, 162-164
人工知能（AI）　139
新古典派アブダクション　218
新古典派経済学　30, 207, 304, 318, 320, 325
新古典派マクロ　280
真理近接度　275, 276, 279, 281, 426
神職者としての科学者　240
深層構造　316
深層的社会構造　318
人的資本理論　357
信念決定の問題　212
信念の網（web of belief）　96, 133, 137
「信念の固定化」　211
信頼性　142, 145, 288
信頼性主義　141, 146, 151, 359
信頼性論　384
真理主義　143

推測的実在論（conjectural realism）　89, 155
垂直的孤立化　342
水平的孤立化　342
推論的実在論　120
数学的前進　285, 286
『数理物理学の論理的構造』　334
ストロング・プログラム　179-183, 199, 352, 419, 420
成長理論　347
正当化　5, 302
正当化の文脈　85
制度学派　36, 377, 380
制度派経済学　224, 246
性別分業　264
世界の作動の仕方　324, 343
『世界の論理的構成』　74, 75, 77, 80
積極的および消極的ヒューリスティック　108
セテリス・パリブス条件　33, 84, 94, 301
先験主義　43, 50, 232, 293
潜在性　119, 307, 308, 312, 428
潜在的（可能的）モデル　335
潜在的因果作用　316
潜在的因果メカニズム　318
潜在的傾向　316
潜在的反証可能性　49
前進　109, 111, 281, 287
全米経済研究所（NBER）　231
全米ライフル協会　420
総合命題　72, 97, 98
相互作用者　154
操作主義　16, 48, 60, 61, 78, 408
操作主義的に有意味　61, 63, 66
操作主義と WARP　67
相対主義　103, 104, 153, 168, 171, 189, 195, 251, 268, 273, 290
相対性理論　71
ソビエト　419
ソビエトの科学政策　173
素朴心理学　161, 318, 329, 333, 423
ソロー残差　348
存在論　73, 315

た　行
第一哲学　133, 135
対応 1　143
対応 2　143
対応規則　80
対応原理　65
対象応用例集合　336, 340

対称性　85, 182, 190
対症療法的　20
大胆な推測と厳密な検証　274
対話　247
対話的転回　208
多元主義　44
立場理論　255, 256, 258
妥当性主義　428
『男性としての経済人を超えて』　425
チキン論争　193, 194, 420
『知識と社会表象』　180
知識生産プロセス　319
知識の美学化　244
知識の傍観者理論　220
『秩序を変える』　186
中央計画経済　252
抽象化　23, 33
超越性　252
超越論　320
超越論的実在論（transcendental realism）
　112, 116-118, 314
超過需要関数　338, 339
超再帰性　420
超相対主義　193
通常科学　99
通約不可能性　100, 101
強い客観性　257, 263
抵抗と包容の弁証法　192, 198, 201
定説　5, 8, 69, 70, 80, 85, 91-93, 98, 105, 107,
　111, 112, 116, 121, 122, 126, 132, 137, 164,
　170, 268
テイラー主義的経営技法　203
適応（adaptation）　157
適合（fitness）　157
適者生存　153
テスト可能性　88
テスト体系　94
哲学的ダーウィン主義　156
『哲学と自然の鏡』　238, 239
哲学の認識論化　219
デューイの道具主義　225, 230, 245, 422
デュエム＝クワイン定理　106
デュエム＝クワイン問題　94, 95, 97
伝説　5, 359, 381, 382
『現代物理学の論理』　61
ドイツ歴史学派　27, 40, 41
統一科学（unified science）　78, 79
『統一科学国際百科全書』　79
道具主義　59, 81, 82, 85, 152, 227, 323, 428
道具主義経済学　422

道具主義の真理概念　221
道徳科学　17, 22
特定科学に基づく自然主義　130
トップダウン・アプローチ　322
取引費用経済学　319, 323, 324
奴隷社会　219

な　行

内在主義　141, 142
「謎への推量」　218
ナッシュ均衡　363, 364, 383
何でもあり　251
ニュートン力学　313
ニューヨーク証券取引所　340
人間経験への知性適用　223
人間行為学　41, 44, 267
人間の「生の過程」　227
『人間本性論』　34
認識学（epistemics）　142
認識論的チキン　194
認識論的マチスモ　264
『認識論と認知』　141, 143
認知科学　139, 429
認知革命　139, 141
認知神経科学　139
認知心理学　130, 138, 139, 351
認知的アプローチ　417
認知的多様性　361
認知的転回　141
認知的分業　150, 233
認知メカニズムの進化に関するプログラム
　（evolution of cognitive mechanisms, EEM）
　151-153
ネオ・プラグマティズム　207, 234, 239,
　241, 286, 287, 378, 420
ネオ・ワルラシアン・プログラム　283,
　284, 285
捏造　185
ノイラートの船　76, 96, 133, 152
ノーベル経済学賞　1

は　行

パースの解釈学　247
ハードコア　108, 109
排除領域　342
ハチソンの境界基準　50
発狂した脱構築　188
発見の文脈　85
発話の技術　250
パラダイム　98-100, 155, 325

事項索引　519

パレート・サークル　419
パレート最適性　145
反基礎づけ主義　9, 290, 292, 326
反経験主義　38
反経験主義的な演繹主義　40
反実在論　314
反証　87
反証可能性　109, 139, 270
反証可能性原理　50
反証主義　15, 70, 86, 91, 122, 232, 268-278,
　281, 286, 290, 291, 303, 384, 421
比較静学　57, 63
ピカリングの「マングル」　192
非厳密性　299
非人間的作用　190
批判的かかわり合い　260
批判的合理主義　290-295, 425, 427
批判的自然主義（critical naturalism）　414
批判的実在論（critical realism）　314-320,
　414, 429
批判的多元主義　428
被覆法則　316
非モダン　191
『百科全書』　78
ヒュームのギロチン　34, 384
ヒュームのフォーク　34
表象的実在論（representational realism）
　116
費用便益分析　204, 232, 421
『開かれた社会』　291
ブードゥー社会学　188
フェミニズム　208
『フェミニズム，客観性，経済学』　263
フェミニズム経験主義　255, 256, 262
フェミニズム経済学　262
フェミニズム自然主義　263
フェミニズム認識論　254, 263
不完全競争　266
不完全競争革命　53
複数性　420
不合理主義　251
不純な力　199
付随性（supervenience）　165, 166, 333, 430
物理主義（physicalism）　74, 76-78, 96, 124,
　162
『物理法則の嘘』　306
部分的潜在的モデル集合　336, 340
普遍主義　175
プラグマティシズム　212
プラグマティズム　73, 93, 207, 216, 415,

　421
プラグマティズムの格言　215
『プラグマティズム』　212
フランクフルト学派　209
フリードマンの自由市場経済学　231
『プリンキピア・マテマティカ』　172, 425
ブルバキズム　430
フレーミング　204
『プロテスタンティズムの倫理と資本主義の
　精神』　174
プロトコル言語　74, 75, 80, 81, 89, 92
プロトコル言明論争　74
文化的相対性論争　245, 247
分散型人工知能（distributed artificial
　intelligence, DAI）　149, 150
分析・総合の区別　95, 97
分析命題　72, 97, 98
文脈的（あるいは社会的）経験主義　255,
　259, 265
閉鎖系　316
並列分散処理（parallel distributed processing）
　164
ヘーゲル観念論　219
ベンサム功利主義　225
防御帯　108
「法則らしい」命題　300
法と経済学　324
方法論争　30, 32, 40, 79, 80
方法論的一元論　41, 126
方法論的観念論　199
方法論的個人主義　22, 43, 166
方法論的二元論　43
方法論的ルール　48, 295
「方法論」の大失敗　248
方法論のルール　294
ホーリズム　97, 105, 326
補助仮説　94, 109
ポスト・ケインジアン　245, 319
ポストモダニズム　208, 234, 237, 240, 378,
　420, 423, 424
ポズナン・アプローチ　340, 431
『ポパーとその後』　273
ポパーの哲学　48
ポパーの反証可能性境界基準　50
ホモ・エコノミクス　205
ホモ・ソシオロジクス　205
本質主義的実在論　40
本質論　314, 316
翻訳の不確定性　132

ま 行

マーシャル経済学　31
マーシャル派　36, 37
マートン主義　366
マートンの伝統　174
マートンの４つの規範　176
マタイ効果　178, 420
真理　213, 221
マルクス経済学　225, 244, 374, 431
マルクス主義　75, 119, 170, 172, 173, 174,
　203, 245, 256, 419, 423
マルクス主義経済学　280, 319
マルクス主義政治経済学　203
マルクス主義的資本蓄積モデル　203
マルクスの唯物論　225
ミーゼスの先験主義　44, 47
見えざる手　151, 154, 158, 233, 362
ミクロ経済学　332
『ミクロ経済学の法則』　327
ミクロ的基礎　166
魅力的構造　320
ミル的先験主義　17, 38
ミルの伝統　11, 15, 16, 38, 297
民主主義　224
無奇跡論法（no-miracles arguments）　115,
　116
「無作為的変種と選択的保存」モデル　153
命題的見解　304
命題的態度　163
メタナラティブ　197, 236
メタ方法論　281, 282
モーダスポネンス　87
「モデル，道具，真理：社会科学における合
　理性原理の属性」　276
モデル　305
モデル理論的見解　304

や 行

唯物史観　172
唯物論的存在論　165
有意味性　95
ユダヤ人　425
予測　46, 54, 55

ら 行

ラカトシュ会議　426
ラトシス基金　426
リカード経済学　17, 25, 26, 28, 30
理解（verstehen）アプローチ　145
利害超越性　175

利潤率の低下　25, 26
リトロダクション　317
リベラルな希望　242
理論的仮説　305
理論的語彙　80
理論的用語問題　336
理論と実践との関係　210
「理論なき計測」論争　53
理論の意味論的見解　304
『理論の構造とダイナミクス』　334
理論の進化に関するプログラム（evolution of
　theories, EET）　151, 153
理論負荷性　89-93, 100, 105-107, 112, 113,
　115, 121, 122, 126, 156, 272, 273, 292
「ルールベース」検索　148
歴史学派　36
歴史研究プログラムの方法論　282
レプリケーター　154
ローティ係数　423
『論理学体系』　17, 405
論理経験主義　69, 70, 80-83, 85, 91, 92, 96,
　98, 232
論理実証主義　35, 48, 69-74, 80, 83, 86, 87,
　91, 97, 120, 121, 235, 308
論理社会主義　421
論理主義（logicism）　72
『論理的観点から』　93

わ 行

ワルラシアン経済学　286
ワルラス一般均衡モデル　284
ワルラス的一般均衡理論　53
ワルラスの純粋交換経済　337, 338
ワルラス的ミクロ経済学　60
「我々の観念を明晰にする方法」　211, 214,
　216

事項索引　521

[監訳者]

高見典和（たかみ　のりかず）[1，5，6章および7章2，4節担当]

首都大学東京経済経営学部准教授．大阪大学大学院経済学研究科博士後期課程修了．博士（経済学）．論文に「連載：経済学説史」『経済セミナー』2017年6・7月号〜2018年2・3月号（日本評論社）などがある．訳書にアーサー・C・ピグー『知識と実践の厚生経済学』（ミネルヴァ書房）がある．

原谷直樹（はらや　なおき）[7章3節，9章担当]

群馬県立女子大学国際コミュニケーション学部准教授．東京大学大学院総合文化研究科博士課程満期退学．論文に「ハイエクの社会科学方法論」（桂木隆夫編『ハイエクを読む』ナカニシヤ出版，所収）などがある．共訳書にアリオ・クラマー『経済学は会話である：科学哲学・レトリック・ポストモダン』（日本経済評論社）がある．

若田部昌澄（わかたべ　まさずみ）

早稲田大学政治経済学術院教授．早稲田大学大学院経済学研究科，トロント大学経済学大学院博士課程満期退学．著書に『経済学者たちの闘い』（東洋経済新報社）『危機の経済政策』（日本評論社）などがある．監訳書にマーク・ブライス『「緊縮」という病』（NTT出版）などがある．

[訳者]

金子創（かねこ　そう）[2 章担当]

大分大学経済学部社会イノベーション学科准教授．慶應義塾大学経済学研究科博士課程単位取得退学．論文に「カンティロンとチュルゴ──古典派的利潤論の形成における企業者概念の意義──」（『経済学史研究』56 巻 1 号，2014 年）などがある．

桑田学（くわた　まなぶ）[3 章担当]

福山市立大学都市経営学部准教授．東京大学大学院総合文化研究科博士課程修了．博士（学術）．著書に『経済的思考の転回：世紀転換期の統治と科学をめぐる知の系譜』（以文社）などがある．共訳書にカール・ミッチャム『科学・技術・倫理百科事典』（丸善出版）などがある．

長津十（ながつ　みちる）[4 章担当]

ヘルシンキ大学政治経済学部フィンランドアカデミーフェロー．エクセター大学大学院修了．PhD（哲学）．論文に 'Social nudges: their mechanisms and justification', *Review of Philosophy and Psychology* 6:481-494（Springer, 2015 年），'History of Behavioral Economics, In: James D. Wright（editor-in-chief）, *International Encyclopedia of the Social & Behavioral Sciences, 2nd edition*, Vol 2. Oxford: Elsevier. pp.443–449. などがある．

長雄幸一（ながお　こういち）[7 章 1 節担当]

大東文化大学経済学部社会経済学科非常勤講師．一橋大学大学院経済学研究科博士後期課程単位取得退学．論文博士（経済学）．論文に「ミーゼスの市場プロセス論：制度比較論の再考」（一橋大学大学院経済学研究科，2017 年）がある．

太子堂正称（たいしどう　まさのり）[8 章担当]

東洋大学経済学部准教授．京都大学大学院経済学研究科博士後期課程修了．博士（経済学）．論文に「ハイエクと現代共和主義論」（坂本達哉・長尾伸一編『徳・商業・文明社会』京都大学学術出版会，所収）などがある．共訳書にF・A・ハイエク『思想史論集』（春秋社）などがある．

[著者]

D・ウェイド・ハンズ（D. Wade Hands）

1951年生まれ．1981年にインディアナ大学でPh.D（経済学）を取得．現在，シアトル近郊のピュージット・サウンド大学経済学教授であり，経済学方法論の専門雑誌『ジャーナル・オブ・エコノミック・メソドロジー（*Journal of Economic Methodology*）』の共同編集長も務めている．編著書に，*Reflexivity and Economics: George Soros's Theory of Reflexivity and the Methodology of Economic Science*，（edited with John B. Davis, London: Routledge, 2017）などがある．

ルールなき省察
――経済学方法論と現代科学論

2018年3月30日　初版第1刷発行

著　者―――D・ウェイド・ハンズ
監訳者―――高見典和＋原谷直樹＋若田部昌澄
発行者―――古屋正博
発行所―――慶應義塾大学出版会株式会社
　　　　　　〒108-8346　東京都港区三田2-19-30
　　　　　　TEL　〔編集部〕03-3451-0931
　　　　　　　　　〔営業部〕03-3451-3584〈ご注文〉
　　　　　　　　　〔　〃　〕03-3451-6926
　　　　　　FAX　〔営業部〕03-3451-3122
　　　　　　振替　00190-8-155497
　　　　　　http://www.keio-up.co.jp/
装　丁―――Boogie Design
印刷・製本――株式会社加藤文明社
カバー印刷――株式会社太平印刷社

©2018　N. Takami, N. Haraya and M. Wakatabe et al.
Printed in Japan　ISBN 978-4-7664-2508-6